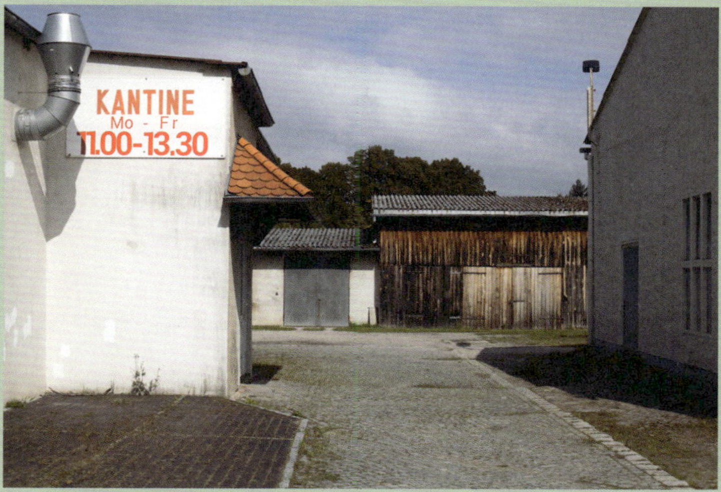
KANTINE
Mo - Fr
11.00-13.30

NEUE AUFTRAGGEBER

KUNST IM BÜRGERAUFTRAG

PROJEKTE, ORTE, DEBATTEN

SPECTOR BOOKS

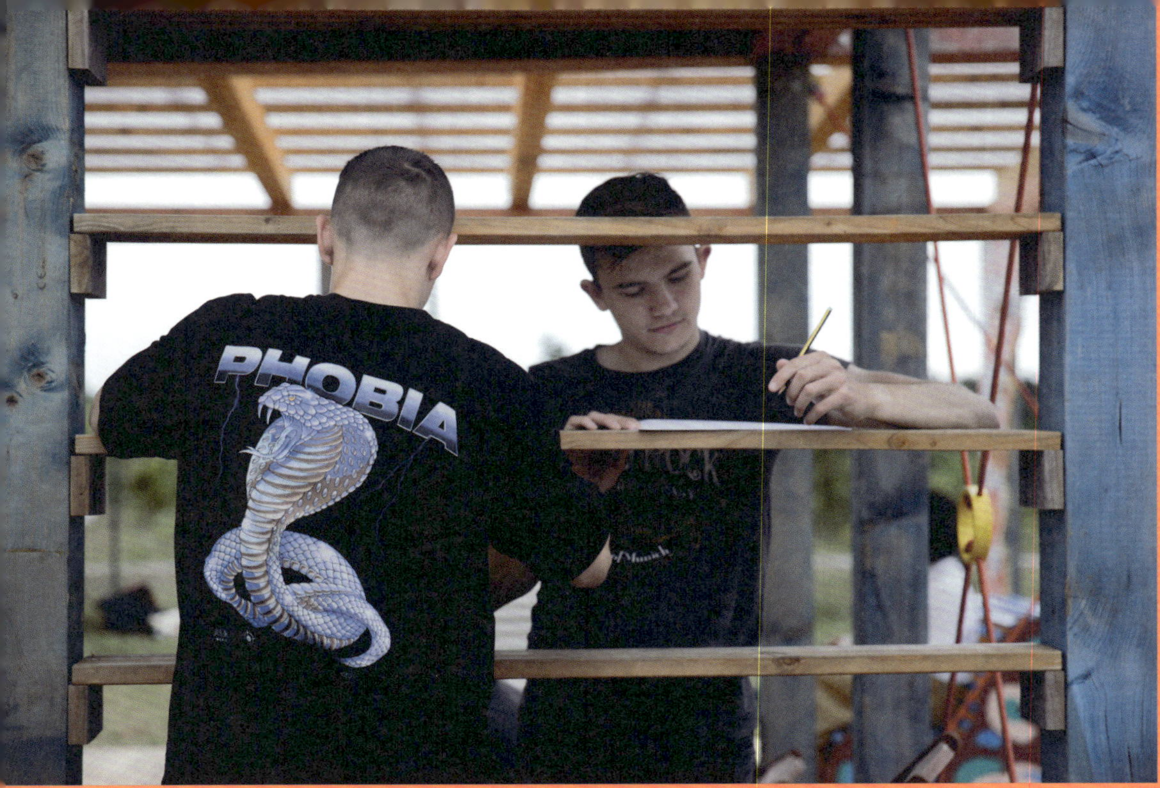

„Die Idee der Neuen Auftraggeber ist für mich auch deshalb so wichtig, weil im Zentrum die Zwischenmenschlichkeit steht.“ – Daniel Knorr, Künstler im Projekt Greifswald Schönwalde I

EINLEITUNG

Gerade haben Sie ein Werkstattbuch aufgeschlagen. Es zeigt, was geschieht, wenn sich Künstlerinnen und Künstler mit den Hoffnungen oder Nöten von Menschen auseinandersetzen. Sie sind in Dörfer und Städte gereist, um als Fachleute für die Entwicklung von Ideen ihre eigenen Antworten auf dringende, mitunter unlösbar erscheinende Fragen zu geben. Die sie riefen waren jedoch nicht die dafür vorgesehenen Stellen, Kommissionen und Verwaltungen, sondern Lehrerinnen und Agraringenieure, Automechanikerinnen oder Sparkassenangestellte. Es waren Nachbarinnen und Nachbarn, Mitglieder von Vereinen oder der Freiwilligen Feuerwehr, die etwas verändern wollten, unmittelbar vor ihrer Tür. Sie hatten eigene Lösungen bereits versucht oder gehofft, andere würden Antworten auf ihre Fragen finden. Dann waren sie zu dem Schluss gekommen, dass es ohne künstlerischen Einfallsreichtum keine Antwort gibt.

Vielleicht sind Sie davon überrascht. Unsere Gesellschaft erwartet Kunst in Museen. Es gibt das Vorurteil, Kultur sei nebensächlich, wenn man Sorgen habe. Unser Buch aber zeigt einen anderen Befund. Wo eine Sorge groß ist, sich einem Problem nicht mehr ausweichen lässt, wächst der Bedarf nach überraschenden Lösungswegen. Gemeinschaften brauchen neue Perspektiven und Bilder, um die man sich versammeln kann.

Sie werden in diesem Buch denen über die Schulter sehen, die sich auf Kunst eingelassen haben. Vermittelt durch Mediatorinnen und Mediatoren sind sie zu Neuen Auftraggebern geworden. Sie erleben, wie aus Dialog und Engagement Kunst entsteht, die etwas ändert. >

Foto: Victoria Tomaschko

Keinen der Orte, die Sie auf einen Blick sehen, wenn Sie die linke Umschlagklappe öffnen, haben wir, die Mediatorinnen und Mediatorinnen der Neuen Auftraggeber, aus eigener Initiative ausgesucht. Nicht wir haben uns die Themen, die Sie in diesem Buch finden werden, ausgedacht, und auch die Entwicklungen in den einzelnen Projekten haben wir weder vorhergeplant, noch hätten wir sie vorhersehen können.

Wir haben in öffentlichen Veranstaltungen, in Vereinen und Gruppen, Rathäusern und Stadtteilinitiativen unsere Arbeit vorgestellt. Wir haben erklärt, dass Kunst ein Vorhaben mit offenem Ausgang ist. Dass Künstlerinnen und Künstler begabt darin sind, >

„Eine Gesellschaft ohne Kunst ist stumm. Dann aber muss die Beredsamkeit der Kunst zu einer Sprache werden, die alle sprechen können. Sie darf kein Dialekt Privilegierter sein."

keine Rücksichten bei der Betrachtung von Problemen zu nehmen. Und dann haben wir von einigen der mehreren hundert Projekte der Neuen Auftraggeber in Europa erzählt und gezeigt, was Bürgergruppen in Bewegung versetzen können, wenn sie auf Künstlerinnen und Künstler zugehen und ihnen zutrauen, auf manch ungeklärte, mitunter gar ausweglose Situation mit einer Vision zu antworten.

Es wäre falsch zu sagen, dass Kunst Probleme löst. Und Wunder vollbringt sie gewiss nicht. Die Menschen, die uns im Anschluss an unsere Präsentationen in ihre Dörfer oder Stadtviertel einluden, hätten das auch nicht erwartet. Ihre Hoffnung war am Anfang häufig, mit einem Projekt andere für ihre Sache zu interessieren. Respekt für ihr Anliegen zu finden. Der Mediationsprozess handelte zunächst kaum von Kunst, sondern von den Eigenheiten der Orte und den verhandelten Themen. Was steckt hinter einem manchmal abstrakten Wunsch? Welche verborgene Krise kommt zur Sprache, wenn man sich vertraut? Es ging darum, Konflikte zu überwinden und den Klagen von gestern zu entkommen. Die Auftraggeberinnen und Auftraggeber reflektierten ihre Situation sehr genau. Und sie wollten nicht warten, bis sie allgemeine Antworten bekommen auf die Angst vor Isolation, Vereinzelung oder Alter, auf die Sorge vor Klimawandel oder Rechtsruck, auf die Überwindung sozialer Gräben und Spaltungen, auf die Ungleichheit von Lebensverhältnissen.

Wenn wir unser Buch ein Werkstattbuch nennen, klingt das ein wenig wie ein Tag der offenen Tür. In unserer Werkstatt war sechs Jahre lang Tag der offenen Tür. Sie lernen die Auftraggeberinnen und Auftraggeber, ihre Dörfer und Landschaften und ihre Geschichten kennen. Wir erzählen, wie Aufträge beginnen, wie nach ersten Ideen bald tieferliegende Themen zum Vorschein kommen und wie Künstlerinnen und Künstler darauf reagieren. Wir berichten von Schwierigkeiten und von der langen Zeit, die es braucht, bis Vertrauen entsteht.

Kein Projekt in diesem Buch gleicht dem anderen. Keines war vorhersehbar. In jedem ist der ursprüngliche Auftrag wiederkennbar. Das hat auch mit der Sorgfalt zu tun, mit der die Mediatorinnen und Mediatoren, die Sie in diesem Buch kennen lernen werden, arbeiten. In einem oft monatelangen Prozess haben sie eine Künstlerin oder einen Künstler gesucht. Wer passt an diesen einen Ort wie niemand anderes? Wer arbeitet so, wie die Situation es erfordert? Oft war es wichtig, für einen Gartenauftrag keine Spezialistin für Gärten zu gewinnen, sondern eine Künstlerin mit Sinn für die sozialen Zusammenhänge und die Sprache der Menschen. Keiner der Aufträge war ja bescheiden. Die Gruppen wollten nicht um einen Gefallen bitten. Sie wollten für die Kunst eine Herausforderung sein!

Wir sind überzeugt – weil wir es erleben: Eine Gesellschaft ohne Kunst ist stumm. Dann aber muss die Beredsamkeit der Kunst zu einer Sprache werden, die alle sprechen können. Auch dort, wo Kunst politisch, sozial, ökonomisch nicht vorgesehen ist. Kunst darf kein Dialekt Privilegierter sein. Das muss sie auch nicht. Unsere Gesellschaft sollte die Ressourcen der Kunst besser erkennen, nicht Zäune um die Kultur ziehen. Wir sollten uns allen zutrauen und auch zumuten, die Entwürfe unserer Zukunft zu einer gemeinsamen Sache zu machen./

Projekttexte
Gerrit Gohlke

Gestaltung
Marie Lautsch

Fotografien
Victoria Tomaschko
Florian Wagner

Dieses Buch hatte im August 2022 Redaktionsschluss. Keines der Projekte war zu dieser Zeit beendet. Die Vorhaben begannen zu verschiedenen Zeiten, nahmen verschiedene Verläufe und werden nicht am gleichen Tag enden. Das ist so, wenn Menschen und Orte, nicht Masterpläne Prozesse bestimmen. Wir laden Sie herzlich ein, uns in den Projekten zu besuchen, sie weiter zu verfolgen und – Ihr eigenes Vorhaben zu finden.

**Hortensia Völckers,
Kirsten Haß
Kulturstiftung des
Bundes**

GRUSSWORT

„Die Kunst steht bei den Neuen Auftraggebern nicht für die Aufgabe, soziale Wirklichkeit zu reflektieren; sie bringt sie im Entstehungsprozess neu hervor.“

Bürgerinnen und Bürger! Seht auf diese Schule im angeblichen Brennpunktquartier! Der ideale Ort, um ein Zeichen für Engagement und Bildung zu setzen! Oder die Brache zwischen den Wohnblöcken! Perfekt für einen Wasserspielplatz! Seht die leerstehende Schule mitten im Dorf: Könnte ein Architekt sie in den Strandclub der ganzen Gemeinde verwandeln? Oder der unbeachtete Marktplatz mitten in der Stadt? Wann treffen wir dort wieder zusammen?

Die Veränderung alteingespielter Sichtweisen steht am Anfang von 17 Projekten, die im Rahmen der Initiative „Neue Auftraggeber“ seit 2017 entstanden sind. Dazu kommt der erwachende Gemeinsinn engagierter Bürgerinnen und Bürger. Dazu kommen eine große Portion Unternehmergeist und ein Denken, das neue Wege einschlagen will, wo sich in alter Optik die Probleme türmen. Zum Beispiel, weil lange schon die Häuser leer stehen und Menschen abgewandert sind. Weil die neuen nicht mit den alten Nachbarn auskommen. Weil das Wasser knapp oder das Ansehen einer Schule im Keller ist. Weil man nicht weiß, aus welchen Praktiken und an welchen Orten alteingesessene Kommunen eine neues „Wir“ hervorbringen sollen.

Keine dieser Herausforderungen ist neu in einer Zeit, in der gerade ländliche Räume und Städte unter massivem Transformationsdruck stehen. Neu aber ist, wie die 1992 in Frankreich gegründete und seit 2007 auch in Deutschland gestartete Initiative der Neuen Auftraggeber die Bürgerschaft, zeitgenössische Künstlerinnen und Künstler sowie Mediationsprofis zur Erprobung ziviler Allianzen und zum Entwurf alternativer Zukunftsbilder einlädt.

Neu ist auch die Rolle der Künste. Nicht länger steht „das fertige Werk“ im Fokus einer nachträglich distanzierten Kunstbetrachtung. Und schon gar nicht ist das Museum der kulturelle Ort, an dem der Austausch zwischen Kunst und den Betrachtenden sein Zuhause findet. Bei den Neuen Auftraggebern geht es zu allererst um die Hervorbringung einer Situation – um die solidarische Bearbeitung einer Frage, die sehr genau zu dem passen muss, was Bürgerinnen und Bürger unter den Nägeln brennt. Die Kunst steht nicht für die Aufgabe, soziale Wirklichkeit zu reflektieren; sie bringt sie im Entstehungsprozess neu hervor.

Für die Umsetzung dieses Prozesses tritt in einem ersten Schritt ein Mediator, eine Mediatorin in die Kommunikation ein, um in einem zweiten Schritt zeitgenössische Künstlerinnen und Künstler einzuladen, die lokalen Themen aufzugreifen und eine geeignete künstlerische Form zu verleihen. Mal entsteht hierbei ein aufgestauter See (wie in Frankreich 1997 bis 2007 geschehen mit Remy Zaugg), mal ein 5,5 Tonnen schwerer Ring als Dachaufbau einer Schule (wie für Greifswald geplant mit Daniel Knorr).

Die Projekte der Neuen Auftraggeber brauchen Zeit. Dieses Buch spiegelt daher vor allem Bestandsaufnahmen jener tastenden Annäherungs- und Aushandlungsprozesse, in denen Anliegen der Zivilgesellschaft ebenso zu ihrem Recht kommen wie Aktions- und Darstellungsformen der zeitgenössischen Künste. Beides gehört zusammen, erzeugt neue Fragen, neue Offenheiten und Resonanzen in diverse Richtungen der jeweiligen lokalen Öffentlichkeiten.

>

„Wie sieht eine Kulturpolitik aus, die gerade öffentlich geförderte Kunstsammlungen aktiv dazu einlädt, im Balanceakt zwischen Bewahrung und Öffnung neue Wege zu gehen?"

Und darüber hinaus. Denn auch Kultureinrichtungen und Museen dürfen sich durch die Methode der Neuen Auftraggeber herausgefordert sehen. Und zwar ganz elementar: Was ändert sich, wenn die Grenzen zwischen Institution und Umwelt unbestimmter werden? Weil ein Werk nicht depotfähig ist und die Expertinnen für seine Hervorbringung eher außer- als innerhalb des Museumssystems zu finden sind? Wie gelingt es einem Haus und einer Sammlung, von der Wirklichkeitsfülle einer künstlerischen Intervention ebenso Zeugnis abzulegen wie von den vorausgehenden, oft schwierigen Interaktionsprozessen der Neuen Auftraggeber?

Drei Kultureinrichtungen machen in dieser Initiative die Probe auf's Exempel. Sie werden „Ankerpunkte" genannt. Die Metapher eignet sich gut für die Frage nach der gesellschaftlichen Relevanz: Wie sind Kultureinrichtungen in den von Diversität geprägten Gesellschaften des 21. Jahrhundert „verankert"? Für wen sind sie da? Wie sieht eine Kulturpolitik aus, die gerade öffentlich geförderte Kunstsammlungen aktiv dazu einlädt, im Balanceakt zwischen Bewahrung und Öffnung neue Wege zu gehen? Damit Menschen vor Ort das heimische Kunstmuseum als einen Ort schätzen lernen, der mit ihrer Lebenserfahrung zu tun hat: Jugendliche, Nicht-Besucherinnen, Nachbarn und all die potenziell Neugierigen, die viel zu viele Kultureinrichtung bislang noch gar nicht in den Blick genommen haben.

Die Kulturstiftung des Bundes dankt allen Mitwirkenden der in diesem Buch versammelten Projekte, allen Künstlerinnen und Mediatoren, allen Mitverantwortlichen in Wirtschaft, Politik und Verwaltung, dass sie sich so zahlreich auf das Experiment der Neuen Auftraggeber eingelassen haben. Wir danken in Frankreich dem Künstler François Hers für die Idee zu den Nouveaux Commanditaires und in Deutschland insbesondere Alexander Koch, dem Direktor der Gesellschaft der Neuen Auftraggeber, sowie Gerrit Gohlke stellvertretend für ein ganzes Team von Mediatorinnen, die bewiesen haben, dass Ideen für zeitgenössische Kunstwerke von allerhöchster Qualität auch außerhalb urbaner Kunstzentren entstehen können. Zum Beispiel an einem See, am Rand der Großsiedlung, auf einem verlassenen Marktplatz – gut möglich, dass zeitgenössische Kunst gerade dort einiges bewegen wird./

Hortensia Völckers
Vorstand,
Künstlerische Direktorin,
Kulturstiftung des Bundes

Kirsten Haß
Vorstand,
Verwaltungsdirektorin,
Kulturstiftung des Bundes

Foto: Victoria Tomaschko

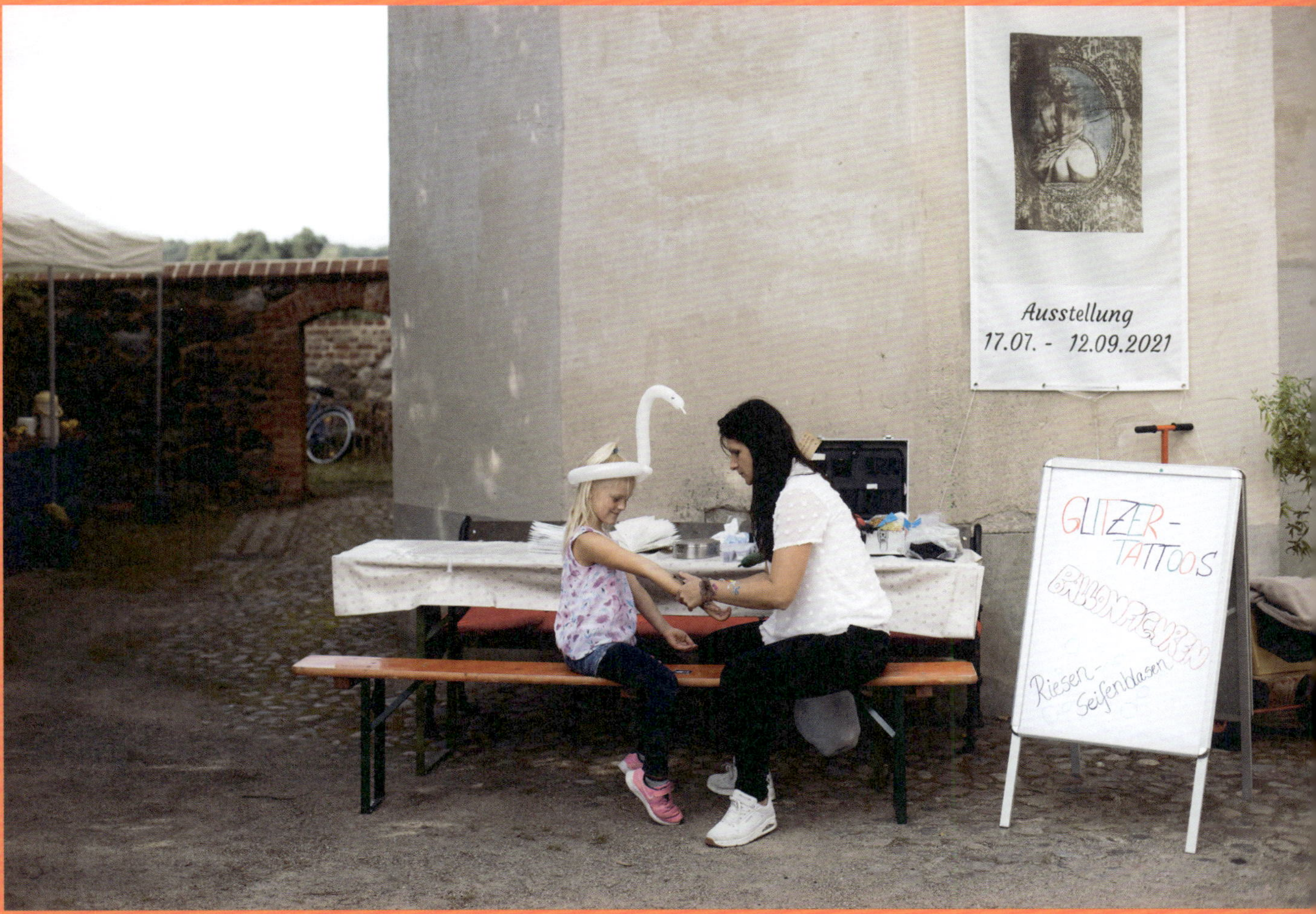

„Unser Projekt hat mir gezeigt, dass Beharrlichkeit und positives Denken, das gegenseitige sich Stärken und der Glaube an eine so ungewöhnliche Sache sich lohnen. Es bringt uns dazu, weiterzumachen und auch kommende Projekte mit Vehemenz anzugehen.“ – Heidi Pfeifer, Auftraggeberin in Marl

„Es obliegt dabei dem Auftraggeber, sich über die Notwendigkeit von Kunst klar zu werden und zu begründen, warum die Gemeinschaft in sie investieren soll."

– François Hers, 1990 im „Protokoll" der Neuen Auftraggeber

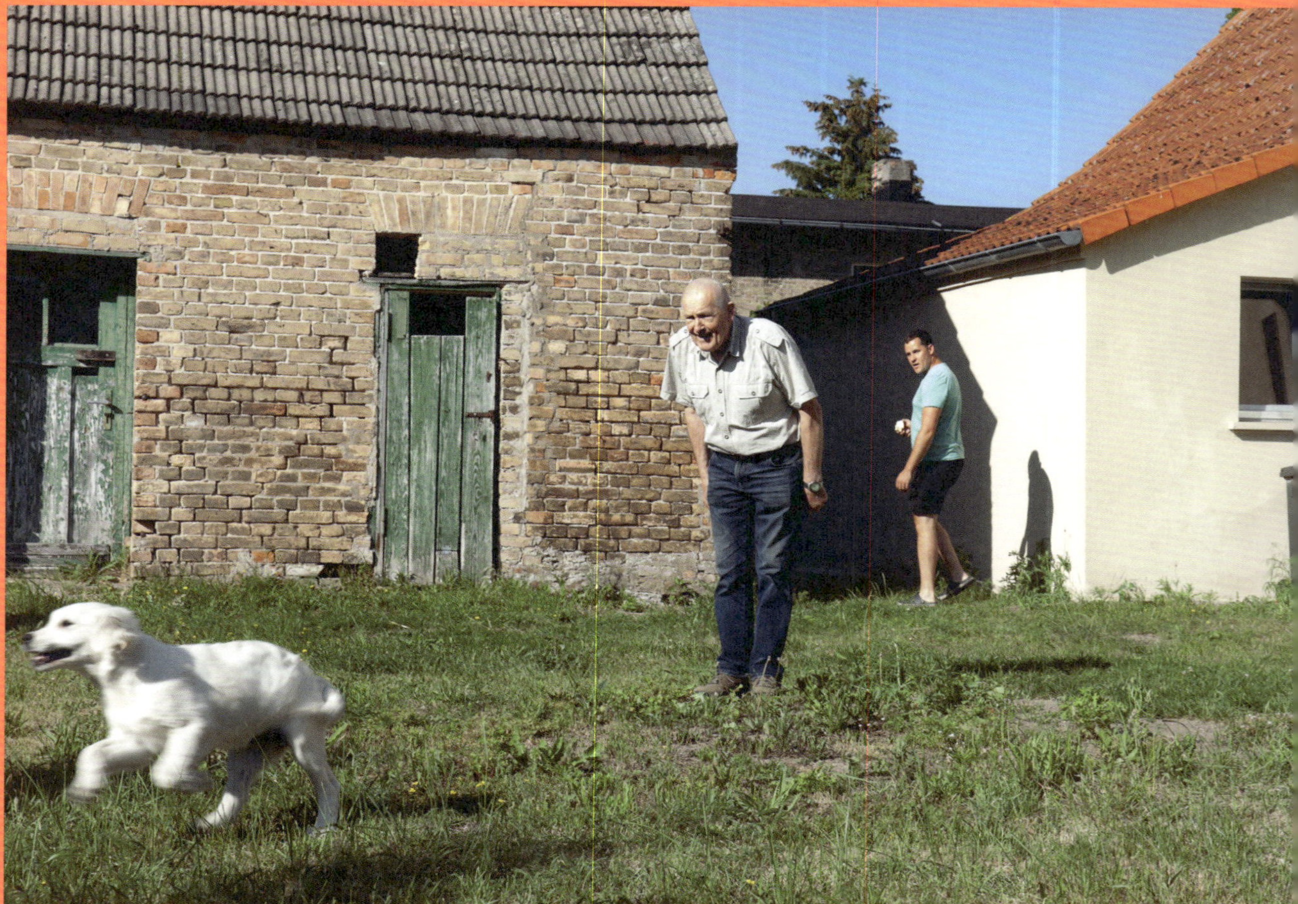

Alexander Koch

KUNST IM BÜRGERAUFTRAG

Ein Kunstwerk in Auftrag zu geben, das den Zauber eines Aufbruchs in die eigene Lebenswelt trägt, erfordert Mut und Geduld. Es erfordert auch Leidenschaft. Außerdem braucht es Sachverstand und obendrein Geld, das meist schwer zu beschaffen ist. Kurz: Ein Kunstwerk in Auftrag zu geben, ist kompliziert. Wie also kann es sein, dass die Menschen in den Projekten der Neuen Auftraggeber – Sie sehen 17 Beispiele in diesem Buch – es dennoch getan und dabei vieles geschafft haben, das sie sich zuvor vielleicht kaum zugetraut hätten? >

Die Antwort liegt in der Methode der Neuen Auftraggeber, dem ersten Programm für zeitgenössische Kunst im Bürgerauftrag, das vor 33 Jahren in Frankreich begründet wurde. Seine Idee ist es, ein uraltes Privileg, das die europäischen Kulturen geprägt hat, zu demokratisieren. Das Privileg der Auftragskunst. Schon die Antike kannte eine Kunst im Bürgerauftrag, und ein roter Faden bürgerschaftlicher Kunstaufträge durchzieht die europäische Kulturgeschichte – und nicht nur diese – bis heute.

Allerdings waren es stets nur wenige Bürger (in der Tat meist Männer), die über genügend soziale, kulturelle und finanzielle Mittel verfügten, um die Künstlerinnen und Künstler ihrer Zeit mit der Erfindung neuer Werke zu beauftragen – und so zugleich sich selbst eine herausgehobene Bedeutung in der Gesellschaft zu geben. Auch in demokratischen Gesellschaften der Gegenwart gibt es noch private Auftraggeber, in der Regel sind es Kunstsammler oder Unternehmen. Die meisten Kunstaufträge aber kommen mittlerweile von der öffentlichen Hand, ausgelobt von Kommunen, Museen, Behörden und Kommissionen zur Gestaltung öffentlicher Plätze und Bauten oder als kulturelles Zeichen für die Dauer von Festivals oder Biennalen.

Es ist ein bedeutender Sektor der kulturellen Produktion, zumal in Deutschland. Hier entscheiden nicht Privatleute, sondern Kuratorinnen, Jurys, Kulturausschüsse. Fachleute also, die im Sinne des Gemeinwesens gute Entscheidungen treffen wollen. Das entspricht den Prinzipien einer repräsentativen Demokratie. Prinzipien, die man heute auch kritisch sieht. Allerorten fordern Bürgerinnen und Bürger mehr Mitbestimmung. Und mitunter erleben sie auch, dass sie ihre Geschicke in die eigenen Hände nehmen müssen, wenn sich etwas bewegen soll, oder wenn sie Themen ansprechen oder Orte aktivieren wollen, für die keine Fördergelder ausgelobt werden und die Fachleute nicht kennen.

In einer lebendigen Demokratie, so dachte man vor 33 Jahren in Frankreich, sollte da nicht jede Bürgerin und jeder Bürger von herausgehobener Bedeutung sein? Zumindest „einigermaßen gleich“, wie man so schön sagt? Müsste gerade in Sachen Kultur nicht mehr gesellschaftliche Kommunikation, mehr Dialogfähigkeit, mehr Aushandlung zwischen verschiedenen Stimmen und Interessen möglich sein? Sollten Bürgerinnen und Bürger nicht proaktiver mitentscheiden können – besser noch: miteinander >

Foto: Victoria Tomaschko

„Müsste eine Kunst im Bürgerauftrag nicht wie selbstverständlich zu den Grundlagen eines demokratischen Gemeinwesens zählen, in dem viele Menschen zusammen Verantwortung für das übernehmen, was sie je einzeln wie auch gemeinsam betrifft?“

entscheiden können –, welche Kunst vor ihren Augen entsteht, Zeichen setzt und ihr Lebensumfeld prägt? Gewiss, Teilhabe und Partizipation werden heute großgeschrieben. Kunst, Politik und Institutionen wollen mehr Menschen einbinden, auch bei der Entstehung von Kunst und Kultur, und sie tun dies auch. Doch was heißt einbinden? Was heißt Teilhabe?

Wenn Auftragskunst ein solch kraftvolles Instrument ist, das seit der Antike bis heute so viel Wichtiges hervorgebracht hat, stets jedoch im Auftrag weniger, sollte, ja muss dann nicht in einer progressiven Demokratie dieses Privileg so verallgemeinert und verteilt werden, dass jede Bürgerin, die dies wünscht, jeder Bürger, der sich engagieren will, auch eine Auftraggeberin und ein Auftraggeber zeitgenössischer Kunst sein kann? Müsste eine Kunst im Bürgerauftrag nicht wie selbstverständlich zu den Grundlagen eines demokratischen Gemeinwesens zählen, in dem viele Menschen zusammen Verantwortung für das übernehmen, was sie je einzeln wie auch gemeinsam betrifft?

Wie es scheint ist dafür einiges Umdenken nötig. Als in Frankreich die ersten Projekte in kleinen Dörfern entstanden, schüttelten die Kunstfachleute den Kopf. Das könne nicht klappen, warfen sie ein. Kunst interessiere die Leute doch gar nicht. Sie kämen gar nicht darauf, Kunst als eine Handlungsmöglichkeit in Erwägung zu ziehen und Künstlerinnen und Künstler zu beauftragen, und sie würden der Kunst gewiss auch nicht zutrauen, etwas zu verändern. Das Vorurteil hält sich, wir kennen es auch aus Deutschland. Suchen Sie doch mal im Internet nach Dokumentarfilmen über Projekte der Neuen Auftraggeber, dann können Sie sich selber eine Meinung bilden zu der Frage, was Menschen der Kunst zutrauen und was nicht, was sich mit Kunst verändern lässt und was nicht. Oder besorgen Sie sich eines der Bücher, in denen Wissenschaftlerinnen Projekte der Neuen Auftraggeber sorgsam analysiert haben.

Natürlich stimmt es, dass der Gedanke, ein Kunstwerk in Auftrag zu geben, vielen Menschen erst einmal fernliegt. Auch die Politik mag sich fragen: Macht das überhaupt Sinn? Wer Kunst und Künstler nur aus Museen statt aus nächster Nähe kennt, und das ist ja die Regel, empfindet sie vielleicht als etwas Besonderes, aber auch als etwas Fremdes, Fernes. Und es spricht gegen jede Intuition, dass sich Künstlerinnen und Künstler, zumal wenn sie berühmt sind, für das eigene Lebensumfeld interessieren, für lokale Themen, die nicht unbedingt weltbewegend scheinen. Auch dies ist ein Vorurteil, wie Sie sehen werden, wenn Sie durch dieses Buch blättern. Tatsächlich sahen und sehen sich die Künstler, denen Sie auf den kommenden Seiten begegnen werden, in jedem Projekt herausgefordert, ihr Bestes zu geben, um dem Vertrauen, das man ihnen entgegenbringt, und der Verantwortung, die damit einhergeht, gerecht zu werden.

Man darf es auch so sehen: Viele Künstlerinnen und Künstler haben ihren Beruf gewählt in der Hoffnung, etwas Relevantes beizutragen, die Gesellschaft ein Stück voran zu bringen. Im üblichen Kulturbetrieb kann einem das Gefühl durchaus abhandenkommen, dass sich diese Hoffnung einlöst. Und dann trifft man auf eine Gruppe von Menschen, die einem plötzlich sagt, dass man gebraucht wird. Dass etwas getan werden muss. Und man wird als Künstler angesprochen, es zu tun. Ist das schön? Ja, das ist schön.

Alles andere ist dann eine praktische Frage. Wie geht das? Wie genau werden Bürger zu Auftraggebern? Welche Themen dürfen als wichtig und richtig gelten? Wie findet man die geeigneten Künstlerinnen? Wie sagt man ihnen, was man will? Wie geht man mit Konflikten um, die bestimmt entstehen können? Wie soll man das bezahlen, und selbst wenn: Falls man eine Skulptur auf dem Marktplatz will oder ein ausrangiertes Gebäude abreißen möchte, um an gleicher Stelle ein neues Dorfzentrum zu errichten, wie soll man den Gemeinderat davon überzeugen, dem zuzustimmen? Woher bekommt man fünf Tonnen Stahl? Woher die Baugenehmigung?

Eben deshalb gibt es Mediatorinnen und Mediatoren. Das war vor 33 Jahren die innovative französische Idee, um aus einer Utopie – der Kunst im Bürgerauftrag für alle, die sie sich wünschen – eine Wirklichkeit zu machen. Die Idee ist in einem schlichten kleinen Dokument niedergelegt, das sein Erfinder, der belgisch-französische Künstler François Hers, ein „Protokoll“ genannt hat. Es ist auf Seite 14 abgedruckt. Seine Botschaft war ganz einfach: Kunstvermittler gibt es viele, aber fast immer vermitteln sie

„Das ist ein Versprechen der Kunst: in einem geschützten Raum alle Sachzwänge spielerisch ablegen zu können, um zu sehen, was geschieht, wenn man Selbstverständlichkeiten ausblendet und dem Vorstellungsvermögen freien Lauf lässt."

etwas, das es schon gibt. Ein Kunstwerk, eine Ausstellung, eine künstlerische Idee. Hers erweiterte die Rolle der Kunstvermittler, damit sie mehr tun könnten als bislang, nämlich echte Brücken zwischen Menschen bauen. Und er nannte diese Tätigkeit Mediation, und die Leute, die sie ausüben, Mediatoren. Mediatorinnen und Mediatoren sind professionelle Begleiter, allererst für Bürgerinnen und Bürger, die auf sie mit dem Wunsch zukommen, ein Projekt zu starten. Für Menschen, die ein wichtiges Anliegen haben, es in die Öffentlichkeit tragen möchten, etwas verändern wollen, ohne dass man schon immer genau weiß, was sich ändern könnte und wie. Mediatorinnen sind gut im Zuhören. Sie schaffen Raum für Austausch und Gespräch, für Nachdenklichkeit und Kritik, für die Überwindung von Konflikten, und sie ermutigen auch zur Kühnheit, ja manchmal zu wildem Denken. Denn das ist ja ein Versprechen der Kunst: in einem geschützten Raum alle Sachzwänge spielerisch ablegen zu können, um zu sehen, was geschieht, wenn man Selbstverständlichkeiten ausblendet und dem Vorstellungsvermögen freien Lauf lässt. So entsteht mancher Auftrag, der Großes will und dabei hofft, mit Kunst könne es möglich werden.

Mediatorinnen sind auch Begleiter für die Künstlerinnen und Künstler, die sich auf die Bürgeraufträge einlassen und viel geben, um den Ansprüchen eines Auftrags zu entsprechen. Und wenn man für ein Kunstwerk fünf Tonnen Stahl benötigt und eine Baugenehmigung von der Stadt, dann werden Mediatorinnen zu Produktionsbegleitern, die mit Verwaltungen reden, Kostenpläne erstellen und an der Finanzierung arbeiten. Nicht selten werden Mediatorinnen dabei auch zu Partnern der Politik, weil diese, wenn sie aufgeschlossen ist, erlebt, dass mit den Projekten Gutes entsteht, und sie daher unterstützt.

Kurz: Mediation ist eine große Verantwortung und eine anspruchsvolle Praxis. Sie hat sich bewährt. Seit vor 33 Jahren in Frankreich die ersten Mediatorinnen und Mediatoren damit begannen, der Kunst im Bürgerauftrag eine Chance zu geben, sind nahezu 600 Projekte in Europa entstanden, alle im Auftrag von Bürgerinnen und Bürgern, begleitet durch Mediation. Die Zahl der Menschen, die sich in diesen Projekten engagiert und mobilisiert haben, geht in die Zehntausende. Zunächst in Frankreich, später entdeckten auch andere Länder das Modell der Neuen Auftraggeber, erst in Belgien und Italien, dann in Deutschland, Spanien, der Schweiz, mittlerweile hat man auch in Kamerun die Methode übernommen.

Kunst im Bürgerauftrag, das zeigt auch dieses Buch, ist nicht länger eine unbestimmte Vision. Sie entsteht heute an immer mehr Orten in Deutschland und Europa, sie findet ihre Anhänger in der Stadt und auf dem Land, in der Bürgerschaft und in der Kunstwelt, in den Medien und im universitären Diskurs. Aus kulturpolitischen Debatten ist sie kaum mehr wegzudenken. Kunst im Bürgerauftrag, das ist auch eine der Antworten auf zentrale Themen der gesellschaftlichen Entwicklung: Wie lassen sich gleichwertige Lebensverhältnisse herstellen, um zu krasse Unterschiede zwischen urbanen und ländlichen Räumen, zwischen vielen und wenigen sozialen Privilegien, zwischen guten und schlechten Teilhabechancen besser ausgleichen? Ob Demokratie gelingt, das wissen heute alle, ist ganz wesentlich auch eine Kulturfrage. Man ist da zu Recht anspruchsvoller geworden. Es reicht nicht mehr, Menschen zur Vernissage ins Museum einzuladen oder im Gemeinderat eine Fragestunde für Bürger abzuhalten. Demokratie heißt Mitbestimmung, Mitverantwortung, Miteigentum am gesellschaftlichen Prozess.

Wenn Sie dieses Buch durchblättern, werden Sie sehen, wie viel sich Bürgerinnen und Bürger zutrauen. Wieviel Verantwortung sie für ihre Gemeinschaft übernehmen. Wie sie demokratische Kultur direkt vor Ort am Laufen halten – oder wieder zum Laufen bringen, falls sie eingerostet war. Und wie viel Vertrauensvorschuss sie der Kunst geben, selbst wenn sie sich zuvor vielleicht nie für Kunst interessiert haben. Wenn eines in den Texten und Bildern dieses Buches schwingt, dann ist es die Zuversicht, dass die eigene Welt und Zukunft gestaltbar ist, nicht abgeschlossen, nicht verstopft durch Zwänge und Grenzen des Machbaren. Natürlich, manches fällt zurück auf den Boden der Tatsachen. Nicht jede Vision wird Wirklichkeit. Aber, wie es in einem der Projekte heißt: „Eine andere Welt ist möglich. Auf jeden Fall lässt sie sich zeichnen!" /

DAS PROTOKOLL DER NEUEN AUFTRAGGEBER

Das Protokoll der Neuen Auftraggeber beschreibt die Rollen verschiedener Akteurinnen und Akteure und ihre jeweilige Verantwortung in einem gemeinsamen Prozess, der die Entstehung von Kunstwerken jedweder Art zum Ziel hat.

François Hers, 1990
Gründer der
Neuen Auftraggeber

• Dieses Protokoll eröffnet ausnahmslos jedem Menschen an jedem Ort der Zivilgesellschaft die Möglichkeit, allein oder im Zusammenschluss mit anderen, Verantwortung für den Auftrag an eine Künstlerin oder einen Künstler zu übernehmen, ein Kunstwerk zu schaffen. Es obliegt dabei dem Auftraggeber, sich über die Notwendigkeit von Kunst klar zu werden und zu begründen, warum die Gemeinschaft in sie investieren soll.

• Dieses Protokoll schlägt Künstlerinnen und Künstlern vor, Formen zu finden und zu gestalten, die ohne Einschränkungen auf die verschiedenste Art und Weise auf die Bedürfnisse der Gesellschaft antworten können – und damit eine Rollenverteilung zu akzeptieren, die das künstlerische Schaffen zu einer kollektiven und nicht allein zu einer privaten Verantwortung macht.

• Den Mediatorinnen und Mediatoren, deren Aufgabe darin besteht, Kunstwerke und Öffentlichkeit miteinander zu verbinden, empfiehlt das Protokoll, das gleiche mit Menschen zu tun: Verbindungen zwischen der Künstlerin, dem Auftraggeber und allen anderen beteiligten Akteurinnen und Akteuren zu schaffen. Die Mediatorin oder der Mediator organisiert ihre Zusammenarbeit. Sie oder er bringt die erforderlichen Kenntnisse mit, um das richtige Medium und eine geeignete Künstlerin oder Künstler auszuwählen und verfügt über die notwendigen Fähigkeiten, um das Gelingen einer künstlerischen Produktion zu gewährleisten, die den Ansprüchen des Auftrags ebenso gerecht wird wie den gestalterischen Ambitionen.

• Die Mediatorin oder der Mediator kann auch als öffentlicher Produzent auftreten und künstlerische Initiativen aufgreifen, wenn sie oder er der Meinung ist, dass diese sich einer zeitgenössischen Herausforderung stellen.

• Das Protokoll schlägt den gewählten Volksvertretenden und den Verantwortlichen in privaten und öffentlichen Einrichtungen vor, in die Entwicklung einer „Initiativdemokratie“ zu investieren und die politische Vermittlung zu leisten, damit das Kunstwerk seinen Weg in die Gemeinschaft finden kann, für die es vorgesehen ist. Sie können auch persönlich die Verantwortung für einen Auftrag übernehmen, der auf ein kollektives Bedürfnis reagiert. Das Protokoll schlägt Forscherinnen und Forschern unterschiedlicher Fachrichtungen vor, ihren Beitrag dazu zu leisten, dass die Notwendigkeit von Kunst deutlich wird, Aktivitäten in einem breiteren Zusammenhang betrachtet und ihre jeweiligen Umstände und Herausforderungen allgemein verständlich werden.

Indem alle Beteiligten darin übereinkommen, Verantwortung gemeinsam und gleichberechtigt zu übernehmen, erklären sie sich auch einverstanden, Spannungen und Konflikte, wie sie im öffentlichen Leben einer demokratischen Gemeinschaft notwendig entstehen, durch Verhandlungen miteinander zu lösen.

Das Kunstwerk – nunmehr selbst ein Akteur des öffentlichen Lebens – ist nicht länger nur Sinnbild künstlerischer Individualität, sondern Ausdruck des Willens autonomer Personen, ein Gemeinwesen zu bilden, indem sie der zeitgenössischen Kreativität kollektive Bedeutung verleihen.

Finanziert durch private und öffentliche Subventionen, wird das Kunstwerk zum Gemeinschaftseigentum. Sein Wert entspricht nicht mehr dem Marktwert, sondern liegt in dem Gebrauch, den die Gemeinschaft von ihm macht, und in der symbolischen Relevanz, die sie ihm beimisst.

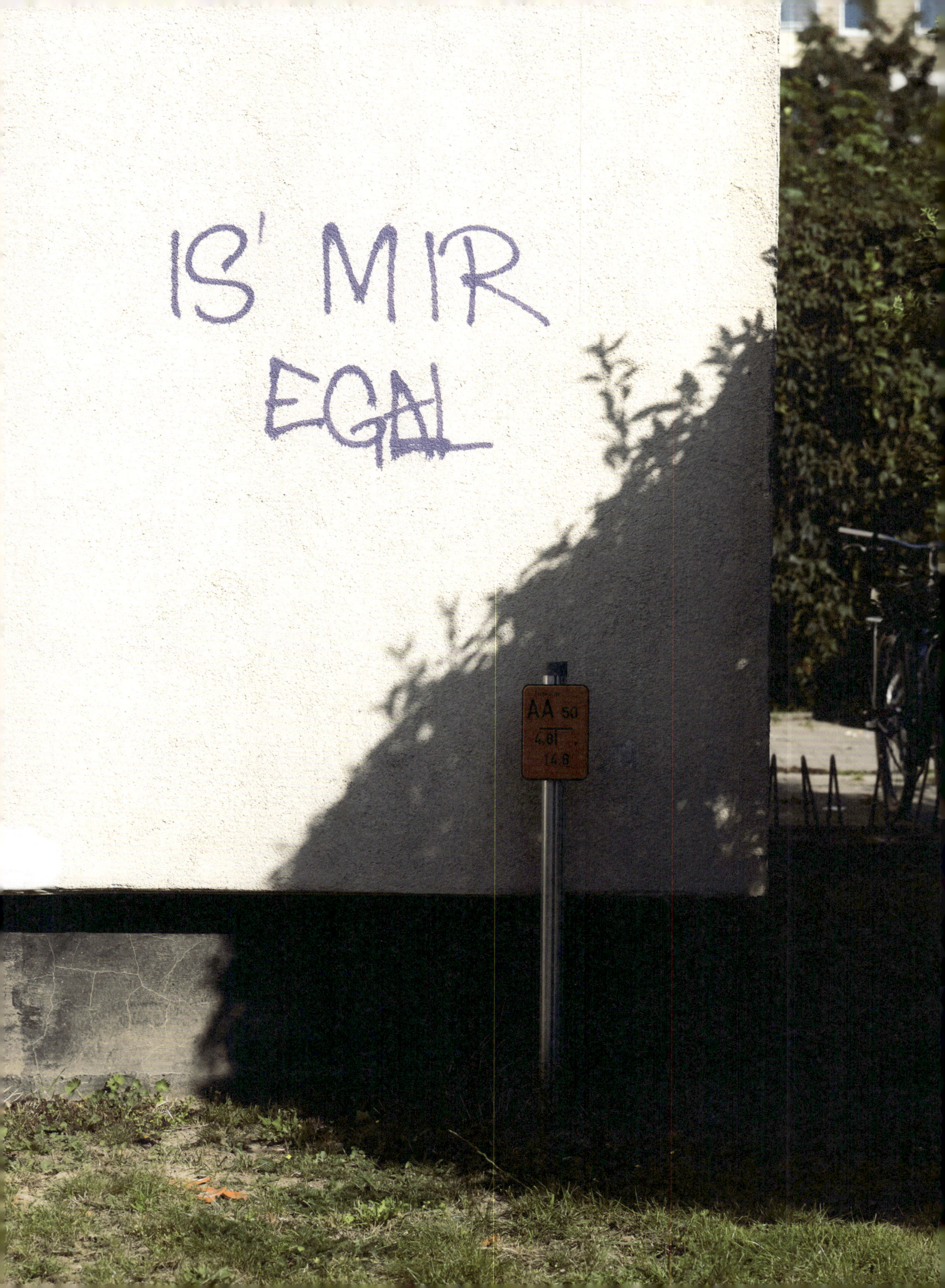
IS' MIR
EGAL
AA 50
4.8
14.8

PERSPEKTIVEN UMKEHREN

Ist ein Vorurteil zäh genug, richtet oft das beste Argument nichts aus. Wer schon eine fertige Meinung hat, sucht nicht nach neuen Erfahrungen. Doch wo alle sich schon ein Bild gemacht haben, hat Kunst eine magische Macht. Sie kann uns Gegenbilder in die Köpfe setzen, statt mit uns zu streiten. Was eben noch ein Problemquartier war, bringt sie zum Leuchten. Wo bis gestern soziale Gräben waren, baut sie im Wortsinn Brücken. So lösen die Projekte der **NEUEN AUFTRAGGEBER** oft Konflikte in Spielfreude auf. In GREIFSWALD S. 20 und MÖCHENGLADBACH S. 30 verwandeln zwei raumgreifende Kunstwerke Orte in Anziehungspunkte, denen viele Menschen vor kurzem noch ausgewichen sind.

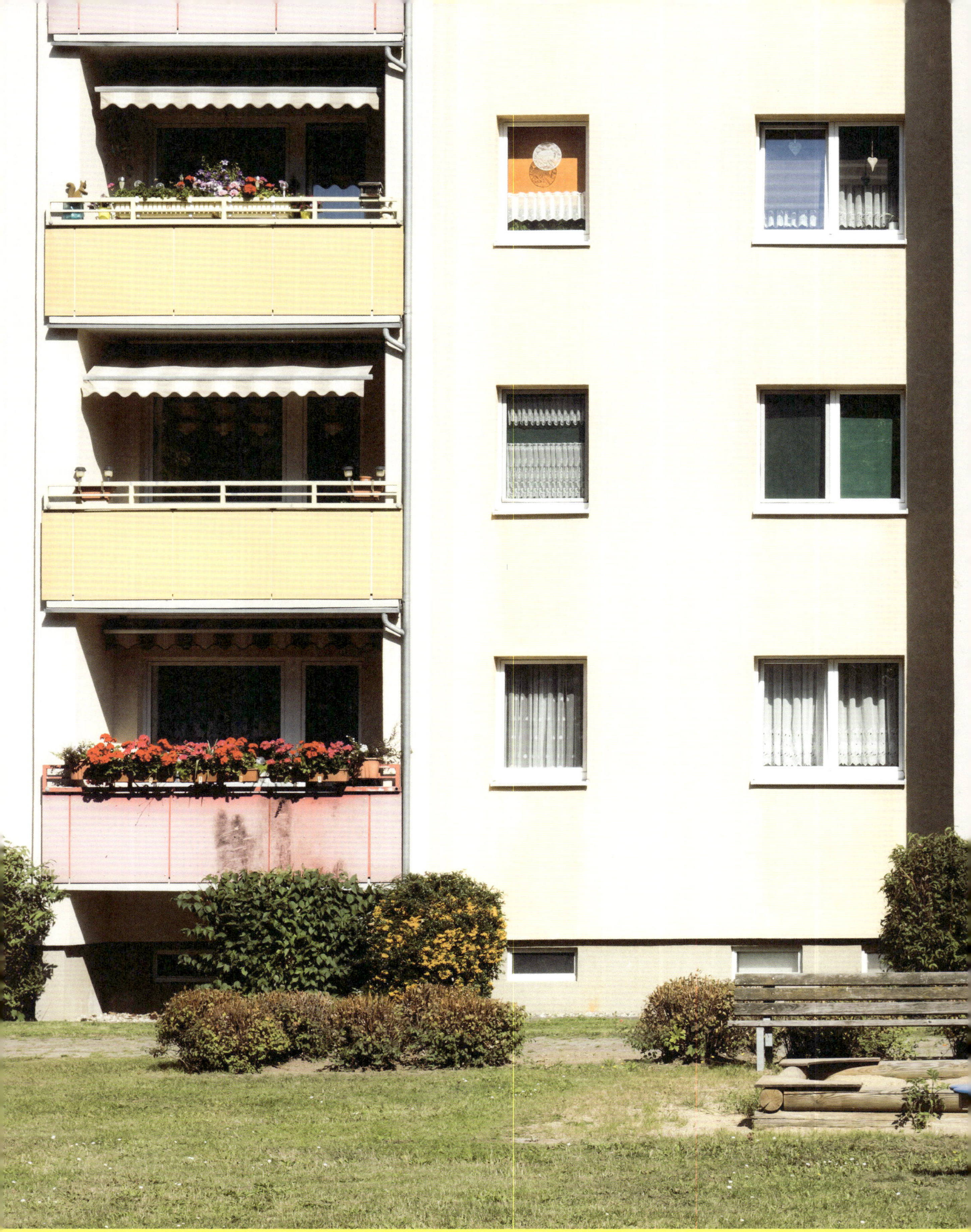

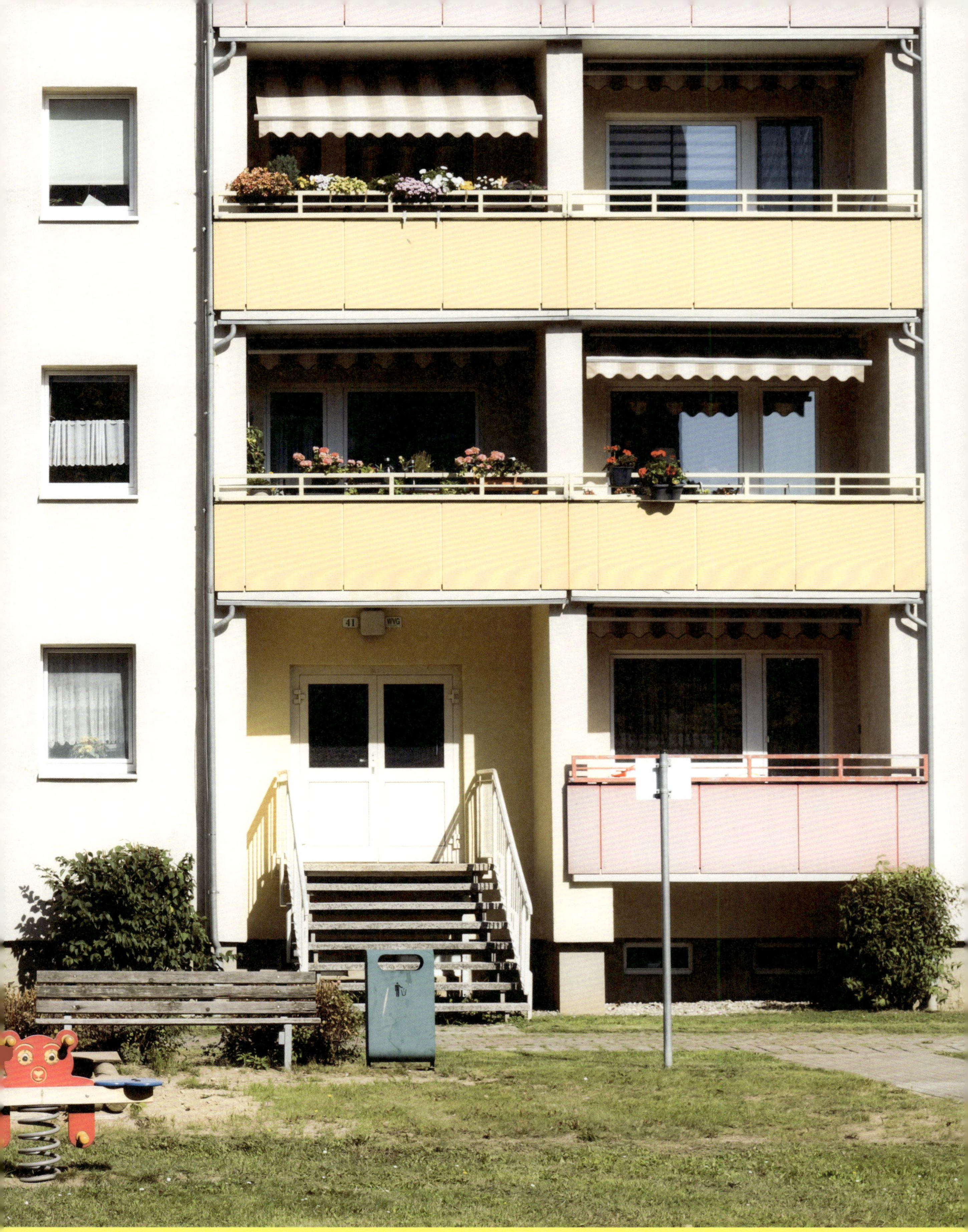
41
WVG

Greifswald,
Mecklenburg-
Vorpommern

LEUCHTTURM DER WERTE

EIN QUARTIER KEHRT SEINE INNEREN WERTE NACH AUSSEN

Die Erwin Fischer-Schule in Greifswalds größtem Wohnquartier ist so etwas wie ein heimlicher Champion pädagogischer Präzisionsarbeit. Ein junges Kollegium schafft ein respektvolles Umfeld und fördert jedes Kind nach seinen Besonderheiten. Am Tag der Einschulung aber weiß kaum ein Schüler, dass er Glück mit dieser Schule hat. Das Gerücht geht um, dass zwischen Plattenbauten Brennpunktschulen stehen. Dass die Elite irgendwo anders ist. Neun Lehrerinnen hatten genug von diesem Vorurteil. Sie wünschten sich ein Kunstwerk, das ihren pädagogischen Elan so unübersehbar machen würde wie eine Leuchtreklame in Las Vegas. Nicht aus Eitelkeit. Sondern um die Schüler aufzurichten. Und weil wir wissen müssen, dass es keine gute Gesellschaft ohne gute Schulen gibt.

DER AUFTRAG IN ZWEI SÄTZEN
„Wir wünschen uns ein Werk, das die Leistung sichtbar macht, die wir täglich für die Gesellschaft erbringen. Es soll unsere Schule als positiven Ort erlebbar machen und ein starkes Zeichen setzen, das in die Stadtgesellschaft hineinwirkt."

GRÖSSTE HERAUSFORDERUNG
In den Großsiedlungen der ehemaligen DDR sind Orte Pragmatismus. Hier wartet man nicht an jeder Straßenecke auf die große Utopie. Das größte Abenteuer war es deshalb, groß zu denken. Wer sonst bescheiden ist, braucht für ein großes Zeichen Mut.

DIE AUFTRAGGEBERINNEN
Lehrerinnen der IGS „Erwin Fischer" in Schönwalde I: Susanne Adler, Hilde Dehler, Gesine Emmel-Stüber, Karoline Greiner, Silke Janz, Anne Krause, Katja Marlow, Julia Schüler, Gesine Wosny

MEDIATORIN
Susanne Burmester

KÜNSTLER
Daniel Knorr

ZEITRAUM
2019 – dauert an

FAKTEN
Der „Ring of Engagement" wird 5,5 Tonnen wiegen und in der Region gefertigt. Für Daniel Knorr ist der Auftrag kein Projekt wie jedes andere. Er ist in Bukarest selbst im Plattenbau groß geworden.

ORT
Greifswald ist eine Universitätsstadt in Mecklenburg-Vorpommern und hat 52.000 Einwohnerinnen und Einwohner, von denen mehr als die Hälfte in Großsiedlungen wohnen.

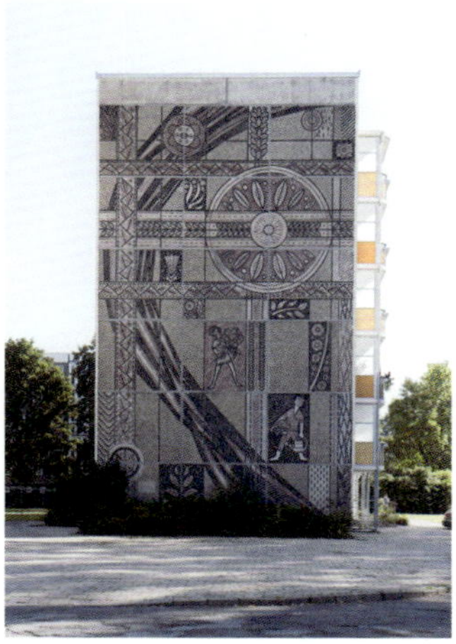

Es gibt Wettläufe, die kann man schwer gewinnen. Zum Beispiel den gegen die Bilder, die immer schneller als Argumente sind. Hinter den Fassaden einer Großsiedlung kann schon lange ein hoffnungsvoller Aufbruch begonnen haben. Das Vorurteil aber sieht weiter grauen Beton, so lange das Engagement nicht in Neonfarben von den Hauswänden leuchtet oder die Scheibenhochhäuser in Influencer-Posts trenden wie die Wohntürme von Dubai. In Greifswald bleibt Plattenbau erst einmal Plattenbau, vor allem für die, die selbst im sanierten Altbau wohnen. Da mag sich eine Schule um die Stärken der Kinder kümmern wie Olympiatrainer um ihre Modellathleten. Wenn sie mitten im Riesenquartier mit den autogerechten Magistralen steht, bleibt sie im Marktplatztratsch eine Brennpunktschule und kein glücklicher Schüler könnte an diesem Makel etwas ändern, solange man nicht mit einem neuen Bild das alte aus den Köpfen brennt. Das wäre eine Geschichte, wenn Optimismus leuchten würde, dachten neun Lehrerinnen an der Integrierten Gesamtschule Erwin Fischer, die alle nur Fischerschule nennen, mitten im Greifswalder Riesenquartier Schönwalde I. Und hatten stellvertretend für das ganze Kollegium ein Vorhaben formuliert, das alle Stereotypen entwaffnen sollte. Sie wollten mit Susanne Burmester, der Mediatorin bei den Neuen Auftraggebern, das neue Bild entwickeln, das die Vorurteile vertreiben würde. Ein Bild wie ein Pokal. War ihre Schule bislang ein stiller Champion der Aufmerksamkeit und der Fürsorge, würde nun Schluss mit der Heimlichkeit sein. >

Detailliertere Wandmosaike, wie sie typisch für künstlerische Fassadengestaltungen in den Großsiedlungen der DDR waren, treten in Schönwalde I hinter seriellen Dekoren zurück. Helmut Maletzkes ornamental-folkloristische Struktur unweit der Fischerschule bildet eine Ausnahme im Quartier.

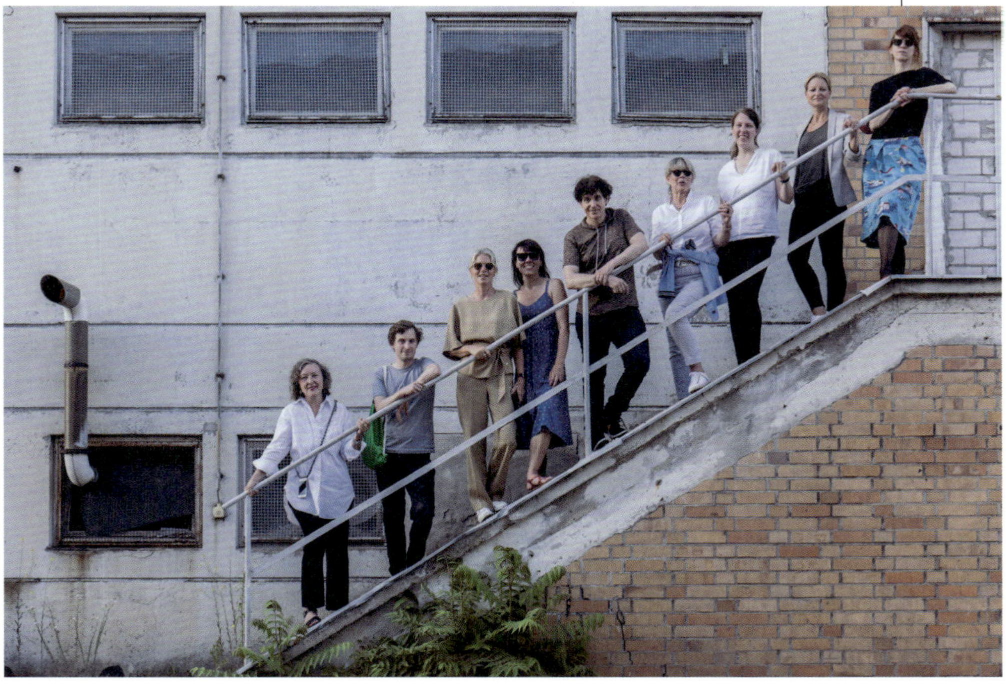

Susanne Burmester (Mediatorin der Neuen Auftraggeber), Clemens Vogel (Architekt), Katja Marlow, Gesine Wosny, Daniel Knorr, Hilde Dehler, Julia Schüler, Silke Janz und Anne Krause (v.l.n.r.) beim Atelierbesuch in Berlin.

Fotos soweit nicht anders vermerkt: Victoria Tomaschko

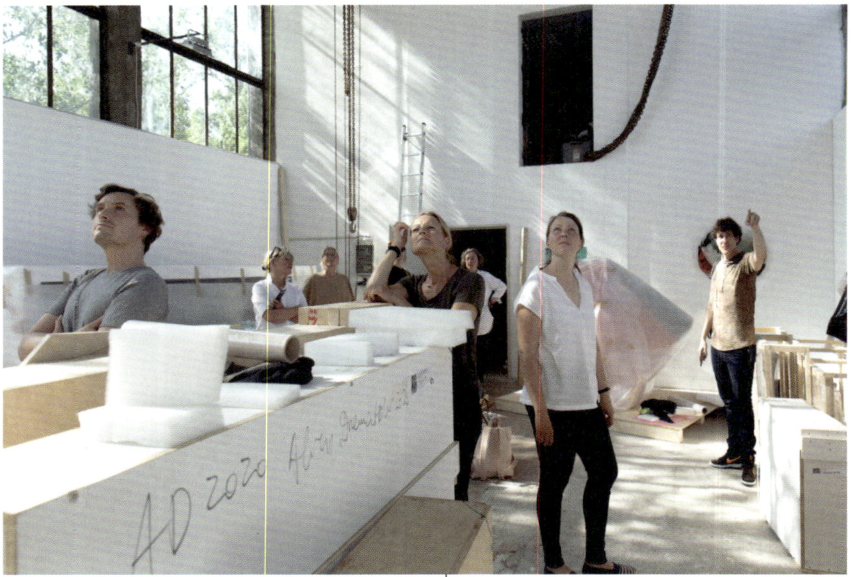

Am 11. Juni 2021 reist die Greifswalder Gruppe nach Berlin zu Daniel Knorr. Es geht nicht nur darum, über Entwurfsideen zu sprechen. Immer noch lernen sich beide Seiten näher kennen. Diese Nähe ist kein Luxus, sondern trägt zur Qualität des künstlerischen Werks bei, in dem der Künstler auf sehr persönliche Weise auf die Ansprüche seiner schulischen Partnerinnen reagieren wird. Die besondere Charakteristik vieler Projekte der Neuen Auftraggeber verdankt sich dieser intuitiven Direktheit zwischen zwei Parteien, die sonst nie zusammenkämen.

Den Greifswalder Lehrerinnen war von der ersten Minute an klar, was sie von der Kunst erwarteten. Wer auch immer das Kunstwerk herstellen würde und woraus es genau bestehen würde, groß müsste es sein und die Richtung ändern. Nicht die der Schule. Sondern die der Köpfe. „Wir wollen ein Kunstwerk", sagten sie der Mediatorin, kaum dass man sich kennengelernt hatte, „das man noch auf dem Marktplatz sehen wird." Sie erzählten von Schülern, die bis zu ihrer Einschulung noch nicht in die Greifswalder Altstadt gekommen waren, einfach, weil sie glaubten, dass sie und die Menschen dort zu verschiedenen Welten gehören. Drüben aber, in der anderen Welt, sollte man die Fischerschule nun nicht mehr übersehen können. Eine Achterbahn auf dem Schuldach wäre vielleicht eine Option, hieß es einmal aus der Lehrerinnengruppe. Der Spaß am Ende der Bescheidenheit, die unsere Gesellschaft von ihrem pädagogischen Personal gemeinhin erwartet, war ansteckend. Ein Looping, ein Turm, ein Wertschätzungswolkenkratzer, der einen neuen Maßstab für den Wert kindlichen Selbstwertgefühls und didaktischer Kompetenzen setzt. Das war das Ziel. So entstand ein Auftrag, der dermaßen revolutionär und überzeugend klang, dass sich nach den ersten Gesprächen in der Bildungs- und Bauverwaltung die erschrockene Denkmalpflegerin meldete und vorsichtshalber an die Bauvorschriften der Hansestadt erinnerte. Die Betonung der Höhe und Größe des erträumten Kunstwerks war eine Metapher für die erhoffte Wirkung, die Reichweite im Bewusstsein der Bürgerschaft, klang aber für Außenstehende so real, als könnte bald der 100-Meter-Turm der altehrwürdigen St. Nikolai-Kirche verschattet werden. Und irgendwie ging es ja auch um Größenverhältnisse. Nicht weniger als ein Fünftel der Greifswalder Bevölkerung lebt in Schönwalde I, schläft hier ein, wacht auf, geht zur Schule oder fährt zur Arbeit, aber ein die vielen Wohnblöcke verbindendes Zentrum, ein Wahrzeichen haben sie nicht. In einer Stadt, in der mehr als die Hälfte aller Menschen in den Wohnsystemen der Großsiedlungen zu Hause ist, wirft das Fragen auf. Die Lehrerinnen hatten also eine schlagende Lösung für zwei Probleme im Sinn. Das Kunstwerk ihrer Träume sollte Bildungsarbeit sichtbar machen. Zweitens aber war es direkt an die Leute drüben zwischen den Kulturerbefassaden gerichtet. Die hatten die Geschichte, die Backsteingotik und Caspar David Friedrich auf ihrer Seite. Das neue Wahrzeichen mitten im Großquartier aber sollte Solidarität und Verantwortung, Fürsorglichkeit und Engagement ausdrücken – und so das manchmal etwas behäbige Selbstbild Greifswalds modernisieren.

Eine Schule als Motor städtischer Bewusstseinsbildung? Wenn Sie sich einen Moment lang an alle Kunstwerke erinnern, die Ihnen bislang an den Fassaden öffentlicher Bildungseinrichtungen aufgefallen sind, wird klar, was an Daniel Knorrs Antwort auf den Greifswalder Wunsch so überraschend ist. Hier entsteht kein Bildungsbild. Keine Visualisierung humanistischer Ideale. Knorr kniet höchstpersönlich nieder und verehrt den Lehrenden einen Ring. Kein Orden, nein, eine Preziose aus der Schmuckvitrine. Was verbindet Malibu und die Bronx, Elbufer-Villen mit der Fritz-Heckert-Siedlung? Gold ist unwiderstehlich und Diamanten kennen keine Klassengrenzen! Knorr beschließt, die Kultur müsse um die Hand der Bildung anhalten. Wer es ernst meint, geht zum Juwelier. Und natürlich ist eine Skulptur, deren Scheitelpunkt 6,20 Meter über dem Erdboden liegt, nicht zu übersehen, erst recht nicht, wenn die Diamantfassung 4 Meter Durchmesser hat und nachts von innen beleuchtet werden kann. Knorr entdeckt in der abgerundeten Silhouette eines kleinen, aus einer früheren Bauphase als der Rest der Schule stammenden >

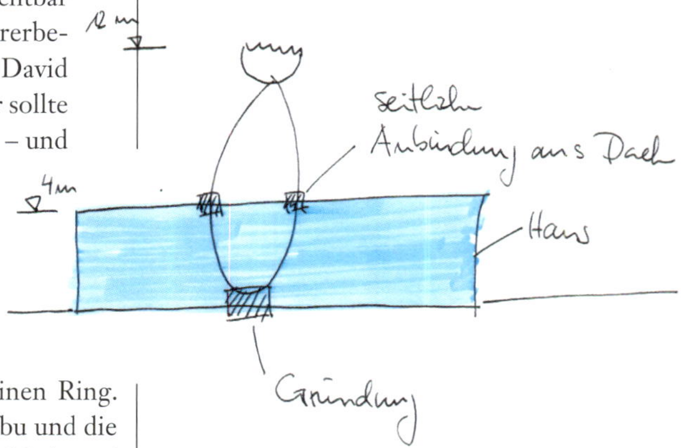

Erste Skizze des Verlobungsrings von Daniel Knorr: Ein großer Ring durchzieht das Dach des Pavillongebäudes und ruht auf dem Boden im Innenraum, ganz so als habe man ihn in die Wattefüllung eines Schmuckkästchens gesteckt.

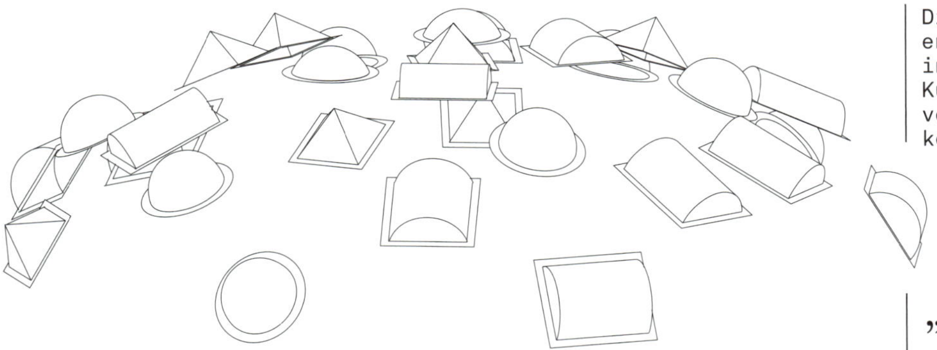

Die Verkleidungsbleche enthalten Aussparungen für industriell gefertigte Kunststoff-Lichtkuppeln, die von innen beleuchtet werden können.

„Wir wollen ein Kunstwerk“, sagten sie der Mediatorin, kaum dass man sich kennengelernt hatte, „das man noch auf dem Marktplatz sehen wird.“

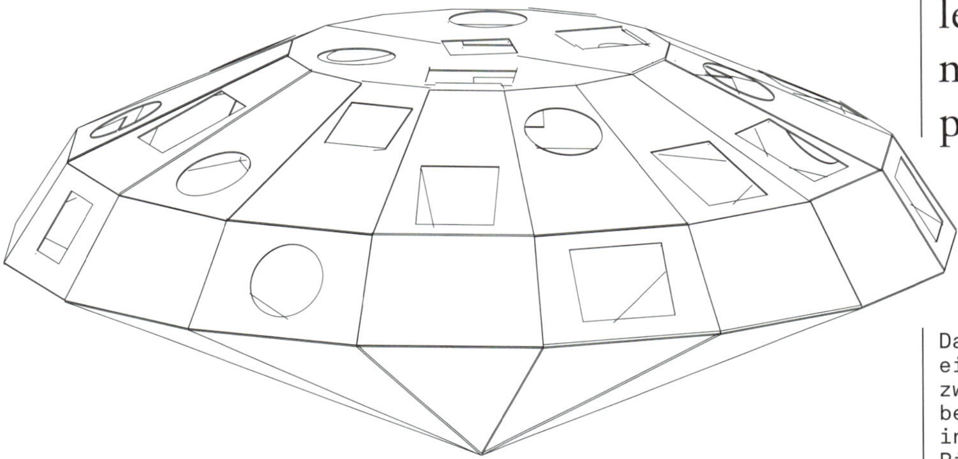

Daniel Knorrs Entwurf zeigt eine geschickte Balance zwischen Signalwirkung und behutsamer Integration in die Schularchitektur. Der Ring will gesehen werden, aber er trumpft nicht auf.

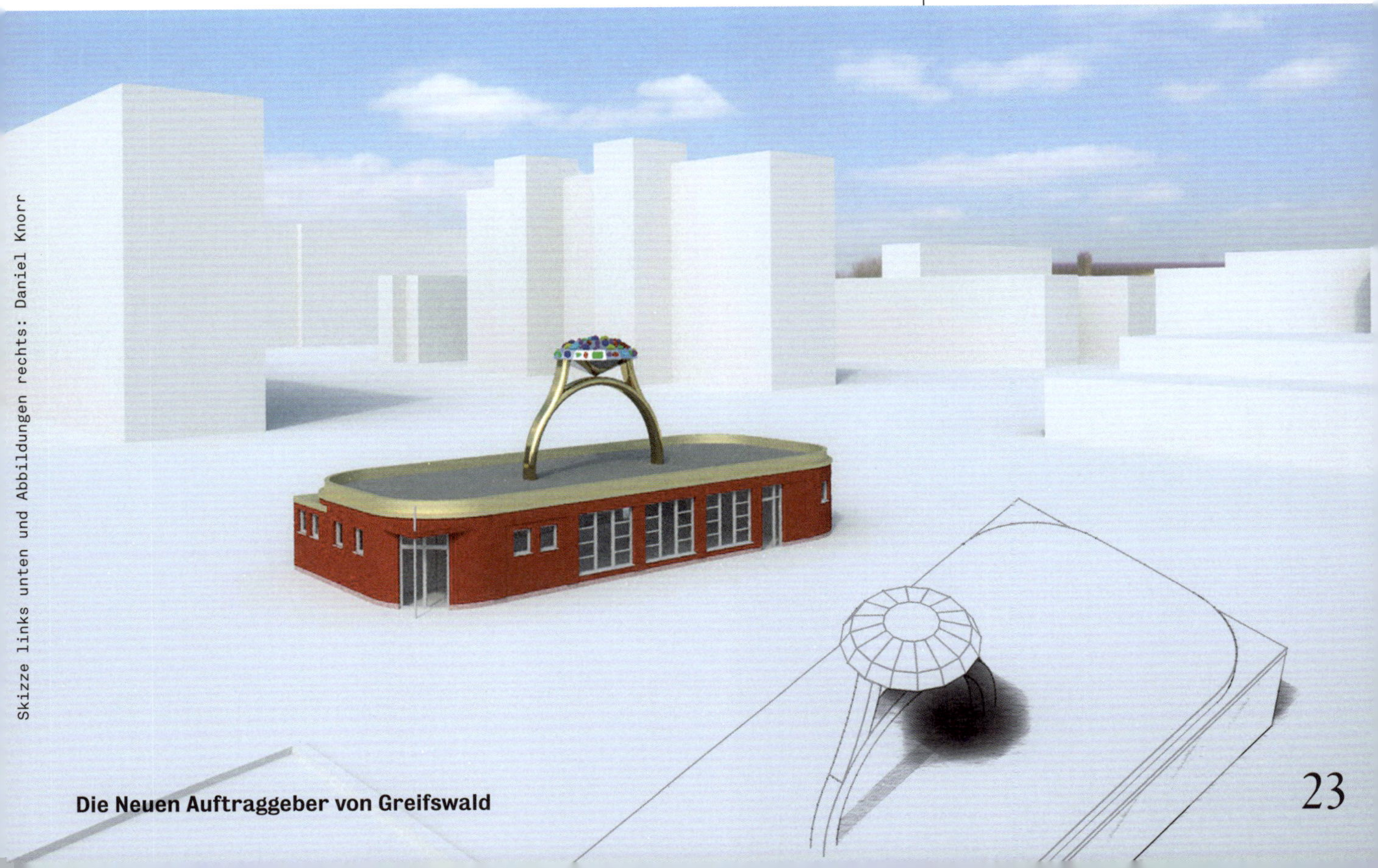

Skizze links unten und Abbildungen rechts: Daniel Knorr

Mehrzweckgebäudes das Inbild eines Schmuckkästchens. In seinen Augen ist alles sowieso schon vorhanden. Die Schule, die Werte, ein Quartier, das sich streckt und gegenüber Vorurteilen Haltung zeigt. Und ein Etui mit Einsatz für den darzureichenden Ring. Den Ring, der peinlicherweise fehlt. Man sollte die begehrte Bildung besser nicht warten lassen, denkt Knorr.

Die Frage ist nicht, ob das vielleicht irgendwie eine ziemlich massive Geste ist. Oder fragt sich das irgendjemand, der den Bund fürs Leben schließt? Die Frage ist, warum es nicht viel früher oder überall oder immer neu an den unterschiedlichsten Orten passiert. Die Frage ist, warum Schönwalde das Monument für seine inneren Überzeugungen so viel später als die Innenstadt ihre Denkmäler und Großplastiken bekommt. Und die Antwort ist vielleicht ganz schlicht: Weil die Mediatorin einen Künstler gefunden hat, der in seiner Kindheit die sozialistischen Wohnmaschinenblöcke von Bukarest kennengelernt hat. Weil Daniel Knorr die Sache nur persönlich nehmen konnte, nachdem er in Greifswald im Schulunterricht hospitiert hatte. Und weil es jetzt die Achterbahn und den 100-Meter-Turm nicht mehr braucht. Knorr, documenta-Künstler und welterfahren, hat die Dinge einmal um die Achse gedreht. Wenn der Ring auf dem Flachbau vor der Fischerschule thront und sie mit leiser Ironie in eine Schmuckschatulle verwandelt, wenn er strahlt und leuchtet und schon bei der Einschulung unmissverständlich erklärt, dass die Bildung hier ein echtes Selbstbewusstsein hat – dann müssen die Menschen der Greifswalder Mitte nach Schönwalde kommen. Sie werden kommen müssen. Um eine Sehenswürdigkeit zu sehen. Die besteht darin, dass eine Siedlung das Prinzip des sich Kümmerns zu ihrem Wahrzeichen macht. Wie das so ist mit Ringen und Diamanten und Gold. Man kann neidisch werden./

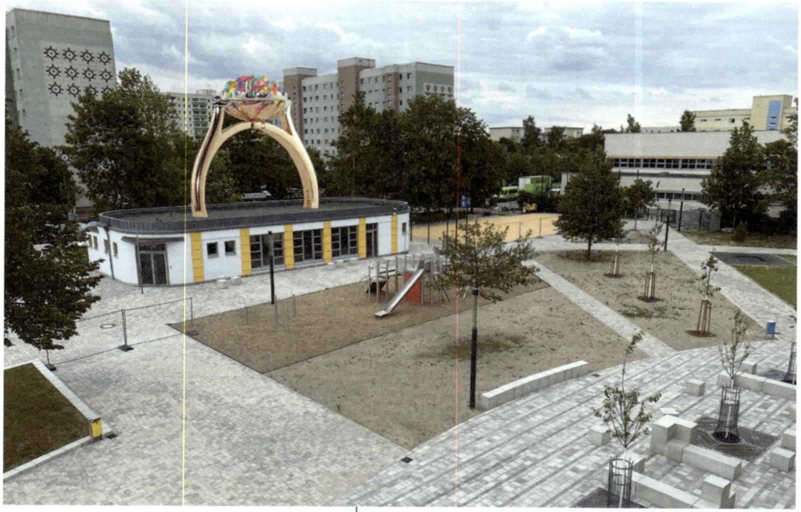

Das Pavillongebäude ist eine Architektur der Zwischenzeit. Es ist 2008 entstanden und ergänzte damals das inzwischen abgerissene Schulgebäude der 1970er-Jahre als Aula. Heute steht es dem Schulneubau gegenüber zwischen zwei Sportanlagen. Dass selbst der Architekt Frank Bräsel wegen der abgerundeten Fassade liebevoll von der „Fischdose“ spricht, ist entspannte norddeutsche Selbstironie.

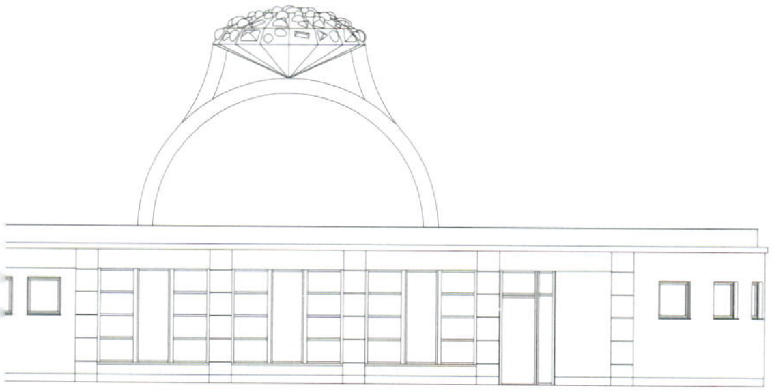

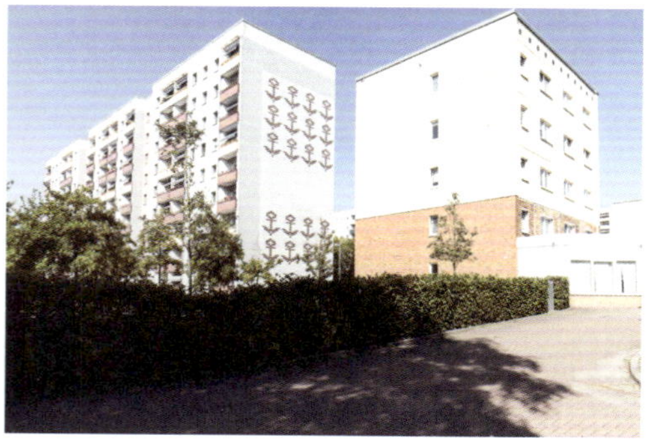

Fast alle Fassaden im Greifswalder Stadtteil Schönwalde I sind heute saniert. Einige der Mosaike, mit denen die Fassaden in der DDR-Zeit individualisiert wurden, konnten aber erhalten werden und prägen das Straßenbild bis heute.

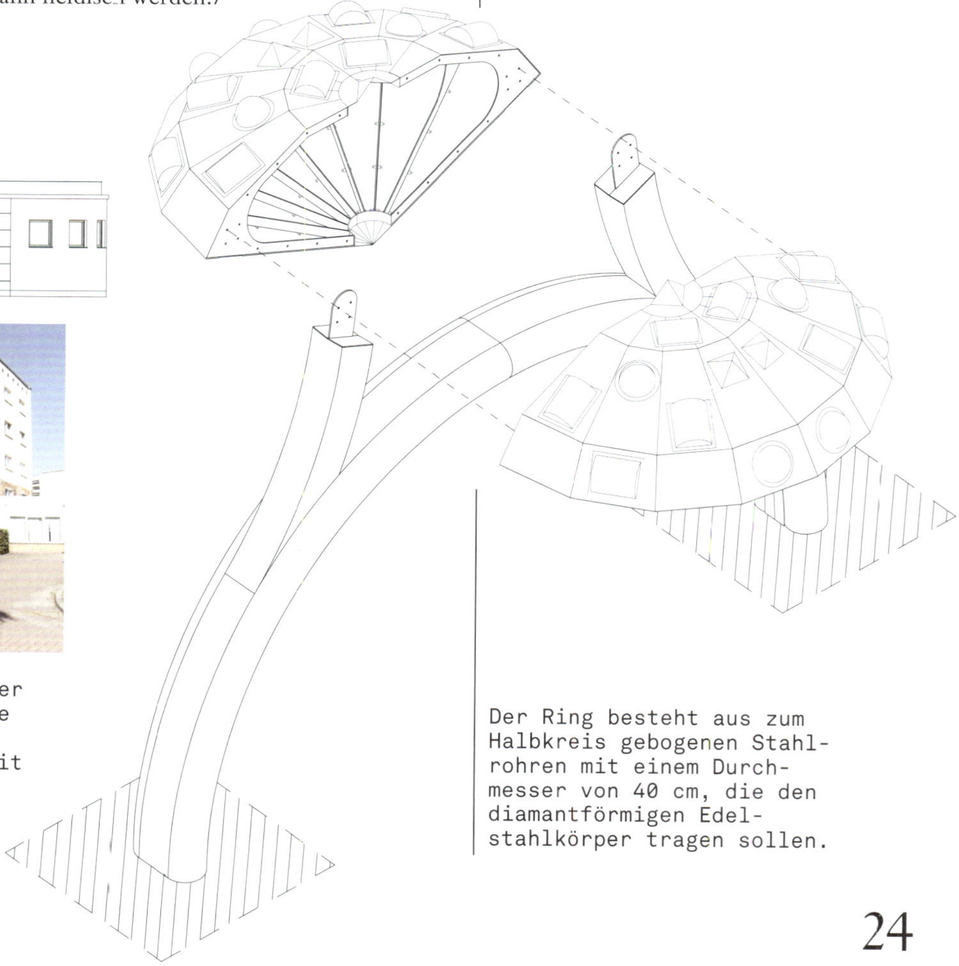

Der Ring besteht aus zum Halbkreis gebogenen Stahlrohren mit einem Durchmesser von 40 cm, die den diamantförmigen Edelstahlkörper tragen sollen.

KUNST, DIE AUS NÄHE ENTSTEHT

Ein Gespräch der Neuen Auftraggeberinnen von Greifswald mit dem Künstler Daniel Knorr über die Ehre der Einladung und Antworten auf echte Probleme.

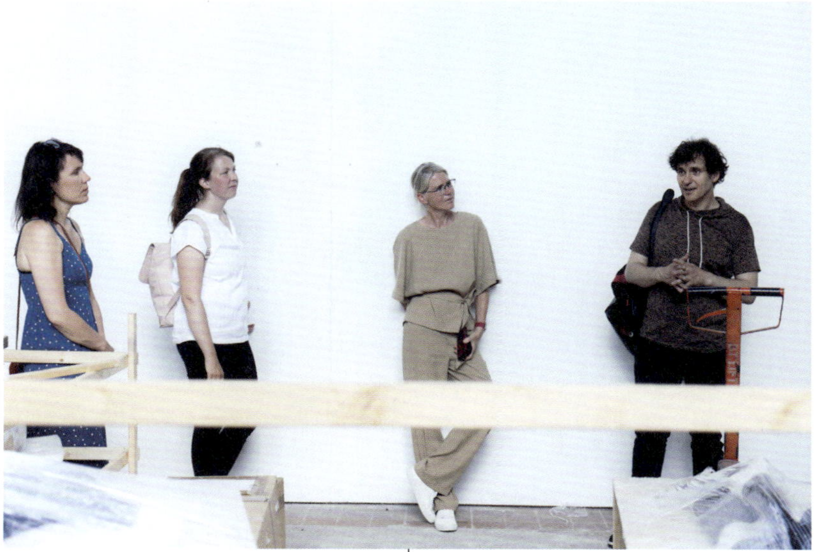

Gesine Wosny, Julia Schüler, Katja Marlow mit Daniel Knorr.

GERRIT GOHLKE Künstler sind häufig Auftragnehmer, und wahrscheinlich sind sie es schon immer gewesen. Was ist anders an diesem Auftrag, der mit solcher Dringlichkeit mitten aus einem Lehrerkollegium kommt?

DANIEL KNORR Die Besonderheit ist, dass es sich nicht um ein klassisches Kunst-am-Bau-Projekt handelt, bei dem ein oder zwei Prozent der Bausumme für Kunst ausgegeben werden sollen, sondern, dass der Auftrag von Menschen ausgesprochen wird, die sich an ihrem Arbeitsplatz, im Alltag, im öffentlichen Raum Kunst wünschen. Das ist etwas, was mich besonders anspornt. Der Auswahlprozess für öffentliche Projekte ist nicht selten problematisch. Hier habe ich es als eine Ehre empfunden, eingeladen zu werden und Auftraggeberinnen gegenüberzusitzen, die von sich erzählen, die eine Antwort auf ein echtes Problem suchen und offenlegen, wie wichtig ihnen das ist.

GG Da ist eine unmittelbare Nähe.

DK Man ist im ständigen Austausch und kann eine geistige, aber auch emotionale Nähe aufbauen. In der klassischen Auftragssituation hat man eine viel größere Distanz.

GG Die Nähe muss für beide Seiten ungewohnt sein.

KATJA MARLOW Wir waren am Anfang noch ziemlich naiv. Wir hatten noch nie Kontakt mit einem Künstler gehabt. Im direkten Austausch haben wir aber sehr schnell unsere Scheu verloren. Wir wollten uns auf diesen Dialog einlassen. Wir hatten zwar einen Auftrag formuliert, der war aber erst einmal sehr abstrakt.

DK Ihr wart von Anfang an sehr anspruchsvoll – viel mehr als ein Ausstellungskurator, der einen Künstler einlädt, weil er weiß, was der im Allgemeinen so macht und ihn dann arbeiten lässt. Euch war sehr klar, dass das Kunstwerk groß sein soll, dass es Eure tägliche Arbeitswelt verändern muss. Dass es das Bild verändern soll, das sich die Menschen von Eurer Schule machen. Ihr hattet diese Vorstellungen ganz klar formuliert. Ihr wusstet, was Ihr erwartet.

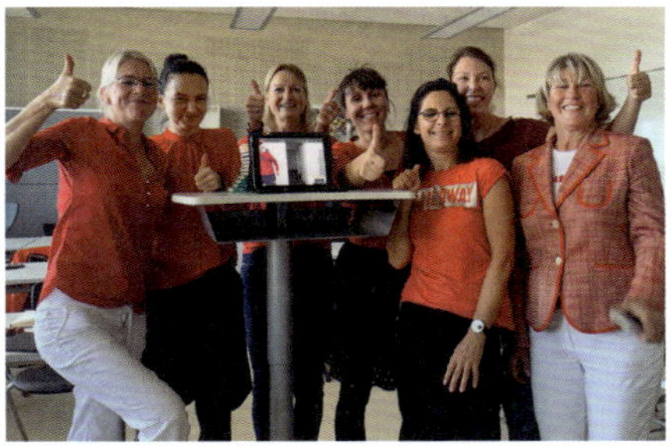

Entwurfsbesprechung in digitaler Distanz: Katja Marlow, Karoline Greiner, Silke Janz, Gesine Wosny, Susanne Adler, Julia Schüler und Hilde Dehler (v.l.n.r.) dokumentieren ihr positives Votum.

GG Ihr habt diese Erwartung mit Susanne Burmester als Mediatorin formuliert, lange bevor es eine Idee davon gab, wer die Künstlerin oder der Künstler sein könnte.

DK Das ist eben auch ein Unterschied. Es gibt diese Idee. Den Anspruch an die Kunst oder das Kunstwerk. Erst dann fällt die Wahl auf den Künstler und Susanne hat mich vorgeschlagen. Das ist kein Zufall, sondern ein sehr direkter Grund, der mich ins Spiel bringt.

JULIA SCHÜLER Für uns war das bemerkenswert, dass unser Wunsch „etwas Großes zu machen", von Anfang an berücksichtigt wurde, dass unsere Ansprüche so präzise wahrgenommen und umgesetzt wurden, wenn auch in ganz anderer Form als ursprünglich vorgestellt.

GG War dieser Wunsch nach Größe, nach einer unbedingten Sichtbarkeit, nicht eine Herausforderung für die Mediatorin?

SUSANNE BURMESTER Auf jeden Fall. Ich hatte die Auftraggeberinnen darin bestärkt, in die größtmögliche Fantasie zu gehen. Und sie haben das zugleich auch eingefordert. Wir haben in Gesprächen die wagemutigsten Ideen eingefangen und versucht, sie zu konkretisieren, ohne dabei aber den Ausgangswunsch nach etwas Spektakulärem und total >

Zeichnungen links: Daniel Knorr, Foto rechts unten: GNA

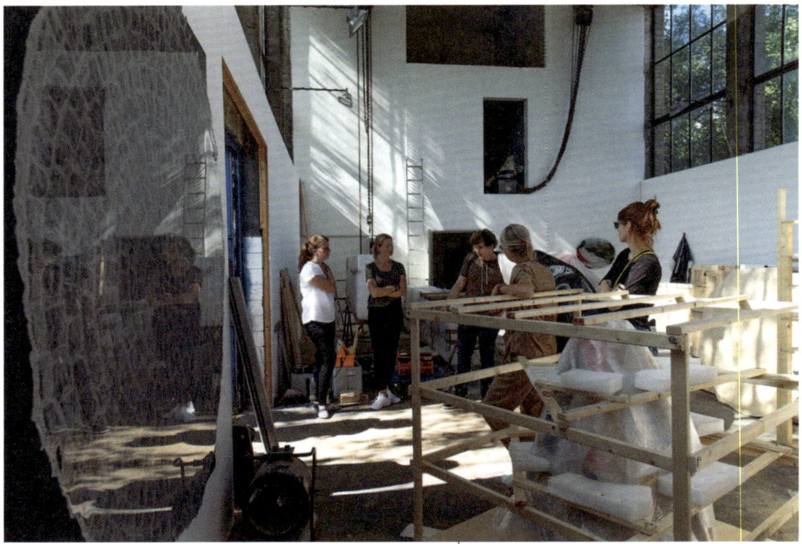

Überraschendem zu verlieren. Es geht darum, die Vision herauszuarbeiten, die in dem Auftrag steckt, ohne Vorentscheidungen über das Kunstwerk zu treffen.

GG Im Gegensatz zum klassischen Kunst-am-Bau-Vorhaben gibt es hier keine Ausschreibung, keinen Wettbewerb und kein Expertengremium. Der Auftrag ist stattdessen ein Verhandlungsprozess. Dabei geht es zunächst vor allem um den Inhalt und weniger um die Form. Was bedeutete diese Ausgangssituation für Dich als Künstler?

DK Das war eine einmalige Erfahrung! Als ich zum ersten Mal nach Greifswald kam, hat es mich sehr berührt zu sehen, wie engagiert die Auftraggeberinnen waren. Es ist ein ganz neuer Weg, von einem spezifischen Anliegen auszugehen, um Kunst an einem Ort zu verankern und ihr eine sehr spezielle Geschichte zu geben. Die Idee der Neuen Auftraggeber ist für mich auch deshalb so wichtig, weil im Zentrum die Zwischenmenschlichkeit steht. In der Tat konnte ich auf die Geschichten der Lehrerinnen nur mit einer ganz spezifischen Antwort reagieren. Und natürlich sind die Auftraggeberinnen in so einen Prozess Bestandteil der Arbeit, weil sie das ganze Projekt in die Wege geleitet und begleitet haben.

KM Schon Dein erster Besuch hier in der Schule war für uns extrem bereichernd, wie ein Geschenk in seiner Intensität.

SILKE JANZ Du hast uns sofort das Gefühl vermittelt, dass Du Dich für uns interessierst und verstehst, was wir hier für eine enorme Arbeit leisten. Das ist dieses

In den Projekten der Neuen Auftraggeber ist der Dialog immer direkt: Die Greifswalder Lehrerinnendelegation bei Daniel Knorr in Berlin, wo Werke, Material und Mobiliar zu einer großen Ideenwerkstatt verschmelzen.

„Die Idee der Neuen Auftraggeber ist für mich auch deshalb so wichtig, weil im Zentrum die Zwischenmenschlichkeit steht."
– Daniel Knorr

Kunstwerk eben auch für uns, eine Art Bestätigung dafür, dass es gut ist, was wir hier machen. Eine Bestätigung unseres Engagements. Es ist selten, dass eine solche Wertschätzung so klar ausgesprochen wird.

JS Es wird unübersehbar, dass wir hier etwas Gutes für die Allgemeinheit tun. Das stärkt unser Ansehen und unser Selbstbewusstsein.

SB Daniel, hat sich nicht auch Dein Blick auf Schule durch die Zusammenarbeit verändert?

DK Ich wusste nicht einmal, dass die Schule so neu ist. Ich hatte mir den Ort aus eigenen Erinnerungen und Erwartungen äußerlich bedürftiger vorgestellt. Anfangs wollte ich gerade deshalb an diesem Ort arbeiten, weil Kunst in staatlichen Aufträgen oft eine ganz andere Rolle zugewiesen wird. Sie hilft, zu repräsentieren, sie wird nicht gerufen, um unvermeidliche Aufgaben zu erfüllen wie, sagen wir, in der Medizin. Dass es hier um eine ganz unmittelbare Notwendigkeit gehen sollte, hat mich vom ersten Moment an bewegt.

SB Als Du sahst, dass das Schulgebäude neu ist und einen funktionalen Rahmen für den Schulalltag bietet, wolltest Du der Architektur nichts hinzufügen und hast begonnen, nach einem anderen Ort für Deine Intervention zu suchen. Dabei ist Deine Aufmerksamkeit auf die sogenannte Fischdose gefallen.

GG Ein Mehrzweckbau der 2000er-Jahre, der spöttisch liebevoll so genannt wird, weil er mit seinen Abrundungen und Proportionen einer Sardinenbüchse nicht unähnlich sieht …

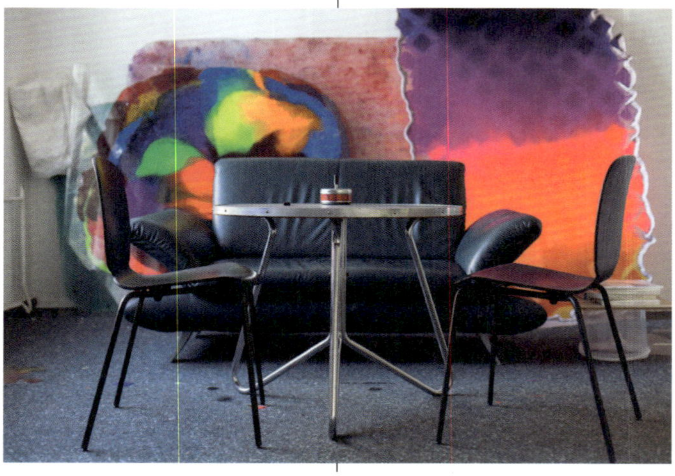

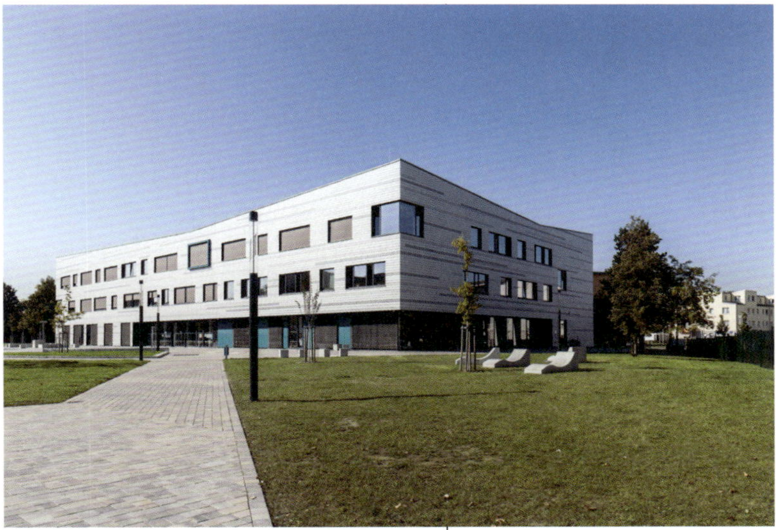

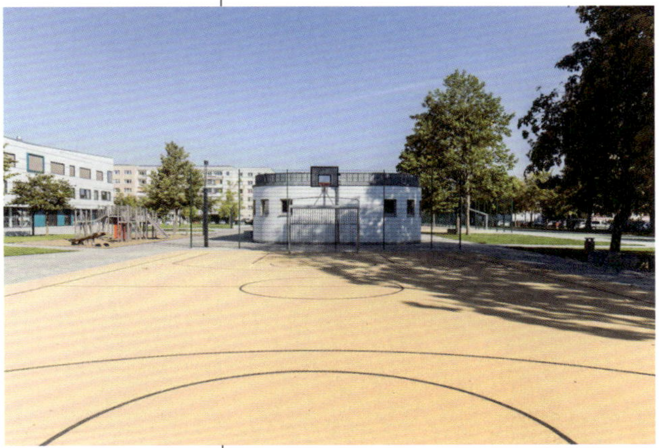

„Der Ring wird stärker als vorgefasste Meinungen sein. Er zeigt ohne große Worte, was wirklich wichtig ist."
– Silke Janz

SB Daniel hat der Bau in diesem Moment, in dem es um die Sichtbarkeit von Wertschätzung ging, an eine Schmuckschatulle erinnert. Er erschien besonders geeignet für diese künstlerische Geste, eine Auszeichnung durch einen bekrönenden und weithin sichtbaren Ring.

KM Unsere Interpretation war sofort, dass der gigantische Ring, der aussieht, als ob er mit kostbaren Edelsteinen besetzt ist, geradewegs unser Versprechen symbolisiert, das wir den Kindern geben, die zu uns kommen.

GG Der Ring drückt auch aus, was Ihr macht. Wie Ihr Euren Schülerinnen und Schülern gegenübertretet. Er wird zu einem Zeichen für das Positive, das hier und für diesen Ort aus Eurer Arbeit entstehen kann. Habt Ihr darüber nachgedacht, was aus dem Werk werden soll, wenn es erstmal realisiert ist, und was es mit der Schule machen wird?

KM Oh, wir haben da sehr viele Ideen, die wir aktuell sammeln und sortieren. Das Werk sollte auf jeden Fall fester Bestandteil des Kunstunterrichts werden. All das müssen wir aber natürlich noch mit den Kollegen – und dem Schulamt – absprechen. Unsere Gedankengänge zu vermitteln wird ein wichtiger Prozess werden. Außerdem haben wir uns überlegt, dass Schüler andere Schüler mit dem Werk vertraut machen könnten.

Im August 2019 konnte die Integrierte Gesamtschule Erwin Fischer, zwei Jahre nach dem Spatenstich, ihr neues Gebäude beziehen. Zur Einweihung waren die Bundeskanzlerin und die Ministerpräsidentin erschienen und würdigten die neue digitale Ausstattung der Schule, die das inklusive pädagogische Konzept der Schule auf eine moderne technische Grundlage stellen soll.

GG Es ist ein Kunstwerk, das kein besonderes Wissen von seinen Betrachtern verlangt, sondern einen gemeinsamen Umgang damit einfordert …

JS Für uns ist es ganz wichtig, dass es nicht nur hier an der Schule wirkt, sondern darüber hinaus. Und das funktioniert am besten, wenn die Kinder untereinander darüber sprechen.

GG Zur Auftraggeberschaft gehört ja ohnehin von Anfang an, für diese Idee nach außen zu werben. Als Ihr den Wirtschaftsminister getroffen habt, um ihn von dem Projekt zu überzeugen, musstet Ihr den Ring gar nicht erklären. Er sagte spontan über Euer Quartier: „Schönwalde I wird also jetzt zum Bildungsjuwel!"

KM Die Arbeit richtet sich eben nicht nur an eine Bildungselite. Jeder kann sie verstehen: Es handelt sich um einen Ring. Jeder weiß, was ein Ring ist. Jeder weiß, was Schule ist.

JS Wir wollen versuchen, dass sich Schüler und Lehrer hier wohler fühlen und dabei kann der Ring eine Art Medium werden.

SJ Er ist das beste Statement für unseren Wunsch, die Werte, für die wir uns hier einsetzen, nach außen zu tragen. Menschen können Vorurteile über das Quartier, über Großsiedlungen oder auch über eine Schule mit einem integrativen, inklusiven Ansatz haben. Der Ring wird stärker als vorgefasste Meinungen sein. Er zeigt ohne große Worte, was wirklich wichtig ist.

KM Das ist ja auch etwas, was wir nicht verschweigen wollen. Dass der Ring, die Arbeit mit Daniel und miteinander, uns selbst jetzt schon verändert. Er verbindet uns miteinander. Er wird das auch für alle anderen tun./

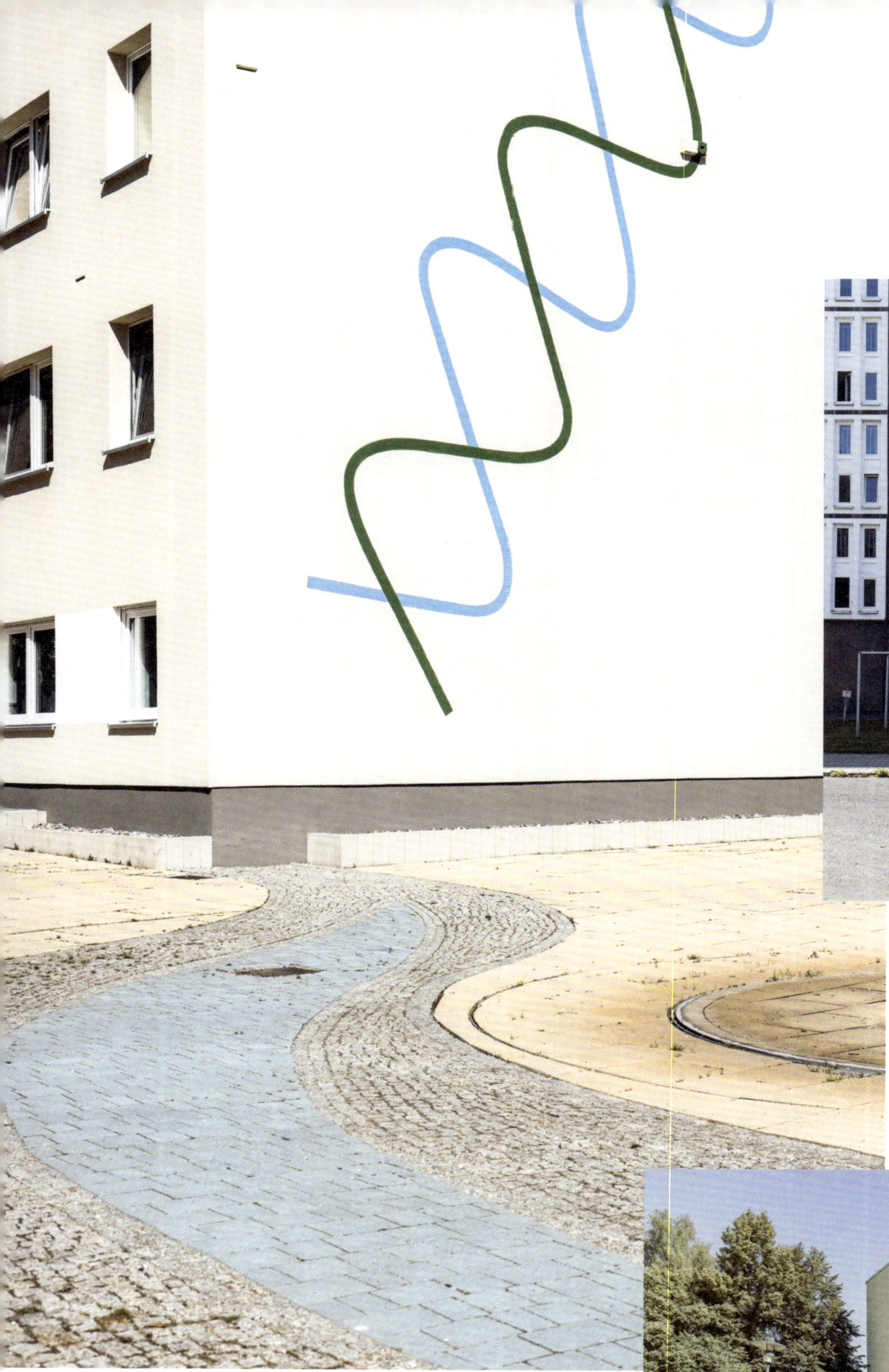

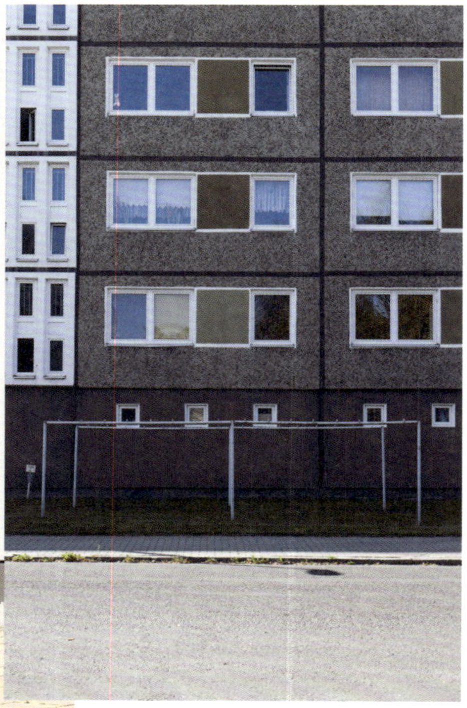

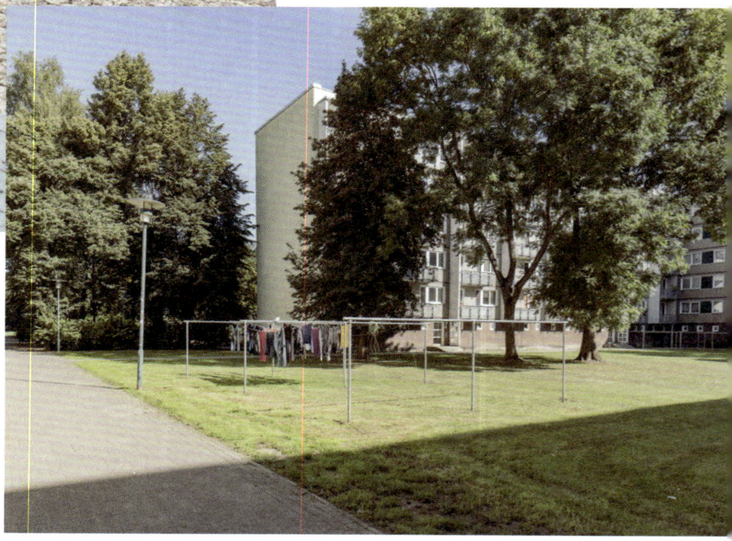

Vielen Großsiedlungen in Ostdeutschland haftet das Wort „Platte“ immer noch wie ein Makel an. Viele Westdeutsche kennen die Geschichte der einst begehrten Modernisierungsquartiere der 1970er- und 1980er-Jahre nicht, die oft für Betriebsangehörige errichtet worden waren, wie etwa in Greifswald für das Kernkraftwerkskombinat „Bruno Leuschner“. Als die Kombinate verschwanden, schrumpften die Quartiere.

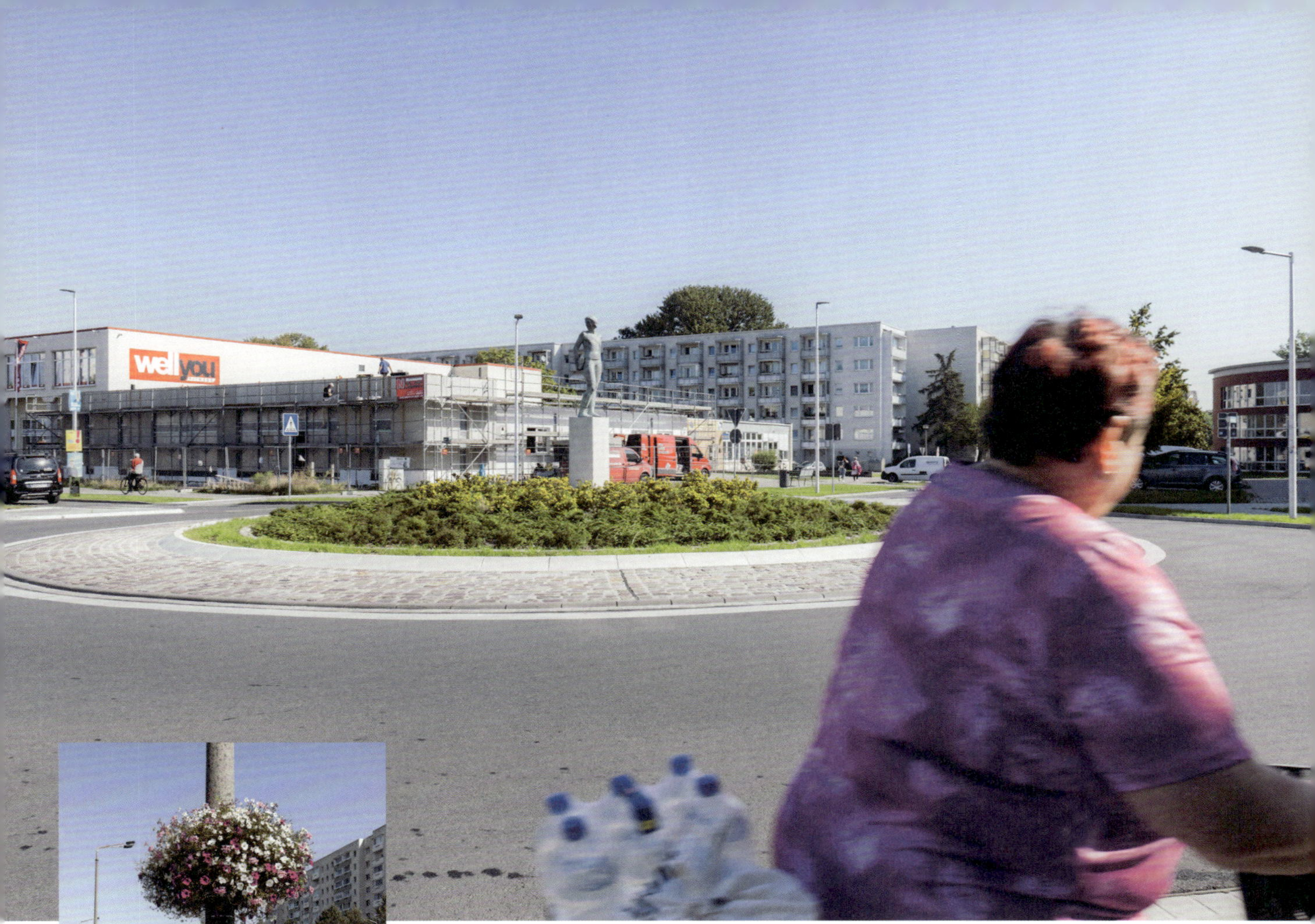

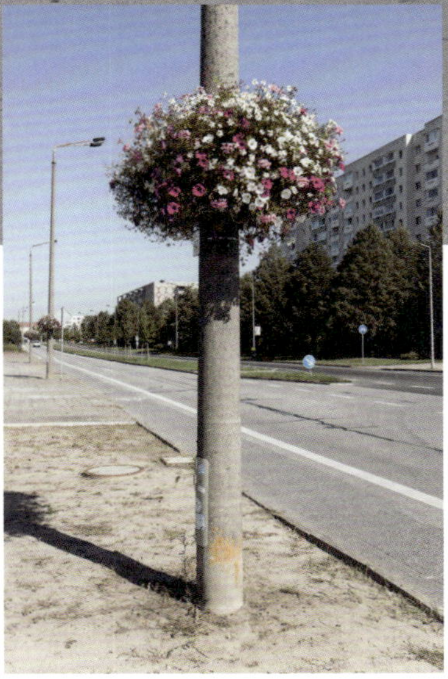

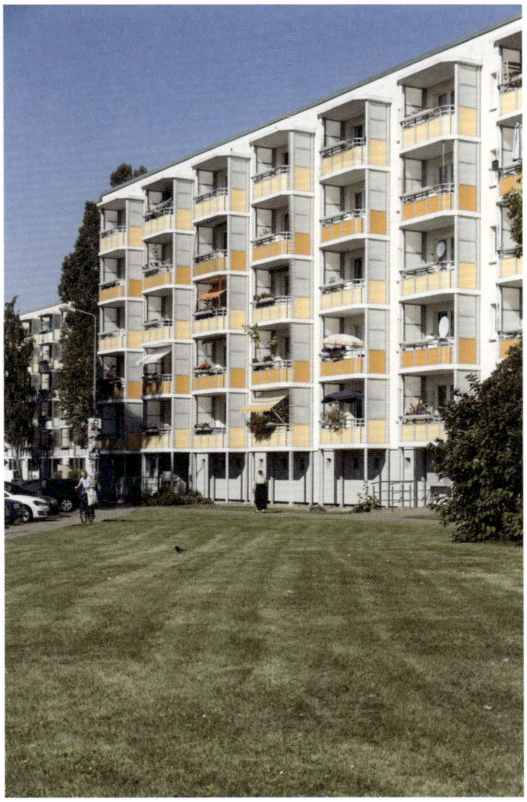

Heute aber sind sie recht vielseitige Stadtlandschaften, in denen neben den großen „Wohnungsbauserien“-Blöcken, wie die Platte offiziell hieß, neue Stadthäuser das soziale Gefüge ändern. Viele sind gegangen, andere geblieben, inzwischen ziehen wieder neue Menschen zu. Es gibt auch Probleme, aber genauso viel Engagement, etwa in Vereinen und Schulen. Und irgendwie ist man fast dankbar, wenn hier und da noch eine Rostocker Straßenleuchte Typ 1 ins Blickfeld kommt. Der Blumenschmuck an ihrem Betonmast ist eine untergründige Gemeinsamkeit, die westdeutsche Kurorte und ostdeutsche Wohnquartiere zusammenrücken lässt.

Mönchengladbach,
Rheinland,
Nordrhein-Westfalen

BEFREIENDE ÜBERGÄNGE

EIN KUNSTWERK SCHLÄGT BRÜCKEN ÜBER SOZIALE GRENZEN

Wer gibt, genießt ein Privileg. Wo immer staatliche Wohlfahrt oder private Freigiebigkeit helfen wollen, entsteht ein Gefälle zwischen denen, die geben, und denen, die als Empfänger vorgesehen sind. Es ist, als zöge gerade die Großzügigkeit eine Grenze zwischen den beiden Seiten, als schriebe gerade die Hilfe, die man erhält, eisern eine Rolle fest. In Mönchengladbach stellt nun ein Kunstwerk dieses soziale Gesetz auf den Kopf, weil es ganz ohne Worte körperlich fühlbar macht, wie sich Gefälle überwinden lassen und über Mauern hinwegschreiten lässt. An einem steilen Hang mitten in der Stadt erfinden ein Arbeitslosenzentrum und eine Schule einen Garten, der sich nur über drei große Skulpturen erreichen lässt. Mit jedem Schritt über eines der Bauwerke lassen die Besucher eine Gesellschaft festgeschriebener Hierarchien hinter sich und entdecken einen Ort, an dem jeder seine Rolle selber suchen kann.

DER AUFTRAG IN ZWEI SÄTZEN
„Wir beauftragen ein Projekt im Garten des Arbeitslosenzentrums, das den Anspruch auf gesellschaftliche Öffnung auf dem Abteiberg und die Besinnung auf die sozialen Wurzeln der Stadt sichtbar macht."

GRÖSSTE HERAUSFORDERUNG
Ein großes begehbares Kunstwerk auf städtischem Grund zu errichten, ist eine Herausforderung an sich. Doch dann ließen Pandemie und Krieg die Stahlpreise explodieren und dem Handwerk fehlte Personal. Hätte ein Mönchengladbacher Bauunternehmer die Umsetzung nicht selbstlos in seine Hände genommen, hätte das Projekt abgebrochen werden müssen.

DIE AUFTRAGGEBER*INNEN
Schüler*innen und Lehrer*innen des Stiftischen Humanistischen Gymnasiums Mönchengladbach, Team und Besucher*innen des Arbeitslosenzentrums Mönchengladbach

MEDIATORIN
Kathrin Jentjens

KÜNSTLERIN
Ruth Buchanan

ZEITRAUM
2018 – 2022

FAKTEN
Wer sich auskennt in Mönchengladbach, fühlt sich von Ruth Buchanans Entwürfen an markante Architekturen der Stadt erinnert, etwa Hans Holleins Freitreppe am Museum Abteiberg oder eine Spindeltreppe, die nicht weit vom Projektort stand.

ORT
Der Abteiberg in Mönchengladbach ist das kulturelle Herz der Stadt. An der Seite des tausendjährigen Münsters finden sich rund um einen Park mit vielen Skulpturen vom Museum bis zur Musikschule viele wichtige soziale und kulturelle Einrichtungen.

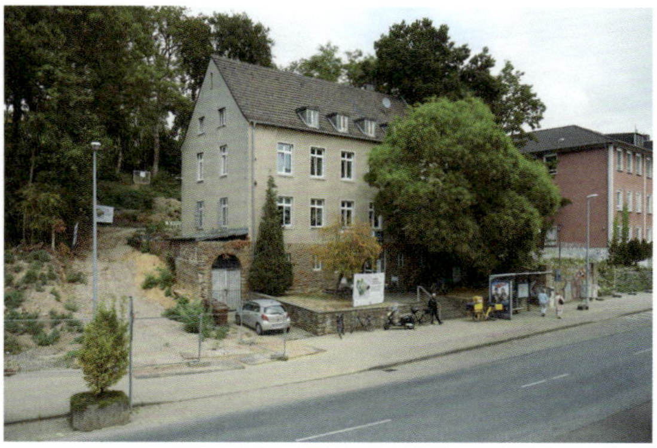

Angefangen hat die Geschichte dieses wundersamen Ortes in einem hüfthohen Brennnesselfeld. Früher war dieser Wildwuchs der Garten des Arbeitslosenzentrums gewesen, gut vier Meter über Straßengrund gelegen und fast fünfeinhalb Meter unter dem städtischen Hans-Jonas-Park. Die Wuchshöhe der Pflanzen spiegelte maßstäblich die Sparzwänge des kleinen Vereins wider, der hier einen Gegenentwurf zur Sachzwangwelt der Jobcenter aufrechterhielt. Ein Haus als Fluchtpunkt mit Mittagstisch, eine Rettungsinsel für alle, denen man mit dem Wort „langzeitarbeitslos" die ungleiche Verteilung der Arbeit als Dauerrolle angehängt hat. Gerade sie bräuchten den Garten, erklärt Karl Sasserath, damals Leiter des Zentrums, und breitet die Arme über den Nesseln aus. Wer lange ohne Arbeit ist, wird häufiger krank. Ein geschützter Ort in der Natur wäre eine Befreiung. Was aber tun, wenn die Ressourcen nicht reichen und Arbeitslose unsichtbar scheinen für die Gesellschaft unten auf der Straße oder oben im Park? Teilen, denkt sich Sasserath, der bei einem runden Tisch der Neuen Auftraggeber den Direktor des Stiftischen Humanistischen Gymnasiums kennengelernt hat, der honorigen Bildungsanstalt, kaum 200 Meter Luftlinie vom Zentrum entfernt. Was, wenn sie die Schülerinnen und Schüler einladen würden, sich im Garten einzurichten? Bis ein verbindender Fußweg abgerissen wurde, strömten sie nach Schulschluss vorbei, ein hörbares Lebenszeichen der jüngeren Generation. Das wäre das Projekt, finden sie im Arbeitslosenzentrum. Zusammen mit der Schule würden sie den Auftrag erteilen, einen neuen, anderen Garten zu schaffen, der zwischen Menschen, die keine Arbeit finden, und solchen, die sich auf ein Arbeitsleben vorbereiten, keinen Unterschied macht. Ein Garten, der zeigt, dass Helfen und Teilen hier Stadttradition ist und soziale Wurzeln besonders hartnäckig sind. >

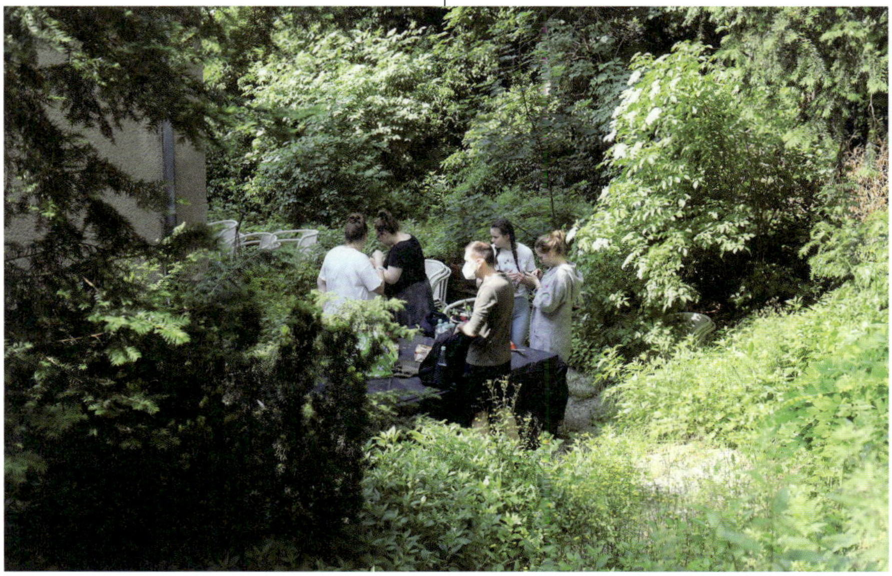

Noch während in Ruth Buchanans Atelier die ersten Skizzen entstanden, war der Garten des Arbeitslosenzentrums Schullabor und Unterrichtswerkstatt. Unter Leitung von Andreas Wünstel als Projektlehrer wurde das Areal zum Versuchsgarten.

Fotos: Florian Wagner; Andreas Wünstel

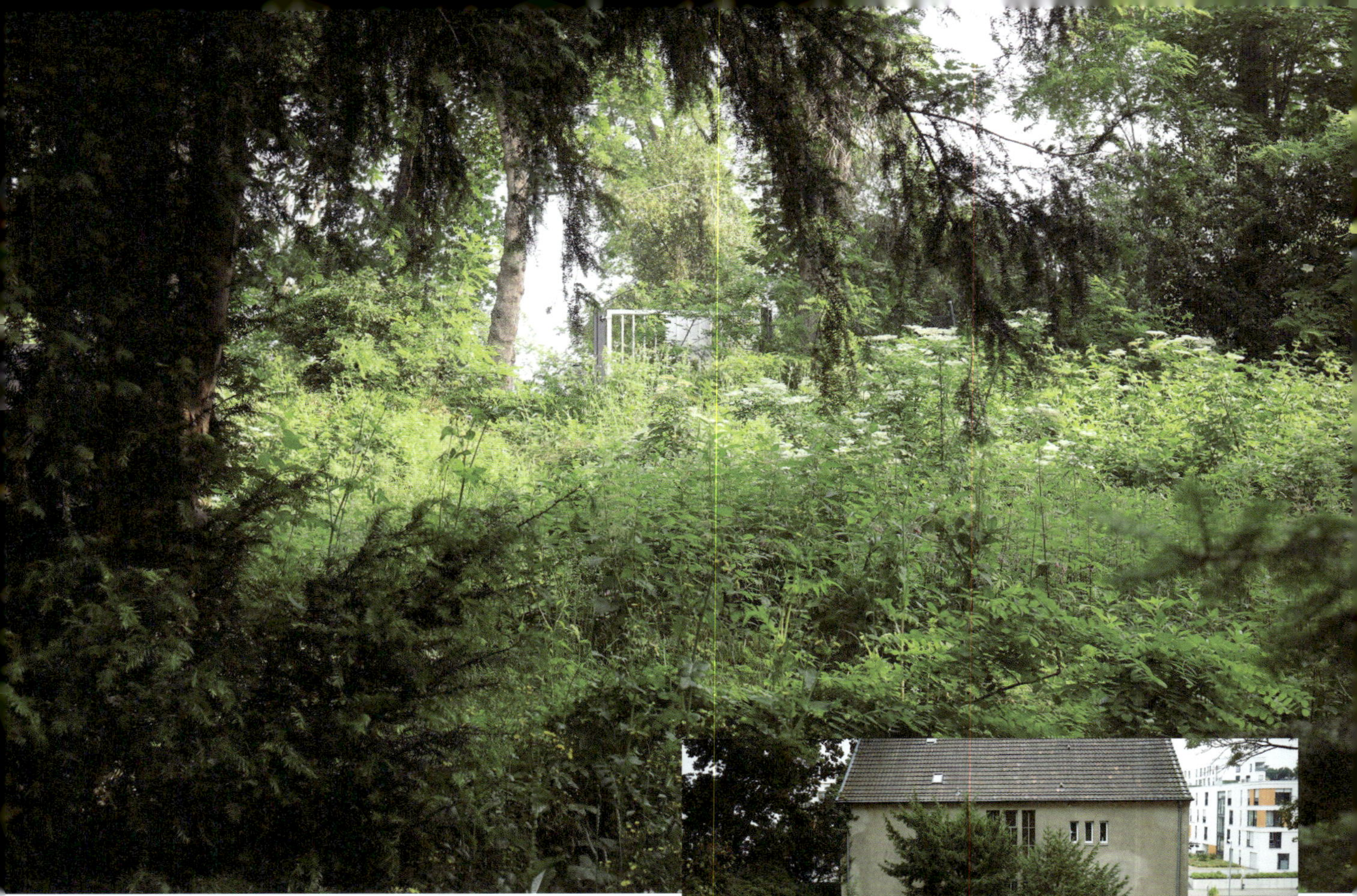

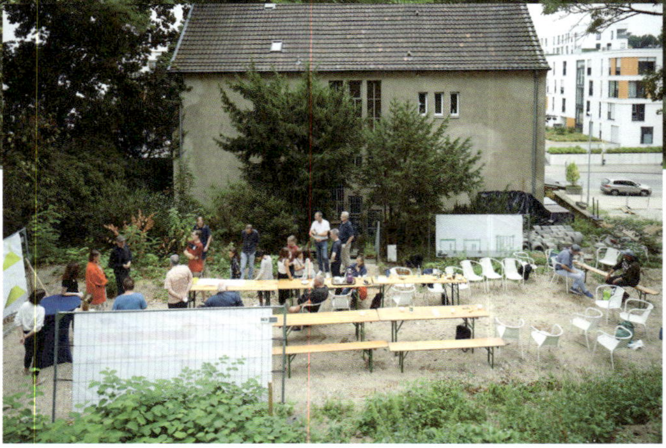

KATHRIN JENTJENS, MEDIATORIN
„Die Art und Weise, wie am Projektort Stadtentwicklung auf historisch belastete Architektur, Arbeitergeschichte auf soziale Traditionen trifft, ist interessant. Als Auftakt zu den skulpturalen Interventionen im Garten entwickelte Ruth Buchanan dann ein kollaboratives Workshopprogramm, das sich direkt auf den Ort bezieht. Es setzt sich gemeinsam mit eingeladenen Künstlerinnen und Künstlern mit zentralen Aspekten des Projekts wie Gemeinschaftsgärtnerei, Pflanzenkunde oder Körperwahrnehmung, aber auch mit Arbeit und Arbeitsleben auseinander."

„Ruth Buchanans Entwurf zeigt, dass die Welt Brücken braucht. Brücken als Synonyme für lebenswichtige Organe und Körperteile wie die Wirbelsäule, den Magen, die Kehle und das Ohr zu verwenden, ist eine großartige Verbindung." – Karl Sasserath, Auftraggeber

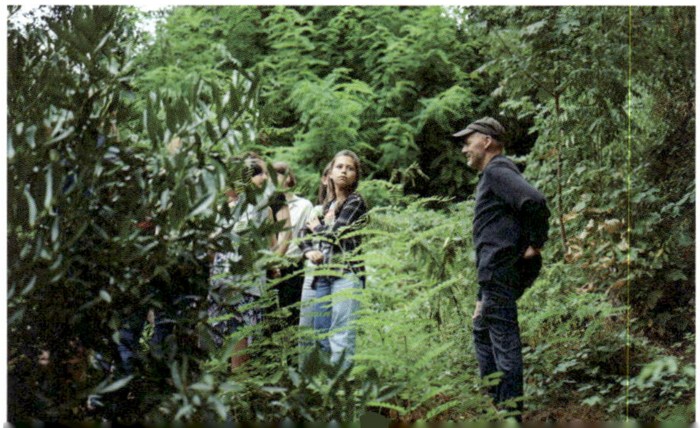

Fotos: HUMA; Florian Wagner (2)

Wer Sasserath so reden hörte, könnte sich über das, was er später bekam, sehr wundern. Zunächst aber ging sein Wunsch nach einer Partnerschaft in Erfüllung. Thomas Hollkott, der Schulleiter des Gymnasiums, und sein Kollegium sahen ein waches soziales Bewusstsein als Kernkompetenz ihrer Schule, so wichtig wie Mathe und Deutsch. Der Garten könnte Klassenzimmer sein, Biolabor, Pausenfreiraum. Bald recherchierten Schülerinnen und Schüler einer siebten Klasse mit der Mediatorin ganz persönliche Gartenutopien, während sich unten am Abteiberg neuartige Allianzen bildeten. Zum Beispiel zwischen der Gartengruppe des Arbeitslosenzentrums und Volksbankangestellten als Freiwilligen, die zusammen Brennnesseln rodeten. Berührungsängste? Keine. Wer zusammen arbeitet, findet Unterschiede bald unspektakulär. Die sozialen Wurzeln trieben schneller aus als Brennnesseln, aber wie sollte aus so etwas Kunst werden?

Kathrin Jentjens traf als Mediatorin eine ungewöhnliche Entscheidung und überzeugte die neuseeländische Künstlerin Ruth Buchanan von dem Projekt. Die hatte noch nie einen Garten entworfen, ist aber eine präzise Beobachterin sozialer Räume und Beziehungen. Ihre international beachteten Ausstellungen handeln gerade von den Grenzen und Zugängen, die kulturelle Orte und gesellschaftliche Räume trennen. Als die Künstlerin und ihre Auftraggebergruppe das erste Mal zusammentrafen, sprach sie nicht zuerst von Kunst, sondern von ihren Kindheitserfahrungen. Sie sprach von Stärke und Fragilität, von einem Garten als Ort der Bewegung und Stille. Sie verglich ihr Elternhaus, in dem jeder einen Platz am Tisch finden sollte, auch wenn er nicht zur Familie gehörte, mit dem Mittagstisch in Mönchengladbach. Es war klar, es ging ihr um den Ort. >

TIMELINE

2017
AUGUST
- Einladung nach Mönchengladbach
- Museum wird Projektpartner

2018
MAI
- NEUE AUFTRAGGEBER wendet sich an die Bevölkerung und wird öffentlich

JUNI
- Runde Tische und Dialogbeginn mit der späteren Auftraggebergruppe

NOVEMBER
- Auftragsunterzeichnung

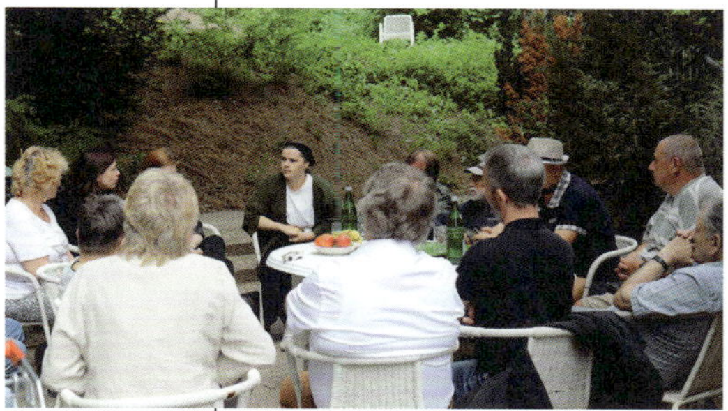

2019
JULI
- Erster Besuch von Ruth Buchanan in Möchengladbach

NOVEMBER
- Erste Entwurfsskizzen

2020
MÄRZ
- Erster Lockdown zur Bekämpfung der Covid-Pandemie

AUGUST
- Medieninteresse am Projekt weitet sich aus
- Kooperation mit der Kunststiftung im Museum Abteiberg

SEPTEMBER – DEZEMBER
- Finanzierungsrunde beginnt

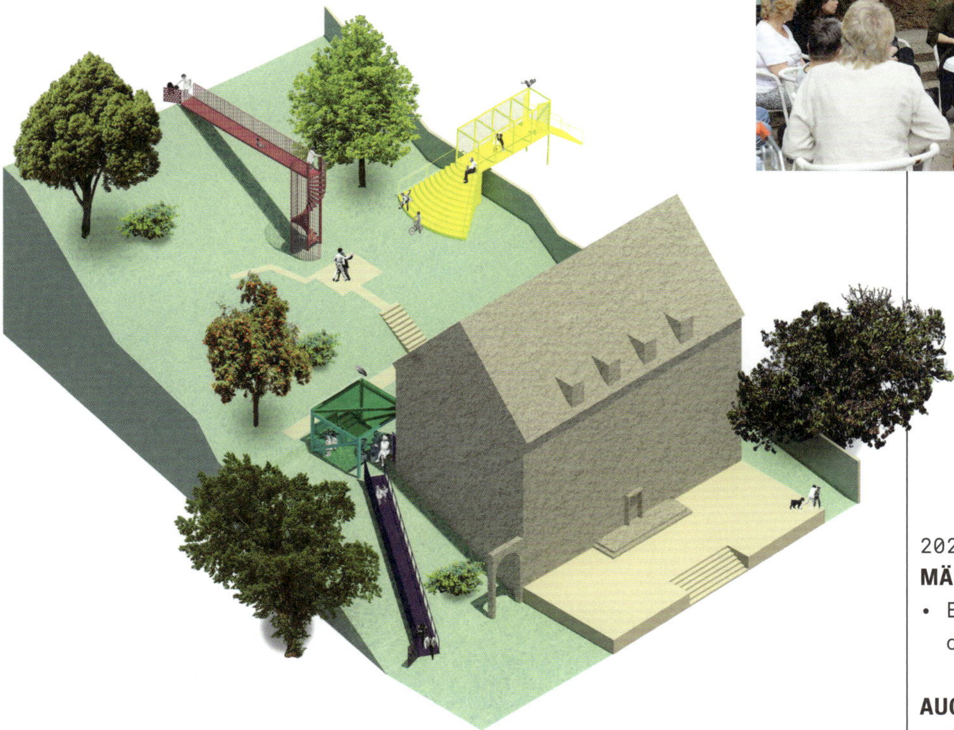

Die Mediatorin Kathrin Jentjens beschreibt, wie alle Beteiligten nie allein von sich selbst, sondern immer von der größeren sozialen Gemeinschaft sprachen. Immer ging es um die ganze Stadt und ihren Zusammenhalt. So ist es kein Zufall, dass die Skulpturen in eine gemeinsame Mitte führen.

Foto: Georg Beer; Entwurf: Ruth Buchanan mit Fynn Morten Heyer

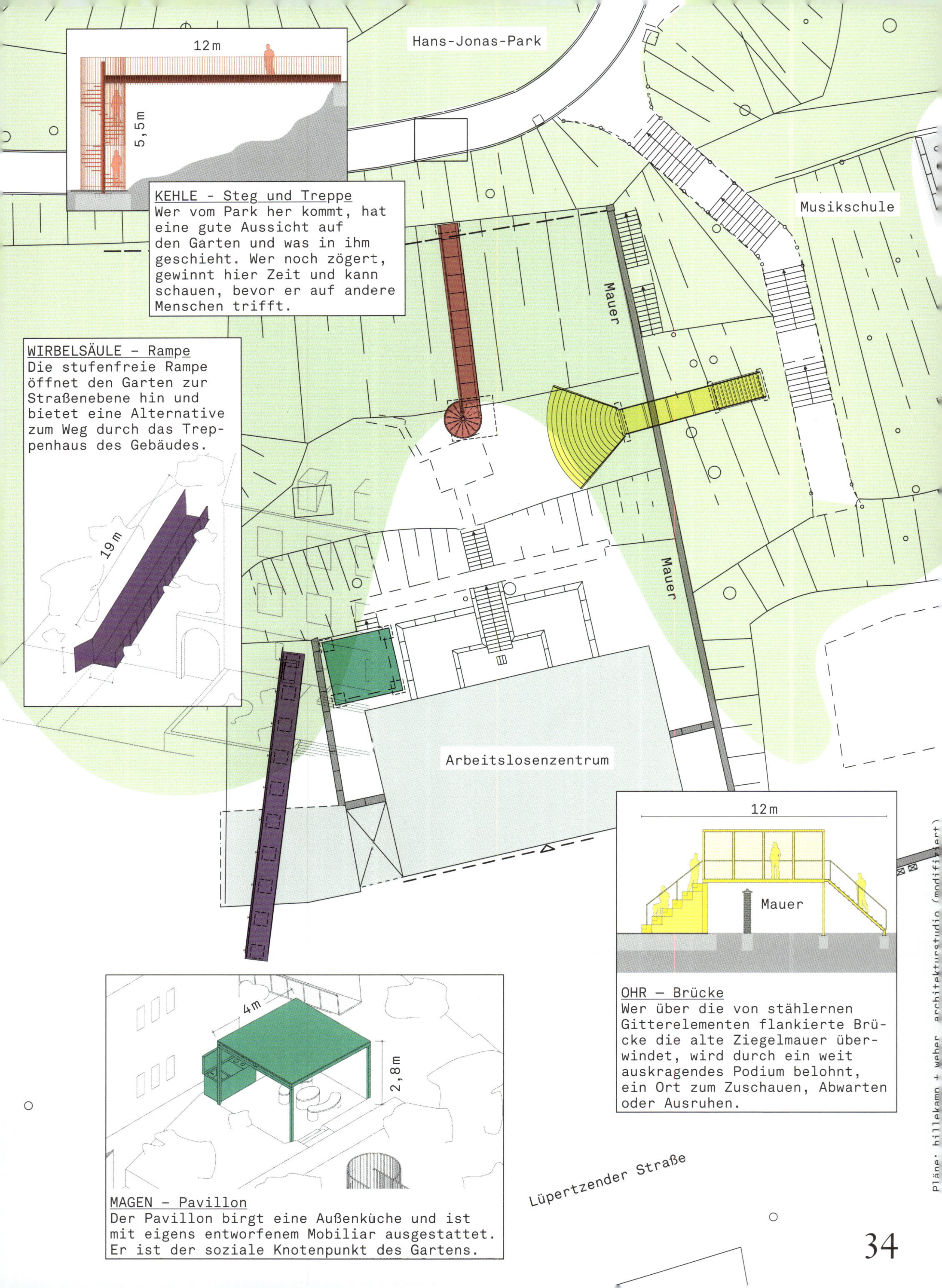

KEHLE – Steg und Treppe
Wer vom Park her kommt, hat eine gute Aussicht auf den Garten und was in ihm geschieht. Wer noch zögert, gewinnt hier Zeit und kann schauen, bevor er auf andere Menschen trifft.

WIRBELSÄULE – Rampe
Die stufenfreie Rampe öffnet den Garten zur Straßenebene hin und bietet eine Alternative zum Weg durch das Treppenhaus des Gebäudes.

OHR – Brücke
Wer über die von stählernen Gitterelementen flankierte Brücke die alte Ziegelmauer überwindet, wird durch ein weit auskragendes Podium belohnt, ein Ort zum Zuschauen, Abwarten oder Ausruhen.

MAGEN – Pavillon
Der Pavillon birgt eine Außenküche und ist mit eigens entworfenem Mobiliar ausgestattet. Er ist der soziale Knotenpunkt des Gartens.

Pläne: hillekamp + weber architekturstudio (modifiziert)

Im Versammlungsraum des Arbeitslosenzentrums, in einer Architektur, die einmal als Hitlerjugendheim entstanden war, um soziale Solidarität für ein vergiftetes völkisches Menschenbild zu vereinnahmen, ging es ganz offensichtlich nicht darum, projekteffizient Planungsdetails einzusammeln, sondern um Grundfragen praktischer Humanität. Wie kommen Menschen zusammen, wenn Offenheit gerade darin bestehen muss, ihre persönlichen Grenzen ernst zu nehmen?

Buchanan brauchte dann fünf Monate, um mit einem radikalen Vorschlag zurück nach Mönchengladbach zu kommen. Sie wollte den Garten den Menschen überlassen. Kein Masterplan, kein Landschaftsdesign und keine Formalordnung der Pflanzen. Sie garantierte den unterschiedlichen Nutzergruppen freies Geleit über Grenzen und Mauern. Sie entwarf Brücken. Eine Rampe. Flankierende Geländer und eine Treppe als Podium. Eine reiche Auswahl von Zugängen zu einem Ort, der niemanden ausschließen würde, für den man sich aber bewusst zu entscheiden hätte. Die Künstlerin setzte Transitkorridore vor das Zusammentreffen, als sollten sich alle besinnen und vorbereitet aufeinandertreffen. Beim ersten Schritt im Garten hätte man eine erste Körpererfahrung bereits hinter sich und von der Großzügigkeit gekostet, die ohnehin das Wesen dieses Ortes prägt.

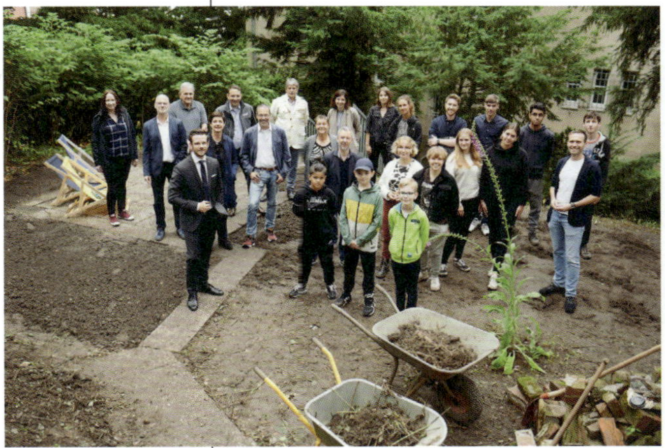

Gruppenbild mit Oberbürgermeister: Die Arbeitsgemeinschaften der Schule und des Arbeitslosenzentrums eröffnen gemeinsam mit Felix Heinrichs (vorne links) die Projektarbeit im Garten.

Ruth Buchanan ging es um Wandelbarkeit. Nichts sollte festschreiben, wie dieser neue Ort in ein paar Jahren aussehen würde, wer gerade Beete darin anlegen oder Erdbeeren ernten würde. Als ihr Ziel nennt die Künstlerin die Entstehung einer „dritten Gruppe". Eins plus eins macht drei, ein Gemisch, das etwas anderes als die Summe seiner Teile ist, sollte entstehen. Nicht durch planerischen Beschluss, sondern im Vertrauen auf den entspannten Wildwuchs der Gruppe.

Der Entwurf drückte seinen Autoritätsverzicht schon im Titel aus. Er hieß „Ein Garten mit Brücken (Wirbelsäule, Magen, Kehle, Ohr)", als seien die zu bauenden Objekte rahmende Beigaben. Eine Spindeltreppe mit einem Steg hoch oben auf dem Niveau des städtischen Parks war als „Kehle" zu verstehen, ein rötlicher Köperzugang als Abstieg in den Park wie durch den Schlund in die Windungen einer Speiseröhre. Eine gelbe Brücke, die beiläufig ein Architekturelement aus Hans Holleins nahem Museum zitierte und sich wie eine Ohrmuschel in das Areal schob. Und schließlich das „Rückgrat", eine Rampe im Violett der Frauenbewegung, über die sich ohne hinderliche Stufen das Gartenplateau erreichen ließe. Verbunden wäre alles durch die Außenküche, den „Magen" als soziale Mitte, Schauplatz von Workshops mit Künstlerinnen und Künstlern, zu denen Buchanan noch vor der Errichtung der Skulpturen einladen ließ.

Fotos: Florian Wagner

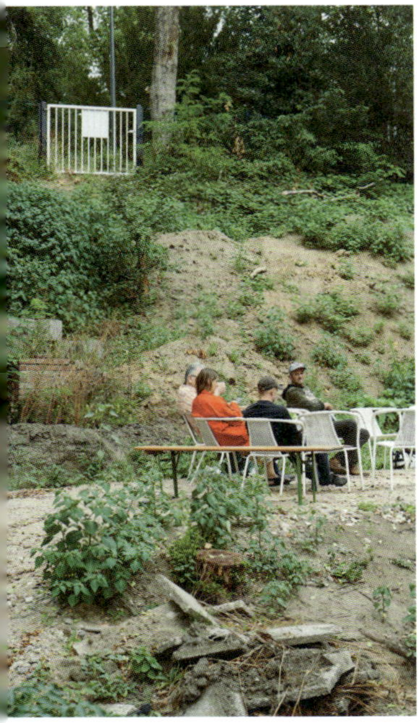

Zweieinhalb Jahre sollte es dauern, bis der Entwurf politisch bewilligt und planerisch bewältigt war. Die Baupreise stiegen durch Krisen und Krieg. Die Finanzierung schien greifbar und dann wieder fern. Das Gelände barg Probleme, als hauste darin noch ein sperriger Geist vergangener Zeiten. Doch im Hintergrund planten Statiker und Architekt. Ein Bauunternehmer übernahm wagemutig die Generalunternehmerschaft und verzichtete auf seinen Gewinn. Privatleute spendeten beträchtliche Summen. Verwaltungsfachleute suchten und fanden unorthodoxe Entscheidungen. Wenn es der Wunsch der Auftraggeber war, die sozialen Wurzeln sichtbar zu machen, ist er längst eingelöst. Ruth Buchanan sagt, dass es um das Ankommen geht. Darum ging es im Arbeitslosenzentrum immer. Nun ist diese Willkommensbereitschaft zum Bild einer Stadtgesellschaft geworden. /

TIMELINE

2021

MÄRZ

- Oberbürgermeister Felix Heinrichs übernimmt die Schirmherrschaft

JUNI

- Landesförderung zugesagt

JUNI – SEPTEMBER

- Umsetzung der Workshopreihe

OKTOBER – NOVEMBER

- Sicherung der Finanzierung

DEZEMBER

- Beauftragung Generalunternehmer Ernst Kreuder

2022

MAI

- Die Sicherungsmaßnahme am Gelände ist die erste Baumaßnahme am Projektort

STATEMENTS

THOMAS HOLLKOTT
Schulleiter Stiftisches Humanistisches Gymnasium und Auftraggeber

„Die Zusammensetzung der Auftraggebergruppe scheint auf den ersten Blick ungewöhnlich. Erstmal ist das ein theoretischer Ansatz, den ich als Schulleiter habe, meine Schüler, die aus wohlbehüteten Elternhäusern kommen, auch damit zu konfrontieren, dass Gesellschaft viele Facetten hat und das hier eine davon ist. Aber in dem Moment, als wir zum ersten Mal in den Garten des Arbeitslosenzentrums gegangen sind und dann dort gearbeitet haben, haben wir gemerkt, dass da auf ganz natürliche Weise ohne Berührungsängste zusammengearbeitet wird. Wenn man das weiter aufrollt und nach einer Bedeutung sucht, steckt da Historie drin. Das Arbeitslosenzentrums befindet sich in einem Gebäude, das als Hitlerjugendheim in der Nazizeit gebaut wurde und offensichtlich in die Mitte zwischen zwei bedeutende Schulen in Mönchengladbach platziert wurde, nach dem Motto: „Hier stehen wir", so interpretieren wir das heute. Insofern sehe ich die gemeinsame Arbeit heute auch als ein Zurückerobern aus der Geschichte. Ich finde toll, dass dabei weitere Player wie das Museum Abteiberg und das Jugendzentrum Step in das Projekt kommen, das sich immer mehr in die Umgebung einsortiert. Besonders froh bin ich, dass sich zwei Lehrer gefunden zu haben, Dr. Andreas Wünstel und Felix Syring, die dies zu ihrem Projekt gemacht haben und auch auf lange Sicht begleiten wollen."

SOYARA, JANA, FIONA
Schülerinnen des Stiftischen Humanistischen Gymnasiums

„Die Neuen Auftraggeber kamen irgendwann zu uns in die Klasse und wir haben Ideen für eine Gartengestaltung gesammelt. Mit fünf Mädchen aus dem damaligen Biochemie-Kurs waren wir bei der Auftragsunterzeichnung dabei und dann wurden es immer mehr. Dann kam der Kontakt zu Besuchern des Arbeitslosenzentrums mit einer gemeinsamen Gartenaktion und danach der Kontakt zur Künstlerin. Wir hatten zunächst ein Problem mit den starken Kontrasten zwischen Natur und Skulpturen, der besonderen Farbigkeit der Objekte, aber konnten offen mit den Erwachsenen diskutieren, und jetzt hat sich für uns auch einiges geklärt und immer mehr zueinander geführt."

KARL SASSERATH
ehemaliger Leiter des Arbeitslosenzentrums Mönchengladbach e.V. und Auftraggeber

„Ich habe das ALZ bereits 1982 mitgegründet. Seit 2014 gerieten wir dann in eine große Krise, die Stadt stellte den Standort in Frage und diskutierte, inwiefern das Haus abgerissen werden sollte. Fertig ausgearbeitete Umbaupläne zerstoben wie Sand. In dieser Situation bin ich zum Museumsfest ins Museum Abteiberg gegangen und Susanne Titz stellte uns Kathrin Jentjens und Gerrit Gohlke vom Programm der Neuen Auftraggeber vor. Es hat sich daraus eine gute Beziehung entwickelt. Sie waren regelmäßig zu Gast. Durch die Neuen Auftraggeber haben wir eine neue Perspektive auf die Einrichtung erhalten. Vorher waren wir sehr aufs Innere fixiert. Durch das Projekt haben wir auch die Perspektive des Quartiers gesehen. Und dann haben wir dem HUMA angeboten, den Garten als Schulgarten zu nutzen. Heute 2021 sehen wir, was sich in den letzten Jahren mit dem Projekt von Ruth Buchanan entwickelt hat. Das hat etwas Wundersames für uns, weil wir im Grunde eine vollkommene Verkehrung der Umstände von 2014 erleben. Das ist der Geist oder die Seele des Projekts. Das wird zum Abschluss meines Berufslebens der krönende Abschluss."

JUSTINE KRAUSE
Leiterin des Arbeitslosenzentrum Mönchengladbach e.V.

„Das Projekt ist nicht so sehr von den Institutionen, sondern von den Menschen und den Wünschen der Anwohnerinnen, der Schülerinnen und Besucherinnen geprägt. Wenn es um das Arbeitslosenzentrum geht, sind viele erst mal auf Abstand. Die beteiligten Institutionen im Projekt haben aber ganz unterschiedliche Ziele und Aufträge. Darin sehe ich eine Chance, Skepsis oder Distanz zu überwinden."

Fotos: Florian Wagner

RUTH BUCHANAN
Künstlerin

LEBENDIG SEIN FÜR DEN ÜBERGANG

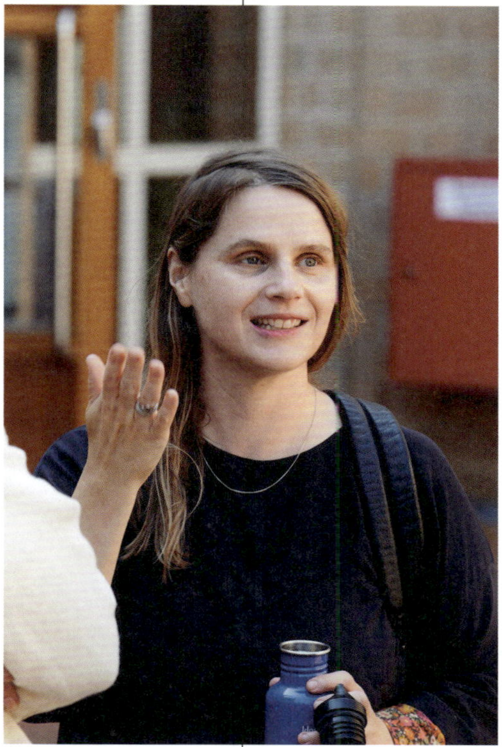

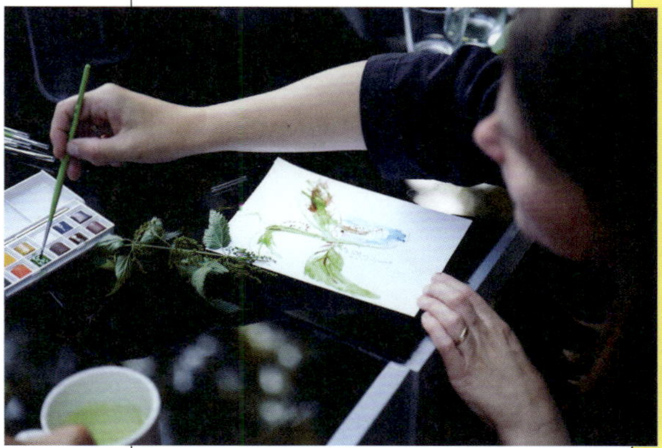

Während der Arbeit an „Garten mit Brücken" habe ich über drei Autorinnen nachgedacht, mit denen ich mich in letzter Zeit beschäftigt hatte: die neuseeländische Dichterin J. C. Sturm aus Aotearoa, die italienische Autorin und Aktivistin Silvia Federici und die amerikanische Architekturwissenschaftlerin Keller Easterling. Was diese drei Frauen gemeinsam haben, ist eine zutiefst verwobene Vision der Welt, in der unsere Körper und mit ihnen die von ihnen bewohnten Orte und Räume, und die Komplexität der historischen Zeit und die Art und Weise, wie sie sich in unserer Gegenwart abspielt und eine Linie in unsere Zukunft wirft, dicht und kontingent miteinander verbunden sind. Die Beziehung zwischen dem, wie ich mich fühle, wenn ich heute aufgewacht bin, wie ich mich dann bewege, mit meinen Kindern oder Freunden spreche, ist an eine Lebendigkeit der Beziehung gebunden. Diese Lebendigkeit muss tief gehen, wie Federici sagt: „Wir müssen die Welt der antagonistischen Politiken und Machtverhältnisse, durch die unsere Körper konstituiert werden, identifizieren und die Kämpfe, die in Opposition zur Norm stattgefunden haben, neu überdenken, wenn wir Strategien zur Veränderung entwickeln wollen." Federicis Provokation besteht also darin, unsere Strategien für und unser Verständnis von Übergang, Wachstum und vielleicht sogar Transformation zu überdenken. In einem Kunstkontext könnte das bedeuten, dass wir uns von einer Form der Beziehung, die dem Bergbau nicht unähnlich ist, wegbewegen – einer extraktivistischen Logik – hin zu etwas, das eher der Gartenarbeit ähnelt, zu vernünftigen Formen der Rahmung – der Permakultur –, die regenerieren und nähren. Für mich geht es darum, wie wir unsere Beziehungen gestalten, zueinander, zu unserer physischen Umgebung, zu unseren historischen Zwängen und den Präzedenzfällen, die wir für die Zukunft setzen wollen. In Beziehung zu sein bedeutet, in Bewegung zu sein, lebendig zu sein für den Übergang, tolerant zu sein gegenüber Mehrdeutigkeit. Oder vielleicht hat die Dichterin J. C. Sturm dies am besten im Titel des letzten Gedichts zusammengefasst, das sie vor ihrem Tod im Jahr 2009 veröffentlichte – „Loslassen, verlernen, zurückgeben". >

Ruth Buchanan (oben) war mehrfach zu Arbeitsaufenthalten am Ort, erklärte ihre Arbeitsweise und stellte sich den Fragen der beiden Nutzergruppen, die auch bei Presseterminen und Arbeitseinsätzen miteinander kooperierten.

Unten: „Es gibt kein Unkraut" – Workshop mit Caroline Pekle und Ruth Buchanan.

Als ich mit der Arbeit an diesem Projekt begann, das im Zentrum Mönchengladbachs in einem Garten auf der Rückseite eines ehemaligen Hitlerjugendheims angesiedelt ist und von einem Arbeitslosenzentrum und einem Gymnasium gemeinsam in Auftrag gegeben wurde, wusste ich sofort, dass es um Beziehungen geht, und zwar um die komplexesten: um Beziehungen zwischen unserem inneren Selbst, unseren physischen Körpern, unserem Wohnort, unserem Arbeitsplatz, unserem Wertgefühl in der Gesellschaft. Ein hochkomplexer und dichter Ort, physisch verschärft durch die besondere Geschichte, die durch die faschistische Architektur heraufbeschworen wurde, sowie die dramatische industrielle Arbeitsgeschichte der Stadt, mit Auftraggebern, die sehr unterschiedlich in ihren Wünschen und Bedürfnissen waren – all dies hat diesen Prozess sehr herausfordernd gemacht. Gleichzeitig mit dem Erkennen dieser Vielfalt wurde mir, und vielleicht auch uns, unsere Körperlichkeit, unsere Grenzen, unsere Fähigkeiten bewusst, und die Art und Weise, wie Sprache und Architektur zu Katalysatoren werden, um unsere eigene Prekarität zu betrachten und wie gesellschaftliche Strukturen Rollen und Lücken verstärken. Die Frage für mich war also, wie man ein Design etablieren kann, das diese Beziehungen hervorhebt, das Raum schafft für die Differenz, für das Unbehagen, die Ambiguitäten in einem solch dynamischen Feld. Das zentrale räumliche Ziel des Projekts wurde daher die Schaffung von Raum für eine wandelbare „dritte Gruppe", also nicht nur für die Schülerinnen und Besucher des Arbeitslosenzentrums, parallel oder gegensätzlich, sondern für alle Iterationen davon, sowie für andere Mitglieder der Stadt. Der Entwurf berücksichtigt das Bedürfnis nach Rückzug so weit wie möglich und fördert Begegnungen und Kontakte zwischen allen möglichen Nutzern. Wir haben versucht, das Gefühl des Ankommens hervorzuheben und auf einen barrierefreien Zugang zum Garten hinzuarbeiten, indem wir zwischen Teilen des Gartens, die stark gegliedert sind, und solchen, die wild und offen für weitere Anpassungen bleiben werden, wechseln. Meine Arbeit bestand also gewissermaßen darin, Gerüste zu bauen, um die herum Beziehungen stattfinden können./

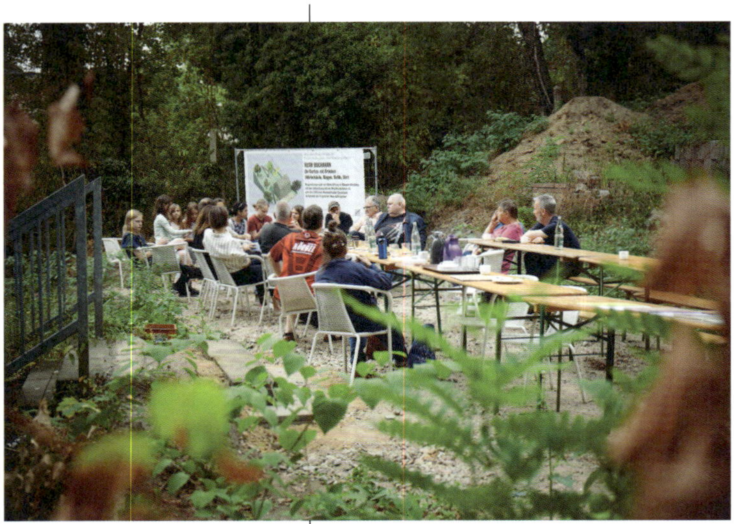

Schon in der Entwurfsphase wurde der Garten als Schulgarten genutzt und entwickelte sich als Projekt im Projekt. Dabei entstanden Skizzen künftiger Nutzungsideen, es wurden Ansprüche und Wünsche formuliert und der lange unangetastete Raum hinter dem Gebäude wurde unvermittelt lebendig.

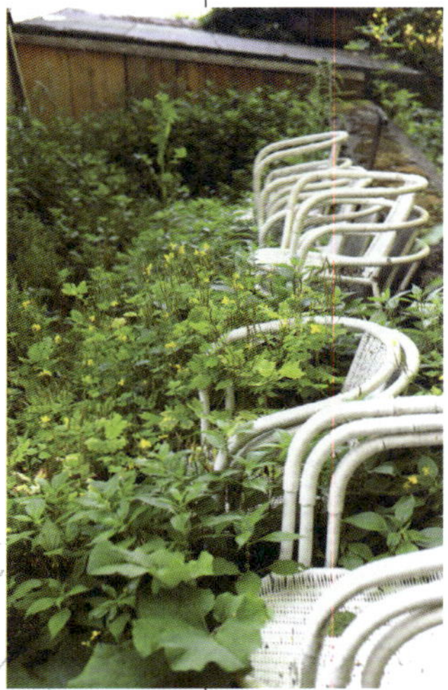

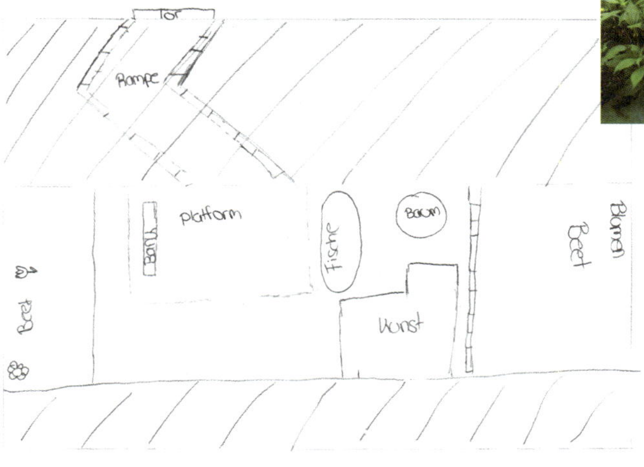

„Meine Arbeit bestand gewissermaßen darin, Gerüste zu bauen, um die herum Beziehungen stattfinden können."

– Ruth Buchanan

ANITA REINARTZ
Besucherin und Aktive in der Garten AG des ALZ

„Ich freue mich, wenn das Arbeitslosenzentrum nach der langen pandemiebedingten Schließung nun wieder aufmachen kann und wir dann beim Mittagstisch oder bald im gestalteten Garten sitzen können und ich wieder Kaffee ausschenken darf und es dann harmonisch ist. Gerade jetzt haben wir gemerkt, wie sehr wir das Zusammensein vermissen und ich wünsche mir, dass wir mit vielen unterschiedlichen Menschen im Austausch und nicht so im Abseits sind. So wie die Schüler und Schülerinnen mit den Klassen regelmäßig herkommen, bin ich in der Garten AG des Arbeitslosenzentrums aktiv. Einmal in der Woche nach dem Mittagessen haben wir im Garten gearbeitet, Unkraut gepflückt und Kräuter gepflanzt und wollen das jetzt auch wieder aufnehmen."

SUSANNE TITZ
Direktorin des Museums Abteiberg und Fachbereichsleiterin Museen der Stadt Mönchengladbach

„Das Faszinierende an Ruth Buchanan ist, dass sie extrem gut registriert, wie sie an diesem Ort auch Bezüge zur kulturellen Umgebung in der Stadt herstellen kann. Mit dem Entwurf der Rampen, Treppen, Brücken hat sie Zeichen oder Symbole installiert, die man auch mit dem Museum in Verbindung bringt. Der Plan des Architekten Hans Hollein umfasste beispielsweise auch eine Terrassenanlage und man findet formale Ähnlichkeiten zu dem, was Ruth Buchanan hier im Garten mit den Brücken zwischen den verschiedenen Orten am Abteiberg macht. Das Museum wird eng geschlossen mit dem Garten an der Unterkante der Innenstadt. Die Architekten des Museum Abteibergs und des Stiftischen Humanistischen Gymnasium haben beim Bau in den Siebzigern zusammengewirkt und eine verbindende Brücke zwischen den Häusern angelegt, aus dem Verständnis, dass Bildung und Museum gemeinsame gesellschaftliche Funktionen haben. Buchanans Entwurf knüpft an diese Idee der Öffnung und sozialen Verbindung aus einer heutigen Perspektive an."

DR. ANDREAS WÜNSTEL
Lehrer des HUMAs und Betreuer der Garten AG

„Ich wünsche mir mit der Tätigkeit im Projekt, den Schülerinnen die Natur im wahrsten Sinne des Wortes begreiflich zu machen. Ganz viele Schüler kennen Pflanzen überhaupt nicht mehr. Es ist für uns eine ganz große Chance, im Schulalltag in den benachbarten Garten gehen zu können, aktiv sein zu können und dann leicht wieder zurück zur Schule zu gehen. Gartenarbeit ist für mich ein ganz toller Ausgleich zum Berufsalltag und das möchte ich den Schülern auch gerne zeigen. Ein Projekt mit Gartenarbeit, Biologie und Kunst habe ich noch nicht gemacht und freue mich darauf."

DIPL.-ING. HANS SCHÜRINGS M.A.
Statiker

„Ist es nun Kunst, Architektur oder nur simple Technik, die bald im Garten des Arbeitslosenzentrum an der Lüpertzender Straße in Mönchengladbach installiert wird? Als Soziologe oder als Bauingenieur könnte ich darauf ganz verschiedene Antworten geben, aber aus beiden Perspektiven sind Ruth Buchanans Erlebnisbauwerke spannend und eine Herausforderung. Sie bereichern die Stadt und den Abteiberg, an dem sie stehen. Zumal drei der Kunstobjekte direkt nach draußen verweisen und Menschen aus dem Park oder von der Straße an einen neu entstehenden Ort einladen. Wenn die Künstlerin ihre Zugangsskulpturen Ohr, Wirbelsäule und Kehle nennt, münden sie in meiner Vorstellung in den Magen, eine durch einen Pavillon überdachte Outdoor-Küche, in der verschiedenste Menschen zusammentreffen werden. Spannend an diesem bürgerschaftlichen Projekt ist, dass ich es nicht nur betrachten werde, sondern als Ingenieur gefragt war, bei seiner Realisierung mitzuwirken – im Zusammenspiel mit vielen weiteren Unterstützern. Auch soziologisch ist das Kunstwerk also vieles zugleich. Es hat schon mit den Menschen zu kommunizieren begonnen, bevor es an seinem Standort zu sehen war. Wir brauchen mehr solche vielschichtigen Kunstwerke."

Fotos: Florian Wagner; HUMA; Skizze eines Schülers, Klasse 7a, 2018

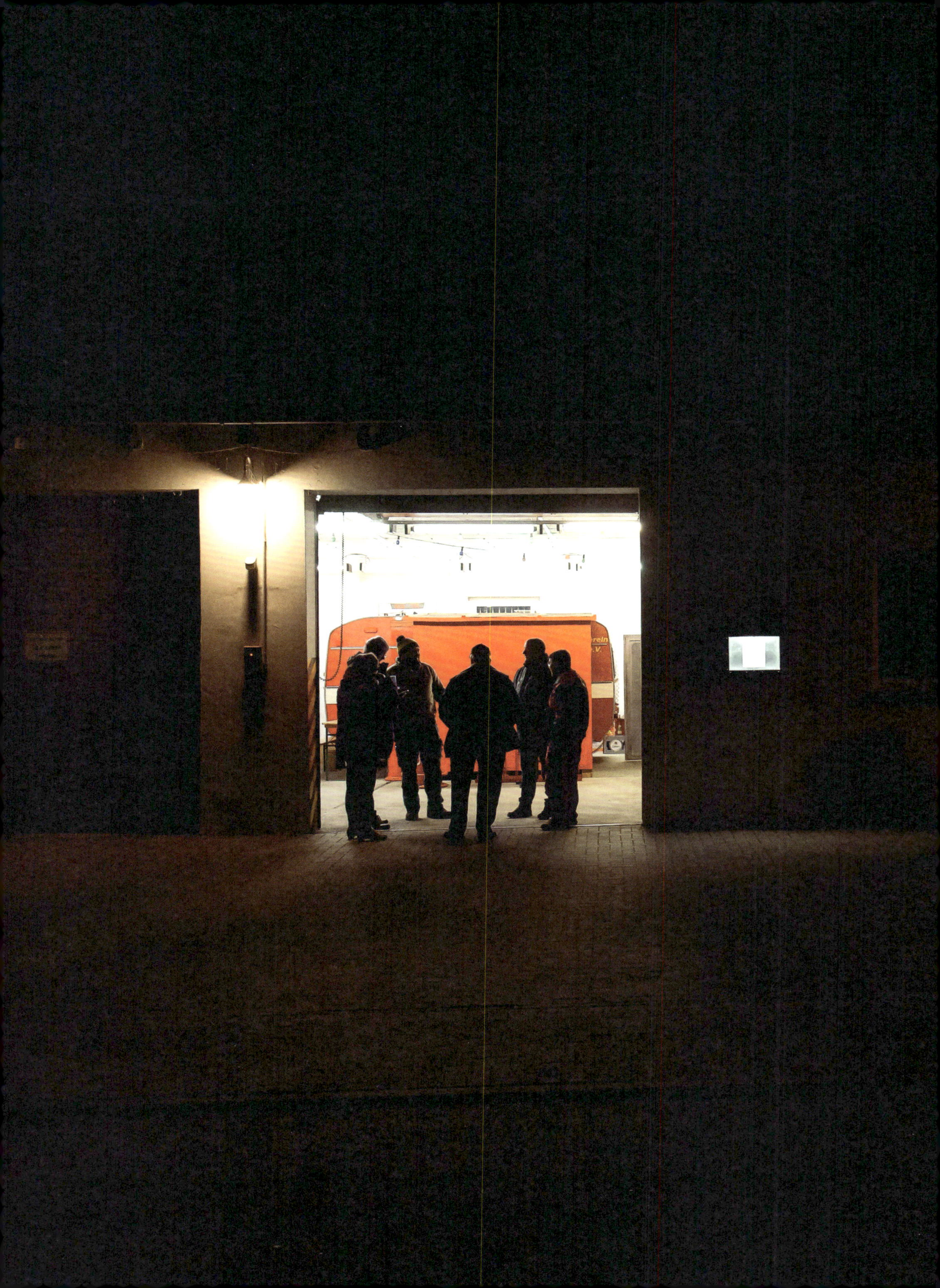

DIE RAUM-VERWANDLER

Es gibt zwei sehr verschiedene Arten von Räumen. Solche, die wir gestalten. Und andere, die wir erleiden. Eine Schule zum Beispiel, in der zwanzig Jahre lang niemand mehr zum Unterricht geht, wird mitten im Dorf zu einem Mahnmal für Abwanderung. Oder ein technisch mustergültiger Schulneubau, der Fluchtgedanken weckt, weil die Baunorm den Schülern keinen Raum für Veränderungen lässt. Kunst kann in solchen Architekturen, denen wir uns ausgesetzt fühlen, unerwartete Chancen erkennen. In ZÜSEDOM S. 44 in Vorpommern und in SCHWARZHEIDE S. 54 in der Niederlausitz zeigen zwei Werke, dass sich auch im rechteckigsten Beton eine farbenfreudige Zukunft erfinden lässt.

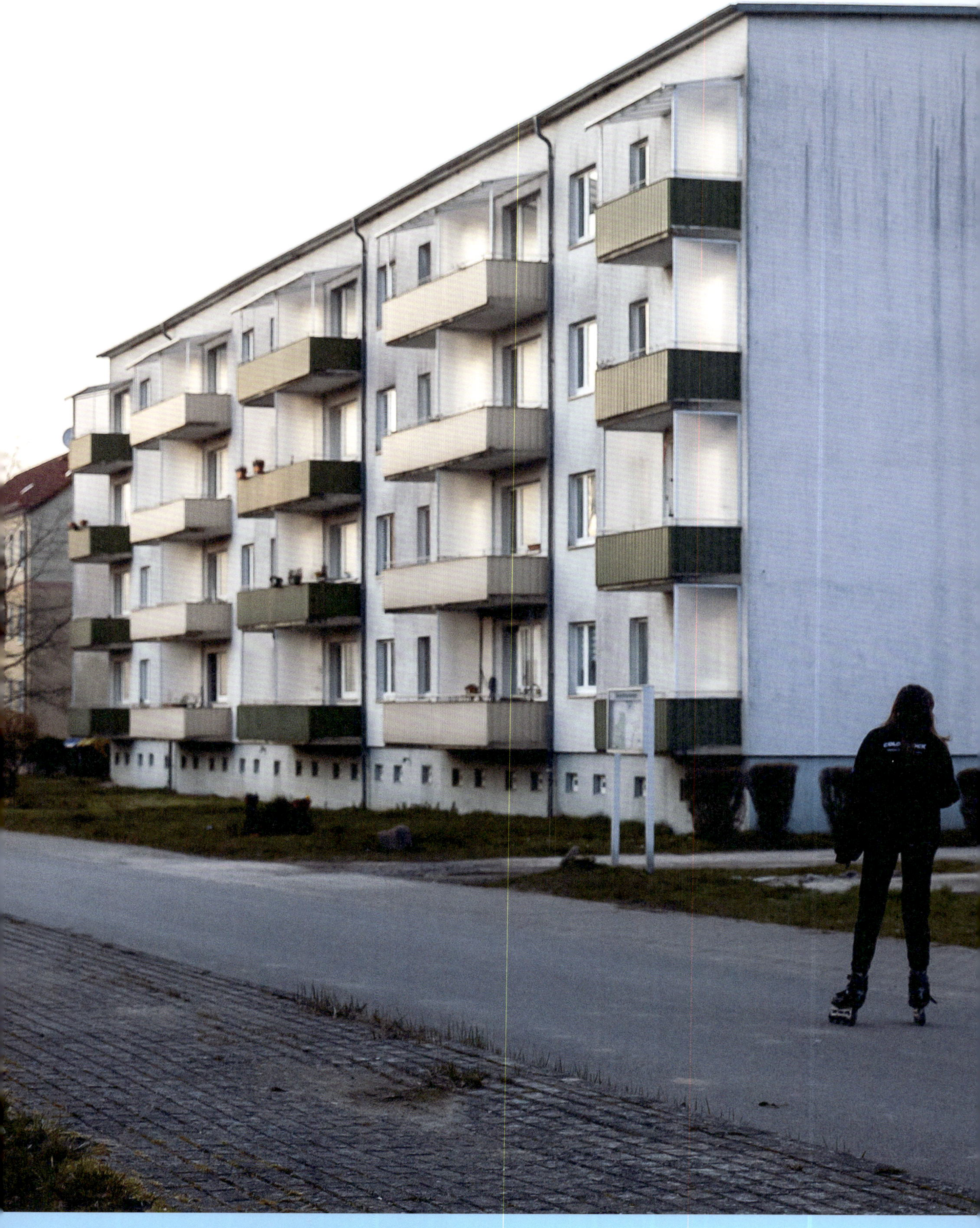

DIE RAUMVERWANDLER

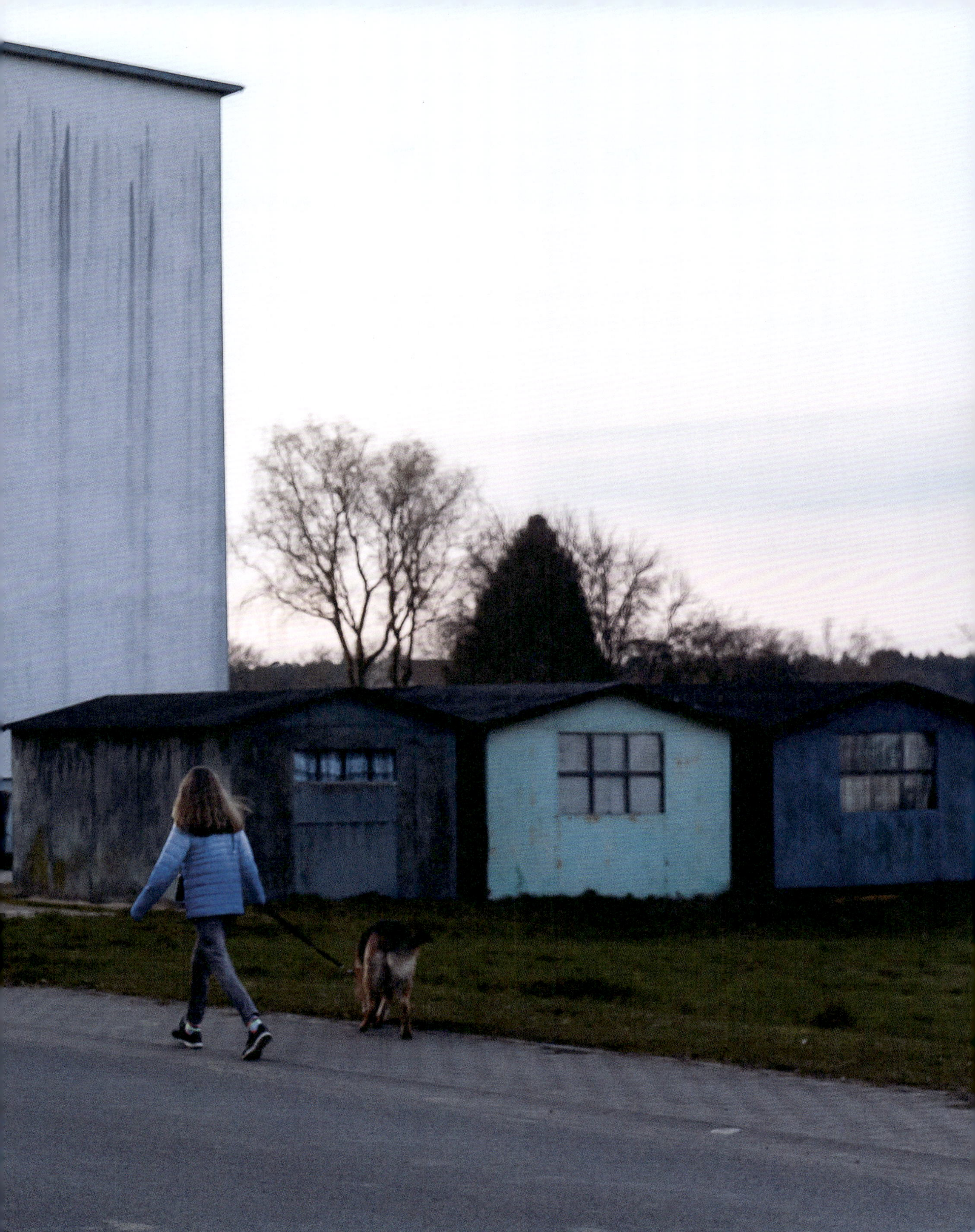

Züsedom, Mecklenburg-Vorpommern

UNTER DER SCHULE LIEGT DER STRAND

EINE ALTE DORFSCHULE WIRD ZUR ARCHITEKTURUTOPIE

Wovon träumen die Dörfer? Breitbandnetz? Busversorgung im Stundentakt? Ärztliche Versorgung wie im Vorabendfernsehprogramm? Dreimal Ja, aber der Urtraum aller Generationen zwischen 30 und 100 scheint die Bank. Nicht das Kreditinstitut, das alle regionalen Filialen geschlossen hat, sondern echte Bänke, auf denen wirklich jemand sitzt. Das mobilisierte Dorf vermisst heute die Anlässe zur täglichen Begegnung. Auch im vorpommerschen Züsedom spukten den Menschen alte Familienbilder durch den Kopf. Darauf sitzen die Großeltern vor dem Gartenzaun, ansprechbar, unverkabelt und unmotorisiert. Niemand wollte hier nostalgisch werden. Zwischen Haff und Mark ist die erste Tugend Realismus. Aber könnte man nicht Dinge wie die Dorfbank neu erfinden, so dass selbst eilige Pendler Lust bekämen, mit den anderen Pause zu machen? Das wäre der Auftrag an die Kunst, das Alte verwandeln, bis es auf andere Art lebendig wird.

DER AUFTRAG IN ZWEI SÄTZEN
„Wir wollen das Dorfleben aus unseren Häusern in den Ort hineintragen. Mit einem Pavillon als Küche und Versammlungsraum soll das Dorf ein neues Zentrum bekommen. Entlang der Wege sollen neue Anlässe für Begegnungen entstehen."

GRÖSSTE HERAUSFORDERUNG
Ein kreativer Schulrückbau kann für viele Dörfer Anregung sein, sitzt als Mischung aus Kunst, Architektur und Dorfumbau aber zwischen den Stühlen und ist deshalb eine Finanzierungsherausforderung.

DIE AUFTRAGGEBER*INNEN
Lucie von Arnim, Bärbel Bettak, Martina Epperlein, Michael Epperlein, Philipp Forejt, Stefan Hinz, Herbert Krüger, Torsten Loock, Christopher Neumann, Gerlind Neumann, Frauke Ohls, Jürgen Ohls, Christine Rohde, René Thom, Eckbert Warnke

MEDIATOR
Holger Friese

KÜNSTLER
Jakub Szczęsny

ZEITRAUM
2020 – dauert an

FAKTEN
Dass der Prototyp für Jakub Szczęsnys Bankdesign in Polen gebaut wurde, passt gut zur vorpommerschen Grenzregion, in der sich lange schon die neu Zugezogenen aus der prosperierenden Region Stettin mit den Alteingesessenen mischen.

ORT
Züsedom ist ein Dorf der Gemeinde Rollwitz mit 260 Einwohnerinnen und Einwohnern, eingebettet in die Hügel am Randowbruch, an der Grenze Vorpommerns und der Uckermark. Ein paar Monate nach der Wende bekam es noch einen typischen DDR-Schulneubau, zu dessen Einweihung der Kulturminister aus Schwerin herüberkam. Doch als Abwanderung die Schülerzahlen sinken ließ, wurde die Schule nach nur acht Jahren wieder geschlossen.

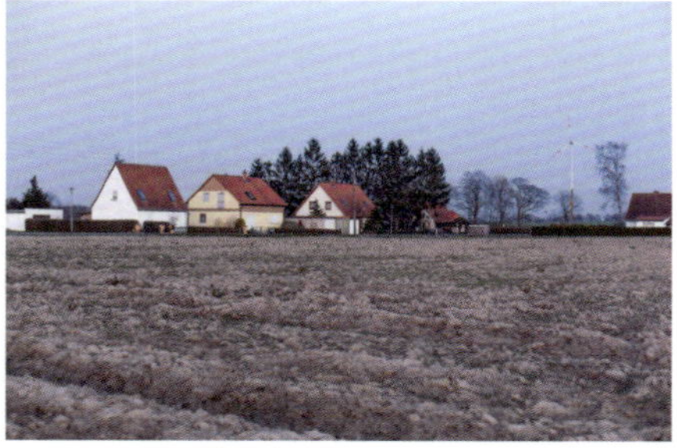

Natürlich sind die Züsedomer mit Wünschen wie diesen nicht allein. An allen Projektorten auf dem Land reden die Menschen irgendwann von diesen alten Bildern. Sie beschreiben eine Art Naturzustand dörflichen Lebens. Wer in einer LPG beschäftigt war, arbeitete im Dorf und schlief im Dorf. Es gab Mußestunden und in der Mangelwirtschaft zwingende Gründe für Nachbarschaftshilfe. Man lief sich über den Weg, statt spät am Tag aneinander vorbeizufahren. Nach den Schrumpfungen der Nachwendejahre, dem Wegzug und Zuzug ist das Dorfleben heute kein Selbstläufer mehr. Eine Autofahrt weiter gibt es immer noch eine größere Attraktion. Der Zeittakt hat sich beschleunigt und wird im Rhythmus von WhatsApp gezählt. Niemand wird es je sagen, aber unter diesen Bedingungen eine Bank zu verlangen, ist ein Alptraum nach den Maßstäben zeitgenössischer Kunst. Holger Friese, der Mediator von Züsedom, hat es anders gesehen. Er reiste mit dem Warschauer Architekten und Gestalter Jakub Szczęsny nach Züsedom, um die Vision der Bank vollkommen ernst zu nehmen. Szczęsny sah die Dorfbank der Zukunft als kommunikatives Trainingsgerät. In der aufgegebenen Dorfschule von Züsedom begann er gedanklich die Bank in Hälften zu zerlegen. Menschen treffen sich zum Sport. Menschen bedienen Geräte. Was, dachte Szczęsny, wenn das Banksitzen zur Herausforderung an den Teamgeist würde? Wenn die Bank als Stoppsignal leuchtet? Und nebenbei gefragt: Könnte man nicht genauso mit der alten Schule verfahren? >

Die erste Skizze galt der Schule, nicht der Bank. Jakub Szczęseny ist ein Gestalter, der systemisch denkt. Der in seinen Projekten Leitern aufstellt, einfach um den Blickwinkel zu heben, und der aus Hindernissen Chancen macht. Die alte Schule ist Züsedoms Stachel im Fleisch. Jeden Tag müssen die Dorfbewohner an ihr vorbei und werden daran erinnert, dass etwas abgewandert ist, das einmal für die Zukunft stand. Im Grunde wünschte sich ganz Züsedom einen Zauber, der den dreigeschossigen Plattenbau wieder in eine Bildungsstätte zurückverwandeln würde, und wenn das schon nicht ginge, den Zauber, der sie einfach zum Verschwinden brächte.

Szczęsenys Skizze hatte auf einem Stück Pappe Platz, einem Einwegteller, und entfaltete einen so einfachen wie einleuchtenden Gedanken. Etwas abzureißen, wo eigentlich ein Mangel herrscht, ging ihm gegen die Logik zeitgemäßer Architektur. Beton ist ein Rohstoff. Vor allem aber hatten die Züsedomer dem Mediator immer wieder gesagt, dass es hier etwas Neues bräuchte. Gemeinschaftsraum, damit die Leute wieder aus den Häusern kämen. Sie müssten das, was sie sonst drinnen täten, einkochen, backen, im Garten sitzen und reden, gemeinsam tun. Nicht die Gewohnheiten ändern. Die Gewohnheiten zusammen ausleben. Ein Pavillon, eine Dorfkantine, einen Club für alle Züsedomer und die ganze Gemeinde Rollwitz. Was könnte logischer sein, fand Szczęsny und sah die Schule als den fast schon mathematisch exakten Lösungsweg. Denn trüge man von dem Gebäude die oberen Stockwerke ab, blieben die Funktionsräume des Erdgeschosses übrig: eine Schulküche, großzügige Gemeinschaftsräume – als hätte die stabile modulare DDR-Architektur seit Jahren darauf gewartet, aus ihrer schematischen Rasterstruktur aufgeweckt zu werden. >

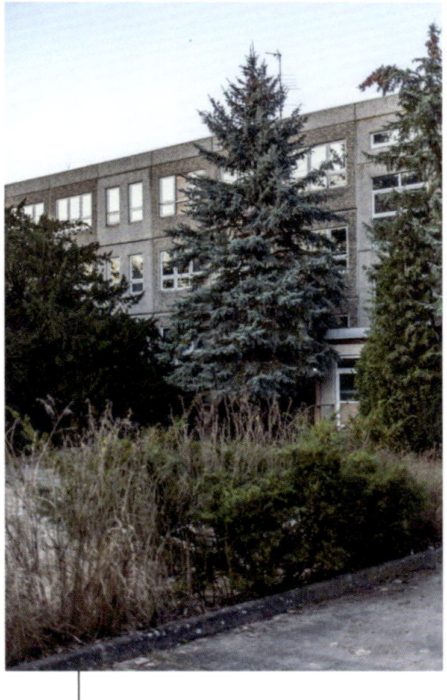

In einem Klassenraum im Erdgeschoss liegen noch Aufnäher der Erich-Kühl-Oberschule, in der Mitte sauber das Staatswappen gestickt, doch inzwischen steht Züsedoms Schulneubau seit 24 Jahren leer. Die Schule scheint zu schlafen. Niemand räumt sie aus. Nun scheint es, als könnte sie sich verwandeln.

Fotos soweit nicht anders vermerkt: Victoria Tomaschko

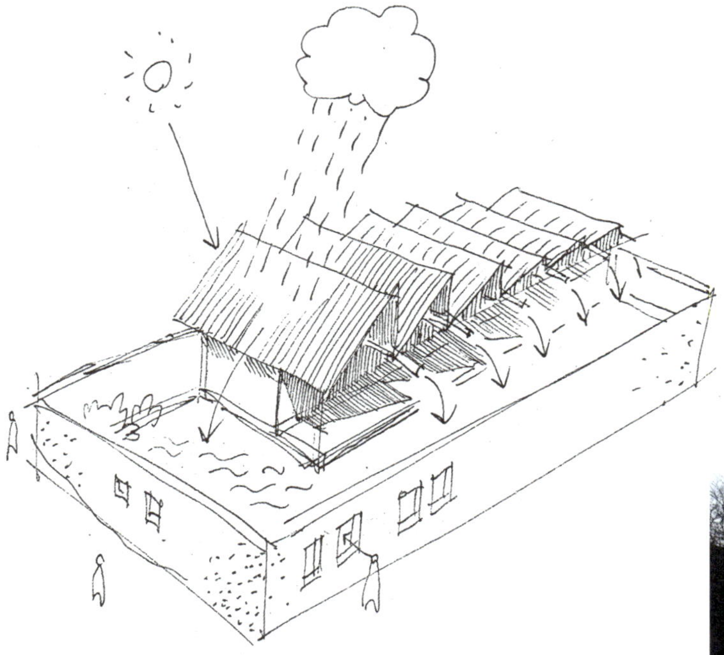

Dass der Klimawandel keine Einbildung ist, merken Feuerwehrleute, wenn sie in ihre Löschteiche blicken. Niedrige Wasserstände und Verschlammung sind in Züsedom reale Probleme. Für Jakub Szczęsny soll Architektur Probleme lösen. Sein Dachentwurf bietet deshalb die idealen Flächen und Neigungswinkel, um Regenwasser zu gewinnen. Das Untergeschoss wird nebenbei zur zusätzlichen Löschwasserquelle.

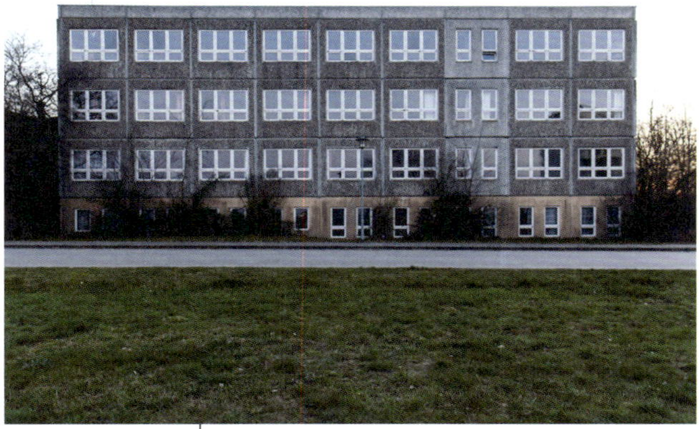

Was den Neuen Auftraggebern von Züsedom viele Monate nach dem kühnen Entwurf auf der Bratwurstpappe in einer Präsentation vorgeführt wurde, die auch beim budgetmächtigsten Großinvestor nicht bedachter und ernsthafter hätte sein können, sollte nicht einfach das Upcycling einer Gebrauchsarchitektur sein. Szczęsny setzte in seinem Entwurf den Grundmauern eine fast japanisch wirkende Dachkonstruktion auf, die exakt so geneigt und bemessen war, dass sie die größtmögliche Menge Regenwasser für die immer heißeren Züsedomer Sommer gewinnen würde. Irgendjemand hatte den Architekten wissen lassen, die Schule sei ein Trauma, aber der Wasserstand des verschlammten Löschteichs ein Drama. Das war die Information, die für Szczęsnys mathematische Gleichung fehlte. Er schlug vor, die eine Hälfte des Erdgeschossbodens zu öffnen und die darunter liegenden Kellerräume zu fluten. Die verfallende Schule als Strand für Sommerabende. Und zugleich als Wasserreservoir im Fall der Fälle. Ein Stück DDR- und Wendegeschichte als Antwort auf den Klimawandel. Ein Bild für die leichte Hand, mit der sich ein Problem konstruktiv verwerten und Trauer in Optimismus verwandeln lässt.

Und wer baut das nun? Heute sind die Bänke bereits unabweisbare Realität geworden. In Polen ist ein Prototyp entstanden und den weiten Weg nach Züsedom gefahren. Die Bank der Zukunft ist ein modernisierter Sitzkorb aus signalfarbenem Geflecht über einer Stahlkonstruktion. Tragen zwei Dorfbewohner zwei Bankhälften zusammen und koppeln sie an einem Scharnier, können sie entscheiden, was sie unter einer Bank und was sie unter Sitzen verstehen. Intim geschlossen, weit geöffnet? Mehr Nest oder mehr Loge mit Blick auf das Dorf? Auf dem Erntefest war das Möbelstück ein Spaßvehikel. Man kann damit spielen, man kann sich zu seiner Nutzung verabreden. Und steht die Bank einmal am Straßenrand, schreit das Baustellen-Orange Stop! Anhalten! Geschwindigkeit drosseln und kommunizieren. Die Bank ist, so ehrlich ist der Designer, auch ein Gradmesser. Die Menschen zeigen ihren Grad an Kooperation und Lust am Dialog in dem Maße, in dem Züsedom oder die anderen Dörfer der Gemeinde Rollwitz leuchten werden. Für die Schulverwandlung hingegen fehlt bislang das Geld. Daran sollte eine Architektur, die jedem, der sehen kann, erklärt, wie Zukunft funktioniert, nicht scheitern./

Züsedom wünscht sich mehr echte Begegnungen im Dorf. Die einen wollen deshalb Bänke zum Reden, die anderen einen Pavillon, in dem man zusammen kochen und essen könnte. Jakub Szczęsny fragt sich, warum man etwas bauen soll, wenn man schon etwas hat. Er schlägt vor, die leere Schule zum Pavillon zu verwandeln und im Dorf moderne Bänke zu verteilen. Er findet Züsedom erfinderisch und die Menschen kooperativ.

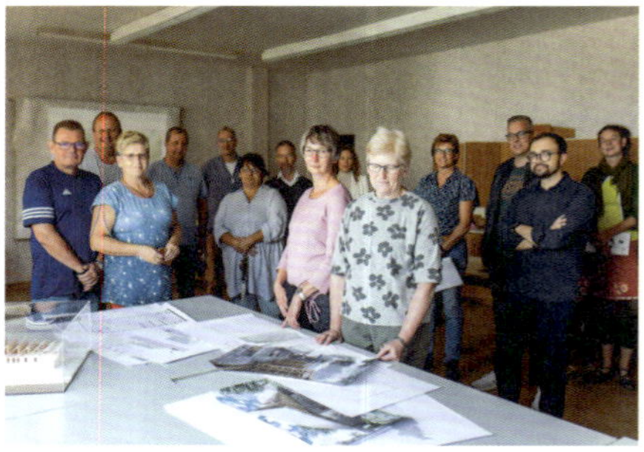

Das Projekt zeigt, dass sich in Problemen auch Utopien verbergen.

Am 19. September 2021 reist Jakub Szczęsny nach Züsedom, im Gepäck Pläne, eine Präsentation und ein präzise gebautes Modell.

Seine Zeichnungen sind so einleuchtend wie ein Spiel oder ein Modellbausatz. Sie zeigen, was passiert, wenn man die drei oberen Geschosse der Schule wie die Schichten einer Torte vom Erdgeschoss löst und die verbleibenden Räume verwandelt.

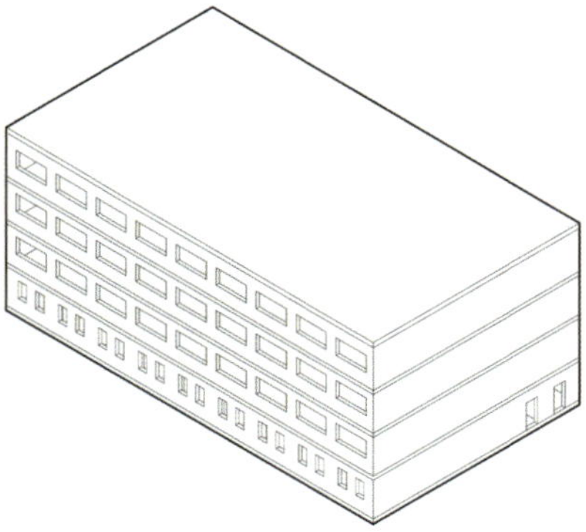

Ausgangslage

Die Schule steht seit vielen Jahren leer, doch ihre Bausubstanz ist gesund.

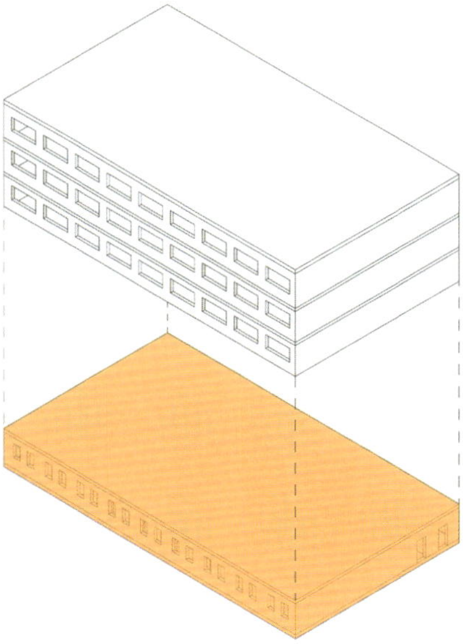

Schritt 1

Die Obergeschosse werden zurückgebaut. Es gibt Unternehmen in der Region, die viel Erfahrung damit haben, die Bauelemente der DDR-Einheitsbauweise zurückzubauen. Der sowieso irgendwann fällige Rückbau macht sich nützlich.

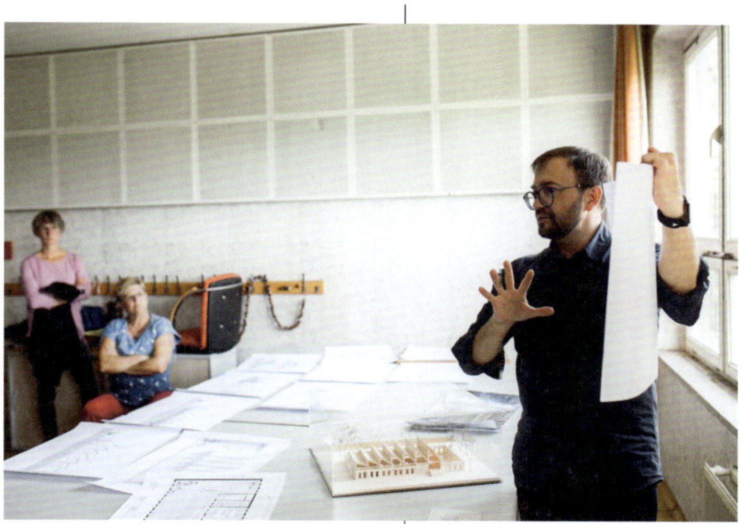

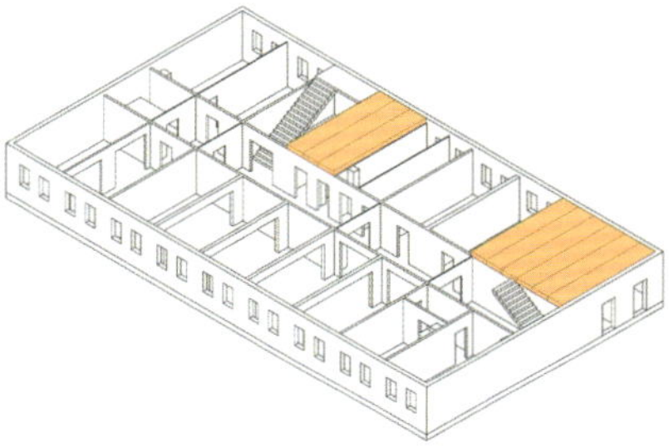

Schritt 2

Kern der Idee ist die vorhandene Ausstattung der Schule mit Küche, Gemeinschaftsräumen, Toiletten und Außenzugang. Sie bleibt erhalten. Die Trennwände der Klassenräume und das Treppenhaus verschwinden.

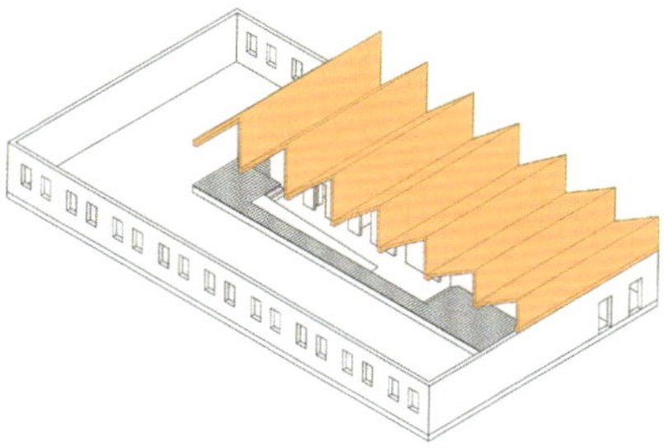

Schritt 3

So entsteht unter dem neuen Dach eine Küche mit Essraum. Der ehemalige Korridor wird zu einer Terrasse, ein vom Dach überragter Quai, der sich durch die alten Türen betreten lässt wie ein Anleger aus einem Hafenschuppen. In die freigelegten Kellerräume fließt vom Dach das Regenwasser. Sie werden zum Bassin und machen die Schule zur Marina des Dorfs.

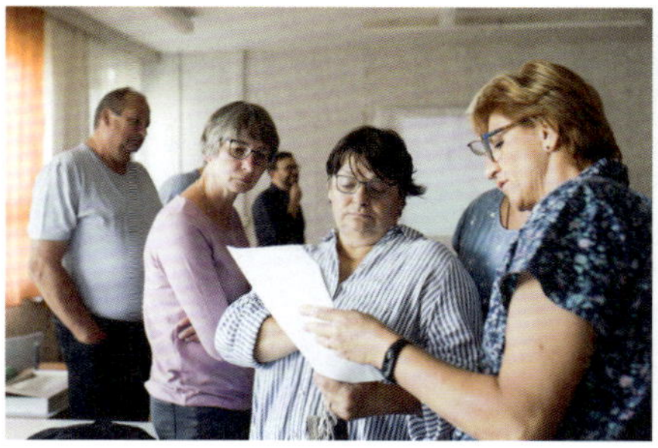

Der Entwurf kriegt Applaus, wird aber auch auf Praktikabilität geprüft.

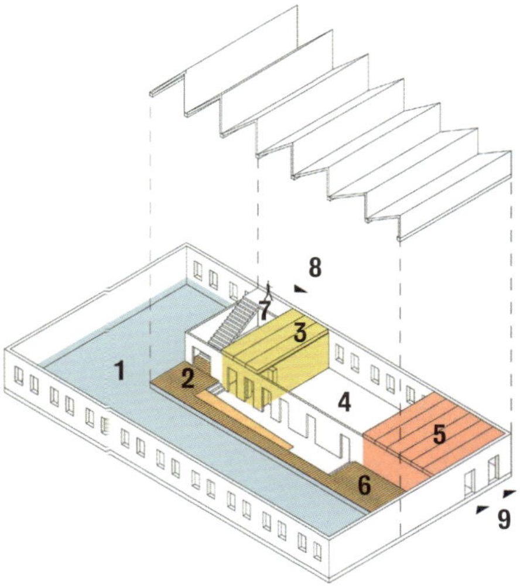

1 Wasserbassin
2 Terrasse
3 Wasch- und Toilettenräume
4 Gemeinschaftsraum
5 Küche
6 Grillecke auf der Terrasse
7 Technikraum
8 Hofeingang mit Freitreppe
9 Eingang auf Straßenniveau

Zeichnung, Skizze und Modellfotografien: Jakub Szczęsny

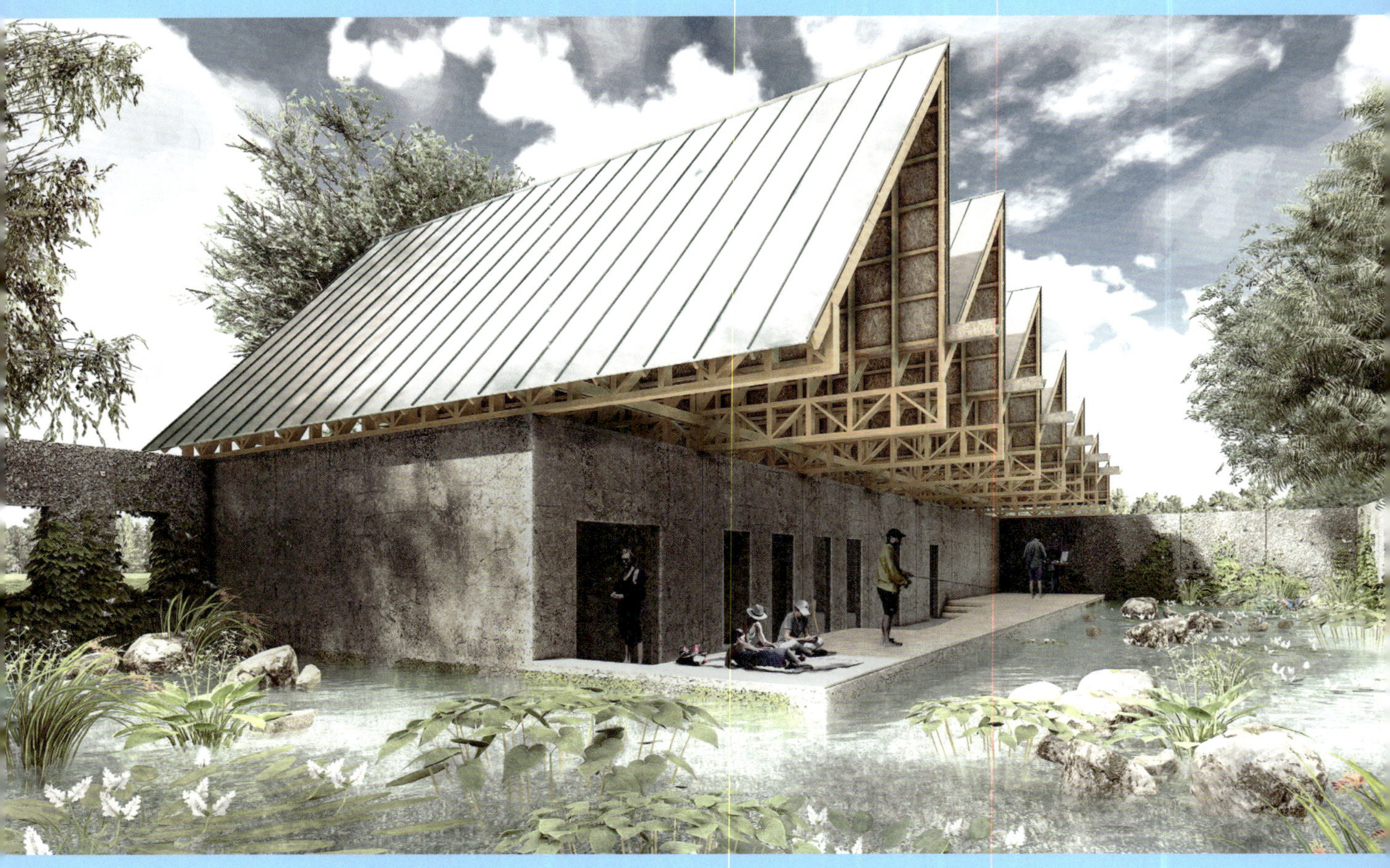

Die alten Fertigbauelemente sind weiter zu sehen. Die Vergangenheit wird nicht versteckt, sondern ist ein Teil der Zukunft.

Es geht darum, das Alte so zu verwandeln, dass es auf neue Art lebendig wird.

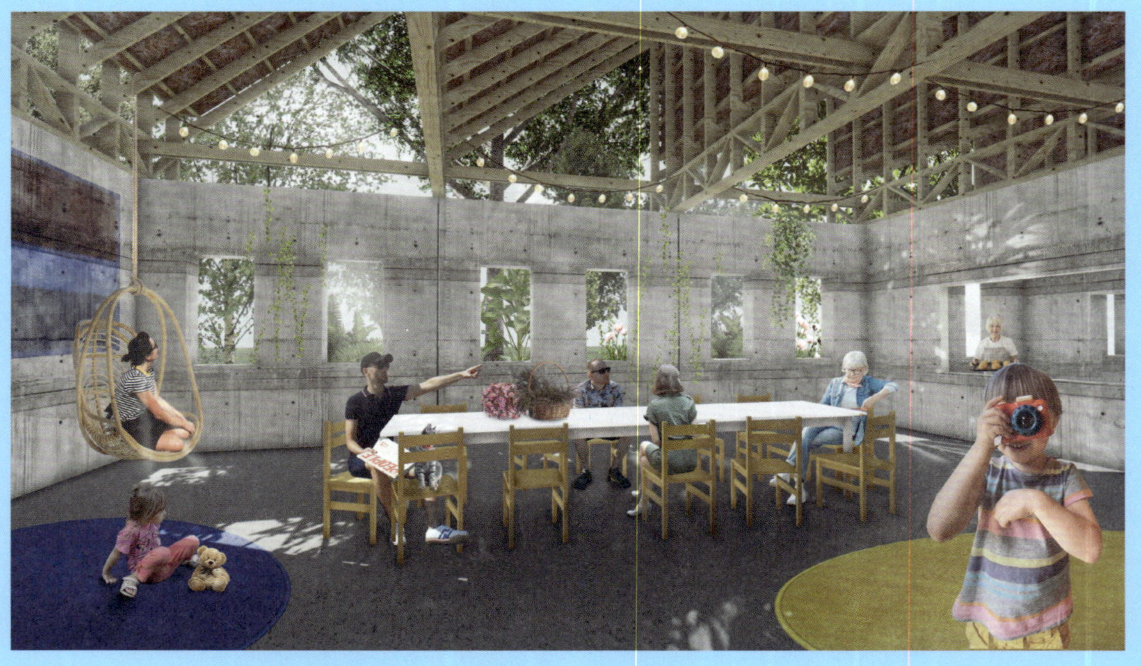

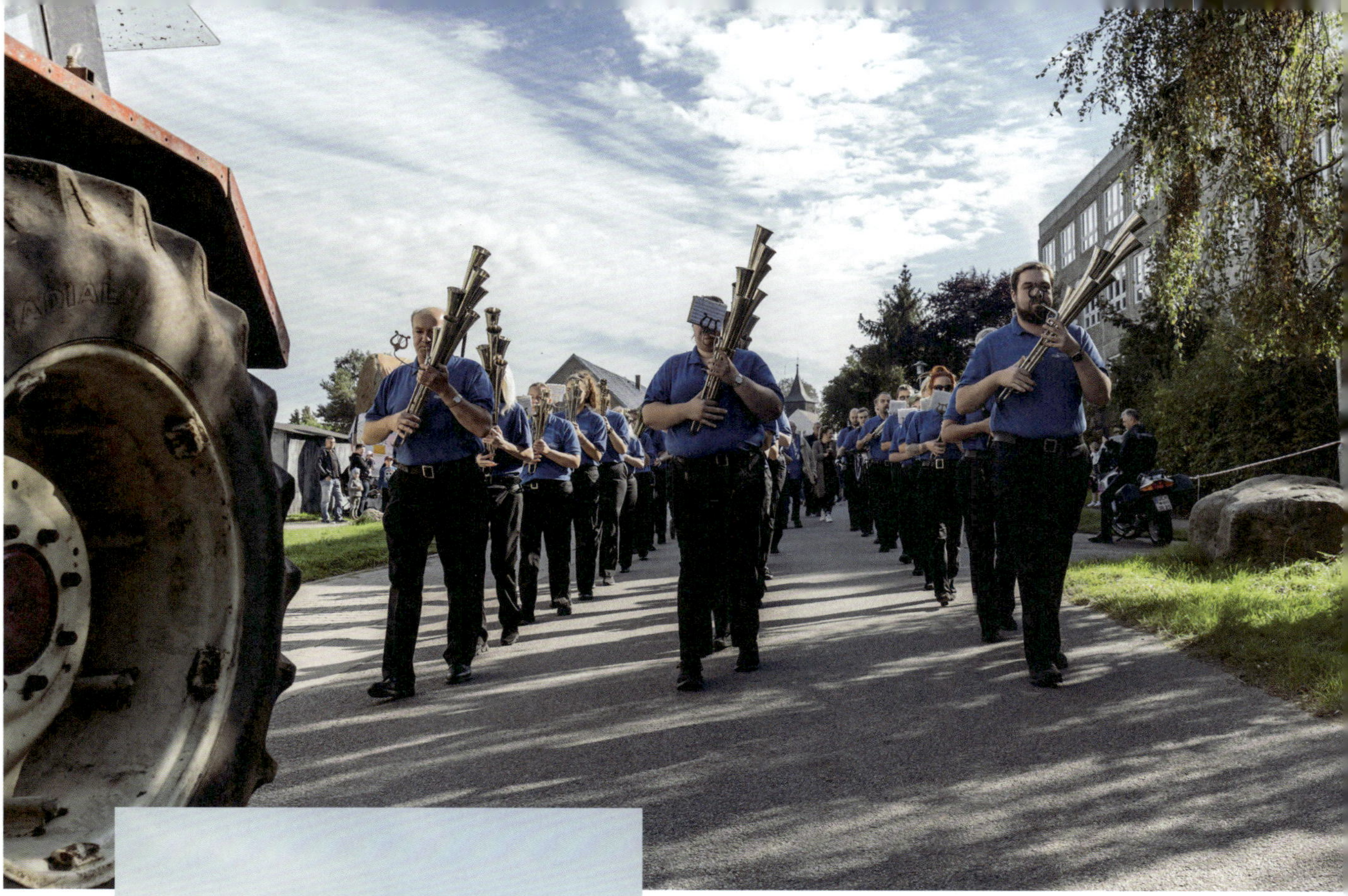

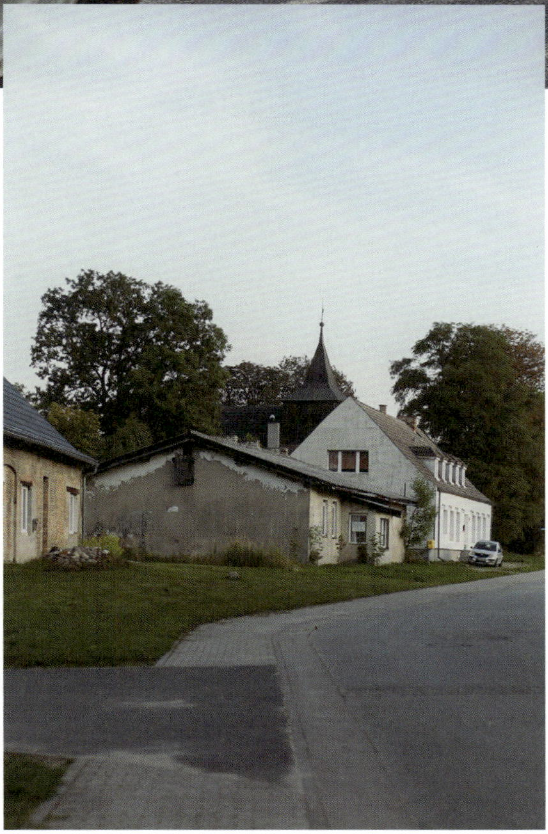

Früher waren die Erntefeste Höhepunkte sowohl des Dorf- als auch des LPG-Lebens. Heute zeigen sie auch, wie aktiv und technisch virtuos die Schalmeienkapellen sind, die im Südosten Vorpommerns zwischen Bodden und Uckermark ungebrochenen Zulauf haben. Bei großen Festen sind alle Generationen auf den Beinen. Dabei wird auch deutlich, dass die Dörfer längst aufgehört haben zu schrumpfen. Die Jungen suchen Bauland, statt die Flucht zu ergreifen. Die Entwürfe neuer Gemeinschaftsorte und Begegnungspunkte sind deshalb kein Luxus, sondern auch Modellversuche, der mobilen jüngeren Generation neuer Raum zu geben. Wer zwischen Wohnen und Arbeiten pendelt, braucht neue Perspektiven im Dorf.

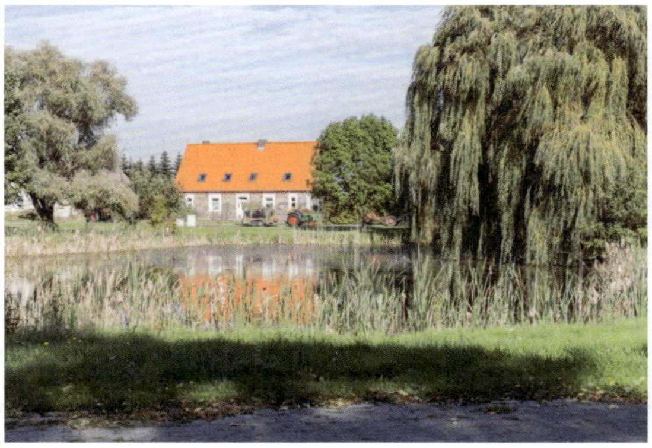

Renderings links: Jakub Szczęsny

Züsedom ist ein weitläufiges, aber lebendiges Dorf. Um die Jüngeren zu binden, wenn sie die Elternhäuser verlassen, braucht es Wohnraum. Da aber nur noch wenige die Arbeitszeit im Dorf verbringen, gibt es auch einen veränderten Bedarf nach Treffpunkten, Orten, an denen das Gemeinschaftsleben selbst organisiert werden kann.

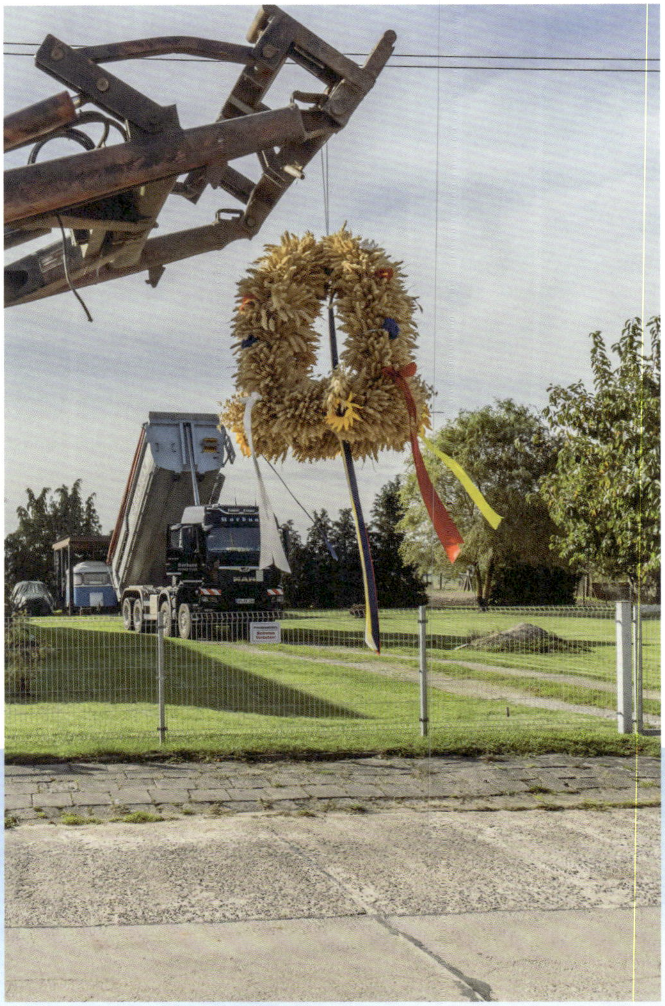

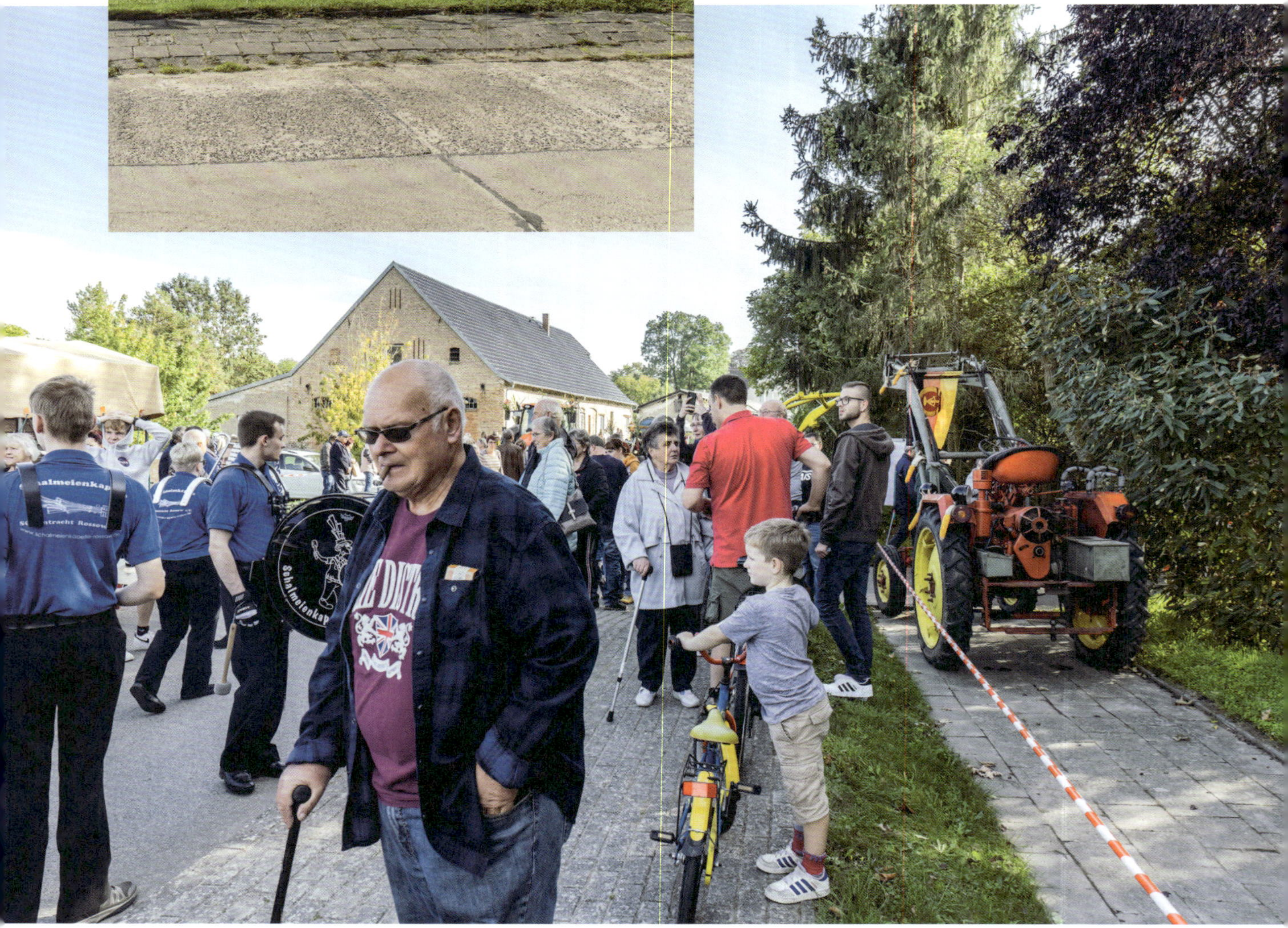

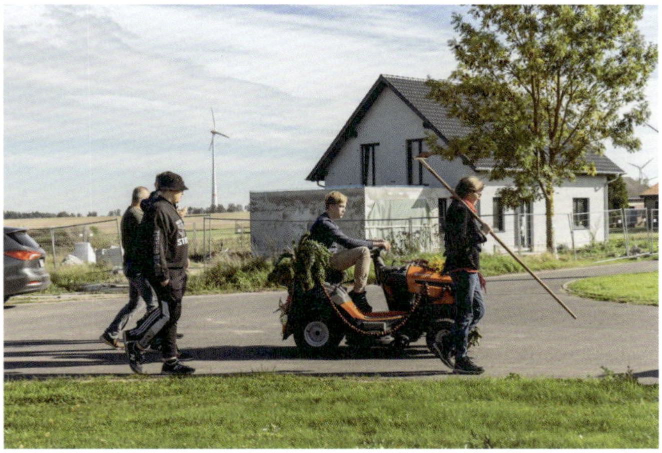

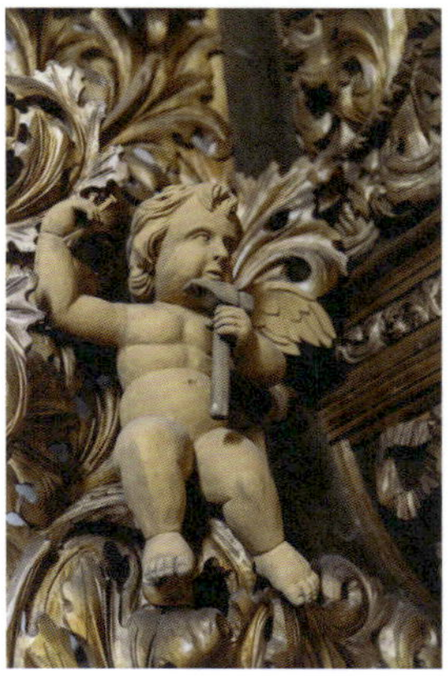

Im Dorf von heute geht es nicht um Romantik, sondern um die richtige Formel, nach der sich Neues gestalten und mit dem Alten verbinden lässt.

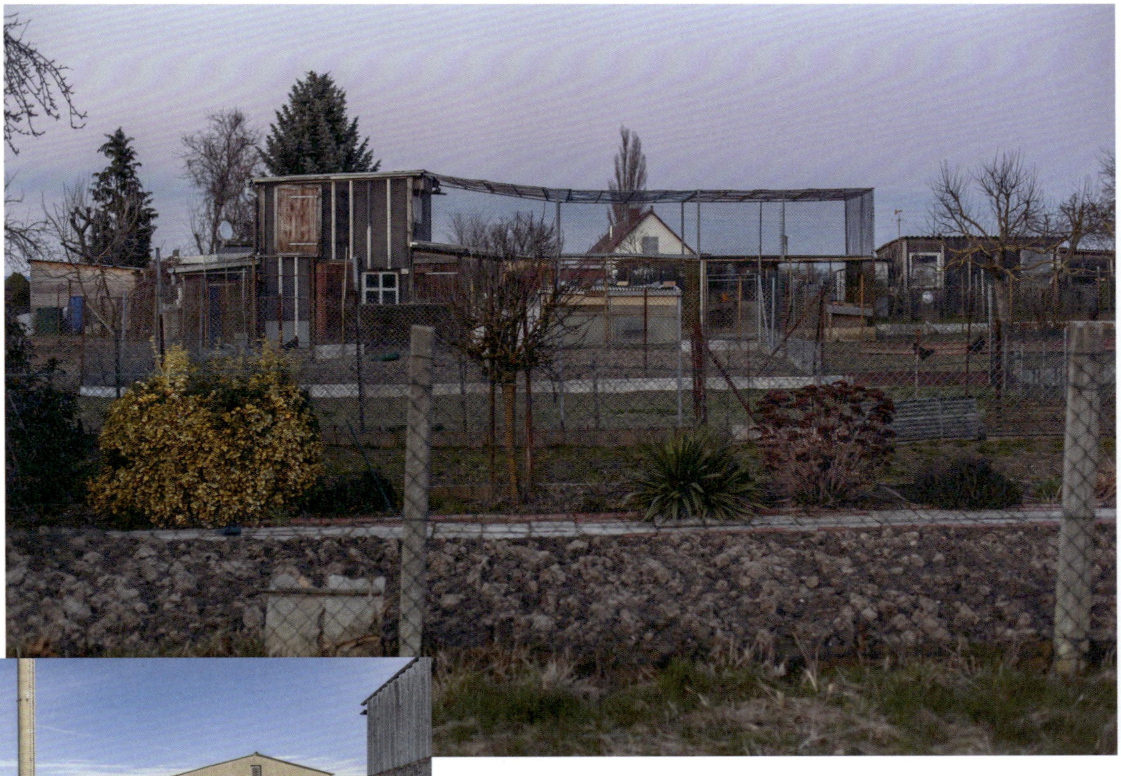

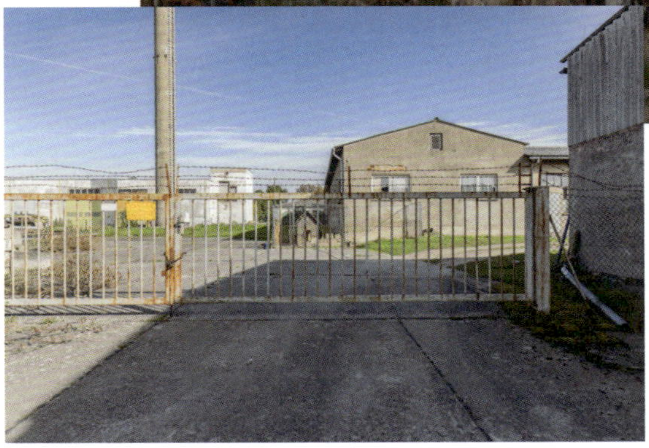

Die Formen ändern sich nicht nur in der Stadt. Die Züsedomer wissen aber auch die alten Feste zu feiern und passen sie mit großem Spaß der wechselnden Zeiten an.

DESIGN BY DORFWEISHEIT

Dorfloge oder Kuschelkorb, die Bank folgt flexibel dem Bedarf.

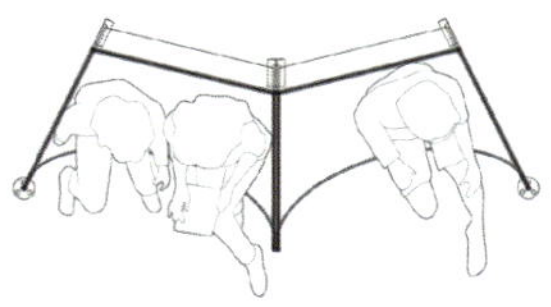

Sozialer Abstand

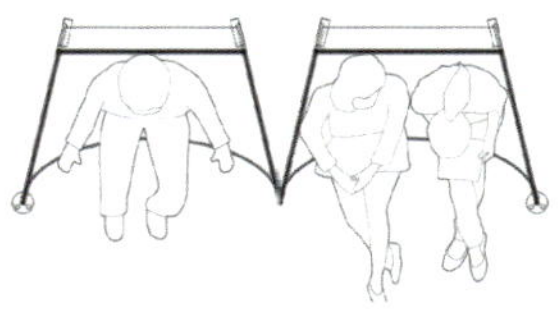

Zuschauerbank

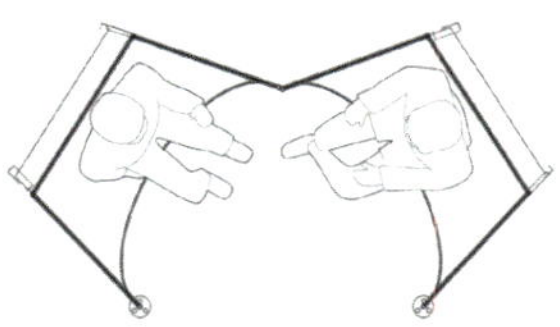

Bekanntschaft

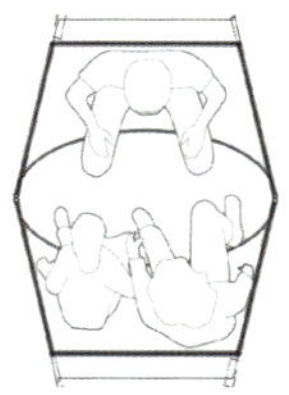

Intimität

Es gibt Weisheiten, die lernt man am besten auf dem Dorf. Das richtige Verhältnis von Nähe und Abstand zum Beispiel. Wer sich täglich über den Weg läuft, braucht Fingerspitzengefühl für den Freiraum der anderen. Es gibt aber auch Weisheiten, die hat man aus der Stadt. Nämlich, dass Straßen und Plätze Möbel brauchen, wenn es Leben zwischen den Häusern geben soll.

Mit der Züsedom-Bank hat der Architekt Jakub Szczęseny, Gründer des renommierten Designstudios SZCZ, das Beste aus beiden Welten gemacht und die Dorfbank erfunden. „The Züsedom Bench“ nennt er seinen Entwurf. Szczęsnys Gestaltungen werden im MoMA gesammelt, aber die Dorfbank von Züsedom konnte er nur gemeinsam mit den Menschen aus dem Dorf entwickeln. Denn es sollte keine Stadtbank entstehen, sondern eine Bank, die Zusammenhalt schafft.

Die immer mobileren und digitaleren Menschen steuern sonst effizient aneinander vorbei. Wir sind heute überall und nirgends. Aktiv, aber schwer zu greifen. Eine Erfindung soll deshalb her, meinten die Züsedomer, die Gelegenheit zur Begegnung bietet. Mit Szczęseny entwickelten sie eine Bank, die in leuchtendem Signalorange unübersehbare Treffpunkte im Dorfbild platziert, für jede Altersgruppe nutzbar und in ihrem Design auch für die jüngere Generation attraktiv ist. Die Züsedom-Bank.

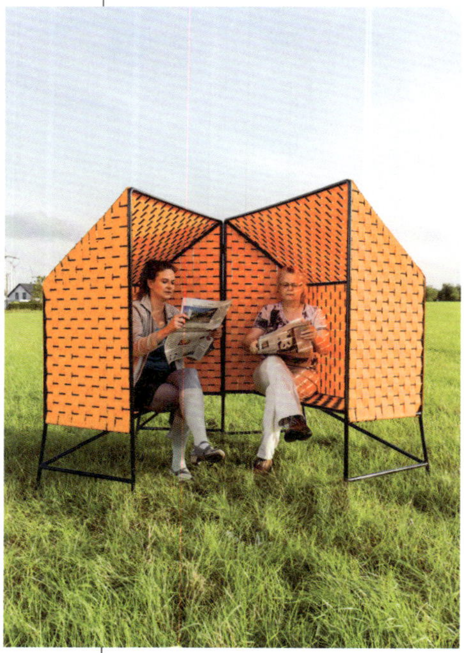

Die Nutzer der Züsedom-Bank sollen auch die Kümmerer sein. Die Bank gehört allen und man passt auf sie auf. In der dörflichen Überschaubarkeit steht sie unter persönlicher Obhut wie das private Gartenmöbel. Deshalb darf sie anspruchsvoll gestaltet, beweglich einsetzbar und einladend für jeden sein. Eine leichte Stahlrohr-Konstruktion mit witterungsbeständigem Kunststoffgeflecht schafft Geborgenheit, ohne zu beengen und lädt zur Entspannung ein.

Was die Bank in ihrem signalfarbenen Orange verblüffend anders als andere Außenmöbel und wohl bald zu einem begehrten Designobjekt macht, ist ein ungewöhnliches Detail: Jede Bank lässt sich auf einfache Weise mit einer zweiten Bank koppeln. Aus beiden Bänken wird dann ein öffentlicher Raum für Zwei. Wie an einem Scharnier lassen sich die beiden Korbschalen weit öffnen, bis beide Nutzer in eine Richtung sehen, als säßen sie in einer Theaterloge mit Blick auf das Straßenleben. Sie lassen sich aber auch enger zueinander drehen, bis man sich über Eck so nah ist wie am Kaffeehaustisch. Die Bank ist ein Werkzeug und ein Spielzeug, das sich bis zu einem intimen Gehäuse immer weiter schließen lässt. Wer sie nutzt, wählt die Konstellation selbst und erlebt das Dorf auf entspannte und kooperative Art neu. Und weiß: Keine Stadt kann sich so etwas leisten. Weil die Bank ein Produkt dörflicher Dialogbereitschaft und Verantwortung ist. Ein dorf-urbanes Möbel, das sich täglich an die Bedürfnisse der Menschen anpasst./

Die Bank ist leicht, aus pflegeleichtem und robustem Material. Sie kann an verschiedenen Stellen im Dorf von Privatleuten in Obhut genommen werden.

Zeichnungen: Jakub Szczęsny

Kooperation pur: Zwei Menschen tragen die Bankhälften herbei. Zusammenstecken. Setzen. Schauen und reden, bis noch einer kommt.

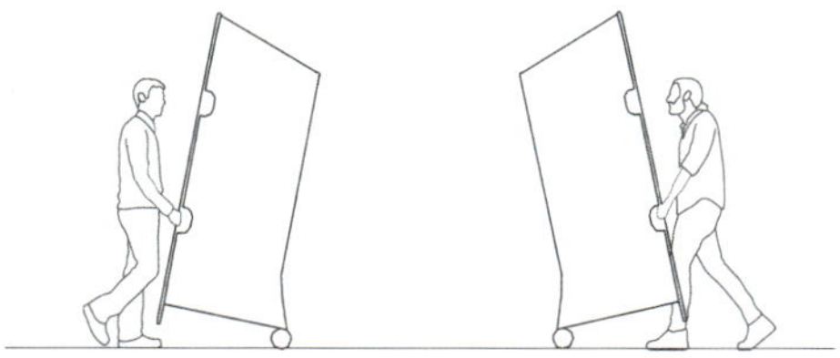

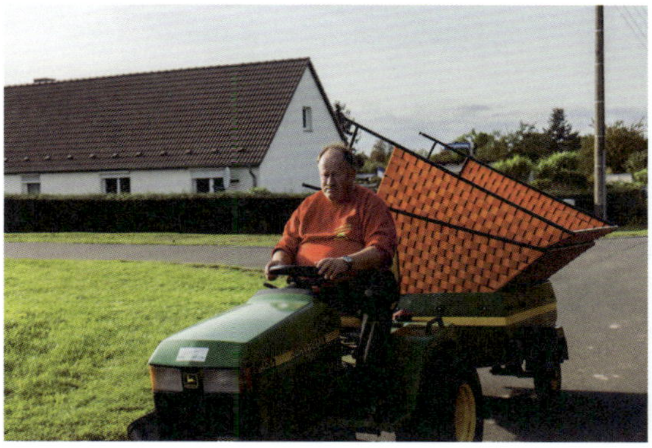

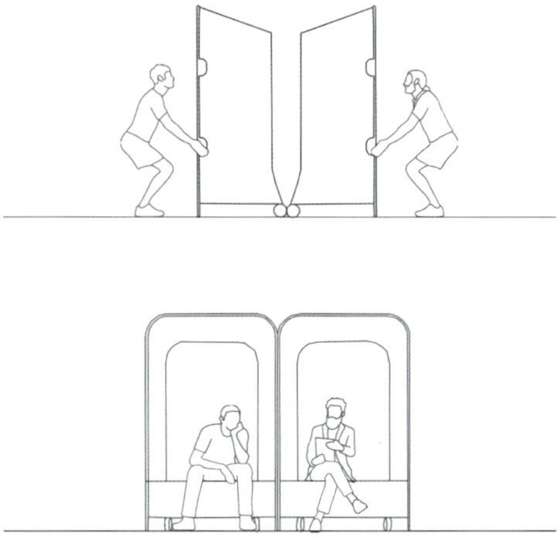

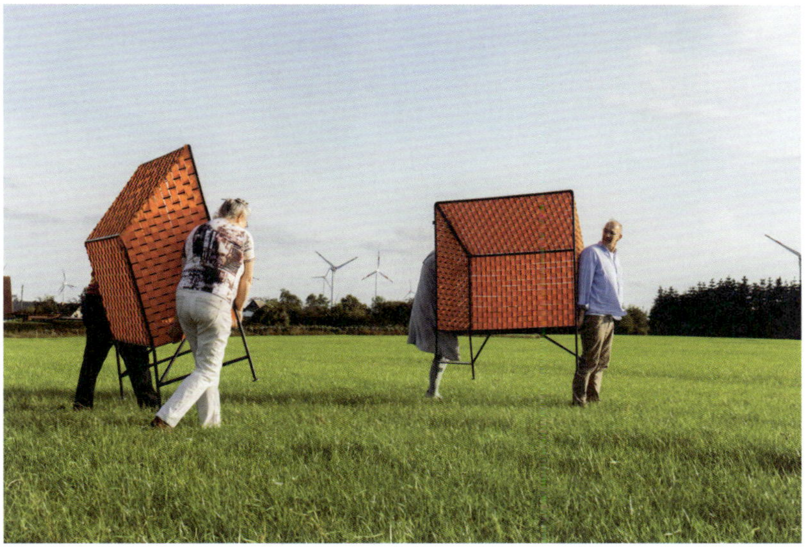

Die neue Bank ist ein Fitnessgerät für die Dorfkommunikation. Leuchtet sie an der Straße auf, haben zwei aus dem Haus gefunden, um andere zu treffen. Ein Haltesignal an jeden, der vorbeikommt.

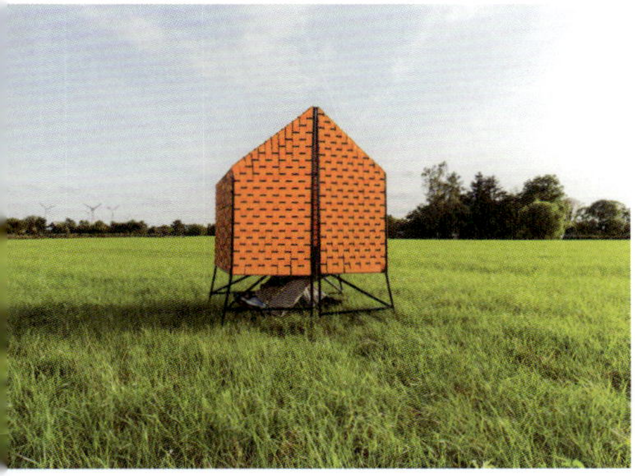

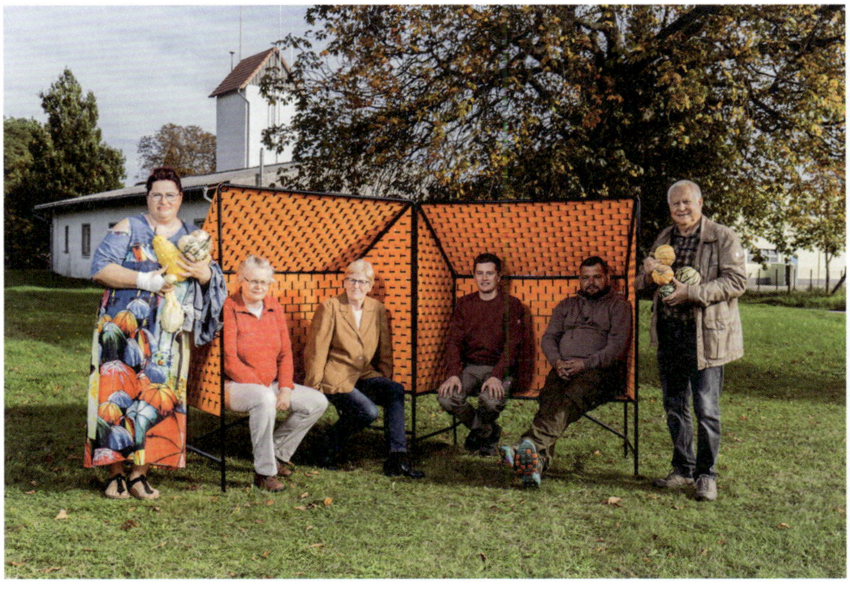

Die Neuen Auftraggeber von Züsedom

Schwarzheide,
Brandenburg

LUFTIGER KRAFTRAUM

EINE PERFEKTE SCHULE WILL DEN WANDDURCHBRUCH

Die Niederlausitz war einmal die Energiezentrale der DDR. Hier wurde Braunkohle veredelt, bis die Wende kam. Danach wurde die Luft sauberer, aber die Arbeit verschwand. Heute gibt es hier wieder Zukunft, die Chemie boomt, aber die Jahre der Schrumpfung gingen nicht spurlos an den Menschen vorüber. So ist auch ein großes Zukunftsprojekt der ausgehenden 2000er-Jahre, ein moderner Schulcampus mit Gymnasium und Oberstufenzentrum, von beinhartem Pragmatismus geprägt. Technisch ist die Ausstattung perfekt. Aber bald merkten die erfolgreichen Schulneuerfinder, dass etwas Fundamentales fehlt. Ein prägendes Bild. Der Freiraum zum Spinnen und Fantasieren.

DER AUFTRAG IN ZWEI SÄTZEN
„Wir sind stolz auf unsere moderne Schule, aber vermissen Freiräume für unsere Schüler, die sie selber kreativ entwickeln können. Wer die Schule betritt, soll erkennen, dass sie ein Zukunftsort für unsere Region ist und dass es sich lohnt, diesen Ort mitzugestalten."

DIE AUFTRAGGEBER*INNEN
Paul-Gerhard Thiele und Ingo Senftleben für den Förderverein SeeCampus Schwarzheide-Lauchhammer e.V. gemeinsam mit den Schülerinnen und Schülern des Emil-Fischer-Gymnasiums und des Oberstufenzentrums Lausitz und den Kollegien beider Schulen

GRÖSSTE HERAUSFORDERUNG
Als Vorstufe des heutigen Projekts luden die Neuen Auftraggeber und der Förderverein internationale Künstler*innen zu einem mehrjährigen Beteiligungsverfahren ein. Sie ermittelten die Wünsche der Campusnutzer, besonders der Schülerinnen und Schüler. Daraus wurde ein erstes Kunstprojekt entwickelt, das sich als nicht umsetzbar erwies. Das SeeCampus-Projekt steckte in der Sackgasse. Mit einer zweiten Mediatorin wurde es neu aufgesetzt.

KÜNSTLERIN
Sol Calero

ZEITRAUM
2021–2022

BETEILIGUNGSPROZESS
2015–2021

MEDIATOR*INNEN
Gerrit Gohlke und Lea Schleiffenbaum

PROJEKTPARTNER
Brandenburgischer Kunstverein Potsdam e.V.

FAKTEN
Zwar sind Gymnasium und Oberstufenzentrum öffentliche Schulen, das Campusgebäude wird aber von einem privaten Betreiber unterhalten. So wurde in Schwarzheide die Finanzierung einer technisch herausragenden Schule möglich, die Architektur und Bewirtschaftung folgt aber dem Prinzip maximaler Effizienz. Räume und Wände dürfen nur nach Rücksprache angetastet werden. Auch nutzt die kostenbewusste Architektur die Baunormen aus, was Ein- und Umbauten zusätzlich erschwert.

ORT
Der SeeCampus mit seinen etwa 900 Schülerinnen und Schülern hat ein weites Einzugsgebiet mit einer Handvoll Städten und vielen Gemeinden. Er befindet sich an der Grenze zweier Industriestandorte der Niederlausitz, der Chemiestadt Schwarzheide und der Bergbaustadt Lauchhammer, von denen letztere in den 1990er-Jahren eine Phase starker Schrumpfung durchleiden musste. Ältere Schulstandorte wurden geschlossen, der Schulbetrieb am gefluteten Tagebau zum SeeCampus zusammengeführt.

Es ging nicht um ein buntes Dekor. Die Schule sollte nicht hübscher werden. Für Paul-Gerhard Thiele, damals einer der beiden Vorsitzenden des Fördervereins, ging es um etwas Fundamentaleres. Ihm schien der große Erfolg, ein perfekt ausgestattetes Lehrinstitut in einer Region im Umbruch realisiert zu haben, unvollendet. Thiele hatte maßgeblich für diesen Zukunftsort gekämpft, nun fürchtete er, dass die Schülerinnen und Schüler darin den Moment großer Freiheit nicht fühlen würden, in dem man mit 13 oder mit 16 Jahren Lebenspläne erfinden kann. Der Förderverein gewann die Schulleitungen und Kollegien der beiden Schulen dafür, in einem Mediationsprozess die Bedürfnisse der Jugendlichen zu erkunden. Grundlagenforschung um viertel vor sieben im Klassenzimmer. Was wünschen sich Teenager in einer rechteckigen Architektur mit optimaler Flächenausnutzung in energieeffizienter Passivbauweise? Der SeeCampus war ja überhaupt nur in optimaler Ausstattung finanzierbar gewesen, weil eine private Betreibergesellschaft bereit war, sie zu finanzieren und langfristig zur kostenbewussten Nutzung anzubieten. Fast alle Schülerinnen und Schüler äußerten in den vertraglich normierten Räumen den gleichen Wunsch: eine andere Art Raumerlebnis zu bekommen. Aufenthaltsnischen. Farbige Rückzugshöhlen. Lounges mit Pflanzenwänden. Wir sehen dem Bau nicht an, wo wir sind, sagte ein Neuntklässler. Das fanden sie im Förderverein ein ernstes Problem. Das wollten sie lösen. Mit einem Gegenentwurf. >

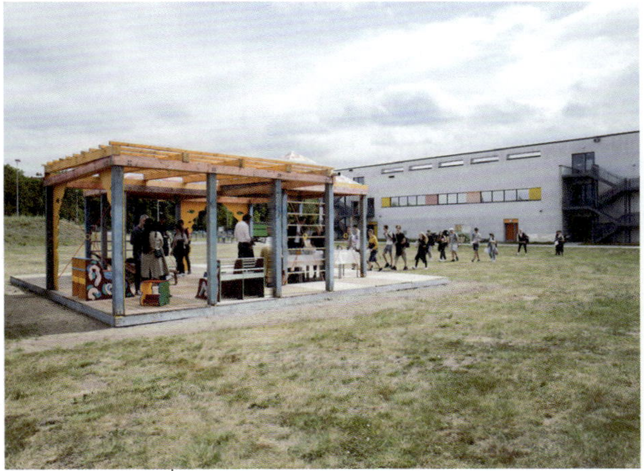

Lea Schleiffenbaum, die neu ins Projekt gekommen war, lud Sol Calero ein, eine Künstlerin, die begehbare Bilder schafft, Installationen mit Gedächtnis und Eigenleben. Sie hatte einen Pavillon entwickelt, dessen Ausstattung auf einer kleinen Tournee durch zwei europäische Ausstellungshäuser immer weiter angereichert wurde. „Casa Isadora" ist eine Mischung aus populären Formen, wie sie über alle kulturellen Grenzen hinweg in Umlauf sind, und Assoziationen unterschiedlicher Bautraditionen, die in Südbrandenburg auf Dauer heimisch würden, sichtbare Signatur eines langsam wachsenden kreativen Selbstverständnisses, deren Gestalt sich im Dialog mit den Schülern weiterentwickeln würde. Was wäre wichtig? Eine Chill-Zone, in der die Wünsche Erwachsener endlich einmal nicht wichtig wären? Freihanteltraining mit Frischluftzufuhr? Caleros Antwort ist ein frei zugängliches Gemälde, in dem die Nutzerinnen und Nutzer selber an der Ausgestaltung beteiligt sind. Es liegt ein besonderer Witz in dem Umstand, dass der Schulneubau seinerzeit einen Preis für die kreative juristische Ausgestaltung seines Betreibermodells bekommen hatte, das freilich kreative Eingriffe der Nutzer in die Gestalt ihres Gebäudes weitgehend unterbindet. Auch für „Casa Isadora" wurde vor Baubeginn in Schwarzheide ein Vertrag geschlossen, der aber das genaue Gegenteil zum Ziel hatte. Er besteht darauf, dass die Schülerinnen und Schüler den Pavillon weiter verändern dürfen. In Workshops, im Kunstunterricht. Im Förderverein finden sie, dass das alles sowieso nur der Anfang sei. Könnte man nicht irgendwann einmal im Schulgebäude ähnliche Gestaltungsabenteuer erleben wie in Caleros Refugium, draußen vor der Tür? Könnte der Pavillon zum Handlungsmodell werden und an den Korridoren vor den Klassenzimmern Farbe die genormten Wände erobern? Was, wenn Gestaltungsabenteuer Teil des Curriculums werden? Der Pavillon könnte ein Generator für kreative Energien werden, wie sie Jugendliche beim Erfinden von Lebensplänen unbedingt brauchen. Energien, über die Schülerinnen und Schüler selber bestimmen und dann in der Schule verhandeln könnten. >

Der SeeCampus in Schwarzheide ist das erste Brandenburger Schulgebäude, das den Passivhausstandard erreicht, bei dem ein Energieverbrauch von 15 kWh je Quadratmeter und Jahr nicht überschritten werden darf. Effizienz hat auch die Gestalt des Gebäudes geprägt. Die künstlerische Intervention sollte dem sparsamen Bau nun einen Ort sozialer Nachhaltigkeit zur Seite stellen.

Foto: Victoria Tomaschko

Fünf Workshops als Vorbereitung

MIT DEN HÄNDEN DENKEN

In fünf Workshops mit einer Künstlerin und vier Künstlern aus den Niederlanden, aus Polen und aus Deutschland entstanden bildhafte Visionen einer veränderten Schule. Es ging nicht um Baupläne oder Forderungskataloge, sondern darum, wie man praktisch das zum Vorschein bringt, wofür es vorher noch keine Worte gab. Die Ergebnisse sollten im Anschluss genutzt werden, die Schule zu verändern.

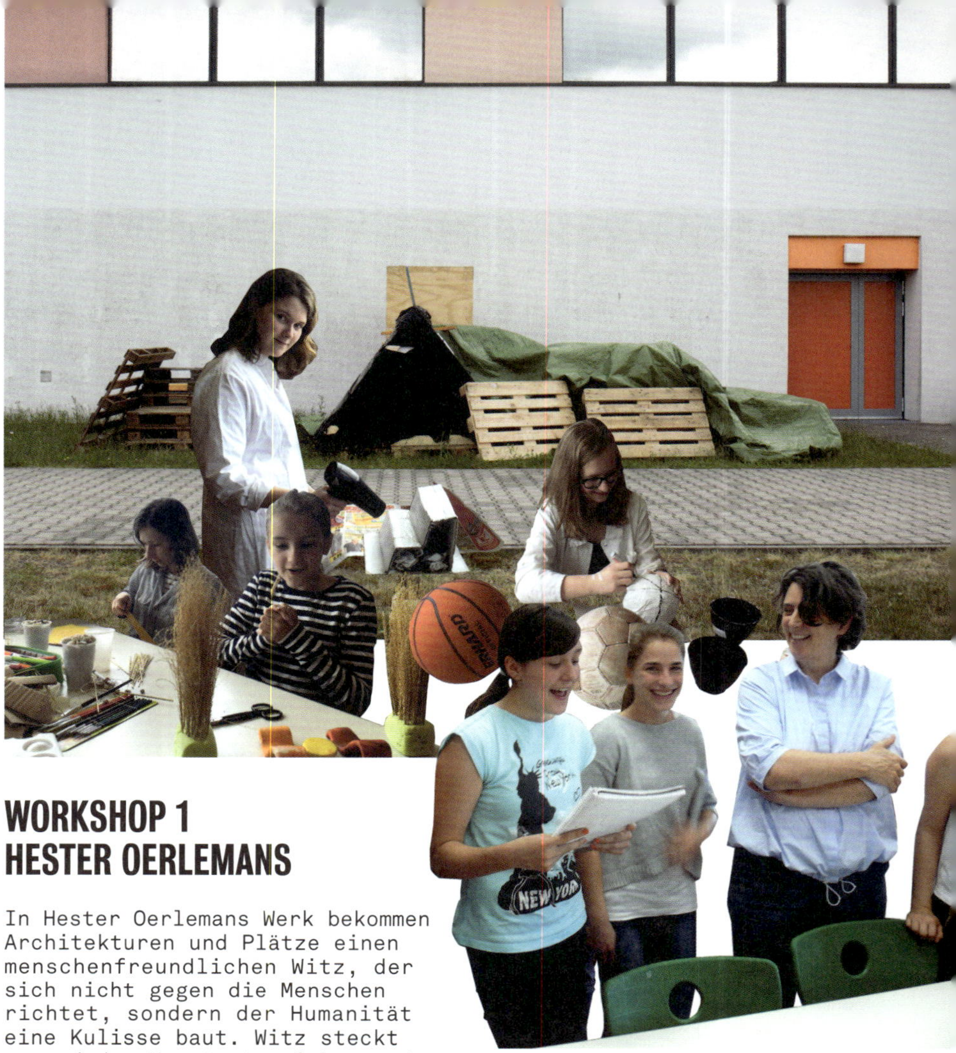

WORKSHOP 1 HESTER OERLEMANS

In Hester Oerlemans Werk bekommen Architekturen und Plätze einen menschenfreundlichen Witz, der sich nicht gegen die Menschen richtet, sondern der Humanität eine Kulisse baut. Witz steckt an und der Kunstunterricht wurde zur Erfinderbörse.

Von sprechenden Mülleimern bis zu Tribünenbänken oder watteweichen Schlaf-Pausen-Lounges war alles dabei.

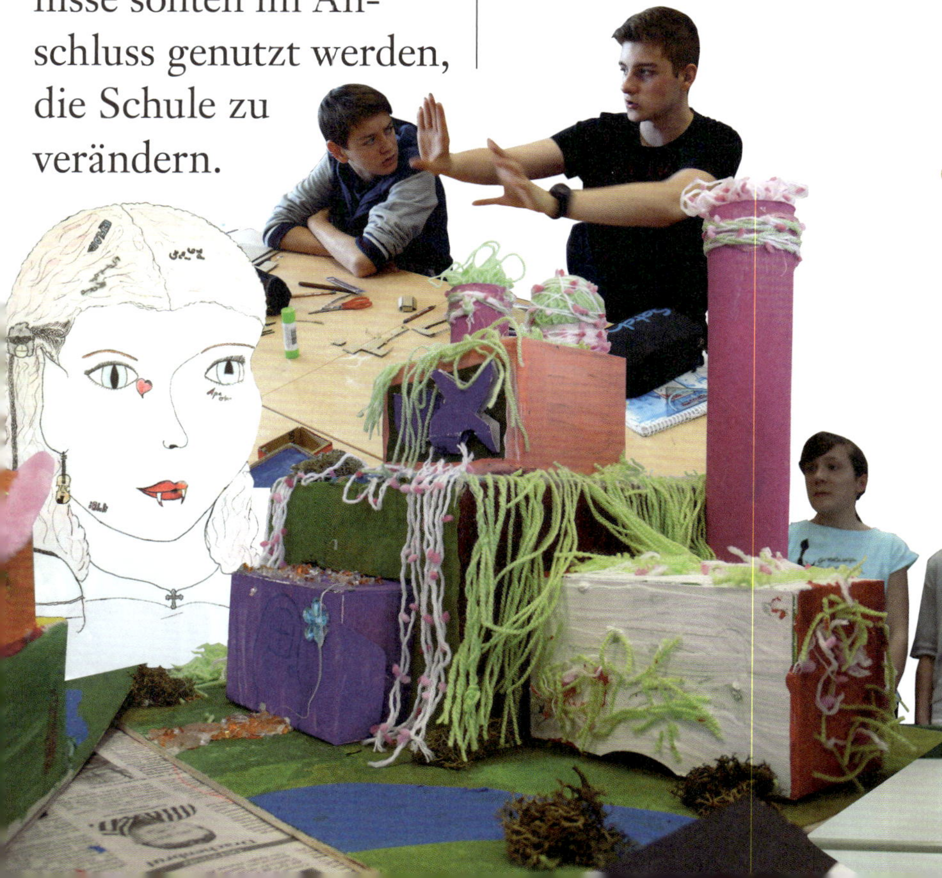

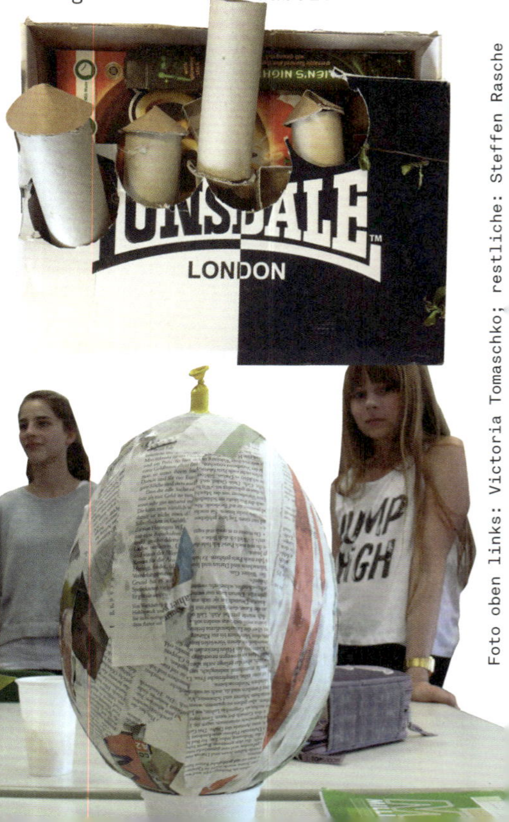

Foto oben links: Victoria Tomaschko; restliche: Steffen Rasche

WORKSHOP 2
ATELIER VAN LIESHOUT

Joep van Lieshouts Skulpturen sind die Bühnenausstattung zu den Träumen und Fantasien, aus denen sich unsere Gesellschaft unausgesprochen speist. Manchmal wenden sie Konventionen ins Surreale und demaskieren sie, oft ziehen sie uns in beunruhigende Welten hinein wie ein Science-Fiction-Film.

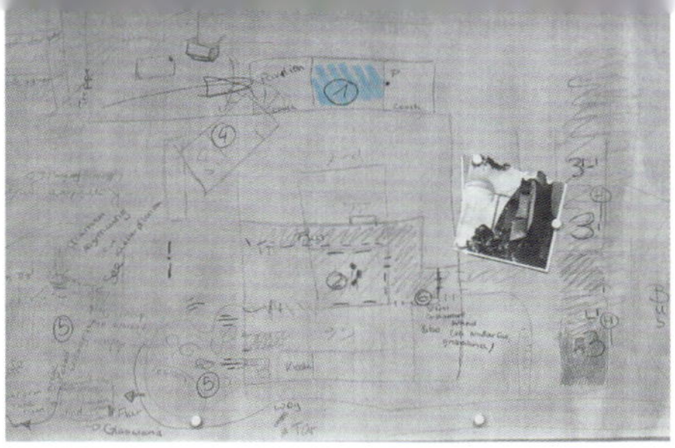

Workshop für Workshop entstand ein Vokabular der Entnormung, der organischen Materialien und der immer wieder veränderlichen Flexibilität. Für Architekten wäre das eine lehrreiche Fortbildung gewesen.

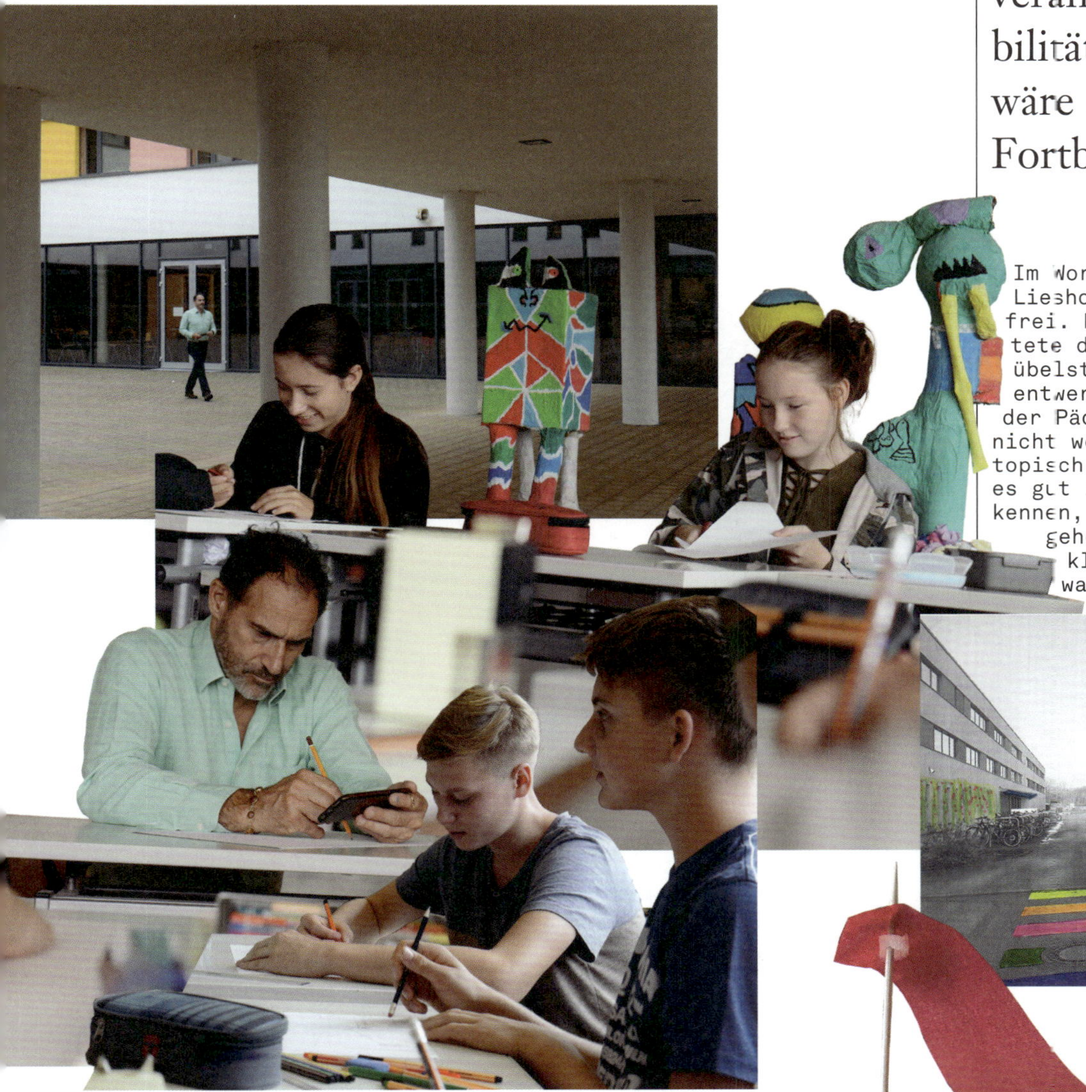

Im Workshop legte van Lieshout erst einmal Alpträume frei. Mit größtem Spaß arbeitete der Kurs daran, die übelste Schule der Welt zu entwerfen. Strafkolonien der Pädagogik entstanden, nicht weil der SeeCampus dystopisch wäre, sondern weil es gut ist, die Richtung zu kennen, in die man keineswegs gehen will, um sich klarer darüber zu werden, was wirklich wichtig ist.

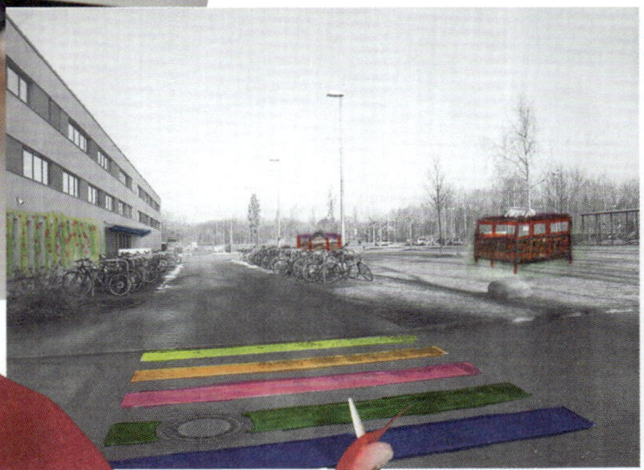

Nach zwei Tagen war klar, was zu vermeiden war: Überschaubare Kuben, Zäune, Wiederholungen, wachsame Blicke von oben, Barrieren, rechte Winkel und die Farbe Grau. Außerdem Verbote und lineare Tagesabläufe.

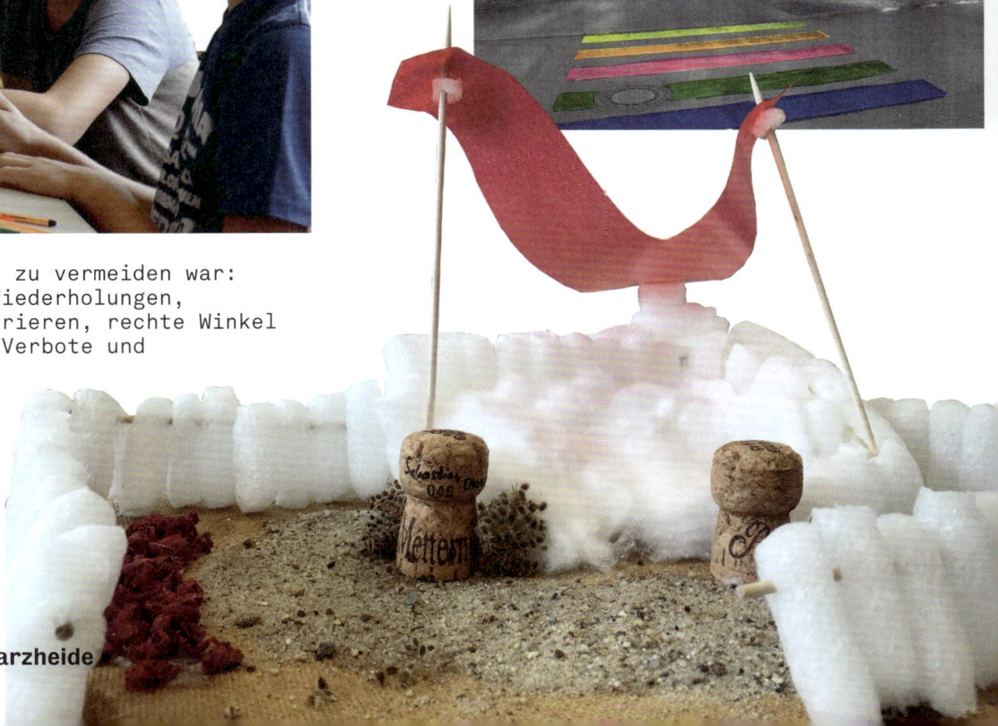

WORKSHOP 3
PAWEL ALTHAMER

Pawel Althamer ist ein Bildhauer, der seine Skulpturen häufig als Anlass zu Kollaborationen versteht. Das Objekt selber ist nicht so wichtig wie die Erfahrungen, die sich daran gewinnen lassen. Immer wieder arbeitet er langfristig mit sozialen Gruppen zusammen, die mit ihm die Veränderungsfähigkeit von Systemen und Institutionen erforschen. In seinem Workshop gab es keine Hierarchie. Althamer war kein Lehrer. Er reflektierte die Erfindungslust der Schüler wie ein Vergrößerungsspiegel. Zuallererst ließ er sich durch die Schule führen, ohne sie irgendwie zu kommentieren.

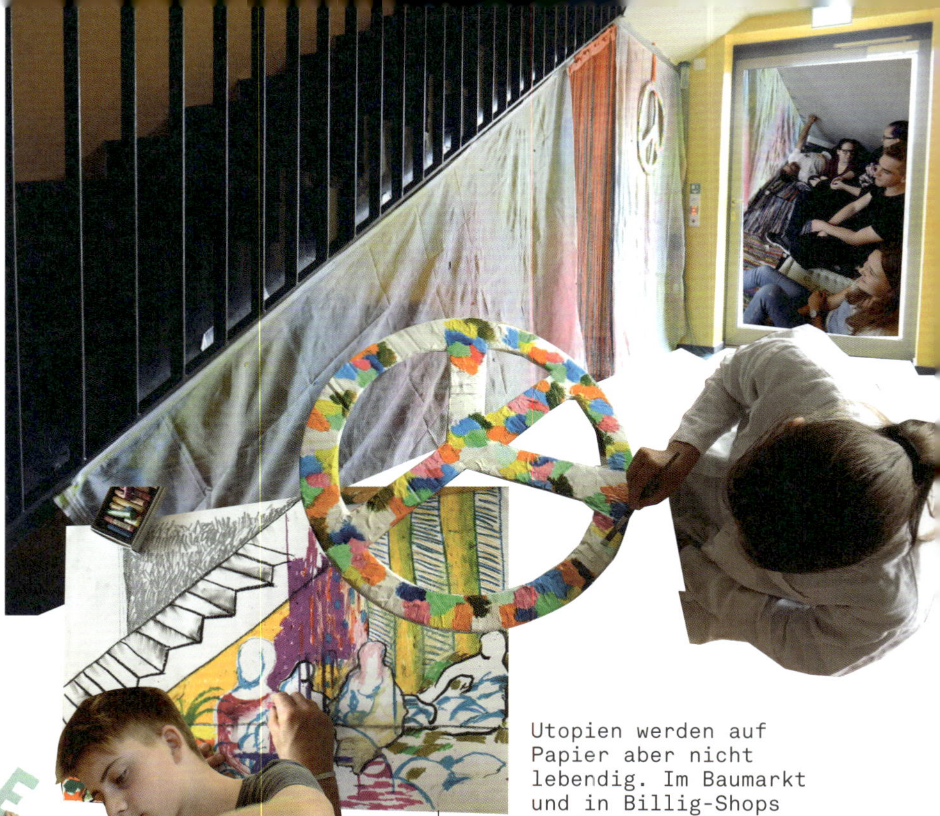

Utopien werden auf Papier aber nicht lebendig. Im Baumarkt und in Billig-Shops wurde gekauft, was den Entwürfen glich oder passend gemacht werden könnte, bis am Ende in einem Treppenaufgang ein erster Rückzugsraum entstanden war. Eine Gegenwelt für eine Woche.

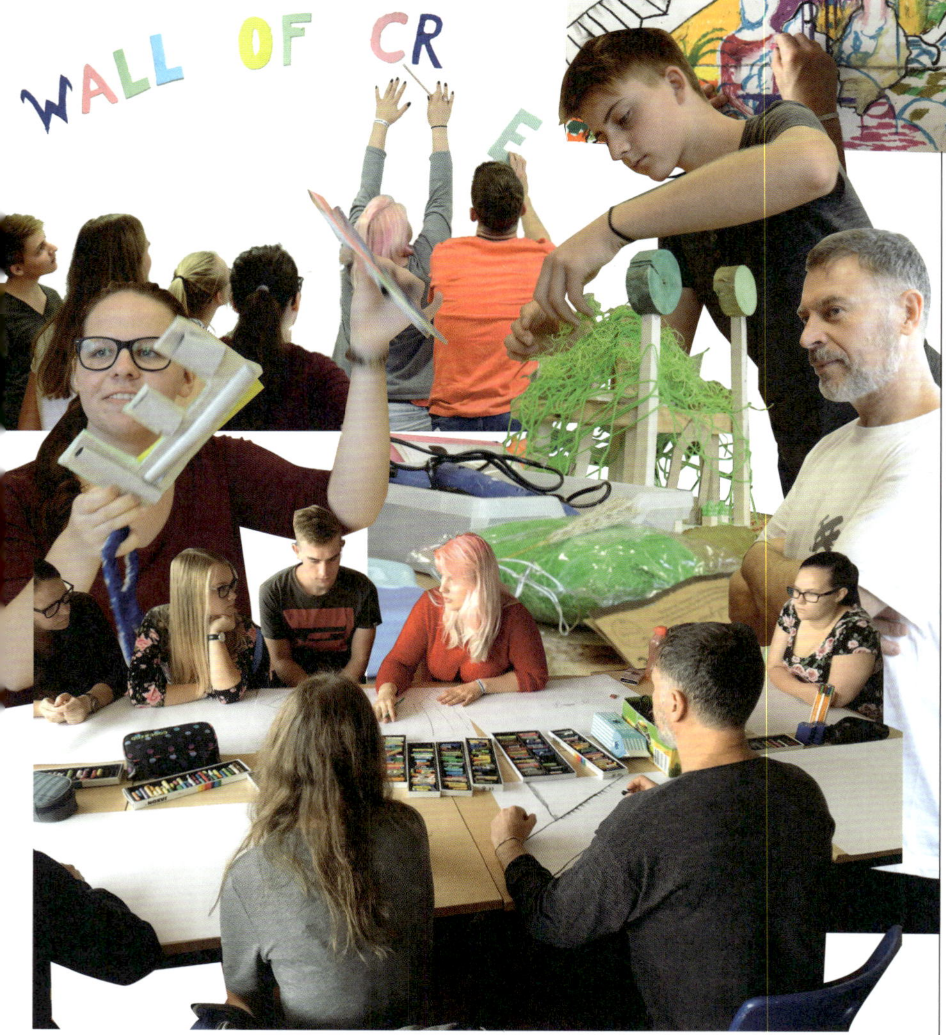

Im Unterrichtsraum bildeten sich kleine Gruppen. Die einen entwarfen eine Art Hippie-Camp, die anderen Stoffe und Dekore. Auf einem großen Zeichenblatt verschmolz Althamer die widerstreitenden Ideen zu einem suggestiven Gemeinschaftsentwurf für eine Nische in einem der Treppenhäuser.

Pawel Althamer kam und fand, es seien genug Worte gefallen. Er begann schweigend zu zeichnen. Als der Schülergruppe das Zuschauen zu langweilig wurde, zeichnete sie auch. Bald tauchten all ihre Motive wie von Zauberhand in Althamers Zeichnung auf. Aus ihr konnte man die Schülerwünsche ablesen wie aus einem Buch.

Fotos: Steffen Pascha

WORKSHOP 4
MARTIN KALTWASSER

Martin Kaltwasser ist Bildender Künstler, hat aber auch Architektur studiert und bis heute ein Werk entwickelt, das sich als Kritik planerischer Prozesse und baulicher Machtansprüche lesen lässt. Viele seiner Arbeiten sind Verwandlungskunstwerke, die Weggeworfenes und Unbeachtetes zu ungeahnter Produktivität verdichten und denen es auch einmal gelingt, ein Autowrack in funktionsfähige Fahrräder zu transformieren. Zu seinem Workshop reiste er mit einem 3,5-Tonner voller Baumaterial an.

Am Ende des Workshops stand nicht weniger als die Verwandlung der Schule in ein Laboratorium im Raum. Sie sollte sich im Inneren und Äußeren an allen Seiten verändern.

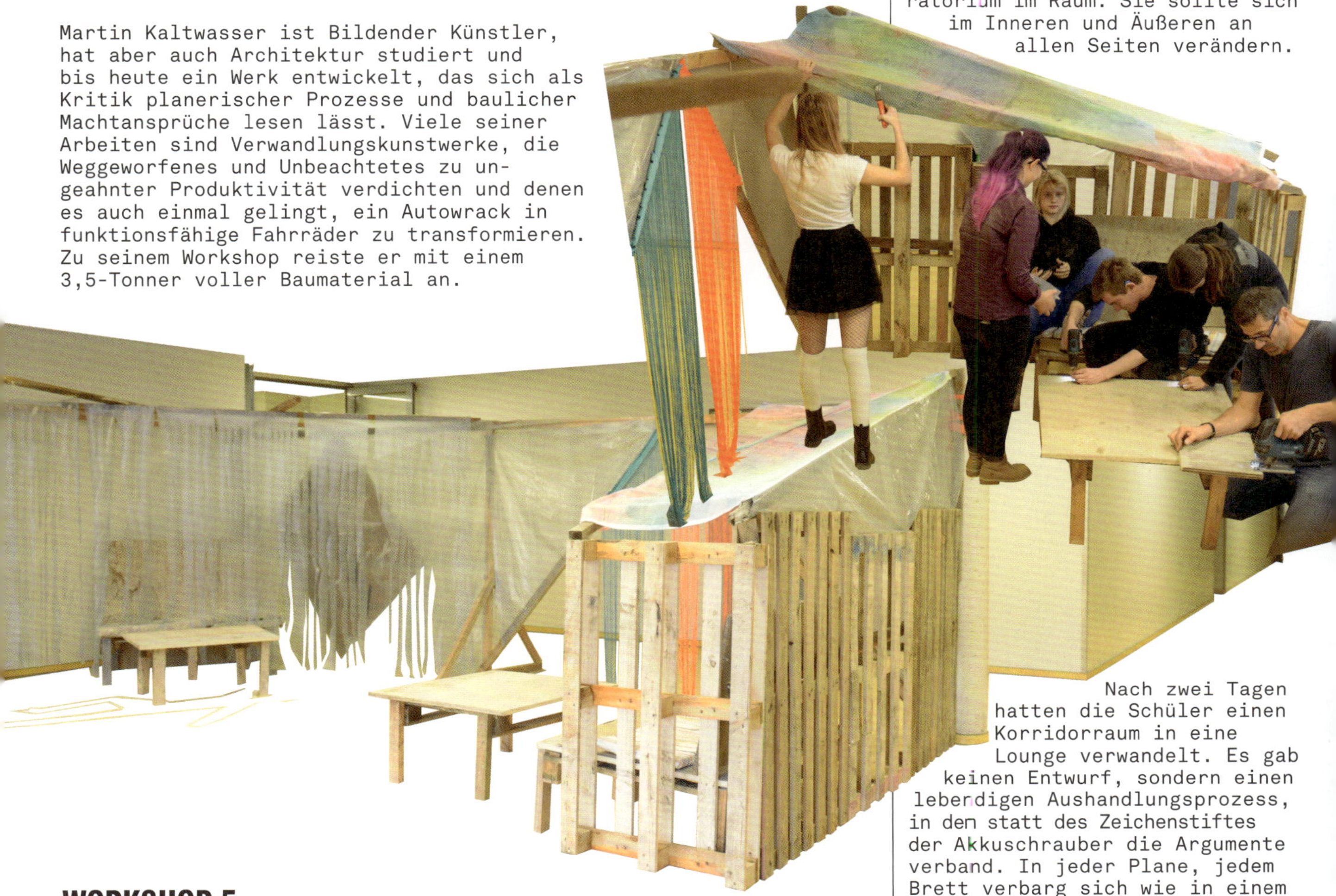

Nach zwei Tagen hatten die Schüler einen Korridorraum in eine Lounge verwandelt. Es gab keinen Entwurf, sondern einen lebendigen Aushandlungsprozess, in den statt des Zeichenstiftes der Akkuschrauber die Argumente verband. In jeder Plane, jedem Brett verbarg sich wie in einem Verwandlungsspiel das Potential einer neuen Gestaltungsidee.

WORKSHOP 5
JOHN KÖRMELING

John Körmelings Kunst ist ein Schmelztiegel aus Architektur, Design, Skulptur und Landschaftsplanung. Zugleich ist sie ein poetisches Medium zur Kommentierung unserer Städte und Plätze. Körmeling fügt der zertifizierten Vernunft, die uns umgibt, Details hinzu, um sie zu erlösen. Dabei stehen Reihenhäuser Kopf oder Kraftfahrzeuge fahren Riesenrad. In Schwarzheide aber lehrte er die Erfindungslust, die Planung nicht geringzuschätzen. Nur was man anderen überzeugend zeigen kann, vermag sie zu gewinnen.

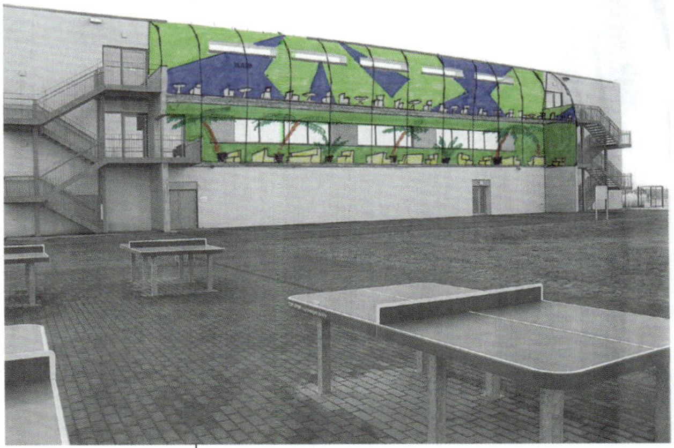

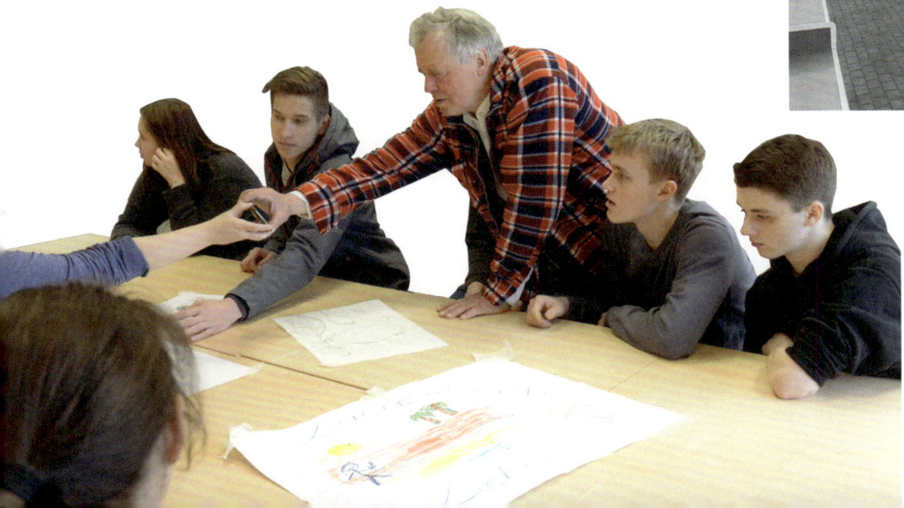

John Körmelings Workshop war der letzte von fünf und eine verblüffende Erfahrung. Die Schülerinnen und Schüler hatten Improvisation und Fantasie geübt. Die Utopie hatte ihren Schrecken verloren. Jede freie Fläche an ihrer Schule war nun ein willkommener Anlass zur Gestaltung.

SOL CALERO

„CASA ISADORA“

Als im Sommer 2022 Sol Caleros luftiger Pavillon unumstößlich, auf unverrückbaren Fundamenten neben dem Campusgebäude verankert wird, ist das einerseits der Abschluss eines mehrjährigen Prozesses, in dem Hunderte Schülerinnen und Schüler aus nächster Nähe erlebt hatten, wie Kunst scheinbar unverrückbare Realitäten in Frage stellen kann. Andererseits war der Pavillon ein Neubeginn. Eine andere Planung zuvor hatte sich als nicht umsetzbar erwiesen und war abgebrochen worden. Dass Kunst nicht ist, was im Museum hängt und nicht berührt werden darf, sondern erfunden, verworfen, und erstritten wird, dass sie aber auch scheitern, sich verspäten und revidiert werden kann, war das Lernergebnis eines Langzeitpraxisprojekts geworden. Es gab Teilnehmer, die erwogen plötzlich, Künstler zu werden.

Zwischen dem Sportplatz und der fensterlosen Stirnwand der Schule, neben einem Steingarten und schon von der Straße aus gut zu sehen, steht nun eine Skulptur, die ungravitätisch, aber bestimmt die Architektur kommentiert. Dem Rationalismus, der Effizienz und der Ökonomie stellt sich auf nicht ganz zehn mal zehn Metern ein Monument der Durchlässigkeit entgegen. >

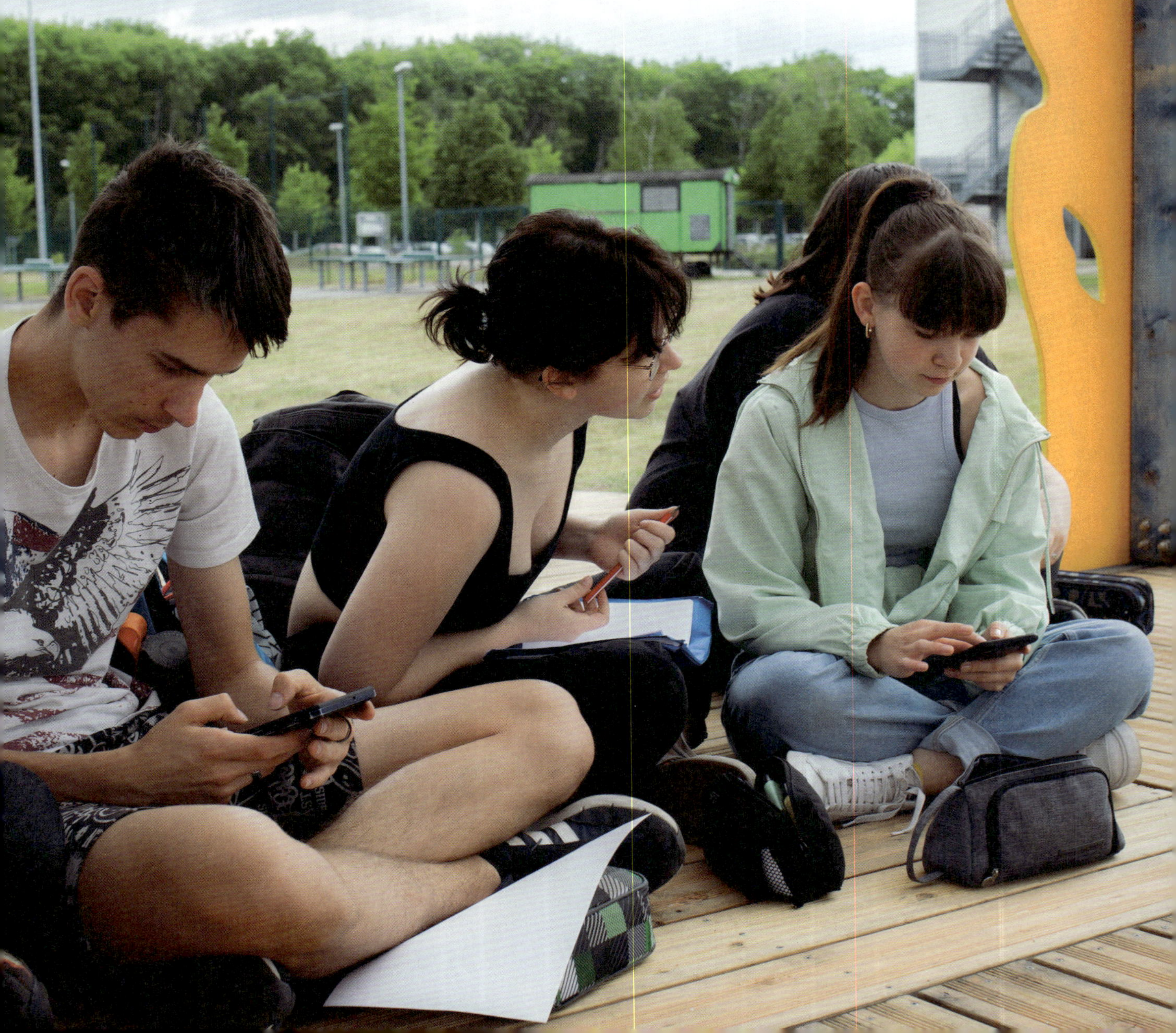

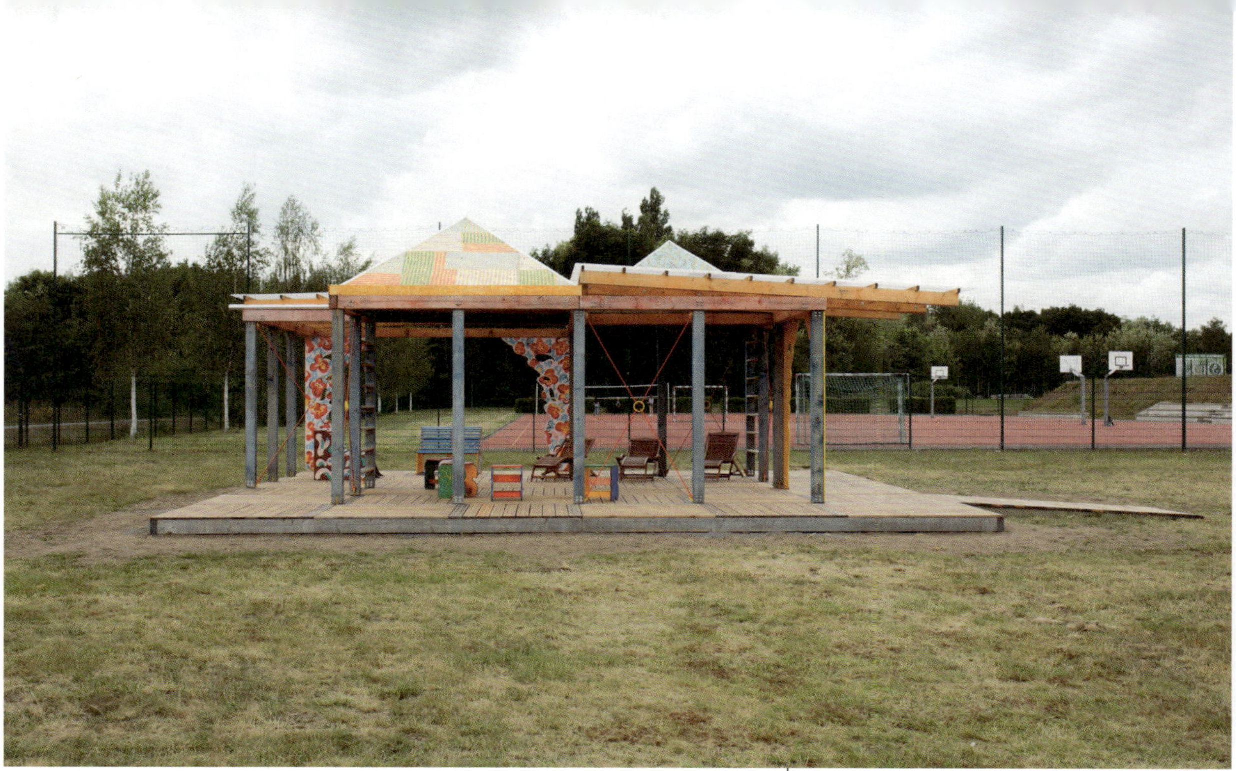

Der Pavillon ist Skulptur und Bühne, Klassenzimmer und Objekt der weiteren Verwandlung, ein 9,60 × 9,60 Meter großer Tempel unbeengter Fantasiepotentiale.

Passivhäuser sind weitgehend geschlossene Kreisläufe. Jeder Grad Körperabwärme wird als Energiequelle genutzt. Nach außen ist die Architektur gedämmt. Sie muss haushalten mit dem, was sie hat. Caleros „Casa Isadora" ist so transparent wie ein Boxring oder eine Bühne und scheint nur deshalb Wände und Begrenzungen zu haben, um durch sie und um sie herum zu gehen, hinaus- und hineinzuschauen und die Handlungen seiner Nutzer sichtbar zu machen. Hatte es in einem der Workshops nicht geheißen, ein Problem der Schule und ihrer langen Korridore sei, dass man nicht wisse, was sich hinter den immer gleichen Wänden verberge? Im Pavillon ist schon vom Parkplatz aus erkennbar, ob er genutzt wird und von wem. Er sondert sich von dem großen Gebäude ab und ergänzt es doch als Schauraum der Lebendigkeit. Die Kunst verkündet einen Anspruch. Sie erzählt von Kreativität und Offenheit, die sonst im rechteckigen Campusgebäude eingeschlossen bliebe.

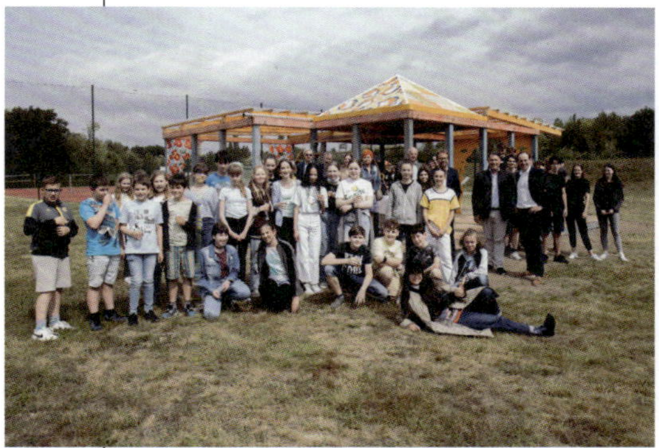

Einweihung am 24. Mai 2022 in Anwesenheit der Künstlerin.

Es ist aber nicht einfach ein künstlerisches Objekt, das hier steht. So wie Sol Calero die Museen und Galerien dieser Welt mit ihren weißen Wänden (in einer weißen Kultur) freundlich, aber unmissverständlich unterwandert, lässt sie neben den beiden Schulen ein Übungszentrum für kreative Freiheit entstehen. Das Objekt vollendet sich für die Künstlerin erst dann, wenn Menschen es lebendig machen. Erst die Benutzung und Einbindung ins soziale Leben macht für Calero ihre Werke zu Skulpturen, denen es ganz egal sein darf, ob die Menschen eine Konstruktion wie den Pavillon als Kunst bewundern oder miteinander als Strandveranda benutzen. Calero legt es geradezu darauf an, dass möglichst viele Schülerinnen und Schüler hierher gehen, um einfach sie selbst zu sein. Der Pavillon kokettiert mit seiner Exotik. Er bringt Chiffren mit, die von kulturellen Erwartungen und Herkunft handeln und die doch nach den Wünschen und Vorstellungen der Schüler in einer Niederlausitzer Zeichenwelt aufgehen. „Casa Isadora" ist ein Hybrid, ein Gemisch und ein Anlass, die eigene tägliche Welt furchtlos und selbstbewusst aus eigener Kraft zu gestalten. Wie leicht das gelingt, wenn mehrere sich zusammentun, wäre vielleicht an allen Schulen ein erstrebenswertes Klassenziel./

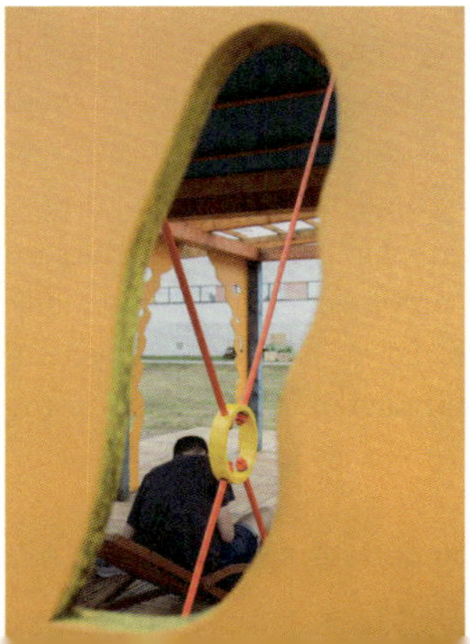

Der Pavillon könnte ein Generator für kreative Energien werden, wie sie Jugendliche beim Erfinden von Lebensplänen unbedingt brauchen.

Fotos: Victoria Tomaschko

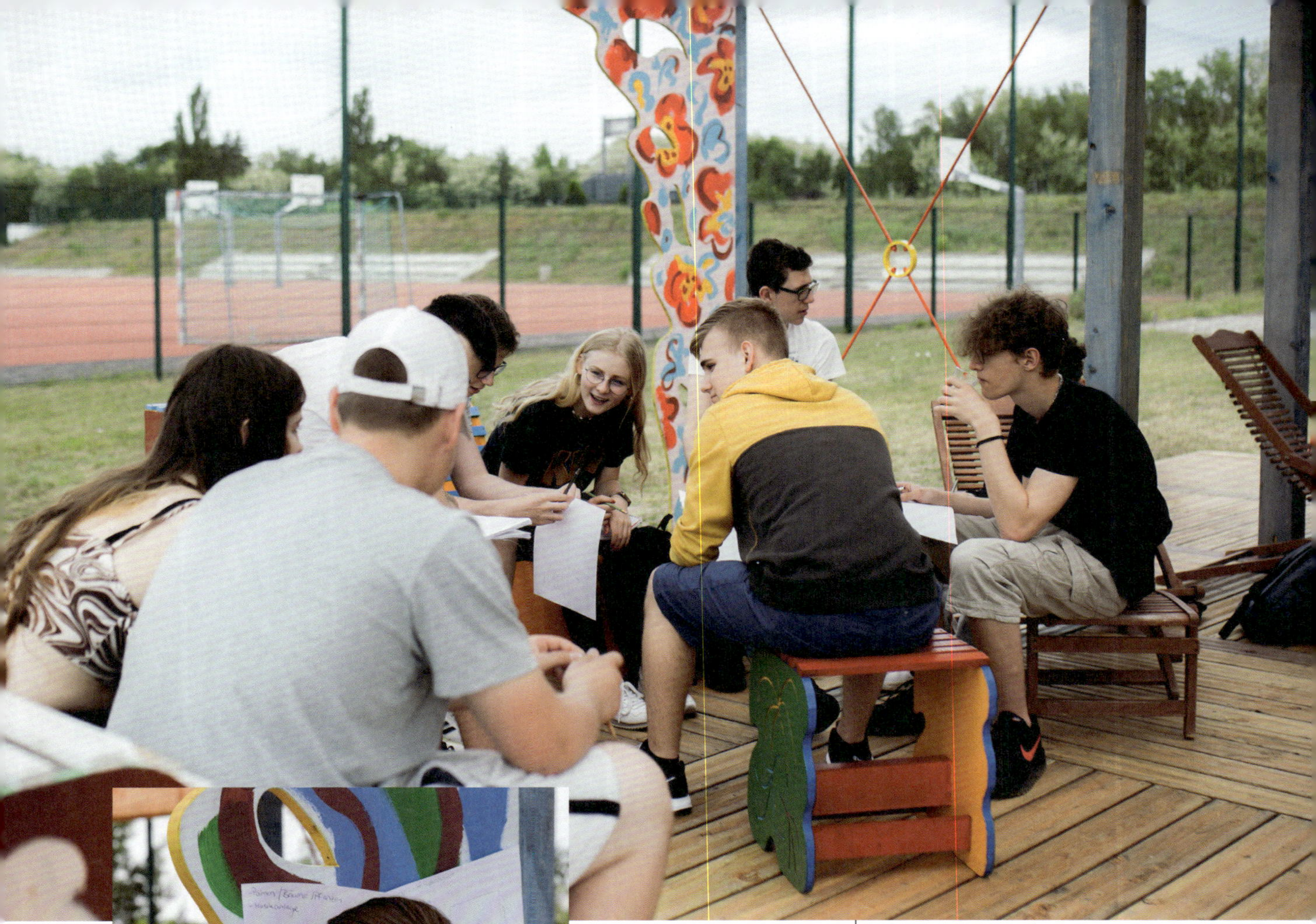

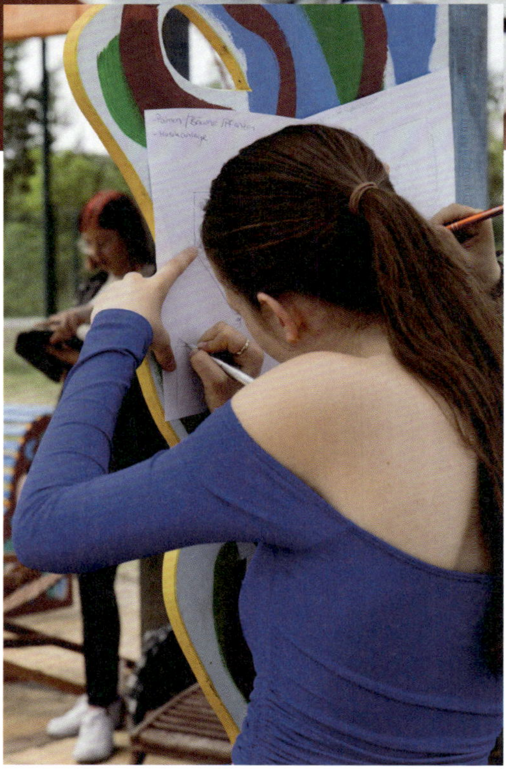

In ersten Workshops imaginierte einer der Schüler den Raum mit seinen durchlässigen Holzelementen als Kraftraum samt Sprossenwand. Ob hier muskuläre oder gedankliche Fitness trainiert wird, wird sich zeigen, vielleicht auch beides zugleich. Sol Calero hat den Dialog ohne Vorentscheidungen aufgenommen.

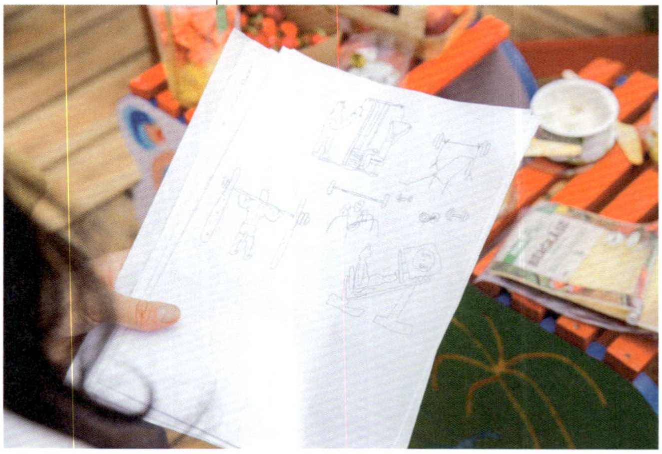

Eine Stunde nach der Eröffnung war der Raum bereits Teil des Schulalltags.

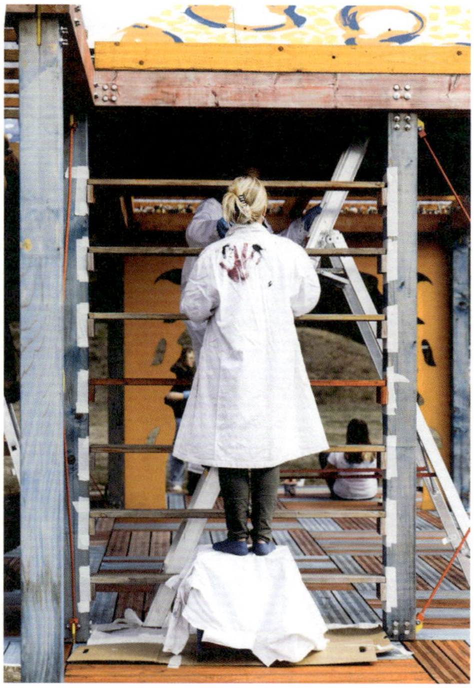

Fotos: Victoria Tomaschko

Im Teamwork mit Sol Calero verändert der Pavillon seine Erscheinung. Die lokalen Fantasien wandern in das Kunstobjekt ein. Spontan bilden die Schülerinnen und Schüler eine „Arbeitsgemeinschaft Pavillon“, die den Ort pflegen und weiterentwickeln will.

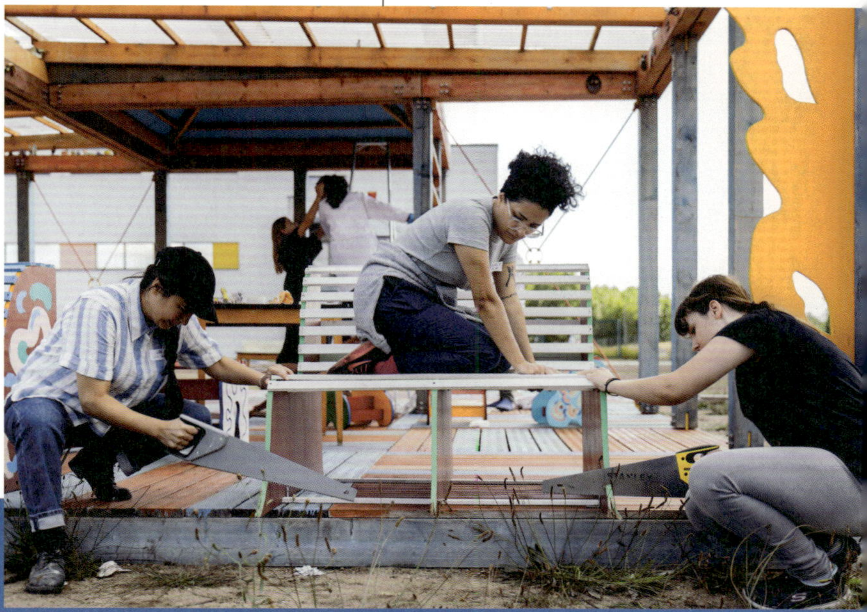

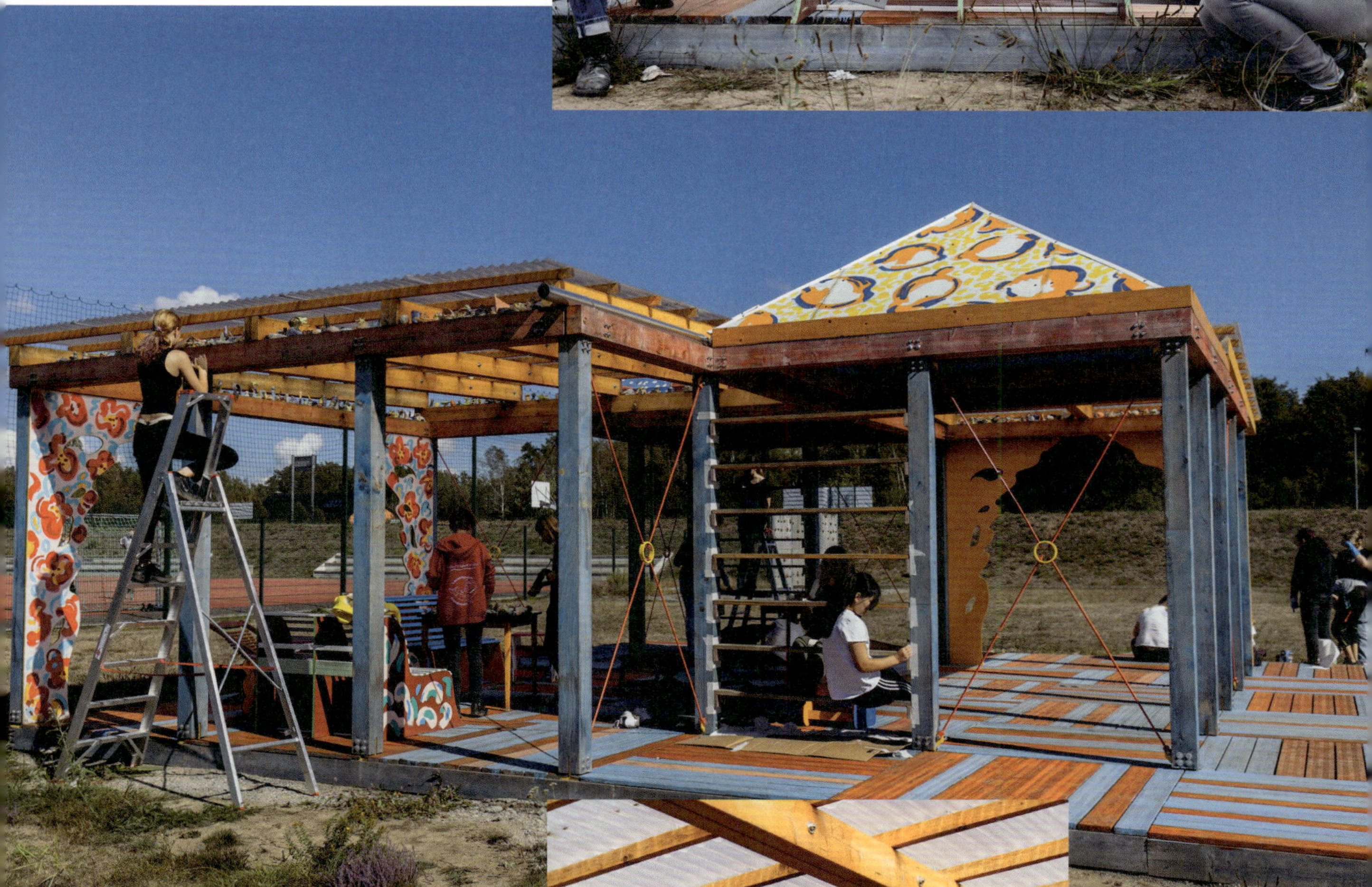

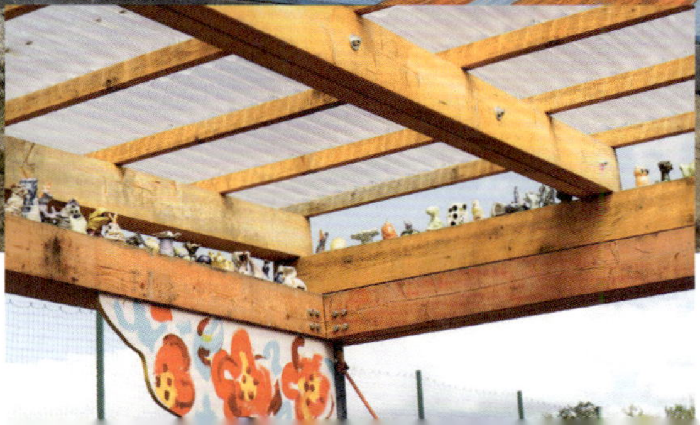

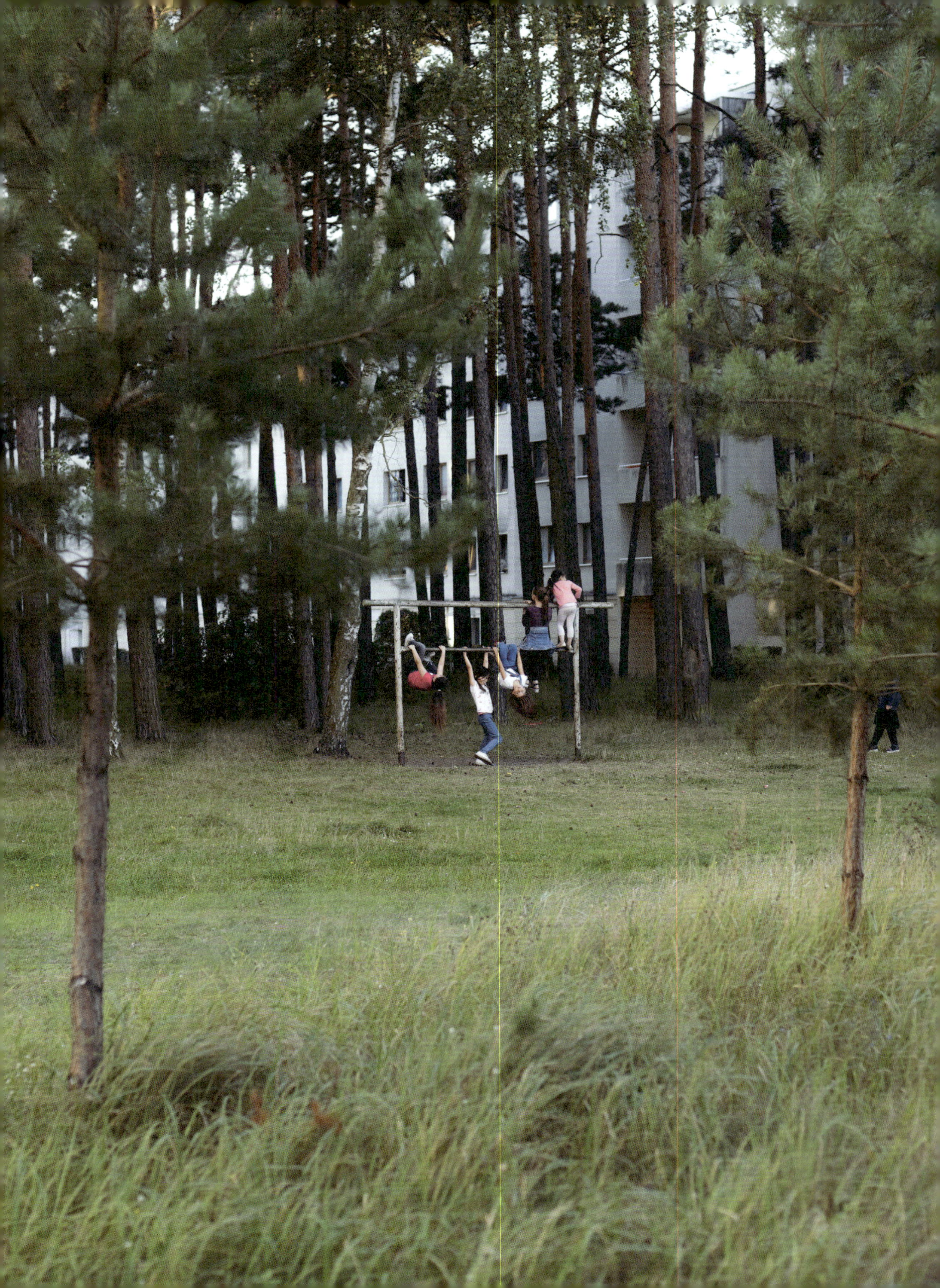

DEN RAUM DER STADT FÜR ALLE ÖFFNEN

Die **NEUEN AUFTRAGGEBER** von MARL S. 68 haben ein Bauwunder geerbt. Ihre Stadt ist voller Gebäude, die zu demokratischer Teilhabe einladen, statt die Menschen klein zu machen. Doch wie kann man diejenigen dafür begeistern, die sich nicht für Architektur interessieren oder zu jung sind, um die Geschichte zu kennen? Die Marler setzen auf eine Choreografie, um Bewegung ins Bewusstsein zu bringen, ganz anders als in EBERSWALDE S. 78, wo ein neuer Platz zum Zentrum eines ganzen Stadtviertels werden soll. Nach Schrumpfung und Rückbau kann so ein Ort für alle Generationen entstehen, dessen verbindendes Element Wasser sein soll.

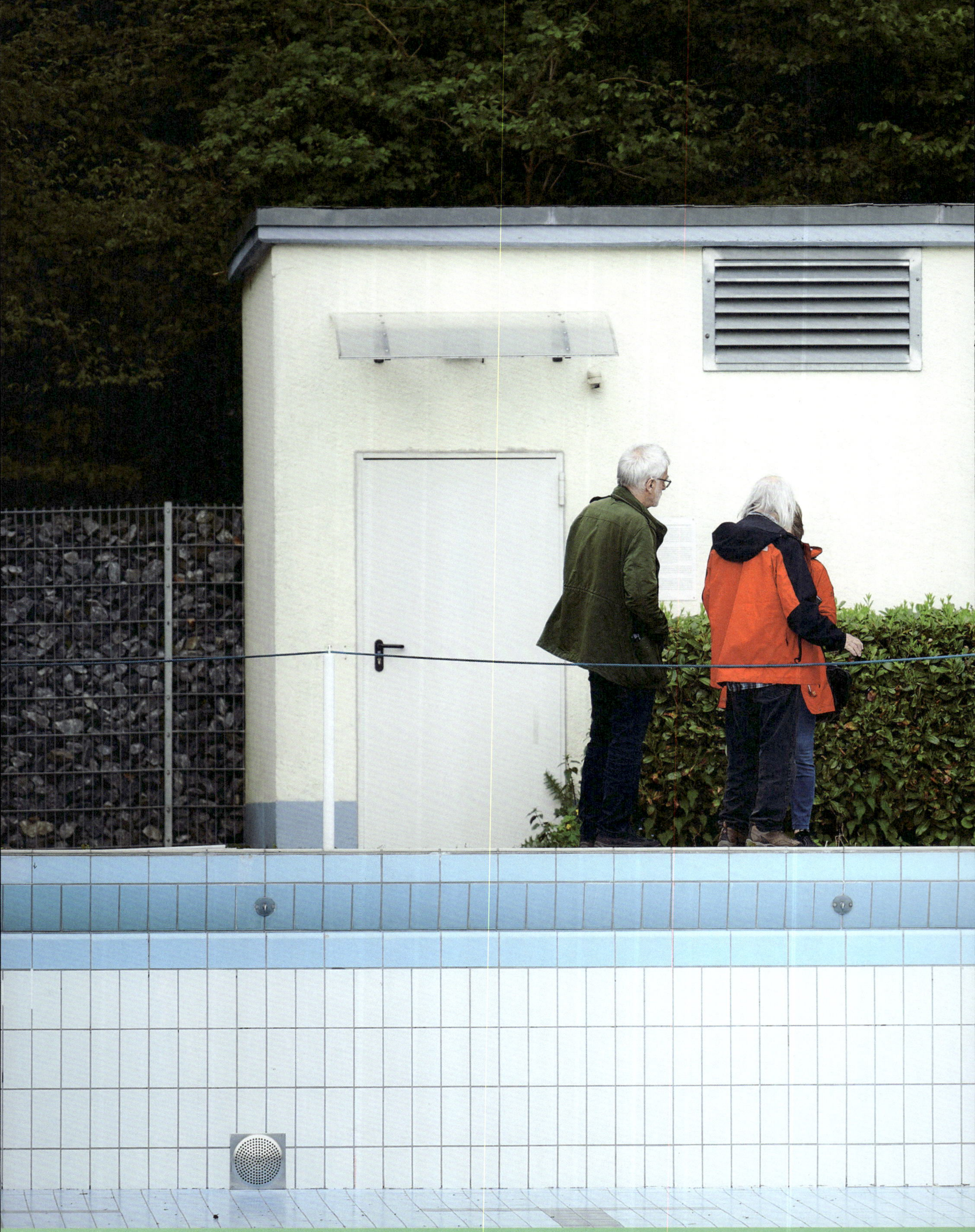

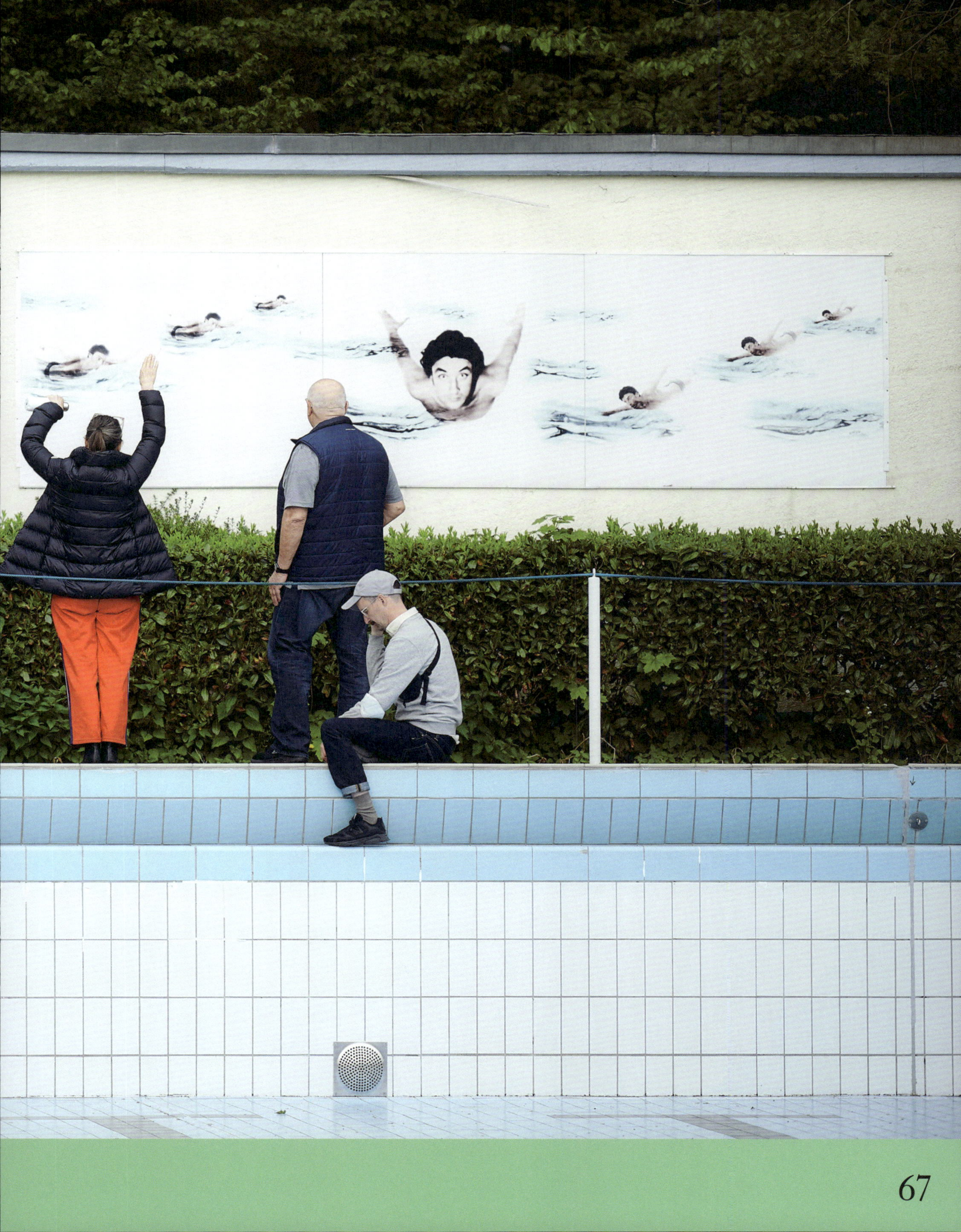

Marl, Nordrhein-Westfalen

DEMOKRATIE-BEWEGUNG

WIE MAN EINE CHOREOGRAFIE IN DER STADT VERANKERT

Warum kennen Menschen die Bastille, Westminster oder das Kapitol, aber das Marler Rathaus nicht? Vielleicht hat Marl, die aus Heidedörfern zusammengewachsene Stadt am Rande des Ruhrgebiets, das unbekannteste Monument einer demokratischen Revolution gebaut. Es ist Ausdruck eines radikalen Bruchs mit der Nazidiktatur und demonstriert Anfang der 1960er-Jahre ein neues Gesellschaftsverständnis. Dieses Rathaus interessiert sich nicht für Hierarchie. Seine Korridore bilden einladende Gassen und Straßen. Der Repräsentationstrakt ruht auf einem verglasten Ausstellungsraum, der die Kultur in die Mitte der Verwaltung rückt. Es ist, als sei alle Einschüchterung aus diesem Gebäude verbannt. Seine Klarheit widerlegt tausend andere Rathäuser, die sich ihren Bürgern wie Zwingburgen entgegenstellen, dabei war es nur ein Teil eines großen Bauprogramms, das Demokratie in begehbare Exempel übersetzte. Seit Jahren versuchen die Neuen Auftraggeber von Marl dieses Erbe wiederzubeleben. Der Aufbruch von damals ist für sie ein Versprechen von heute. Nun setzen sie auf ein Kunstwerk, das den demokratischen Anspruch ohne Worte fühlbar macht.

DER AUFTRAG IN EINEM SATZ
„Wir wollen das kulturelle Erbe der Stadt, Marls einzigartige Bauwerke der 1960er- und 1970er-Jahre, miteinander verbinden und für eine neue Generation erschließen.“

GRÖSSTE HERAUSFORDERUNG
Das Projekt glich einem steilen Bergsprint nach langem Anlauf. Nach vielen kleinen Schritten gelang in einem großen Kraftakt aller die Finanzierung in letzter Minute.

DIE AUFTRAGGEBER*INNEN
Bürgerinnen und Bürger von Marl: Hannelore Apitzsch, Werner Eisbrenner, Monika Kaczerowski, Kurt Langer, Heidi Pfeifer, Irene Rasch-Erb, Rolf Schumann (†), Brigitte Schumann-Knauff, Ulrich Spies, Karin Wagner und Paul Wagner

MEDIATOR*INNEN
Lea Schleiffenbaum, Denis Bury (bis 2020)

KÜNSTLERIN
Sasha Waltz

ZEITRAUM
2019–2022

FAKTEN
Mit seinem Skulpturenmuseum Glaskasten ist Marl für Eingeweihte ein Pilgerort der Kunst im Außenraum (und der Videokunst) mit mehr als 70 hochkarätigen Objekten im Stadtgebiet.

ORT
Das heutige Marl hatte 1900 erst 2.199 Einwohnerinnen und Einwohner. Nach Eingemeindungen und Wachstum wuchs das Nachkriegs-Marl stark an, schrumpft seit 2000 aber wieder.

Der Anspruch, den die Stadt zeigte, als sie nicht lang nach dem Krieg ihre demokratische Baukampagne begann, war ungewöhnlich systematisch, ganz im Gegensatz zur Geschichte Marls. Die begann erst so richtig, als der Bergbau hier über Nacht Bauerndörfer in Arbeitersiedlungen verwandelte und später zur Kriegsvorbereitung die Chemischen Werke Hüls gegründet wurden, ein Wachstumshormon für die zusammenrückenden Ortschaften, die aber kaum Zeit hatten, zu einer wirklichen Stadt zu verschmelzen. Systematisch war in Marl lange Zeit nur der Grundriss der Produktionsanlagen, bis 1946 mit Rudolf-Ernst Heiland ein Mann Bürgermeister wurde, der von den Nazis verfolgt worden war und der sein Amt als Bildungsauftrag verstand. Heiland gründete ein städtisches Bildungswerk, das zur Keimzelle des neu auflebenden Volkhochschulwesens wurde, und setzte den habilitierten Architekten Günther Marschall als freiberuflichen Stadtplaner ein. In halsbrecherischem Tempo entstanden von 1953 an das Theater, ein Berufskolleg, das Volkshochschulgebäude (heute Sitz des Grimme-Instituts), der modernste Krankenhausneubau Europas, ein Gymnasium, das Rathaus und schließlich 1964 Hans Scharouns Grund- und Hauptschule, die über einen eigenen Plenarraum für das Schulparlament verfügte. Die Diktaturerfahrung war ein Antrieb zur Eile, den Menschen Räume zu bauen, in denen sie ihre demokratische Chance ergreifen würden. Doch was, fragen sich die Neuen Auftraggeber von Marl, wenn den Menschen diese Institutionen und Gebäude nicht mehr automatisch etwas bedeuten? Ihnen schien, Marl habe mit Heilands Musterbauten eine Hardware geschaffen, für die keine Software mehr verfügbar ist. Ein Programm müsste her, damit Andere und Jüngere Besitz von diesem Erbe ergreifen würden. Zu ihrer Programmiererin wurde die Choreografin Sasha Waltz. >

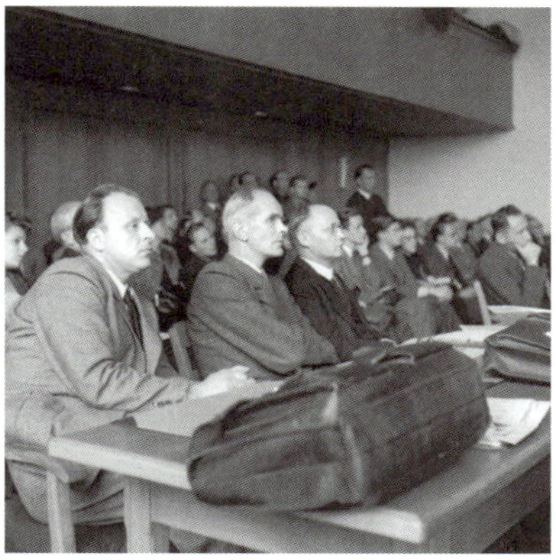

Rudolf-Ernst Heiland (links), 1946 bis 1965 Bürgermeister von Marl.

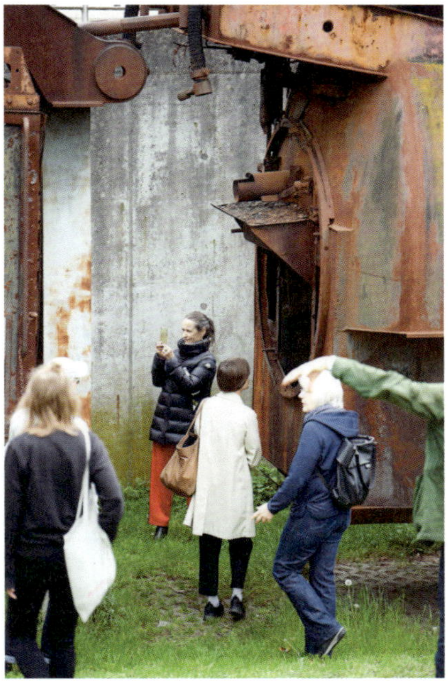

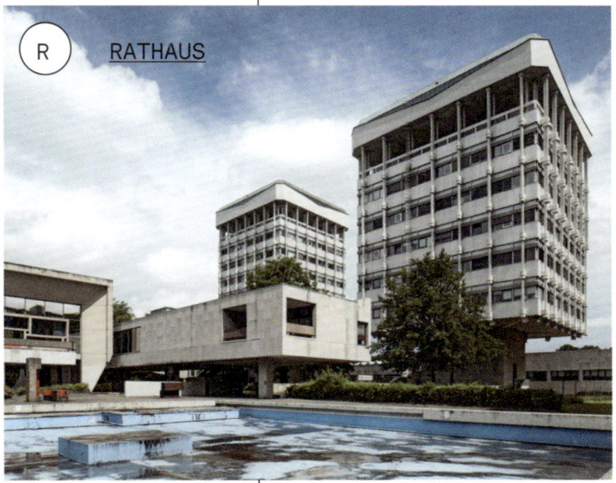

Das Marler Rathaus von Johannes Hendrik van den Broek und Jacob Bakema demonstriert kommunale Gewaltenteilung: In der Mitte die Räume der Verwaltungsspitze und der Ratssaal, von den Repräsentationsräumen links strikt getrennt, in den Türmen dagegen das Sachwissen der Fachreferate.

Fotos soweit nicht anders vermerkt: Florian Wagner; oben: Stadt Marl; unten rechts: Thomas Mayer

In einer Stadt mit über 70 Skulpturen im öffentlichen Raum war der Gruppe klar, dass das Kunstwerk, nach dem sie suchten, kein Objekt sein sollte. Diejenigen, die an Architekturen vorbeiliefen, würden sie nicht mit Plastiken überzeugen. Nach und nach hatte sich herauskristallisiert, um wen es den Auftraggebern wirklich ging: Um all jene Menschen, deren Regale sich nicht unter Architekturführern biegen. Um alle, die gut im Probieren und schlecht im Belehrtwerden sind. Auch um die, die mit einer anderen Sprache kommen. Es ging um eine Bewegung im Kopf, die sich wie auf jeder Entdeckungsreise erst einstellen kann, wenn der Körper schon in Bewegung ist. Statt auf die Qualität dieser Bauten hingewiesen zu werden, müsste man sie einfach entdecken. Es war wie eine Art Spontaneingebung für die Gruppe. Sie wollten keinen Gegenstand. Sie bräuchten etwas völlig anderes. Eine Choreografie!

Sasha Waltz hatte bereits Choreografien für den öffentlichen Raum entwickelt. Die Pandemie hatte ihre Compagnie gezwungen, alle Aufführungen abzusagen. Damit stellten sich grundlegende Fragen unerwartet neu. Was etwa ist das Verhältnis des Einzelnen zu den anderen oder des Individuums zum Ensemble? Sie hatte begonnen, darauf eine künstlerische Antwort zu finden, indem sie sich mit Terry Riley auseinandersetzte. Dessen Komposition „In C“, eine offene Struktur aus 53 musikalischen Phrasen, wurde 1964, dem Jahr der Grundsteinlegung der Scharounschule, uraufgeführt. Die Musikerinnen >

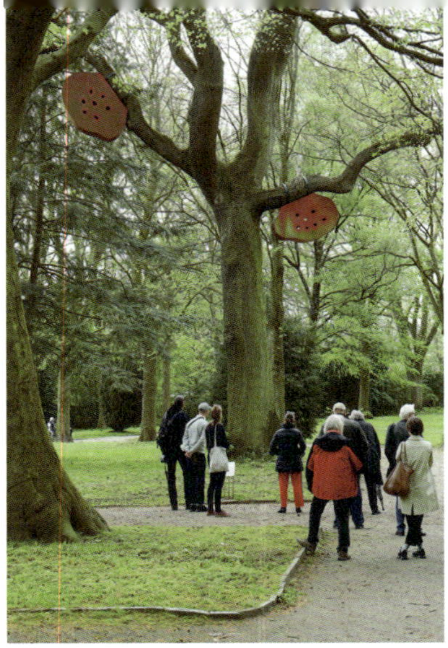

„Vehoohr“, eine Aluminiumplastik von Bogomir Ecker (1986/2015) ganz in der Nähe des Kindergartenvereins Kinderkotten ist eine von über 70 Marler Plastiken im öffentlichen Raum. Skulptur ist hier eine Alltagserfahrung. Wer hier aufwächst, wird in einer vertrauten, kollektiven Sammlung groß. Kunst ist eine der wichtigsten Säulen des Marler Nachkriegsbildungskonzepts.

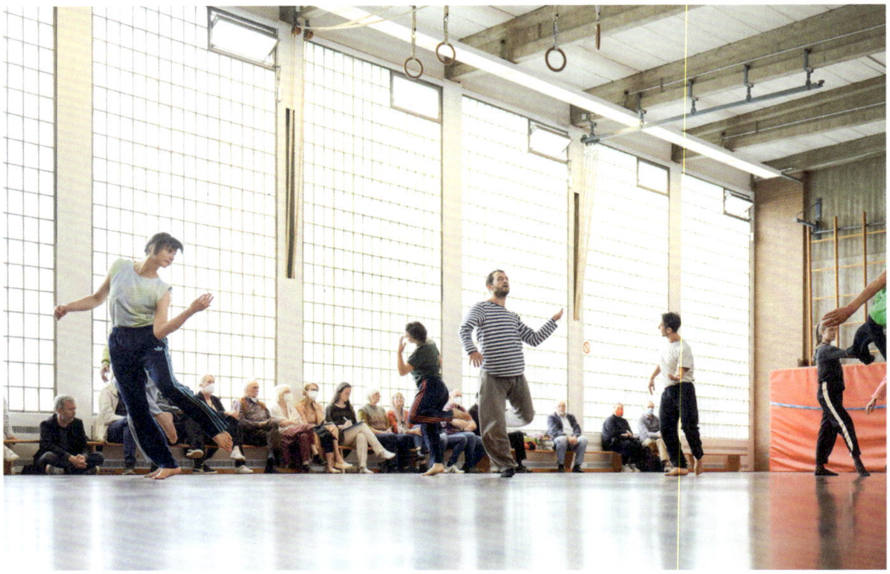

Probe für „In C – Marler Partitur“ in der Scharounschule in Marl

„Die künstlerische Bearbeitung hat der Resonanz unseres Anliegens einen neuen Anstoß gegeben. Die öffentliche Wahrnehmung unserer Arbeit und auch unsere Arbeit selbst hat sich verändert.“

– Paul Wagner, Auftraggeber

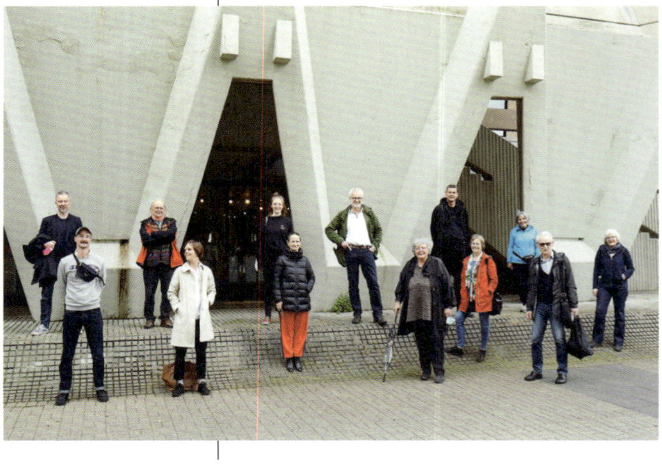

Von links nach rechts: Gerrit Gohlke, Steffen Döring, Werner Eisbrenner, Lea Schleiffenbaum (Mediatorin), Theresa Boock, Sasha Waltz, Kurt Langer, Hannelore Apitzsch, Reinhard Wizisla, Irene Rasch-Erb, Monika Kaczerowski, Paul Wagner und Heidi Pfeifer. Steffen Döring und Theresa Boock gehören zum Team der Compagnie Sasha Waltz & Guests, Gerrit Gohlke zur Gesellschaft der Neuen Auftraggeber.

1

SCHAROUNSCHULE

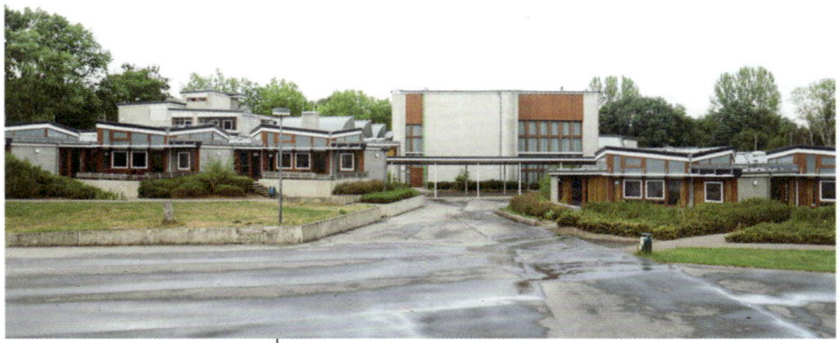

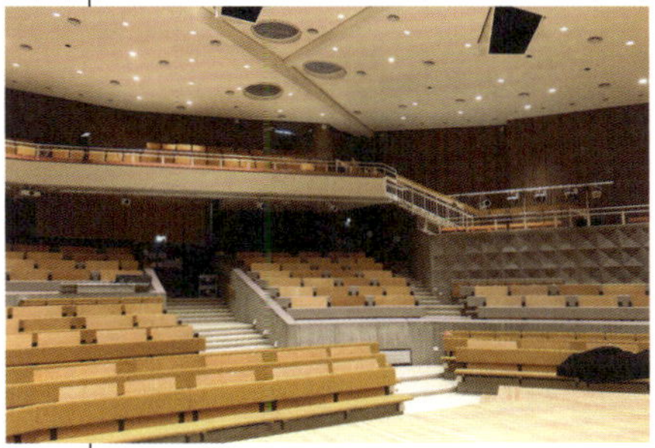

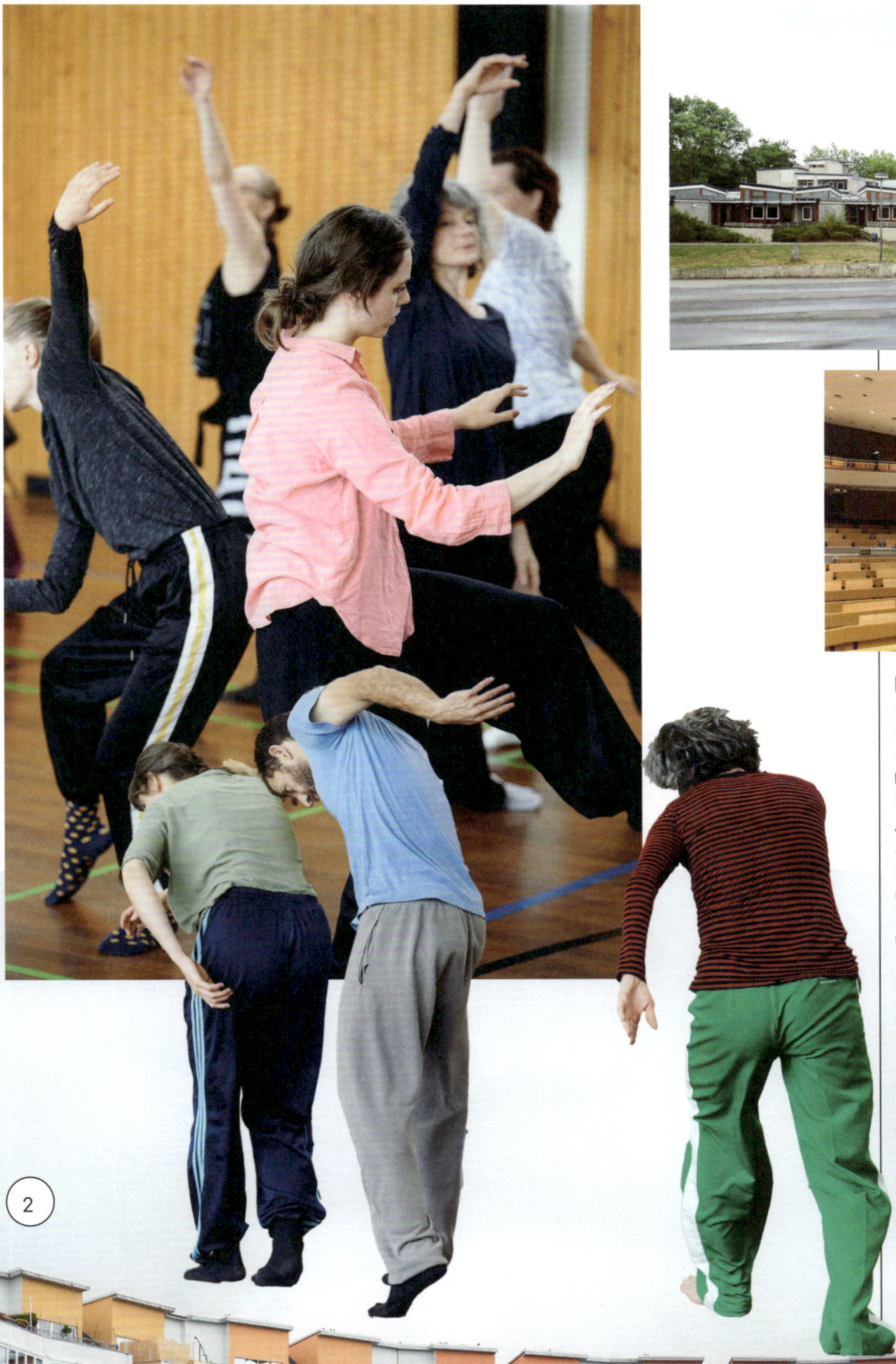

Hans Scharouns 1971 abgeschlossene Schule gliedert sich organisch in eingeschossigen Waben um die auf mehreren Ebenen aufgefächerten Funktionsräume und eine Aula, die nicht nur zur gleichen Zeit wie seine Berliner Philharmonie entstand, sondern durch eine ebenso klare Akustik besticht. Kein Klassenraum wird durch einen viereckig normierten Grundriss beengt. Die Korridore haben den Zuschnitt öffentlicher Plätze, um Gruppenarbeit zu ermöglichen, die sich auch nach draußen verlegen lässt. Jeder der lichten Lernräume ist mit einer Außenterrasse verbunden. Der Plenarraum für das Schülerparlament zeigt den demokratischen Anspruch des Marler Bauprogramms.

2

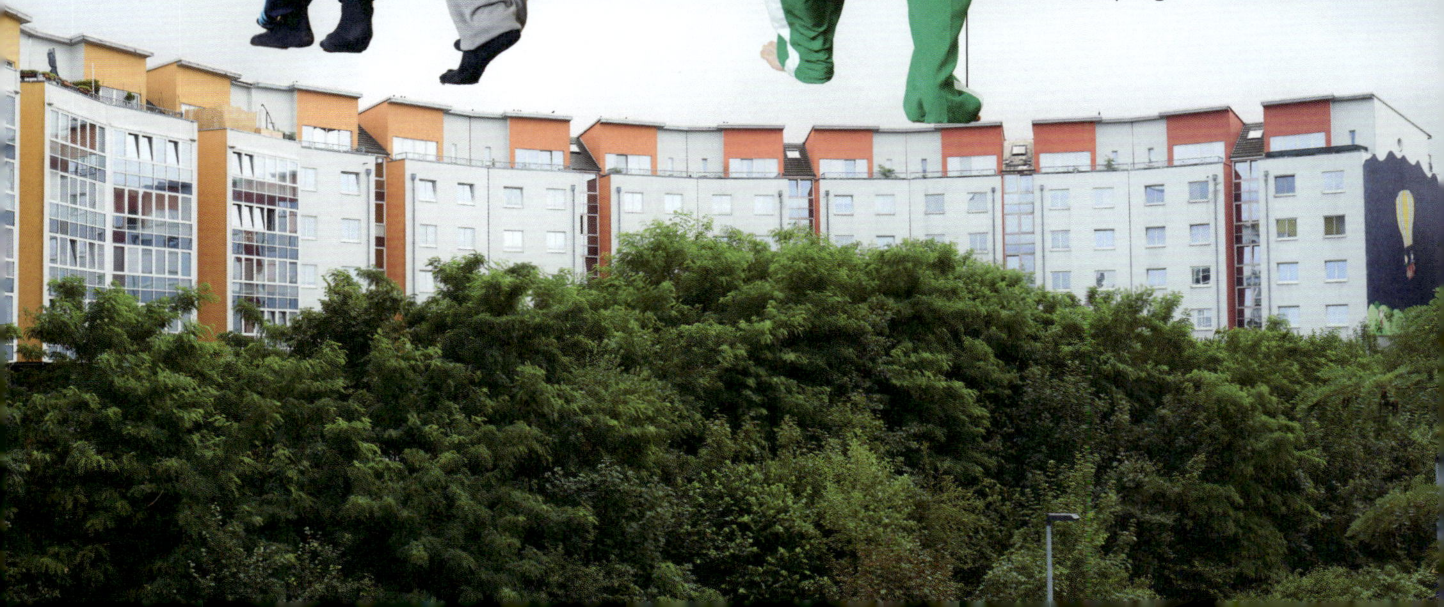

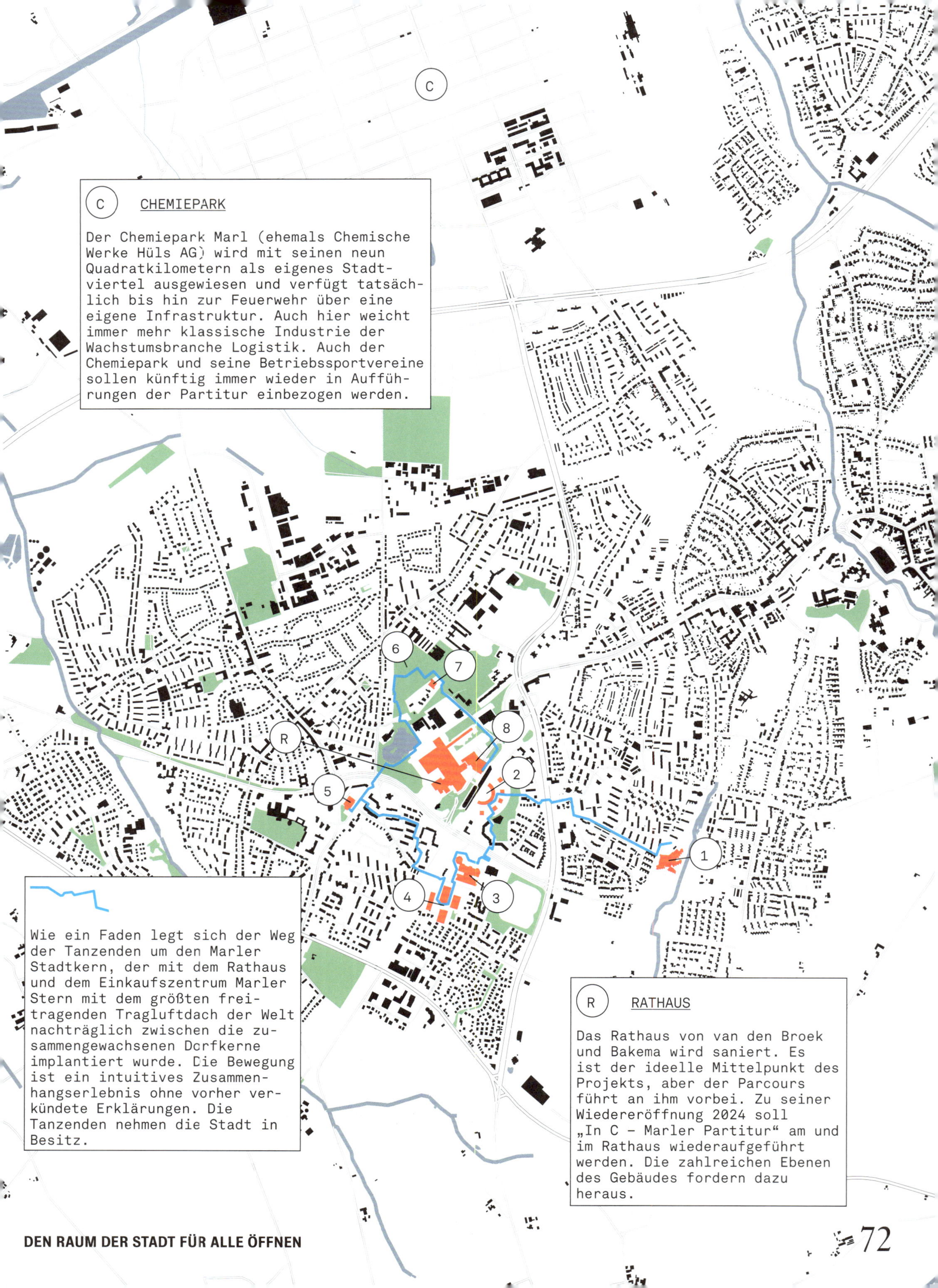

C CHEMIEPARK

Der Chemiepark Marl (ehemals Chemische Werke Hüls AG) wird mit seinen neun Quadratkilometern als eigenes Stadtviertel ausgewiesen und verfügt tatsächlich bis hin zur Feuerwehr über eine eigene Infrastruktur. Auch hier weicht immer mehr klassische Industrie der Wachstumsbranche Logistik. Auch der Chemiepark und seine Betriebssportvereine sollen künftig immer wieder in Aufführungen der Partitur einbezogen werden.

Wie ein Faden legt sich der Weg der Tanzenden um den Marler Stadtkern, der mit dem Rathaus und dem Einkaufszentrum Marler Stern mit dem größten freitragenden Tragluftdach der Welt nachträglich zwischen die zusammengewachsenen Dorfkerne implantiert wurde. Die Bewegung ist ein intuitives Zusammenhangserlebnis ohne vorher verkündete Erklärungen. Die Tanzenden nehmen die Stadt in Besitz.

R RATHAUS

Das Rathaus von van den Broek und Bakema wird saniert. Es ist der ideelle Mittelpunkt des Projekts, aber der Parcours führt an ihm vorbei. Zu seiner Wiedereröffnung 2024 soll „In C – Marler Partitur“ am und im Rathaus wiederaufgeführt werden. Die zahlreichen Ebenen des Gebäudes fordern dazu heraus.

können in jeder Aufführung eigene Entscheidungen treffen. Sie dürfen jede Phrase beliebig oft wiederholen, können vorauseilen oder sich zurückfallen lassen, müssen aber immer wieder zurück zur Synchronisation mit der Gruppe finden. Inspiriert von Riley konzipierte Waltz ein eigenes System aus 53 Bewegungsfiguren, das in einer „strukturierten Improvisation mit klaren Regeln und Gesetzen" getanzt wird. „In C" kann von einer beliebigen Anzahl Tänzerinnen und Tänzer aufgeführt werden. Die Figuren können beliebig oft wiederholt werden, müssen aber in einer bestimmten Reihenfolge getanzt werden. Außerdem darf niemand mehr als vier bis fünf Figuren hinter den anderen zurückbleiben. Dauer, Dichte und Bewegungsrichtung ergeben sich organisch aus dem Zusammenspiel der Tanzenden und im Dialog mit der Musik. Waltz' Angebot an die Neuen Auftraggeber von Marl war es, eine spezielle Variante von „In C" zu entwickeln: Die „Marler Partitur", die von Laien eingeübt und aufgeführt werden kann und sich wie eine neu erlernte Sprache, in Schulen, Tanzgruppen, Vereinen oder bei Einzelnen in der Stadt verankern könnte.

Was Waltz da entwarf, war eine kollektive Übung in Demokratie. Es gibt darin Regeln und es gibt Individuen. Das Regelwerk steht Menschen unterschiedlicher Herkunft und Erfahrung offen. Niemand ist ausgeschlossen und Unterschiede tragen >

2 PLANETENSIEDLUNG

Die Planetensiedlung bietet knapp 2 000 Menschen Wohnraum und fasst südöstlich den Marler Stadtkern ein. Das Viertel wurde in den 1990er-Jahren fertiggestellt. Sasha Waltz und den Auftraggebern war es wichtig, auch den späteren Wohnbau einzubeziehen.

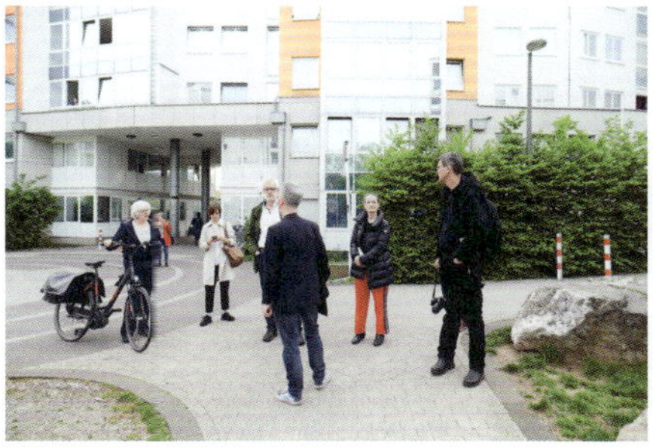

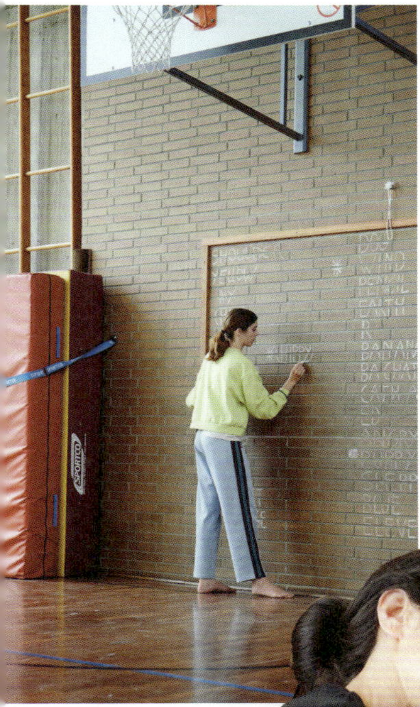

3 WILLY-BRANDT-GESAMTSCHULE MARL

Die Willy-Brandt-Gesamtschule nach Plänen von Jan Bassenge, Kay Puhan-Schulz und Hasso Schreck, mit seinen drei oktagonalen Hauptbaukörpern und einem lichtgefluteten, pavillonhaften Empfangsbereich denkt den sozialen Anspruch der Scharounschule für über 1.000 Schülerinnen und Schüler weiter. Das Schulgelände ist als Campus angelegt.

Die 53 Figuren der Marler Choreografie haben Namen, um sie sich besser einprägen zu können.

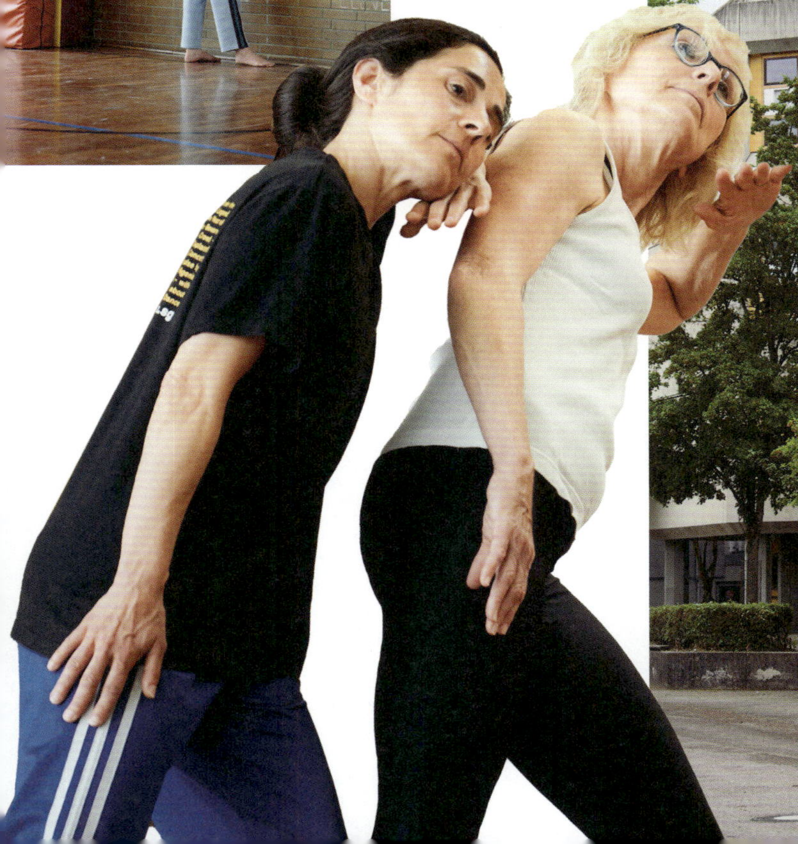

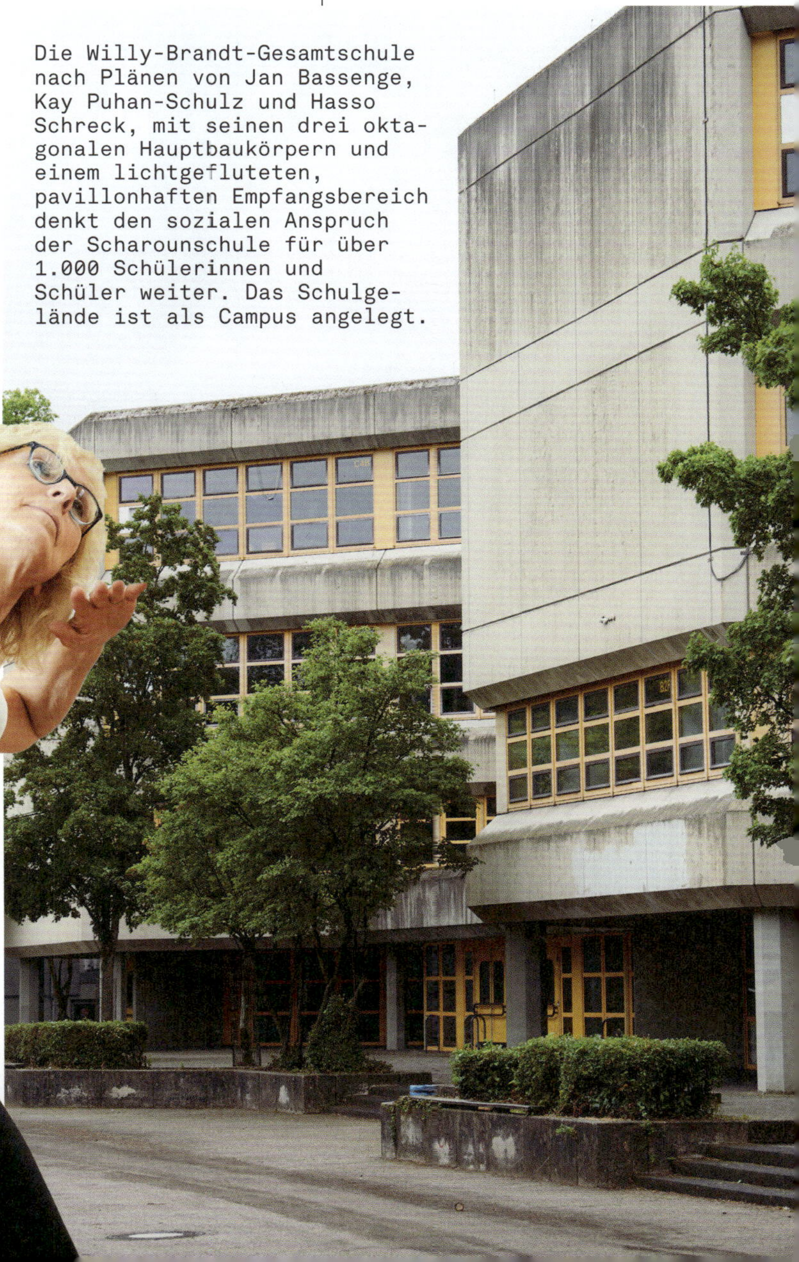

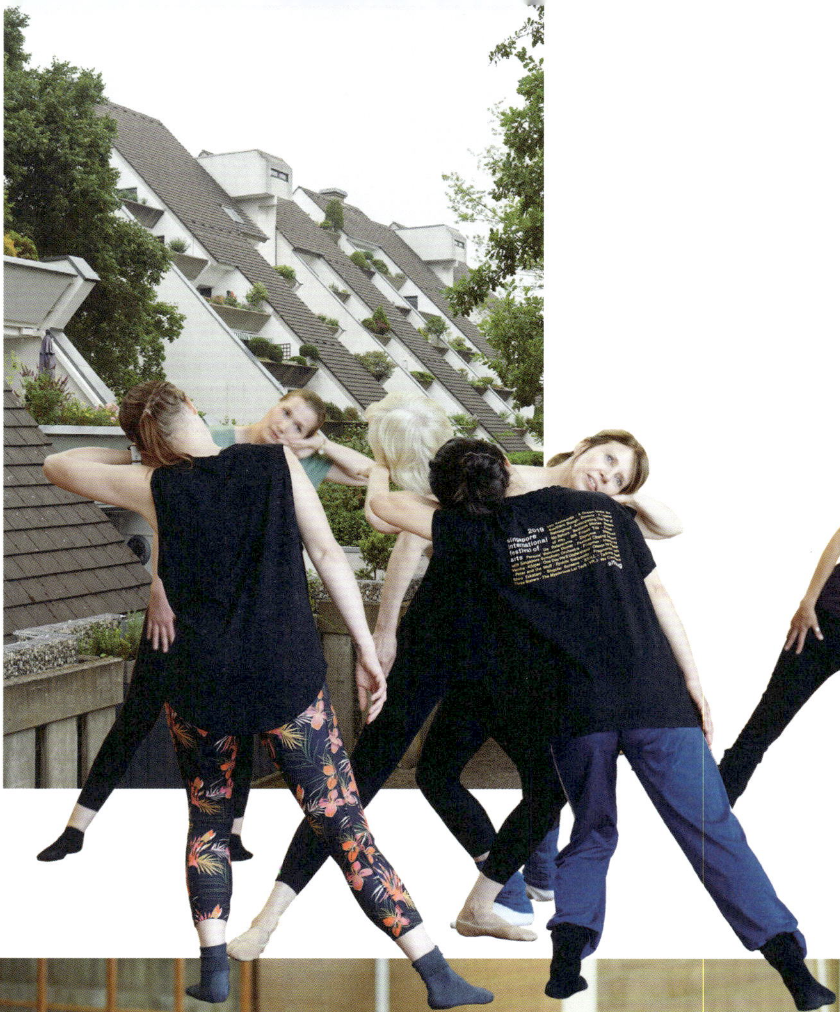

4 HÜGELHÄUSER

Das erste Hügelhaus von Peter Faller, Roland Frey, Claus Schmidt und Hermann Schröder wurde 1965 fertiggestellt. Bei niedrigen Baukosten sollten die Grundstücke optimal ausgenutzt werden, und gleichzeitig individuelles Wohnen ermöglichen.

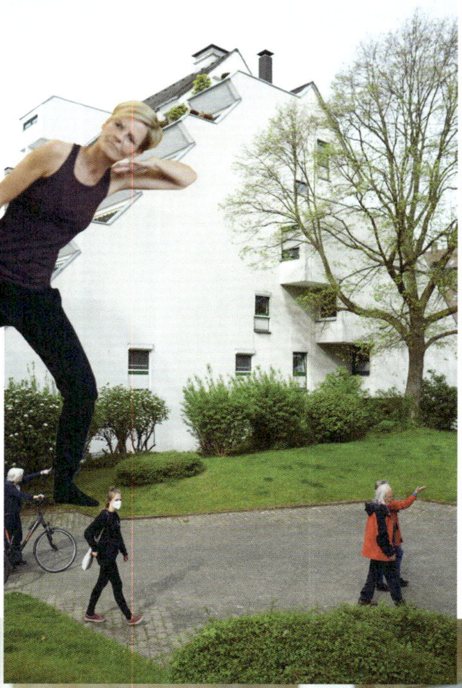

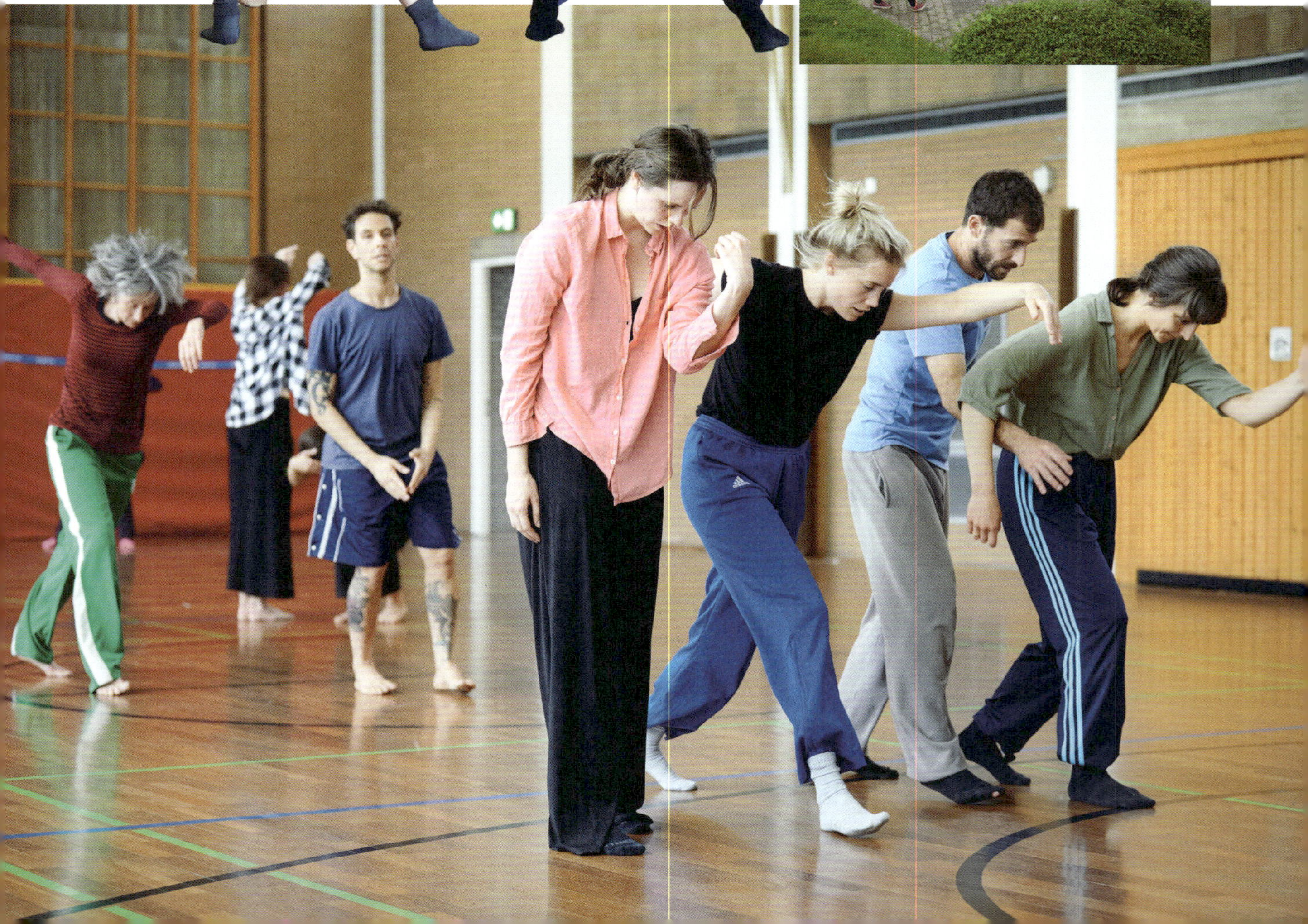

zum Ganzen bei, statt überdeckt werden zu müssen. Die Strenge des 53-teiligen Systems ist nicht maschinell, sondern ermöglicht wie in einer Zeichensprache die fließende Kombination seiner Elemente. Jede Bewegung ist dabei für die Bewegung der anderen offen. Es ist, als könne sich der einzelne Körper jederzeit der pulsierenden Bewegung der ganzen Gruppe anvertrauen. Waltz lieferte die Laute einer Sprache, die ihre Grammatik selber schreiben würde. Das war das Verständigungsinstrument für den gemeinsamen städtischen Raum.

Der Plan war ebenso klar wie anspruchsvoll: Mitglieder des Ensembles bilden Multiplikatorinnen und Multiplikatoren aus, die später mit Laien die Bewegungsmuster einüben. Es ist eine Bewegung, die nicht ohne Übung gelingt, dann aber einfach auftauchen kann entlang der demokratischen Gebäude, die Bürgermeister Heiland einst in Auftrag gab. Eine Prozession von Einzelnen im spontanen Zusammenhang und eine große Gemeinschaftserfahrung. Akteure, die aufeinander reagieren, über Plätze stürmen, stoppen, innehalten, um sich an den anderen zu orientieren, Bewegungsmotive wiederholen, bis andere sie aufgreifen und so das Straßenbild verwandeln, als tauchte darin unvermutet eine Luftspiegelung auf. Ein Stück als Fusionsexperiment, getragen von Vereinen, Gruppen, Schulklassen, jederzeit erweiterbar und immer wieder zu reaktivieren. In den Köpfen würden Nachbilder bleiben. Das gemeinsame Handeln wird nicht beschworen, sondern als Körpererfahrung konkret. Am wichtigsten aber ist, dass das Stück bleibt. Es darf wieder aufgeführt werden. Es soll weiter trainiert werden. Es wird ein Teil von Marl. Die Kunst zeigt so auch, dass Demokratie im Wesentlichen darin besteht, in Bewegung zu bleiben und aufmerksam die anderen zu sehen./

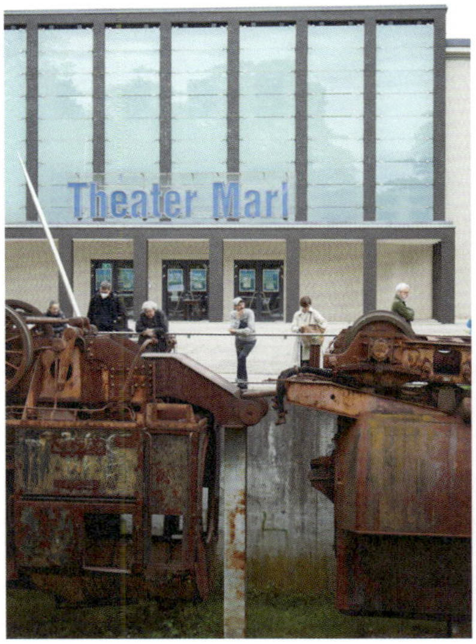

5 THEATER MARL

Das 1953 erbaute Theater von Heinz Kiel war der erste deutsche Theaterneubau nach dem Krieg. Sein Innenraum vermeidet weit von der Bühne entfernte Ränge und bietet allen Sitzplätzen einen ähnlich guten Blick.

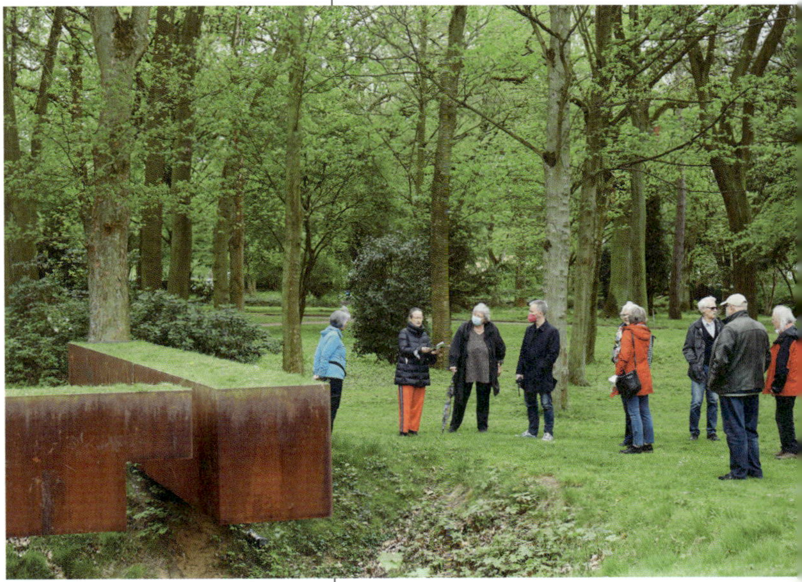

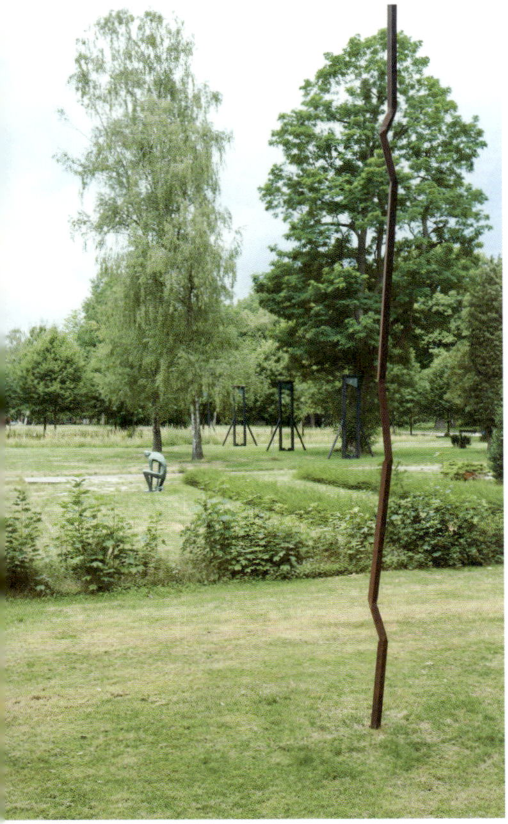

6 SKULPTURENPARK

Der Skulpturenpark am Alten Friedhof des Stadtteils Brassert liegt unmittelbar am Rathaus und dem Skulpturenmuseum und versammelt hochkarätige Plastiken von Micha Ullman, Ian Hamilton Finley, Ilya und Emilia Kabakov, Jochen Gerz und Esther Shalev-Gerz und anderen.

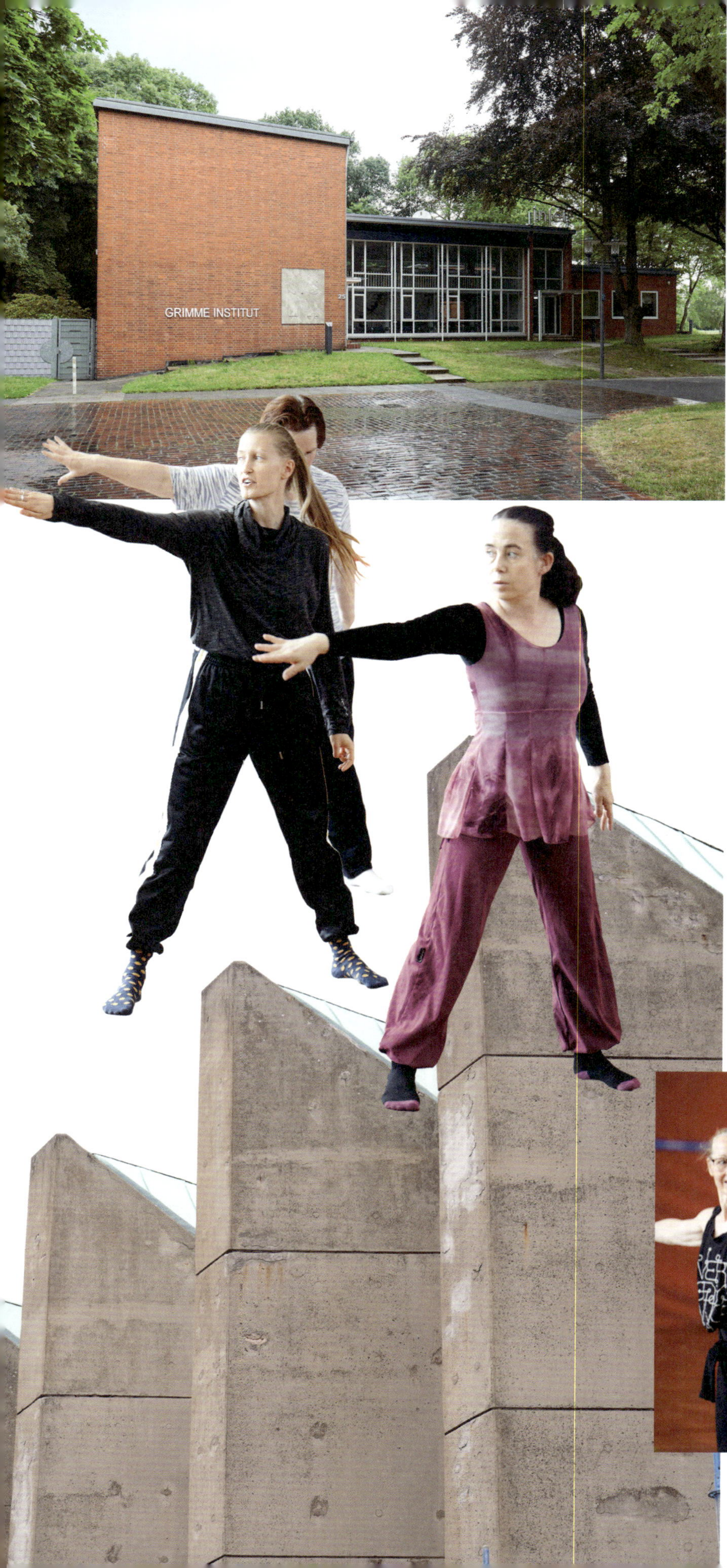

(7) GRIMME-INSTITUT

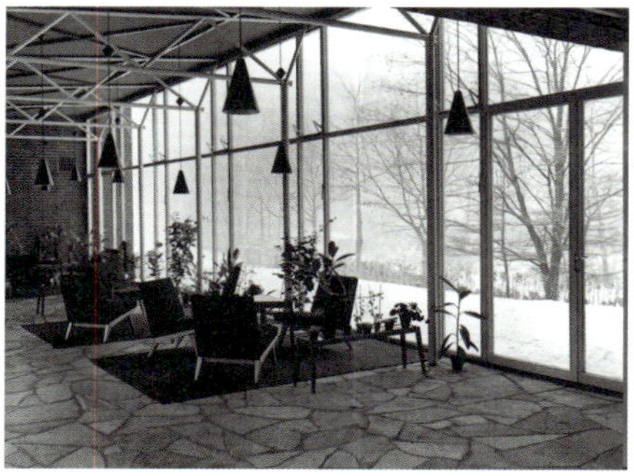

Die am 8. Januar 1955 eingeweihte „insel“, heute das Grimme-Institut, war das erste feste Haus für kommunale Weiterbildung in Deutschland. Günther Marschall, zugleich freiberuflicher Stadtplaner Marls, hatte es mit einer großzügigen Lichtführung als Ort der Konzentration entworfen. Von hier erhielt die Wiederbelebung des Volkshochschulgedankens deutschlandweiten Schub. Bert Donnepp, zum Direktor des Bildungswerks berufen, entwickelte hier Anfang der 1960er-Jahre sein „Projekt mit dem Fernsehen“, ein Konzept für die Auslobung eines Fernsehpreises, aus dem seit 1964 der renommierte Adolf-Grimme-Preis wurde, der alljährlich in Marl vergeben wird.

Fotos links oben: Stadt Marl

„In C – Marler Partitur“ ist auch ein Stück über die Umsicht, mit der Individuen immer wieder zum Ensemble zusammenfinden. Organisch und ohne zentrale Lenkung, im wortlosen Dialog miteinander.

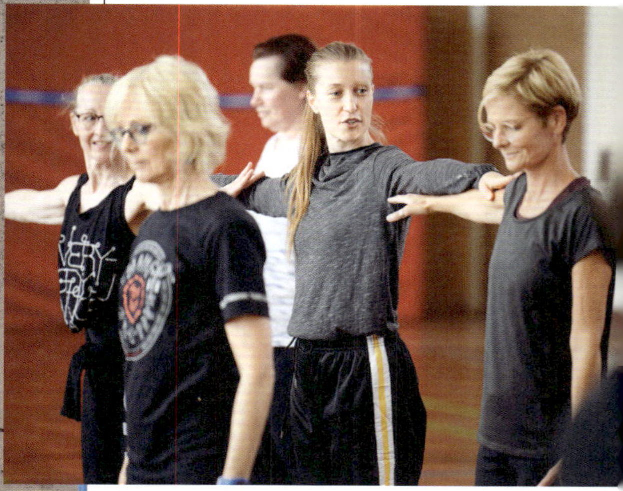

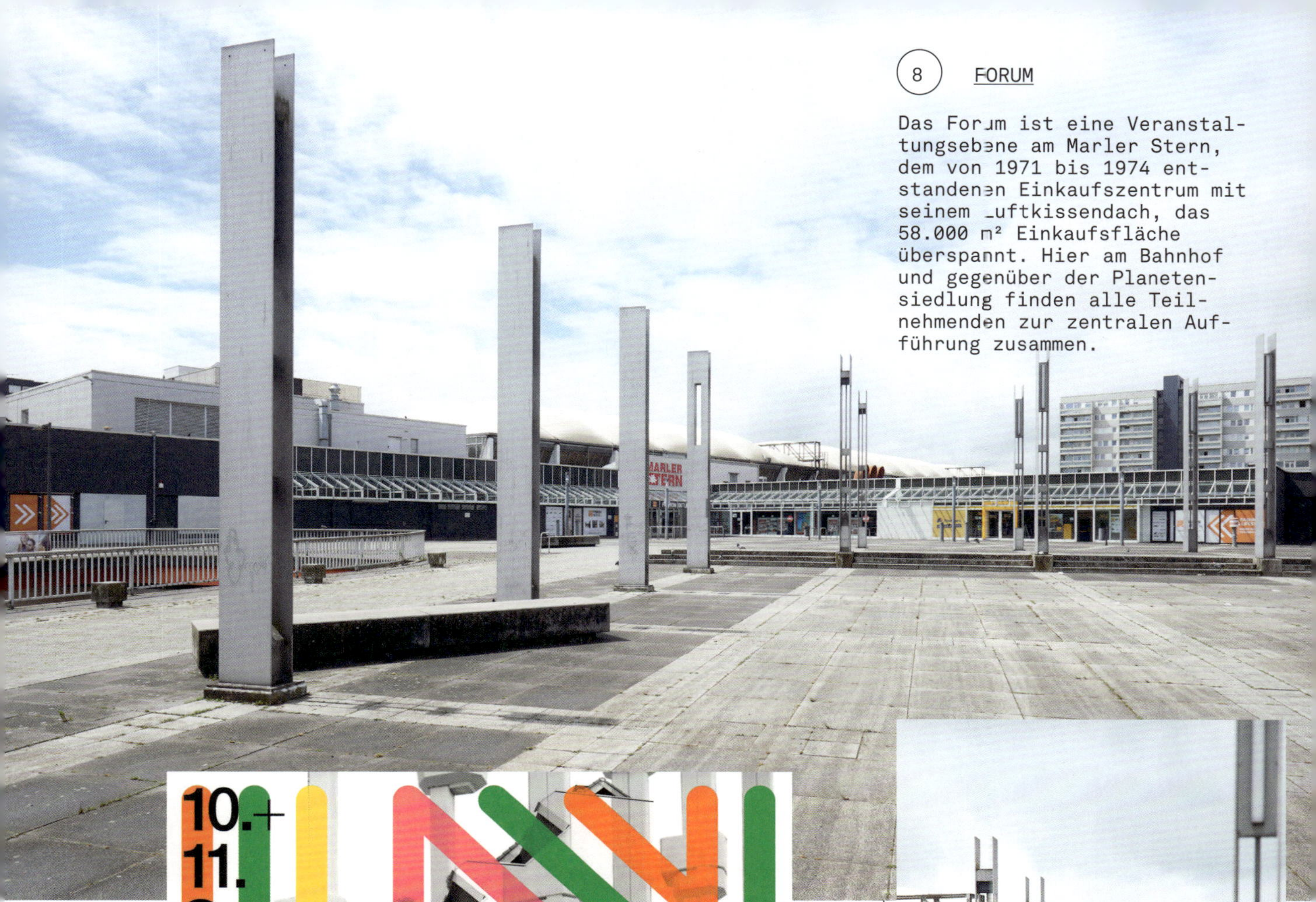

8 FORUM

Das Forum ist eine Veranstaltungsebene am Marler Stern, dem von 1971 bis 1974 entstandenen Einkaufszentrum mit seinem Luftkissendach, das 58.000 m² Einkaufsfläche überspannt. Hier am Bahnhof und gegenüber der Planetensiedlung finden alle Teilnehmenden zur zentralen Aufführung zusammen.

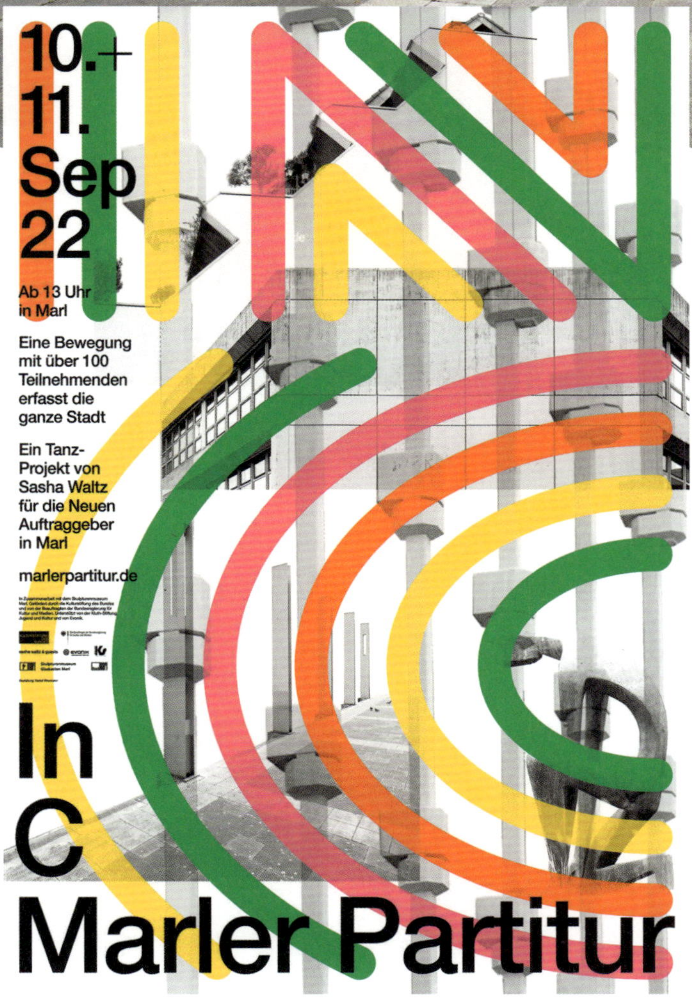

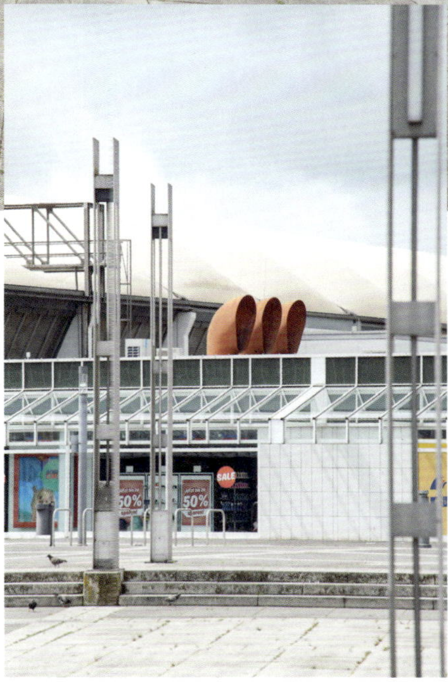

Im Marler Stern sind auch Stadtbibliothek, Volkshochschule und andere Einrichtungen untergebracht. Marl verstand das Bildungsangebot nicht als Luxus, sondern als Gut des täglichen Bedarfs.

Daniel Wiesmann, Veranstaltungsplakat für „In C – Marler Partitur“

Eberswalde, Brandenburg

SCHIMMERNDER RESPEKT

EIN PLATZ GEGEN DIE MAUER IN DEN KÖPFEN

Wer Großquartiere nur von Fotos kennt, hält sie für Maschinen. Hunderte Klingelbretter, tausende Wohnungen sind eine Verwaltungsaufgabe wie für einen Generalstab gemacht. Stets ist etwas zu sanieren, zu unterhalten. Tatsächlich waren die rechtwinkligen Wohnbaufronten der DDR Resultate betriebswirtschaftlicher Planungsstäbe, logisch kalkuliert wie Produktionsanlagen. Als in Eberswalde zum Beispiel auf halbem Weg zwischen Berlin und Stettin der größte Fleischverarbeitungsbetrieb Europas entstand, mussten tausende Menschen mit Wohnraum versorgt werden. In kürzester Zeit entstand die Wohnsiedlung „Max Reimann", heute Brandenburgisches Viertel, ein Musterprodukt des Reißbrettdenkens. Wer sich heute fragt, was an so einem Ort Kultur zu suchen hat, wird aber zugeben müssen, dass die Planer damals schon weiter waren. Der Staat investierte in Kleinplastiken und Wandmosaike und sandte künstlerische Arbeitsgruppen in neue Siedlungsgebiete. Nach den Baggern kamen Kulturschaffende und drückten die staatliche Wertschätzung aus. Heute fehlt der Auftraggebergruppe von Eberswalde gerade das. Respekt für ihr Viertel und oft auch Respekt untereinander im Quartier. Kann man neuen Respekt bauen?

DER AUFTRAG IN EINEM SATZ
„Wir wünschen uns einen Wasserspielplatz als generationenübergreifenden neuen Mittelpunkt des Viertels."

DIE AUFTRAGGEBER*INNEN
Anwohnerinnen und Anwohner des Brandenburgischen Viertels: Margot Bartz, Manuela Berger, Saskia Berger, Stefanie Bugdahn, Dennis Jaekel, Kathrin Otto, Jörg Renell, Werner Voigt, Tabea Westphal

FAKTEN
Das Fleischkombinat in Eberswalde mit 3.000 Mitarbeitenden wurde 1976/77 für 700 Mio. Mark aufgebaut. Zielzüge versorgten die Anlage mit 28.000 Tonnen Schweinefleisch im Jahr.

GRÖSSTE HERAUSFORDERUNG
In der Pandemie mussten viele Arbeitsschritte digital auf Distanz durchgeführt werden. Nach und nach gewannen alle immer mehr Erfahrung damit und meisterten die Schwierigkeiten.

MEDIATOR	KÜNSTLERIN	ZEITRAUM
Holger Friese	Laure Prouvost	2019 – dauert an

ORT
Das Brandenburgische Viertel ist von 1978 bis zur Wende in vier Bauabschnitten entstanden und bot schließlich 10.000 Menschen Raum. Nach Wegzugswelle und Rückbau bekommt es wieder Zuwachs.

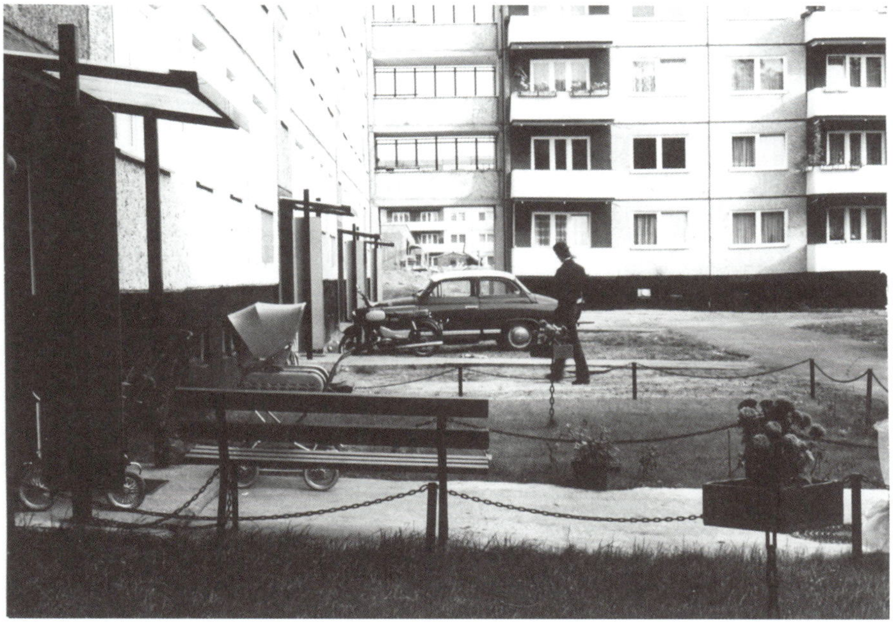

Die Wohnsiedlung „Max Reimann“ war ein langfristiges Projekt. Grundsteinlegung war im Sommer 1977, aber erst 1989 kam es zum letzten Bauabschnitt eines Quartiers für 10.000 Menschen, in dem es vom Wohngebietsclub, über einen Käseladen und eine Toto-Lotto-Stelle oder einer Gaststätte für 557 Gäste, über eine Wäscherei bis zur Volksbuchhandlung an nichts fehlen sollte. Der Masterplan sprach 1976, ein wenig wagemutig angesichts der sich wiederholenden Blockbauweise, von „städtebaulicher Wertigkeit“ in der Formgestaltung und umfasste auch eine „Konzeption Bildende Kunst“.

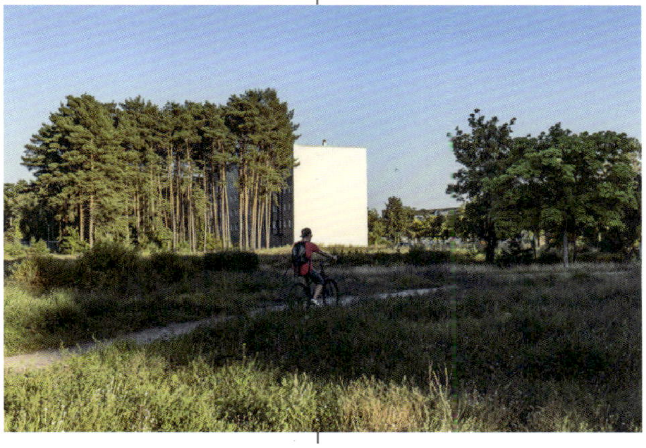

Fotos soweit nicht anders vermerkt: Victoria Tomaschko; oben: Kreisarchiv Barnim P.01.01.01 1184 / Herbert W. Brumm

Stellt man den Neuen Auftraggebern von Eberswalde diese Frage, würden sie darauf als ehrenamtliche Freiwillige antworten. Täglich engagieren die Mitglieder der Gruppe sich im Gemeindezentrum für den Mittagstisch. Sie versorgen Kinder, die sonst unversorgt blieben und sehen Respekt deshalb immer auch als Frage schützender Bedingungen. Seit das Viertel nach der Insolvenz des Kombinats durch den Rückbau schrumpfte und die städtische Dichte einer offenen Wohnlandschaft wich, sind die Plätze hier nur noch Durchgangsräume: Bushaltestellen und Parkplätze, Erschließungsstraßen, die um die Wohnblöcke kreisen, und offene Flächen, auf denen nur stehen bleibt, wer ohne Ziel gekommen ist. Die Gruppe sehnt sich nach einem ideellen Mittelpunkt, einem zentralen Platz, der die verstreuten Menschen zusammenzieht und ihnen zeigt, dass sie keine Übriggebliebenen sind. Diese Auftraggeber wollen etwas zwischen ihren Häusern sehen, das nicht nur der Restwert einer Wirtschaftlichkeitserwägung ist. Sie wünschen sich etwas, das so deutliche Strahlkraft hat, dass die anderen 35.900 Eberswalder am Discounter und dem Baumarkt vorbei ins Viertel finden, in das sich heute kein Außenstehender verirrt. Ein künstlerisches Fanfarensignal gegen die Mauer in den Köpfen. >

Romantische Illusionen muss dabei nicht befürchten. Die Gruppe führt in der Gemeindearbeit einen stillen Feldzug gegen Vernachlässigung. Sie wissen genau: Sollte Kunst hier, zwischen den weiten Flächen und seriellen Fassaden, irgendeinen Sinn ergeben, müsste ihr eine akrobatische Balance gelingen. Sie müsste nicht irgendwen, sondern gerade diejenigen aus den Wohnungen an den neuen Gemeinschaftsort ziehen, die dort auch Verantwortung übernehmen. Das wäre Voraussetzung Nummer eins: ein Ort der Stärke, ein aktiver Ort. Zweite Voraussetzung: Der Platz müsste überschaubar sein, ohne Nischen, in denen einzelne aus dem Ruder laufen. Ein klarer Ort. Und dann müsste der Platz die Menschen beschäftigen. Spiel macht kooperativ, die dritte Voraussetzung. Addiert man die Bedingungen, sagt die Erfahrung der Gruppe, die untrügliche Quartiersmenschenkenntnis, kommt ein Wasserspielplatz heraus. Wasser als friedensstiftendes, alle Gruppen vereinendes Medium, mit den Kindern in der Mitte des Platzes, von aufmerksamen Eltern begleitet, daneben Spielgelegenheiten, Tische, Infrastruktur gegen Müll und Verwahrlosung. Wasser, das Blockaden löst. Wasser, das im Sommer die Hitze über den austrocknenden Sandböden lindert. Ein steter Quell gegen das Wüstengefühl der Peripherie, der einem Kunstwerk entspringt, das auch denjenigen etwas bedeuten wird, die bisher an dem Viertel vorbeigesehen haben. >

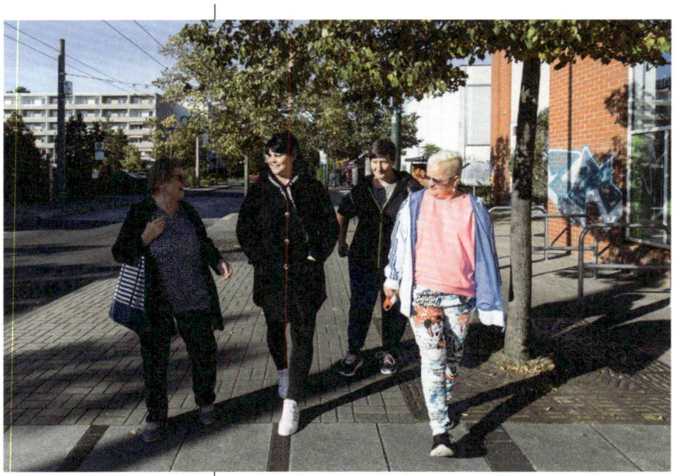

Die Auftraggeberinnen Margot Bartz, Manuela Berger, Kathrin Otto und Stefanie Bugdahn

Der neue Platz soll das Wüstengefühl der Peripherie, das sich hier seit der Jahrtausendwende ausgebreitet hat, mit Wasser löschen.

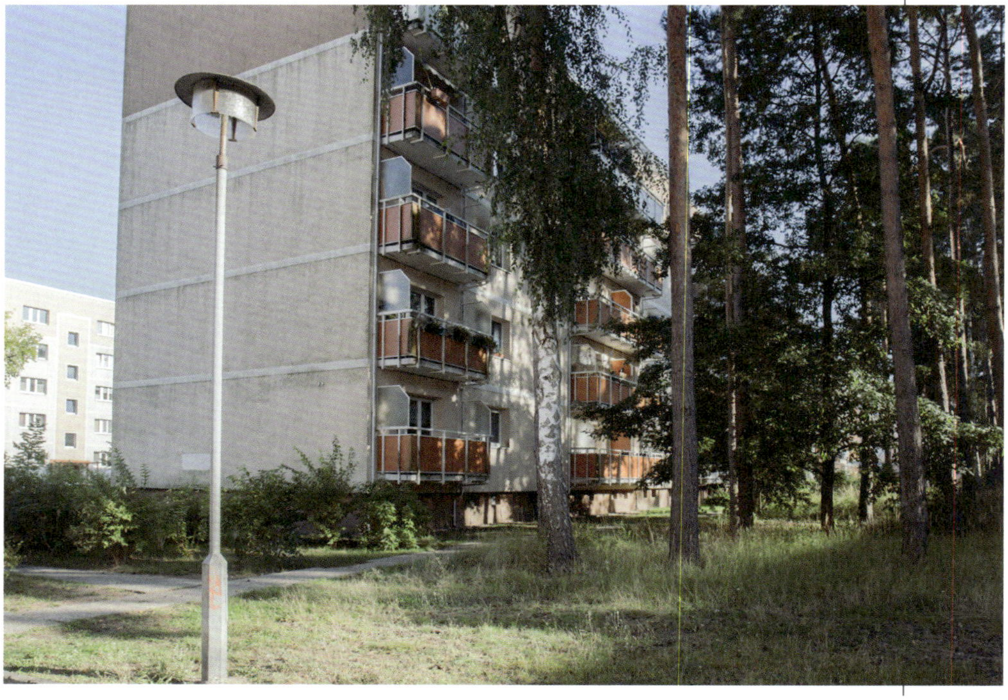

Zwischen den Blöcken gibt es fast verwunschen wirkende Naturflächen mit Kiefern und Birken.

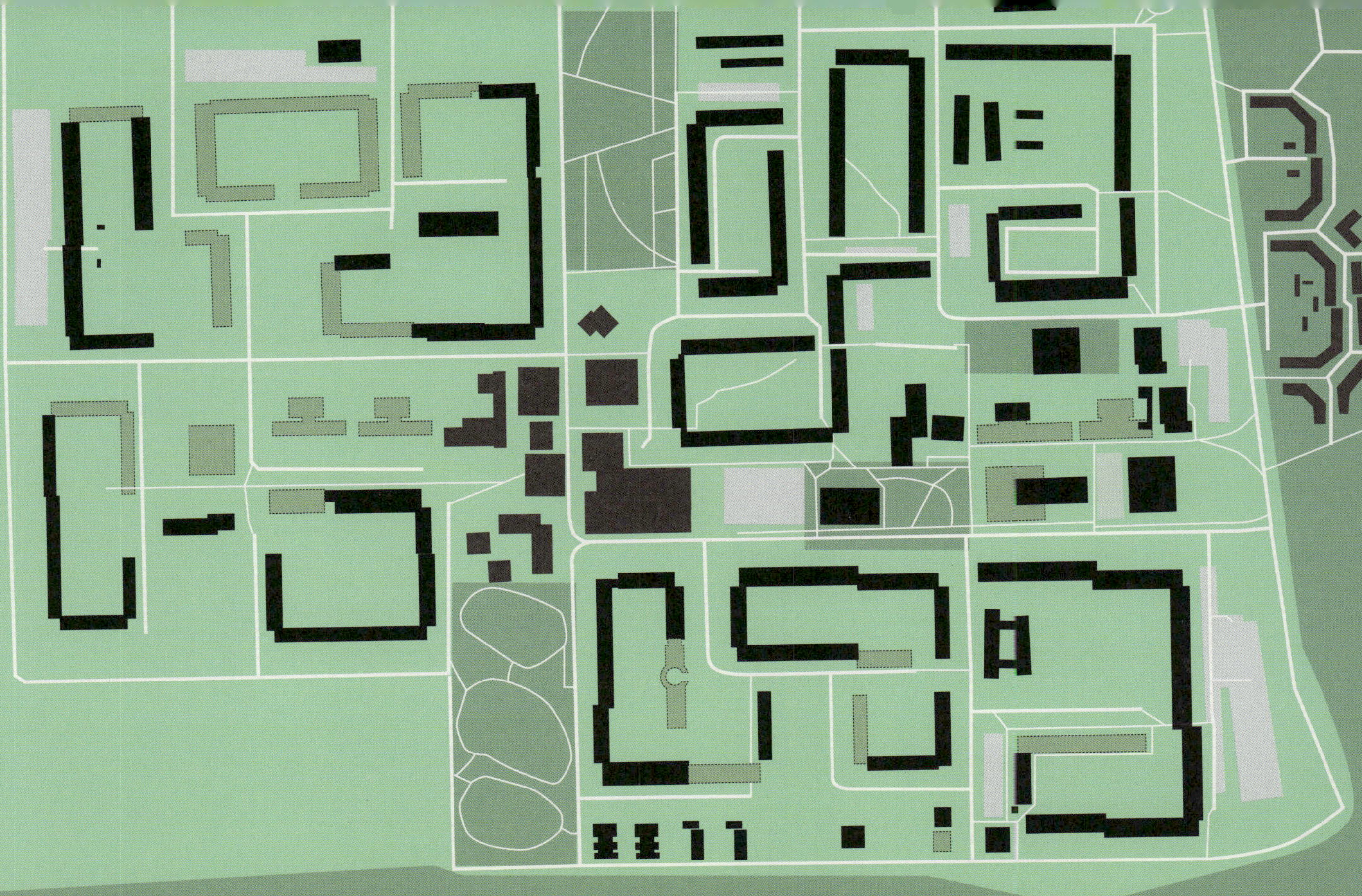

Erhaltene Bebauung

Seit 2000 abgerissen

Freiflächen

Die Planer haben um Teile des Baumbestandes in den Innenhöfen herum gebaut und so trotz der gewaltigen Größe des Areals ein wenig vom Charakter der Landschaft zu erhalten versucht.

Ein Viertel nach der Diät. Der Grundriss zeigt gut die städtische Blockbebauung, die mitten in den märkischen Stand gestellt wurde, und wie später der Rückbau die geschlossenen Innenhöfe weit öffnet. Die Wohnriegel flankieren nun in den beiden jüngeren Bauabschnitten 3 und 4 (links der Mittelachse) weitläufige Grasflächen.

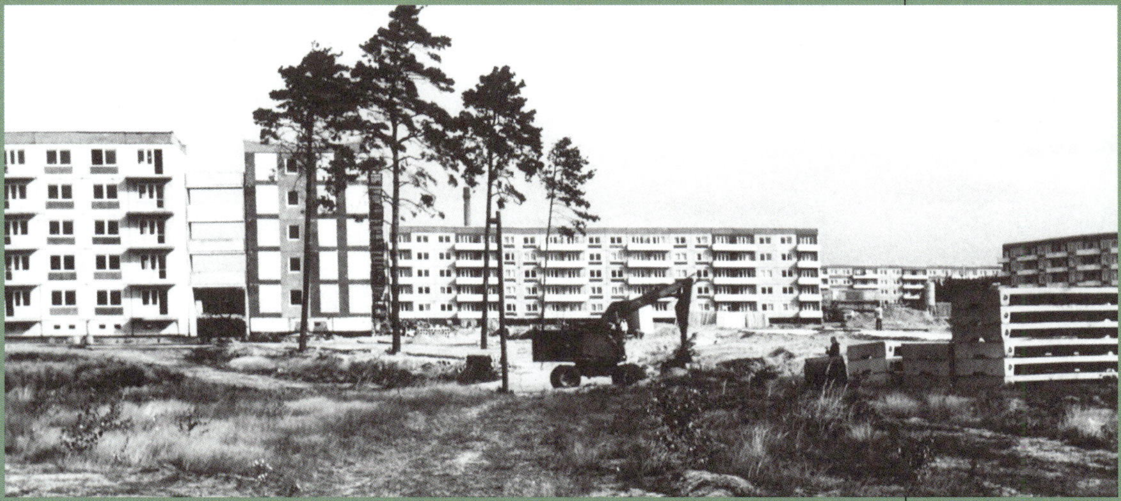

Foto rechts unten: Kreisarchiv Barnim, 01.01.1969 / Herbert W. Di

Wie viele Euro pro Einwohner wäre uns eine solche soziale Attraktion wert? Eine Attraktion, die sich zwischen die Vorurteile drängt? Was dürfte sie in Berlin-Mitte kosten, was in Düsseldorf-Oberkassel? Holger Friese als Mediator war mit zwei Reaktionen konfrontiert. Die eine sah vor allem die Kosten. Wassertechnik ist teuer. Die andere war die Verblüffung der Fachleute, die fasziniert davon waren, wie sehr das intuitiv formulierte Platzprofil der Auftraggebergruppe zu den fachlichen Befunden von Planern und Architekten passte. Tatsächlich verbindet Wasser die Generationen. Und wirklich gibt es Spielplätze profilierter Architekturbüros, in denen die Entwicklung des Terrains die Randbereiche zur Tribüne für Zuschauer macht und die kleineren Kinder im Inneren platziert. Auch dort gruppieren sich soziale Angebote für die Älteren rund um den Platz. Es ist auch nicht zu übersehen, dass Wasserspielanlagen eine nachhaltige Anziehungskraft über das Quartier hinaus entwickeln. Friese begann den lokalen Eingebungen immer mehr zu vertrauen. Die Gruppe hatte ein Gefühl, wo und wie groß ein solcher Platz angelegt werden müsste, um eine Wirkung auf die ganze Siedlung zu entfalten. Und immer wieder pochte sie, aus Erfahrung pragmatisch, auf technische Solidität. Nur ein Platz in stetem Betrieb wäre auch sozial zu erhalten. Kein Luftschloss als die Ruine von morgen, sondern eine Investition. >

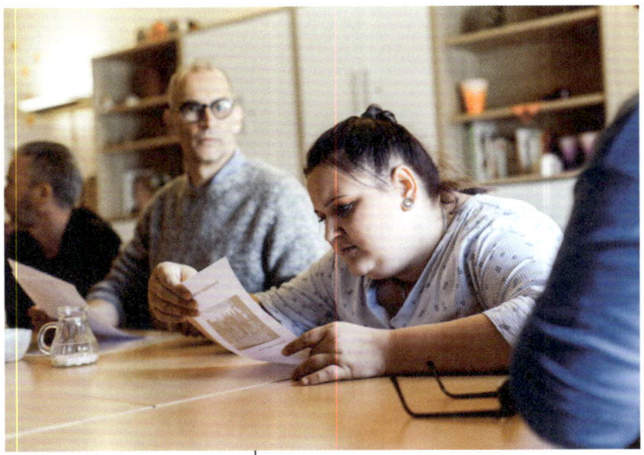

Im Mediationsprozess wurde nicht nur über die künstlerische Gestaltung diskutiert. Genauso wichtig war der Auftraggebergruppe, an dem neuen ein geschütztes soziales Umfeld zu schaffen und die technische Funktionsfähigkeit zu sichern.

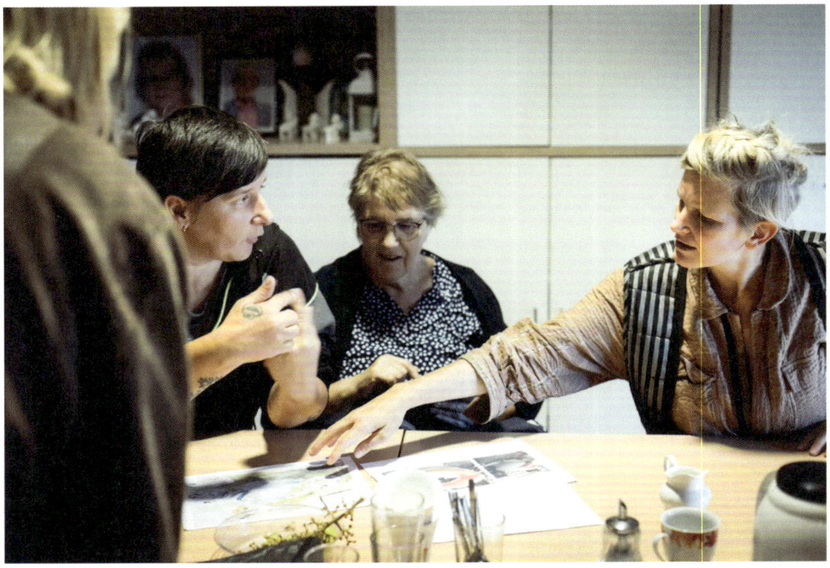

Kathrin Otto und Margot Bartz im Gespräch mit Laure Prouvost im Dietrich-Bonhoeffer-Haus in Eberswalde, wo die Gruppe Ehrenamtsarbeit leistet.

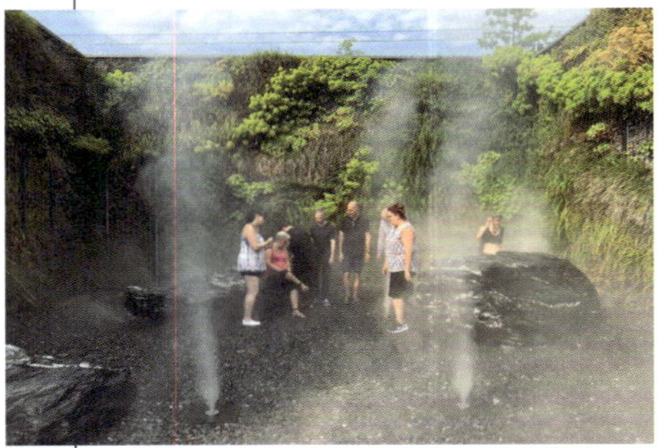

Ebenso wichtig wie Planungsgespräche waren Ortstermine wie hier auf dem Areal der Internationalen Gartenschau in Berlin mit ihren Wassergärten.

In einer Vorstudie skizziert Laure Prouvost die Idee Wasser spendender Objekte, die wie fantastische Pflanzen auf den Grasflächen emporwachsen könnten.

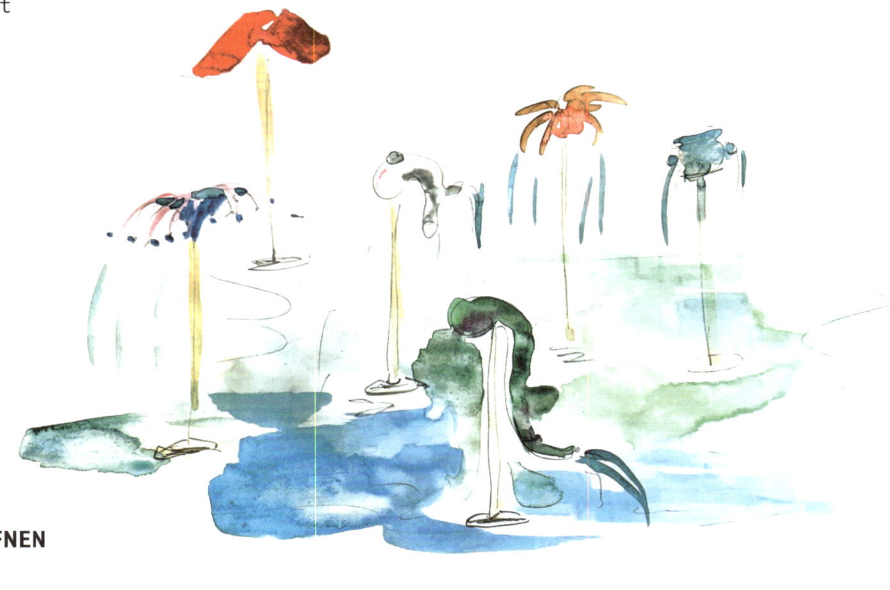

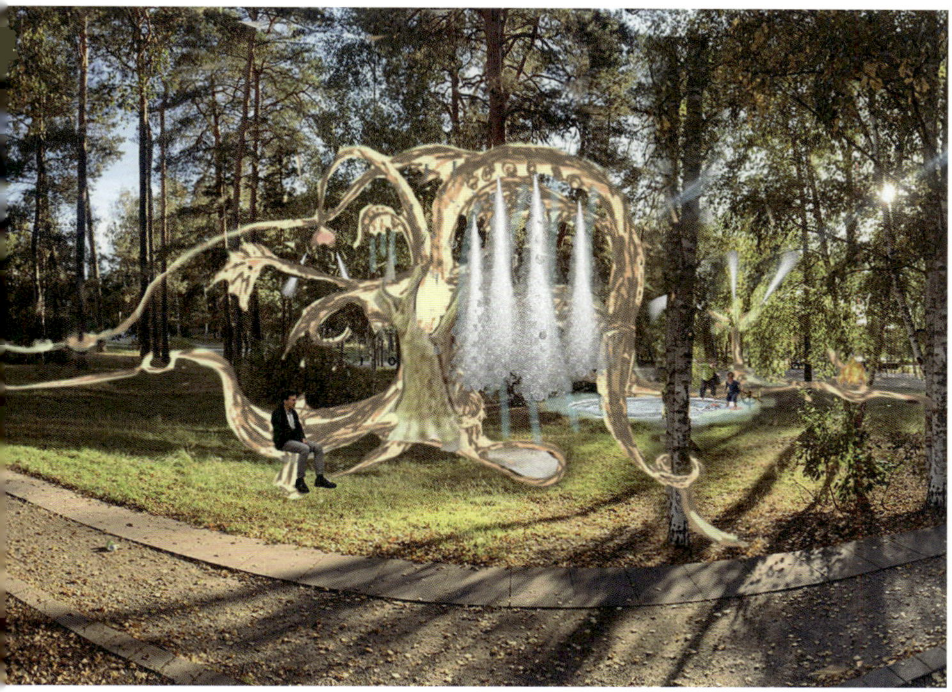

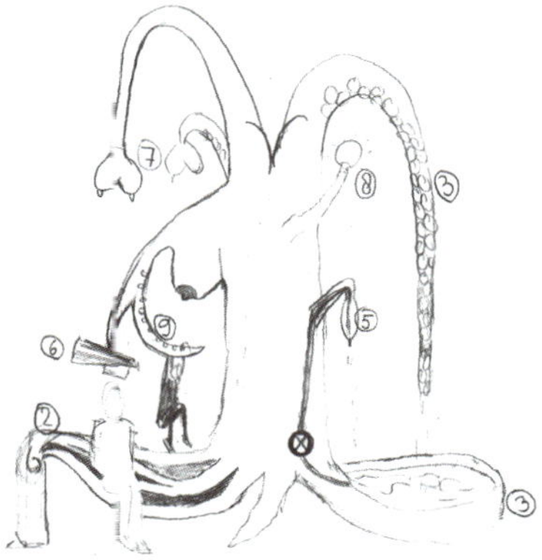

Als Material für Laure Prouvosts Skulptur „We Will Shine" schlägt die Kunstgießerei Bronze vor, die sich in unterschiedlichen Graden glänzend polieren lässt. Die endgültige Form wird später auch gusstechnische Erfordernisse und Fragen der Sicherheit berücksichtigen. In Entwurfsvarianten werden auch noch andere Materialien erwogen.

Eine glänzende, goldene Fabelpflanze soll sich in eine Kiefernlichtung winden wie ein surrealer Traum für das Brandenburgische Viertel.

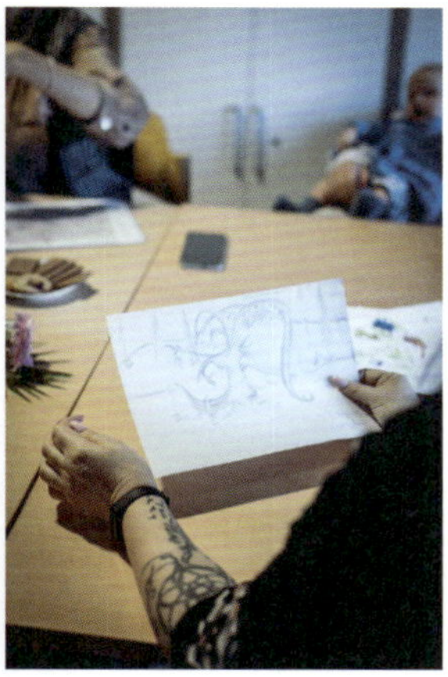

Die französische Künstlerin Laure Prouvost, die 2020 den Eberswalder Auftrag übernahm, hatte keinerlei Zweifel an dem Anspruch der Gruppe. Sie entwarf einen surrealen Traum für das Brandenburgische Viertel, der zugleich vollkommen körperlich war. Eine glänzende, goldene Fabelpflanze sollte sich in eine Kiefernlichtung winden. Oder war die Riesenranke, an deren Gabelungen auf ersten Zeichnungen Brüste schwellen, ein aus dem Boden gestiegener Alien, ein Mischwesen, das nach den Bäumen greift wie Efeu? Scheint ihre Oberfläche aber nicht zu fließen wie die liquiden Körperoberflächen metallischer Science-Fiction-Wesen? Prouvost ist eine Meisterin der filigranen Wucherung. Die „Zweige" ihrer Skulptur für Eberswalde sind als Röhrensysteme angelegt und sprühen aus Düsen Wassernebel herab. Der Spielplatz ist zu einem handfest greifbaren Phantasma geworden, eine gegossene Utopie, die man erklettern kann. Eine Skulptur ist das, die ihr Publikum nähren und umsorgen will. >

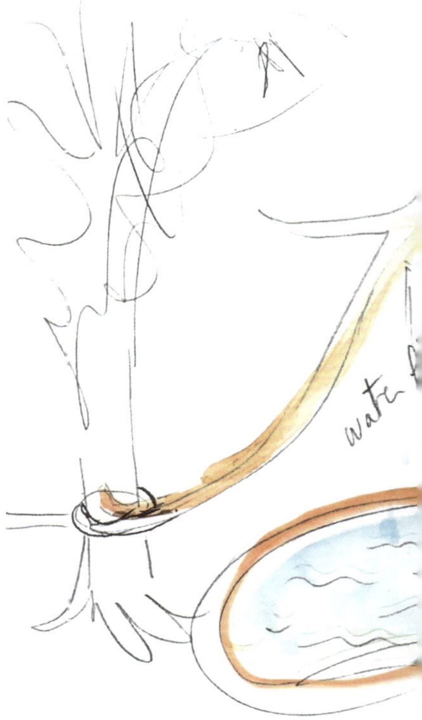

Für Laure Prouvost geht es um zweierlei: Das Selbstbewusstsein der Menschen im Quartier zu zelebrieren und ein Symbol nährender Fürsorge zu schaffen. Damit reagiert sie direkt auf das Engagement der Auftraggebergruppe für ihr Quartier.

„We will Shine“ ist nicht nur ein Entwurfstitel, sondern ein Versprechen an das Quartier, das glänzen will.

Für Eberswalde wird das Werk nun zur Herausforderung. Ein raumgreifender Guss in ein Viertel mit sozial gemischter Geschichte? Ein magischer Wunderwuchs nicht auf dem Marktplatz, sondern zwischen Plattenbauten? Lässt sich das Objekt an dem aus der Sicht klassischer Kulturproduktion untypischsten Ort finanzieren? Und dann die Frage für jeden, der die Serienbebauungen von Eisenhüttenstadt, Schwedt, Halle oder Hoyerswerda nicht nur aus dem Fernsehen kennt: Gibt es irgendetwas, was dringender und überfälliger in Großquartieren wäre, als ein solches Ausrufezeichen unseres kulturellen Selbstverständnisses? Das Leben begnügt sich nicht mit Fassadensanierungen. Darum braucht das Brandenburgische Viertel ein „Wir“, das weithin glänzt. /

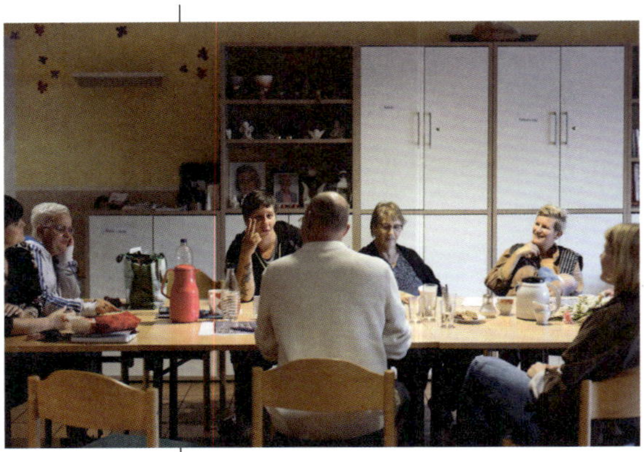

Das Leben begnügt sich nicht mit Fassadensanierungen. Es geht um ein Ausrufezeichen im Quartier.

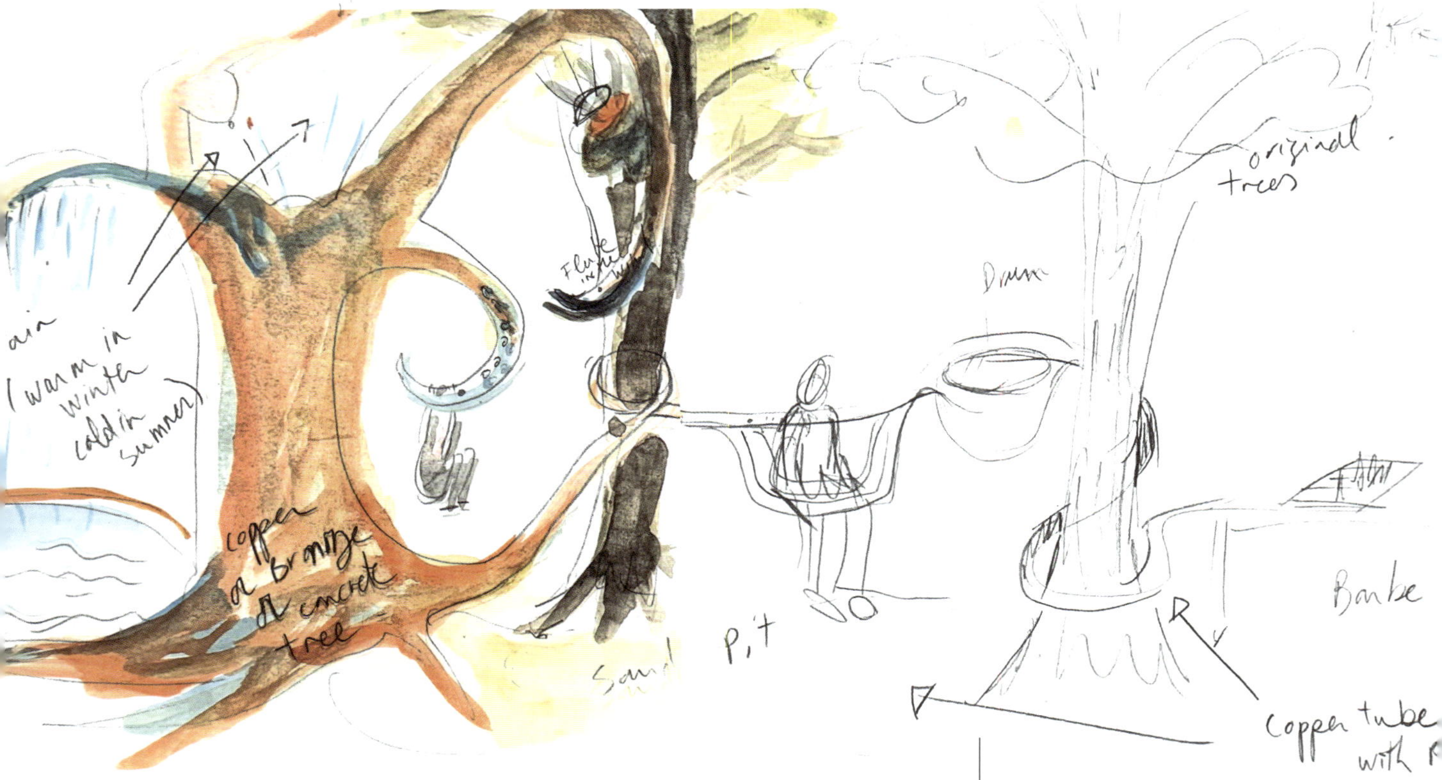

Laure Prouvost imaginiert den Spielplatz als handfest greifbares Phantasma, eine in Metall gegossene Utopie, die man erklettern kann.

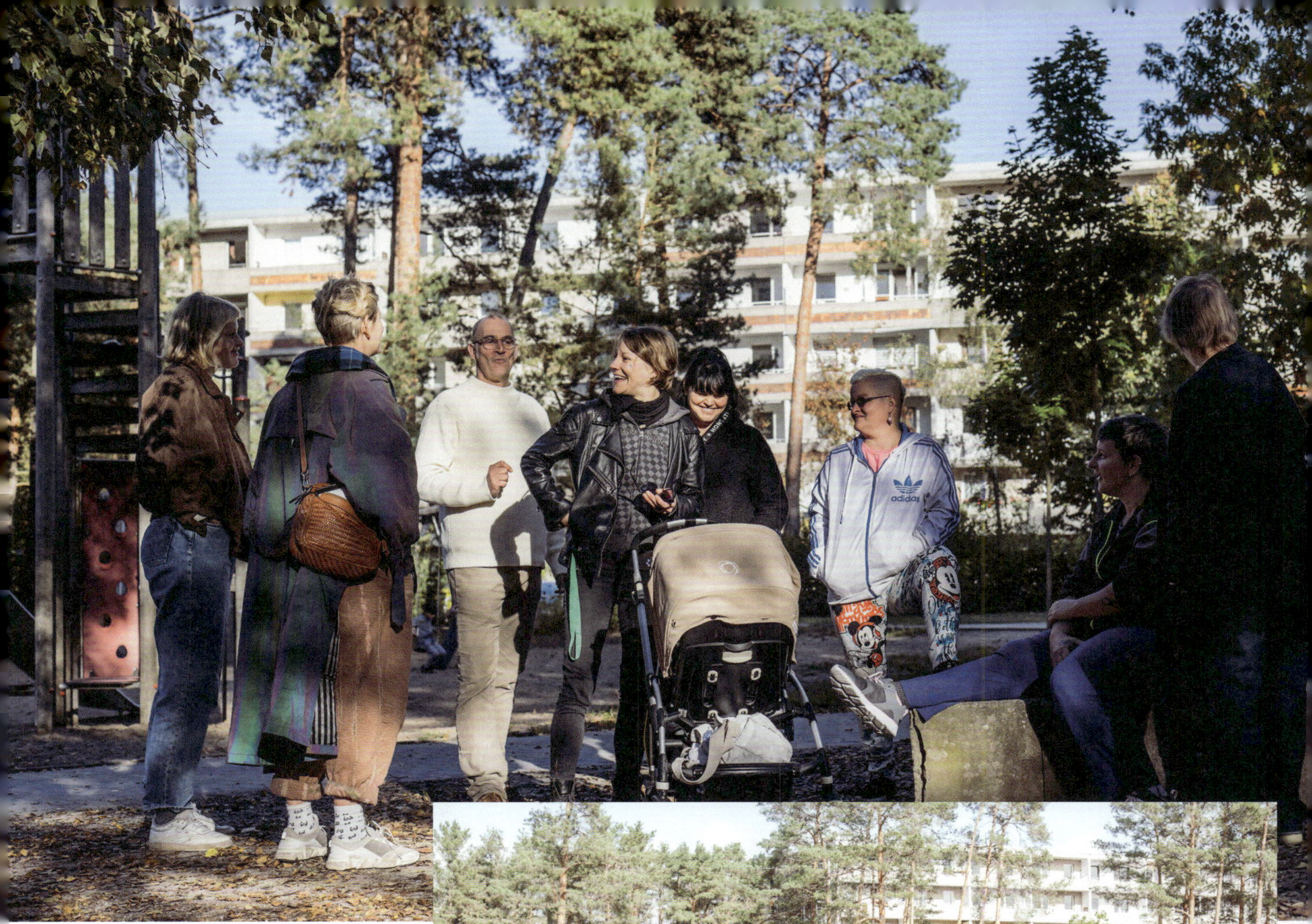

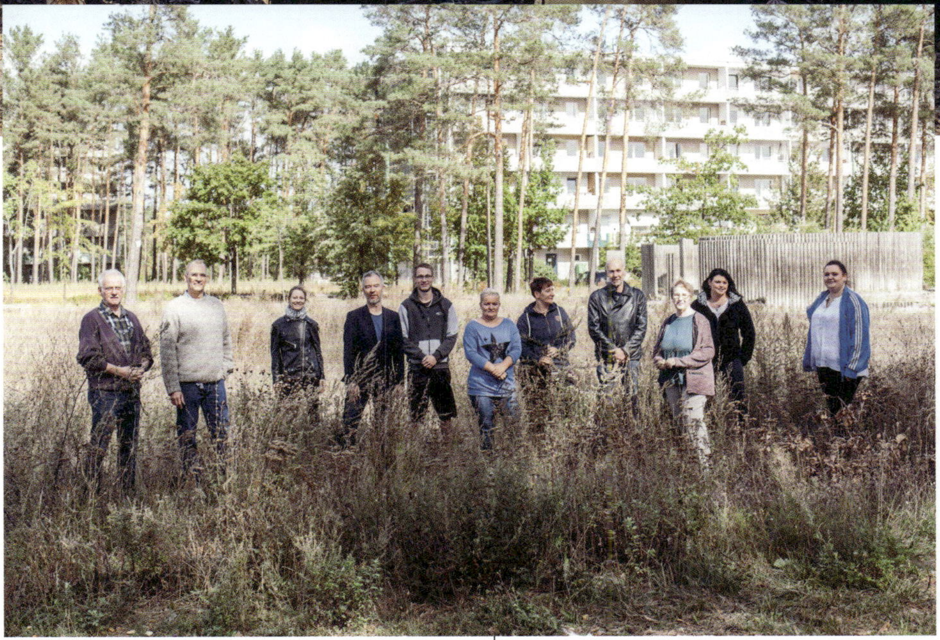

Werner Voigt, Holger Friese, Tabea Westphal, Gerrit Gohlke, Dennis Jaeckel, Stefanie Bugdahn, Kathrin Otto, Jörg Renell, Manuela Berger und Saskia Berger (v.l.n.r.)

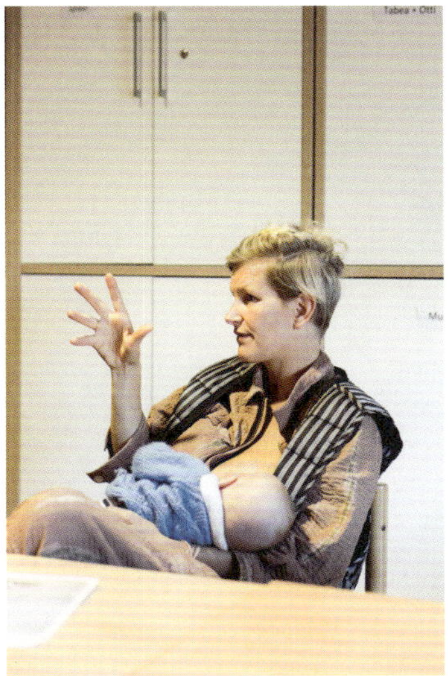

Zeichnungen: Laure Prouvost

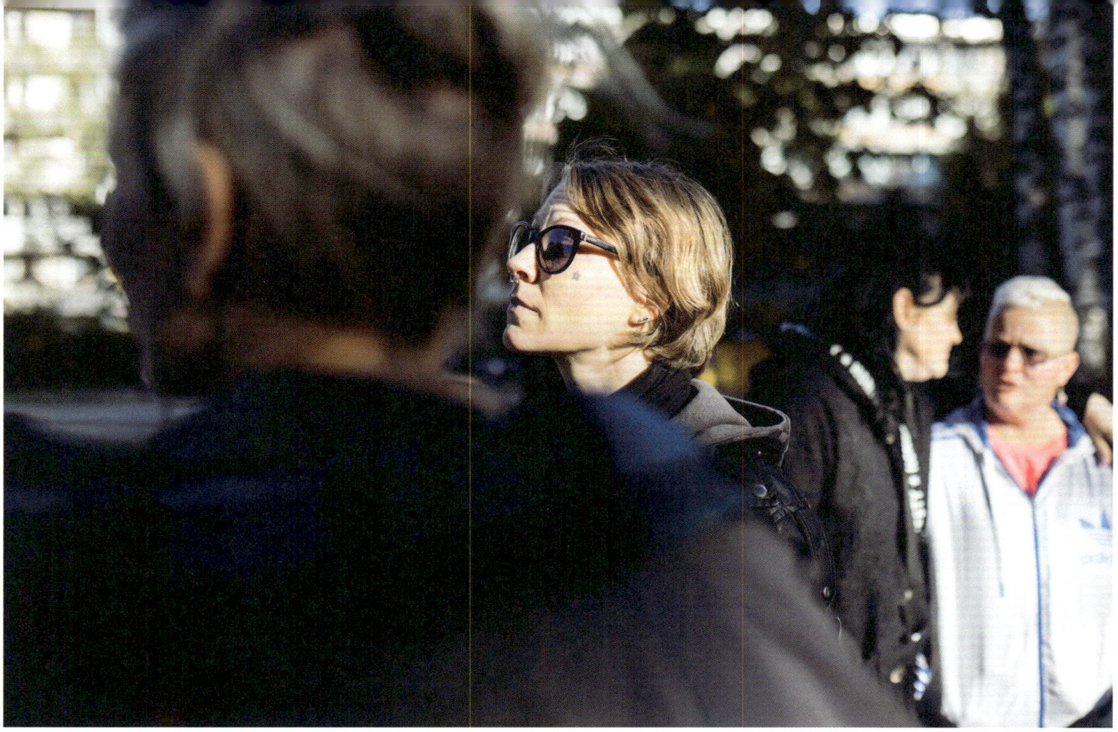

Das Brandenburgische Viertel wird bis heute von seinen Bewohnerinnen und Bewohnern als freundliches Quartier wahrgenommen. Zwar treten auch Spannungen auf, aber Naturnähe und Spielmöglichkeiten für Kinder werden als große Vorteile wahrgenommen.

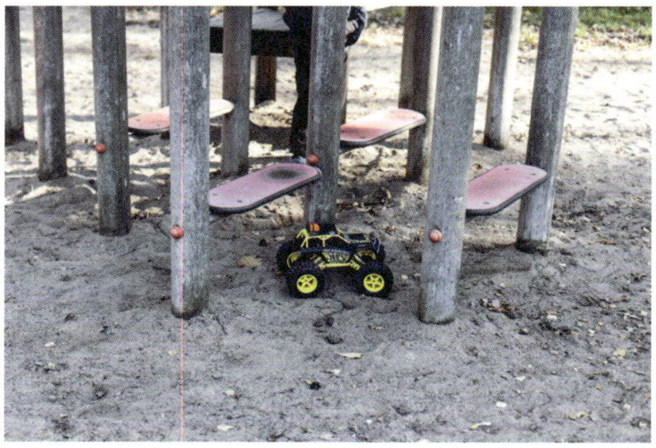

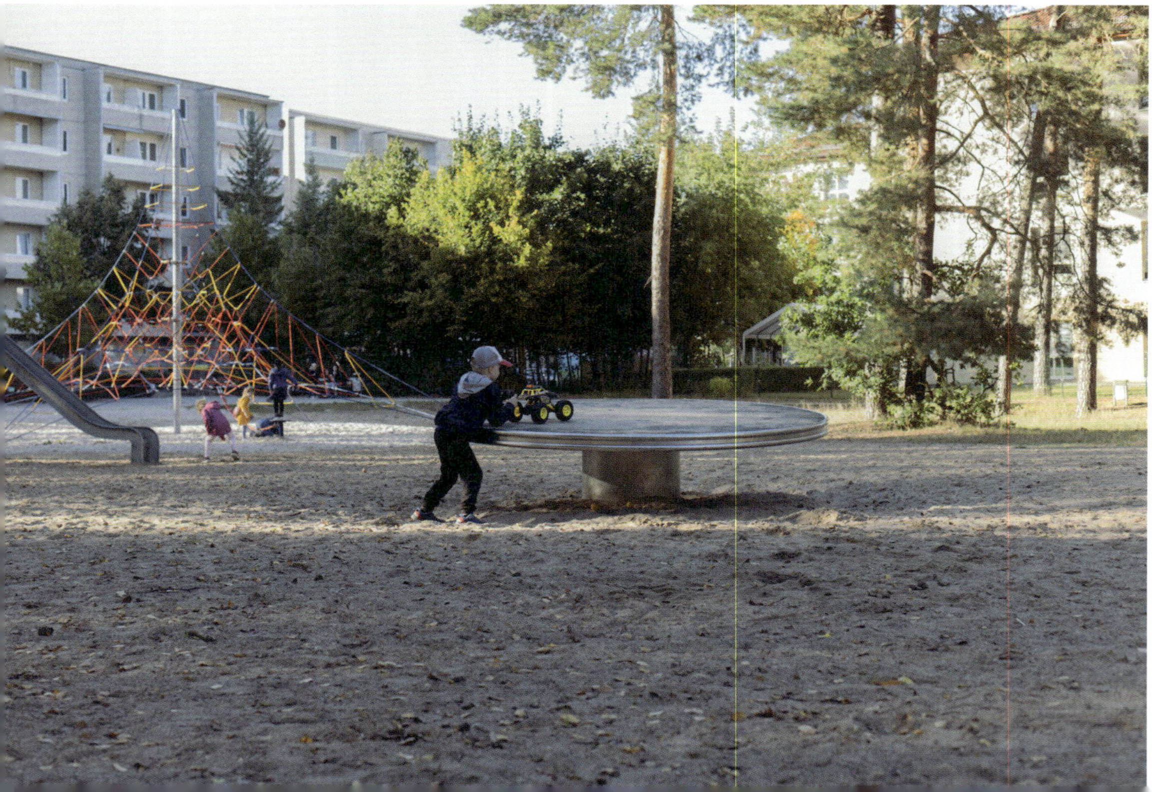

Abbildung rechts oben: Kreisarchiv Barnim I T HAG 0811 / Petit

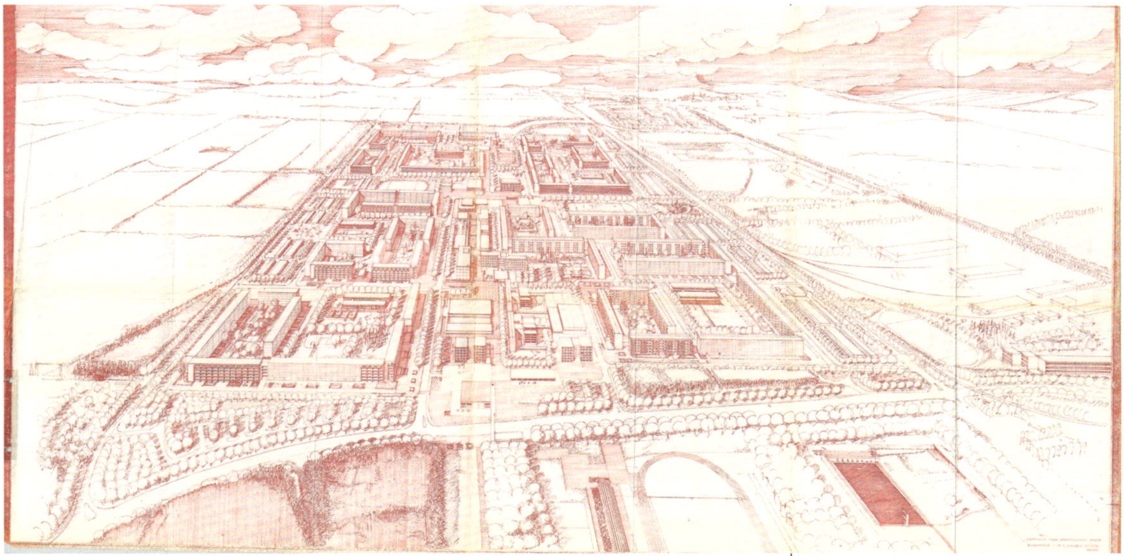

Der Kunst muss hier auch sozial eine Balance gelingen, sie muss die aktiven Menschen des Quartiers spielerisch zusammenführen.

Der Planungsentwurf von 1976 zeigt ein dichtes städtisches Quartier, das vom Himmel herabgestiegen scheint. Ein System aus kleineren Plätzen und Passagen soll schon damals überschaubare Mittelpunkte im engeren Umfeld setzen. Der Auftrag von heute knüpft an diese Ideen wieder an.

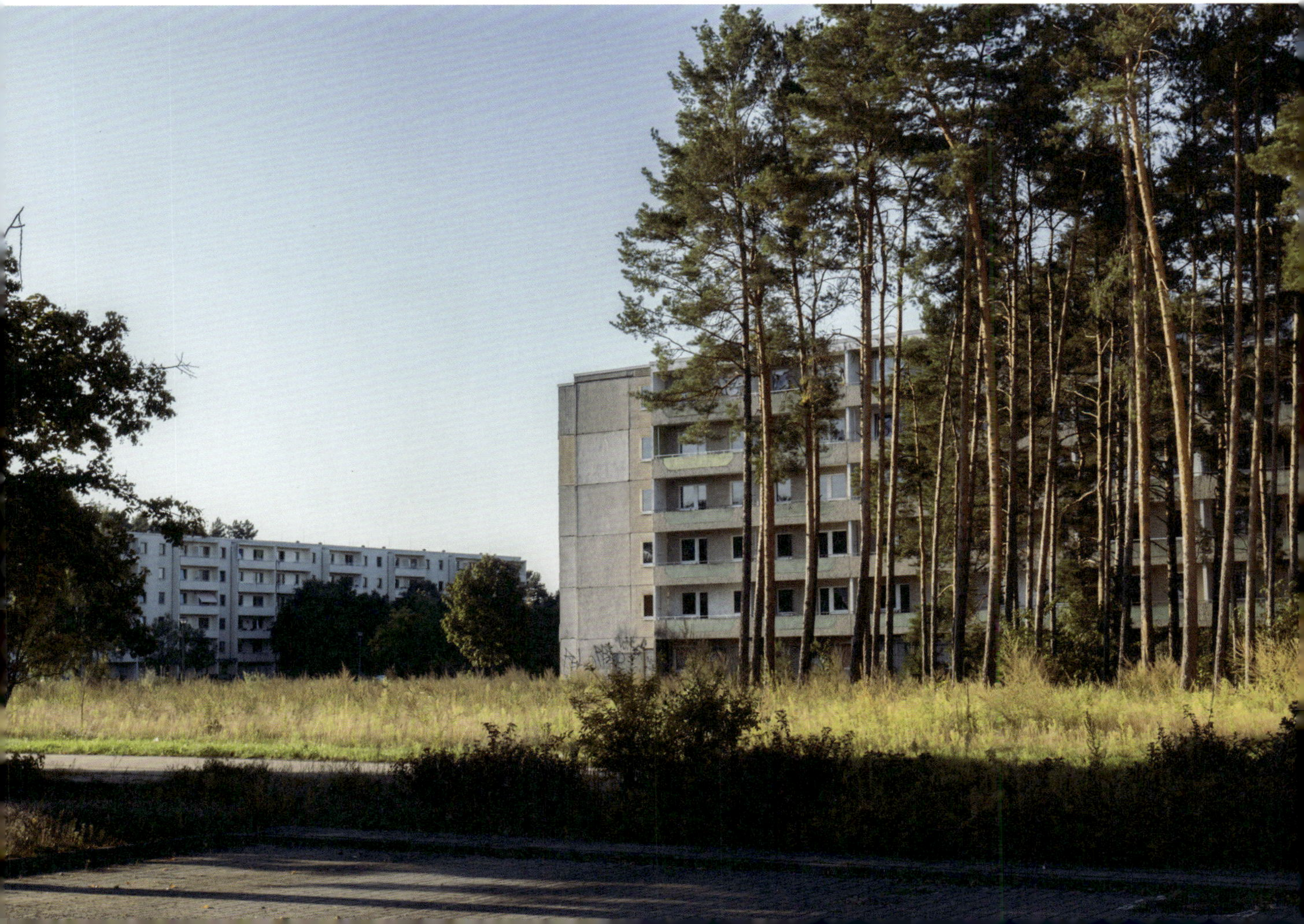

DA SIND MENSCHEN, DIE ETWAS WOLLEN

Ein Gespräch über Mut und das Vertrauen in Kunst

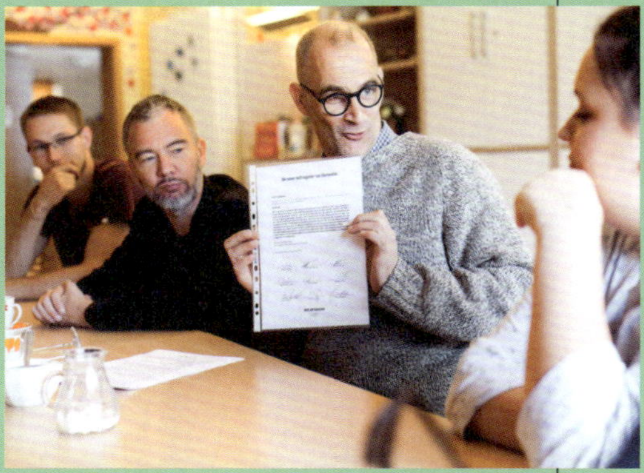

Holger Friese bei der Auftragsunterzeichnung in Eberswalde, dem Moment, in dem die Gruppe öffentlich Verantwortung übernimmt. Neben ihm Gerrit Gohlke von der Gesellschaft der Neuen Auftraggeber.

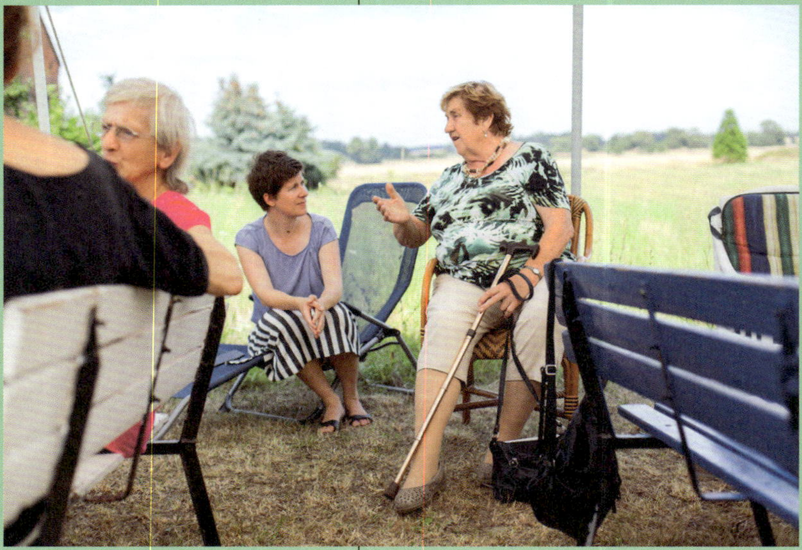

Sophia Trollmann im Gespräch mit der Vorsitzenden des Seniorenbeirates von Steinhöfel, Renate Kliems.

Der Ratssaal in Marl, in dem die Auftraggebergruppe auf Bürgermeister und Dezernentin trifft, bevor der Auftrag öffentlich wird.

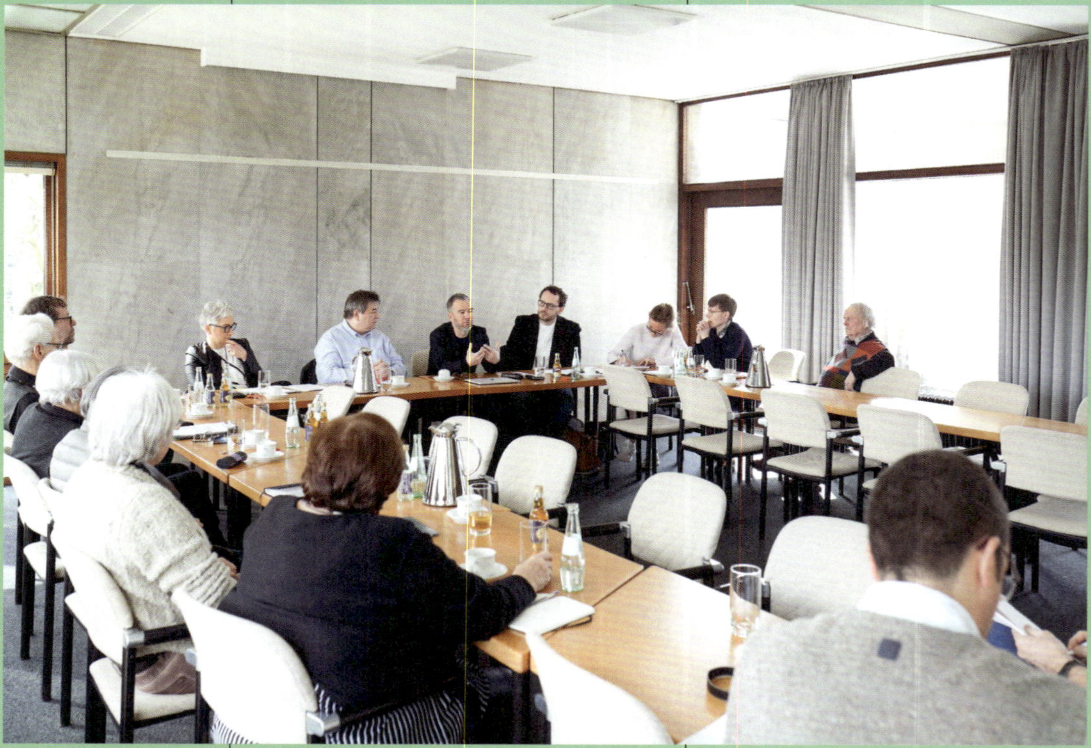

Fotos: Victoria Tomaschko (2); Florian Wagner

Anders als Mediatoren, die sich bei Krisen um Ausgleich bemühen, außergerichtlich Streit auflösen oder in Unternehmen für besseres Arbeitsklima sorgen, sind Mediatorinnen und Mediatoren der Neuen Auftraggeber Mittler zwischen vielen Welten, zwischen der Bürgerschaft, der Kunst, der Politik, Förderpartnern und Medien. Was sie tun, lässt sich nirgends studieren, denn das Berufsbild ist neu und erfordert neben einer Expertise für zeitgenössische Kunst und deren Produktion viele weitere Erfahrungen und Fertigkeiten, nicht zuletzt ein feines Gespür für Menschen, ihre Sorgen, ihre Talente, ihre Grenzen. Dieser Begriff von Mediation entstammt dem Protokoll der Neuen Auftraggeber, das 1990 in Frankreich entstand, wo Mediation schlicht „Vermittlung" bedeutet. In Wahrheit ist damit aber auch gemeint: Dinge möglich machen.
Im Herbst 2021 haben sechs Mediatorinnen und Mediatoren bei einem Treffen in Berlin noch einmal nachgedacht, was Mediation eigentlich ist. Ihr Gespräch macht nebenbei auch klar, wie sich im Kunstsystem Rollenbilder wandeln.

DIE KUNST DER KÜNSTLERINNENSUCHE

SUSANNE BURMESTER Das Protokoll der Neuen Auftraggeber traut uns als Mediatorinnen vor allem eine große Verantwortung zu.

KATHRIN JENTJENS Die Mediatorinnen haben eine Art Scharnierfunktion, da sie laut Protokoll die Akteure verbinden sollen. Die Auftraggeber und die Künstler, aber auch die weitere Öffentlichkeit.

SB Es ist eine wichtige Aufgabe. Wir müssen den Bürgergruppen eine Künstlerpersönlichkeit vorschlagen, die sehr genau zum Auftrag und den Leuten passt. Im Prozessverlauf haben wir die Auftraggebergruppe und die Situation natürlich sehr gut kennengelernt, das hilft uns, eine Entscheidung zu treffen.

SOPHIA TROLLMANN Als Mediatorinnen wissen wir, dass mit der Künstlerauswahl eine lange Zusammenarbeit beginnt. Wir kennen die Komplexität der Orte, der Akteure und der Aufgaben, die auf eine Künstlerin zukommen werden. Wir spüren in der Regel ganz gut, was gehen kann und was nicht. Deshalb liegt diese Verantwortung bei uns.

SB Wenn wir uns auf die Suche machen, sind wir schon lange Teil eines Dialogs am Ort. Wir kennen die Gruppe, die Gruppe kennt uns und wir haben ein Vertrauensverhältnis aufgebaut.

ST Das stimmt. Wir trauen uns erst zu suchen, wenn das Vertrauen schon da ist. Wenn wir Hintergründe kennen oder auch die schlechten Erfahrungen, mit denen ein Ort zu kämpfen hat. Eine Ausschreibung zur Künstlerfindung würde deshalb im Prozess der Neuen Auftraggeber keinen Sinn machen. Wir müssen sehr gezielt die richtige Person finden.

LENA ZIESE Die Frage ist ja, wie man zu den Kriterien kommt, nach denen eine künstlerische Praxis zum Auftrag passt. Ich denke, es gibt Kriterien, die für uns alle wichtig sind. Andere dagegen sind sehr individuell. Vieles basiert auf den eigenen Erfahrungen und dem eigenen Erleben der Situation vor Ort im Dorf oder in der Stadt. Aber auch darauf, welche künstlerischen Praxen man kennengelernt hat, die einen begeistern.

HOLGER FRIESE Ich kann das anhand meiner Künstlerrecherche für Züsedom zeigen: Wir sind da in einem kleinen Dorf in der Nähe der polnischen Grenze, mit polnischen Neubürgern, die kaum ins Dorfleben eingebunden sind. Im Prozess der Auftragsformulierung wurde mir klar, dass ich eine Architektin oder einen Designer suchen musste, um aus der alten Schule einen neuen Begegnungsort zu entwickeln. Und die Person sollte den Anwohnern, die polnisch sprechen, genauso gut zuhören können wie denen, die deutsch sprechen. Ich habe dann über die Empfehlung einer polnischen Kuratorin einen Architekten gefunden, der beide Sprachen beherrscht, aber auch den Erfindergeist hat, den ein solcher Ort braucht.

> „Wenn wir uns auf die Suche nach der Künstlerin machen, sind wir schon lange Teil eines Dialogs am Ort. Wir kennen die Gruppe, die Gruppe uns."
>
> – Susanne Burmester

ES GEHT NICHT UM KUNST ALLEIN

LEA SCHLEIFFENBAUM Es ist eben nie ein einziges Kriterium – und es geht nie um Kunst ganz allein, sondern immer auch um die Anschlussfähigkeit am Ort.

SB Die Entscheidung für Daniel Knorr in Greifswald basierte bei mir nicht nur auf seiner künstlerischen Arbeit, sondern auch auf seinem politischen Aktivismus. Für mich war klar: Wir sind hier in einer Stadt im Osten, es gibt da kontroverse Kunstbegriffe und teils heftige Debatten über Kunst im öffentlichen Raum. Was ist gute Kunst, wer entscheidet über Kunst im Stadtraum, sollen es regionale oder internationale Künstler sein, und so weiter … Deshalb war mir wichtig, dass der Künstler oder die Künstlerin sich zutraut, dem Auftrag entsprechend ganz groß zu denken und gleichzeitig subversiv und flexibel mit der Situation umzugehen.

HF Und trotzdem auch die zu begeistern, die vielleicht den Kulturbegriff nicht teilen, aber sich in der Sache überzeugen lassen!

SB Eine Person, die auch Schwierigkeiten in der Stadt umschiffen kann, um schließlich das umzusetzen, was die Auftraggeberinnen möchten, und das dann im Ergebnis trotzdem alle mitnimmt. Und Daniel Knorr kann das.

KJ Für den Auftrag in der Mönchengladbacher Innenstadt habe ich jemanden gesucht, der eine neue Nutzung des Orts ermöglicht. Jemanden, der eine Zugänglichkeit, einen Rahmen oder einen Kommentar schafft. Genau so arbeitet Ruth Buchanan. Sie gestaltet einen öffentlichen Moment, sie inszeniert Räume und deren Schwellen. Sie denkt und arbeitet in Zusammenhängen. Als ich Ruth Buchanan gefragt habe, ob sie den Auftrag übernehmen würde, hat sie die >

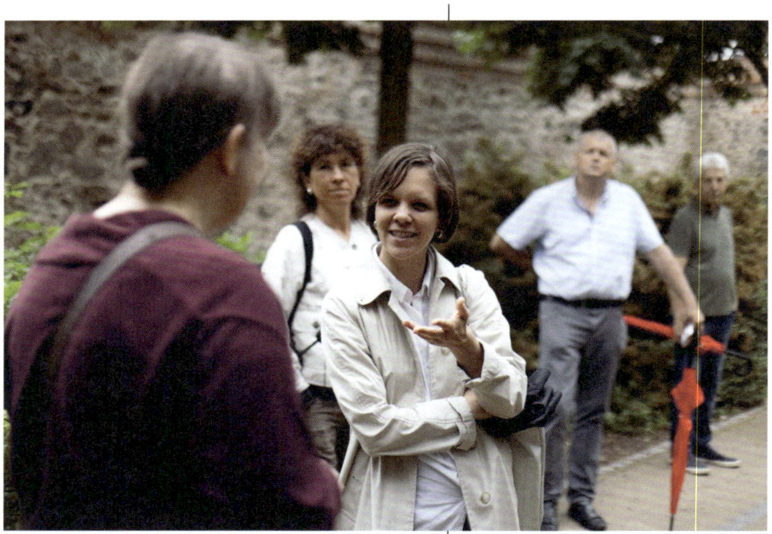

Mediation ist kein Projektmanagement, sondern intensive Kommunikation. Eines der wichtigsten Werkzeuge ist die Begehung der Schauplätze. Lea Schleiffenbaum an der Stadtmauer in Beeskow.

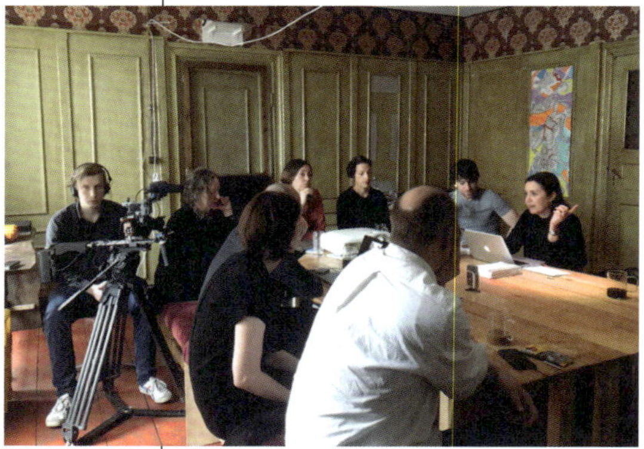

Bei einem Netzwerktreffen der Mediatorinnen berichtet Anastassia Makridou-Bretonneau, langjährige Mediatorin in Frankreich, von der Projektarbeit. Dabei sind Misserfolge und Lösungsstrategien so wichtig wie die Erfolge in den Projekten. Neue Auftraggeber profitiert enorm von dem europäischen Austausch und der langen Erfahrung besonders in Frankreich.

Anforderungen sofort verstanden, die Situation aber erst einmal sehr genau durchdacht, bevor sie die Auftraggeber traf. Dann kamen ihre großdimensionierten Entwürfe und erst dann haben wir darüber gesprochen, was in der Zusammenarbeit mit den Akteuren vor Ort machbar ist.

LZ Das ist ein wichtiger Aspekt der künstlerischen Professionalität, finde ich: Jemand muss gut zuhören können und dann verantwortungsvoll einschätzen, was passt und was nicht. Als Mediatorin muss ich klären, wem ich zutraue, diese Offenheit nicht nur zu Projektbeginn, sondern in einem langen Prozess von der Auftragsübergabe bis zur Umsetzung auszuhalten.

LS Es geht viel um Erfahrung. Ohne die ist es schwierig für Künstler, ein Projekt im öffentlichen Raum mit all seiner Komplexität professionell zu planen und umzusetzen. Gleichzeitig muss man Freude daran haben, das Atelier zu verlassen und den Dialog mit den Auftraggebern zu führen. Es ist eine Art Forschungsreise, die natürlich auch thematisch zu den Interessen der Künstler passen muss. Simon Denny, mit dem wir in Beeskow arbeiten, beschäftigt sich seit vielen Jahren damit, wie technologische Errungenschaften unseren Alltag verändern und bestimmen. Wenn die Auftraggebergruppe auf digitale Innovationen vertraut, kann er mit seiner ganzen Erfahrung kritisch und einfallsreich darauf antworten.

„Von der Künstlerin muss eine starke Geschichte kommen, um die Auftraggeberinnen miteinander zu verbinden.“
– Holger Friese

DIE LUST AM ROLLENWECHSEL

SB Das ganze Prozedere funktioniert nur, wenn alle ihre konventionellen Rollen verlassen.

LS Das ist wahr.

SB Das betrifft vor allem auch die Künstlerinnen und Künstler. Sie bewegen sich nicht mehr in dem Rahmen, in dem jeder weiß, wer sie sind. Die üblichen Gesetze des Marktes gelten nicht mehr. Alle lernen ständig dazu. Auch die Auftraggeber lassen sich auf ganz neue Herausforderungen ein. Und auch wir selbst müssen im Verlauf der Prozesse unsere Rolle und unsere Perspektive andauernd verändern.

HF In Eberswalde habe ich gelernt, dass es vor allem eine starke Geschichte braucht. Eine Geschichte, die von der Künstlerin kommen musste, um die Auftraggeberinnen miteinander zu verbinden. Das ist das Tolle an der Zusammenarbeit mit Laure Prouvost, sie arbeitet immer mit Geschichten, die als Klammer über ihren Arbeiten stehen.

SB Es treffen immer drei unterschiedliche Akteure aufeinander: Die Mediatorin, die Künstlerin und die Auftraggebergruppe. Interessant finde ich dabei, wie die Menschen in ihre Rolle als Auftraggeber hineinfinden und sich dabei wahrnehmen. Sie haben diese Rolle selbst gewählt. Trotzdem ist sie ja neu für sie.

ST Es ist wichtig, ihnen die Zeit zu lassen, sich zu entscheiden. Und auch untereinander auszuhandeln, welche Entscheidungen man gemeinsam tragen kann.

SB Ich möchte als Mediatorin auf gar keinen Fall die Projektmanagerin der Auftraggeber sein. Für mich geht es darum, die anderen zu ermächtigen und dabei selbst auch auszuhalten, dass es vielleicht anders läuft, als ich es mir vorgestellt habe. Man muss sich aber immer vor Augen führen, dass auch im weiteren Prozessverlauf und nach der Fertigstellung des Kunstwerkes die Auftraggeber die Hauptverantwortung übernehmen müssen.

LS Es geht nicht einfach darum, ein Projekt umzusetzen. Es geht immer auch darum, wie der Prozess den Ort beeinflusst …

SB Ja, es ist für mich ganz wichtig, dass die Bürgerinnen und Bürger Agenten ihres eigenen Projektes sind. Und es ist nicht immer leicht, dass die Menschen diese Verantwortung auch bis zum Schluss tragen. Erst kommt ein Vorentwurf, der wird bejaht – oder diskutiert und überarbeitet – und dann reicht es ja nicht, zu warten, bis was Schönes kommt, sondern das Schöne macht Arbeit. Sie müssen es gemeinsam mit der Künstlerin durchziehen.

DAS NEUE LEBEN ALS AUFTRAGGEBER

ST Die Auftraggebergruppe wächst ja auch in eine große Öffentlichkeit hinein. Einige hatten damit noch nie zu tun! Angefangen mit der Unterzeichnung des Auftrages, wenn alle zum ersten Mal mit ihrer Ambition sichtbar werden – für Nachbarinnen und Nachbarn, für die eigene Familie, später die Presse. Plötzlich wird deutlich: Da sind Menschen, die wollen etwas. Aber zugleich ist noch sehr abstrakt, was genau sie wollen. Irgendwann werden die Rollen selbstbewusster, bis die Auftraggebergruppe das Projekt zum Beispiel gegenüber dem Bürgermeister ganz selbstverständlich vertritt oder dem Fernsehen ein Interview gibt. Es erfordert Mut und Vertrauen in den Prozess, ein Projekt mit derart offenem Ausgang so zu vertreten und dabei >

„Es geht nicht einfach darum, ein Projekt umzusetzen. Es geht immer auch darum, wie der Prozess den Ort beeinflusst."

– Lena Ziese

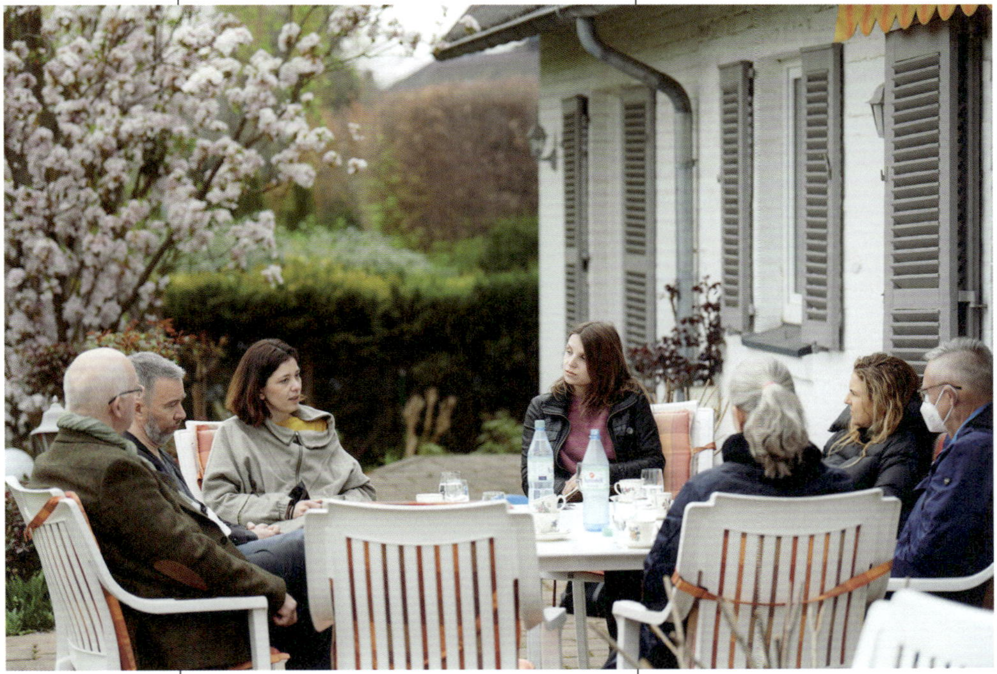

Die Planungs- und Verhandlungsorte sind so verschieden wie die Projekte und schließen Idyllen ebenso wie Mehrzweckräume ein. Kathrin Jentjens (2.v.l.) beim Gespräch mit den Neuen Auftraggebern von Wickrath am Gartentisch. Rechts neben ihr die Koordinatorin Miriam Breuer.

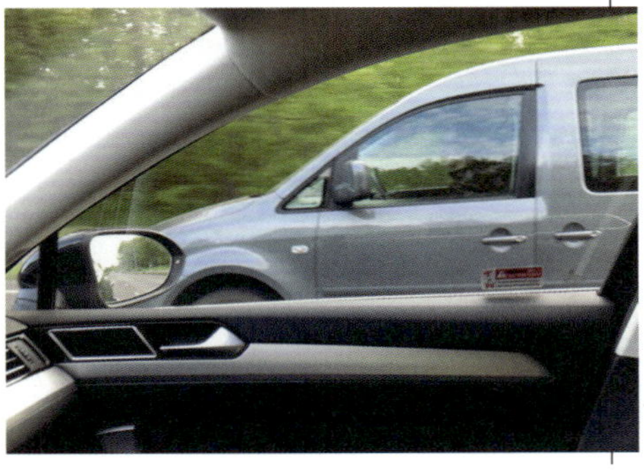

Susanne Burmester auf der A20, die sie bei Jarmen in Richtung Anklam verlassen wird, um nach Wietstock zu kommen. Mediation lebt von der steten Präsenz am Handlungsort, die sich im ländlichen Raum auch in Kilometern messen lässt.

Fotos links: Victoria Tomaschko; GNA; rechts: Florian Wagner; GNA

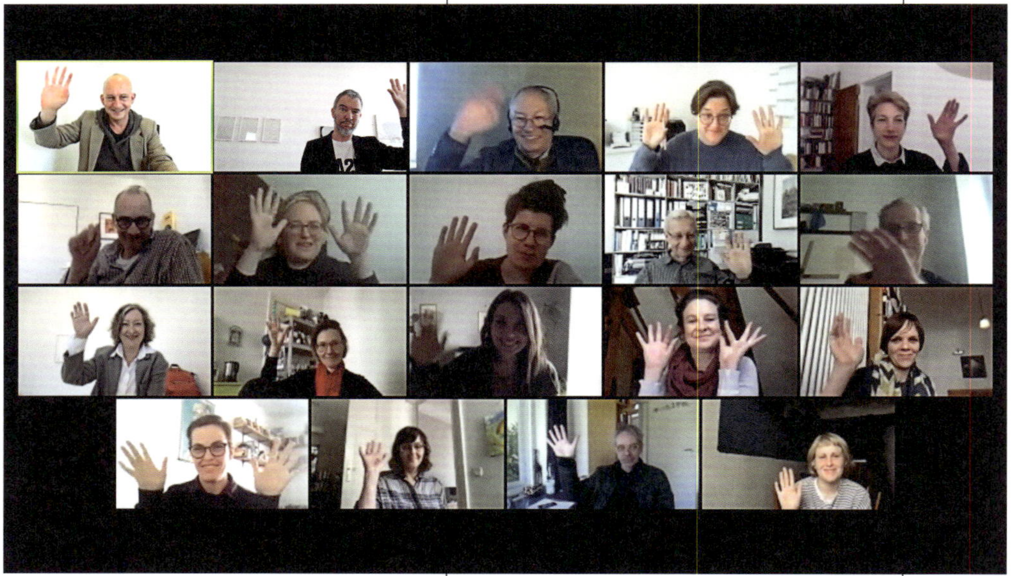

Die Arbeit der Neuen Auftraggeber ist Teamwork, auch unter den erschwerten Bedingungen der Pandemie. Der Austausch über die Projekte hilft, auch in Krisen Lösungswege zu finden und von den Erfahrungen an anderen Orten zu profitieren.

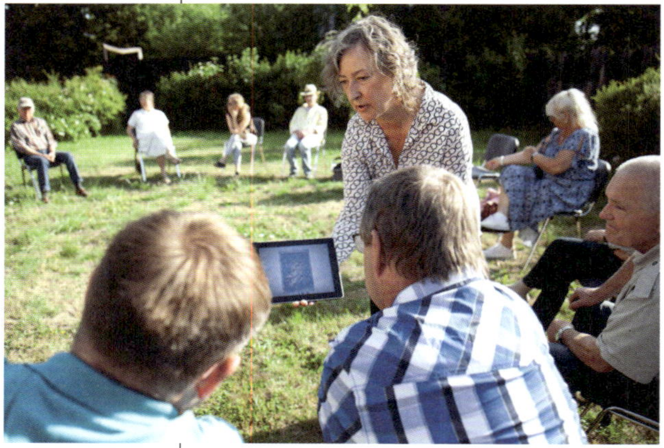

Susanne Burmester erläutert den Entwurf in Wietstock.

„Schon der Prozess muss für alle, die daran beteiligt sind, einen Mehrwert haben. Er muss Spaß machen."
– Sophia Trollmann

trotzdem den Künstlern ihre Autonomie zu lassen.

SB Und alle stellen der Gruppe Fragen!

ST … die nicht leicht zu beantworten sind. In Friedland haben wir uns viel damit beschäftigt, was man den Nachbarn sagen soll, wenn sie kommen und fragen, was man da eigentlich macht und was dabei herauskommen wird. Die Antwort ist dann immer wieder: Wir wissen es noch nicht. Das stößt oft auf Unverständnis. Das ist schier nicht auszuhalten, gerade im Dorf, wo man sich den anderen sonst immer erklären kann.

LZ Die Auftraggeber sind bewundernswert! Sie sind immer noch dabei, auch wenn sie viele andere Dinge zu tun haben. Da ist für mich als Mediatorin auch ein wichtiger Teil der Verantwortung, eine Herausforderung: die Spannung zu halten. Den Prozess so zu gestalten, dass die Leute dabeibleiben und aus den Tälern, die so ein Projekt hat, immer wieder herauskommen.

HF Auftraggeber zu sein ist anstrengend. Alle bringen eine unglaubliche Geduld mit und glauben an die Sache. Aber man muss ihnen auch bei jedem Schritt aufzeigen, dass man vorankommt. Hey, es tut sich was! Es ist ein langer Prozess mit Schleifen, die man nicht bedacht hatte. Aber dann geht es wieder weiter …

SB Ich würde auch immer in die Gruppe fragen: Was wollt ihr tun? Was könnt ihr machen? So kam es zum Workshop mit den Lehrerinnen in Greifswald. Sie sagten mir: „Wir wollen das Werk von Daniel Knorr besser verstehen, bevor wir ihn im Studio besuchen." Ich denke, wir erweitern alle, Schritt für Schritt, die Erfahrungen und Kompetenzen im Prozess.

LS Das stimmt. Aber man muss dabei auch die Seite der Künstler verstehen. Es gibt Momente, da müssen wir auch in diese Richtung ausgleichen. Kunst ist keine Dienstleistung. Es geht um kreative Prozesse, die ihre Freiheit verlangen. Daran muss man die Auftraggeber manchmal erinnern.

ST Schon der Prozess muss für alle, die daran beteiligt sind, einen Mehrwert haben. Er muss Spaß machen. Bei der

Auswahl von Mariana Castillo Deball für Friedland war für mich wichtig, dass die gemeinsame Arbeit auch Möglichkeiten bieten würde, die ihre eigene künstlerische Praxis bereichern könnten. Das ist an sich eine große Chance: Eine Gruppe von Menschen, die etwas verändern will und bereit ist, ihren Anteil beizutragen in Form von lokalem Wissen, Kontakten, Zeit und Vertrauen.

HF Und dabei müssen wir auch die Lebenswelt der Auftraggeber mitdenken. In Züsedom zum Beispiel gibt es Phasen, da kann man keine Termine machen. Denn wenn Ernte ist, ist Ernte. Was anderes findet dann nicht statt. Manchmal ist es auch gar nicht so einfach, mit allen zu kommunizieren – wenn nötig schreiben wir auch ganz altmodisch Briefe.

SB Vielleicht muss man sich auch immer wieder vor Augen führen, dass die Projekte den verschiedenen Akteuren einen ganz verschiedenen Gewinn bringen. Für manche ist die innere Veränderung am Ort wichtiger als das Ergebnis. Für eine Künstlerin kann das Projekt offene Fragen im Verständnis der eigenen Arbeit neu beantworten. Für eine Ortsvorsteherin kann es erst einmal darum gehen, mit denen ins Gespräch zu kommen, die sonst nicht sprechen.

DER KUNST VERTRAUEN

LS Das ist die Magie der Kunst, die eben nicht einfach eine Aufgabe abarbeitet, sondern sie interpretiert. Überrascht. Sie hat die Freiheit und Unabhängigkeit, ohne Agenda an gesellschaftliche Themen heranzugehen. Das ist ein großes Plus, gerade wenn man breite Bevölkerungsschichten aktivieren möchte. Die Projekte verfolgen weder politische noch kommerzielle Interessen. Es geht tatsächlich einmal nur um die Sache selbst.

HF Bei den Gruppen ist überall spürbar, dass Kunst wichtig ist, auch wenn man es nicht in Worte fassen kann. Das ist das größte Pfund, mit dem wir arbeiten.

LZ Das kann ich so nicht bestätigen. In Steinhöfel gab es große Zweifel, ob Kunst wirklich leisten kann, was man braucht. Aber es gibt eine große Offenheit: „Na, wir probieren es einfach mal." Es gehört für uns als Mediatorinnen zu einer ehrlichen Kommunikation dazu, die Frage, was die Kunst vor Ort dann wirklich ändert, offen zu halten.

ST Wie explizit über die Wirkung von Kunst diskutiert wird, welche Erwartungen man an sie hat, das ist je Projekt ganz verschieden. Bei Mariana Castillo Deball denke ich, ihr Kunstwerk werden viele als Kunstwerk rezipieren, andere werden darin vielleicht eine ungewöhnliche Art sehen, Wege zwischen Menschen und Dörfern zu ebnen. Das gefällt mir.

SB Es ist wichtig, das radikale Denken zu ermutigen, um einmal das vollkommen Unerwartete und Unmögliche zu denken. Und dem Künstler zugleich zuzugestehen, etwas ganz anderes vorzuschlagen. Ich erlebe, wie verschiedene Menschen vollkommen unterschiedliche Vorstellungen von Kunst haben.

KJ Die Gruppe in Mönchengladbach war erst einmal sehr offen und neugierig auf das Experiment der Zusammenarbeit. Inwieweit ein Kunstwerk tatsächlich in die konkrete Lebens- und Arbeitsrealität vor Ort intervenieren oder ein Bild davon schaffen kann, konnte sich am Anfang wohl niemand vorstellen. Ich habe versucht zu vermitteln, dass Kunst seit jeher in der Lage ist, Selbstverständlichkeiten zu hinterfragen und alternativen Perspektiven Sichtbarkeit zu verschaffen. Darauf haben sich dann alle eingelassen.

LS Unsere eigenen Selbstverständlichkeiten verändert es ja auch. /

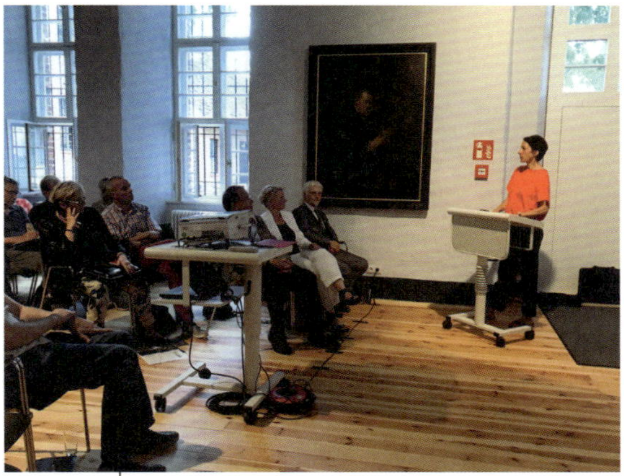

Am Anfang steht die Präsentation der Methode gerade auch vor Gruppen, die nicht auf Kultur spezialisiert sind. Lena Ziese auf der Burg Beeskow vor ehrenamtlich Engagierten in Brandenburg.

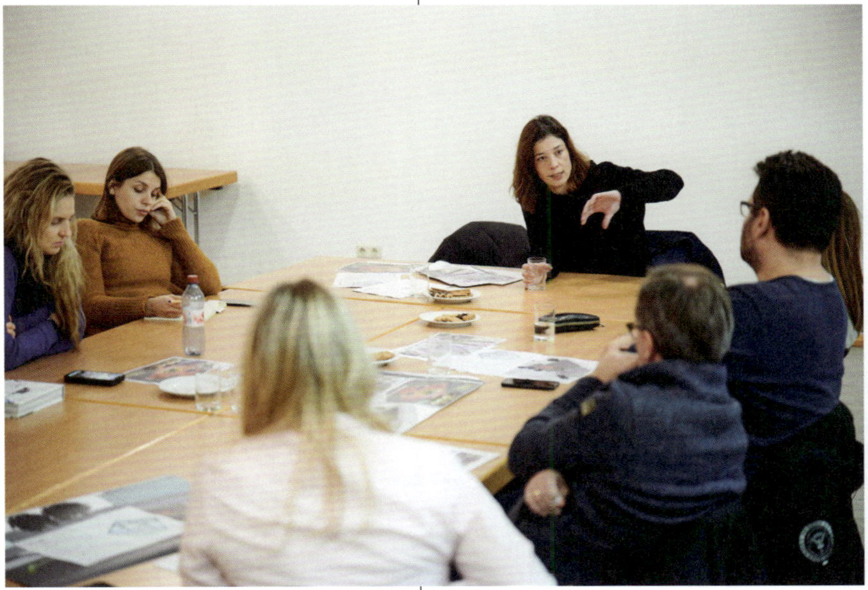

Kathrin Jentjens (hinten) mit der Künstlerin Kerstin Brätsch (links) bei der ersten Entwurfspräsentation im Pfarrhaus in Wickrath.

Das Gespräch fand am 28. September 2021 statt.

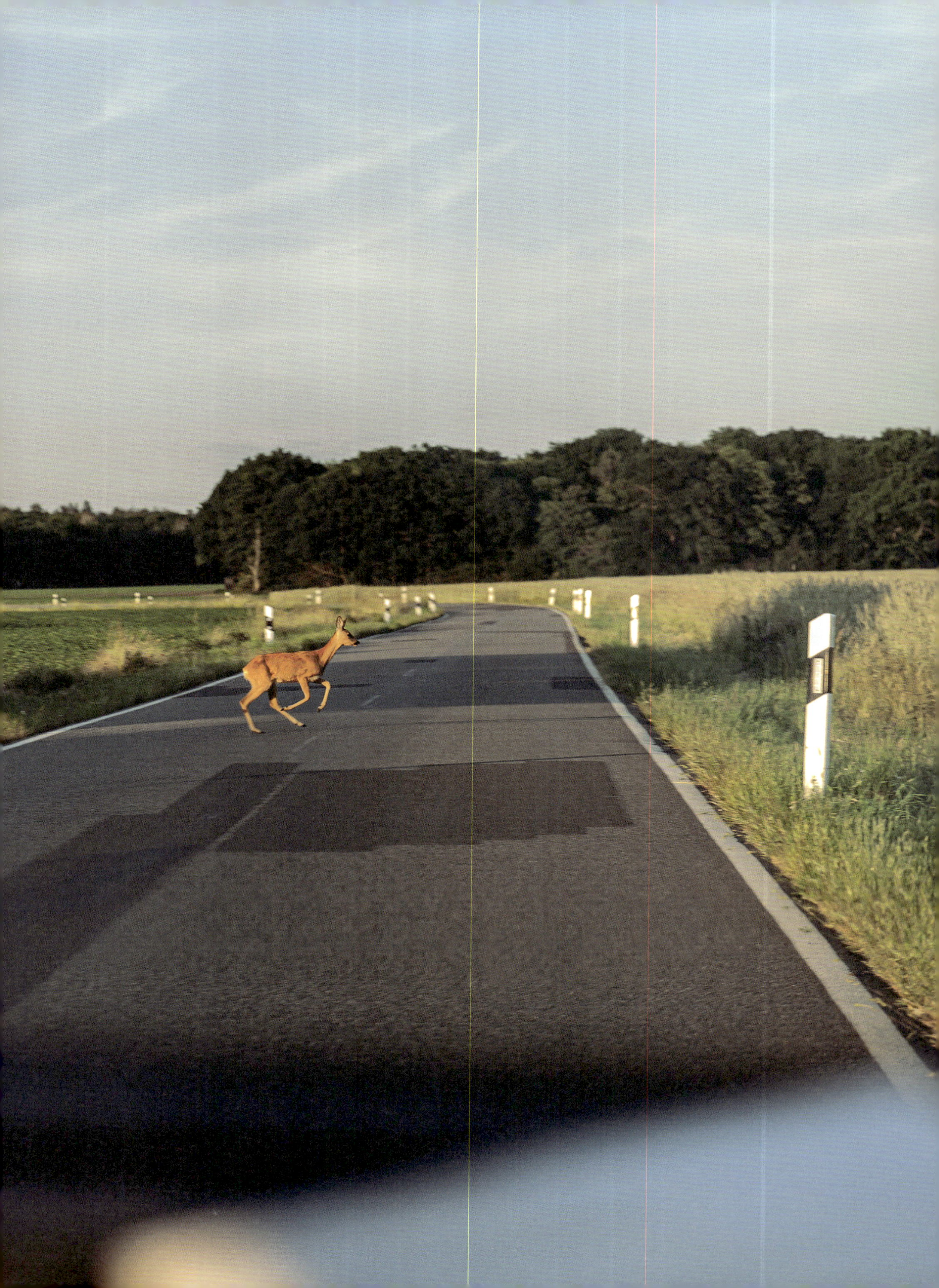

SICH SELBST IM BILD FINDEN

Die WIETSTOCKER S. 98 in Vorpommern sind Individualisten und halten das nicht für einen Mangel. Unterschiedliche Lebensstile machen das Dorf schöner und bunter. Aber es wird schwieriger, in unserer durcheinandergeratenen Welt den eigenen Standort wiederzufinden. Wie erkennt man, wer man ist und was die Einzelnen zusammenhält? Als Antwort entsteht ein gemeinsamer Garten mit einem Mosaik, in dem jeder sich wiederfinden kann. Das ist so ziemlich das Gegenteil des Projekts der **NEUEN AUFTRAGGEBER** von BEESKOW S. 108, wo Skulpturen entstehen, die das Kleinstadtleben mit all seinen Aktivitäten widerspiegeln wollen. Wer sich an den meterhohen Bronzen sammelt, kann nämlich Daten eingeben und mit anderen Einwohnern Informationen teilen. An beiden Orten entsteht ein Bild, in dem man sich selber entdeckt.

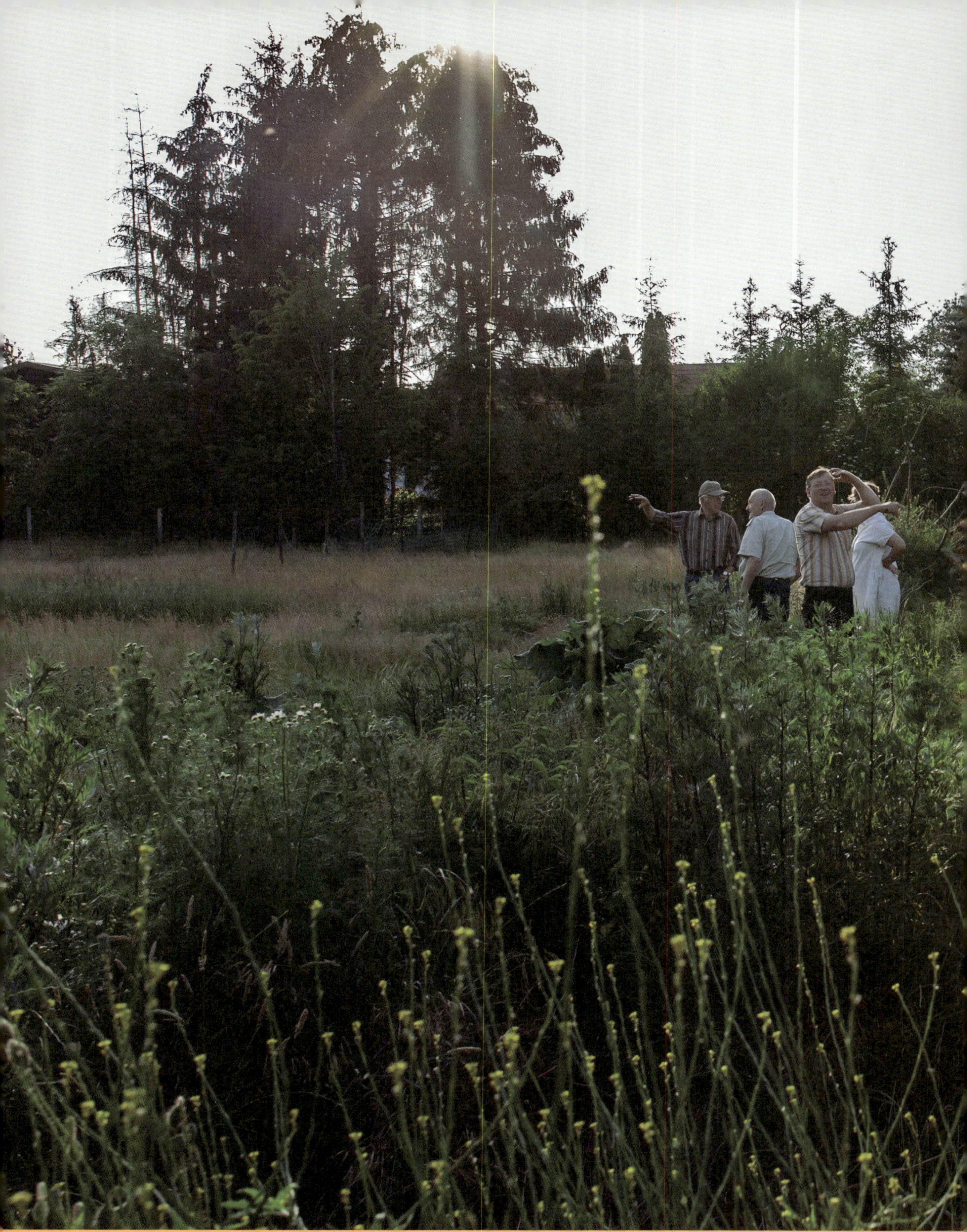

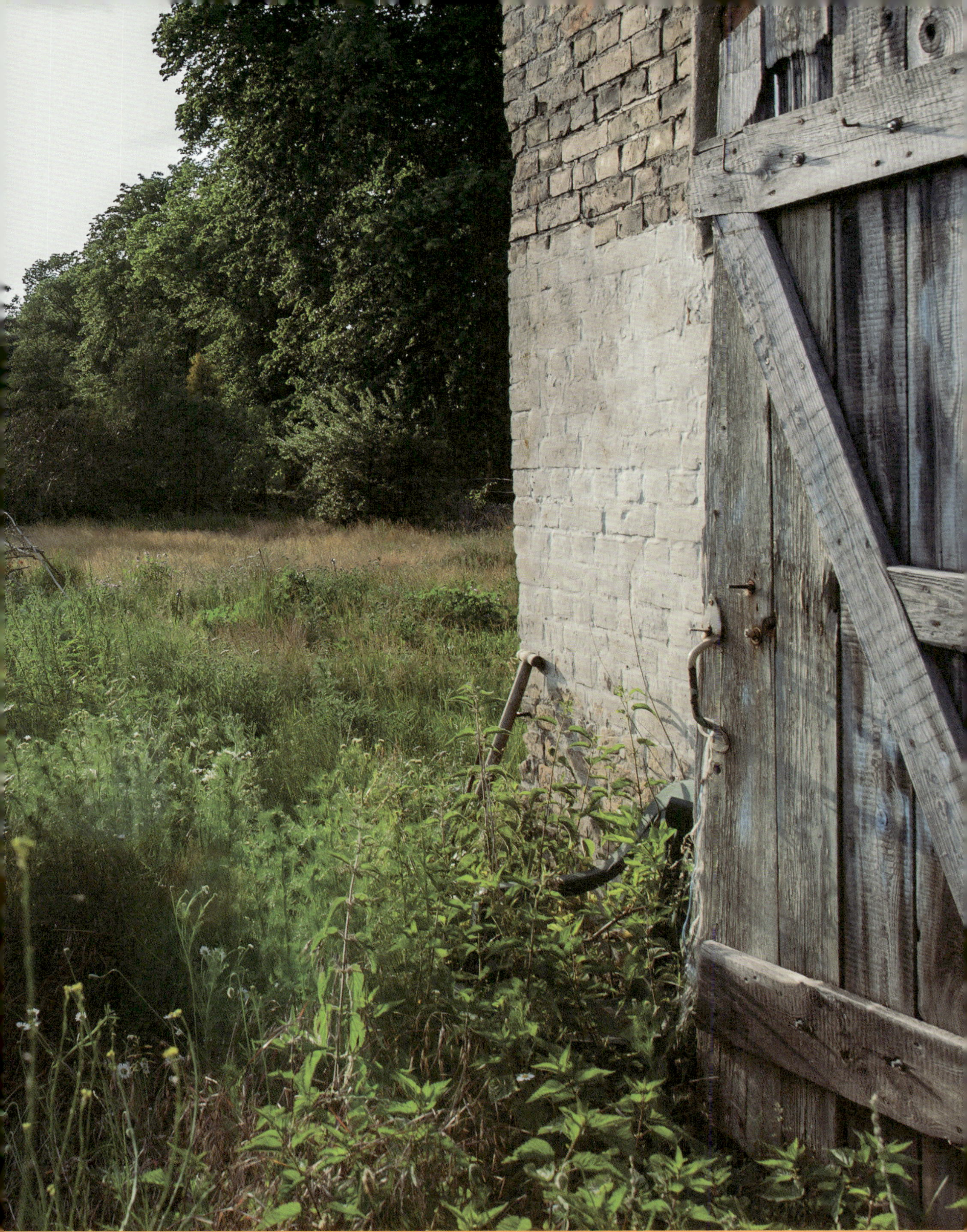

Wietstock, Mecklenburg-Vorpommern

WEIL WIR STARK SIND

AUF DER SUCHE NACH EINER ZUKUNFTSVISION FÜR DÖRFLICHE INDIVIDUALISTEN

Wietstock ist eines dieser Dörfer, die es immer besser konnten. Worüber sich andere zerstreiten, hielten sie hier für einen Gewinn. Unterschiedliche Lebensstile zum Beispiel, sagen die Wietstocker, machen das Dorf bunt. Wie in den Städten habe jeder andere Erfahrungen. Diese studiert, jener ist seit Jahrzehnten für Tier und Natur verantwortlich. Die einen sind weit gereist, andere mit dem Sinn für sozialen Zusammenhalt begabt. Einmal haben sie mit großem Spaß die Lieder untersucht, die schon die Großeltern sangen. Darin fanden sich musikalische Wurzeln aus aller Herren Länder. Patchwork ist Trumpf. Und doch gibt es da diese Frage, was in der zunehmenden Vielfalt das Besondere am Dorf ist. Wenn alles sich wandelt, was ist dann das größere Bild, in dem man sich sieht? Das war der Wunsch der Wietstocker an die Kunst: ein Bild des Zusammenhangs.

DER AUFTRAG IN ZWEI SÄTZEN
„Wir wollen einen zentralen Ort der Begegnung in unserem Dorf, der Menschen verschiedener Generationen und Herkunft zusammenführt, sich dabei aber auf das bezieht, was unser Dorf für uns einzigartig macht – der Naturraum um unser Dorf herum, auf den sich alles bezieht und den wir bewahren wollen. Wir wollen einen Freiraum für alle schaffen, der uns als Spielwiese für unsere ganz individuellen Lebensentwürfe dient."

GRÖSSTE HERAUSFORDERUNG
Zu den wichtigsten Anliegen der Auftraggebergruppe gehörte es, das ganze Dorf am Entstehungsprozess teilhaben zu lassen. Niemand sollte abseitsstehen müssen, ob nun aus Skepsis gegenüber einem Kunstwerk oder wegen anderer Hürden. Indem der Gemeinschaftsgarten zu einem wichtigen Teil des Projekts und zum gemeinsamen Medium wurde, konnten alle im Dorf Erfahrungen einbringen.

DIE AUFTRAGGEBER*INNEN
Dorfbewohner*innen aus Wietstock: Nana Abel, Jürgen Bigalke, Rosemarie Bigalke, Petra Bunke, Sascha Dorp, Ursula Dorp (†), Stefanie Kaul, Martin Müller-Butz, Tina Netzband, Gudrun Peschel, Bernd Rohleder, Heinz Schünemann

MEDIATORIN
Susanne Burmester

KÜNSTLERIN
Antje Majewski

ZEITRAUM
2019 – dauert an

FAKTEN
Wietstock und seine Umgebung waren schon früh besiedelt. Die ersten Funde aus einem Hügelgrab nordöstlich des Dorfs stammen aus der Bronzezeit (1800 bis 600 v. Chr.). Eine Turmhügelburg nordwestlich lässt sich auf die Zeit nach 1230 datieren.

ORT
Wietstock hat knapp 150 Einwohnerinnen und Einwohner und liegt nicht weit vom Stettiner Haff in einer Hügellandschaft mit Wäldern und Seen. St. Magdalena, die Wietstocker Feldsteinkirche mit ihren massiven Strebpfeilern, wurde Ende des 16. Jahrhunderts geweiht.

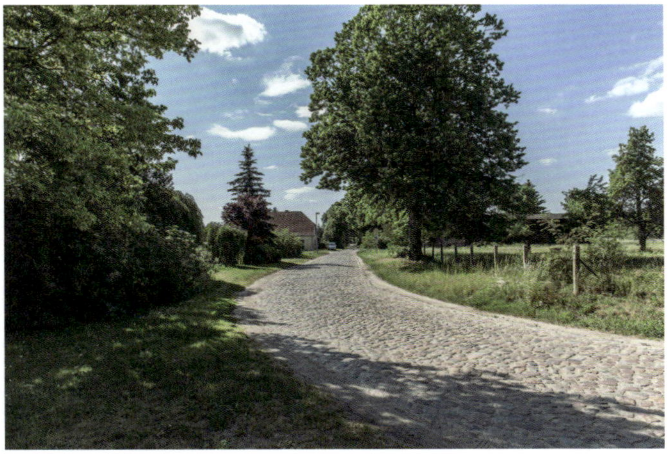

Der Wietstocker Auftrag war also vom ersten Moment an auch eine weitreichende Selbstdiagnose. Er setzt in größter Gelassenheit voraus, wogegen andere sich wütend wehren. Dorf ist demnach eben nicht Tradition. Es ist kein Korsett aus Gebräuchen. Sein Wesen leitet sich nicht aus der Abgrenzung von all denen ab, die irgendwo anders leben. Auch wenn eine Familie ihren Hof bis zu den Zeiten Herzog Bogislaws zurückverfolgen kann, ist sie nicht dörflicher als die zugezogenen Nachbarn, würden die Wietstocker Auftraggeber sagen. Es ist die Natur, nicht die Geschichte, die Mensch und Dorf zusammenhält. Tatsächlich steht im Auftragstext, den sie in mehreren Sitzungen entworfen und der Mediatorin Susanne Burmester wie einen Konzilsbeschluss zugesandt haben, die „Nutzung und die Bewahrung" des „Naturraums als Lebensraum" sei das „besondere und einzigartige" Merkmal dieses Ortes, in dem die Aussteiger der 1990er-Jahre, Siedler in der Zeit nationalsozialistischer Siedlungsprogramme, Geflüchtete nach dem Krieg und LPG-Facharbeiter sowieso nicht mehr auseinandersortiert werden könnten. Die Wietstocker Dorfformel sieht den Naturraum (und die Sorge dafür) als die verlässliche Konstante, die auch politische Wandlungen überdauert und den vollkommen unterschiedlichen Charakteren im Dorf den gemeinsamen Hintergrund bietet, vor dem das Dorf zum Freiraum für alle, zur „Spielwiese" der Lebensentwürfe werden kann, ohne an Zusammenhalt zu verlieren. Wenn bitte ein Kunstprojekt diese Gewissheit für alle verständlich machen könnte? >

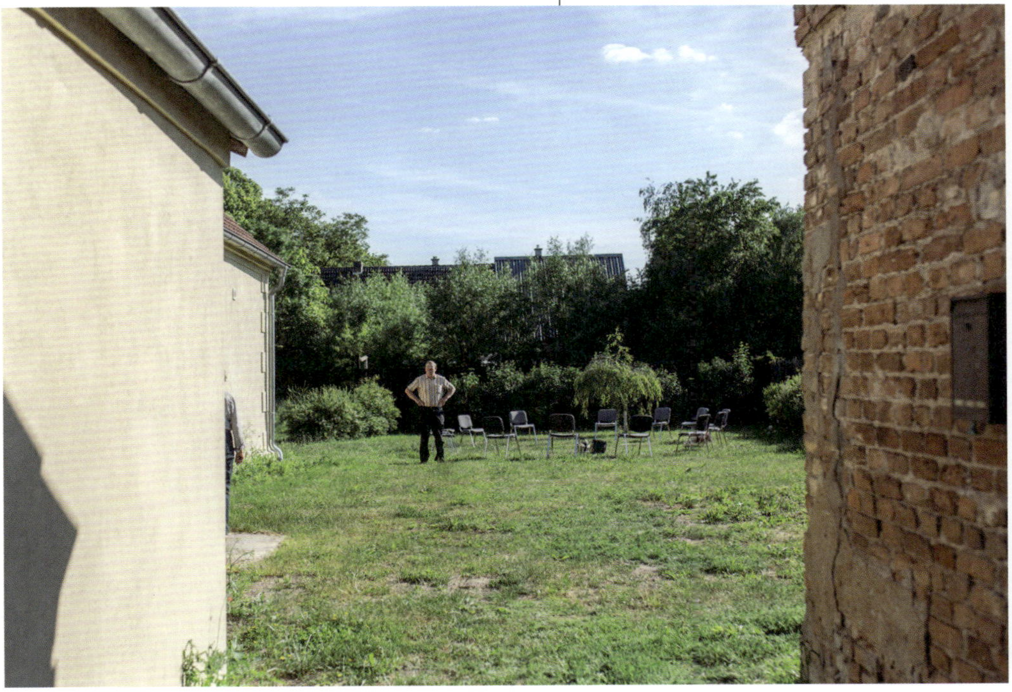

Bernd Rohleder ist Schäfer. In seinem Garten wachsen Sojabohnen und Melonen. Er kann sich gut daran erinnern, dass früher viele Wietstocker eine Kuh hatten. Sein Wissen um Natur und Geschichte des Dorfs fließt mit den Beiträgen der anderen Einwohner in die Planung des Gemeinschaftsgartens mit Antje Majewski ein.

Fotos soweit nicht anders vermerkt: Victoria Tomaschko

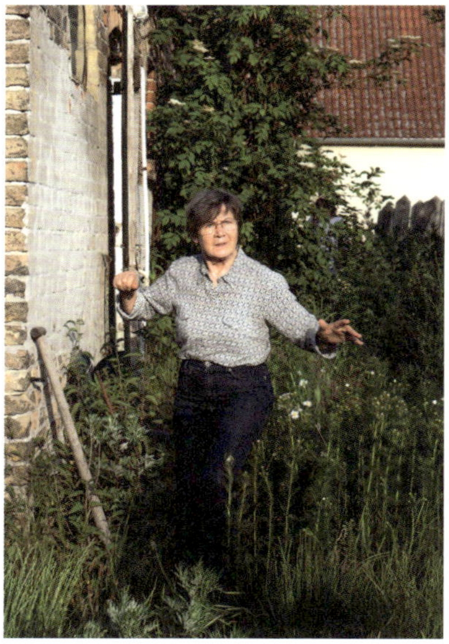

Rosemarie Bigalke war viele Jahre lang Buchhalterin in der LPG. Gemeinsam mit ihrem Mann engagiert sie sich dafür, dass das Dorf nicht verfällt.

Klingt das kompliziert? Würde ein Dorf, das nach der Auflösung der LPG vierhundert Einwohner verlor und in dem sich gerade manche Häuser in Wochenendresidenzen verwandeln, sein Selbstverständnis aus Familienstammbäumen ableiten, wäre es komplizierter. Es geht hier nicht um ein dorfphilosophisches Randproblem, sondern um eine Frage, die heute fast alle Dörfer betrifft: Wenn die Verwaltungsreformen die politischen Entscheidungsräume immer größer machen, die Dörfer also immer weniger allein entscheiden dürfen, dann braucht es ganz neue Gelegenheiten, bei denen sich Dorfleben aktiv gestalten und der eigene Beitrag handfest miterleben lässt. Das ist der andere, tiefere Grund des Wietstocker Projekts. Das Gemeinwesen braucht ein Bild von sich. Es ist ein bisschen wie auf den Informationstafeln der Tourismusverbände, auf denen ein farbiger Punkt den Standort markiert. Unsere manchmal fast undurchschaubar vernetzte Gesellschaft sucht immer häufiger den Punkt, an dem der Einzelne weiß: Ich bin hier!

Was macht eine Mediatorin da? Ein Kartenwerk in Auftrag geben? Susanne Burmester lud ganz im Gegenteil eine Künstlerin nach Wietstock ein, deren Werk Beziehungen stiftet, statt die Welt auszumessen. Antje Majewski ist eine Sammlerin, unter deren Händen sich Objekte, Menschen, belebte und unbelebte Natur und die Geschichten, die davon erzählt werden, zu neuen Ordnungen zusammenfinden. Sie war nie Malerin allein, sondern ist immer auch eine künstlerische Gastgeberin: für Kollaborationen mit anderen, für die Mythen und Erzählungen, die sie findet und denen sie auf manchmal surreale Weise ihr Werk öffnet, als sollte stets mehr darin Platz haben, als ein einzelner Mensch erfinden und entwerfen könnte. Der Titel einer >

Das Gemeinwesen braucht ein Bild von sich, auf das der Einzelne mit dem Finger zeigen und in dem er sich wiederentdecken kann.

Rosemarie Bigalke, Heinz Schünemann und Christian Reek in einer der Diskussionen mit Antje Majewski und der Mediatorin Susanne Burmester.

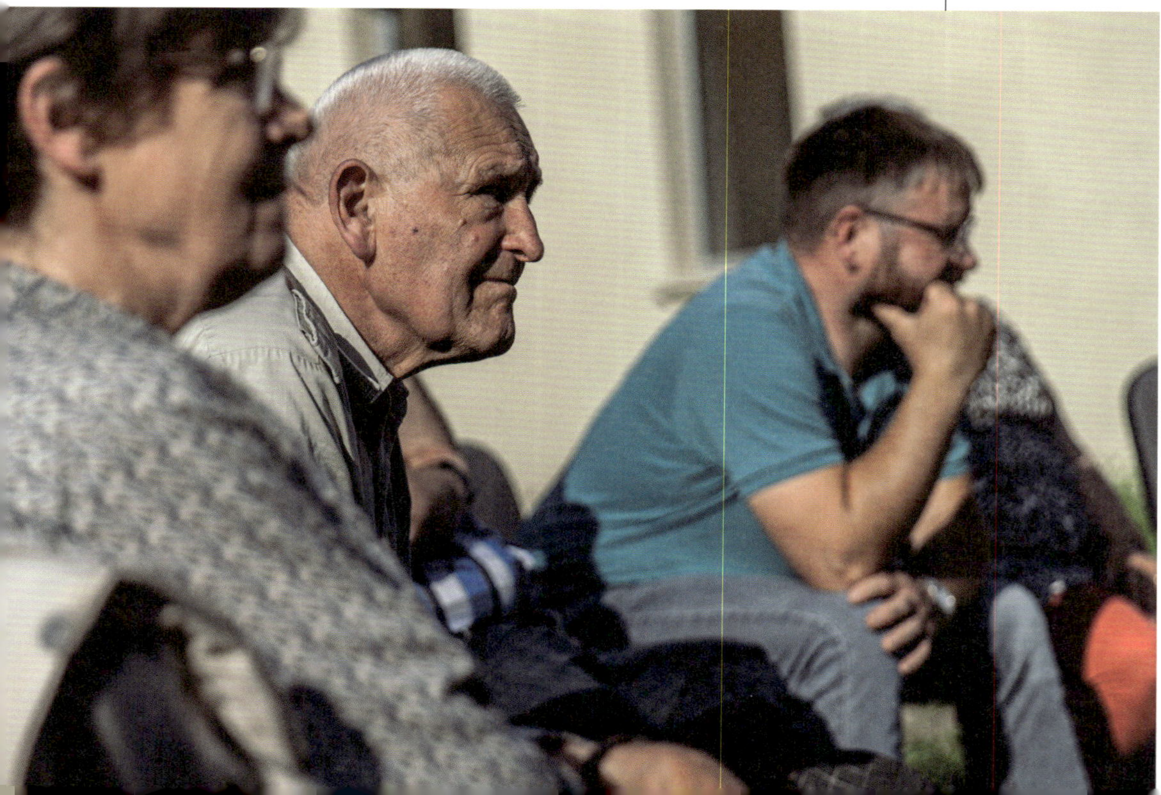

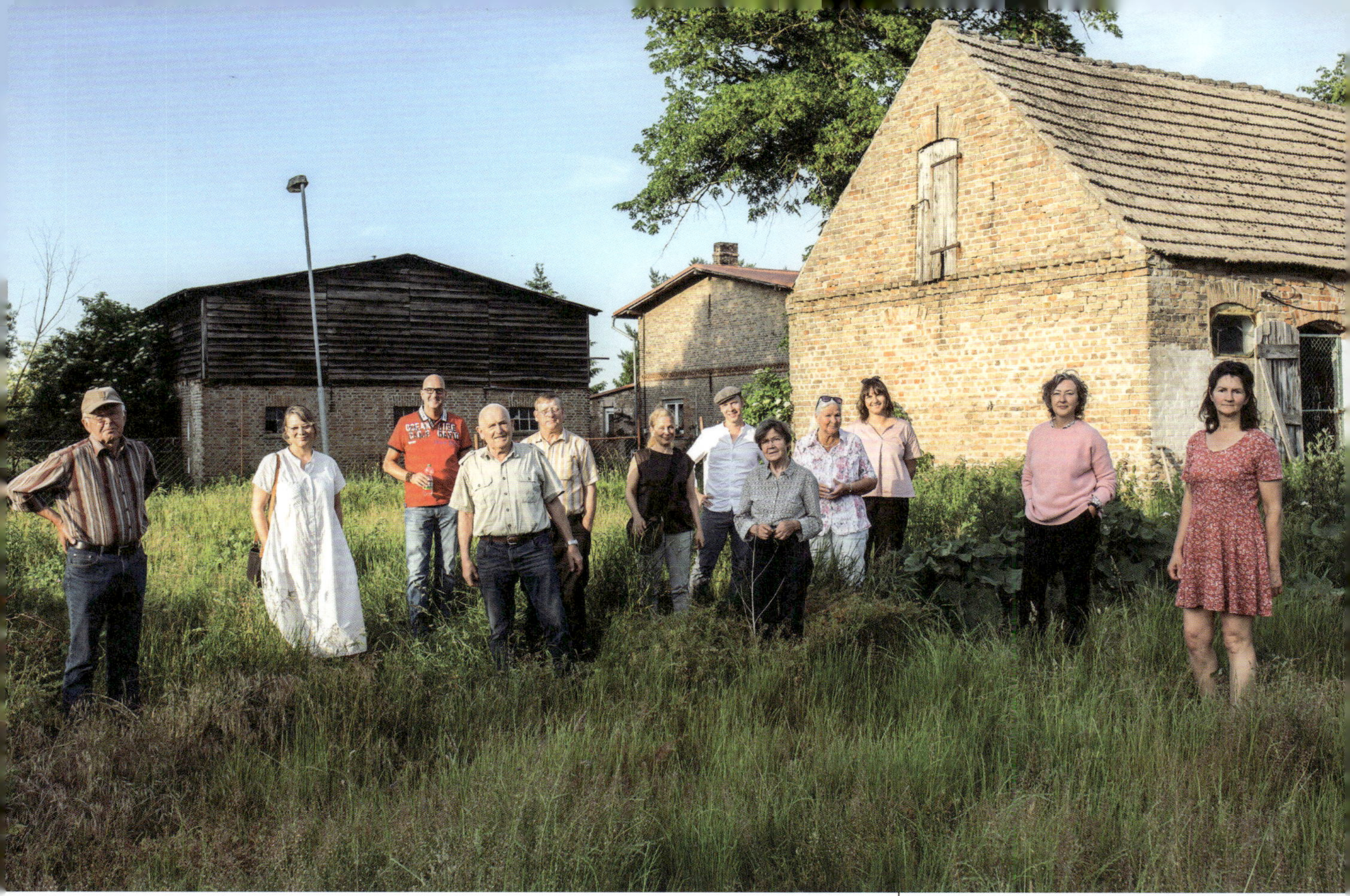

Jürgen Bigalke, Antje Majewski, Sascha Dorp, Heinz Schünemann, Bernd Rohleder, Nana Abel, Martin Müller-Butz, Rosemarie Bigalke, Ursula Dorp, Tina Netzband, Mediatorin Susanne Burmester und Petra Bunke (v.l.n.r.)

ihrer Ausstellungen versprach 2019, gerade als das Wietstocker Projekt begann, Antworten auf die Frage, „Wie man mit Vögeln, Bäumen, Fischen, Muscheln, Schlangen, Bullen und Löwen sprechen kann". Burmester brauchte eine Künstlerin, die mit einem Dorf und seiner Landschaft sprechen kann und die über Dörfer keine Vorurteile hat. Majewski lebt auf dem Dorf. Ihr Dorfbild und ihr Naturbild, könnte man sagen, sind über jeden Klischeeverdacht erhaben.

Antje Majewski begann ihr Projekt, das sie der Wietstocker Auftraggebergruppe vorschlug, mit einem Gemälde, einer hochformatigen Leinwand, auf dem alle Dorfbewohnerinnen und -bewohner mit einer Pflanze oder einem Tier vertreten sind. Das in Öl ausgeführte Bild ist selbst am Ort nicht zu sehen, in ihm verdichten sich aber die Beziehungen zwischen den Menschen und zwischen den Menschen und der Künstlerin. Wie um einen spirituellen Ausgangspunkt organisiert sich um diese Leinwand herum das Wietstocker Projekt. Majewski hat einen Arkadengang entworfen, in dem das Bild als Mosaik montiert werden wird, überdacht von transparenten Solarmodulen, die dem Dorfhaus Strom liefern werden, ein Energiegenerator als Kern eines neuen Dorfmittelpunktes, der wiederum in einen Gemeinschaftsgarten eingebettet ist, um den sich die Dorfgemeinschaft kümmern wird.

Das Gesamtkunstwerk versteht sich dabei auch als Forschungseinrichtung. Die Gemeinschaft trägt ihr Wissen bei. Die Erfahrung, was im eigenen Garten gedeiht, fließt in >

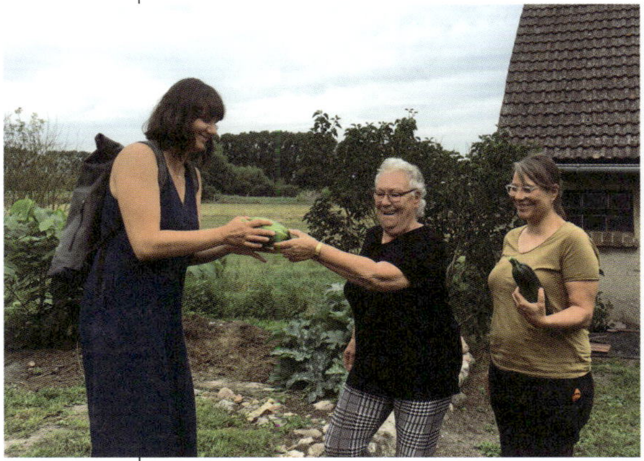

Die Ortsvorsteherin Sieglinde Priem hat einen der üppigsten Gärten im Dorf. Hier verschenkt sie Gurken an Tina Netzband und Antje Majewski. Im Sommer organisiert sie eine beliebte Playback-Show mit Laien aus dem Dorf.

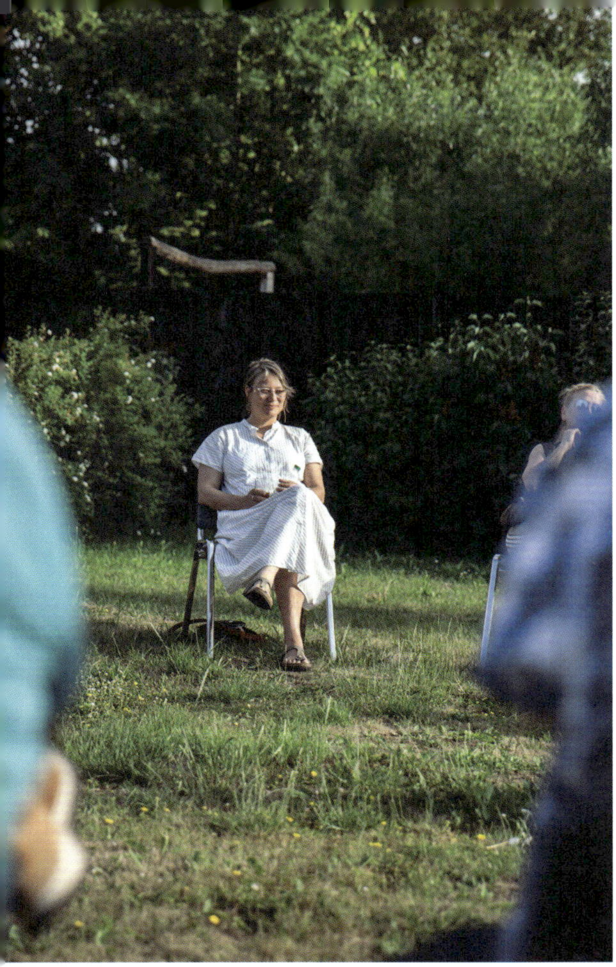

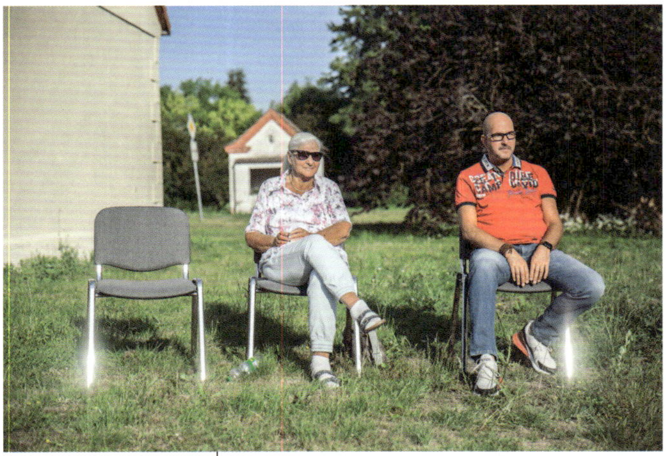

Im Gespräch mit der Künstlerin erinnern sich die Auftraggeber an Tiere und Pflanzen, die eine Rolle in ihrem Dorfleben spielten, hier Ursula und Sascha Dorp.

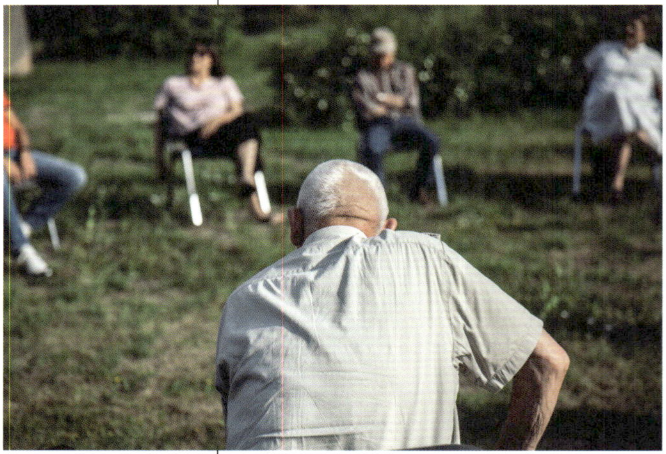

den Bepflanzungsplan des kollektiven Gartens ein. Andererseits stellt sich heute unübersehbarer als noch vor zehn Jahren die Frage, was hier morgen wachsen wird, wenn das Klima sich weiter verändern wird. Majewski konkretisiert den abstrakten Respekt vor der natürlichen Umgebung des Dorfs, wie er im Auftragstext formuliert ist, und übersetzt ihn an einen sozialen Ort, an dem Nachhaltigkeit und soziale Verantwortung keine Schlagworte, sondern tägliche Übung sein werden, samt technischer Wartung monokristalliner Hochleistungssolarzellen. Ein Kunstwerk mit 19,3 Volt Nennspannung und einer Streuobstwiese.

Eine Wiese hatten die Wietstocker ja gefordert in ihrem Auftrag, eine „Spielwiese" als Freiraum für die Verschiedenheit. Diesen Freiraum hat Majewski gemalt, als lichte blaue Struktur, in der die Natur aufgeht wie in einem Gemisch der Elemente. Sie hat sich für dieses Projekt mit den Mosaiken der Renaissance beschäftigt und dem Fassadenmosaik, einer bevorzugten Kunstform der DDR, eine stillschweigend beiläufige Reverenz erwiesen. Dass der Malprozess nun in einen ganz irdischen kollektiven Garten zurückfließt und die Vereinigung der Lebensentwürfe sich als hartnäckiger Organisationsprozess entpuppt, ist ganz im Sinn dieses um Zusammenhalt besorgten Dorfes. /

Welche Pflanzen mit der Trockenheit im Dorf zurechtkommen und welche Tiere sich hier heimisch fühlen – das wissen die Menschen, die hier leben selbst am besten.

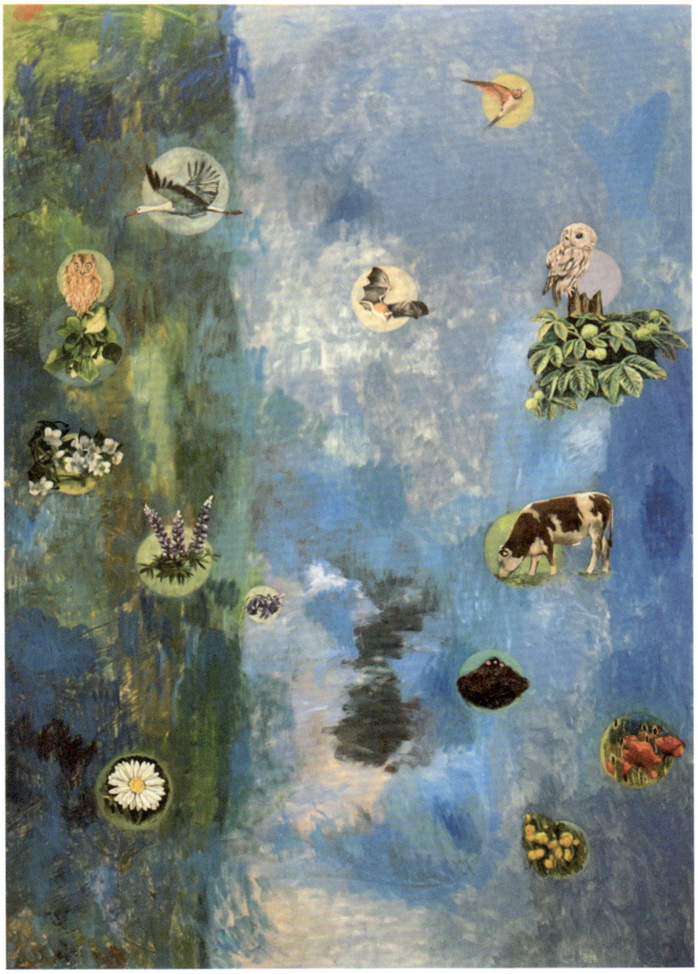

Antje Majewskis Gemälde („Unser Garten (Wietstock)“, 2021, Öl auf Leinwand, 280 x 200 cm) ist die Vorlage für ein Mosaik, das in einem Arkadengang im Übergangsbereich zwischen Dorfhaus und Garten montiert werden wird. Die Dorfbewohner sind darauf mit ortstypischen Tieren und Pflanzen vertreten, die ihnen besonders wichtig sind.

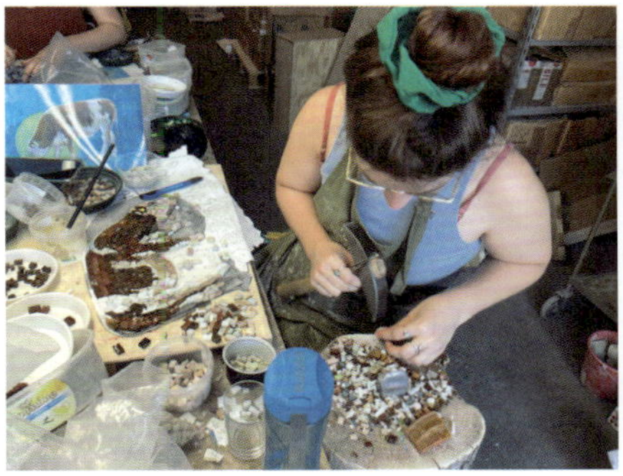

Das Mosaik entsteht nicht digital, sondern als handwerkliche Übersetzung mit Augenmaß aus der Gemäldevorlage.

Antje Majewskis Gemälde lässt sich auch als Darstellung des naturgebundenen Freiraums sehen, als den die Wietstocker ihr Dorf verstehen.

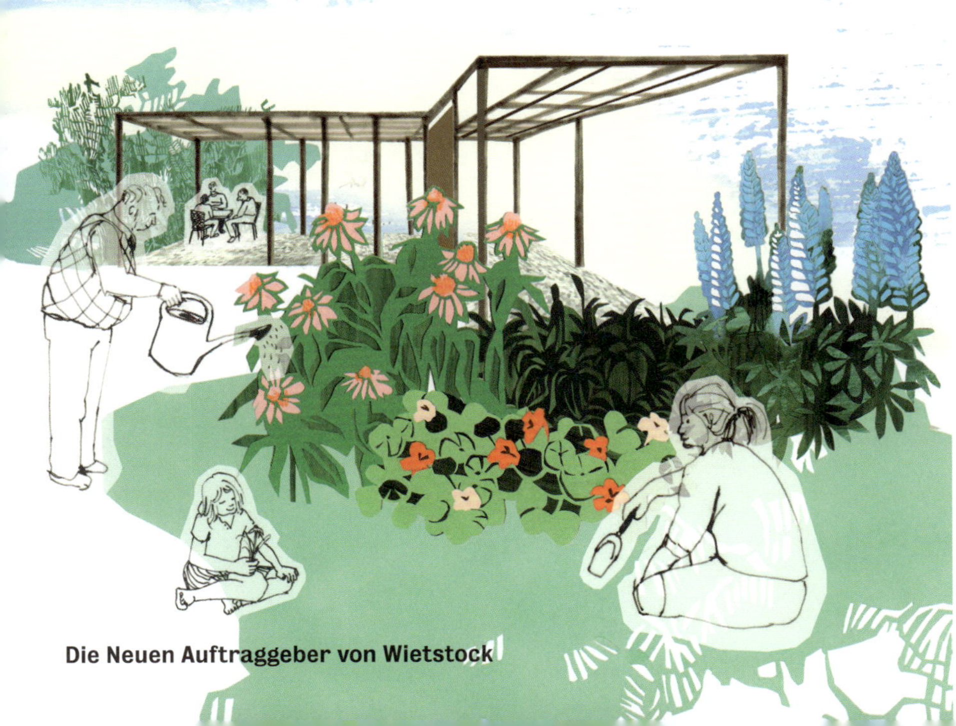

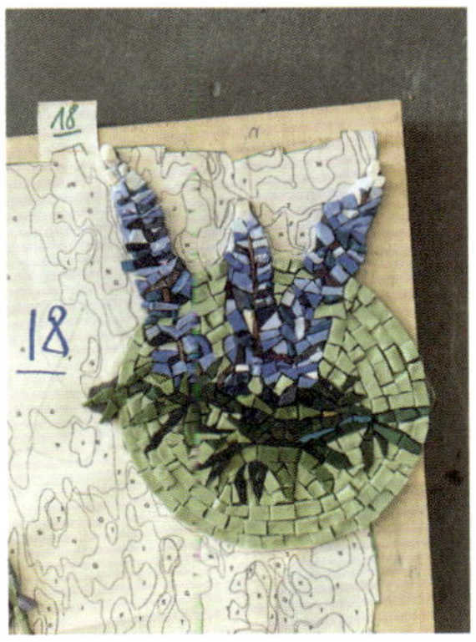

Lupinen, Gänseblümchen, Mohn und Margariten wachsen überall im Dorf. Die Wildpflanzen gehören zum Dorfleben und sind die Lieblingsblumen der Auftraggeber.

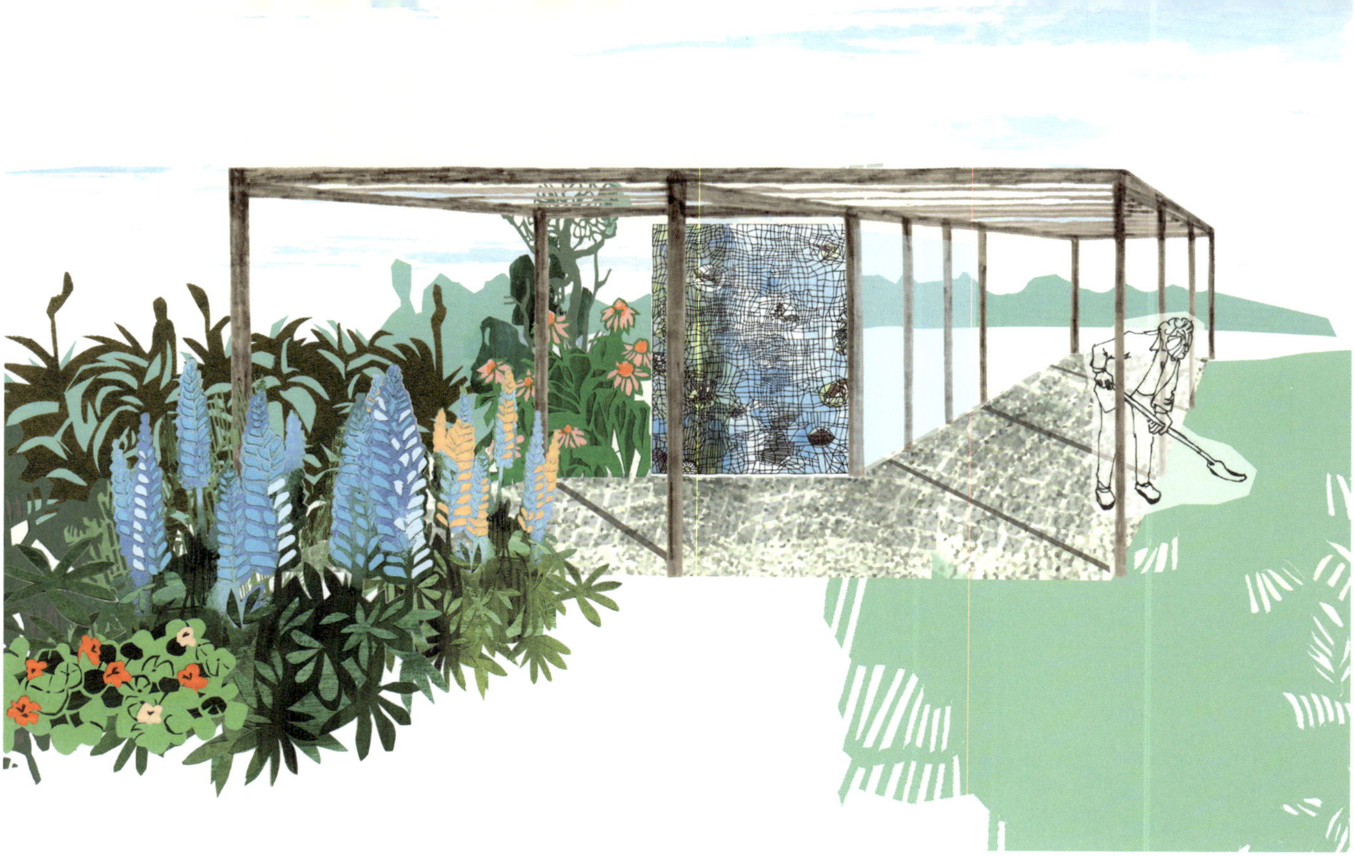

Antje Majewski konkretisiert den abstrakten Respekt vor der Natur, wie er im Auftrag formuliert ist, und übersetzt ihn an einen sozialen Ort, den neuen kollektiven Garten.

Die Zeichnung zeigt, wie sich das Mosaik in den Arkadengang einfügt, der als Dorfmittel- und Treffpunkt dienen wird und dessen Dach aus transparenten Solarmodulen zur Stromerzeugung besteht.

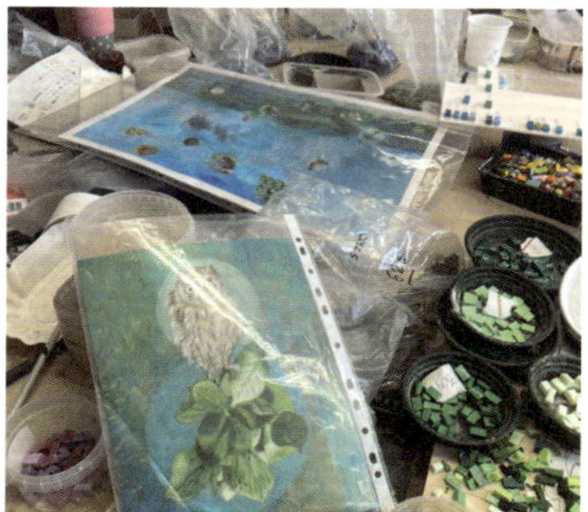

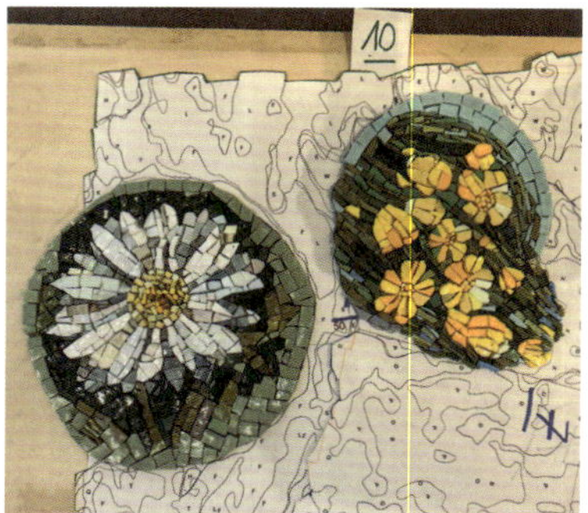

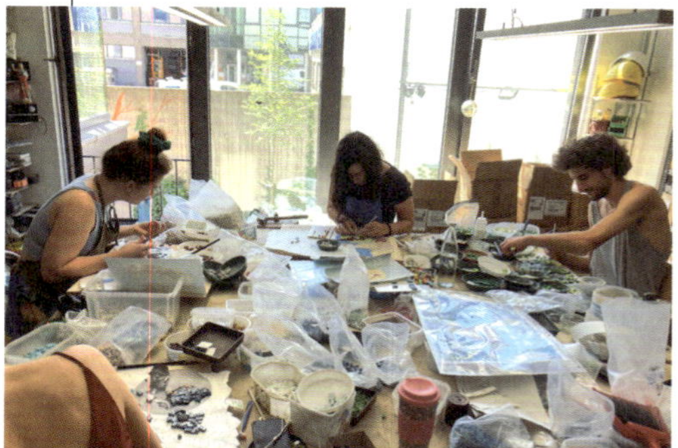

Das Mosaik wird von einem Spezialbetrieb in Berlin gefertigt und vor Ort in einen Metallrahmen montiert.

Links: Illustration: Meike Schlemmer; Fotos: Antje Majewski; rechts: Fotos: Michael Kirsten

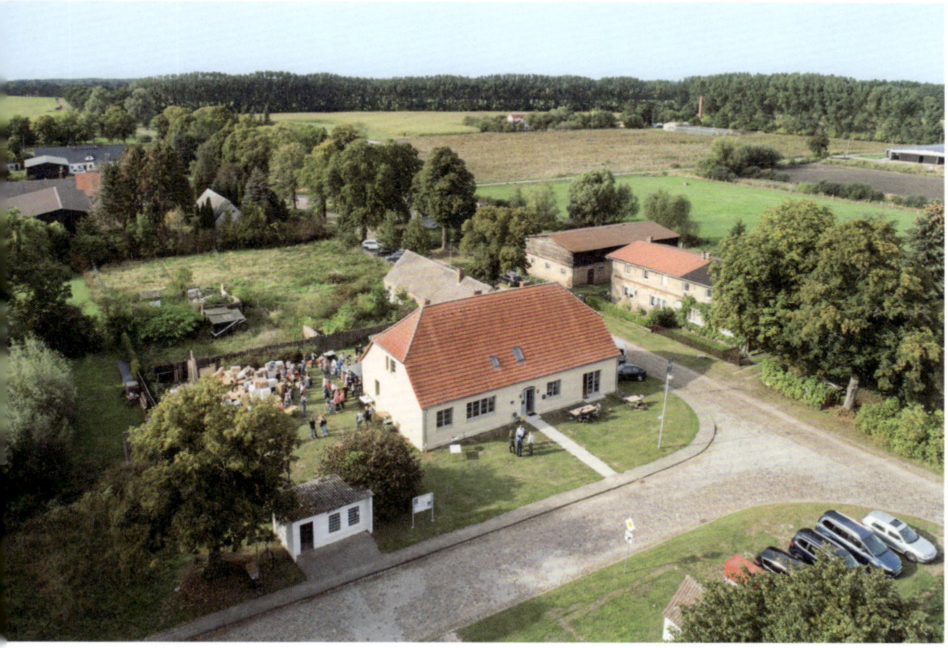

Hinter dem Dorfhaus im Bildvordergrund liegt das Areal des künftigen Gemeinschaftsgartens.

Mitwirkende in der Gartengruppe:
Jürgen Bigalke, Dörte Kummert-Lübken,
Tina Netzband, Katrin Peter,
Birgit Prasdorf, Anja Rühmer, Anja Voß

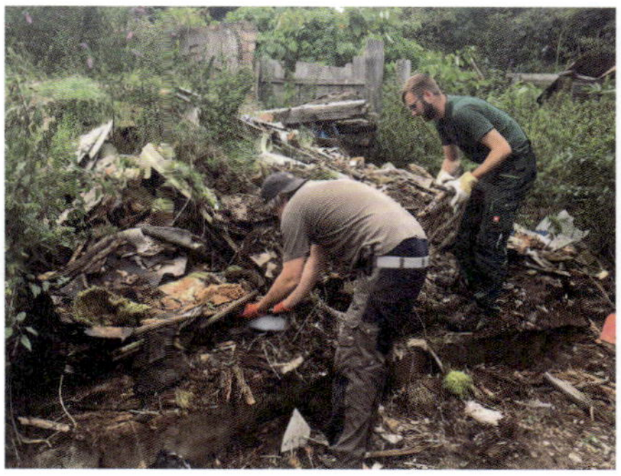

Während der Arbeit am Projekt finden bereits Gemeinschaftsarbeiten statt, die Raum für den künftigen Garten schaffen.

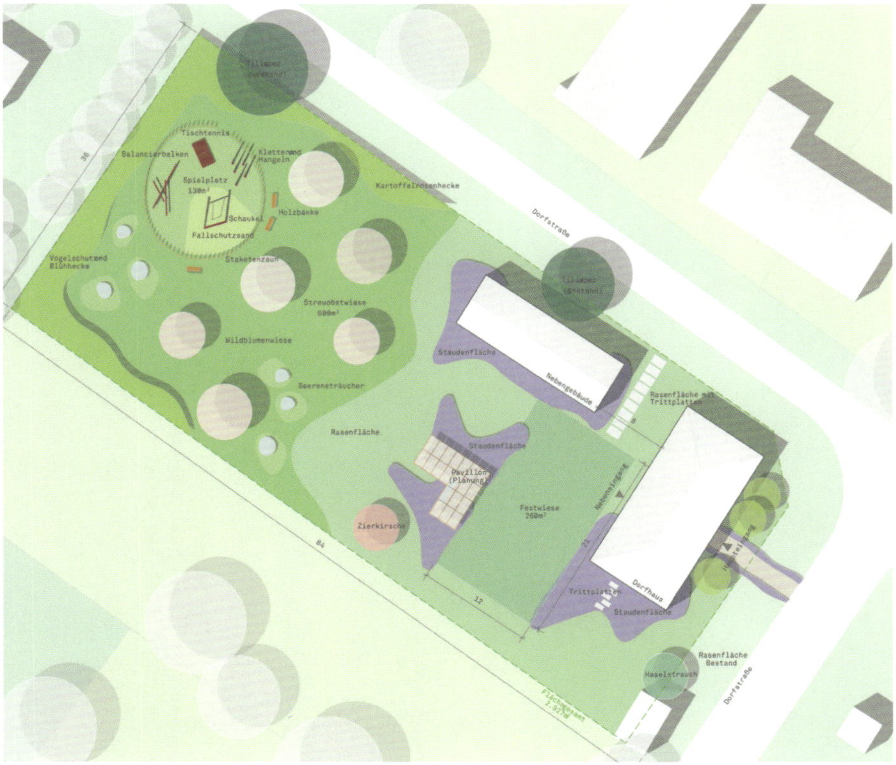

<u>Legende:</u>

- Streuobst- und Wildblumenwiese
- Rasenfläche
- Festwiese
- Beerenstrauchfläche
- Vogelschutz- und Blühhecke
- Spielplatz mit Fallschutz-Spielsand
- Staudenfläche
- Beerensträucher
- Obstbäume
- Bestandbäume

Die Landschaftsarchitektin Ulrike Börst hat viel Erfahrung mit Naturgärten. In Wietstock hat sie sich ganz auf das Expertenwissen der Dorfgärtnerinnen eingelassen.

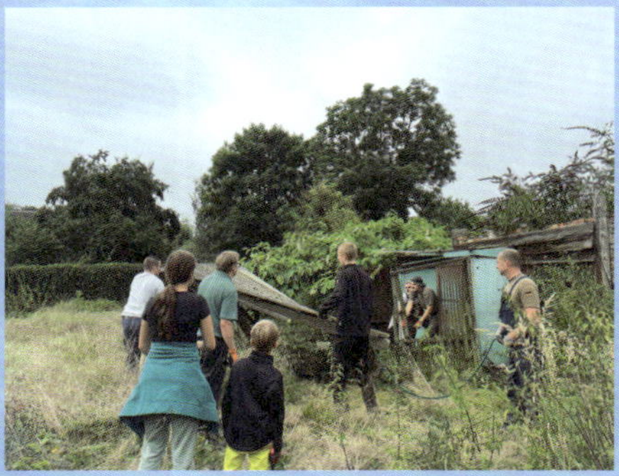

Das Projekt vereinigt das gärtnerische Wissen der Einzelnen und ihre Erfahrungen an einem kollektiven Ort. In einem mehrmonatigen Dialog mit verschiedenen Treffen wurden alle Dorfbewohnerinnen und -bewohner einbezogen, die sich beteiligen wollten.

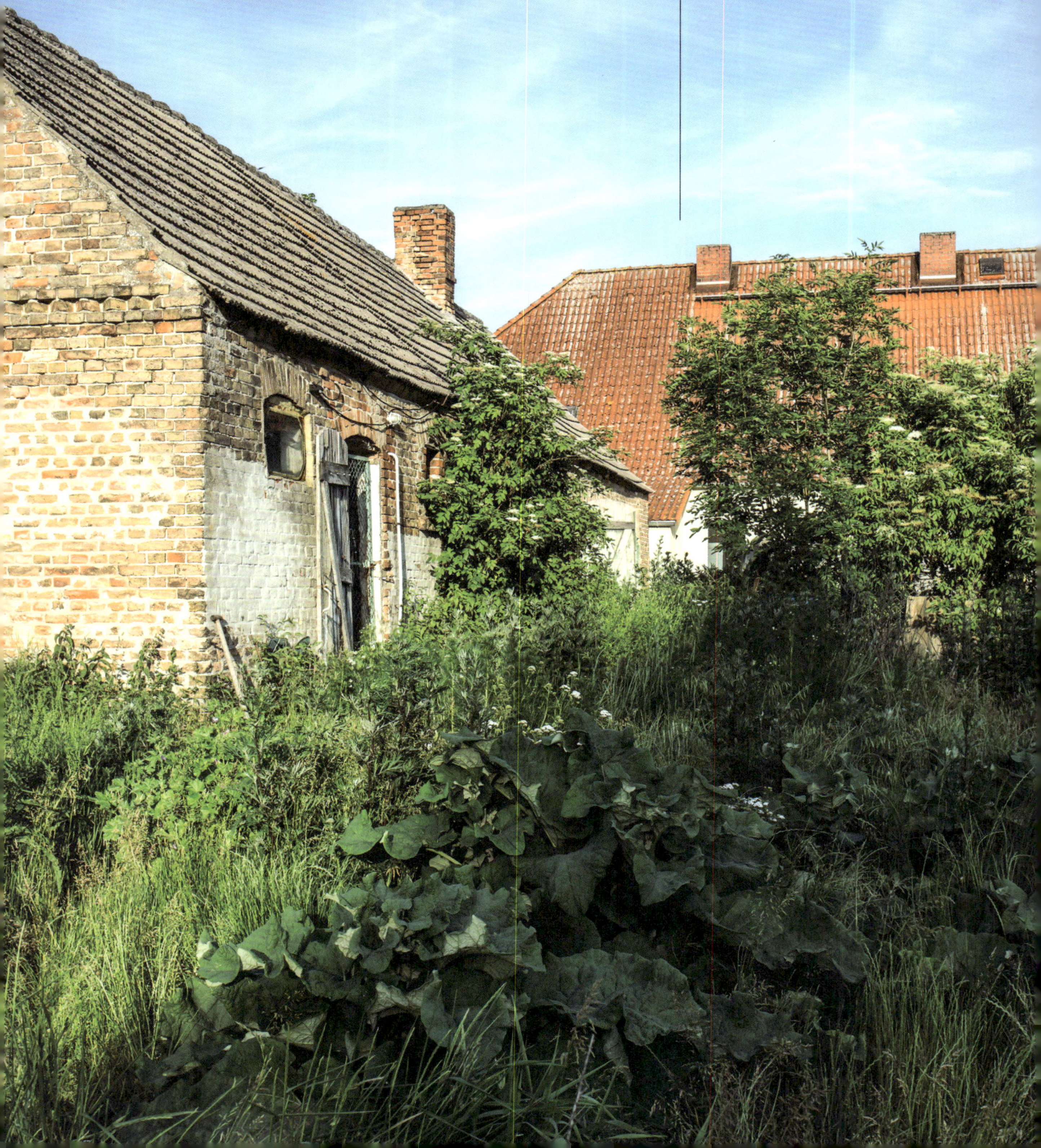

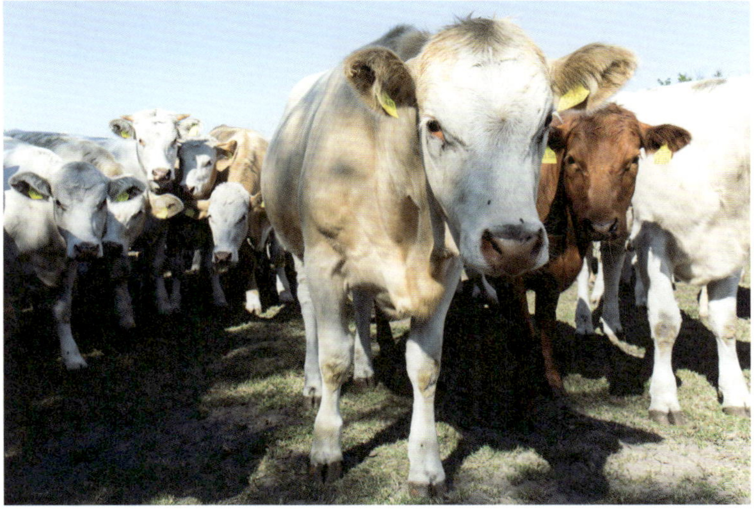

„Wir wollen einen Freiraum für alle schaffen, der uns als Spielwiese für unsere ganz individuellen Lebensentwürfe dient.“

– Aus dem Wietstocker Auftragstext

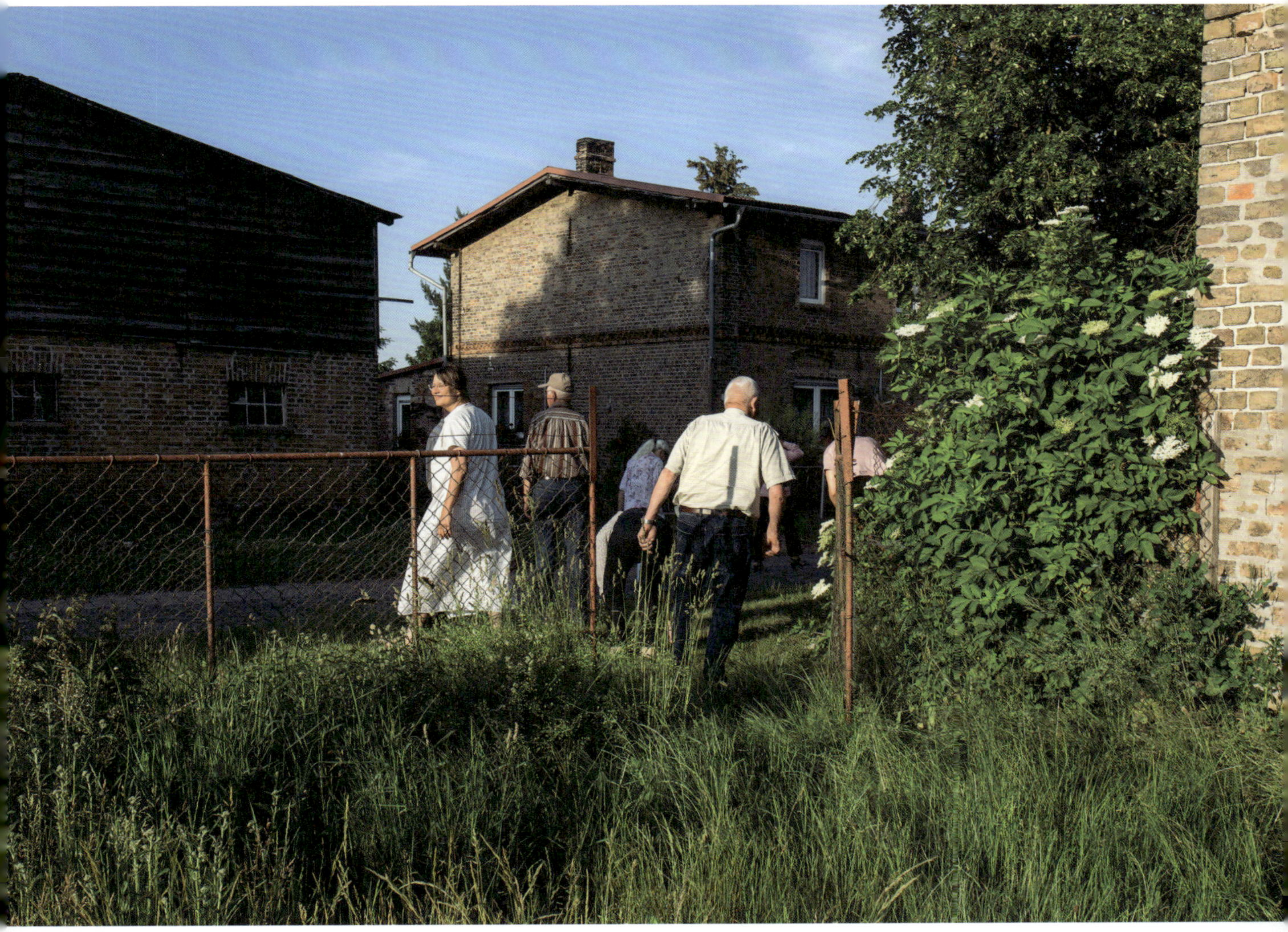

Beeskow,
Brandenburg

ENTDECKE DICH SELBST

EINE BRANDENBURGISCHE KLEINSTADT STELLT DIE DIGITALE UTOPIE VOM KOPF AUF DIE FÜSSE

Eigentlich wurde das Internet ja für Menschen ganz weit draußen gemacht, es hat den Großstädtern nur niemand gesagt. Ölbohrtürme und Campus-Städtchen, Garnisonen oder Forschungsstationen – die große Verlockung der Netzwerkerfinder war, verstreute und entfernte Menschen zu verbinden. Vor fünfzig Jahren konnte man noch glauben, wir würden so über alle Grenzen hinweg zusammenrücken. Heute sehen wir, dass die vernetzte Menschheit ihre nächsten Nachbarn nicht mehr erkennt. So ist es in Beeskow, einer 8.000-Einwohnerstadt südöstlich von Berlin. Alle sind aktiv, aber die Aktivität bleibt unsichtbar. Man huscht von der Arbeit an den Tablet-Computer und durchforscht im Zug soziale Medien. Digital tobt das Leben, der Klatsch blüht auf und die Timeline wird länger und länger. Aber wie merken die Menschen, fragen die Beeskower sich, dass ihre Stadt lebt? Wie wird aus den vielen Einzelheiten ein ganzes Bild, das alle sehen?

DER AUFTRAG IN ZWEI SÄTZEN
„Beeskow soll sich als eine Stadt erleben, die offen ist für ihre Nachbarn und gerne von ihren Aktivitäten erzählt. Die Menschen sollen die Plätze ihrer Stadt wiederentdecken und einander dort mit ihren besonderen Interessen begegnen."

GRÖSSTE HERAUSFORDERUNG
Das Projekt sollte anfangs wie ein Universalwerkzeug alle Probleme auf einmal lösen. Viele in der Gruppe sind es gewohnt, im Leben klare Entscheidungen zu treffen. Sie mussten sich bewusst entscheiden, dem Projekt künstlerischen Freiraum zu lassen.

DIE AUFTRAGGEBER*INNEN
Matthea Ast-Lehmann, Barbara Buhrke, Anni Geissler, Kristina Geissler, Jeannette Gruner, Sarah Ihlefeld, Stefan Kamenz, Tom Klaar, Claudia Laue, Helene Radam, Steffen Schulze, Dieter Siegesmund

MEDIATORINNEN
Lena Ziese (2018–2020), Lea Schleiffenbaum (seit 2021)

MITARBEIT
Sophia Trollmann

KÜNSTLER
Simon Denny

ZEITRAUM
2018–dauert an

FAKTEN
Die Spanplatten, die in Beeskow seit 1966 hergestellt werden, enthalten Späne und Sägemehl. Holzliebhaber sollten das nicht verachten, denn so wurde der Verwertungsgrad geschlagener Bäume ressourcenschonend von 40 auf 90 Prozent erhöht.

ORT
Erst kam die Burg der Ritter von Strele, dann entstand in ihrem Schatten Beeskow, heute eine Kreisstadt mit gut 8.000 Einwohnerinnen und Einwohnern und klug saniertem Stadtkern, die auch eine Industriegeschichte als Holzverarbeitungsstandort hat.

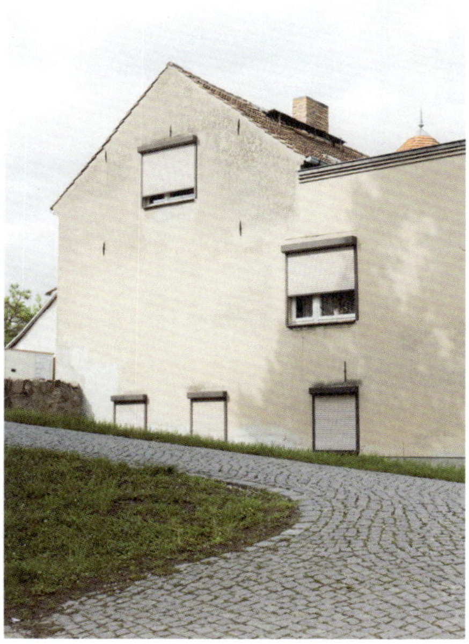

Es geht also nicht darum, dass in der Kleinstadt von heute niemand etwas unternimmt. Es gibt Fußball- und Angelvereine, Jugendclubs, ein einfallsreiches Museum. Würde man zusammenzählen, was jeden Tag in Beeskow passiert, war wahrscheinlich noch nie so viel los wie heute. Laufhungrige Individualisten, die abends um die Stadtmauer hetzen, entfesselte Biker auf dem urban ausgelegten Pump-Track neben dem Boulder-Felsen an der Bahnhofstraße oder jagdhungrige 9-Jährige beim Kindertag des Kreisangelverbandes. Weder sind die Menschen fauler geworden, noch fehlt es an Raum für ihre Ambitionen. Wollte man dann noch addieren, wie viel Energie lautlos aus Beeskower Wohnungen in soziale Medien fließt, hätte die Stadt eine Energieleistungskurve wie Fußballspieler beim Konterspiel. Aber das hilft den Beeskowern nichts. „Jeder macht seins", sagen sie, was eigentlich den brandenburgischen Grundanspruch auf Nichteinmischung beschreibt, aber heute in eine Problemlage mündet: „Keiner weiß, was der andere tut." Die Straßen, finden sie in Beeskow, sind abends leer. Die Energiekurve bildet sich vielleicht beim Netzknoten des Telefonanbieters, aber eben nicht auf dem Marktplatz ab. Und damit ist ein Grundproblem der digitalen Gesellschaft benannt, das die Internetpioniere nicht vorausgesehen hatten: Wir erzählen der ganzen Welt auf FaceTime, Instagram oder TikTok was wir tun. Aber den Nachbarn nicht. Man bräuchte ein meterhohes Aktivitätsfieberthermometer in der Stadtmitte. Das war der Beeskower Auftrag. Macht das Unsichtbare sichtbar! Macht das Stille laut und zeigt Gesicht! >

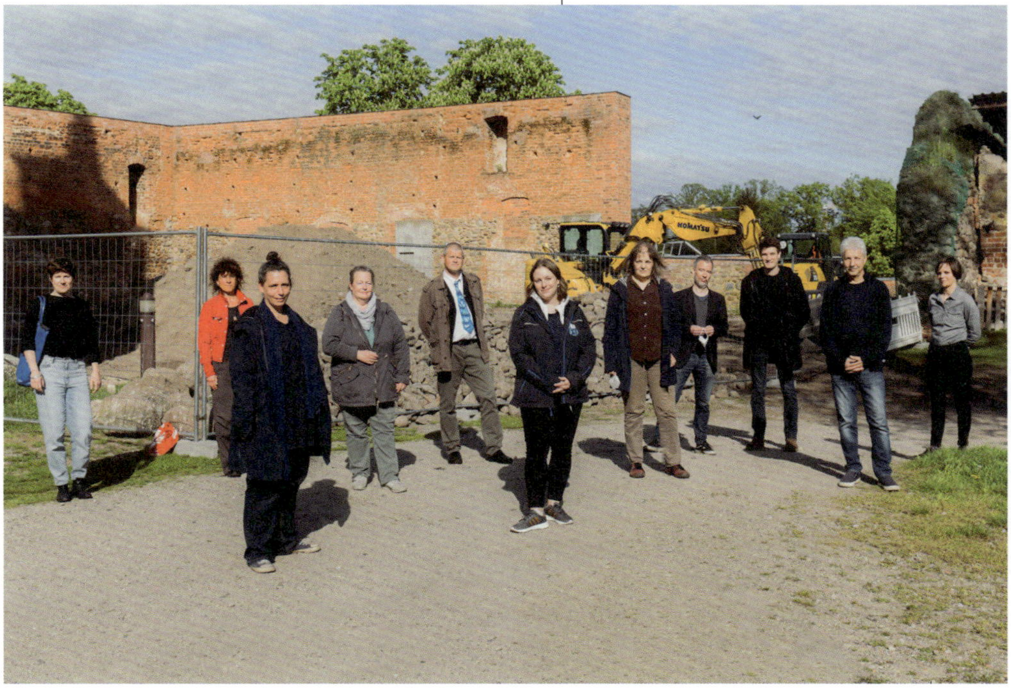

Von links nach rechts: Sophia Trollmann mit der Auftraggebergruppe Jeannette Gruner, Helene Radam, Matthea Ast-Lehmann, Steffen Schulze, Sarah Ihlefeld, Kristina Geissler, Gerrit Gohlke, Tom Klaar, Dieter Siegesmund und Mediatorin Lea Schleiffenbaum

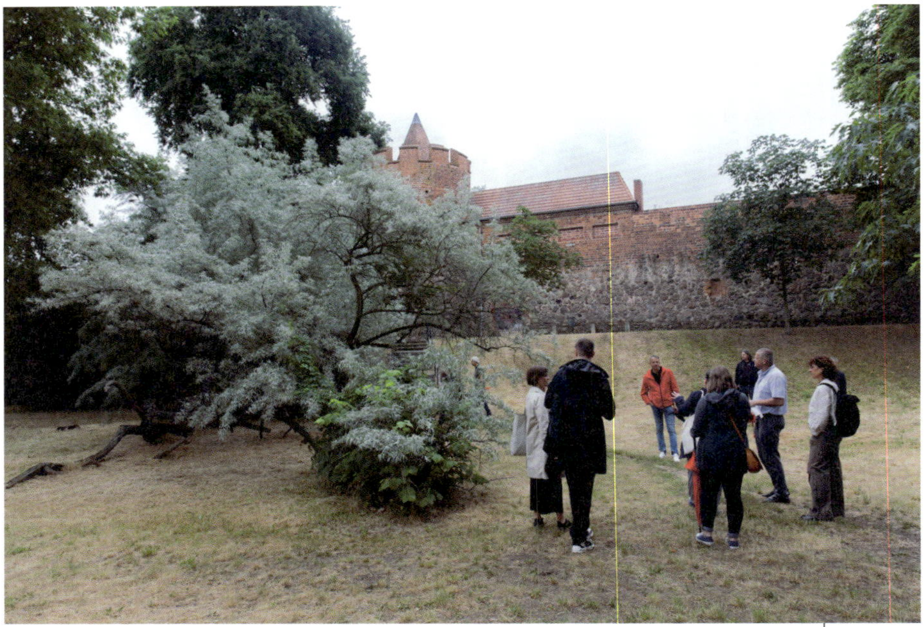

An manchen Stellen ist Beeskow schön wie ein romantischer Stich, darum hat die Mediatorin Lea Schleiffenbaum einen Künstler geholt, der nicht für Romantik bekannt ist, sondern für die Anatomie des modernen Mediengebrauchs. Das Bild zeigt Simon Denny im September 2021 mit der Auftraggebergruppe auf der Suche nach möglichen Standorten für neue Begegnungsorte in der Stadt.

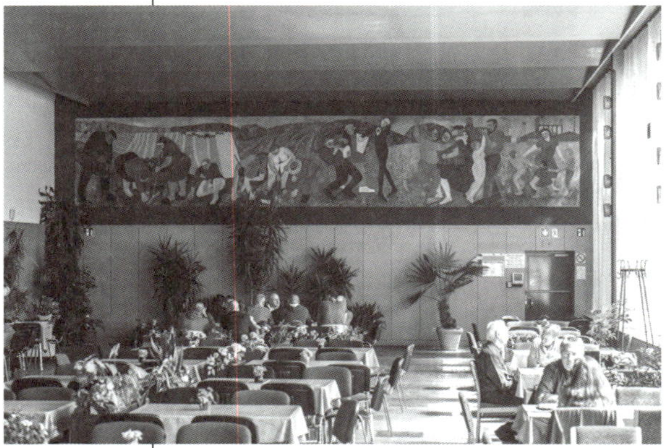

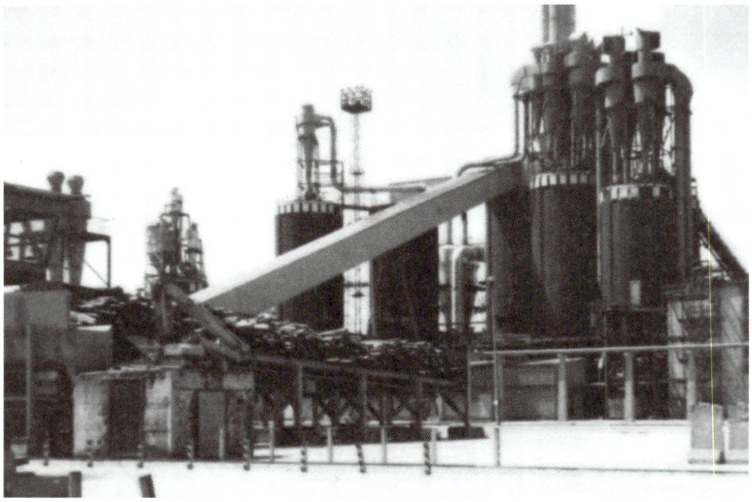

Natürlich ist Beeskow auch eine Stadt im Wandel. Das Spanplattenwerk war mehr als ein wichtiger Industriebetrieb der DDR. Es war auch ein sozialer Mittelpunkt. Immer waren die großen Betriebsstätten auch Kulturanbieter und Anlass für Zusammenkünfte. Viele sehen die organisierte Betriebsamkeit heute kritisch. Mit dem Wegfall des staatlich beförderten Gemeinschaftswesens verschwanden aber auch soziale Berührungspunkte, die nicht sofort durch andere Institutionen aufgefangen wurden. Wie in vielen anderen ostdeutschen Städten organisierte sich das Stadtleben auch in Beeskow grundlegend neu.

Am Anfang war die Beeskower Auftraggebergruppe auf der Suche. Das Problem wirkte verzwickt wie eine herausfordernde Schachaufgabe. Wenn viele um die Stadtmitte einen Bogen machen, muss man dann die Wege verändern und einladender machen? Muss man den Marktplatz optisch aufwerten, der abends so oft im Dämmerschlaf liegt? Braucht man ganz neue Räume als Treffpunkte, in die dann alle strömen würden? Oder braucht eine Kleinstadt eine riesige digitale Anzeigetafel wie am Times Square in New York, die flackernd alles spiegelt, was passiert? Die Wünsche gingen in alle Richtungen zugleich und niemand sprach aus, dass jede Beeskowerin und jeder Beeskower, die im Stadtzentrum nur noch für schnelle Besorgungen zwischenlandete, sich stillschweigend gegen einen lebendigeren Marktplatz entschieden. Die Wende von 1990 war ein Umschlag von der kollektiv organisierten Öffentlichkeit ins selbstbestimmte Private. Am liebsten hätte die Auftraggebergruppe diesen Individualismus mit einem Zaubertrick in nachbarschaftliche Neugier verwandelt. Schnell war man sich einig, wovon man sich diese schlagartige Veränderung erhoffte: von der digitalen Technologie. Die Auftraggeber von Beeskow wollten eine handfeste Erfindung.

>

DIE MARKTPLATZUTOPIE

Schon immer hatte das digitale Leben zwei Seiten. Einerseits Vernetzung mit der weiten Welt. Genauso wichtig war es aber immer, sich dort, wo man lebt, der Öffentlichkeit zu zeigen.

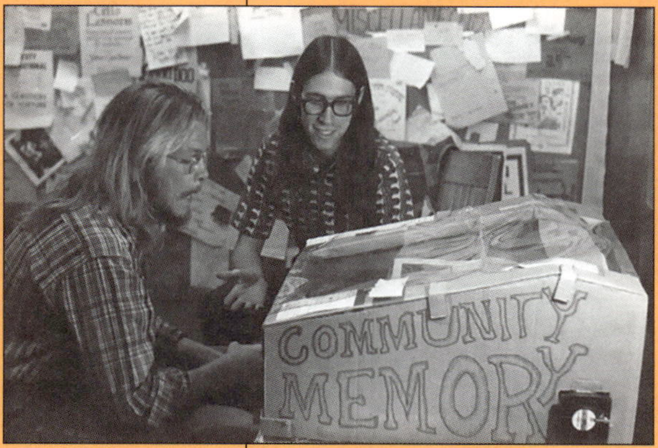

ZUGANG FÜR ALLE In Berkeley richten Studierende 1973 in einem Plattenladen einen öffentlichen Computer-Terminal für alle ein.

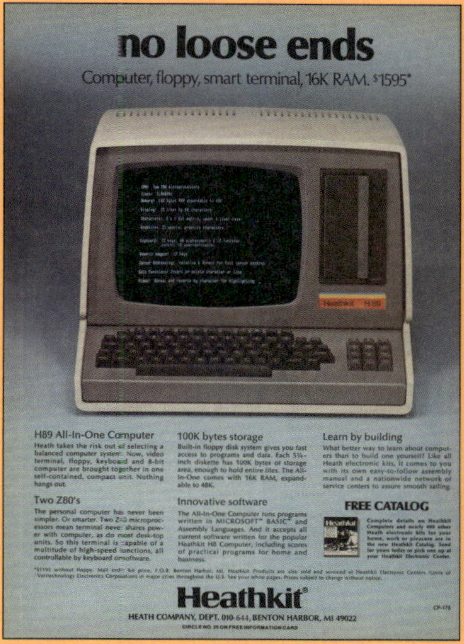

DIE MODELLE Z-89 UND H89 zählten ab 1979 zu den ersten Computern für Heimanwender.

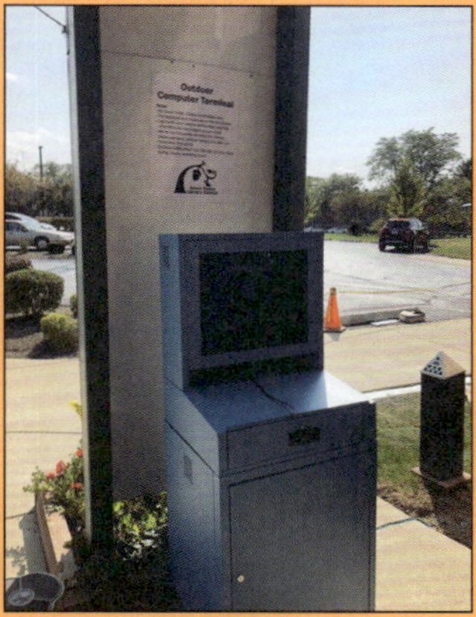

OUTDOOR TERMINAL einer Kleinstadt-Bibliothek 2021 in den USA

INTERNET KIOSK von 2011, ein Versuch Privatheit und Öffentlichkeit zu verbinden

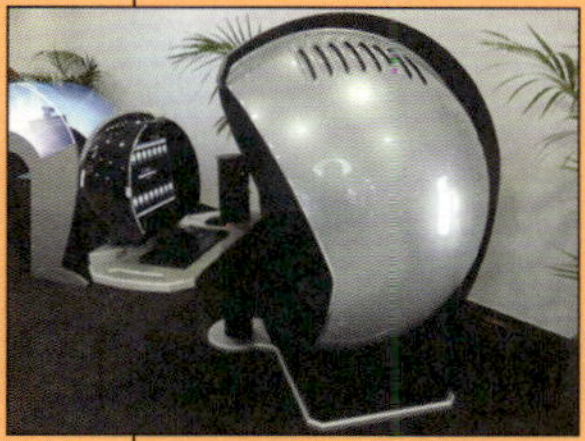

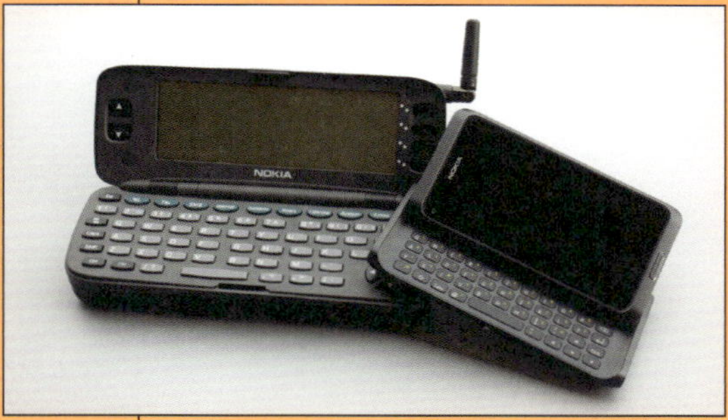

NOKIA COMMUNICATOR Die finnische Mobiltelefonserie ebnet ab 1996 den Weg zum heutigen Smartphone

NETZWERKPIONIERE Bei einer Konferenz sieht das staunende Publikum 1968 Netzwerkarbeit live.

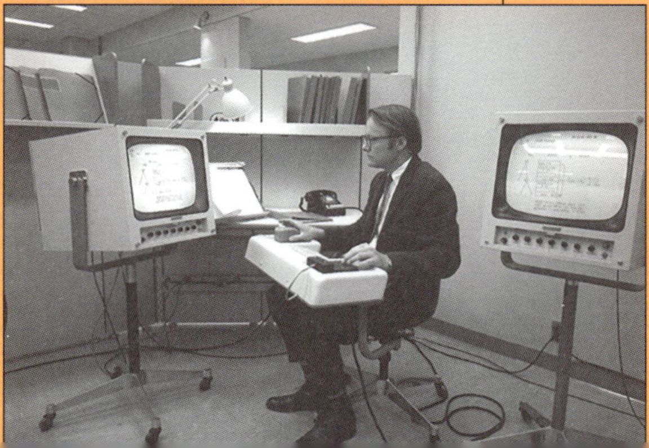

Je mehr den Menschen das Smartphone an der Hand festwächst, desto schwerer wird vorstellbar, wie physisch die Internettechnik einmal war. Die Terminals waren erst so groß wie Fernseher, später dann wie Mikrowellen, und während die Ingenieure sich die Geräte immer kleiner und mobiler wünschten, träumte die digitale Avantgarde seit den 1980er-Jahren von neuen Einlasstoren zum digitalen Raum. Stationen wurden erdacht, damit auch die weniger Privilegierten zu Netzbürgern würden. „Zugang für alle!“, war der Schlachtruf. Auf internationalen Konferenzen in Madrid und Budapest, in Ljubljana oder Berlin trat man ganz leibhaftig dafür ein, mit Hilfe der neuen Technik die Demokratie zu revolutionieren. Wie eine Stadt mit Straßen und Plätzen, ohne Hierarchien und mit frei verfügbaren Informationen sollte das digitale Leben sein, ein Riesenparlament für alle.

Simon Denny geht in seinen Studien für das Beeskower Projekt sogar noch etwas weiter zurück, nämlich in die frühen 1970er-Jahre, lange vor dem World Wide Web, als in Aspen, im amerikanischen Bundesstaat Colorado, das „Grass-Roots Network“ entstand. Eine Art stadtweites Bürgerfernsehen, mit dem das ganze Kleinstadtleben transparent und unzensiert auf Sendung gehen sollte. Gefördert und angeführt von dem Mikroprozessor-Pionier Nick DeWolf entstand in Aspen ein Netzwerk für alle. Wer den Enthusiasmus der Videoclips von damals sieht, erlebt die große Verheißung dieser Anfänge. Die Menschen sollten sichtbarer, nicht unsichtbarer werden. DeWolf war voller Vertrauen, dass wir einander unsere Gesichter zeigen wollen. Denny bezieht sich auf genau diese Zeit und ihre Ideale.

Dann kam Simon Denny. Er kam mitten in der Pandemie. Der Auftrag hatte sich inzwischen zugespitzt. Die Auftraggebergruppe wünschte sich eigentlich eher ein Informationssystem, einen stadtweiten Herz-Kreislauf-Monitor, an dem jederzeit ablesbar wäre, was gerade geschieht. Das System müsste so unwiderstehlich sein, dass es nicht nur gelesen würde, sondern die Beeskower den Sprung aus der Privatheit in die Öffentlichkeit wagen und noch das kleinste Fest, die geringste Aktivität einspeisen würden, aus purer Lust und Laune. Die Mediatorin Lea Schleiffenbaum jedoch hatte einen Künstler gesucht, der eher Ermittler als Propagandist sein würde. Einen, der sehr genau wusste, dass es all diese Probleme in der Geschichte der digitalen Vernetzung schon einmal gegeben hatte. Schon in den 1970er-Jahren hatte es die ersten öffentlichen Eingabestationen gegeben, in denen Enthusiasten die überraschte Bevölkerung zur Bedienung (damals noch archaischer) Eingabemasken überreden wollte. In den 1980er-Jahren kamen dann die Privatcomputer. Weitere zehn Jahre später träumte die Netz-Avantgarde von digitalen Städten. 2021 hatten manche Beeskowerinnen und Beeskower das Dritthandy bestellt. Die Eingabegeräte sind den Menschen inzwischen an den Händen festgewachsen wie ein zusätzliches Körperteil.

Denny ist ein Archäologe und Analytiker digitaler Fantasien und auch Alpträume, ein Künstler, der selbst die beunruhigenden Geschäftsmodelle der Plattform-Ökonomie in Bilder zu übersetzen vermag. Er dachte nicht daran, eine Maschine zu bauen, die noch mehr Sogkraft als Facebook haben würde. Er stellte in einer langen digitalen Sitzung mitten in der Pandemie seine Arbeit vor und stellte eine Frage, die für jedes Projekt der Neuen Auftraggeber gilt und wie alle großen einfachen Fragen schwer zu beantworten ist. Denny fragte: „Warum wollt Ihr einen Künstler? Warum nicht einen Programmierer, der Euch eine Informationsplattform baut?“ Ein Kunstwerk, sagte Denny, könne nicht 100 Aufgaben gleichzeitig lösen. Ein Kunstwerk braucht ein Eigenleben, damit es überzeugt. Es muss erst einmal ein Kunstwerk sein und nicht ein Werkzeug. >

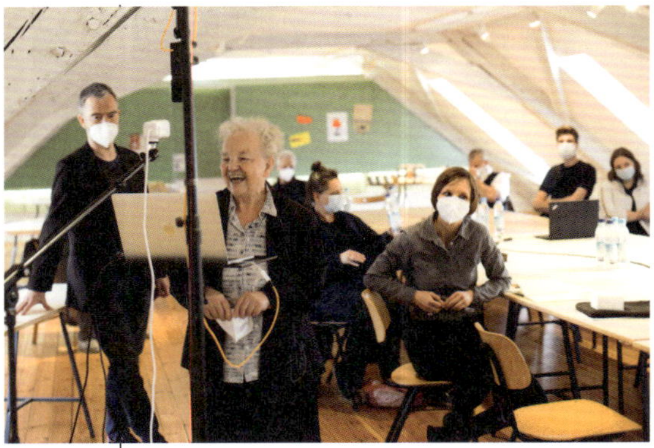

Die intensive Diskussion darüber, was ein Kunstwerk leisten kann und was nicht, musste nach der Corona-Erkrankung des Künstlers hybrid geführt werden. Die zweisprachige Interaktion, hier mit der ehemaligen Journalistin Anni Geissler vor der Kamera, erfordert eine große Gesprächsdisziplin.

Simon Denny, „Beeskower Spanplatte Rückkoppelungsschleifen“, Simulation des Aufstellungsortes eines der vier Bronzegüsse am Beeskower Marktplatz, 2021

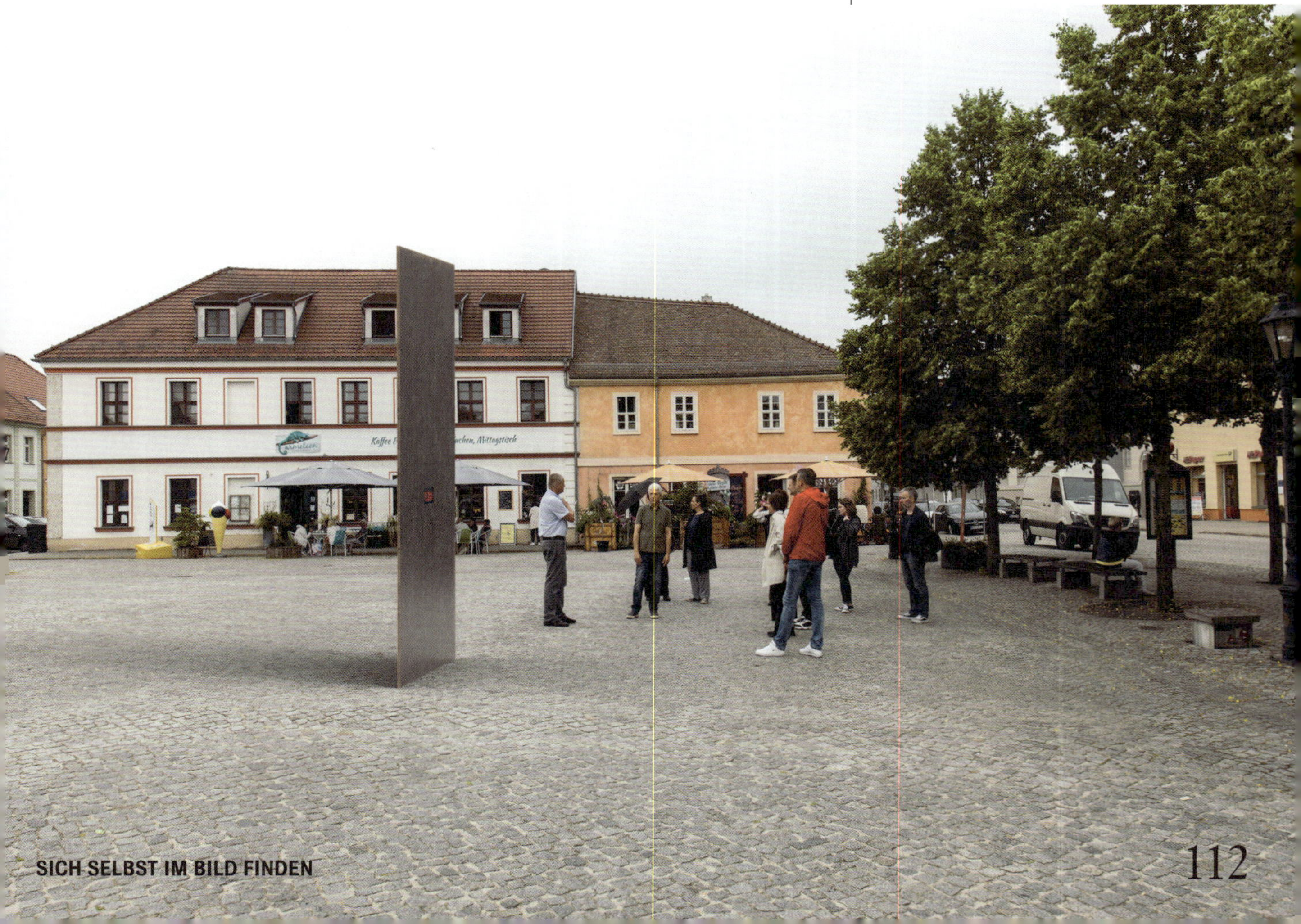

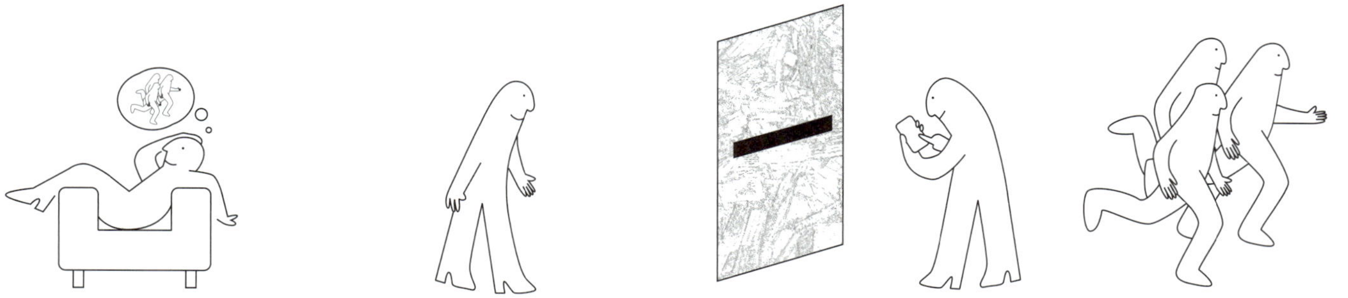

1. DIE IDEE FÜR EINE VERANSTALTUNG KOMMT AUF DEM SOFA (LAUFTREFF)

2. UM DIE ANDEREN ZUM MITMACHEN EINZULADEN, MUSS MAN ZUR SKULPTUR

3. NUR DORT LÄSST SICH DIE ANKÜNDIGUNG MIT DEM MOBILTELEFON EINSPEISEN

4. WER SICH AUF DEN WEG MACHT, WIRD GESEHEN UND GEWINNT ANDERE

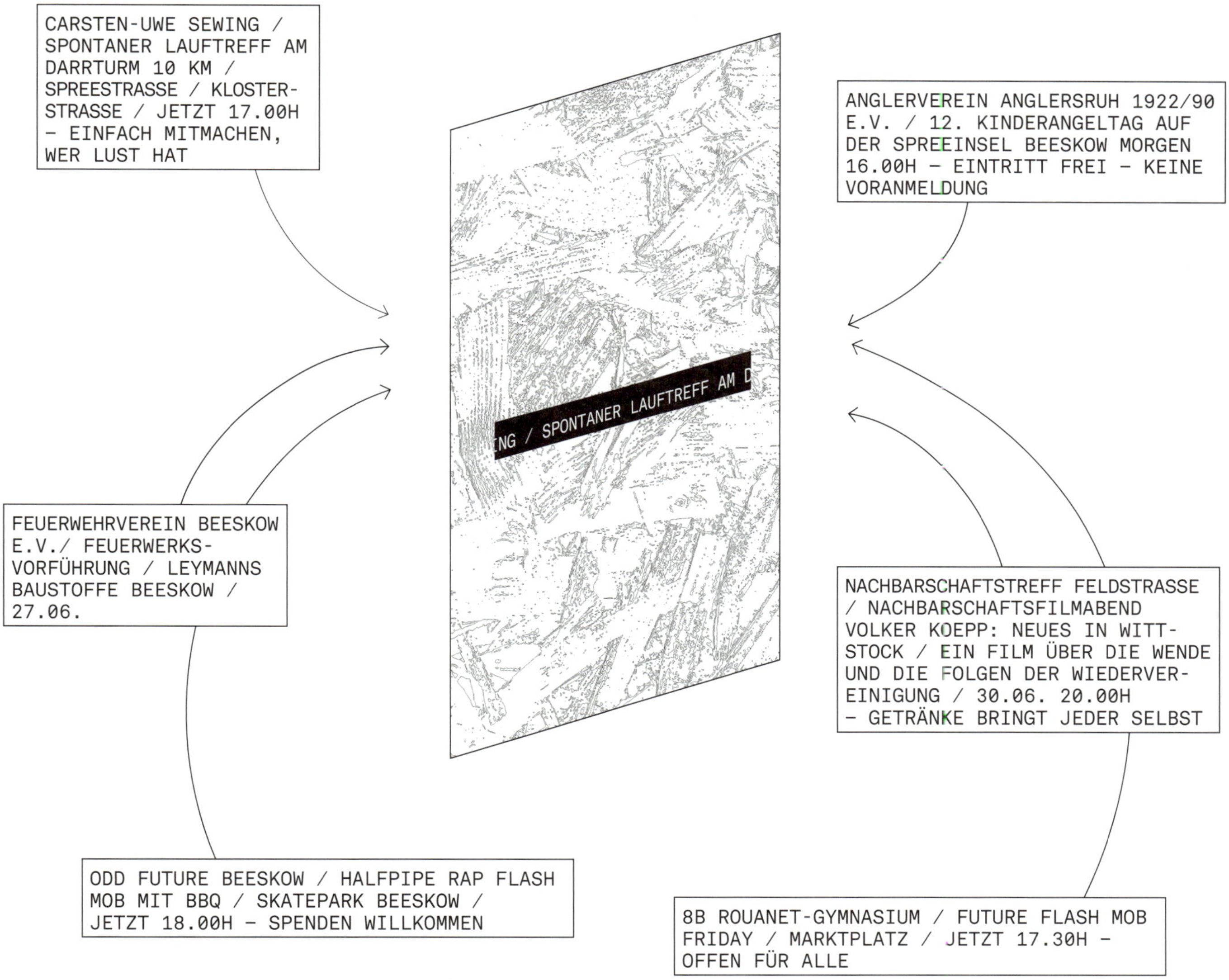

Die vier Skulpturen werden an vier unterschiedlichen Standorten aufgestellt, an denen sich unterschiedliche Generationen und Nutzergruppen aufhalten. Jede Skulptur bildet im Maßstab 1:1 einen anderen Spanplatten-Typ nach, der in unterschiedlichen Epochen im Beeskower Werk produziert wurde oder wird. Sie unterscheiden sich deshalb in ihren Größen und Oberflächen. Sie werden im Hoch- und im Querformat aufgestellt. Jede ist mit einem wetterfesten Display ausgestattet, auf dem Veranstaltungen angekündigt werden, die wie bei einem Nachrichtenticker durchlaufen. Die Nutzer können ihre Informationen drahtlos mit dem eigenen Mobiltelefon eingeben, wenn sie sich in direkter Nähe zur Skulptur verbinden.

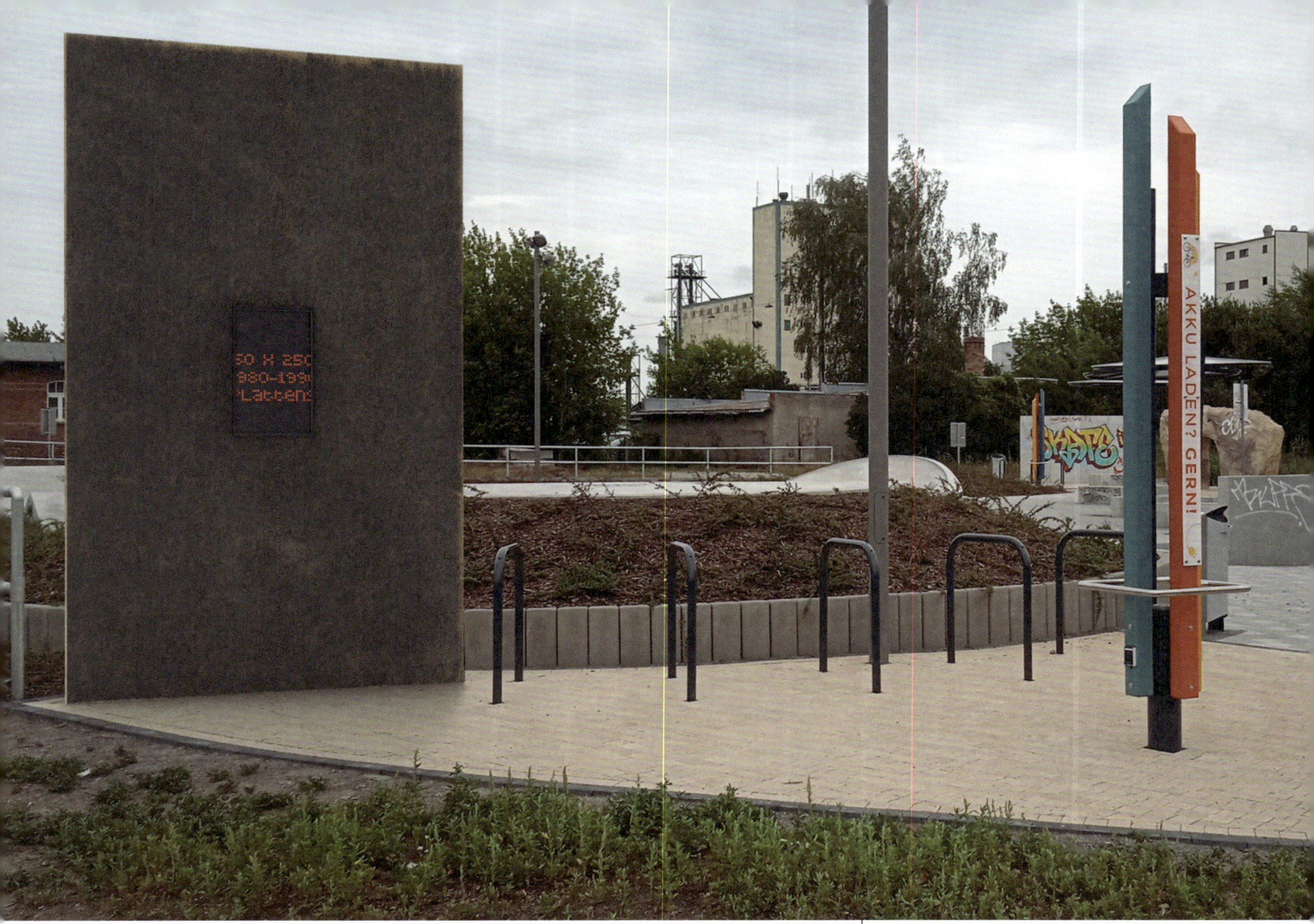

Denny erzählte von einer anderen Kleinstadt: Aspen, Colorado, einem Ort der sich von einer Silbermine zum Skigebiet der Privilegierten gewandelt hatte, und in dem in den 1970er-Jahren Wintersportgrößen auf Technologiepioniere treffen konnte. Aspen war der Geburtsort eines demokratischen Bügerfernsehens. Das „Grass-Roots-Network“, vorangetrieben von einem schillernden Erfinder und Millionär, sollte die Stadt demokratisieren, indem es den Menschen Gelegenheit zum Reden gab. Ein digitales Schaufenster für Stadträte und Nachbarn. Ein System kommunizierender Kanäle. Zugegeben, das Basis-Fernsehen von Aspen scheiterte an Technik und wirtschaftlichen Zwängen, die demokratische Utopie bleibt aber aktuell. Heute stehen die Smartphones und Streaminggeschwindigkeiten, die intuitiven Eingabesysteme und der nie endende Fluss der Informationen im digitalen Paralleluniversum echter Nähe eher im Wege. Gesicht zeigt, wer vor die Tür tritt. Es spricht nur, wer das Wort ergreift. Sollte das Kunstwerk zur Dateneingabe aufrufen oder zur Inbesitznahme der Plätze? Sollte es das Problem lösen oder die Freiheit einräumen, selbst nach Lösungen zu suchen? Was hätte ein bloßes Interface, eine reine Informationsschnittstelle mit Beeskow zu tun?

War das die Infragestellung aller Hoffnungen? Die Auftraggebergruppe sah es andersherum. Nach einer Bedenkzeit veränderten sie den Auftrag. Sie wollten einen Anstoß zur Begegnung. Eine Aufforderung, einander über den Weg zu laufen. Wichtiger erschien ihnen eine Überraschung für Beeskow. Etwas, mit dem man nicht rechnen konnte, statt die Steigerung dessen, was es schon gab. Sie schlugen vor, Denny durch Beeskow zu führen. Umfassend mit allen Details. Dann warteten sie ab. >

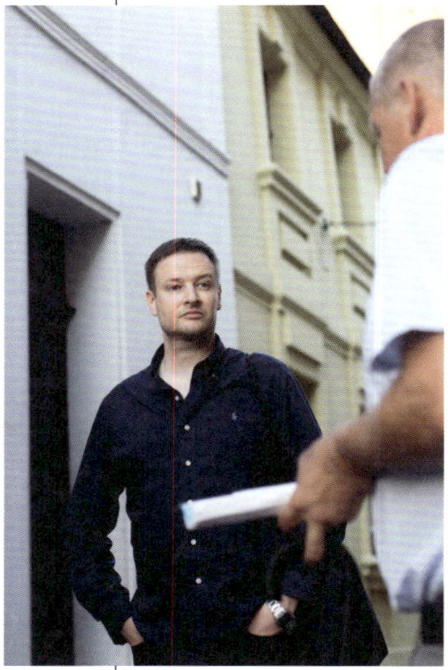

Simon Denny bei der Prüfung eines der Standorte für „Beeskower Spanplatte Rückkoppelungsschleifen“ (oben eine Simulation der Bronze am Marktplatz mit einer frühen Display-Vorstudie)

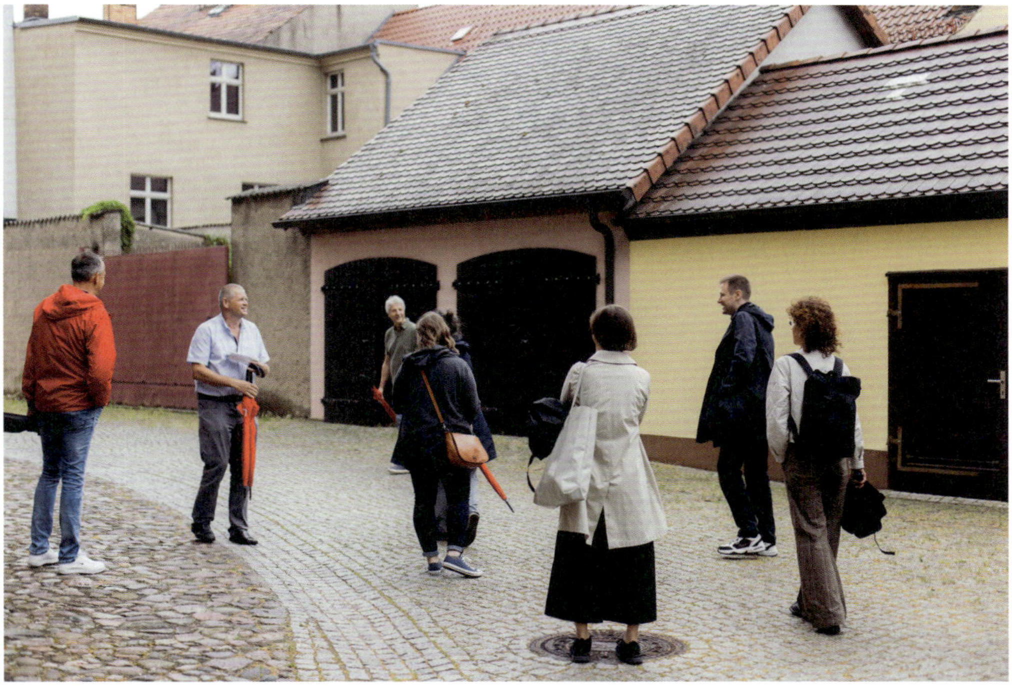

Die Auftraggebergruppe stellte Simon Denny Beeskow vor. Die Dramaturgie des Rundgangs führte an Baudenkmälern sowie Orten der Kultur- und Industriegeschichte vorbei. Beeskow sollte nicht nur als historische Altstadt, sondern in seiner Unterschiedlichkeit erkennbar werden.

Simon Dennys Entwurf ist beides: ein vierteiliges Standbild der Industriegeschichte und ein Angebot zur digitalen Interaktion.

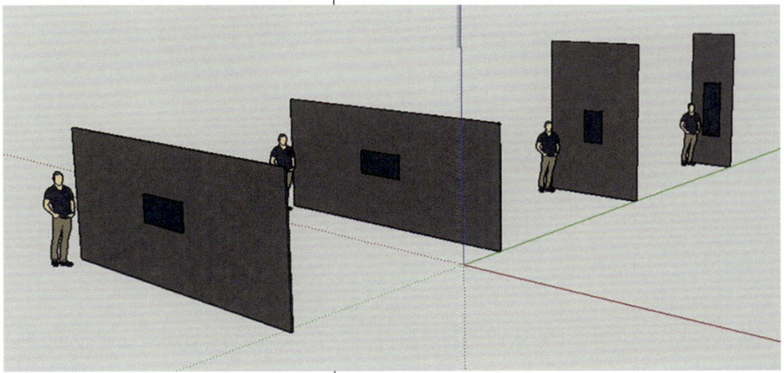

Die Skulpturen haben unterschiedliche Formate und Oberflächen, die sich aus den unterschiedlichen Größen und Materialmerkmalen ergeben, die die in Beeskow produzierten Spanplatten im Laufe der Jahre hatten.

Wer eine Überraschung wollte, wurde nicht enttäuscht. Denny betrachtete die historische Altstadt wie eine Kulisse für die Häutungen der Stadt in der Nachkriegszeit. Ihn interessierte das Spanplattenwerk, der Mittelpunkt der in die Vergangenheit entglittenen DDR-Identität. Überall Burggemäuer und der Klassizismus des 19. Jahrhunderts, als die Stadt durch Tuch und Bier reich geworden war, nirgends die Auseinandersetzung mit dem fortdauernden Umbau.

„Beeskower Spanplatte Rückkoppelungsschleifen" ist ein bronzenes Historiengemälde in vier Etappen. Ein Skulpturenset in den Formaten der spanpresstechnischen Evolution. Von den Anfängen 1966 bis heute hat die Technologie immer größere Platten mit immer weiter verfeinerten Materialstrukturen hervorgebracht. In vier Stichproben bildet Dennys Entwurf diese Entwicklung nach und macht jede der vier Bronzen zu Trägern eines einfarbigen Displays, auf dem all jene Aktivitäten ablesbar werden, die Beeskowerinnen und Beeskower bereit sind einzuspeisen. Zunächst ist dies ein Porträt Beeskows jüngerer Geschichte, das ein prägendes Merkmal der Identität aus dem toten Winkel zieht. Zweitens aber weigert sich dieser Vorschlag, irgendjemandem Vorschriften zu machen, Menschen zu überreden oder von etwas überzeugen zu wollen. Dennys Angebot ist es, vier Treffpunkte zu schaffen, nicht zwingender als der Pump Track am Bahnhof. Entscheide selbst, was Du draus machst und wann Du es nutzt. Die Technik sollte so beschaffen sein, das die Nutzerinnen und Nutzer vor die Skulpturen treten müssten, um sie mit ihren Ideen, Veranstaltungen oder Vorhaben zu füttern. >

Simulation links oben und Skizze rechts: Simon Denny

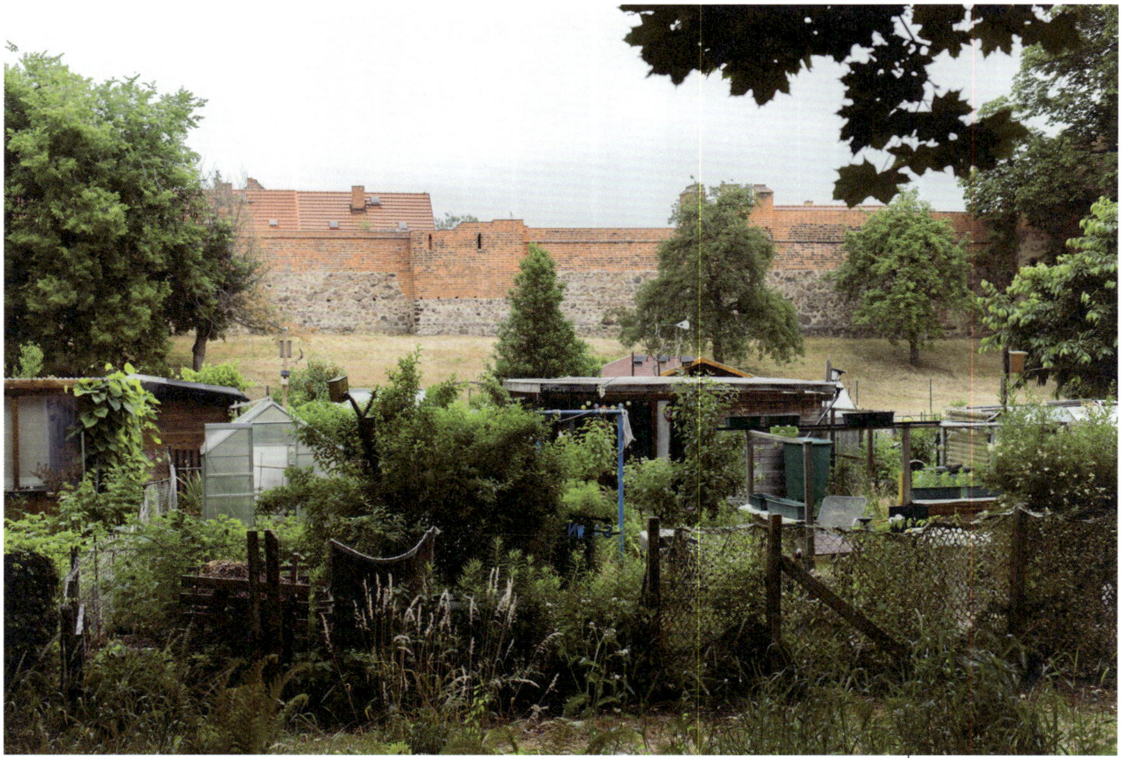

Das private Idyll vor der historischen Stadtbefestigung prägt Beeskow so sehr wie seine unübersehbaren Türme.

Das Kunstwerk weigert sich, Vorschriften zu machen. Es ist ein Treffpunkt, verlangt aber nicht mehr, als die Menschen geben wollen.

Es ist, als wollte der Künstler das Smartphone zähmen. Es kann sich in diesem System nur nützlich machen, wenn man es vor eines der Objekte trägt und sich unmittelbar dort mit dem System verbindet. Aus der Ferne empfängt es keine Daten. Allerdings ließen sie sich ebenso gut als Beeskower Stadtmarken betrachten, wenn man den Datenfluss, der sie durchströmt, völlig ignoriert. Vier Anlässe zur gegenseitigen Beobachtung von Menschen. Bist Du gekommen, auch etwas einzugeben? Was? Verabredet man sich mit Bezug auf die historischen Plattentypen? Ein Date um sieben am Freitag an Platte Nummer 2. Zerspantes Holz, ineinander verschränkte Fasern, standardisierter Massenwerkstoff verwandelt in das Gussmaterial der Reiterstandbilder und Huldigungen klassischer Schönheitsideale.

Die Auftraggeber von Beeskow hatten das Gefühl, dass jemand Beeskow verstanden hatte und auf höchst anspruchsvolle Weise herausfordern wollte. Offensiver, größer, anfassbarer konnte das Thema nicht sichtbar gemacht werden. Beeskow hatte keine Lösung erhalten, sondern sich eine Aufgabe gesetzt. Und Beeskow an der Spree ist ja eine optimistische Stadt./

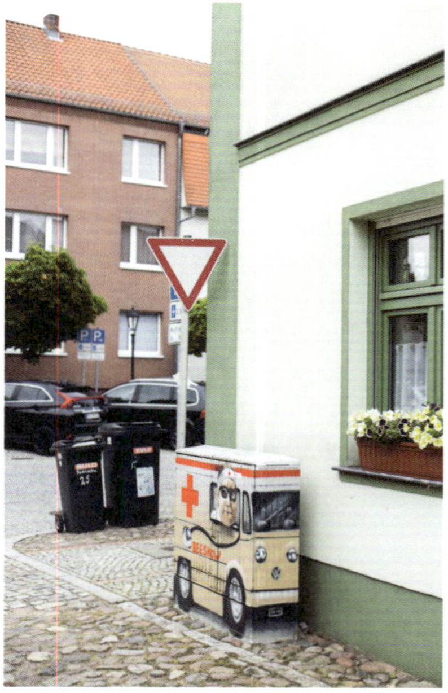

Eine kluge Sanierungspolitik konnte viele historische Gebäude sichern und neuen Nutzungen zugänglich machen.

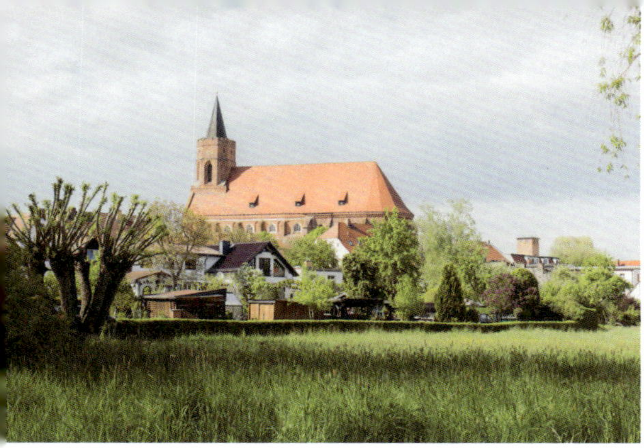

Die mächtige dreischiffige Marienkirche überragt die Altstadt, als sei sie unerschütterlich. In Wahrheit ist der Wiederaufbau nach dem Artilleriebeschuss der letzten Kriegstage längst nicht vollendet. Pfeiler und Chorgewölbe waren eingestürzt und die Gemeinde hatte selbst in beharrlicher Arbeit das Baudenkmal gesichert und es scheint, als könne sich die Stadt auf die Beharrlichkeit ihrer Bewohner verlassen.

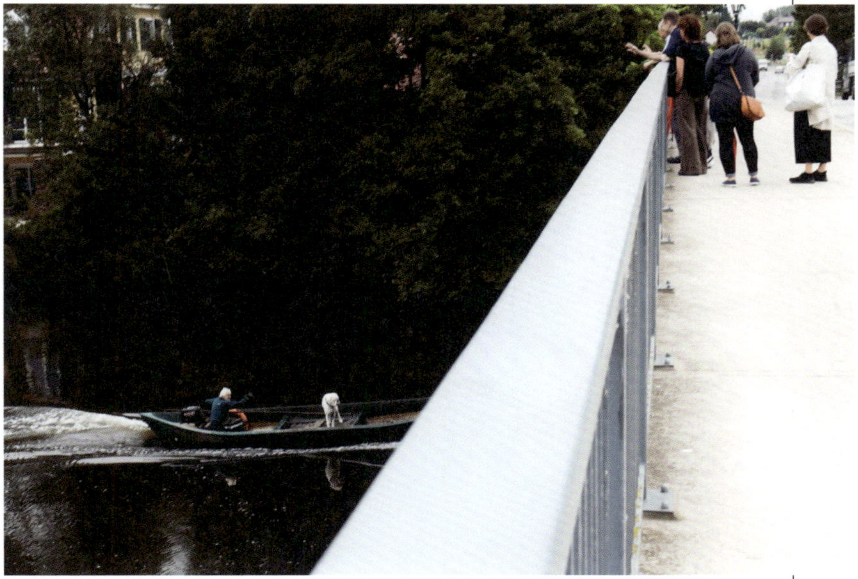

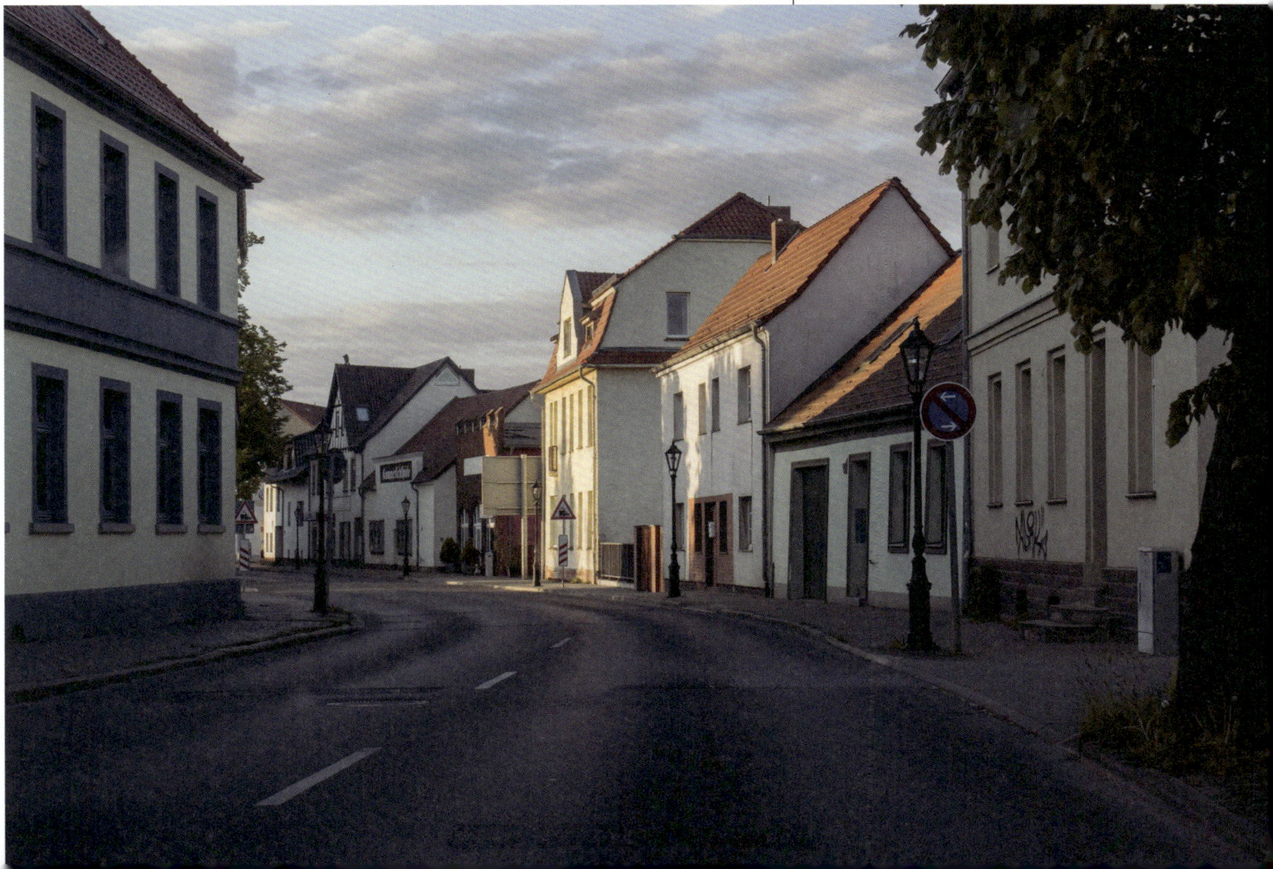

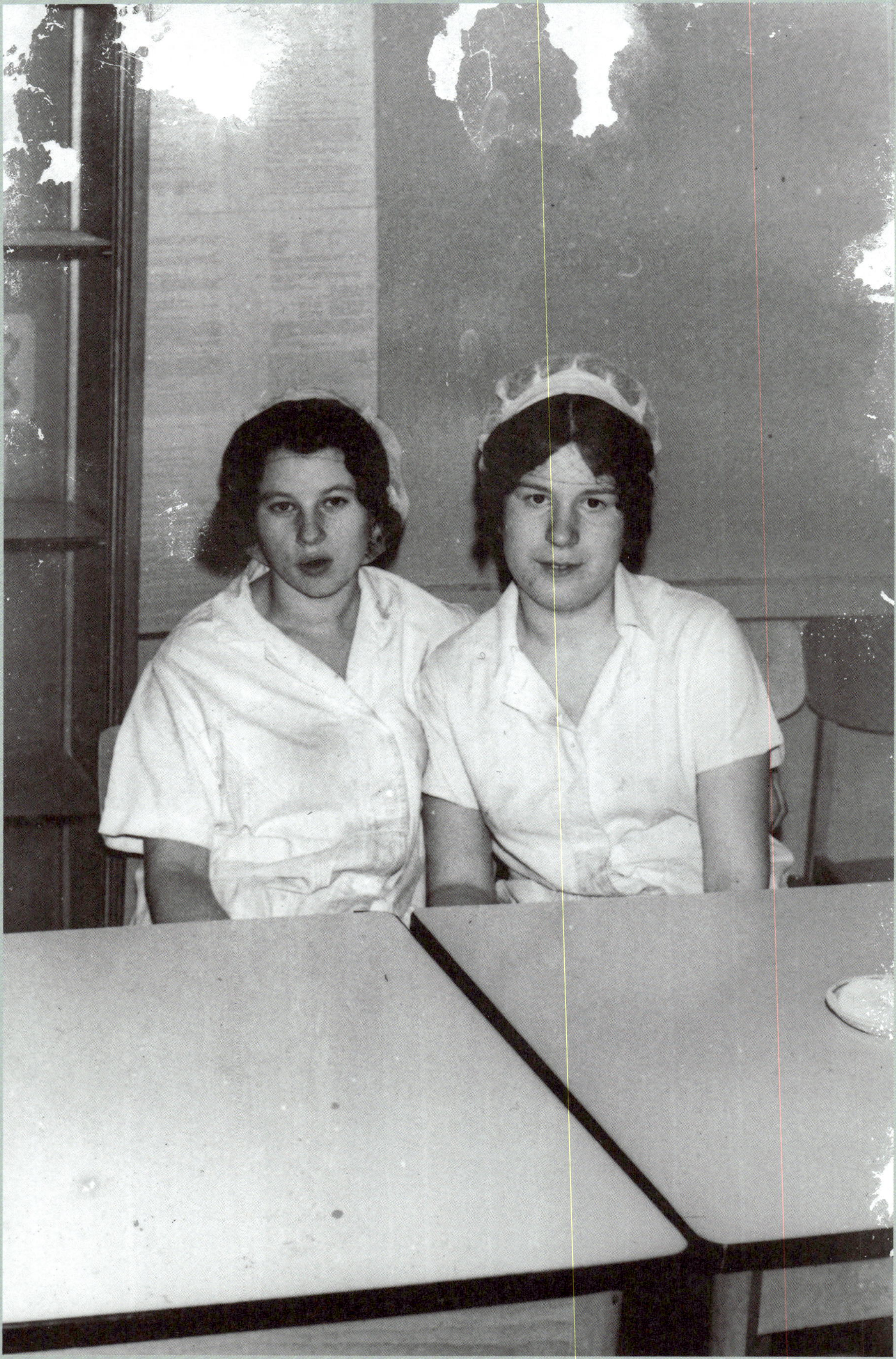

Zwei Jugendwerkhöflerinnen im Pausenraum des
VEB Burger Knäcke-Werke in Burg um 1973.

STIMMEN HÖRBAR MACHEN

Es gibt Erfahrungen, die sind so heillos, dass Kunst zu einem letzten Mittel wird. Sie kann sich mit dem Heillosen auseinandersetzen, weil sie keine Urteile fällen muss. Wer willkürlich in eines der Umerziehungsheime der DDR-Jugendhilfe gebracht wurde, weil er den Autoritäten zu unangepasst erschien, den hatte die Gesellschaft abgestempelt. Aus einem Kind wurde ein Vorgang und aus seinem Leben ein Verdacht, gegen den es machtlos war. Wie aus Erziehern Täter wurden und aus Pädagogik eine Strafmaßnahme mit dem Ziel der unbedingten Unterwerfung, haben Historiker und Juristen beschrieben und beurteilt. Die verlorene Kindheit aber konnten sie niemandem zurückerstatten. Genau hier fängt ein Projekt der **NEUEN AUFTRAGGEBER** an, das sich von allen anderen Projekten unterscheidet.

ZEITREISEN

EINE SELBSTVERTEIDIGUNG GEGEN DIE URTEILE DER ANDEREN

Am Anfang war das Schweigen. Wenn die DDR-Jugendhilfe nach eigenem Ermessen beschloss, ein Kind umzuerziehen, weil es dem Ideal einer sozialistischen Persönlichkeit zu unähnlich war, dann verschwand es aus seiner Familie, wurde schweigend in einem Wagen ohne Ausblick an einen ihm unbekannten Ort gebracht, wo man sich weigerte, seine Fragen zu beantworten, ihm seine letzten persönlichen Gegenstände nahm und es im Unklaren ließ, wann jemals es wieder vertraute Menschen sähe. Genau so schlimm war vielleicht nur, dass man sich da, wo die Kinder herkamen, oft schämte und sie verschwieg. Die Gesellschaft hatte ihr Urteil gefällt.

ZWEI AUFTRÄGE, DIE ÜBER IHRE ORTE HINAUSWEISEN

Die Neuen Auftraggeber von Bad Freienwalde wünschen sich ein Kunstwerk, „dem es gelingt, die verschiedenen Menschen sichtbar zu machen, die von den Orten ihrer Kindheit fortgerissen und gegen ihren Willen auf einen langen Weg durch strafende und maßregelnde Institutionen geschickt wurden.“
Es soll „das Bild umkehren, das der Staat von diesen Kindern und Jugendlichen als schwer Erziehbare und Kriminelle in der Gesellschaft prägte und das sie bis heute stigmatisiert.“
In Kloster Lehnin sollen gerettete historische Textfunde aus einem Jugendwerkhof so verarbeitet werden, dass die Stimmen der Jugendlichen von damals in ihrer eigenen Sprache wahrnehmbar werden. Diskutiert werden dokumentarische, literarische und andere künstlerische Arbeitsweisen.

THEMA

Jugendhilfe, hieß es 1965 im Gesetzblatt der DDR, umfasse „die rechtzeitige korrigierende Einflussnahme bei Anzeichen der sozialen Fehlentwicklung und die Verhütung und Beseitigung der Vernachlässigung und Aussichtslosigkeit von Kindern und Jugendlichen, die vorbeugende Bekämpfung der Jugendkriminalität, die Umerziehung von schwererziehbaren und straffälligen Minderjährigen sowie die Sorge für elternlose und familiengelöste Kinder und Jugendliche“.
Kennzeichnend für die Heime, in denen diese „Korrektur“ vorgenommen werden sollte, war auch, dass Personal mit den verschiedensten beruflichen Hintergründen rekrutiert wurde: Neben Erziehern, Wachpersonal, polizeilich oder militärisch qualifizierten Mitarbeitern auch ungelerntes Personal.

DIE AUFTRAGGEBER*INNEN

Bad Freienwalde: Roland Herrmann, Petra Morawe, Brigitte Schreiber
Kloster Lehnin: Der konkrete Auftrag wird entwickelt

MEDIATOR*INNEN

Bad Freienwalde: Holger Friese
Kloster Lehnin: N.N.

FAKTEN

In der DDR gab es insgesamt 47 Spezialheime, zu denen Aufnahmeheime, Spezialkinderheime, Jugendwerkhöfe und Sonderheime gehörten. Sie waren die letzte Eskalationsstufe eines pädagogischen Systems, das sich „die sozialistische Persönlichkeitsentwicklung“ als Ziel setzte und das über die Abweichung von diesem Ideal eigenmächtig befand und sie bestrafte. Verstöße gegen die Heimordnung, trotziger Widerstand gegen die verordnete Konformität, Schulschwänzen oder „Staatsverleumdung“ konnten schon reichen, um eingewiesen zu werden.

ORTE

Die beiden Orte Bad Freienwalde mit dem sogenannten „Durchgangsheim“ und Kloster Lehnin mit seinem Jugendwerkhof stehen stellvertretend für alle Orte, an denen Kinder und Jugendliche in Heimen der DDR-Jugendhilfe kriminalisiert und isoliert worden sind. Das Durchgangsheim diente der Weiterleitung in andere Heimeinrichtungen. Auf der Landkarte der Neuen Auftraggeber könnten aber so viele Punkte eingetragen werden, wie es Einrichtungen mit dem Ziel staatlicher Umerziehung gab.

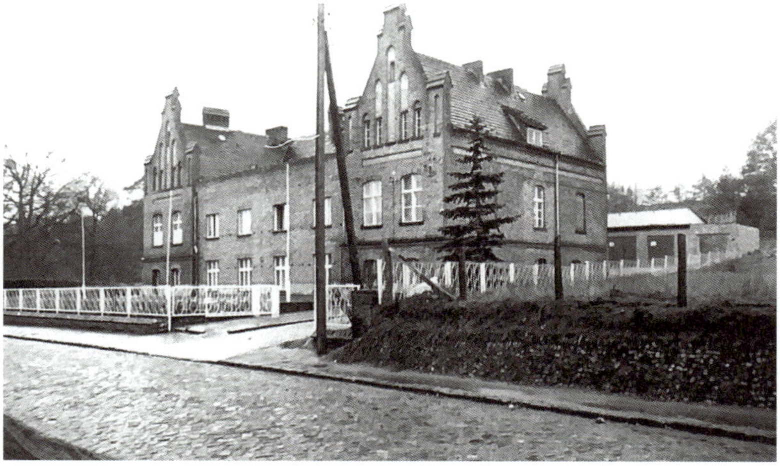

Jugendwerkhof Kloster Lehnin

Die „Anordnung über die Spezialheime der Jugendhilfe" nennt den Heimaufenthalt eine „Etappe im Prozess der Umerziehung", aber die Willkür hatte viele Etappen. „Arbeitserziehung" war eine davon. Wer sich hier verängstigt und einsam hinter stabil vergitterten Fenstern wiederfand, spricht bis heute lakonisch vom „Kindergefängnis", wenn die Einrichtung auch dem Papier nach bloße „Empfehlungen" für die weitere Erziehung aussprechen sollte. Im Kreisarchiv Märkisch-Oderland kann man eine Kinderzeichnung im Gruppenbuch der Einrichtung finden, auf der als schwarzer Umriss in einem schwarzen Haus ein Gesicht mit aufgerissenen Augen durch das Raster der Eisenstäbe schaut. Fluchtversuche fanden regelmäßig statt und wurden mit erzieherischer Eskalation bestraft.

Die Auftraggeber, die sich aus der Erinnerungsarbeit zu diesem Durchgangsheim kennen, haben erste Projektgedanken als Neue Auftraggeber von Bad Freienwalde entwickelt und werden hier so genannt, ihr Thema ist inzwischen aber das landesweite System aller 47 Spezialheime, in denen Heranwachsende umerzogen und gebrochen werden sollten. Die Gruppe will eine Künstlerin oder einen Künstler beauftragen, hinter den Punkt zurückzugehen, an dem sie vom Kind zum Fall geworden sind. Könnte nicht die Kunst nach Hinweisen in den beschädigten Leben suchen, wie das Kind als Kind war? Was hatte es gesehen? Worüber sich gefreut? Das Projekt ist eine Zeitreise, die das Bild umkehren soll, dass der Staat sich von seinen Opfern machte. Die Kunst soll den heute Erwachsenen Fragmente ihrer Kindheit von damals zurückerstatten und sie aus der Stigmatisierung hervortreten lassen. Die Suche nach Künstlerin oder Künstler durch den Mediator hat begonnen. Sie ist auch eine Suche nach Bildern und Erinnerungen und nach der Bereitschaft, zurückzublicken und zu sprechen.

In Kloster Lehnin ist unterdessen ein zweiter Auftrag noch in der Entstehung. Dort hatte ein Lehrer, der mit seinem Eintritt in das Umerziehungssystem zum Täter und mit seinem späteren Widerstand dagegen zum Opfer staatlicher Zersetzung wurde, eine Aufsatzsammlung aus dem Jugendwerkhof aufbewahrt und vor der Vernichtung durch die Staatssicherheit gerettet. Wer die Texte liest, vernimmt plötzlich die Stimmen der gemaßregelten Schüler und fühlt, wie sich ihre Individualität gegen die Uniformität des Heims abhebt. Es wird sich zeigen, welcher Auftrag an welche Künstlerin oder welchen Künstler aus diesen Dokumenten entsteht./

Foto vorige Seite: privat / Fotograf: unbekannt; rechts: Brandenburgisches Landeshauptarchiv

Die Abbildungen zeigen faksimilierte Ausschnitte aus einem mehrere hundert Seiten umfassenden Konvolut von Schüleraufsätzen, die im Deutschunterricht des Jugendwerkhofs Lehnin entstanden sind. Das Unterrichtsziel war es, ein literarisches Verständnis für das Schreiben zu entwickeln und sich an offiziellen Schreibwettbewerben zu beteiligen.

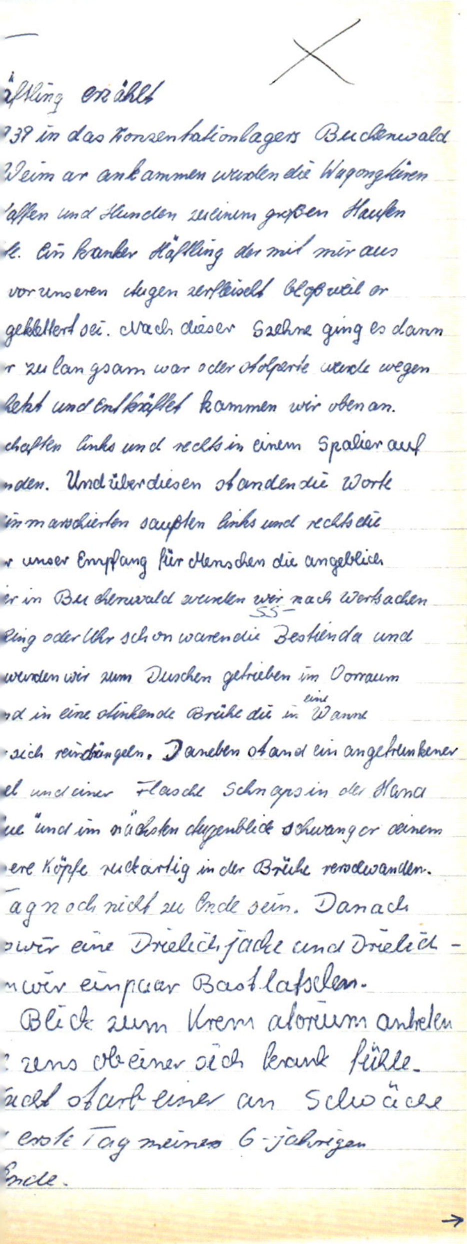
[...]äftling erzählt
[...]39 in das Konzentationlagers Buchenwald
Weimar ankammen wurden die Wagongtüren
[...]affen und Hunden zu einem großen Haufen
[...]e. Ein kranker Häftling der mit mir aus
vor unseren Augen zerfleischt bloß weil er
geklettert sei. Nach dieser Szehne ging es dann
[...]r zu langsam war oder stolperte wurde wegen
[...]leht und entkräftet kammen wir oben an.
[...]chaften links und rechts in einem Spalier auf
[...]nden. Und über diesen standen die Worte
[...]in marschierten saufsten links und rechts die
[...] unser Empfang für Menschen die angeblich
[...]er in Buchenwald wurden wir nach Wertsachen
[...]ing oder Uhr schon waren die SS-Bestienda und
wurden wir zum Duschen getrieben im Vorraum
[...]d in eine stinkende Brühe die in eine Wanne
[...]sich reindrängeln. Daneben stand ein angetrunkener
[...]l und einer Flasche Schnaps in der Hand
[...]ue" und im nächsten Augenblick schwang er seinem
[...]ere Köpfe ruckartig in der Brühe verschwanden.
Tag noch nicht zu Ende sein. Danach
[...] wir eine Dreiecksjacke und Dreieck-
[...] wir ein paar Bastlatschen.
Blick zum Krematorium
[...] zens ob einer sich krank fühle.
[...]ucht starb einer an Schwäche
[...] erste Tag meines 6-jährigen
[...]nde.

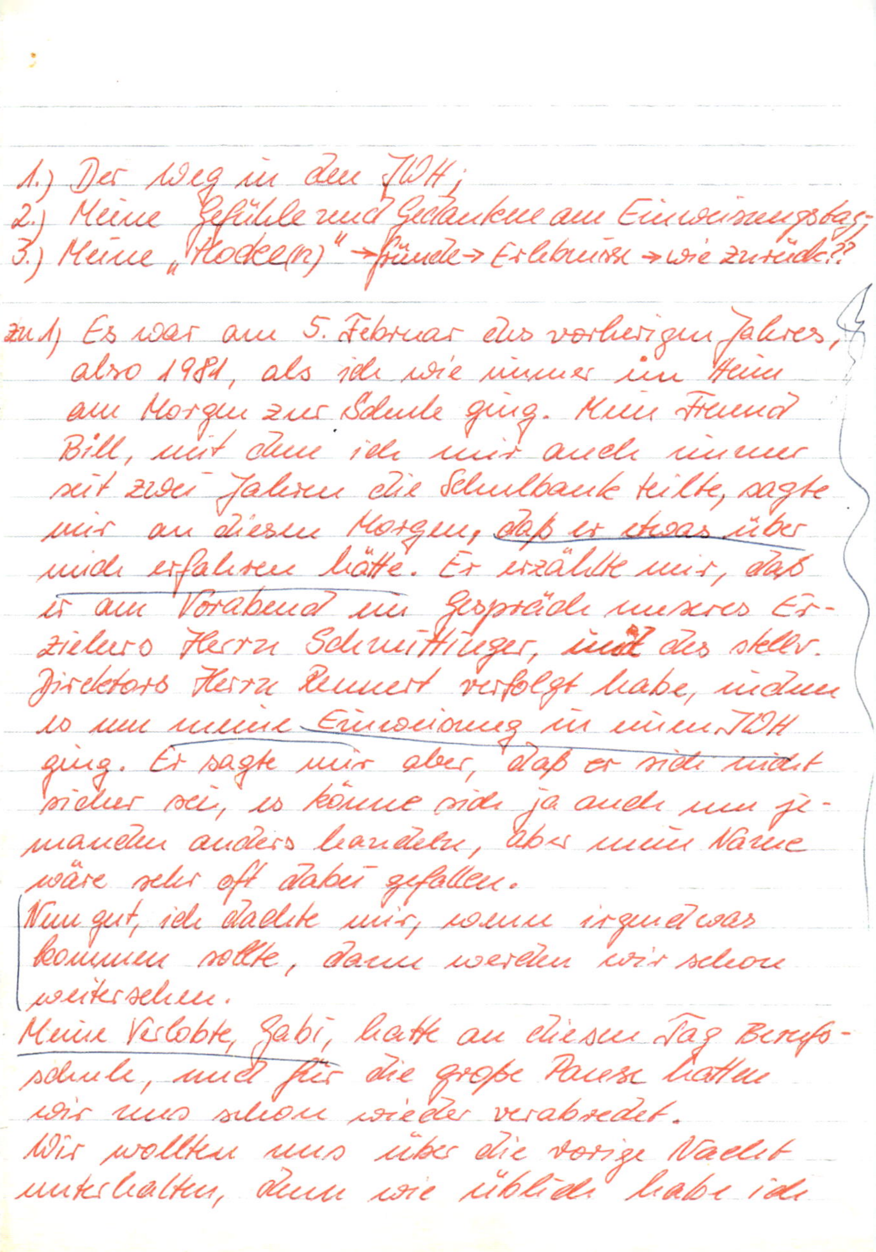
1.) Der Weg in den JWH;
2.) Meine Gefühle und Gedanken am Einweisungstag;
3.) Meine „Hocke(n)" → Gründe → Erlebnisse → wie zurück??

zu 1) Es war am 5. Februar des vorherigen Jahres, also 1984, als ich wie immer im Heim am Morgen zur Schule ging. Mein Freund Bill, mit dem ich mir auch immer seit zwei Jahren die Schulbank teilte, sagte mir an diesem Morgen, daß er etwas über mich erfahren hätte. Er erzählte mir, daß er am Vorabend ein Gespräch unseres Erziehers Herrn Schmittinger, und des stellv. Direktors Herrn Rennert verfolgt habe, indem es um meine Einweisung in einen JWH ging. Er sagte mir aber, daß er sich nicht sicher sei, es könne sich ja auch um jemanden anders handeln, aber mein Name wäre sehr oft dabei gefallen.
Nun gut, ich dachte mir, wenn irgendwas kommen sollte, dann werden wir schon weitersehen.
Meine Verlobte, Gabi, hatte an diesem Tag Berufsschule, und für die große Pause hatten wir uns schon wieder verabredet.
Wir wollten uns über die vorige Nacht unterhalten, denn wie üblich habe ich

Schüler aus Spezialheimen wurden von den Wettbewerbsauslobern nicht erwartet. Ihr Lehrer versprach sich auch therapeutische Wirkung von seiner Schreibwerkstatt.

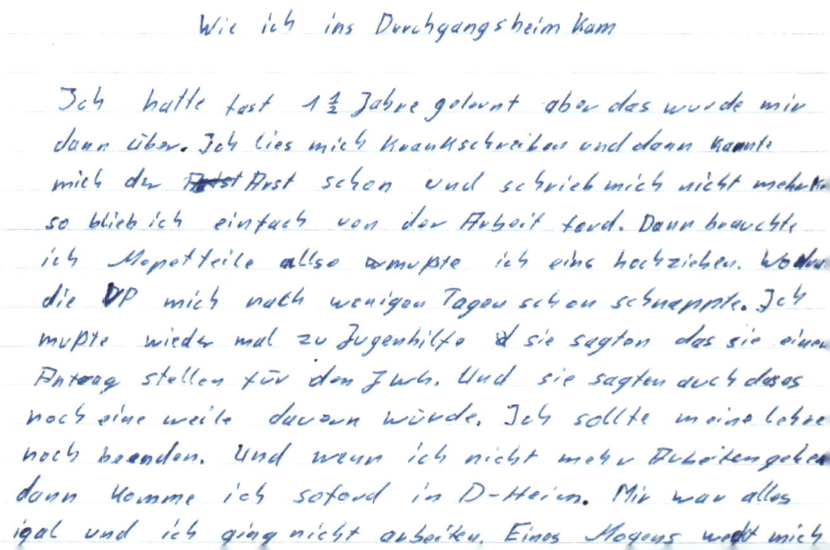
Wie ich ins Durchgangsheim kam

Ich hatte fast 1½ Jahre gelernt aber das wurde mir dann über. Ich lies mich krankschreiben und dann kannte mich der ~~Arst~~ Arzt schon und schrieb mich nicht mehr so blieb ich einfach von der Arbeit fern. Dann brauchte ich Mopetteile also mußte ich eins hochziehen. Wo die VP mich nach wenigen Tagen schon schnappte. Ich mußte wieder mal zu Jugendhilfe & sie sagten das sie einen Antrag stellen für den JWh. Und sie sagten auch das es noch eine weile dauern würde. Ich sollte meine Lehre noch beenden. Und wenn ich nicht mehr Arbeiten gehen dann komme ich sofort in D-Heim. Mir war alles igal und ich ging nicht arbeiten. Eines Morgens weckt mich

Unser Ausbildungsgebiet

Gruppe III

1. Im Stahlwerk werden wir gebraucht,
wir Jungen aus Lehnin.
Denn ohne uns, ich weiß ja nicht
da würd so mancher stille stehn.

Im Stahlwerk werden wir gebraucht
wir Jungen aus Lehnin
denn ohne uns, das ist klar
würd' manches stille stehn

2. Die Scheren unser Hauptgebiet,
die haben wir im Griff.
Wir kürzen Knüppel und Platinen,
wie der Empfänger es beliebt.

Die Scheren unser Hauptgebiet!
die haben wir im Griff
wir kürzen Knüppel und Platinen
mit Schwung, Kraft und Pfiff

3. Ein jeder hat die Möglichkeit
den Brennerpaß zu machen.
Es ist nicht schwer, doch lernen muß man,
dann kann man ihn auch schaffen.

4. Mit Brenner, Schlauch und Pulle
geht es zum Schleifplatz.
gebraucht werden dort Profile,
das macht den meisten Spaß.

5. Das Walzgut wird zurückgebracht,
damit's die anderen auch noch finden.
dann wird noch etwas umgelegt,
bis Schicht ist nun beendet.

O? O? gut

erst gar nicht daran
Andreas überredete
Freund, wie er es geplan
sich die beiden gegen
~~Dieter~~ Haus
Thomas schließ sein
Werkzeug mitbringen, ei
Schraubenzieher normal
Stand um 21⁰⁰ Uhr auf.
alten Levis Stiefel und
und Sprang aus dem
-schosses- dann ging
Stelle, am alten Hau
Dieter wartete dort
mal eine Zigarette an
und Thomas noch nicht da
nach Hause erging auf dem
Als sich nichts rührte mahn
schmiß er gegen das Fens
Plötzlich ging das lie
Schlafanzug am Fenste
Eingeschlafen aber ich ko

Texte, die in einem Erziehungsheim während des Unterrichts entstehen, sind keine unbefangenen Selbstzeugnisse wie Tagebucheinträge. Da der Selbstausdruck als Lernziel vermittelt wurde, vermitteln die Texte aber ungewöhnliche Einblicke in die Gefühlswelt der Heranwachsenden. Themen sind die Einweisung, das Elternhaus, die Sehnsucht nach menschlicher Wärme oder romantischen Beziehungen, aber auch Natur und Umweltschutz. Manchmal verdecken ideologische Vorgaben die Stimmen der Jugendlichen wie ein störendes Rauschen. Erstmals aber treten in diesen Dokumenten die Heranwachsenden mit eigenen Worten aus der Isolation hervor.

- 1 -

"Kurze Bekanntschaft"

Wie jeden Freitag saß ich mit meinen Brüdern und einigen Kumpeln in der Disko unseres Kulturhauses. Das Bier floß aus halben Litergläsern, die knallharte Musik putschte uns auf. Viele verrenkten sich im Rhythmus. Kreischend erscholl die Stimme einer Bandsängerin. Wild flackerte der Scheinwerfer und unterstrich den Diskosound. Viele aber hockten an den Tischen, diskutierten, stritten und mancher hielt große Reden. Bierschaum um rülpsenden Lippen, glasige Augen, einige lagen bereits mit dem Kopf auf dem Tisch. Mein älterer Bruder Peter lallte "Mensch Micha, angel dir bloß bald mal 'ne Alte, damit wir

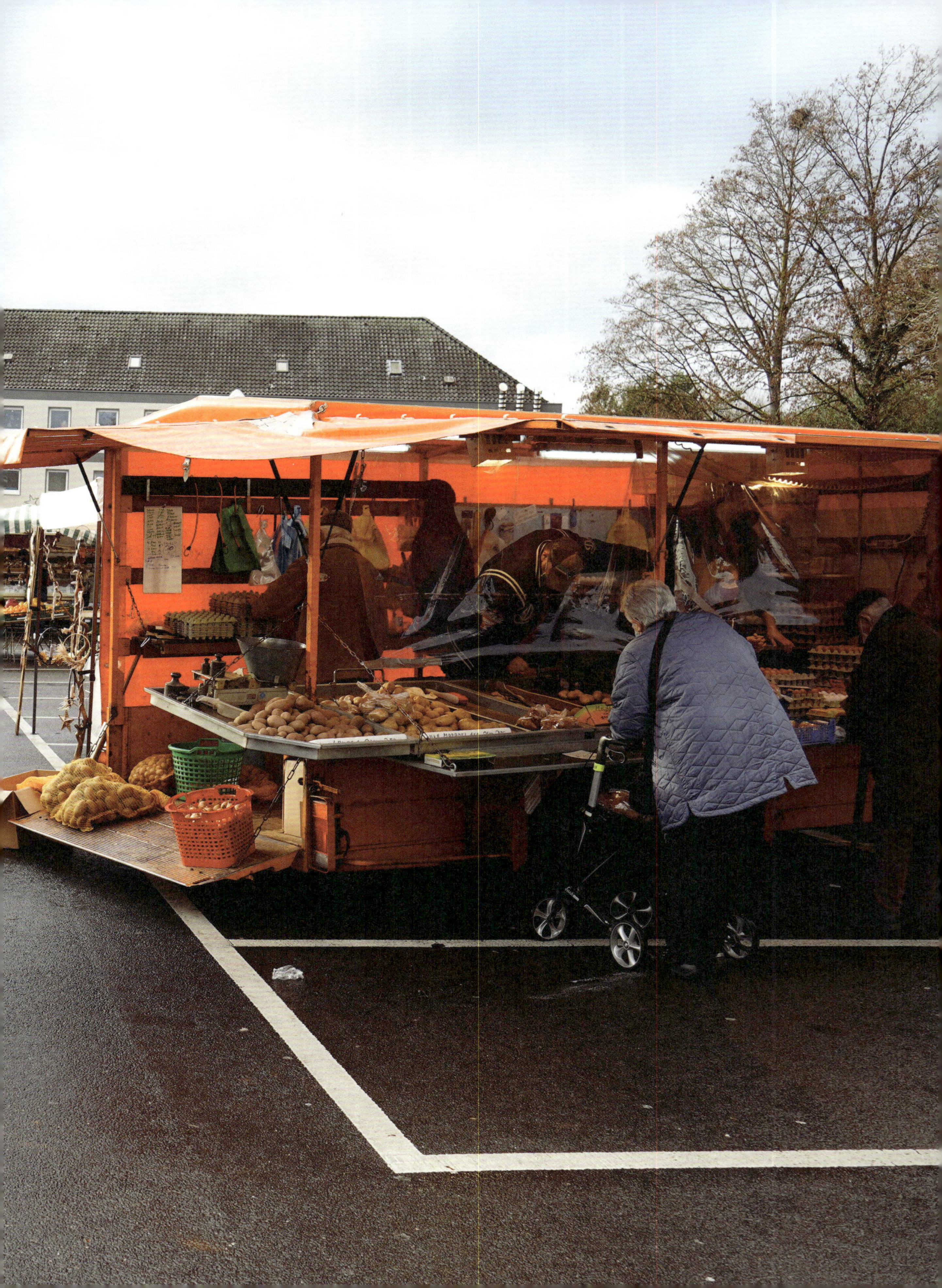

ZEICHEN STIFTEN

Zeichen? Sind das nicht die kleinen Pixel, die man mit beiden Daumen ins Handy hackt? In WICKRATH S. 128 bei Mönchengladbach sind die Menschen digitalisiert wie wir alle. Doch sie suchen ein Sinnbild, statt noch mehr Emojis, und wollen damit den Marktplatz zu einem Bezugspunkt für alle machen. So soll die Mitte einer Stadt wiedererkennbarer werden, die schon vor Jahrzehnten eingemeindet wurde, heute aber mehr denn je ein markantes Zentrum vermisst, an dem man sich in die Augen blickt. Letzteres ist ein Ziel, das die **NEUEN AUFTRAGGEBER** von WALDECK-FRANKENBERG S. 136 in Hessen auch unterschreiben würden, es geht ihnen aber um etwas ganz anderes: um neue Netzwerke zum Schutz des Wassers in Zeiten des Klimawandels. Die Zeichen sind hier temporär. Sie sollen sensibilisieren und am Ende doch zum Handeln führen.

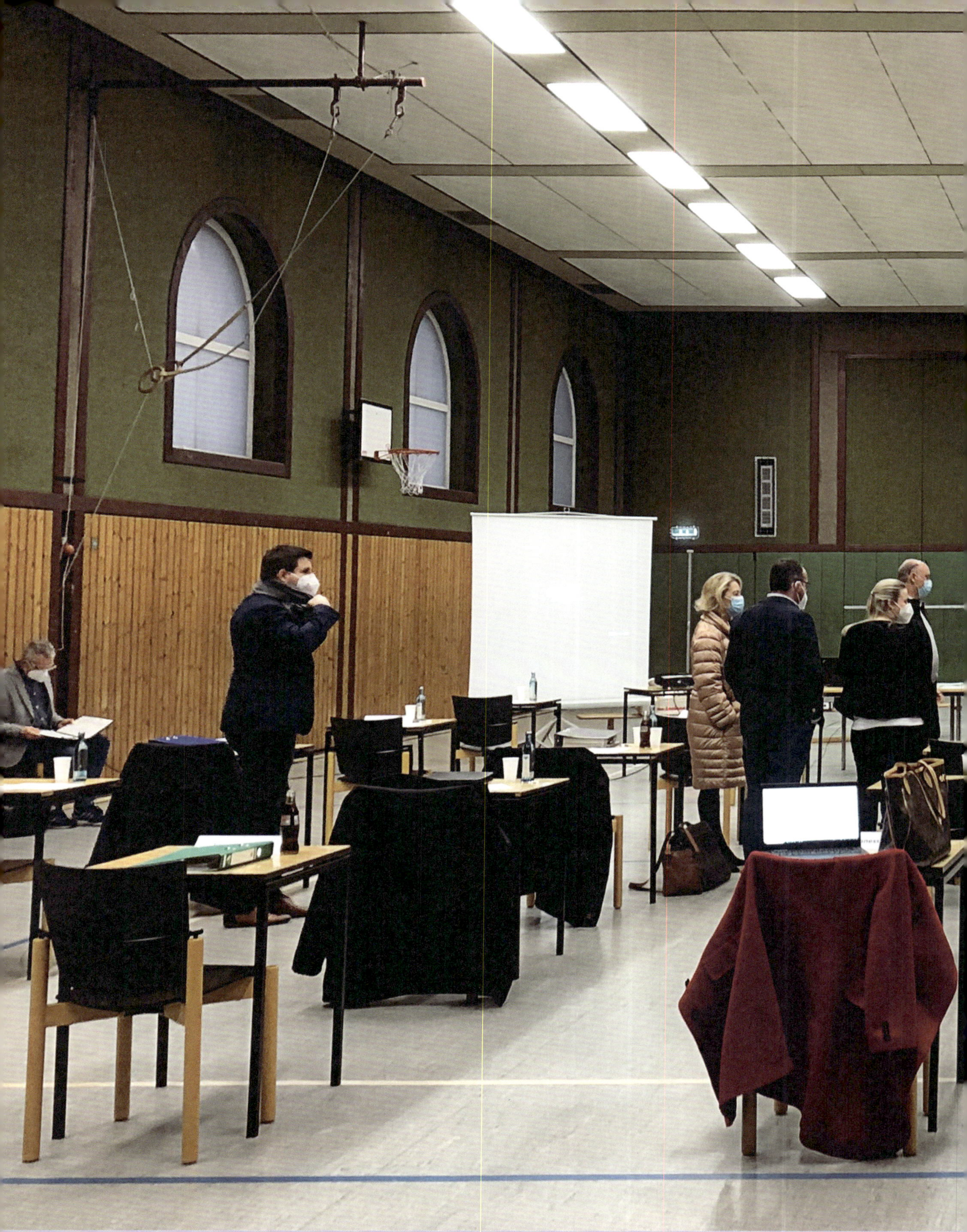

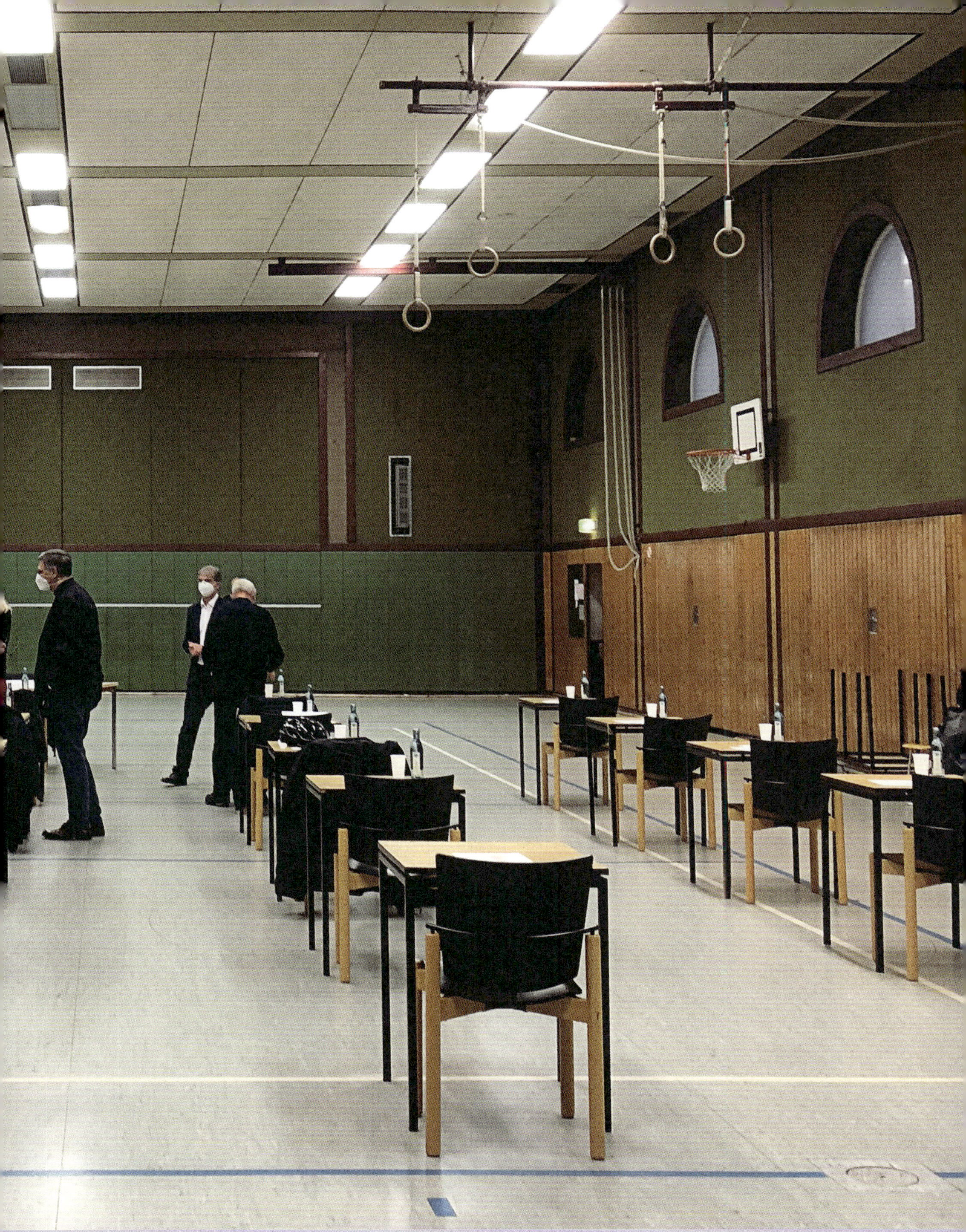

Wickrath, Nordrhein-Westfalen

DER GRIFF NACH DER KRONE

WIE EINE STADT EIN ZEITGEMÄSSES SINNBILD SUCHT

Als die großen Städte zu noch größeren Metropolen wurden, drängten die wachsenden Siedlungen an die aristokratischen Paläste heran und schlossen sie im Lauf der Jahrhunderte einfach ein. Am Ende der Belagerung gaben sich die Paläste geschlagen. Umgeben vom Verkehrsachsen und Häuserblöcken blieben sie mit ihren weitläufigen Gärten als Enklaven einer unbeschränkten Herrschaftslust wie funktionslose Relikte zurück. Das städtische Leben zogen nun wie Magnete neue Plätze und Alleen an. In Wickrath, das mit seinen Ortsteilen heute 17.000 Einwohner hat und auf eine längere Geschichte als Berlin zurückblickt, ist der Kampf genau andersherum ausgegangen. Das Schloss hat durch technisches K.O. gesiegt, ist aufwändig restauriert und für viele Auswärtige der prägende Eindruck der Stadt. Dabei sah es Jahrhunderte lang genau andersherum aus.

DER AUFTRAG IN ZWEI SÄTZEN

„Wir möchten gemeinsam mit einer Künstlerin oder einem Künstler in Wickrath einen neuen Mittelpunkt schaffen. Der Marktplatz soll einen Gegenpol zu unserer Mobilität und Eile bilden und als bürgerschaftliches Gegenüber zum Schloss eine Bühne des gesellschaftlichen Lebens werden."

GRÖSSTE HERAUSFORDERUNG

Ein Marktplatz ist seiner Natur nach kein Ort für dogmatische Ansprüche, weil sich auf ihm die verschiedensten Nutzungen mischen. Der Entwurf musste diese hybride Identität einbeziehen und ihn trotzdem als Ort wahrnehmbar machen – sich dabei aber in städtische Planungen einbetten lassen.

DIE AUFTRAGGEBER*INNEN

Günter Baldysiak, Annette Breuer, Peter Feron, Barbara Fitzek, Sebastian Leppert, Stephanie Mund, Vanessa Odermatt, Michael Röring

MEDIATORIN

Kathrin Jentjens

KÜNSTLERIN

Kerstin Brätsch

ZEITRAUM

2019 – dauert an

FAKTEN

Bis zum Ende des Zweiten Weltkriegs stand am Wickrather Marktplatz eine Kirche, die als romanische Pfeilerbasilika entstanden war, aber im Wechsel der Zeiten ihre Form ständig veränderte. 1703 bekam sie einen Zwiebelturm, dessen Haube sich mit barocker Lust an der Eleganz über einem rustikalen Feldsteingemäuer erhob. Wickrath wuchs, und mit der Stadt wuchs immer wieder auch die Kirche, die noch im 19. Jahrhundert neue Seitenschiffe bekam. An einem klaren Wintertag 1945 wurde die Kirche von Bomben völlig zerstört.

ORT

Lässt man die Funde aus der Altsteinzeit aus, beginnt Wickraths Siedlungsgeschichte in der Römerzeit. Daran gemessen kam die Verleihung der Markt- und Stadtrechte 1488, drei Jahre vor der Weihe des Kreuzherrenklosters, fast schon spät. 250 Jahre später begannen die Arbeiten am Schloss, von dem das Bild der Stadt nach außen bis heute geprägt wird. 1975 verliert Wickrath, das seit dem 20. Jahrhundert immer weiter mit seinen Nachbarstädten zusammenwächst, seine Selbständigkeit und wird nach Mönchengladbach eingemeindet.

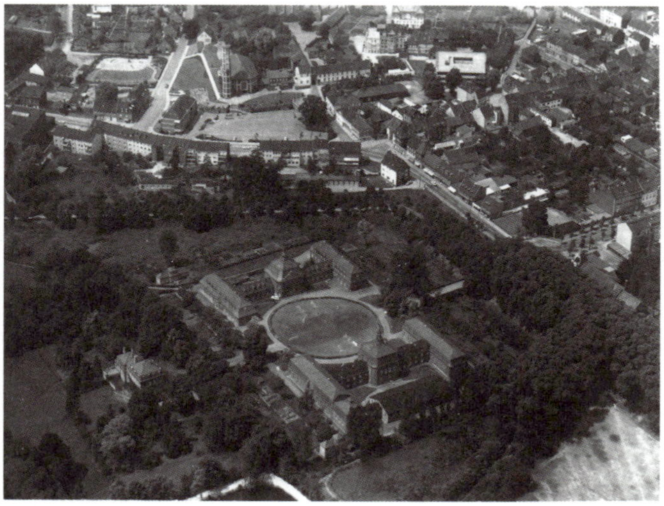

Das Schloss war imposant. Ein selbstbewusster Reichsgraf hatte den Grundriss des Parks als fünfeckige Grafenkrone angelegt, das Schlossgebäude auf einer aufwändigen Pfahlgründung mit zwei barocken Vorburgflügeln flankiert und sogar einen Tierpark angelegt. Drüben aber, auf der bürgerlichen Seite des Schlossgrabens, wuchs Wickrath in den Jahrhunderten an. Schräg an der Seite des Parks gelegen, als wollte die Stadt den Blick der Grafen nicht stören, wurde mehrfach die Kirche erweitert, um mit dem Bevölkerungswachstum mitzuhalten. Das Kreuzherrenkloster hatte Wickrath früh zum Bildungszentrum gemacht und einige hundert Jahre später regte der industrielle Aufschwung die Bautätigkeit an. Wickrath war da schon 400 Jahre Stadt und das Schloss verwahrlost und baufällig geworden. Doch heute ist davon nichts mehr zu spüren. Das Schloss wurde zur Landesgartenschau saniert, der Marktplatz aber, die natürliche Mitte Wickraths war anders als die Kirche im Aufschwung nicht mitgewachsen. Er wurde nach dem Krieg auf Straßenniveau abgesenkt und von einer Mauer eingefasst, die ihn nun mit zwei Treppenanlagen von Kirche und Rathaus trennte. Zeittypisch ersetzte die Autogerechtigkeit die städtische Mitte, und die Neuen Auftraggeber von Wickrath sind entschlossen, das endlich zu ändern. Da so gut wie alles rund um die Stadt sich ändert, sehen sie ihre Chance, endlich sichtbar zu werden. >

Arbeitstreffen an der Kaffeetafel im Gartenidyll von Wickrathberg. Im April 2021 lernen sich Künstlerin und Auftraggebergruppe bei einer Begehung der Stadt und des Schlossparks kennen. Am Tisch akzentuieren die Auftraggeberinnen und Auftraggeber noch einmal den Auftrag.

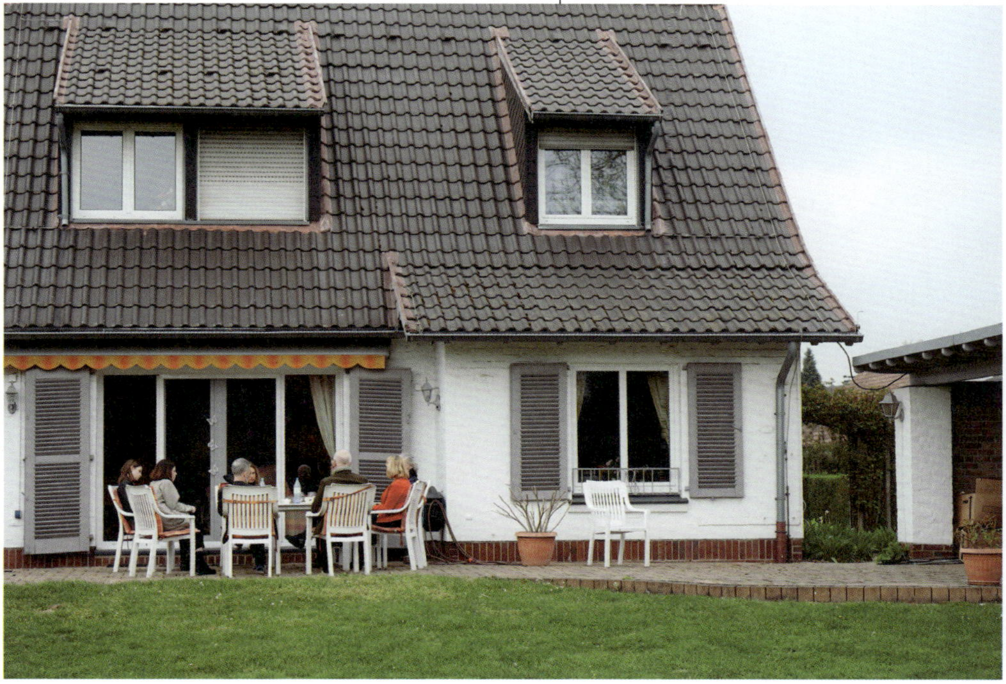

Fotos soweit nicht anders vermerkt: Florian Wagner; oben: Stadtarchiv Mönchengladbach; vorige Seiten:

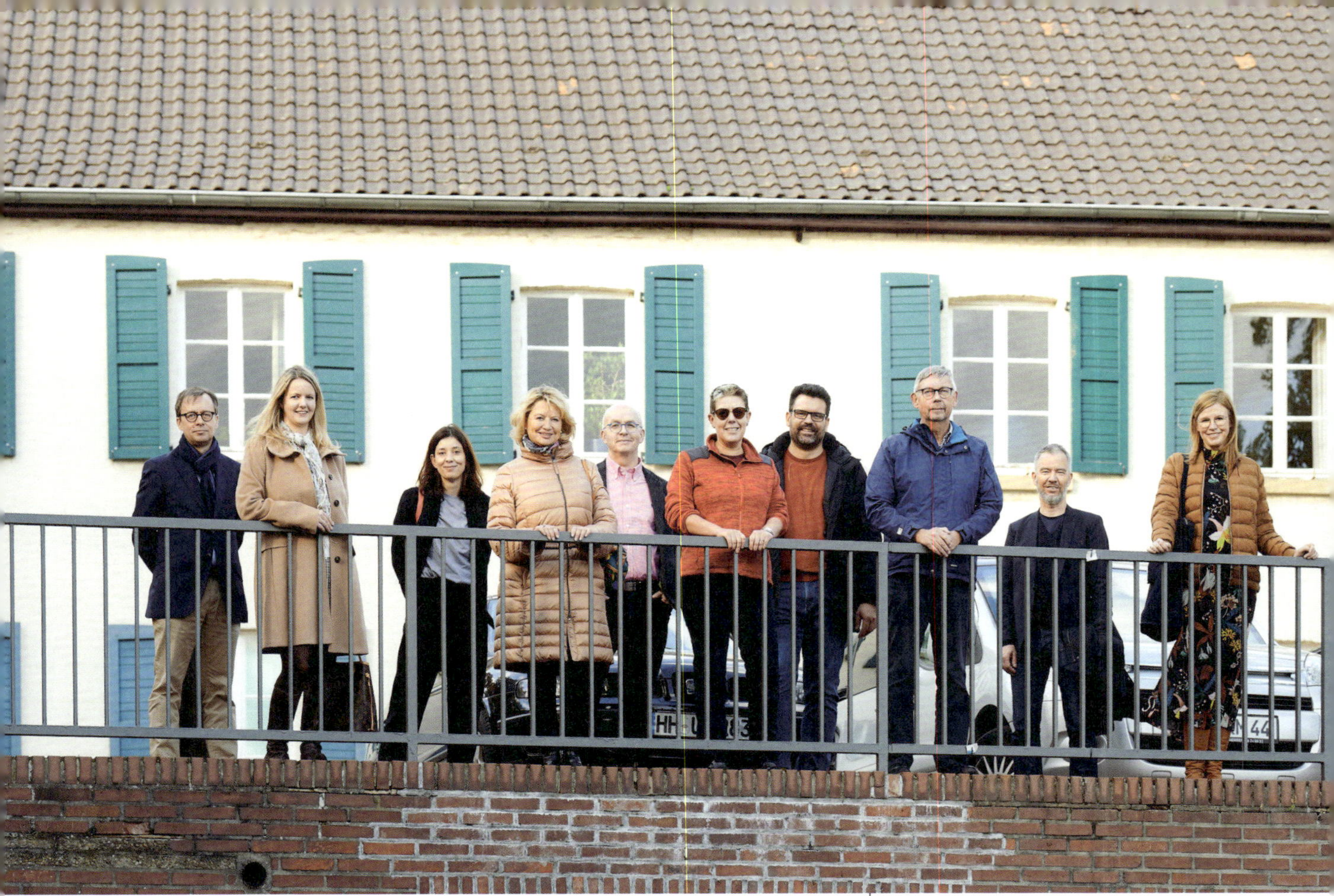

Die Auftragsunterzeichnung findet im Oktober 2020 am Schauplatz des Auftrags statt: Peter Feron, Vanessa Odermatt, Kathrin Jentjens, Barbara Fitzek, Günter Baldysiak, Annette Breuer, Sebastian Leppert, Michael Roering, Gerrit Gohlke, Stephanie Mund (v.l.n.r.)

„Wir sehen den Entwurf als Vision, die unsere Stadt und unsere Vorstellung von ihr mit der Macht der künstlerischen Erfindungskraft in ein neues Gleichgewicht bringt."

– Peter Feron, Auftraggeber

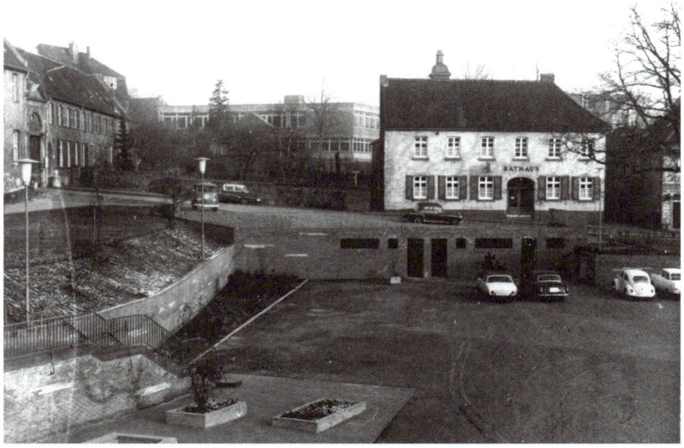

Der Umbau nach dem Krieg trennt den Platz von der höhergelegenen Ebene durch eine Mauer ab.

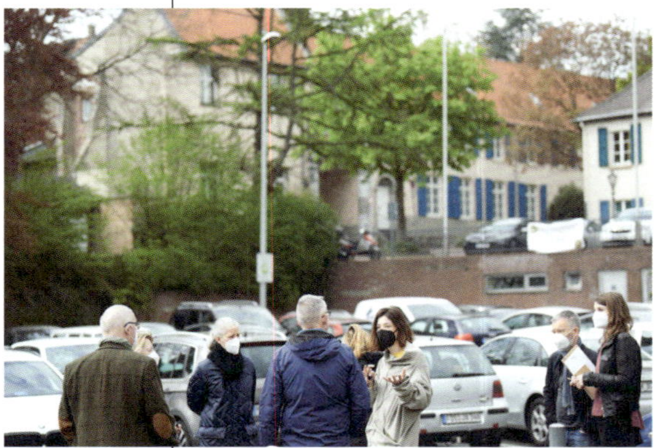

Der Marktplatz als Parkplatz. Das Bild zeigt die dominierende Nutzung von heute.

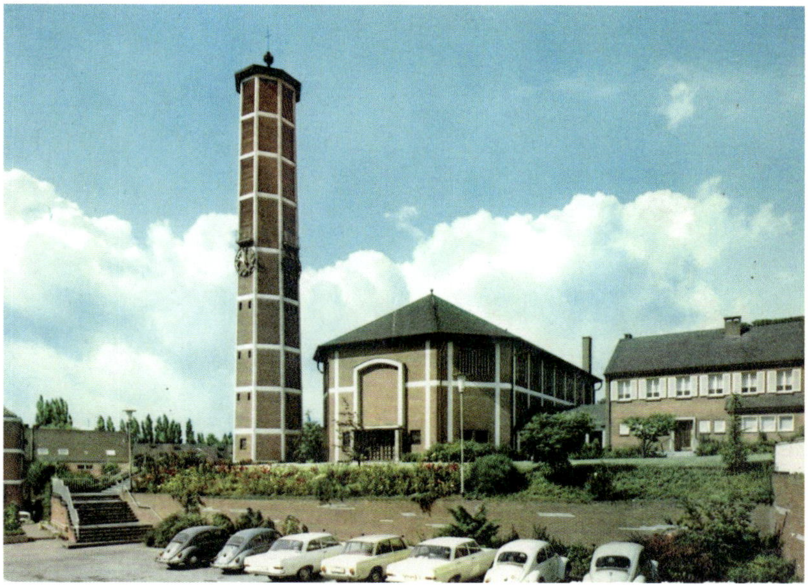

St. Antonius ist auf einem Oktogon aufgebaut und spielt damit gleichermaßen auf den nahen Aachener Dom und mittelalterliche Zahlensymbolik an. Grundsteinlegung war im Sommer 1954, die Weihe nur zwei Jahre später.

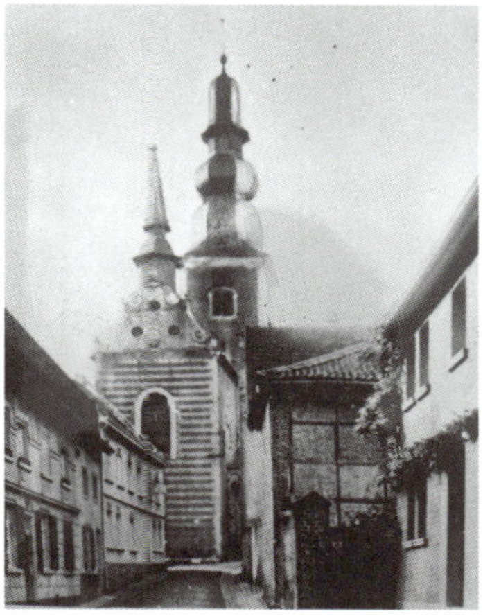

Die durch Bomben zerstörte Vorgängerkirche war ursprünglich als St. Salvator geweiht. Der barocke Zwiebelturm wurde 1703 hinzugefügt.

Dabei geht es der Auftraggebergruppe nicht unbedingt um eine republikanische Revanche am Reichsgrafen. Wichtiger ist da der Braunkohletagebau, der von Süden her Meter um Meter die Landschaft verschlungen und sich weit an Wickrath herangefressen hat. Gleichzeitig hat die Stadt nach 500 Jahren ihre Selbständigkeit verloren und ist seit 1975 ein Stadtbezirk Mönchengladbachs. Erbitterter Widerstand hatte nichts genützt, und heimlich gibt die Bevölkerung in der täglichen Praxis ein Votum für den größeren Nachbarn ab. Dort kauft man ein. Dort geht man ins Theater und ins Museum. Die Auftraggeber sind realistisch, die Eingliederung ist irreversibel, aber wenn im Großraum die Zugehörigkeiten verwischen, droht der Transit zum konturlosen Lebensmodell zu werden. Im Auftragstext wird das heikle Wort „Randlage" zitiert, die bei den Jüngeren auch noch mit digitalen Räumen konkurriert. Das Zentrum magnetisiert die Menschen. Wer nicht nostalgisch ist, kann das aber auch als historische Gelegenheit betrachten.

Wenn der Wickrather Marktplatz nie ein wirkliches Zentrum war, die Menschen aber so viele Funktionen ihres Alltags anderswohin verlagert haben, entsteht da nicht ein Vakuum, das sich füllen lässt? Könnten die Leute hier nicht zur Ruhe kommen, schauen und reden, statt zum Bus zu hetzen oder zwischenzuparken? Wo sonst sehen wir einander in die Augen, wenn wir unsere Bildschirme verlassen und die WhatsApp-Fenster schließen, wenn nicht auf Plätzen, die dafür freilich umgestaltet werden müssten?

Die Gruppe dachte an eine Treppe, die auch eine Tribüne wäre. Der Marktplatz, der die meiste Zeit nur ein Parkplatz war, leidet an seiner Einfassung, vor der man unten wie an einem Beckenrand steht, um zweckmäßig, aber erlebnislos nach oben zu steigen. Wer in Paris oder Wien oder gar Rom Treppen steigt, weiß, dass Treppen größte Lust bereiten. Dass man dort gar nicht genug vom Treppenbenutzen bekommt. Eigentlich aber machten sie der Mediatorin Kathrin Jentjens bei den ersten Gesprächen klar, dass es um ein Motivationswerkzeug für Mitbürgerinnen und Mitbürger ging, die schleichend vergessen, dass sie in Wickrath leben, weil Wickrath für sie an keinem Punkt ihrer ständigen satellitenhaften Bewegung zu erkennen ist. Immerhin 10.300 Menschen wohnen heute in der Wickrather Mitte. Ein Bruchteil von ihnen als Flaneurinnen und Flaneure wären genug.

>

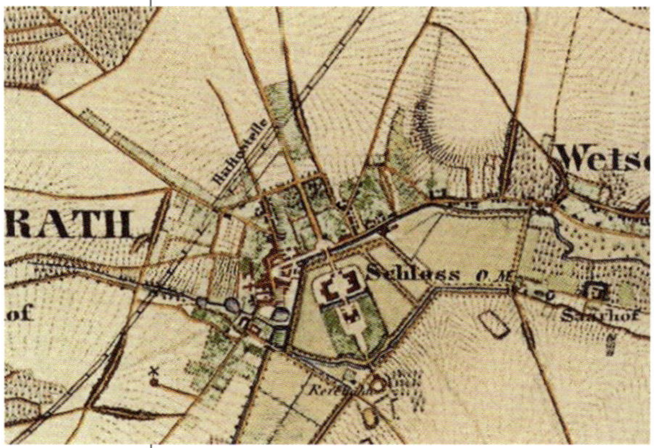

Der historische Kartenausschnitt zeigt die Dominanz des Schlosses, dessen Mittelachse die Stadt völlig ignoriert. Das darf aber nicht darüber hinwegtäuschen, dass Wickrath stetig gewachsen ist und auch baulich immer selbstbewusster wurde.

Links: Foto links unten: Stadtarchiv Mönchengladbach; rechts: gemeinfrei; Archiv der katholischen Kirche Wickrath; Landesvermessungsamt NRW

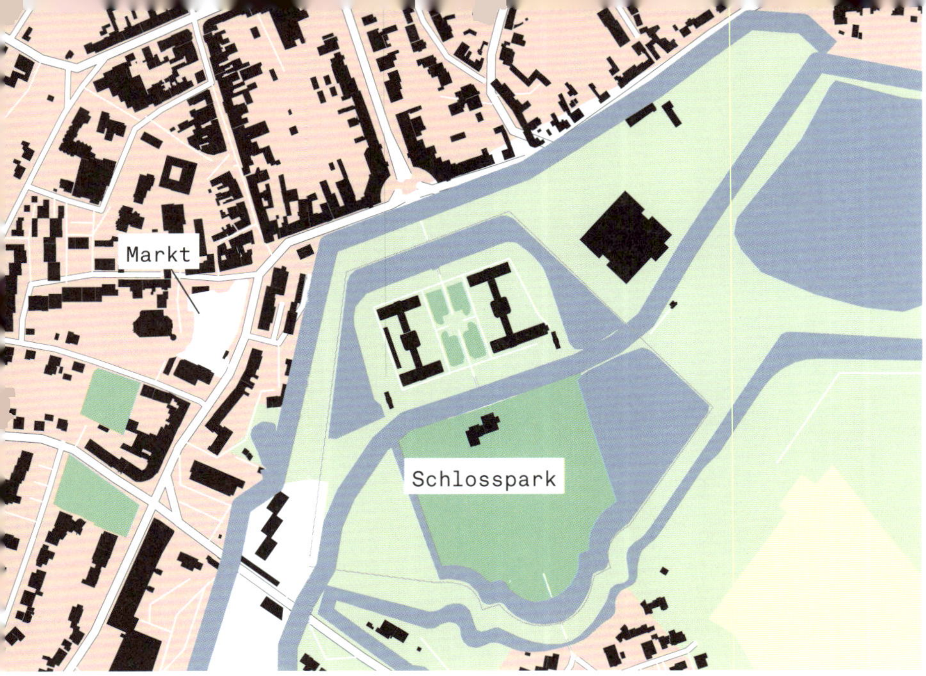

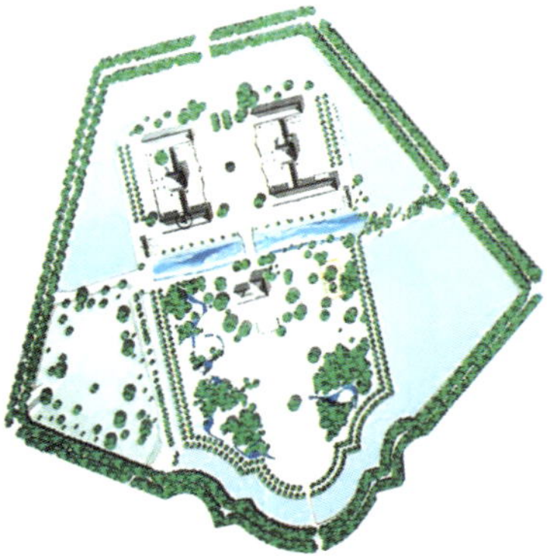

1772 fertiggestellt, bildet der Grundriss des Parks eine Grafenkrone nach und nimmt selbstbewusst auf die Erhebung des Familienzweigs in den Hochadel Bezug.

„Wir möchten den Marktplatz zu einem bürgerschaftlichen Gegenüber des Schlosses machen.“

– Aus dem Wickrather Auftragstext

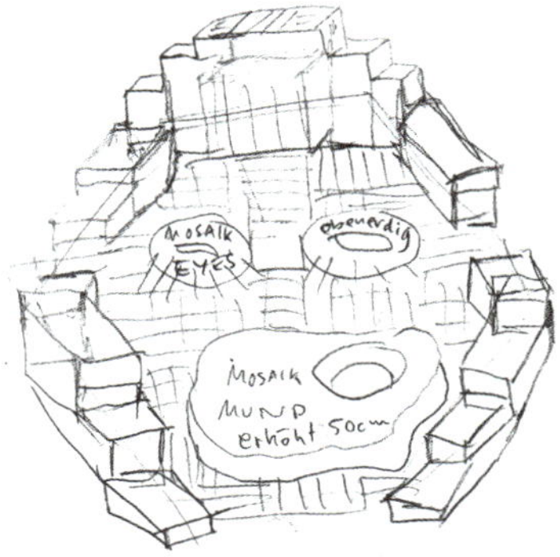

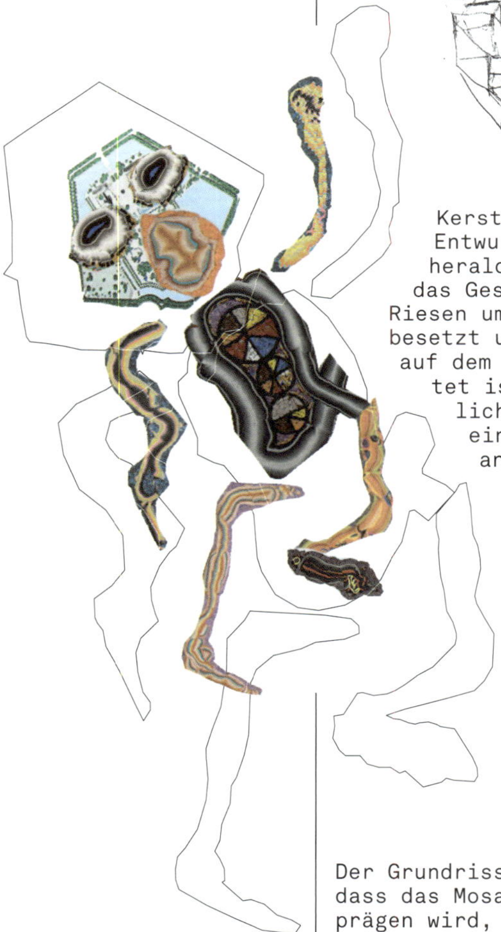

Kerstin Brätschs Entwurf deutet das heraldische Emblem in das Gesicht eines Riesen um, der den Platz besetzt und zwar flach auf dem Boden ausgebreitet ist, aber womöglich gerade zu einem Tanzschritt ansetzt.

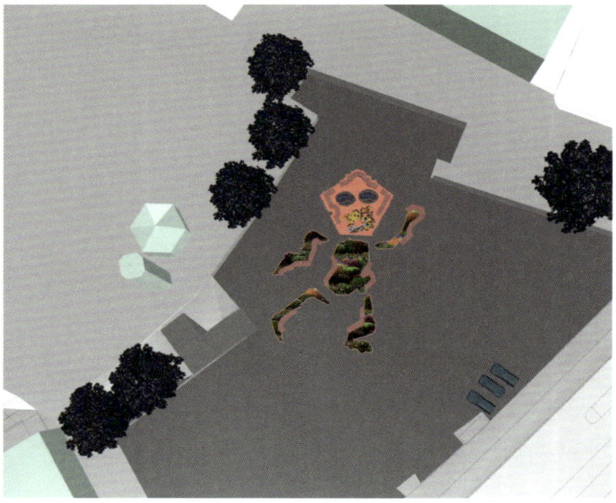

Der Grundriss macht deutlich, dass das Mosaik den Platz prägen wird, ohne ihm eine Nutzung aufzudrängen.

Entwürfe und Fotos: Kerstin Brätsch

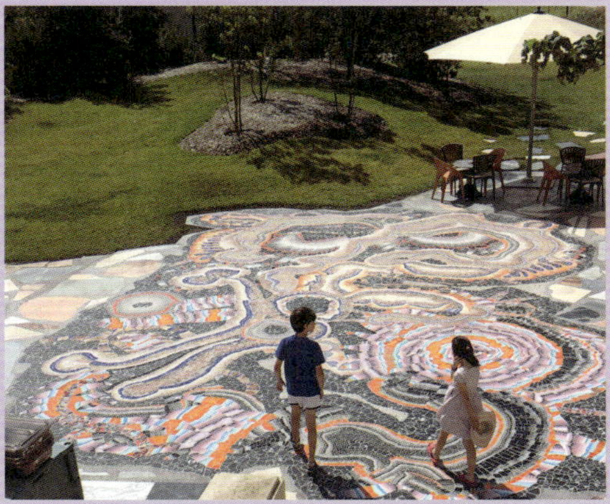

Für das Café du Parc in Arles hat Kerstin Brätsch ein Mosaik entwickelt, das verschiedene Motive wie Charaktere einer Erzählung zusammenführt. Die Motive finden sich auch im Inneren des Gebäudes.

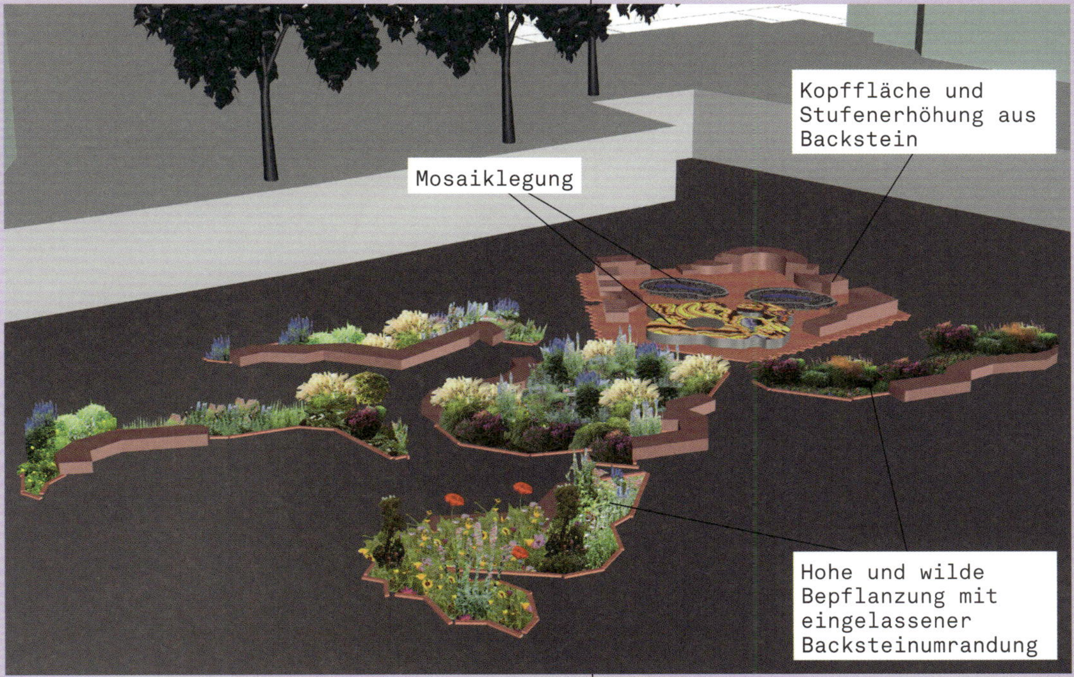

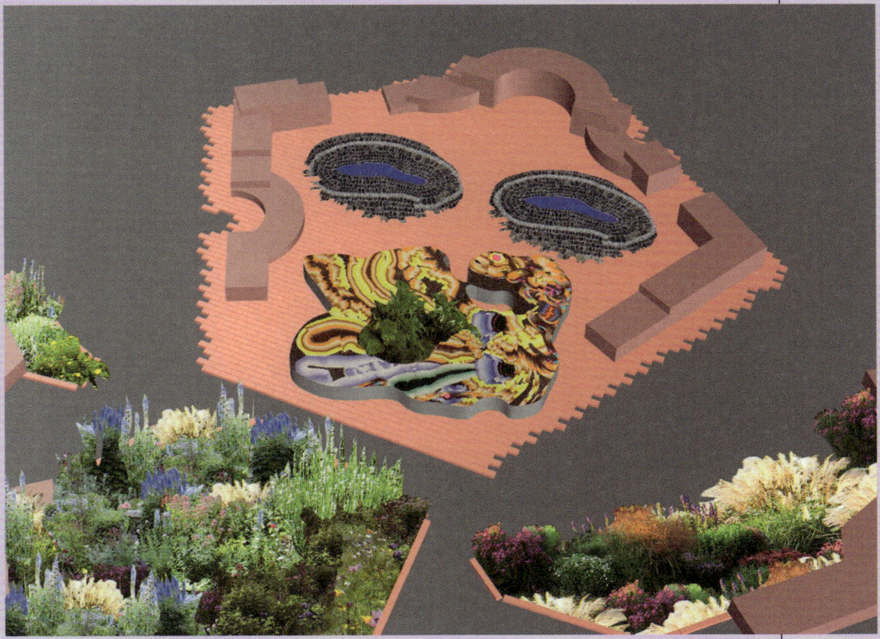

Die Gliedmaßen des Figurenmotivs verweisen auf die Ein- und Ausgänge der Platzanlage. Die Kopfflächen dienen als Sitzgelegenheit.

Auftragsbesprechung im Gemeindesaal von St. Antonius. Kerstin Brätsch erläutert die Entwicklung ihres Bodenmosaiks im Vergleich zum historischen Grundriss des Schlossparks.

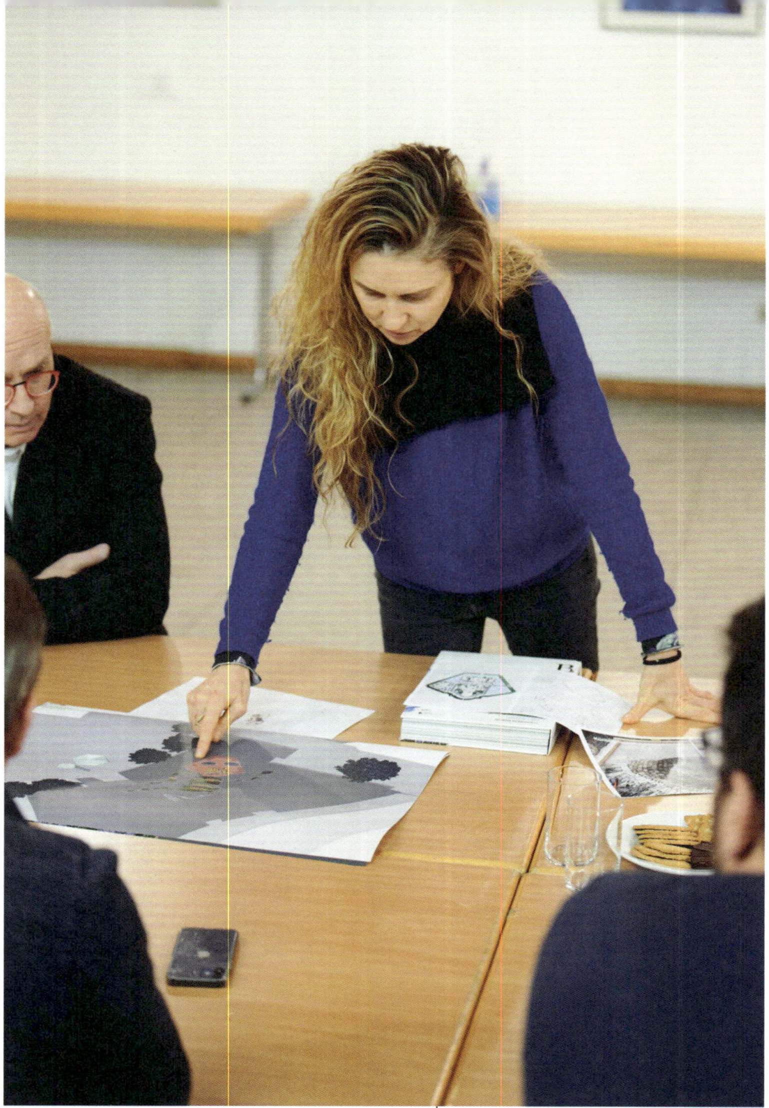

Kathrin Jentjens dachte nach und hatte ein lebensnahes Zahlenverständnis. Was würde eine Treppe kosten? Eine Treppe von einmaliger baulicher Qualität? Die Mediation bei den Neuen Auftraggeber schließt nichts aus. Erst kommt die Idee, dann die Kalkulationstabelle. Die Erfahrung sagt, dass umwerfend überzeugende Ideen überzeugende Finanzpläne hervorbringen können, aber man käme um die Frage nicht herum, woher und wohin die Menschen über diese Treppe laufen würden. Was sie dazu bringen könnte, innezuhalten, wenn sie es jetzt nicht tun. Und vor allem, ob unten auf dem Marktplatz das Leben weiter ginge wie zuvor. Gelegentlich Marktstände. Manchmal ein Festzelt. Und zu jeder anderen Stunde parkende Autos. Autos, die kreisend Parkplätze suchen, Autos beim Ausparken, Autos, die sich gegenseitig im Weg herumstehen. Das war kein Ausblick für eine Tribünentreppe. Und Treppen zu bauen war eine Bauaufgabe für eine Stadtumbaumaßnahme, die sowieso schon in der städtischen Planung war.

Jentjens fand, dass der Bewusstseinsumbau der eigentliche Kern des Wickrather Auftrages war. Sie begann nach Künstlerinnen und Künstlern zu suchen, die aus Orten Bilder machen. Die im Fall der Fälle einen mal so, mal anders genutzten Platz prägen würden. Die endlich Wilhelm Otto Friedrich von Quadt, dem Reichsgrafen, die Stirn bieten würden. Sie fand Kerstin Brätsch. Eine Künstlerin, die der Malerei oft handfeste Funktionen überträgt. Eine Expertin darin, Formen aufzunehmen und umzudeuten. Nichts ist in dieser Kunst als gegeben vorauszusetzen, vor allem aber zählt es zu den wichtigsten Anliegen Brätschs, die Malerei zu entgrenzen und ganz und gar malereifremden Zusammenhängen zu öffnen.

Und tatsächlich erhob in Brätschs Entwurf das bürgerschaftliche Bewusstsein kühn sein Haupt, allerdings mit niederrheinischer Heiterkeit. Die Grafenkrone, der Grundriss des Schlossparks, vielfach touristisch bestaunt, wurde in der Deutung der Künstlerin zum Kopf eines Riesen, tänzelnd, die Arme schwingend, ausgeführt als Mosaik und gärtnerische Gestaltung auf dem Marktplatz selbst. Das war nicht die Treppe, das war das gesuchte Motiv, auf das man schauen würde, ein Totem für Wickrath, ein Sinnbild, das alle Bezüge verbindet. Brätsch stellte sich nicht gegen das Schloss und seine Bedeutung. Sie verleibte es dem Entwurf ein. Ihr Mosaik würde die Mitte markieren und zugleich beschwören. Kathrin Jentjens nennt es ein „Bild mit metaphysischem Charakter, das zurückschaut, wenn es betrachtet wird“. Gut möglich, dass es magische Kräfte entwickelt. Jedenfalls ist es das Emblem der neuen städtischen Mitte. Die Stiftung eines Bildes, urban und lokal zugleich, wie es ganz früher einmal der barocke Kirchturm war./

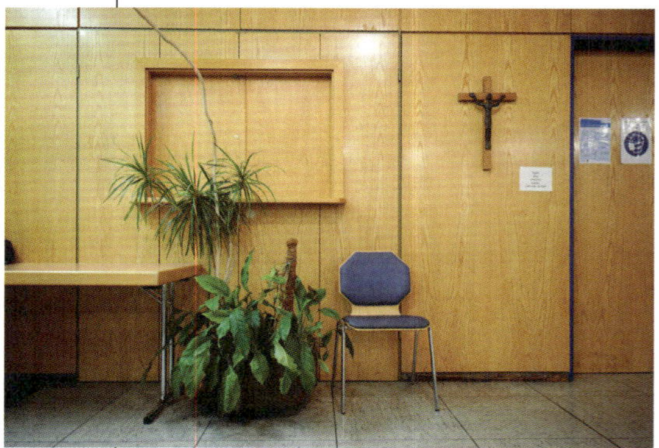

Die Gemeinden beider Konfessionen unterstützen das Projekt auch durch die Bereitstellung von Räumen, sind aber durch Pfarrer, Gemeindevorstände und Sozialarbeiterin auch in der Gruppe vertreten.

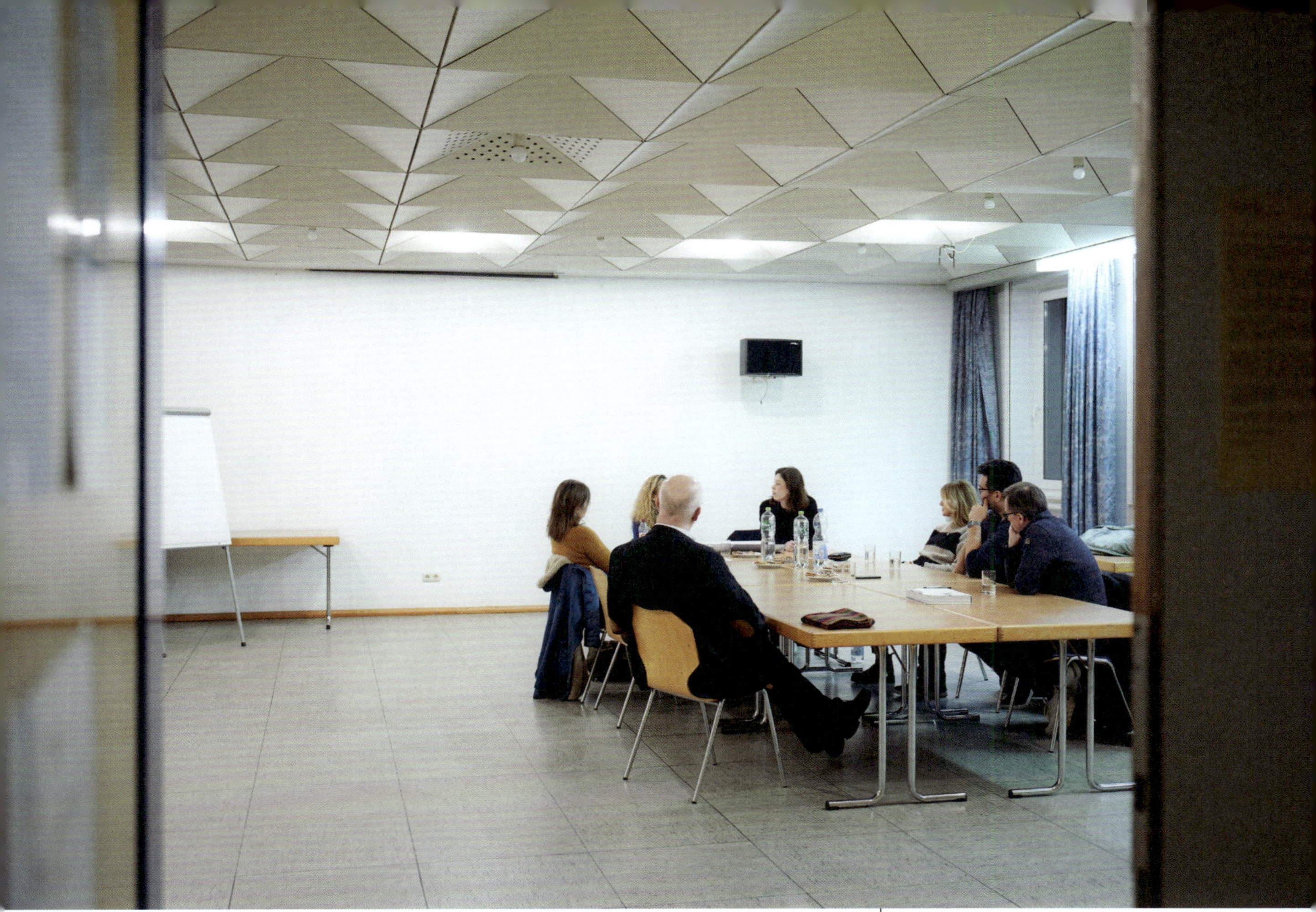

Arbeitsatmosphäre im Gemeindesaal. Künstlerin und Auftraggebergruppe gleichen ihre Ansprüche ab.

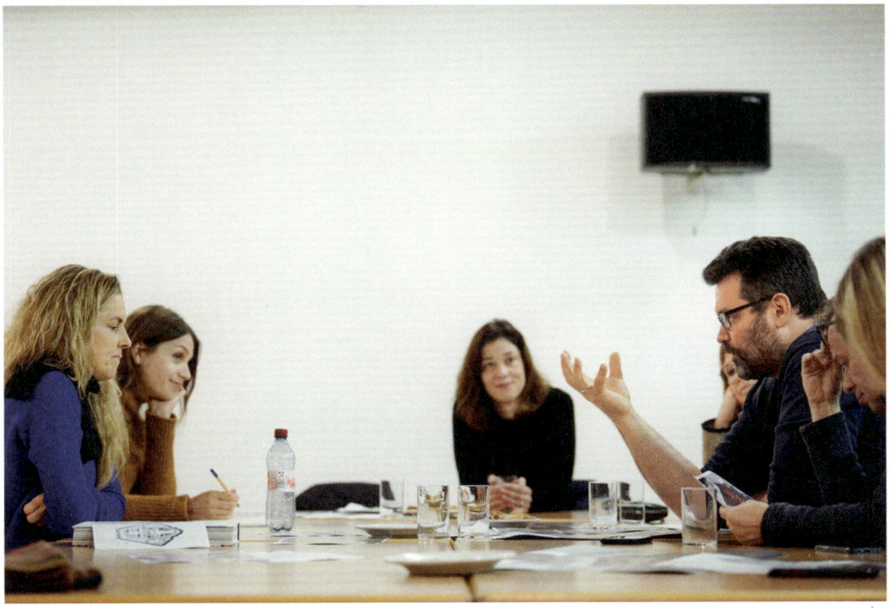

„Kerstin Brätsch führt 275 Jahre nach dem Auftrag des Grafen von Quadt für den Schlossneubau das Bild fort, das wir uns von Wickrath machen.“

– Peter Feron, Auftraggeber

Waldeck-Frankenberg, Hessen

WIE DAMPF AUF DEM ASPHALT

ÜBER EIN EXPERIMENT, DAS UNS BEWUSST MACHEN SOLL, WAS WIR NICHT SEHEN

„Kunst gibt nicht das Sichtbare wieder, sondern macht sichtbar", schrieb der Maler und Grafiker Paul Klee. Ausgerechnet das sonst Unsichtbare in den Blick zu rücken, ist eine der ältesten Disziplinen der Kunst. Götter, Engel und Teufel, Fantasien einer künftigen Welt hat nie jemand in Wirklichkeit gesehen – aber die Kunst konnte in Bildern und Zeichensystemen anschaulich machen, was sonst nur ungreifbare Worte gewesen wären. Heute betrifft der Klimawandel uns alle, bildet sich aber nur in Datenreihen und Sachverständigenberichten ab. Er müsste uns unmittelbar vor Augen treten wie die alten rotglühenden Höllenvisionen. Die Herausforderung der Zeichenmacherinnen und -macher ist aber noch waghalsiger geworden. Was können sie tun, um Menschen nicht zu erschrecken, sondern für etwas zu sensibilisieren, das sich so schwer anfassen lässt wie der sinkende Grundwasserspiegel einer ganzen Region? Und als sei das nicht genug: Was bringt Menschen vom Sehen zum Handeln?

DER AUFTRAG IN EINEM SATZ
„Es geht ums Wasser: Wir brauchen und wünschen ein Kunstwerk, das den Instinkt zu beschützen weckt in den Menschen der Region Waldeck-Frankenberg, für das Gut Wasser als Quelle des Lebens."

GRÖSSTE HERAUSFORDERUNG
Weil Menschen Routinen folgen und Veränderungen scheuen, ist die größte Herausforderung des Projekts nicht fehlendes Wissen. Je ungreifbarer die Ursachen eines Problems sind, desto eher verdrängen Menschen auch offensichtliche Probleme.

DIE AUFTRAGGEBER*INNEN
Wasserinitiative Waldeck-Frankenberg (WIWF)

MEDIATORIN
Roland Knieg, Mirl Redmann

KÜNSTLER*INNEN
nachbars garten

ZEITRAUM
2020 – dauert an

FAKTEN
Nach dem jüngsten Waldzustandsbericht zeigt nur noch ein Fünftel der Bäume keine Schäden durch Trockenstress. Bäume, die Trockenheit ausgesetzt sind, werden lichter, nehmen weniger Kohlendioxid auf und werden anfällig für Pilze, Schädlinge, aber auch Brände.

ORT
Waldeck-Frankenberg ist ein Landkreis im westlichen Nordhessen mit Frankenberg und Korbach als größten Städten und Schloss Waldeck, einer Burganlage aus dem 12. Jahrhundert, als Wahrzeichen. In seinem Zentrum liegt der Nationalpark Kellerwald-Edersee, im Osten grenzt der Landkreis Kassel an.

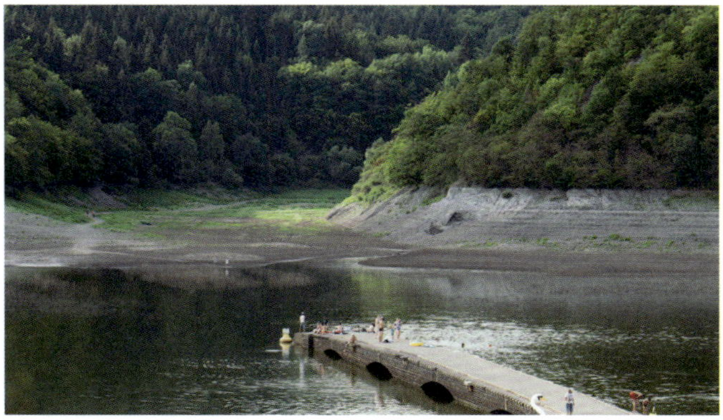

Der hessische Landkreis Waldeck-Frankenberg ist eine der deutschen Regionen, die allmählich austrocknen. Die Wälder verdorren, aus Bächen werden Rinnsale, der seit Jahr und Tag gepflegte Sonntagsspaziergang wird zum schmerzhaften Erlebnis des Verfalls. Überdüngung, Umweltverschmutzung verschärfen die Lage immer weiter. Die Ursachen sind aber weniger sichtbar als ihre Symptome. Etwas Vertrautes verschwindet zwar, aber das Unbehagen darüber bleibt diffus und sonntags im Wald kann das Gefühl die Vernunft immer noch überlisten und blendet die düsteren Aussichten einfach aus. Genau hier liegt das Interesse der Initiative, die in der Region seit 2019 eine sanftere, aber unbeirrbare Alternative zum wütenden Aktivismus oder faktenbewaffneten Belehrungen sucht. Die Wasserinitiative Waldeck-Frankenberg will die Auswirkungen und Folgen der zunehmenden Trockenheit ins Bewusstsein der Menschen rücken. Sie macht, was man tun muss. Organisiert Veranstaltungen, klärt auf, spricht mit der Politik und Presse. Aber eigentlich ging es den Gründerinnen und Gründern um etwas weit Herausfordernderes. Sie wollten Schutzinstinkte statt Einsichten wecken. Als sie von der Möglichkeit hörten, ein Kunstprojekt in Auftrag zu geben, war das ihre Frage an die Kunst: Ließen sich mit künstlerischen Mitteln menschliche Selbstrettungsmechanismen wecken? >

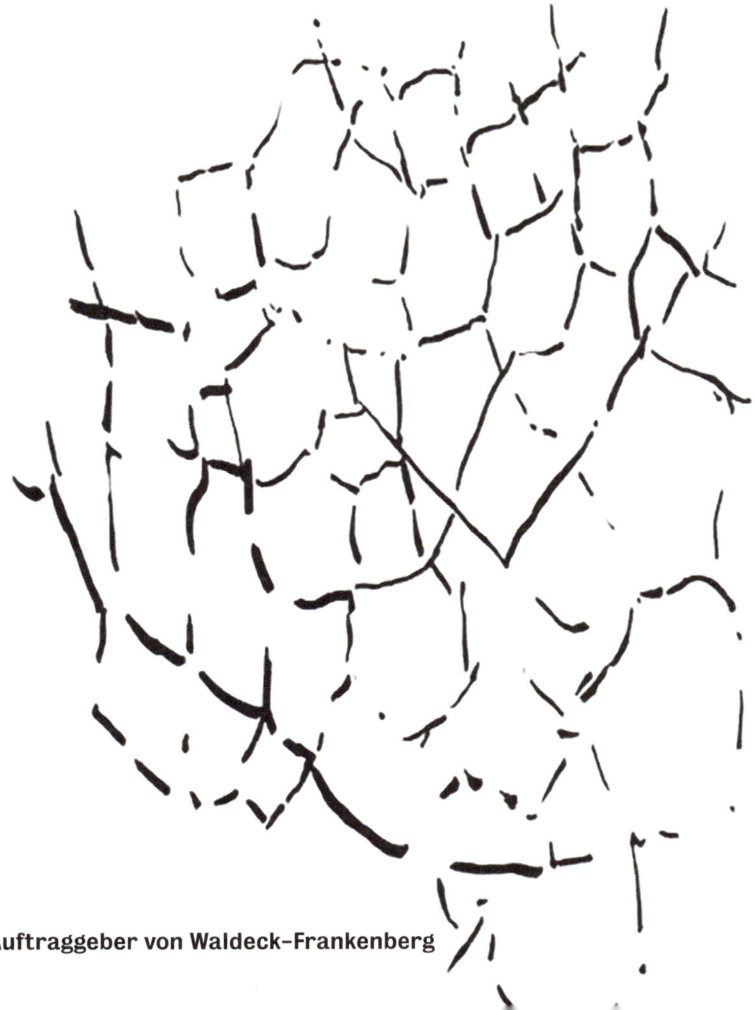

30.07.2018, Hessen, Vöhl: Spaziergänger und Touristen sitzen und stehen auf der alten Aseler Brücke im Edersee. Erste Bauwerke des versunkenen Edersee-Atlantis tauchen derzeit wieder auf. Der Stausee hat zurzeit die Hälfte seines Wasserstandes.

Foto: picture alliance / dpa / Swen Pförtner; Zeichnung: nachbars garten

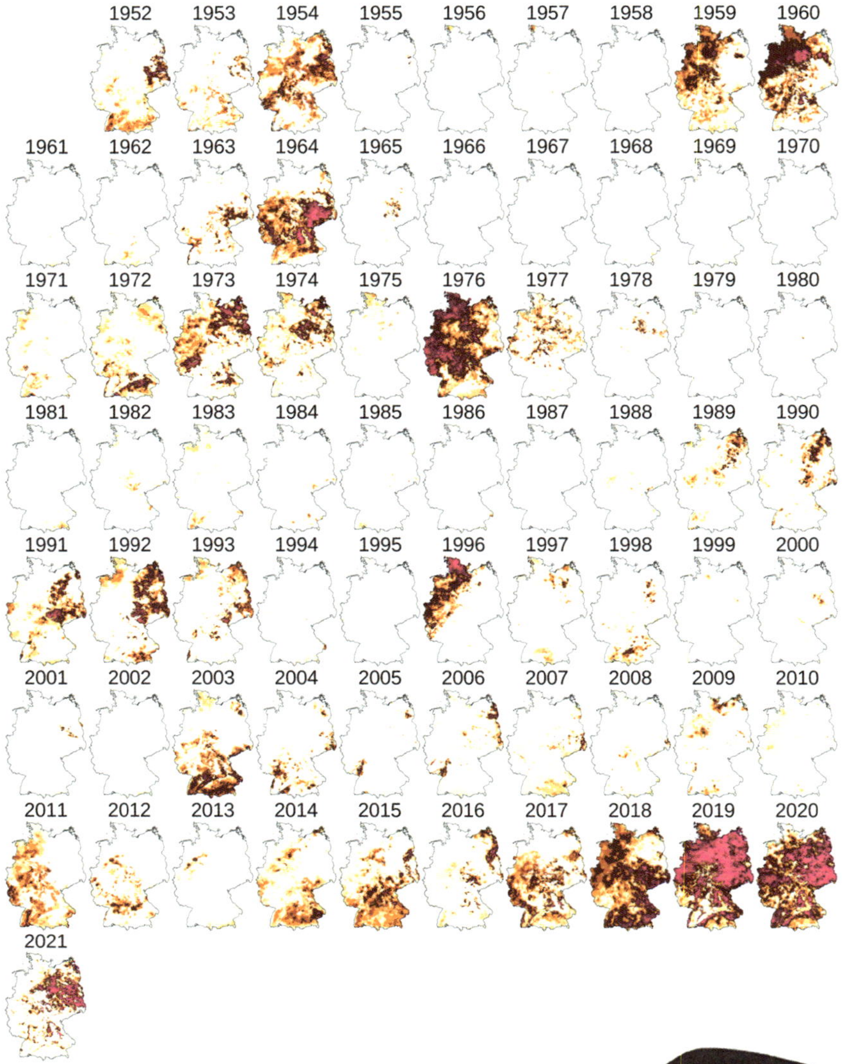

Auch in der Vergangenheit gab es schon dürre Jahre, wie der Blick auf die Dürreintensität der letzten 70 Jahre zeigt: je dunkler, desto trockener. Die Magentafärbungen aber zeigen Extremzustände an. Der Blick auf die Übersicht zeigt: Zuletzt häufen sich die Maximalwerte in schneller Folge.

Wissenschaftlich ist längst unumstritten, dass zunächst schleichende Prozesse des Klimawandels zu einer Selbstverstärkung führen, die seit einigen Jahren stärker und stärker im Alltag sichtbar wird, die Grundwasserspiegel sinken lässt und Kulturlandschaften verändert.

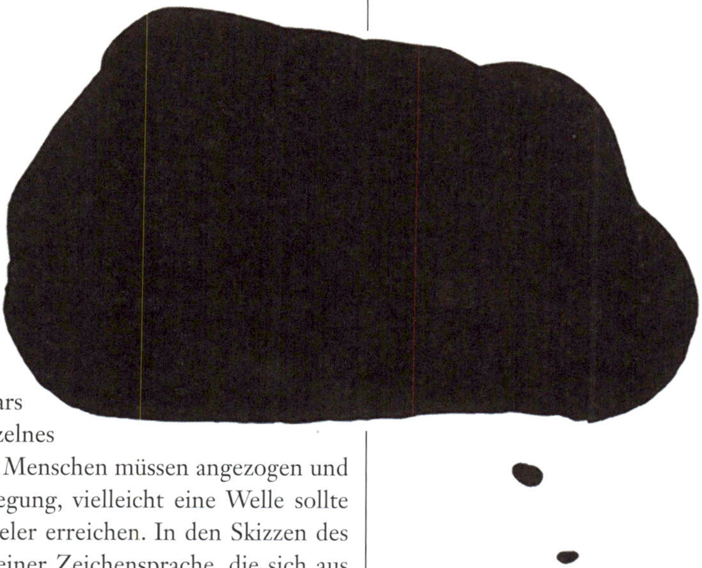

Sie formulierten ihren Auftrag mit der gleichen Sensibilität, die sie selber der bedrohten Ressource Wasser entgegenbringen. Sie wollten nicht belehren und nicht anklagen, sondern ein Gefühl dafür erzeugen, dass das Wasser, der Wald – und wir – in wirkliche Gefahr geraten. Die Mediatorin Mirl Redmann und der Mediator Roland Knieg stellten der Wasserinitiative das Leipziger Kollektiv nachbars garten vor. Es sollte nicht darum gehen, ein einzelnes Werk zu erstellen, sondern Zeichen zu setzen. Mehr Menschen müssen angezogen und eingebunden werden. Kein Schock, aber eine Bewegung, vielleicht eine Welle sollte durch den Landkreis gehen und das Bewusstsein Vieler erreichen. In den Skizzen des Künstlerkollektivs entstehen die ersten Fragmente einer Zeichensprache, die sich aus der nahen Beobachtung der Natur ableitet, aus ihrer Fragilität, aus Momenten zwischen Werden und Vergänglichkeit. Es ist eine sensible Zeichensprache, die sich in die alltägliche Lebenswelt der ländlichen Region einschreiben soll: beiläufige Zeichen an verschiedenen Orten, auf Schwellen, auf Hausgiebel, in Feldsteine geritzt. Jedes der Zeichen vermittelt eine eigene Geschichte zum Thema Wasser. >

Das Kunstprojekt will den Klimawandel, der sich sonst in Studien und Forschungspapieren abbildet, im wahrsten Sinne des Wortes auf die Straße holen.

Grafik: UFZ-Dürremonitor / Helmholtz-Zentrum für Umweltforschung; Zeichnung: nachbars garten

VERNETZTES BEWUSSTSEIN

Der politische Aktivismus hat Erfahrung damit, stillen verstreuten Protest in öffentlichen Zeichen sichtbar zu machen.

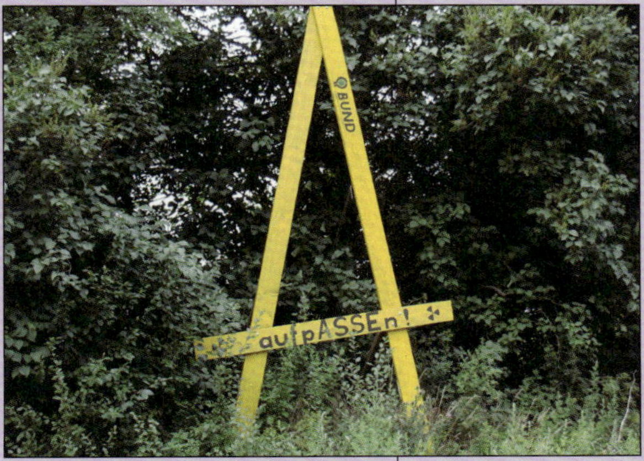

ASSE-A Das gelbe „A" steht für den Protest gegen die Schachtanlage Asse II bei Wolfenbüttel, einem Zwischenlager für radioaktive Abfälle. 2008 wurden die Protestzeichen von zwei Personen gezimmert und sind dank einer Bauanleitung in der gesamten Region im öffentlichen Raum zu finden, wo sie dem Protest eine dauerhafte Präsenz verleihen und das aktivistische Netzwek physisch sichtbar machen.

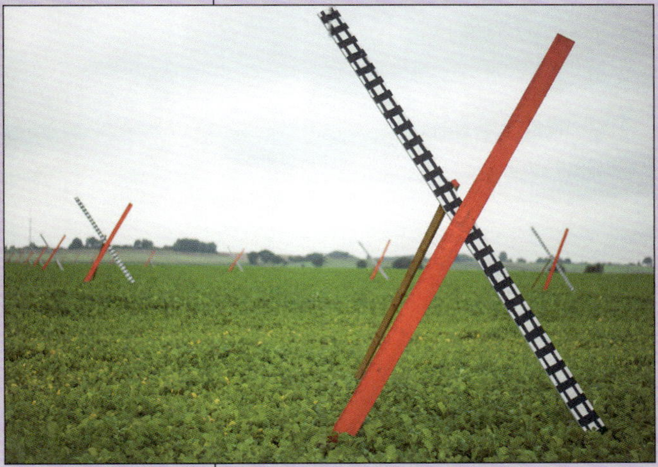

BÜRGERPROTEST Vorschläge zur Trassenführung einer Bahnverbindung, die zwischen Hannover, Hamburg und Bremen ausgebaut werden soll, rufen in den betroffenen Dörfern Protest in Form unmissverständlicher Zeichen hervor. Was sonst hinter verschlossenen Türen an Plänen verhandelt wird, macht auch Zufallsbetrachtern klar, wo in die Landschaft eingegriffen werden soll.

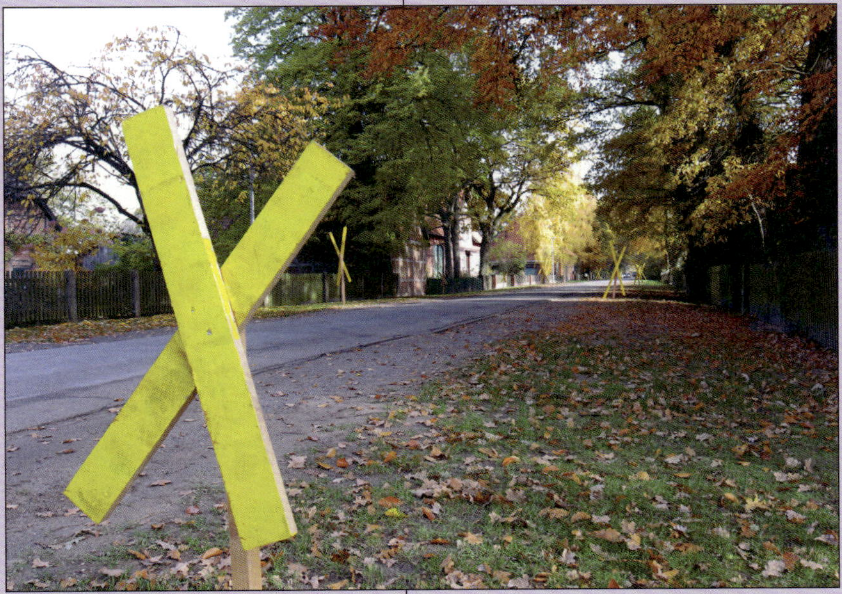

CASTOR X Das vermutlich bekannteste Zeichen des stillen Protestes ist das gelbe „X". Es trägt den Farbton des internationalen Radioaktivitäts-Warnzeichens in den öffentlichen Raum und macht das Unbehagen der Anwohner an ihren Hauswänden sichtbar. Das Zeichen sagt deutlich: „Wir stellen uns quer!" So ist es zu einem überregionalen Zeichen des Protestes gegen Atomenergie geworden.

Fotos: aufpASSEn e.V.; picture alliance / dpa / Philipp Schulze; Wikimedia Commons

Nicht die Kunst soll diese Zeichen platzieren. Die Mitglieder der Initiative wollen selber zu Zeichensetzerinnen und -setzern werden, und ihre Zeichen an andere weitergeben. Dabei geht es nicht um das einzelne Zeichen oder darum, wie es zu verstehen ist, sondern um eine Art organisches Zeichenwachstum und das persönliche Bekenntnis, das darin steckt, wie es ein Mitglied der Auftraggebergruppe formuliert: „Ein Zeichen für dein Haus, deine Fassade." Zentrale Botschaft: „Ja, ich will das." Die Politik, die hier eigentlich gefordert wäre, erscheint dem gegenüber wie eine nicht abreißende Kette von E-Mails, Eingaben, Verlautbarungen, Abstimmungen. Die Zeichen hingegen, um die es nun geht, sind das Gegenteil: Spuren eines zunehmenden Schwarmbewusstseins, dass die Phänomene erst gesehen werden müssen – und dann sofort gehandelt werden soll.

Die erste gemeinsame Handlung die Enne Haehnle, Elisabeth Howey und Kay Zimmermann von nachbars garten mit der Gruppe unternehmen, ist die Einladung zu einer Performance. Unter den Augen von Anwohnern, Landrat und Blaskapelle, angereisten Gästen und grasenden Schafen malen die Künstlerinnen die Zeichen ihrer neuen Sprache auf den Asphalt einer Straße, wo sie im Sonnenschein allmählich verdunsten. So flüchtig, wie Wasser eben sein kann. Wo sie in Zukunft wieder auftauchen, die Zeichen, die den >

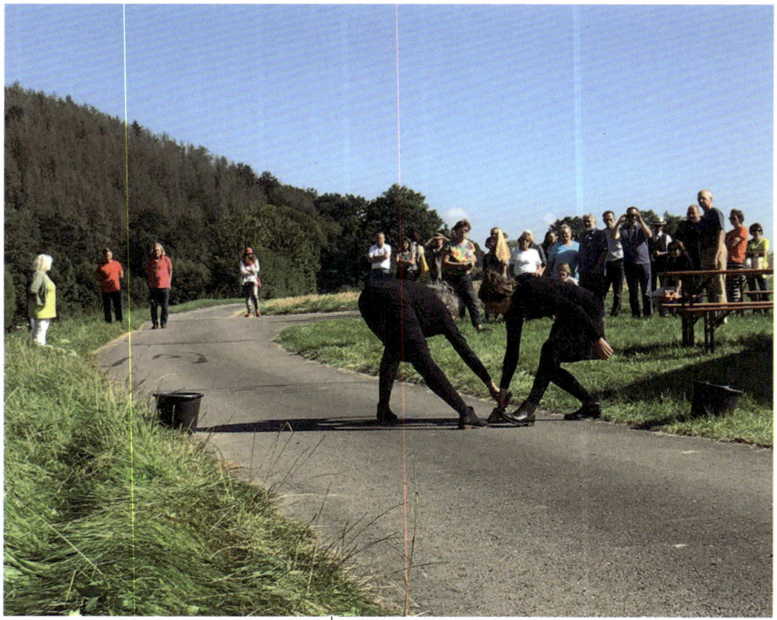

In einer künstlerischen Handlung setzen nachbars garten temporäre Zeichen.

„Uns wurde klar, dass wir nichts Materielles hinzufügen und auch nichts vorproduzieren wollen, sondern mit den Gegebenheiten vor Ort arbeiten werden."

– Enne Haehnle, nachbars garten

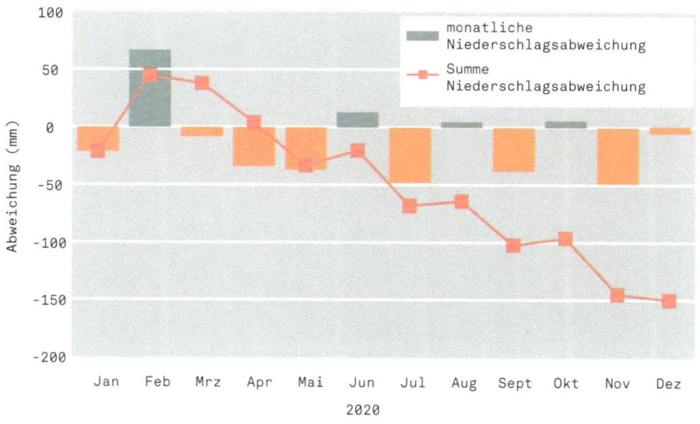

Abweichung vom langjährigen monatlichen Mittel und Niederschlagsbilanz in Hessen (Daten: DWD)

Auch wenn es in Hessen während eines Monats so viel regnet, dass die monatliche Niederschlagshöhe das langjährige Monatsmittel von 1981 bis 2010 um das Doppelte überschreitet, wie hier im Februar 2020, reicht dieser Überschuss nicht aus, die Summe der Niederschlagsabweichung über das Jahr hinweg auszugleichen. Am Ende des Jahres stehen dennoch alle Zeichen auf Rot.

„Ziel soll es sein, dass das Kunstprojekt wachsen wird, selbstständig wird.“

– Ingrid, Wasserinitiative Waldeck-Frankenberg

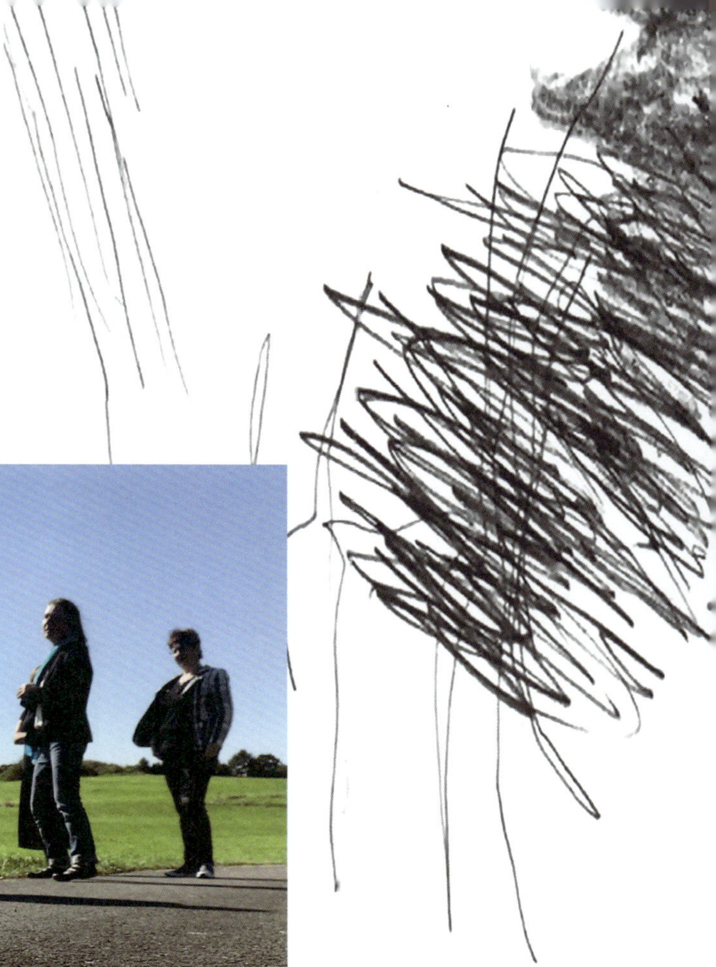

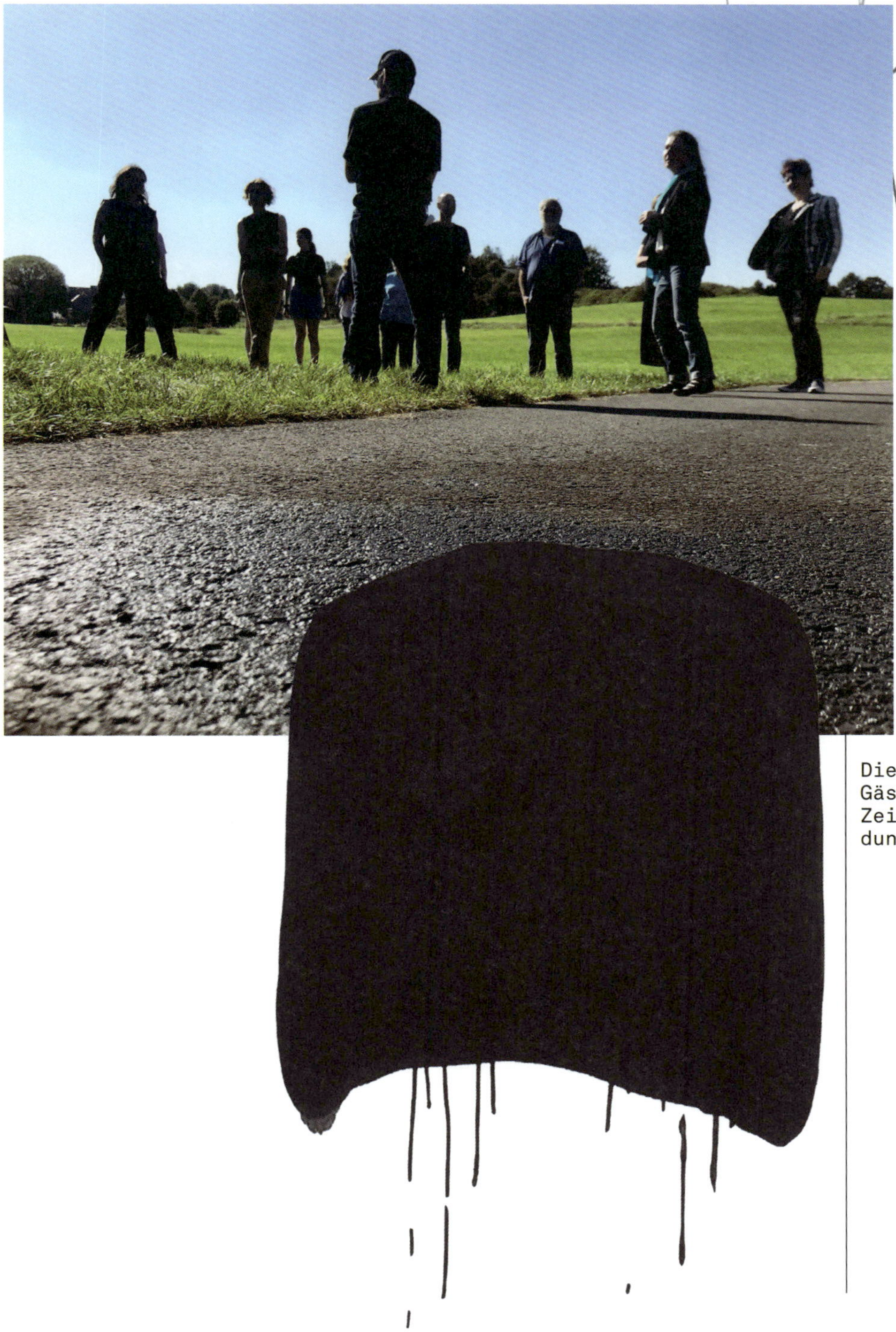

Die Auftraggebergruppe und Gäste beobachten, wie die Zeichen auf dem Asphalt verdunsten.

Fotos: Alexander Koch; Zeichnungen: nachbars garten; Tabelle: Hessisches Landesamt für Naturschutz, Umwelt und Geologie

Instinkt wecken wollen, eine Ressource zu beschützen, ist offen. Anders als in den mahnenden Offenbarungen der Kunstgeschichte beansprucht das zeichenvermittelnde Kollektiv aber nicht die Definitionsmacht oder den Wissensvorsprung der Kunst. Es bleibt der Selbstermächtigung aller überlassen, ihre Zeichen zu setzen. Einig sind sich alle in der Unabschließbarkeit dieser Sprache einer aktiven Anteilnahme am sichtbaren Unsichtbaren. Kunst ist hier eine Art Quellcode, im doppelten, fluidesten Sinne des Wortes. Kunst hat auch nicht die Verantwortung für das, was aus den Zeichen wird. Die liegt bei den Menschen, die vom Sehen zum Handeln finden./

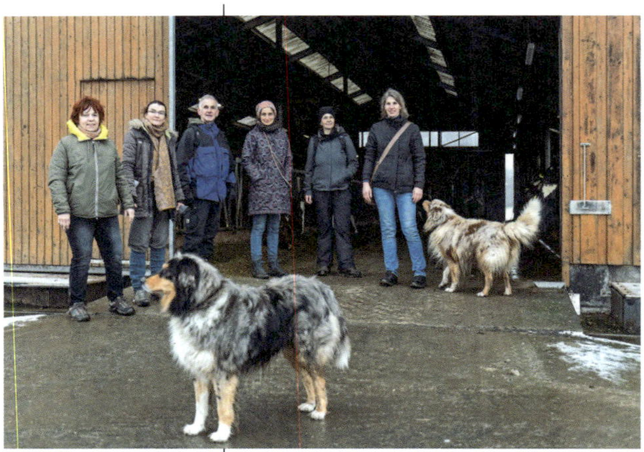

Erste Begegnung und gemeinsames Kennenlernen der Wasserinitiative Waldeck-Frankenberg und nachbarsgarten in Lengelbach

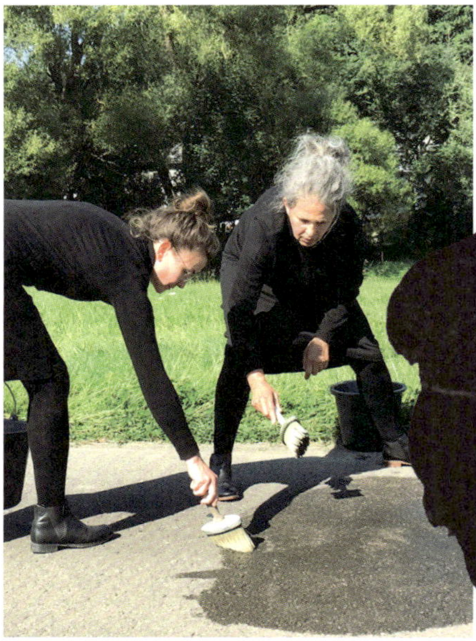

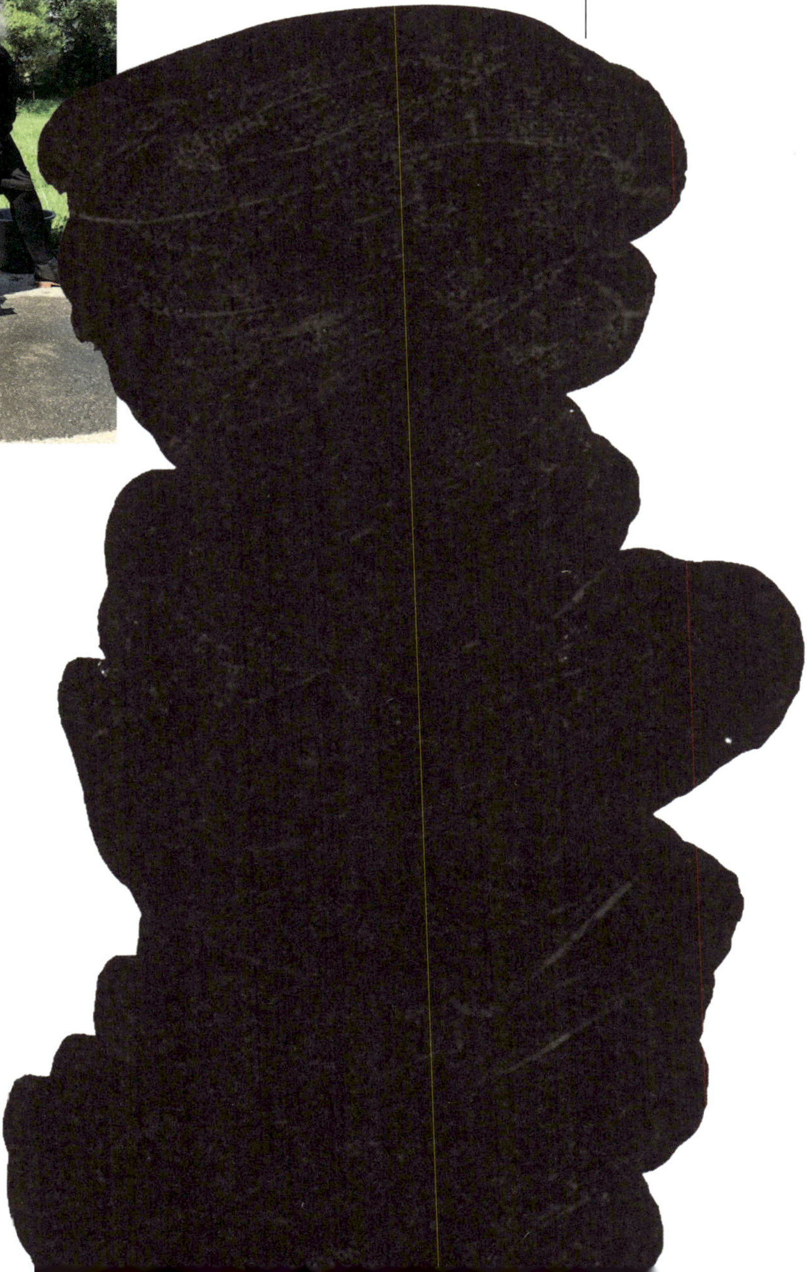

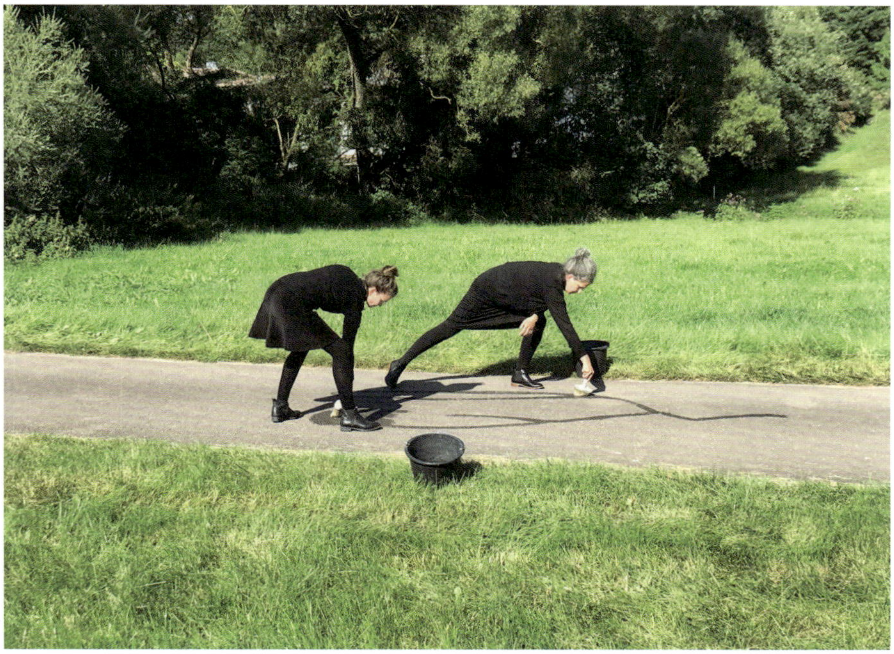

Durch das Sammeln ganz unterschiedlicher Erzählungen zum Thema Wasser und ihre Verknüpfung mit spezifischen Orten entwickeln nachbarsgarten eine vielfältige Zeichensprache, die mit unterschiedlichen Mitteln umgesetzt wird.

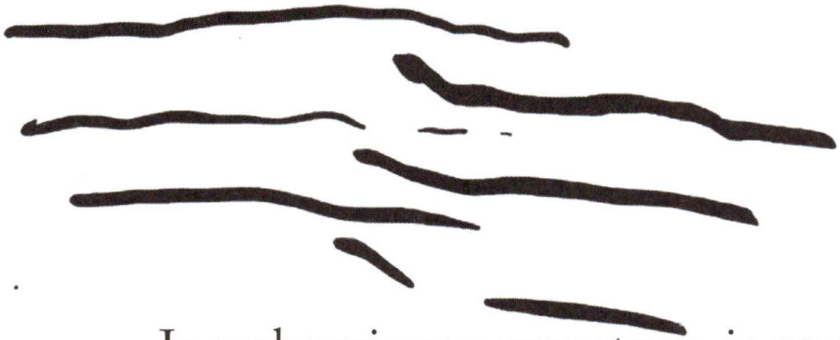

„Je mehr wir uns vernetzen, je enger die Maschen sich verbinden und desto weiter unser Netzwerk reicht, desto eher gelingt die Veränderung in den Köpfen. Im Grunde ist das dann ja schon die Veränderung, die wir in den Köpfen brauchen."

– Horst, Wasserinitiative Waldeck-Frankenberg

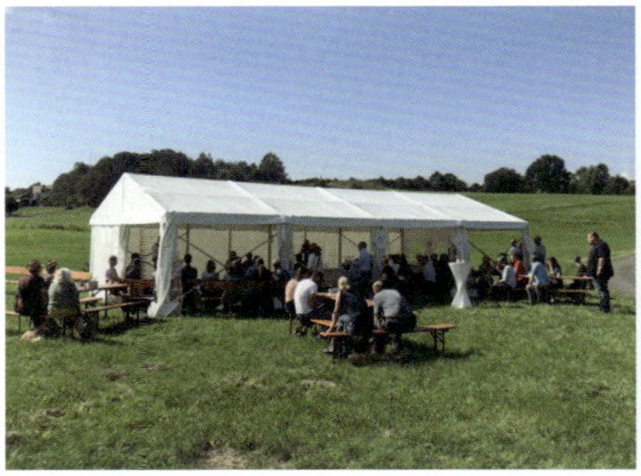

Die erste künstlerische Handlung im Projekt war zugleich ein Fest. Auftraggebergruppe und Gäste am 4. September 2021 in Lengelbach.

Foto links oben: Kay Zimmermann; andere: Alexander Koch; Zeichnungen: nachbars garten

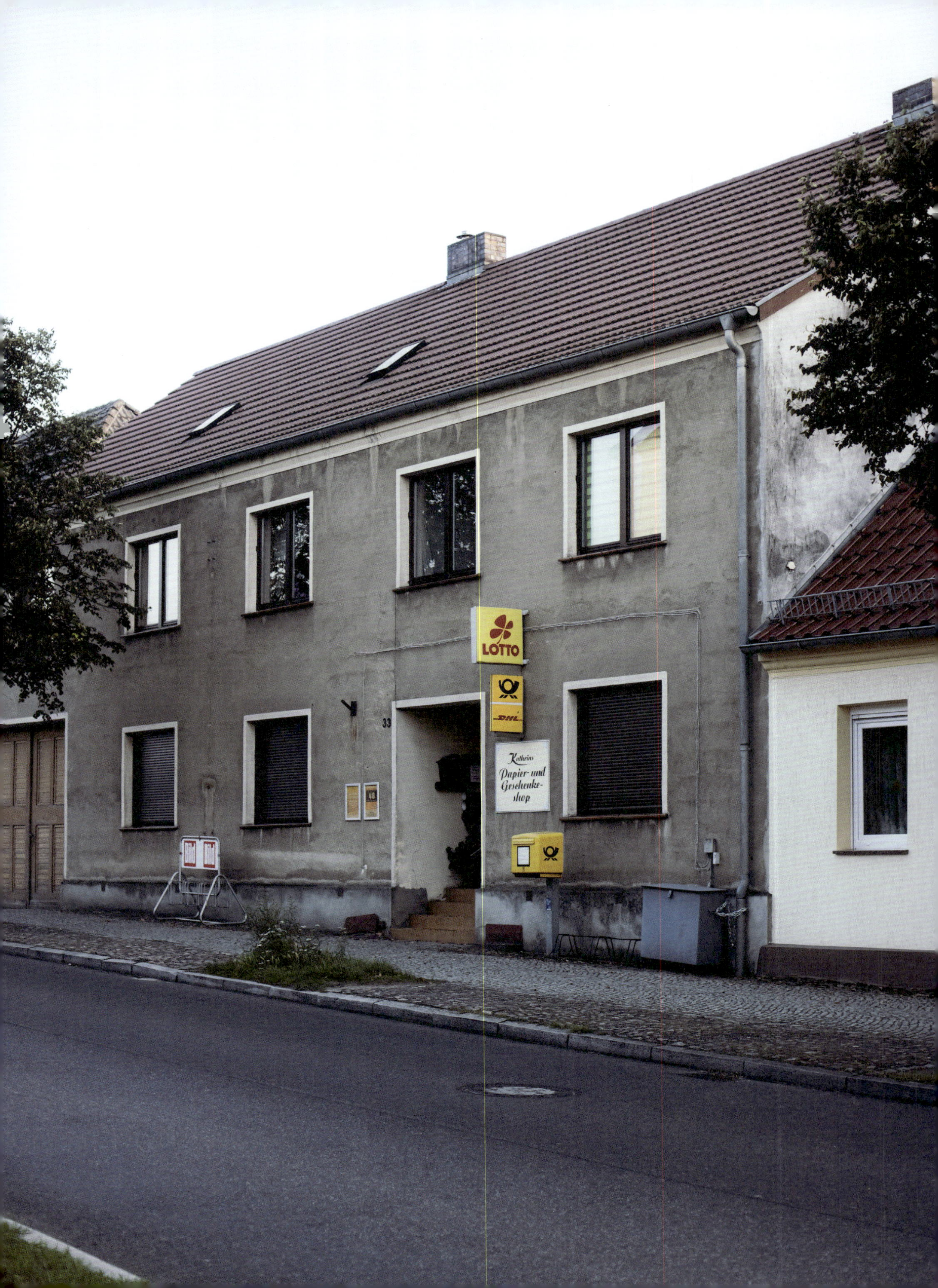
LOTTO
DHL
33
Kathrins
Papier- und
Geschenke-
shop

WELCHE KULTUR BRAUCHT DAS WELTBÜRGERDORF?

Noch immer glauben die Menschen in der Stadt, das Land müsse sich mit einer Kultur zweiter Klasse zufriedengeben. Doch diese Zweiteilung der Welt ist von gestern. Heute wandeln sich die ländlichen Räume so schnell wie ein urbanes Quartier, und die Menschen erleben digital, als Arbeitsnomaden und auf Reisen Kunst und Kultur als Werkzeug kreativer Lebensgestaltung. Die Dörfer und die Kleinstädte von morgen müssen sich ihr Zusammenleben immer wieder neu erfinden. Dabei entdecken sie, dass die zeitgenössische Kunst Methoden bereithält, mit denen auch heterogene Gemeinschaften zu einem neuen Miteinander finden und im Dialog überraschende Zukunftsvisionen gestalten können. Allerdings braucht es Mediatorinnen und Mediatoren, die Kunst und ländliche Räume als Mittler und Übersetzer miteinander verbinden. >

Gerrit Gohlke

Es ist merkwürdig, dass von der Kultur auf dem Land so oft geredet wird, als hätten die Leute im Dorf nie eine Stadt gesehen. In Wirklichkeit sind sie mobiler als je eine Generation zuvor und werden auf jeder Reise von der Tourismusindustrie mit der Stadtkultur geradezu bedrängt. Zwischen den austauschbaren Flagship-Stores urbaner Marken und den umgewidmeten Kulissen abgewanderter Industrien ist Kultur zum Identitätskern aufgeklärter Stadtgesellschaften geworden. Wer in Ruhrgebietsstädten „Landmarke" sagt, meint Kunst im öffentlichen Raum auf rekultivierten Halden. Und Hamburg ist heute zuallererst eine Philharmonie, dann erst der Hafen. Gehen Dörfler auf Reisen, durchstreifen sie die Erlebnisräume der Kreativindustrie wie die Städter bei ihnen zu Hause Wälder und Strände. Nicht alle 47 Mio. Menschen in den deutschen ländlichen Räumen[1] sind neuerdings auf Kulturtourismus abonniert. Aber die Menschen werden mobiler und ein Kulturbegriff, für den die Gestaltung von Räumen und die Entwicklung von Problemlösungsstrategien zur Normalität künstlerischer Praxis gehört, wird mehr und mehr zur Alltagserfahrung einer Generation, die dörfliche und städtische >

1 Nach der Klassifikation der ländlichen Räume laut Thünen-Institut, www.thuenen.de/de/fachinstitute/laendliche-raeume/lebensverhaeltnisse-in-laendlichen-raeumen/projekte/monitoring-laendliche-raeume?p=2&S=Jahr&cHash=1d4a6c5f1f1345ac0f9e6e2d8291c427 (aufgerufen am 5.9.2022); die Zählweise des Bundesinstituts für Bau-, Stadt- und Raumforschung käme nur auf 36 Mio. Menschen.

„Heimat ist ein Workshop geworden. Nicht in jedem Moment. Nicht beliebig. Nicht unspezifisch global. Aber ohne die kulturelle Versöhnung der Welten, zwischen Dorf und Digitalität, den städtischen Erfahrungsanteilen und der dörflichen Verwurzelung, zerfällt die eigene Identität zur Baustelle disparater Erfahrungen."

Lebensstile als Parallelerfahrung erlebt. Es herrscht mehr und mehr kulturelle Wahlfreiheit im digitalisierten Dorf statt des alten Entweder-oder, Stadt oder Land, und wer 2022 nach dem Abitur aus der Kleinstadt in die Weltstadt zieht, hat nicht selten diskrete Rückkehrpläne im Gepäck, weil Dorf schon lange nicht mehr als Provinz im Kopf verstanden wird. Die Menschen wandern. Die Lebensstile wandern mit.

Das Dorf hat die Angst vor der Kunst längst verloren

Die Angst davor, dass zeitgenössische Kunstprojekte heftige Kulturschocks auslösen könnten, sitzt bei manchem Bürgermeister im ländlichen Raum trotzdem tief. Wer in den Dörfern und kleinen Städten Ressentiment und Veränderungsunlust für den Standard hält, übersieht aber, wie sehr sich die Dörfer und kleinen Städte mit kulturellen Erfahrungen anreichern, die nicht länger als teures Hobby urbaner Eliten kodiert sind. Wer nach seiner Ausbildung in Rostock oder Leipzig, München oder London in seine Herkunftsregion auf der Schwäbischen Alb oder in Vorpommern zurückkehrt, hat möglicherweise Co-Working-Spaces, Stadtentwicklungslabore und Upcycling-Shops kennengelernt. Kunst ist nicht mehr notwendig ein zu entschlüsselndes Werk an der Wand eines von Uniformierten bewachten staatlichen Museums, sondern ebenso gut der partizipative Workshop im Quartier. Weit über bildungsbürgerliche Schichten hinaus wird Kunst als Ausbruch aus gedanklichen Konventionen oder Freiraum für politische Artikulation verstanden, die keineswegs gewohnheitsmäßig Ergebenheitsbekundungen verlangt. Wie immer man zu dieser Entgrenzung und Universalisierung künstlerischer Methoden steht, ob man sie begrüßt oder mit Skepsis betrachtet – sie unterstützt auch in ländlichen Räumen die Vorstellung von einer Kultur mit Werkstattcharakter und erschüttert im gleichen Maße die alte Überzeugung, kulturelle Identität lasse sich aus von Generation zu Generation weitergegebenen Traditionen bestimmen. Heimat ist ein Workshop geworden. Nicht in jedem Moment. Nicht beliebig. Nicht unspezifisch global. Aber ohne die kulturelle Versöhnung der Welten, zwischen Dorf und Digitalität, den städtischen Erfahrungsanteilen und der dörflichen Verwurzelung, zerfällt die eigene Identität zur Baustelle disparater Erfahrungen. Auch der skeptische Bürgermeister ahnt es schon: Das zwischen den Welten pendelnde Dorfkind steht der bastelfreudigen Verschmelzung scheinbar unvereinbarer Ästhetiken in der zeitgenössischen Kunst möglicherweise näher als den politischen Kommunikationstechniken im Ortsbeirat.

Das ist kein Angriff auf Heimatvereine und auch kein Grund, Künstlerinnen und Künstler in der Uckermark oder in Unterfranken die Abkehr von traditionellen Genres nahezulegen. Klassische Genres und prozessualere Kunstbegriffe koexistieren auch in regionalen Kontexten so gut wie in urbanen Museen. Endgültig obsolet ist aber, Kultur in ländlichen Räumen heute noch zur Nebensache zu erklären, als sei sie das exotische Hobby von Menschen, die es einfach nicht rechtzeitig geschafft haben, ihre Stadtflucht zu organisieren. Zwar werden Dörfer auch künftig keine Sinfonieorchester haben und wer den ländlichen Raum aus der Perspektive Cézannes oder Corots kennenlernen will, muss noch immer kostspielige Reisen in eine Kulturmetropole unternehmen. Aber die Arbeit am eigenen Selbstbild ist unabhängig von der Wahl des Lebensmittelpunkts ein Prozess kultureller Selbstvergewisserung geworden. Man darf die Entwicklung überzeugender Zukunftsbilder und die dafür notwendigen Verhandlungsprozesse nicht zum Privileg der Großstädte erklären. Wer in ländlichen Räumen heute sagt, Kultur sei etwas für die Zeit, in der man keine anderen Probleme mehr habe, wird schneller als erwartet erleben, dass auch politische Strömungen mit weniger konstruktiven Absichten ihren eigenen Kulturbegriff in die Dörfer tragen. Der allerdings antwortet auf die aufbrechenden Widersprüche mit Heile-Welt-Fantasien und Ausgrenzungsversuchen. Den Problemlösern auf dem Land helfen aber rückwärtsgewandte Mythen nicht.

Kunst kann Zeichen setzen, wo ganze Regionen sich neu erfinden

Anders gesagt: Wenn Dörfer einem Strukturwandel von solchen Ausmaßen unterworfen sind wie große Städte; wenn die Marktplätze und Einkaufsstraßen kleiner Städte ihre Funktion verlieren, Verwaltung zentralisiert wird und Dörfer soziale Mittelpunkte wie

Feuerwehren und Gemeinden verlieren, was bleibt dann als sichtbares Zeichen der Gemeinsamkeit? Städte und Industrieregionen im Wandel schaffen sich mit Museen und Kunstwerken, Architektur und Landschaftsparks neue Embleme der eigenen Besonderheit. Doch welche Zeichen setzt sich das Dorf? Wie behauptet es sich gegen die Modernisierung der Identitätsdebatten in den Ballungsräumen? In den ostdeutschen Heimatstuben wird die Diskontinuität der Heimatbegriffe zwischen den Geflüchteten-Trecks nach dem Krieg, den Zu- und Abwanderungswellen der Wendezeit und der Stadtflucht der letzten Jahre längst entspannt thematisiert. Ohne Impulse von außen ist die kreative Arbeit am eigenen Selbstverständnis in Dörfern und kleinen Städten ebenso schwierig wie in den Bezirken Berlins. Es ist ein Klischee, dass ländliche Regionen keinen Erfindungsgeist von außen bräuchten. In einer vernetzten Welt brauchen auch Menschen außerhalb der Zentren soziale Innovationen und kreative Verhandlungsprozesse, und sie brauchen sie nicht zu ermäßigten Bedingungen oder in gemäßigter Qualität, sondern mit dem gleichen Anspruch, der in London oder Leipzig gilt. Auf dem Land entsteht ein wachsender kultureller Nachfragedruck, der sich mit traditionellen Kulturproduktionsformen nicht länger kompensieren lässt. Kultur auf dem Land braucht deshalb Schnittstellen zu einer Kunstszene, die in ihren Studios zwischen kleinen und großen Orten, urbanen und ländlichen Räumen keine Unterschiede mehr macht, sondern die verschiedenen sozialen Erfahrungszusammenhänge als willkommenes Material betrachtet.

Kulturelle Projektarbeit als Schnittmenge unterschiedlicher Gruppen

Das Mediationsverfahren der „Neuen Auftraggeber“ erfüllt also einen wachsenden Bedarf. Es ist keine großstädtische Fiktion oder projektmacherische Sehnsucht, dass Dörfer zwischen den Generationen und Lebensweisen neue Schnittmengen suchen. Wanderungsbewegungen und Patchwork-Erwerbsbiografien verstärken den Anspruch auf kulturelle Teilhabe weiter. Seit im Dorf zu leben immer mehr das Ergebnis einer selbstbewusst begründeten Entscheidung ist, erhöht sich der Aufwand für die eigene Sinnstiftung, wenn man so will, und Kultur ist von einer kontroversen Praxis zu einem verbindenden Medium sozialer Selbstverständigung geworden. Das gilt nicht für jeden Menschen, mit immer größerer Selbstverständlichkeit aber für die Kommunikatoren, die Hochqualifizierten, jene, die sich engagieren und ihre Orte weiterentwickeln. Der Wunsch nach kreativen Impulsen ist gerade nicht mehr auf eingrenzbare kulturelle Zirkel beschränkt, sondern ein selbstverständlicher Ausweis ländlicher Modernität. Die aktuelle Arbeit der „Neuen Auftraggeber“ belegt das eindrucksvoll, weil in keinem der laufenden Projekte in ländlichen Räumen die Auftraggeberinnen oder Auftraggeber im städtischen Kulturbürgertum verwurzelt waren. Die Gruppen sind divers im Hinblick auf ihre Ausbildung und kulturelle Affinität und das Lebensalter der Menschen. Die Mehrheit der Teilnehmenden war vor Projektbeginn nicht in Kulturinstitutionen engagiert. Überdies führt die gemeinsame Arbeit häufig Menschen im Prozessverlauf zusammen, die sich zuvor nicht bereits gemeinsam im Ehrenamt, in politischen Gremien oder in Antragstellungen engagiert hatten. Um es mit den Worten einer Interviewpartnerin aus dem Umfeld eines unserer Projekte zu sagen, die aus einem 90-Einwohner-Dorf in Nord-West-Brandenburg stammt: „Für mich, die ich nicht unbedingt freiwillig in kollektive Strukturen eintrete, wäre die Aussicht auf Veränderung der Punkt, an dem ich sage: ‚Okay, ich mache mit.‘ Wenn jemand sagt, wir setzen uns jeden Montag zusammen und überlegen, wie wir unseren Ort besser machen können … Dann bin ich dabei.“[2] Der kulturelle Fokus eines solchen Prozesses macht es wahrscheinlicher, Menschen zur Mitarbeit zu motivieren, die wie die Interviewpartnerin „nicht freiwillig“ einer Gruppe oder einem Verein beiträten. Dabei spielt auch eine Rolle, dass der künstlerische Impuls von außen nicht von lange schwelenden Konflikten beschwert ist.

Kunst als Chance, Überraschungen zuzulassen

Vor allem aber mischt Kunst, wenn sie professionelle Projekterfahrung und Ergebnisoffenheit verbindet, die Karten im Dorf neu. Genau das leistet Mediation. Sie schafft einen offenen Raum, in dem Überraschungen möglich sind, die sich die Beteiligten von >

2 Kunst Freunde Pritzwalk e.V. (Hrsg.), Wir – die Geschichte einer Erfindung, 2022, S. 151 (www.kunstfreunde-pritzwalk.de).

„Es geht um die Umkehrung der Perspektive durch die Auseinandersetzung mit Potentialen. Was kann das Dorf? Was bietet es dem Nachbarn an? Welcher Überfluss lässt sich verschenken?“

langwierigen Verwaltungsabläufen und institutionell geprägten Mitwirkungsmöglichkeiten nicht erwarten. Die häufig beklagte „Spezialisierung“ klassischer Interessenvertretungen und Vereine wird häufig als schwer überwindbares Hemmnis für ein gemeinsames Engagement gesehen. Zehn Sportvereine verfolgen zehn Interessen. Unterschiedliche Generationen werden von je unterschiedlichen Veranstaltungsformaten angesprochen. Die formalisierte Sprache politischer Instanzen, der gerade in Regionen mit Schrumpfungs- und Abwanderungserfahrungen eingeübte nüchterne Pragmatismus steht der Erschließung neuer Lösungswege oder gar langfristiger Visionen im Wege. Die Mediation hingegen fragt nicht nach Zielen, konsensfähigen Projektumrissen oder der Einbindung widerstreitender Interessen, sondern nach Wünschen. Es geht nicht um die Wiederholung wohlbekannter Klagen (über die Schließung der Feuerwehr, die Ferne der Verwaltung, den Eigensinn des Nachbardorfs, das Fernbleiben der Dorfgemeinschaft, die Ignoranz der Jungen, die Sturheit der Alten, den Nahverkehr oder die verfallende Investorenimmobilie), sondern um die Umkehrung der Perspektive durch die Auseinandersetzung mit Potentialen. Was kann das Dorf? Was bietet es dem Nachbarn an? Welcher Überfluss lässt sich verschenken?

Die Fixierung auf das Scheitern überwinden

Rückt ein solches Verfahren die Dörfer näher zusammen? Zieht es mehr Menschen ins Ehrenamt, bringt es die Feuerwehr zurück? Nein. Doch aus einer abstrakten, nicht zu bewältigenden Aufgabe ist ein greifbares Projekt geworden, von dem sich anschaulich Nachbarn berichten lässt. Vom ersten Tag der gemeinsamen Arbeit an steht eine doppelte Erwartung im Raum: einerseits die Hoffnung, vom künstlerischen Projektvorschlag und seiner Form überrascht zu werden, andererseits der Wunsch, in überschaubarer Frist ein positives Zeichen zu setzen, wo die Perspektive bislang immer nur auf den Mangel, den Verlust, das Misslingen fixiert war. Die gemeinsame Praxis schiebt erstarrte Überzeugungen so wirksam beiseite, dass sich 20-Jährige und 70-Jährige wortlos und ohne den Austausch streitlustiger Argumente aus purer Intuition auf ein Vorhaben einigen können. Das ist eines der Erfolgsgeheimnisse bei der Überwindung passiver Strukturen in den mediatorischen Prozessen: Es sind immer die Ortsansässigen, die ihre Nachbarn überzeugen, den Bürgermeister anrufen, für ihren Vorschlag werben, mit der Mediatorin oder dem Mediator im Ausschuss vorsprechen. Es geht ja um etwas, es geht darum, dass es von der Idee bis zur Umsetzung über Monate und Jahre etwas zu besprechen gibt, das lokale Identität positiv beschreibt und überdies anderen ein Beispiel gibt. Kein belehrendes Beispiel, sondern ein Beispiel für Erfindungsgeist. Kunst kennt kein Scheitern und schafft beispielhafte Bilder der Werte, für die es sich einzusetzen lohnt.

Rollentausch mit Künstlerhilfe

Genau hier liegt auch die Motivation der internationalen Künstlerinnen und Künstler, die sich in den ländlichen Räumen engagieren. Es geht stets um die Frage nach der Relevanz der Kunst in einer Kulturproduktion, die im Begriff ist, klassische Autonomievorstellungen ebenso zu überwinden wie die Dominanz privater Sammlerinnen und Sammler und eines überhitzten Marktes. Die Kunst im Bürgerauftrag ist auch eine Befreiung der Kunst von den inhaltlichen und sprachlichen Konventionen eines Kunstbetriebs.

Gerade hat eine Gruppe ehemaliger Auftraggeberinnen und Auftraggeber in Brandenburg ein Buch publiziert. Der lose Zusammenschluss anfangs weniger Menschen hat aus einem Projekt des international renommierten Künstlerduos Clegg & Guttmann heraus einen Verein gegründet, die erste kulturelle zivilgesellschaftliche Gründung am Ort seit der Wende. Auch hier hatte die Kunst den anfänglichen Projektwunsch vom Kopf auf die Füße gestellt. Anstatt zu beklagen, die Innenstadt verwaise, die Geschäfte stünden leer und schuld seien jene, die um den Stadtkern einen Bogen machen – anonyme Übeltäter, die im Supermarkt auf der grünen Wiese kauften (also in Wahrheit die ganze Stadt) –, kehrten die hinzugerufenen Künstler den Blick um und luden die Bevölkerung zu einem Sommerfestival in ihre leeren Geschäfte ein. Der Ort, der sich für seinen Leerstand schämte, wurde zum Ideenwettbewerb. Über 70 Vorschläge reichten die

3 Kunst Freunde Pritzwalk e.V. (Hrsg.), Fn. 2, S. 151.
4 Kunst Freunde Pritzwalk e.V. (Hrsg.), Fn. 2, S. 161.

Menschen ein, deren Fantasie keinerlei Grenzen gesetzt wurden, und zwar einzig mit dem Ziel, die bis dahin kulturell passive Stadt in einem zuvor angekündigten Buch als fantasieüberschäumenden Handlungsort zu porträtieren. Der Leerstand verschwand, aber nur auf Zeit. Und doch hatten die Menschen für drei Monate nach einem selbst geschriebenen Drehbuch die Rollen getauscht. Der Ort der Leere als Ort der Künste; die eben noch frustrierten Einwohner als in der Zeitung besungene Macher; die Stadt in der Peripherie als Ziel Berliner Busreisender, die leibhaftige Kulturwunder bestaunen wollten. Man könnte auch sagen: Wer einmal Marathon gelaufen ist, verliert den Glauben an die eigene Kurzatmigkeit. Und so heißt das 2022 erschienene Buch, das sieben Jahre Vereinsgeschichte und Nachwirkungen eines 2014 abgeschlossenen Projekts beschreibt, treffend „Wir – die Geschichte einer Erfindung".[3]

In der Tat, das „Wir" in ländlichen Räumen ist eine Erfindung. Kein Wolkenkuckucksheim, wie Pessimisten meinen, sondern eine Erfindung wie das Rad, der Motor oder die Wandmalerei. In dem Buch erzählen 15 Menschen zwischen 20 und 71 nicht nur, warum sie sich engagieren, sondern auch, was sie noch daran hindert. Sie erforschen sich selbst und analysieren, was sich ändern muss, damit noch mehr Zusammenhalt entsteht. Sie dokumentieren einen Erfolg und arbeiten lustvoll, ungeschönt und unfiltriert auch die Widersprüche heraus. Wie jede Abenteuerreise schafft die gemeinsame Arbeit an der Kultur also auch Toleranz für Dissonanzen. Vor allem aber brauchen Nachahmer andernorts Praxisbeispiele aus ihrer Mitte. „Die Formel für das Kleinstadtglück heißt Machen", schreiben die Brandenburger Kleinstädter ganz am Ende ihres Buchs und schreiben das Machen groß, um nicht ohne leise Selbstironie hinzuzufügen: „Sie können das, wenn wir das konnten."[4]

Investitionsvorhaben Zukunftskultur

Um diesen Stolz auf die Selbstermächtigung und die Bereitschaft, uneigennützig zu teilen, geht es. Denn der Aufwand eines Mediationsprozesses lohnt sich nur, wenn ein Projekt kein Feuerwerk zur Erbauung von Projektmachern ist, sondern mit dem hohen Anspruch der Kunst an sich selbst unerwartete Veränderungen schafft. Dabei geht es aus politischer Sicht natürlich auch um den Erfolg im Verhältnis zum eingesetzten Kapital, wenn man es mit betriebswirtschaftlicher Nüchternheit ausdrücken will. Die Projekte der „Neuen Auftraggeber" sind wirtschaftlich keineswegs aufwändiger als wirksame Kunstprojekte mit öffentlicher Beteiligung in Großstädten. In der Regel bringen Bürgerinnen und Bürger hohe Eigenleistungen ein. Die Vielzahl der Unterstützer schafft Synergien und Effizienz. Unübersehbar aber setzt die Utopie dieser neuen Teilhaberschaft eine für ländliche Räume noch immer ungewohnte Investition in eine Kultur außerhalb der Komfortzone voraus. Die aktive Formulierung dringender Wünsche aus der Mitte der ländlichen Gesellschaft heraus ist in sich wandelnden Regionen jedoch Grundlagenforschung und Prototypentwicklung. Dörfer und kleine Städte können so Mut machen, Transformationsdruck in Zukunft verwandeln. Sie erzeugen aus dem Stress des Wandels Energie. Kulturelle Mediation regt an, der Veränderungslust nachzueifern und es dabei doch auf ganz eigene Weise anders zu machen. Noch immer aber sehen Haushälter in Kultur konsumtive Ausgaben. Wer Design für Dörfer schafft, Erfindungsgeist in neuen Bildern fühlbar macht, schlachtet in dieser Logik das Sparschwein für vergängliche Lustbarkeiten. Es ist aber im Dorf nicht anders als in der Kulturmetropole: Die Bindungskraft für eine Gemeinschaft entsteht mehr und mehr und vor allem für künftige Generationen aus der Erfahrung einer gemeinsamen Kultur. Natürlich wissen die Entscheider in vielen Kommunen das längst und sind aufgeschlossen für Kunst und Kultur als Medium gesellschaftlicher Verständigung. Wahr ist aber auch, dass wir dringend eine veränderte Förderkulisse brauchen, die eine innovative Kultur der ländlichen Räume und ihre mehrjährigen Entwicklungszyklen als unvermeidliche Zukunftsinvestition versteht und realisierbar macht./

„Die aktive Formulierung dringender Wünsche aus der Mitte der ländlichen Gesellschaft heraus ist in sich wandelnden Regionen jedoch Grundlagenforschung und Prototypentwicklung."

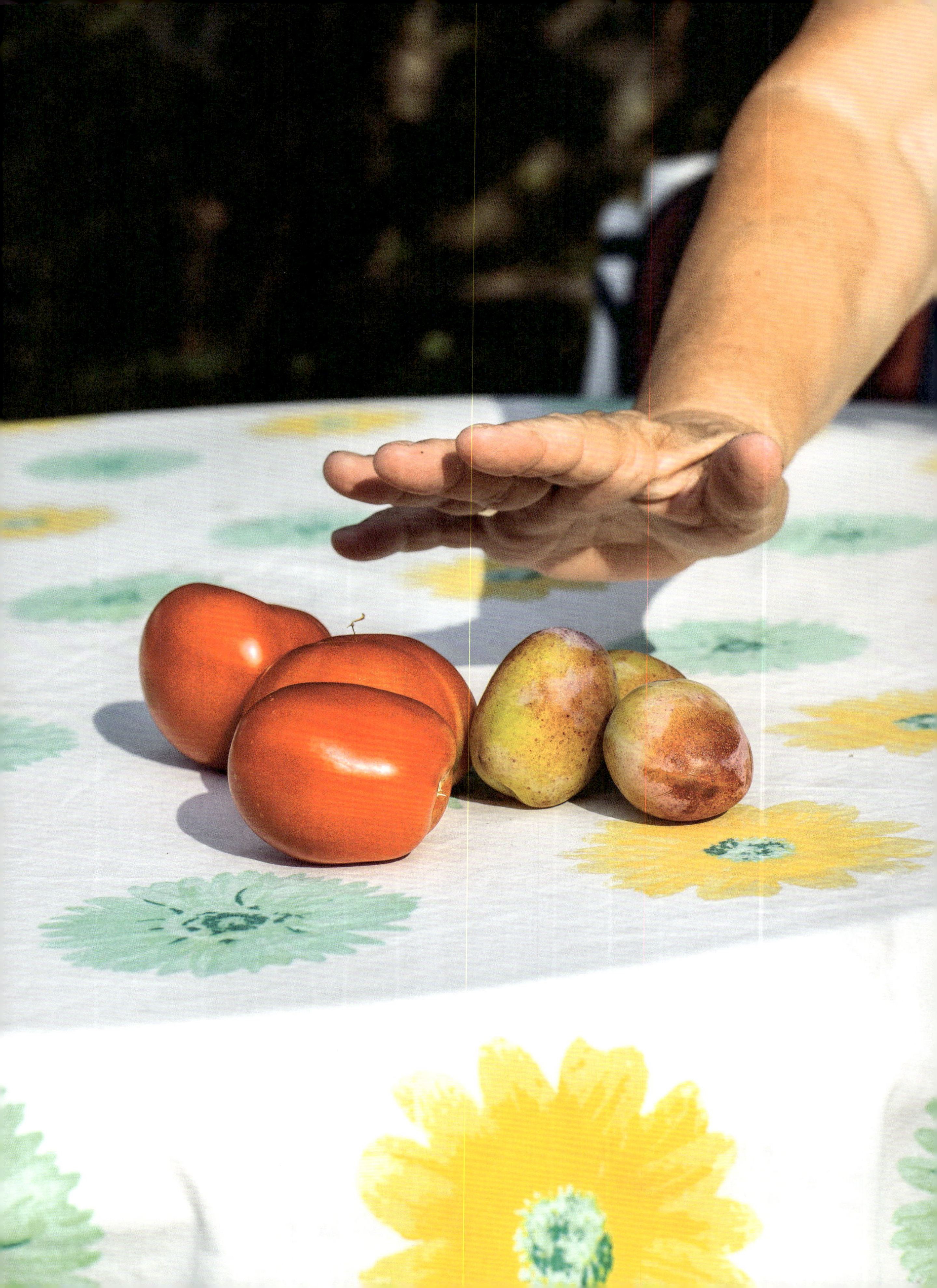

MITEINANDER TEILEN LERNEN

Früher war das Teilen im Dorf ein Naturzustand. Das war bevor alle alles hatten. Heckenscheren, Gartenhäcksler, Rasenmäher. Heute sind die Menschen autark und fahren abends die Rollläden herunter. In FRIEDLAND S. 154, Brandenburg, sieht man das als Bewegungsproblem, zeichnet Karten und geht auf Expedition zu den Nachbarn. Anders als in KASNEVITZ S. 164. Dort, auf Rügen, ist der Plan, die langjährigen Rollen zu tauschen und das Dorf zu einer Bühne zu machen, auf der auch die sichtbar werden, die sonst nicht gesehen werden. In PENKUN S.178 in Vorpommern kam die Idee auf, den Marktplatz zum öffentlichen Wohnzimmer zu machen, allerdings einem, das man mitgestalten kann. Dazwischen erklärt Tina Veihelmann, wie man gemeinsam gewaltige Aufgaben bewältigt S. 175.

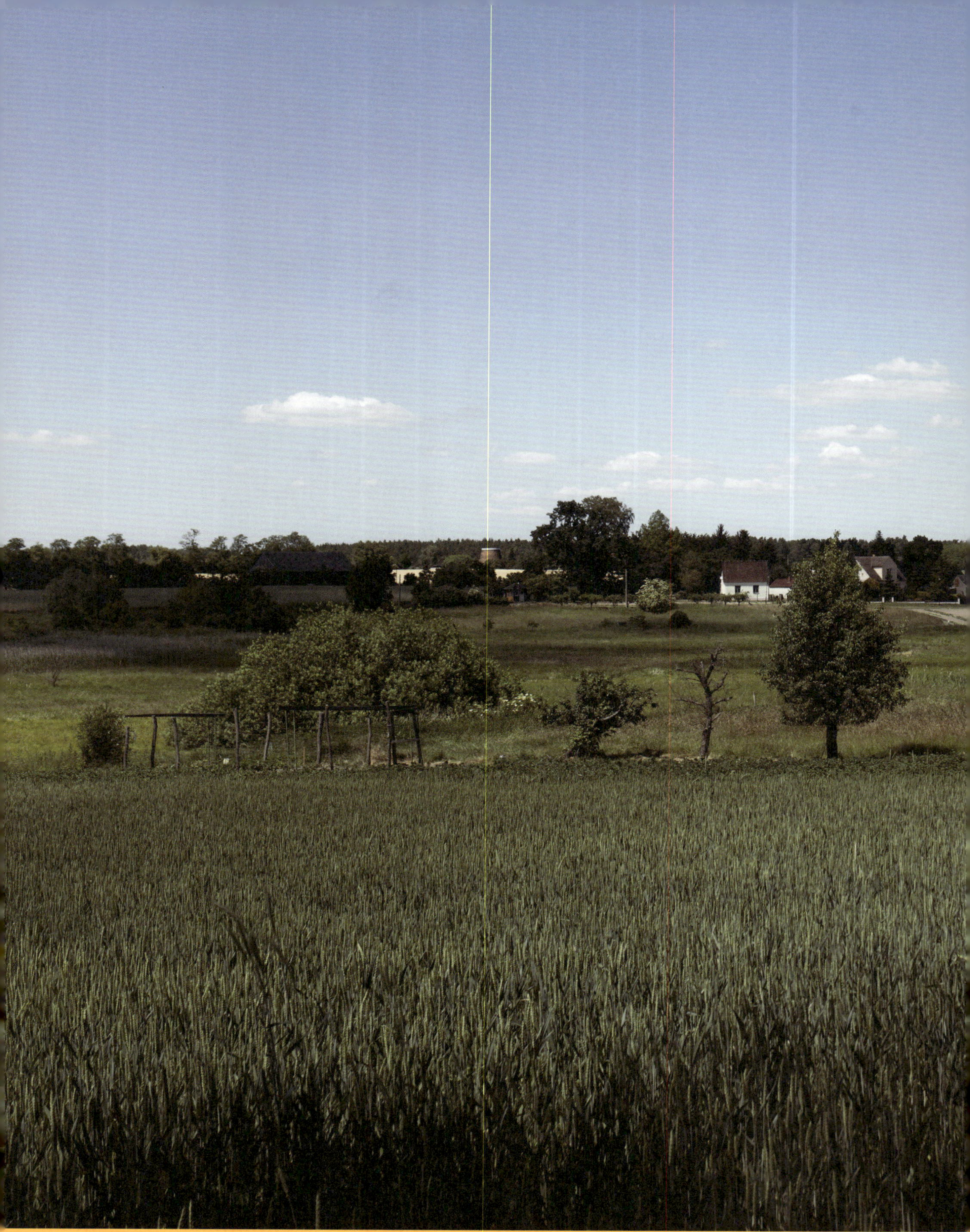

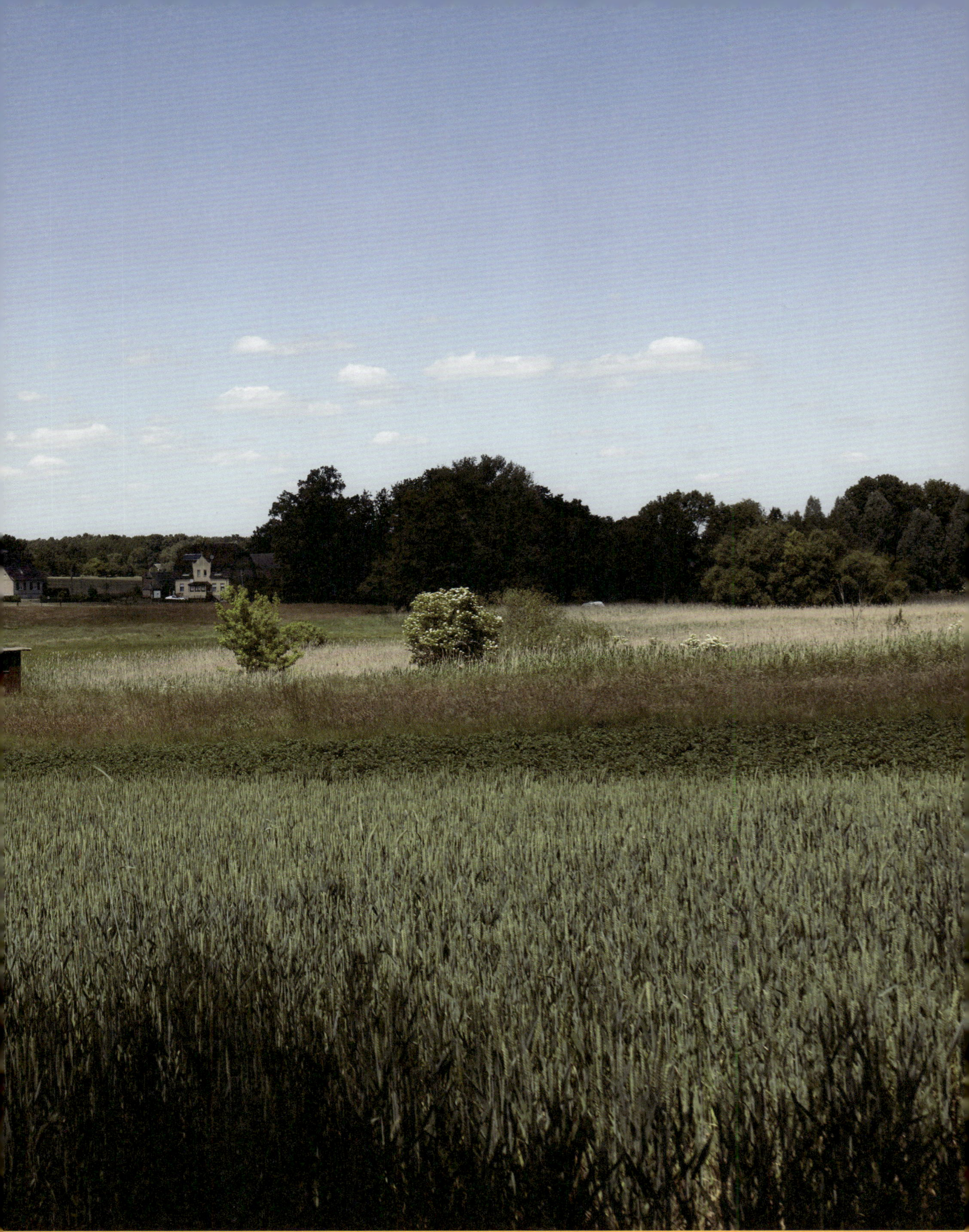

Friedland, Brandenburg

SCHATZ-MEISTERSCHAFT

WIE ENTSTEHT AUS 22 DÖRFERN EIN NETZWERK?

Wer heute Dorf sagt, meint einen Ort voller Widersprüche. Dörfer sind vertraute Heimat seit Generationen. Gleichzeitig werden sie zum Lebensstillabor. Wer auf dem Land groß wird, kennt heute nicht nur Schleichwege und Badestellen, Sportvereine und die Feuerwehr, sondern ist hochmobil und in digitalen Räumen zu Hause. Für die Dörfer wird das zum Paradox, finden sie in Friedland, einem kleinen Ort in Brandenburg. Man läuft sich über den Weg, aber man findet nicht mehr zueinander. Es ist, als müsste man die Wege zueinander neu ebnen. Für die Neuen Auftraggeber von Friedland stand der Entschluss deshalb fest. Sie wollten ein Kunstwerk, das einen Anstoß gibt, den Nachbarn wieder näher zu kommen. Das den Menschen zeigt, warum es sich lohnt, miteinander zu teilen. Das Kunstwerk, dachten sie, sollte wie eine Schatzkarte sein. Wer ihr folgt, entdeckt etwas Einmaliges. Das gemeinsame Geheimwissen der Dörfer.

DER AUFTRAG IN ZWEI SÄTZEN
„Wir wünschen uns ein Kunstwerk, das unsere Augen für die Vielfalt und die Schätze unserer Stadt in all ihren Teilen öffnet. Es soll fühlbar machen, dass wir auf unsere Nachbarn vertrauen und mit ihnen teilen können, was unsere Orte wertvoll und einmalig macht."

GRÖSSTE HERAUSFORDERUNG
Am Anfang war es schwierig, die Nachbarn von einem Projekt zu überzeugen, das so offen und darum ungreifbar erschien. Später entstand eine kartografische Leidenschaft, immer mehr Details und Fakten zu sammeln, und die Gruppe wuchs an.

DIE AUFTRAGGEBER*INNEN
Giuliana Giorgi, Sarah Golly, Florian Jankowsky, Lars Larisch, Josef Lewe, Jana Nowka, Heidi Sradnick

MEDIATORIN
Lena Ziese (2018–2020), Sophia Trollmann (seit 2020)

KÜNSTLERIN
Mariana Castillo Deball

ZEITRAUM
2019–dauert an

FAKTEN
Friedland hatte unter sächsischer Herrschaft eine reiche jüdische Geschichte, die im 19. Jahrhundert durch Abwanderung endete. 1780 war ein Viertel der Bevölkerung jüdischen Glaubens. Es gab eine Synagoge und einen jüdischen Friedhof. Er wurde 1934 geschändet und 1988 wieder hergerichtet.

ORT
Friedland ist eine der kleinsten Städte Brandenburgs, im eigentlichen Stadtgebiet leben nicht mehr als 750 Menschen. Zugleich ist es mit 22 Dörfern und 16 Ortsteilen eine der weitläufigsten. Das war immer so. Schon 1307 gehörten zur kleinen Adelsherrschaft Timo von Strehlas 16 Dörfer und vier Vorwerke.

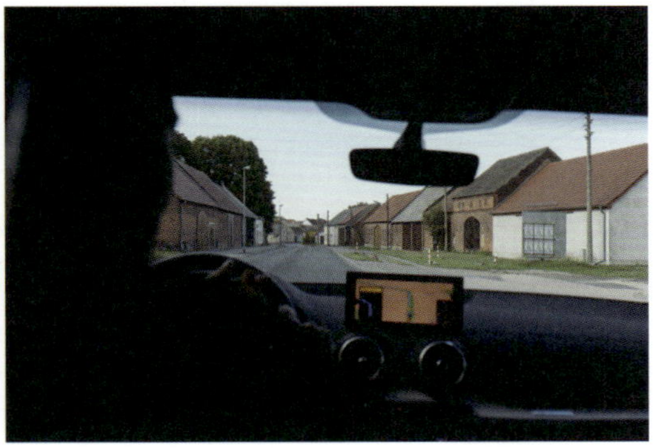

Von Anfang an war es nicht darum gegangen, einen Atlas Friedlands, eine Enzyklopädie des dörflichen Wissens anzulegen. Es ging darum, die Dörfer und die Landschaft, die sie verbindet, zu entdecken. Wer die Vielfalt sieht, will vielleicht bleiben, engagiert sich mehr, hat etwas zu erzählen. Trotzdem hatten die Friedländer ihren eigenen Auftrag erst einmal wörtlich genommen. Sie hatten im Café Zucker, Eisdiele und Standort einer weit und breit unübertroffenen Espressomaschine, Packpapierbahnen auf dem Tisch ausgebreitet und tatsächlich eines Schatzkarte gezeichnet. Genau genommen war der improvisierte Plan ein Verzeichnis all jener Einzigartigkeiten, für die es sich lohnt, hier und nirgendwo sonst zu leben. Jeder Ort auf der Welt hat innere und äußere Sehenswürdigkeiten. Die äußeren heißen Eiffelturm und Brandenburger Tor und sind für die Ortsansässigen weitgehend uninteressant. Die inneren kennen nur Eingeweihte. Zu ihnen zählen ertragreiche Obstbaumalleen und verschwiegene Badestellen, Biergärten, Yogawiesen und Rodelberge. Die Friedländer Inventur ergab dabei keine spektakulären Funde. Verblüffend waren eher die Wissenslücken. Das kollektive Dorfgedächtnis schien unzuverlässig zu werden. Das Wissen hatte sich anders verteilt. Zusammen wusste die Gruppe viel und je nach Generation sehr verschiedene Dinge. Die Kenntnisse überlieferten sich aber nicht mehr so automatisch, wie alle es erwartet hätten. Vielleicht hatten immer mehr Menschen immer verschiedenere Vorstellungen von dem, was ihnen vor der eigenen Haustür wichtig war? Das Kunstwerk, so viel war klar, müsste altes und neues Wissen verbinden. Angebote machen. Vor allem müsste es die 16 Ortsteile auf über 170 Quadratkilometern miteinander verbinden. Es ging ja nicht darum, der eigenen Heimat zu huldigen. Es ging darum, mehr Menschen dafür zu gewinnen, sich in und zwischen den Dörfern zu engagieren. Die Schatzkarte musste eine Netzwerkkarte werden. >

Fotos soweit nicht anders vermerkt: Victoria Tomaschko

Wer auf dem Land groß wird, kennt heute nicht nur Schleichwege und Badestellen, Sportvereine und die Feuerwehr, sondern ist hochmobil und in digitalen Räumen zu Hause. Für die Dörfer wird das zum Paradox, finden sie in Friedland, einem kleinen Ort in Brandenburg. Man läuft sich über den Weg, aber man findet nicht mehr zueinander.

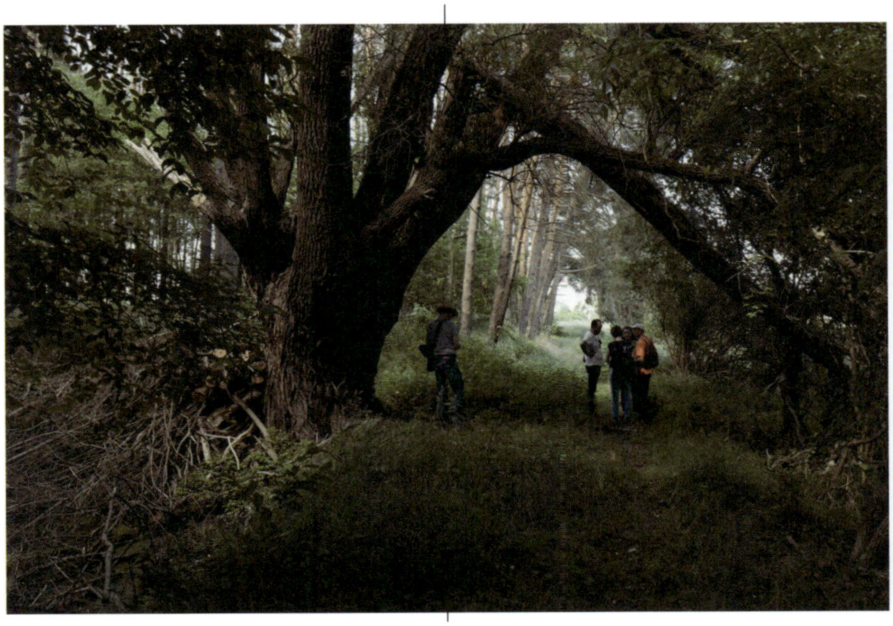

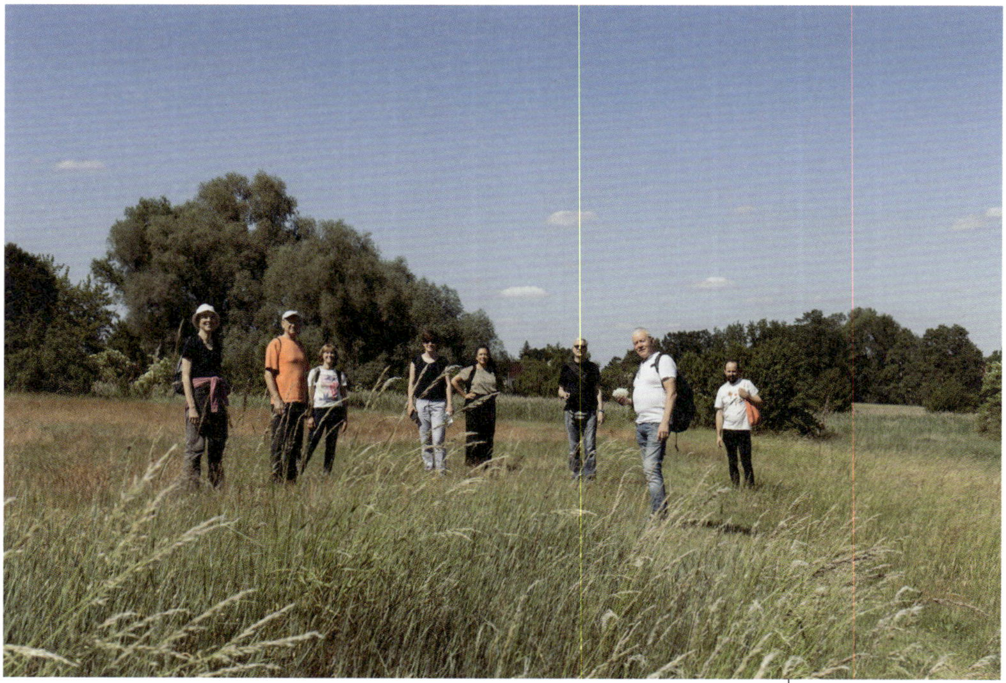

Wanderungen von Dorf zu Dorf sind Teil des gemeinsamen Erkenntnisprozesses. Von links nach rechts: Giuliana Giorgi, Bernd Eichmann, Heidi Sradnick, die Mediatorin Sophia Trollmann, Mariana Castillo Deball, Florian Jankowsky, Udo Richter und Josef Lewe.

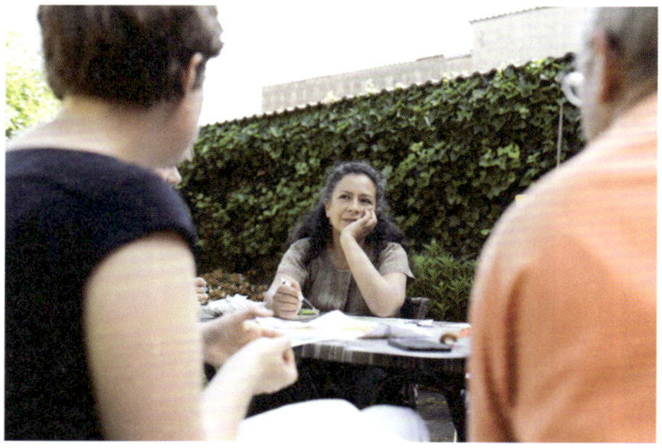

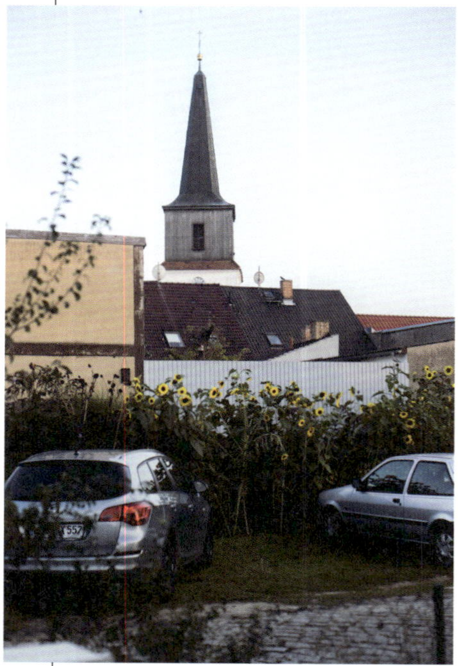

Mobilität auf dem Dorf heißt Autofahren. Künstlerin und Gruppe setzen auf direktere Pfade zwischen den Orten, die Fortbewegung, Wissen und Erinnerung verbinden.

Das klang nach einer Mammutaufgabe. Die Gruppe war entmutigt. Gefunden hatte sie sich nicht aus kraftstrotzendem Übermut, sondern aus dem Unbehagen, dass überschaubare, an manchen Orten selbst eingeübte Traditionen wie die Dorffeste nicht mehr gelangen. Noch fanden sie statt, aber die Arbeit lastete auf den Alten oder denen, die sich bereits in Dutzenden Projekten, Vereinen, Ehrenämtern engagierten. In einigen Dörfern gelang der Generationenübergang gut. Nicht wenige aber hatten das Gefühl, es würde allen bald zu viel. Man säße irgendwann im eigenen Heim und würde den Zusammenhang nicht mehr fühlen. Am schwierigsten aber ist der Weg aus dem eigenen Dorf hinaus. „Wie lernen wir wieder, alle zusammen Feste zu feiern?" war die ein wenig ratlose Frage, auf die eine noch mutigere zweite Frage folgte: „Was gibt es eigentlich zu feiern?"

In der Brandenburger Tonalität könnte das den niederschmetterndsten Pessimismus ausdrücken. Die Friedländer sahen es genau andersherum. Je besser man wüsste, was alles zu feiern wäre, desto verlockender jedes Fest. Verbunden mit einem geradezu umstürzlerisch revolutionären Gedanken: Wenn die Ressourcen knapper, die Feuerwehren in immer weniger Dörfern zusammengefasst, die Gemeindegrenzen immer weiter gezogen werden, dann müsste das Dorf der Zukunft über die Dorfgrenze hinausdenken. Wenn alle zwischen immer mehr Angeboten wählen und sich immer weiter zerstreuen, braucht auch die beste Idee Unterstützer aus mehreren Dörfern mit den gleichen spezialisierten Interessen, um verwirklicht zu werden. Dass selten ein Dorf sein Nachbardorf liebt, geschenkt. Aber schon jetzt fand man ja hier und da keine >

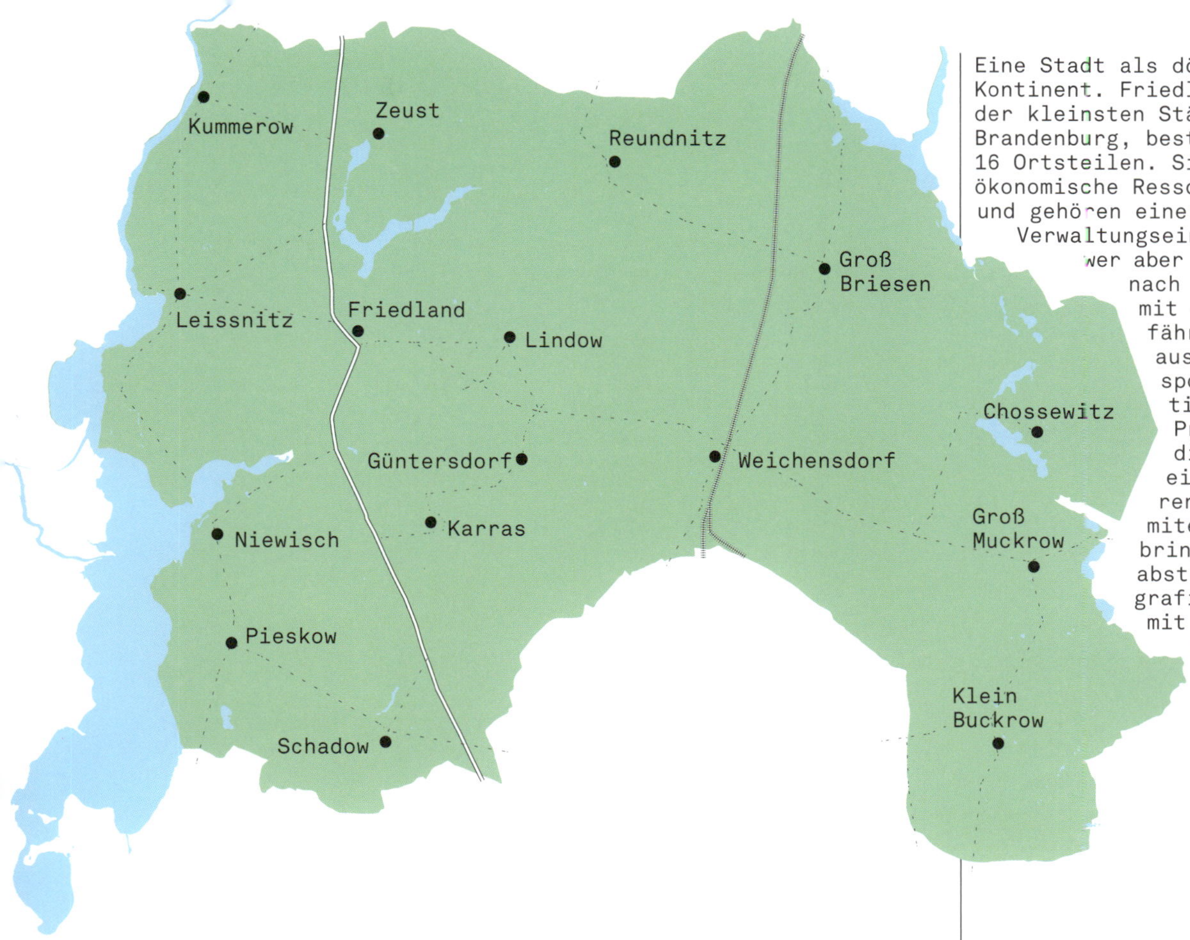

Eine Stadt als dörflicher Kontinent. Friedland, eine der kleinsten Städte in Brandenburg, besteht aus 16 Ortsteilen. Sie teilen ökonomische Ressourcen und gehören einer gemeinsamen Verwaltungseinheit an, wer aber von Leissnitz nach Chossewitz mit dem Fahrrad fährt, hat sich ausreichend sportlich betätigt. Das Projekt will die Dörfer in einen direkteren Austausch miteinander bringen und das abstrakt-kartografische Wissen mit direkten Erfahrungen anreichern.

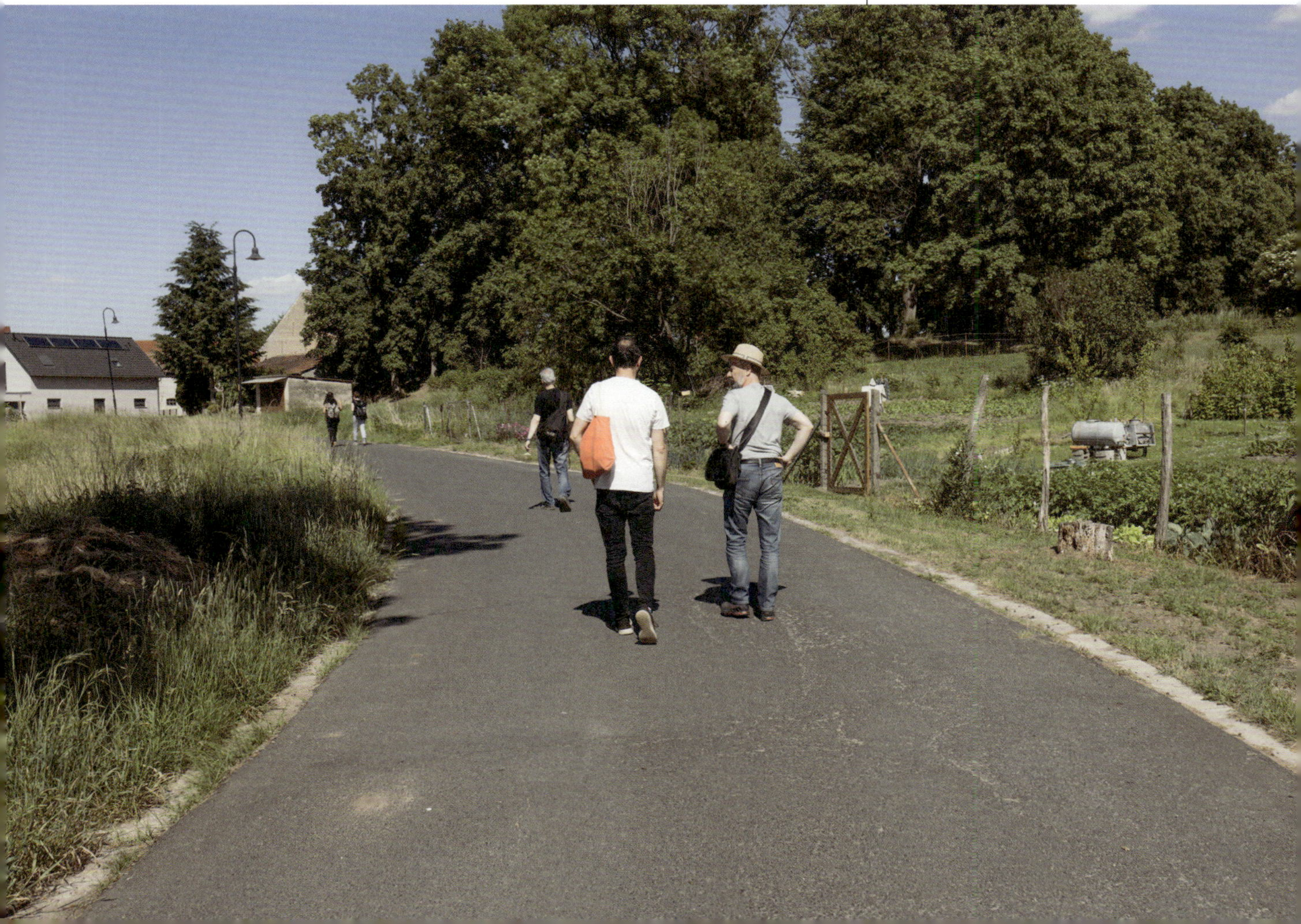

Vereinsschatzmeister oder Ortsvorsteher mehr. Woher sollten Partner kommen, wenn es schon von Dorf zu Dorf keine Verbindungen gab, vor allem, wenn sich wie in Friedland knapp 3.000 Einwohner über ein endloses Gebiet verteilen? Auf zu den Nachbarn. Wann, wenn nicht jetzt?

Die Mediatorin Sophia Trollmann dachte nach und erfand ein Zwischenprojekt. Sie gewann die Berlin-Leipziger Grafikerin Lea Kontak, selbst Brandenburger Kleinstadtkind, für den eigenartigen Gedanken, nicht eine, sondern 16 Schatzkarten zu entwickeln. Trollmann verstand das so, dass schon die geografische Darstellung ein Schatz sein müsste. Jedes Dorf bekam eine detailscharfe Karte in eigener Typografie. Es war ein Spiel. Eine Geste des Respekts. Ein Trick, weil es leichter ist, eine Revolution vor der eigenen Haustür anzufangen. Hunderte Karten wurden verteilt. Nachbarn reichten sie am Gartenzaun weiter. Wie in einem Zoom auf das eigene Dorf, sollte man das Gute und Sehenswerte sammeln. Wer die Karte aber wendete, sah in suggestiver Farbgebung die Gesamtansicht aller Dörfer, >

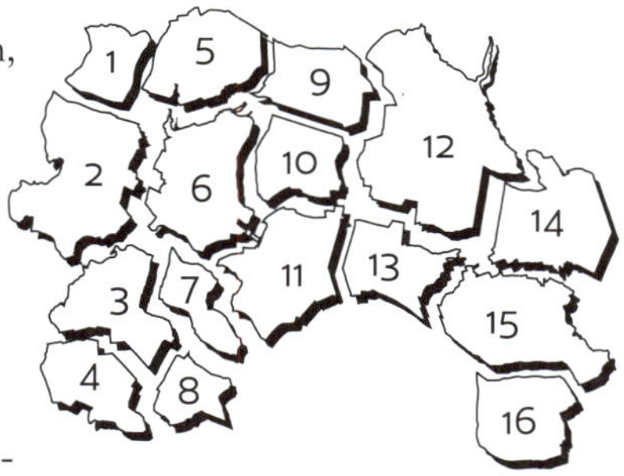

16 Ortsteile, die bei genauerer Zählung 22 Dörfer umfassen, sind 16 Lebensgefühle. Im Projekt wurden dafür 16 Dorfkarten entwickelt. Auf der einen Seite ganz Friedland. Auf der anderen Seite das eigene Dorf. Darauf trugen die Menschen Schätze ein, das Gute und Sehenswerte vor der eigenen Tür. Wer die Karte wendete, sah Friedland im Gesamtzusammenhang. So entstand eine kleine Enzyklopädie Friedlands. Ein Atlas all dessen, weshalb es sich zu bleiben lohnt oder weshalb man hergezogen ist. Dabei konnte man Rodelbahnen entdecken oder Badestellen – und beobachten, wie die Nachbarn ihre eigene Welt sahen. Ein Reiseführer der Menschen für sich selbst.

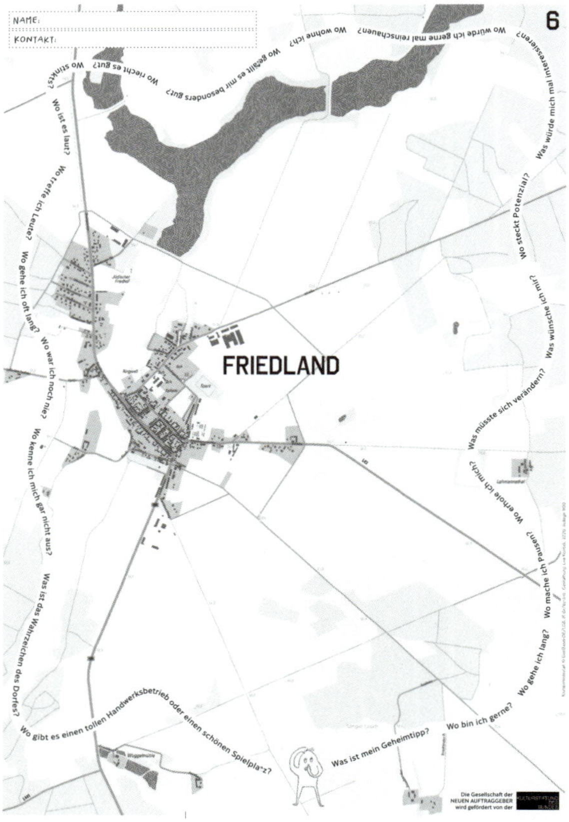

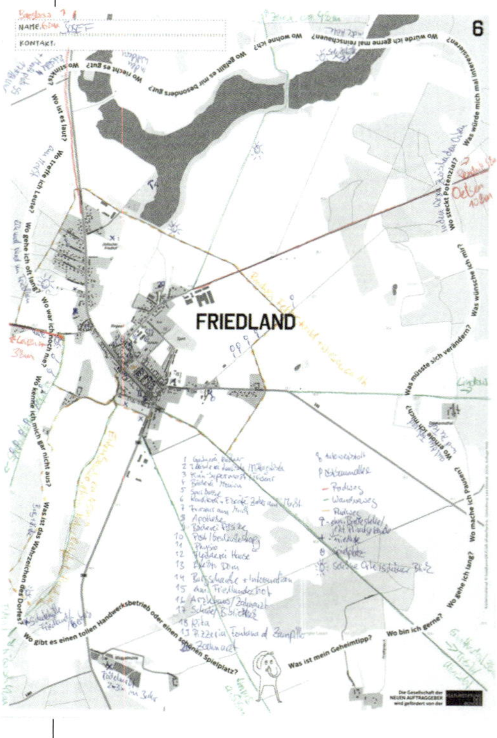

„Vor der Wende war ein Dorf eine Gemeinschaft, eine Zweck-Gemeinschaft, weil wir dort, wo wir gelebt haben, auch gearbeitet haben. Das ist seit der Wende anders, darum ist es umso wichtiger, dass wir jetzt wieder Berührungspunkte finden."

– Heidrun Sradnick, Auftraggeberin

„Ich habe die Schatzkarte in meinem Briefkasten gefunden habe. Sie war so toll gemacht, mit diesen Figürchen, die sagen: besser mitmachen als nur gucken oder meckern. Dann habe ich gedacht super, da mache ich mit.“

– Giuliana Giorgi, Auftraggeberin

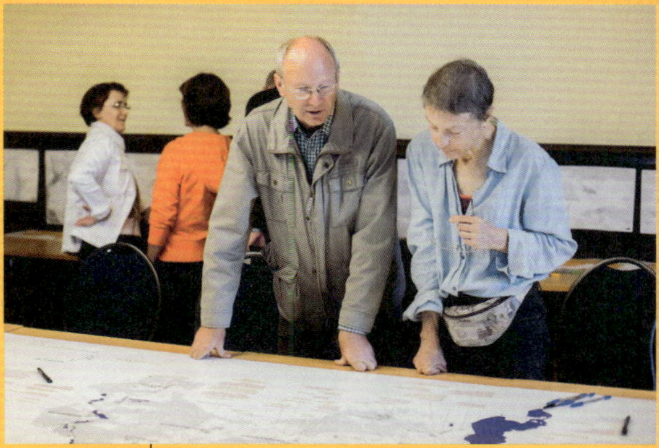

Auf der Burg Beeskow wurde das gesammelte Wissen präsentiert. Fast alle Einträge auf den Karten waren positiv, Kritik eine Ausnahme und stets konstruktiv. Es gab verblüffend viel zu sehen, mehr als zu erwarten war. Davon handelt das Projekt, von dem, was man bekommt, wenn man teilt.

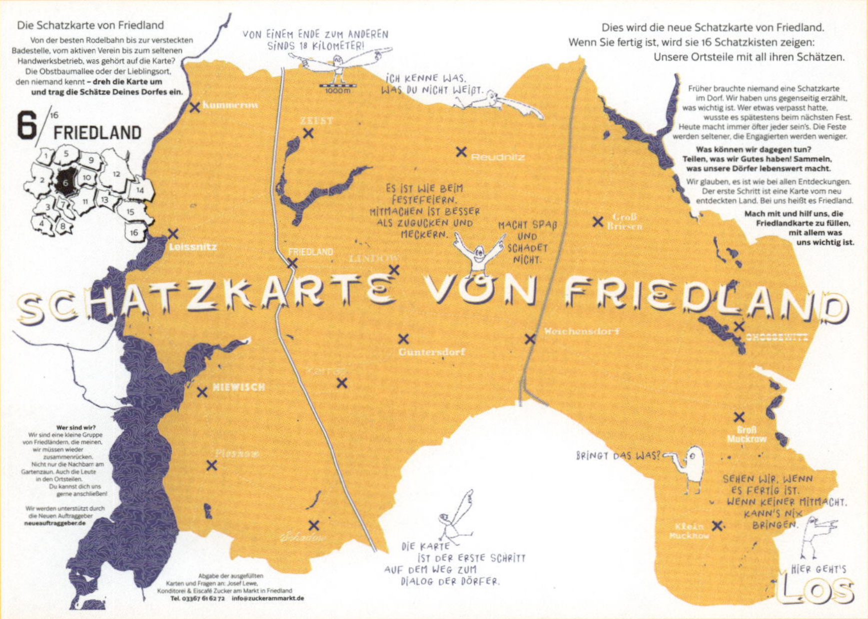

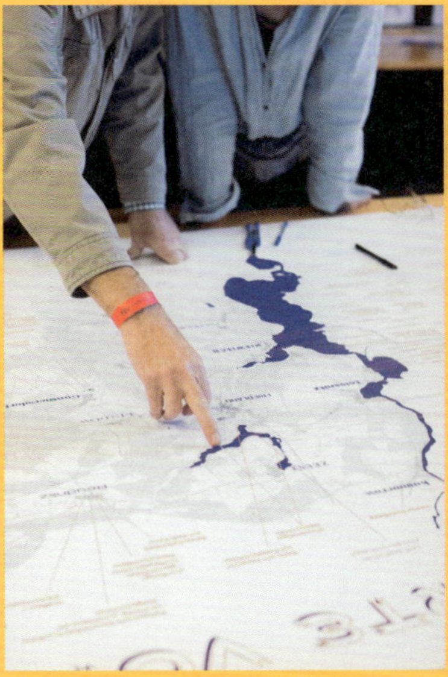

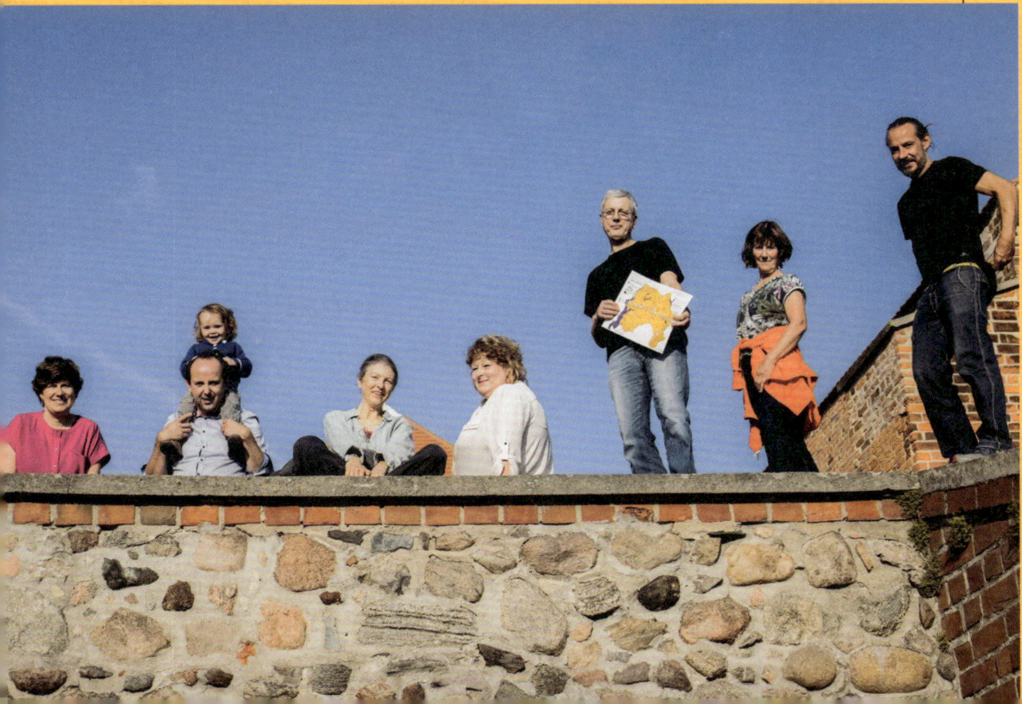

Rechts neben der Mediatorin Sophia Trollmann blicken Josef Lewe mit Tochter, Giuliana Giorgi, Jana Nowka, Florian Jankowsky, Heidi Sradnick und Lars Larisch über die Burgmauer.

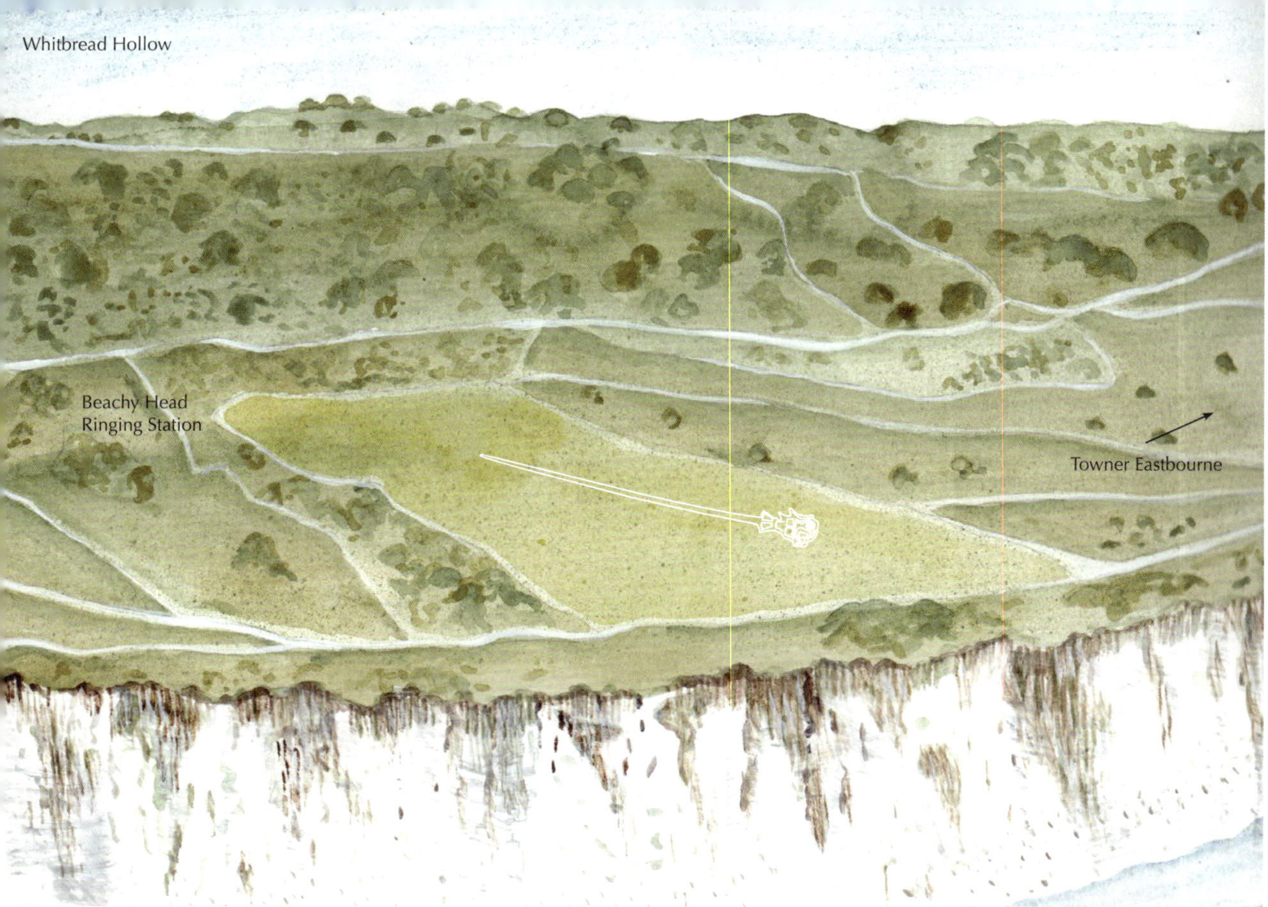

In ihrem Projekt „Walking through the town“ setzte Mariana Castillo Deball 2021 temporäre Zeichen in der Landschaft rund um Eastbourne in East Sussex, England.

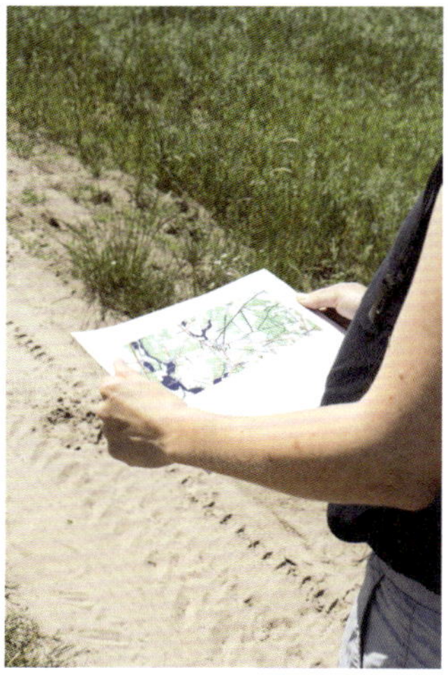

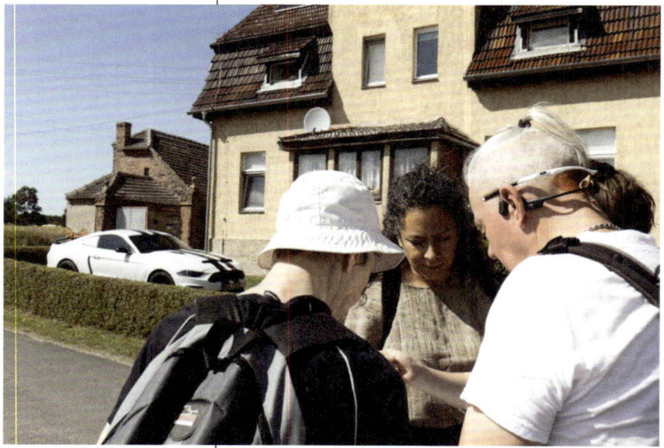

Der erste Spaziergang durch die Landschaft fand im langsamsten Tempo statt, das vorstellbar war, weil die Gruppe erklärte, zeigte, erinnerte und deshalb ständig stehen blieb. Der Ford Mustang im Hintergrund war nicht auf der Karte verzeichnet.

das größere Bild. In wenigen Monaten entstand in diesem System der Handzettel ein Dialog zwischen den Dörfern, der in ein Stadtfest mit Geheimwissen-Quiz auf großer Bühne mündete. Was über viele Monate fast zerredet worden wäre und so unhandlich erschien, war in der Praxis ein Überraschungserfolg. Die Mediatorin griff sich die Karten und machte sich auf den Weg zu einer Künstlerin.

Mariana Castillo Deball ist in Mexiko-Stadt, einem Ballungsraum mit 21 Millionen Einwohnern geboren. Berlin muss ihr klein erscheinen. In Friedland leben heute nicht ganz 3.000 Bürgerinnen und Bürger. Aber in dem Werk der Künstlerin finden sich archäologische Forschungsmethoden. Sie ist eine Suchende in der Historie und der Kartografie mit einem Abschluss in Philosophie, eine Zeichnerin und Spurenleserin mit Lust an der Deutung und Umdeutung vorgefundener Kulturbestände. Nichts steht bei ihr fest. >

Karten: Mariana Castillo Deball; Foto

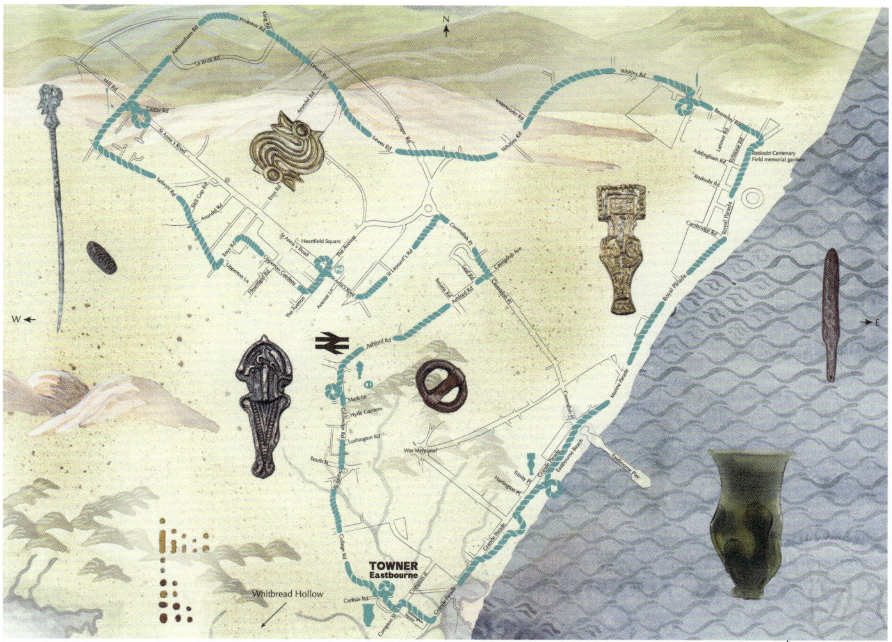

In „Walking through the town I followed a pattern on the pavement that became the magnified silhouette of a woman's profile“ bezog Mariana Castille Deball sich auf archäologische Funde in der Umgebung, die sie mit Kreide in die Landschaft einschrieb und archäologische Fakten mit Fiktionen mischte, um eine vielschichtige ortsbezogene Mythologie zu entwickeln.

Aber nichts auch bleibt unverbunden in diesem Werk. Friedland bekam eine Expertin für Karten, die eine Expertin für Wege war. Sie kam mit einem klaren Standpunkt ins Projekt: „Wir müssen den Leuten mehr schenken und sie weniger zu etwas überreden.“

Was eben noch ein generalstäbliches Kartografievorhaben war, wurde nun zu einer wundersamen Expedition. Aufgerüstet mit GPS-Tracking und GoPro-Kameratechnik schritten Gruppe und Künstlerin ins Dorfgedächtnis eingeschriebene Pfade ab, die fast schon vergessen waren und katalogisierten Orte, Pflanzen und Geschichte. Die Künstlerin verfolgte einen doppelten Plan. Sie suchte nach dem Medium, in dem sich das Wissen sammeln und teilen lässt. Und sie überlegte, wie sich die gefundenen Pfade in der Landschaft markieren lassen, das kollektive Gedächtnis also in der Natur selbst Spuren hinterlassen kann. Der Zusammenhang wird von der Karte heim in die Landschaft geholt. Der Schatz von Friedland ist die Praxis, in der er gerade neu entsteht./

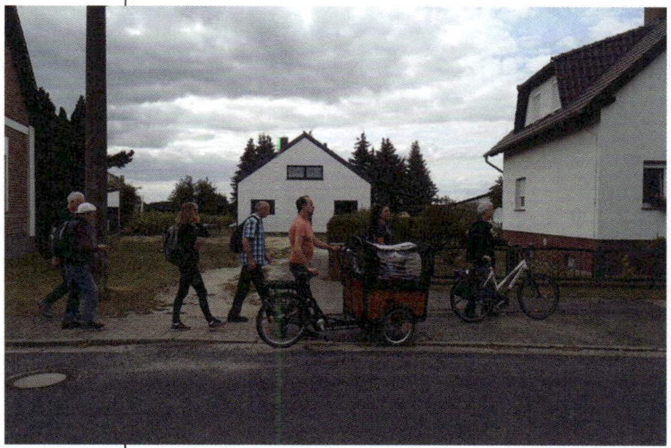

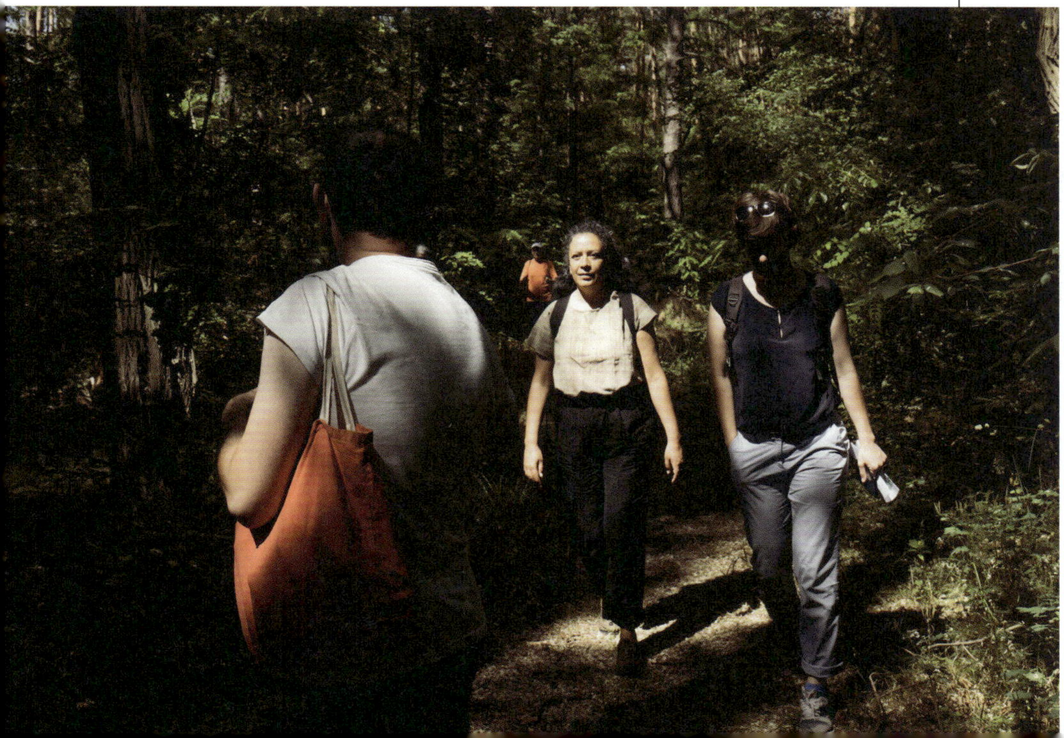

Am Ende der Wanderung erschien die Landschaft um Friedland einzigartig wie ein Alpenhöhenweg. Ob es die dichten Farne, die Aue oder die Kommunikation der Teilnehmenden war, hätte niemand sagen können.

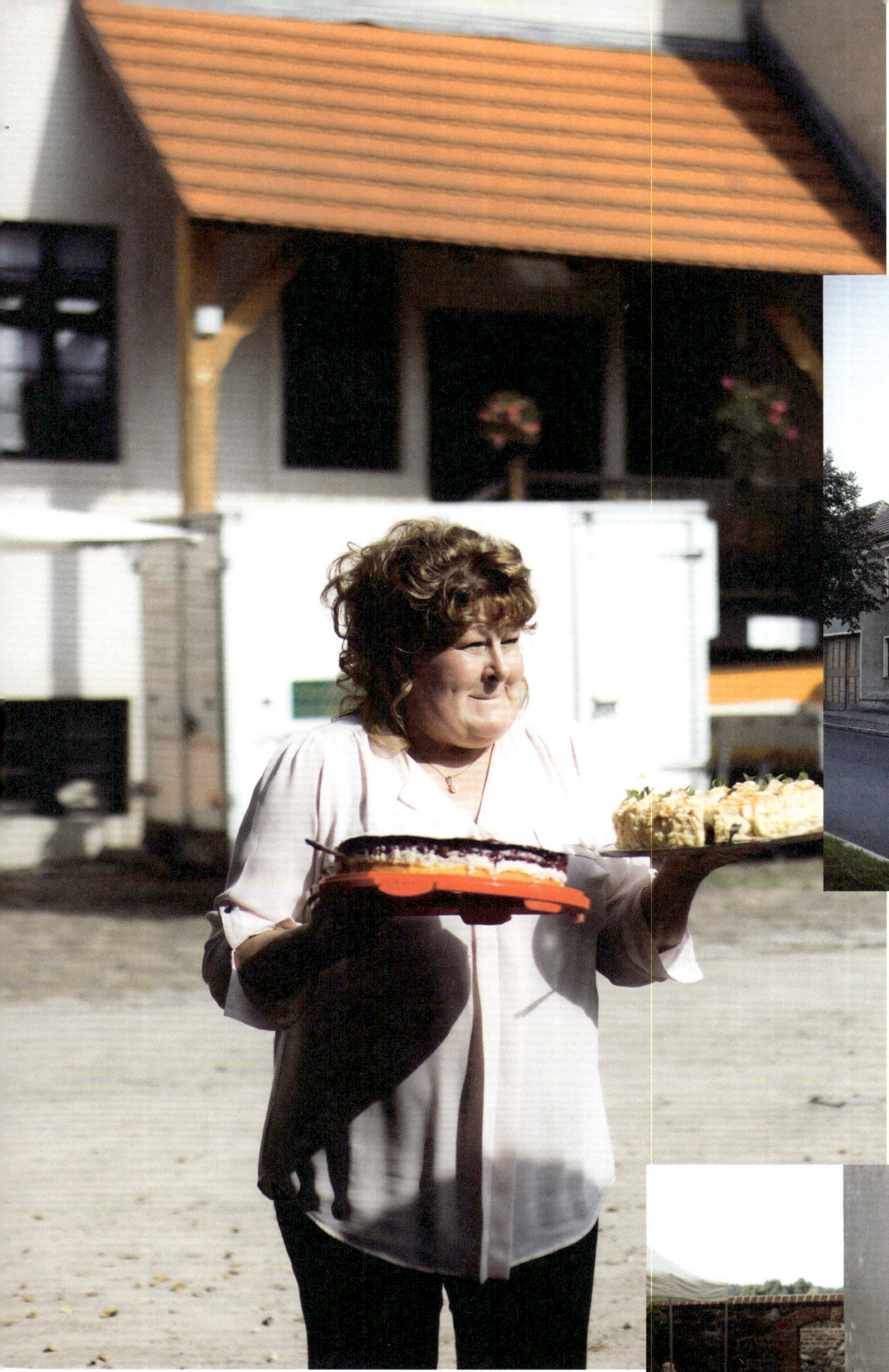

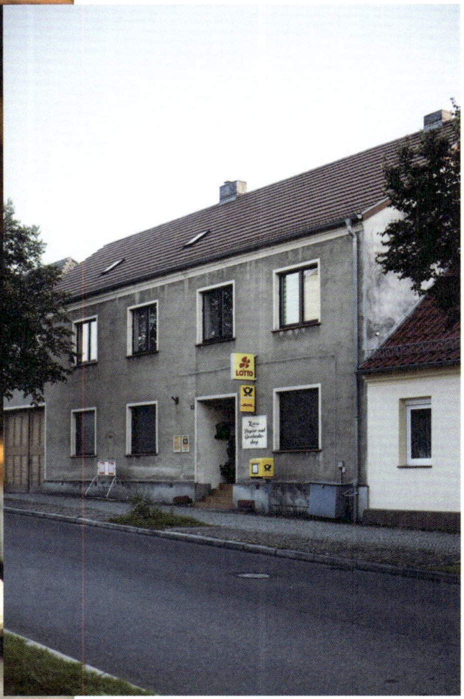

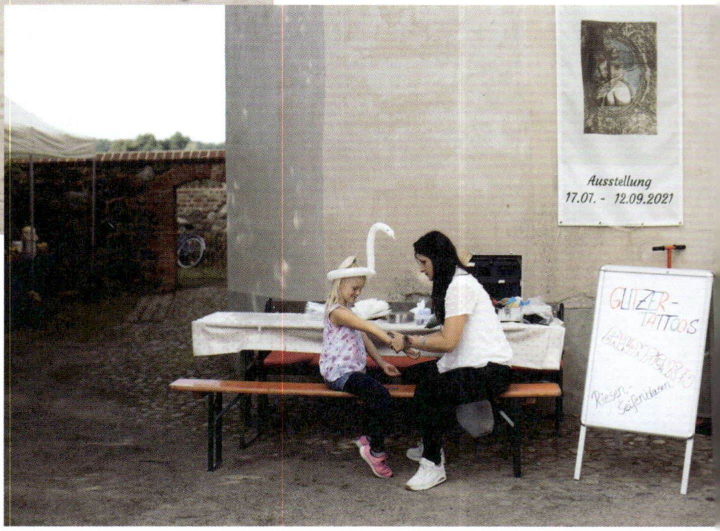

Jana Nowka (oben) ist für die Tourismusinformation und die Burg Friedland verantwortlich, gehört der Auftraggebergruppe aber privat an. Beim Burgfest legt sie selbst Hand an und serviert auch schon mal Kuchen, wenn das Team Unterstützung braucht. Beruf, Ehrenamt und Engagement im Dorf gehören bei ihr zusammen.

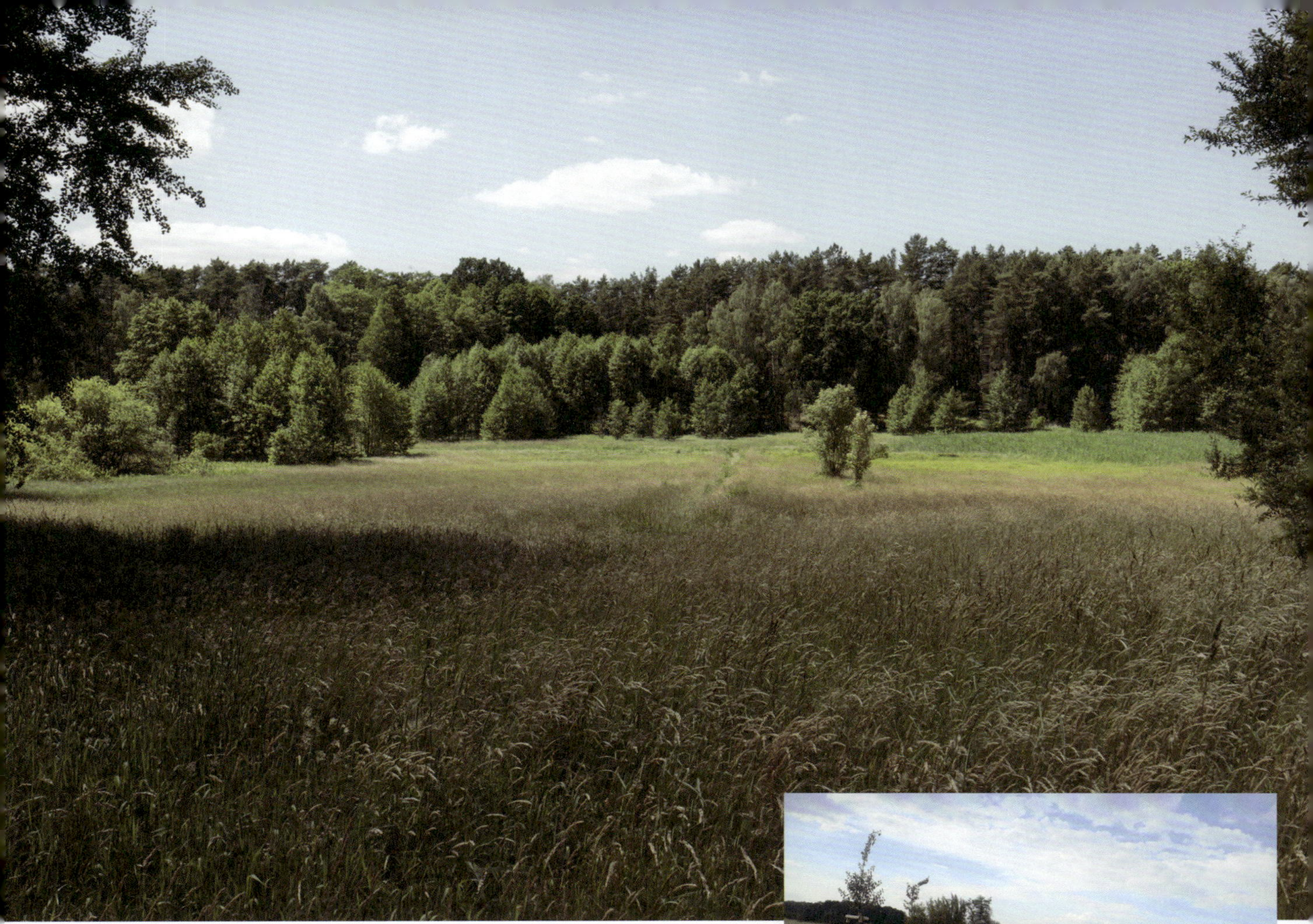

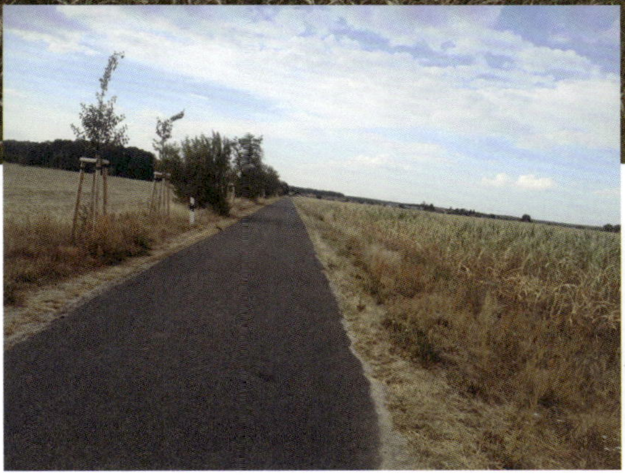

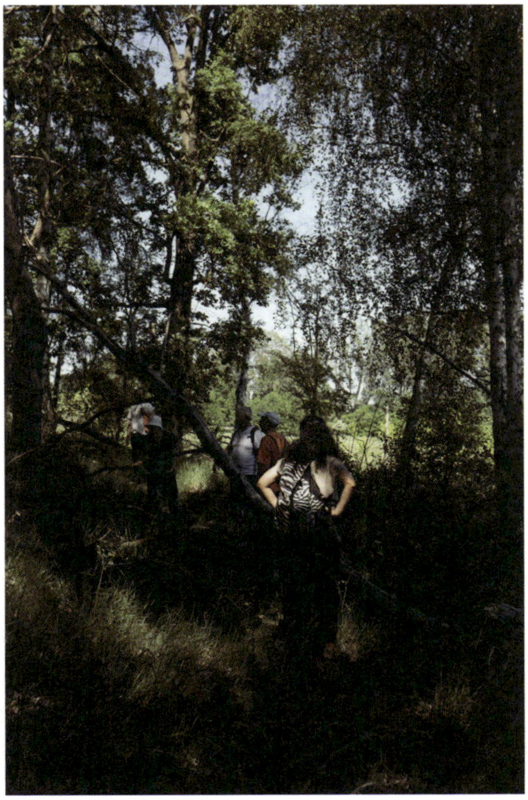

Foto rechts Mitte: Sophia Trollmann

Heute ist das langsame Wandern, das Erfahrungen statt touristischer Spektakel sucht, ein touristischer Trend. Die Neuen Auftraggeber von Friedland sehen ihr Projekt eher als feines Netzwerk der Dörfer, freuen sich aber darauf, ihr Wissen mit anderen zu teilen.

Kasnevitz, Meckenburg-Vorpommern

FREISPIEL

EIN DORF ALS PROBEBÜHNE FÜR MEHR MITEINANDER

Eigentlich war es doch immer so: Wer im Dorf die Rollen tauschen will, der muss in die Stadt. So ist es seit Jahrhunderten gewesen, denn im Dorf wissen alle voneinander, es ist klar, wer man ist, und beruhigend, dass es sich nicht jeden Tag ändert. Man kennt die Grantler und die Wohlerzogenen, die Optimisten und die Mahner und die Taugenichtse. Auch wenn beschauliche Landidyllen meist von Städtern ausgemalt werden, denen niemand von den jahrzehntelangen Konflikten berichten wollte, wäre ein großangelegter Rollentausch in jedem Dorf eine Revolution. Mutig sind sie also bei den Neuen Auftraggebern von Kasnevitz, auf Rügen, die etwas planen, was selbst Großstadtquartiere in Unruhe versetzen würde. Sie wollen die Spielregeln ändern. Das Spielfeld dabei ist das Dorf. Wer die Oberhand hat, soll in die zweite Reihe treten und den Unsichtbaren zu neuem Raum verhelfen. Die Lauten und die Leisen, die Geübten und die Unbeholfenen sollen „aus den angestammten Rollen fallen". Ein ganzes Dorf als Probebühne. Für einen Neuanfang.

DER AUFTRAG IN EINEM SATZ
„Das Dorf soll zur Bühne für einen Neuanfang werden, bei dem Neuzugezogene und Schonimmerdagewesene, Alte und Junge, die Kirchgemeinde und diejenigen, die nie mit ihr zu tun hatten, aus den angestammten Rollen fallen."

GRÖSSTE HERAUSFORDERUNG
Anfangs wollte die Auftraggebergruppe vor allem für ein aktiveres Dorfleben werben. Im Laufe der Zeit wurde aber klar: Überredungskünste helfen nicht. Stattdessen ging es darum, abzugeben – Verantwortung, Spielraum, Entscheidungsmacht.

DIE AUFTRAGGEBER*INNEN
Katrin Eigenfeld, Peter Hübner, Martin Hurtienne, Christian König, Rainer Krowas, Marie-Luise Marlow, Christoph Muster, Martina Woldt

MEDIATORIN
Susanne Burmester

KÜNSTLER*IN
N.N.

ZEITRAUM
2021 – dauert an

FAKTEN
Kasnevitz hat heute 300 Einwohnerinnen und Einwohner, von denen der kleinere Teil schon immer hier wohnt und das Dorfgedächtnis in den Köpfen trägt. Nach dem Krieg versuchten sich Geflüchtete einzufügen, später kamen Nachwendezuzügler, unter denen sich ost- und westdeutsche Biografien mischen. Zum historischen Kirchspiel gehören noch 15 weitere Ortsteile, in denen manchmal nur wenige Menschen auf einer Hofstelle leben.

ORT
Kasnevitz liegt auf der Insel Rügen, die Auswärtige für ein Sommerferienidyll halten. Für die Einwohner bedeutet das, dass eine befahrene Landstraße ihr Dorf zerschneidet, das sich in kleine Wohnviertel mit eigener Geschichte teilt. Weil Bäcker und Kneipe verschwunden sind, bleiben die Bewohner dort meist unter sich. In Zukunft soll das Dorfgemeinschaftshaus, ein umgebautes Feuerwehrhaus, das Dorf wieder mehr verbinden.

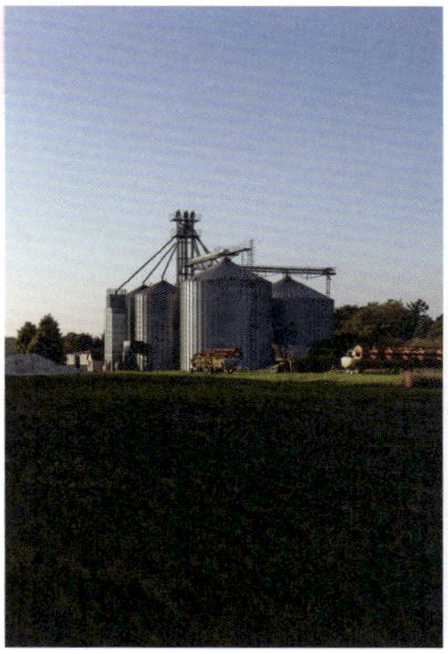

Dass es einen Neuanfang braucht, liegt auch an den Spielregeln, die die anderen machen. Das Kirchspiel Kasnevitz liegt auf einer Ferieninsel und ist für die Urlauber auf dem Weg zu Kreideklippen und Ostseeständen ein zurückzulegender Punkt auf dem Navigationsbildschirm. Der Strom der Reisenden teilt das Dorf. Das Leben spielt sich auf der einen oder der anderen Seite der Blechkarawane ab, vor allem aber strömt Auto für Auto Geld auf die Insel. Touristische Investitionen, die Umwandlung alter Häuser in Sommerresidenzen prägen das weite Umland und lassen kaum ein Dorf aus. Kasnevitz aber ist verhältnismäßig unbeschadet durch den Goldrausch der Rügener Ferienindustrie gekommen und will den Marktgesetzen der anderen offensiv das eigene Dorfverständnis entgegenstellen. Hier prägen kleine Wohnviertel den Ort, die viel von einer weit älteren Zuwanderungsgeschichte verraten, den geflüchteten Familien nach dem Krieg, den Zuwanderern nach der Wende aus Ost und aus West, ausgestattet mit je unterschiedlichen Dorfverständnissen. Hier ist aber auch noch das Selbstbewusstsein einer Kirchgemeinde zu spüren, die seit dem 14. Jahrhundert eine der wohlhabendsten Pfarrstellen der weiten Umgebung war und bis heute viel Landin ihrem Besitz hält. Nachhaltigkeit war unter den Gemeindemitgliedern schon in den 1980er-Jahren ein Thema. Was bleibt nun von dieser vielfältigen Dorf-DNA, wenn sich rundherum alles ändert? >

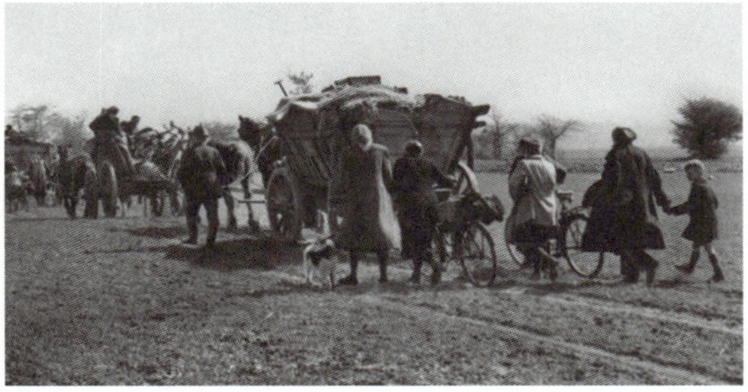

Die Flüchtlingstrecks nach dem Krieg brachten eine erste Zuwanderungsbewegung nach Kasnevitz.

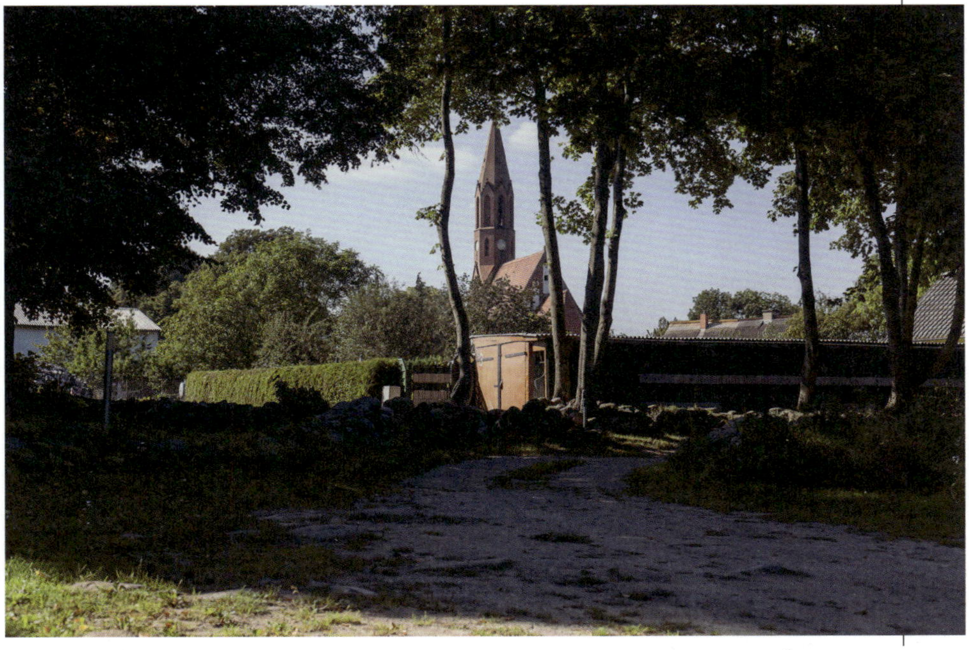

Die Pfarrstelle von Kasnevitz war seit dem 14. Jahrhundert eine der wohlhabendsten in der Region. 4.256 Reichstaler durfte Mitte des 19. Jahrhunderts der neue Kirchturm kosten. Außerdem schenkte der Patron der Kirche, das Haus Putbus, 20.000 Mauersteine.

Fotos soweit nicht anders vermerkt: Victoria Tomaschko; Mitte: Dorfchronik Kasnevitz

Der erste Versuch, die Dorfmitte zu stärken, war anspruchsvoll. Eine kleine Gruppe, die meisten von ihnen Mitglieder des Kirchgemeinderats, sah mit dem Verschwinden der Freiwilligen Feuerwehr einen symbolischen Dorfmittelpunkt schwinden. Ein bisschen war der Schlauchturm das profane Gegenüber des Kirchturms von St. Jacobi gewesen. Der eine Turm empfahl das Dorf dem Wohlwollen Gottes an, der andere dokumentierte die Bereitschaft, vorher gegebenenfalls auch zur Selbsthilfe zu greifen. Die Schläuche trockneten nun ein paar Kilometer weiter in einem modernen Feuerwehrstützpunkt, aber im Kirchgemeinderat saßen sie und wollten das Wahrzeichen mit neuem Sinn versehen. Sie suchten einen Austausch im Dorf, der „nicht allein über den Glauben funktioniert", schon deshalb, weil in der DDR die Entscheidung für die Kirche Sache einer Minderheit war und bis in die ersten Jahre nach der Wende gemeinsame Arbeit und Tausch das Dorf zusammenhielten. Nun stellte sich gerade für eine Gemeinde die Frage, „auf welche Werte sich eine Dorfgemeinschaft verständigen kann, die diverser und heterogener geworden ist", wie sie der Mediatorin Susanne Burmester einige Jahre später sagten. Der erste Lösungsversuch jedenfalls kam aus Paris und war bald Gegenstand eines Bauantrags.

Der Architekt Niclas Dünnebacke hatte schon einmal auf Rügen gebaut, nun ließ er dem leeren Feuerwehrhaus seine Silhouette und öffnete den Baukörper zum Dorf. Auf einer ersten Skizze, sieht man ein sich weit öffnendes Tor, aus dem auch ein Löschfahrzeug rollen könnte, das nun aber den Blick auf einen lichten Raum für Zusammenkünfte öffnet. Dahinter erhebt sich wie ein Campanile der blechverkleidete Turm und bietet der Dorfgemeinschaft besten Aussichten über die geschwungenen Hügel bot, von denen aus

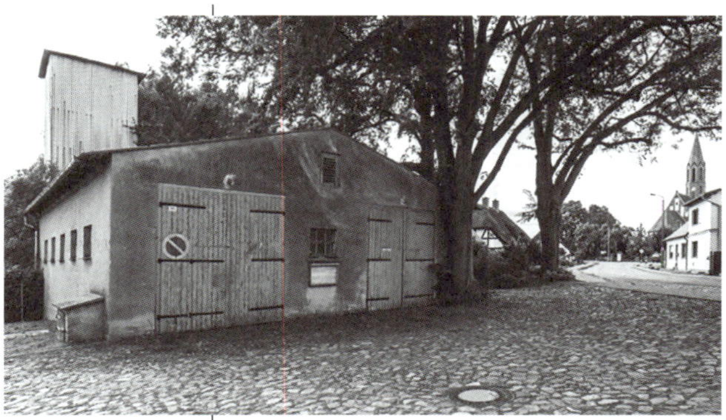

Das alte Feuerwehrhaus mit dem Schlauchturm auf einem Archivbild.

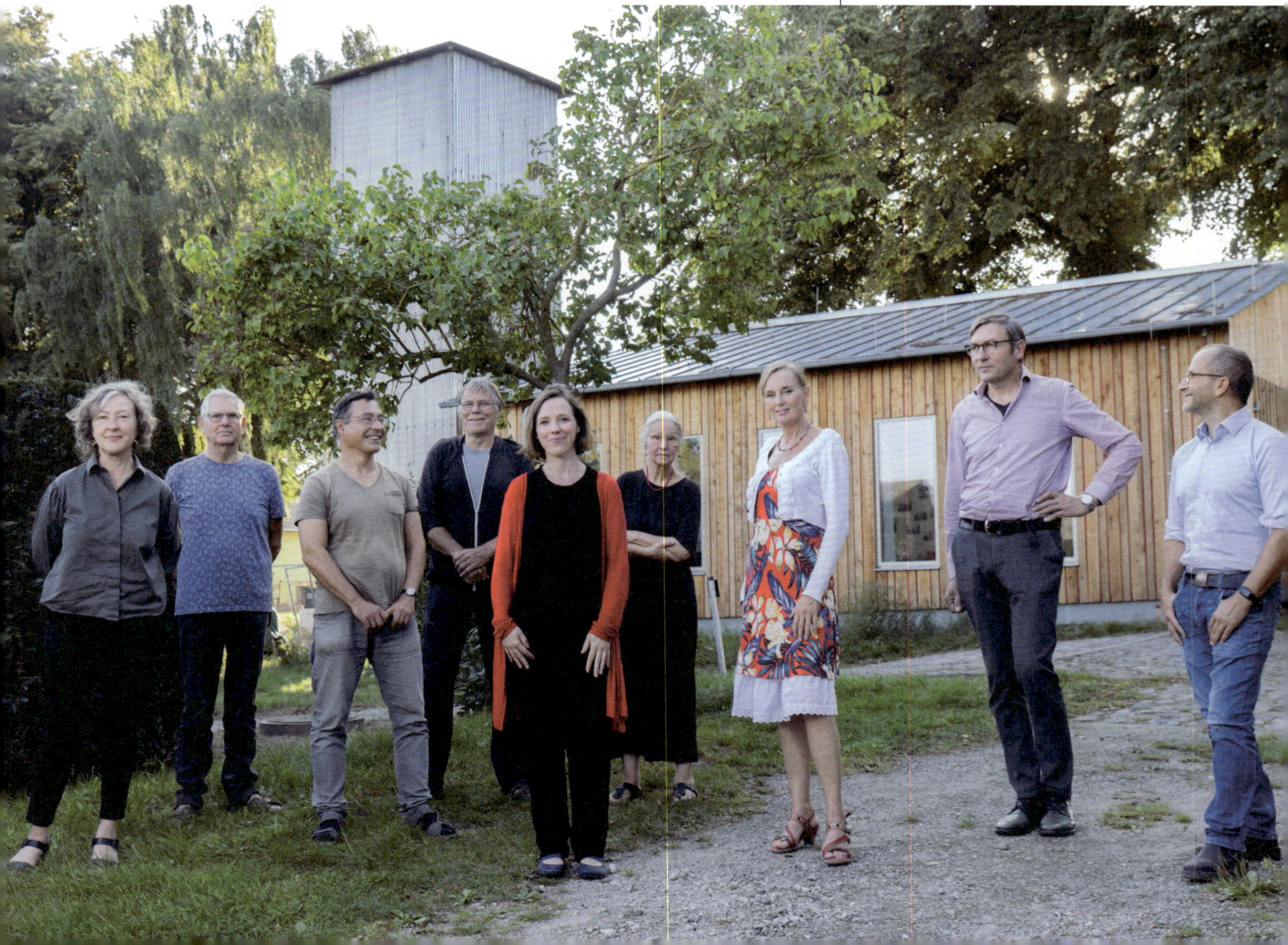

Susanne Burmester (Mediatorin), Rainer Krowas, Christoph Muster, Peter Hübner, Marie-Luise Marlow, Katrin Eigenfeld, Martina Woldt, Martin Hurtienne und Christian König (v.l.n.r.).

Caspar David Friedrich seine „Landschaft mit Regenbogen“ skizzierte. Ein Haus für alle mit Mehrwert, das mancher im Ort auch als Demonstration wahrnahm. Für kluges planerisches Denken, für das Verantwortungsgefühl der Bauherren gegenüber dem Dorf, aber ein wenig auch dafür, dass es Leute gab, die sich das leisten konnten und wollten und nicht zu den Alteingesessenen gehörten. Engagement verbindet. Es kann auch Unterschiede deutlich machen. Zwischen denen, die die Initiative ergreifen, und denen, für die sie sich engagieren.

Das neue Haus ist nicht Paris. Es ist Dorf. Und dann ist es irgendwie auch etwas ganz anderes, eine Verbeugung vor der menschlichen Proportion, vor der Schönheit des Einfachen, vor einem Materialverständnis, das nicht wie die Feuerwehr der optimierten Wirtschaftlichkeit unterworfen ist. Man muss das Haus ausprobieren. Es strahlt eine Ruhe aus, die sich anbietet, ohne etwas aufzudrängen. Aber die meisten Kasnevitzer probierten es nicht aus. Es war neu. Es war ein unerwartetes Geschenk. Und für die, die nicht kamen, handelte es eher von den Schenkenden als von ihnen selbst. Mitten im Auftragstext der Neuen Auftraggeber von Kasnevitz steht deshalb ein wirklich schonungsloser und ehrlicher Satz. Sie haben versucht, die Lücke im Dorf zu füllen. Sie haben etwas erfunden. „Heute merken wir, dass das nicht reicht.“

Das muss Bauherren erst einmal über die Lippen gekommen. Sie haben einige Zeit zugeschaut, wie ihr Haus ein Exotendasein fristete und dann Susanne Burmester als Mediatorin geholt. „Wir haben viel erreicht und manches verloren. Aber wir haben es bis heute nicht geschafft, dass die Neuzugezogenen und die Schonimmerdagewesenen, die Alten und die Jungen, unsere Kirchgemeinde und diejenigen, die nie mit ihr zu tun hatten, sich aktiv miteinander austauschen“, steht im Auftrag. Da sind sie nicht das einzige Dorf, aber dasjenige, in dem es jemand furchtlos sagt. Sie erhoffen sich von der Arbeit mit einer Künstlerin oder einem Künstler einen Anreiz, den Fuß über die Schwelle zu setzen, was auch daran liegen kann, dass sie selbst für Kultur ein Faible haben. Würde man die Neuen Auftraggeber von Kasnevitz an unvertraute Orte locken wollen, wäre es jedenfalls eine Methode, die funktioniert. „Was verbindet uns heute miteinander?“, fragt der Auftrag. „Wofür würden wir uns einsetzen und aus den Häusern kommen?“ Für Kunst?

>

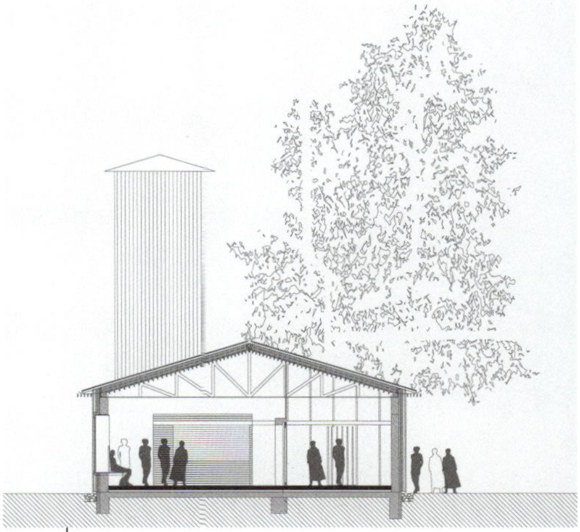

Der Versammlungsraum ist hoch und licht und in zwei intimere Segmente unterteilbar.

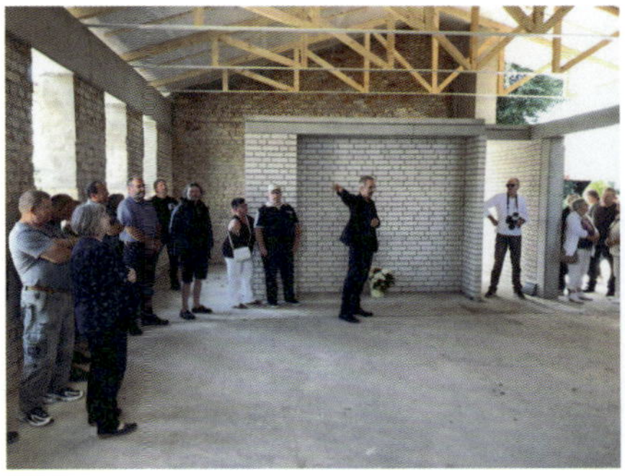

Beim Richtfest am Dorfgemeinschaftshaus erläutert der Architekt Niclas Dünnebacke, warum er die Stirnwand versetzt hat, um die alte Linde zu schützen.

„Wofür würden wir uns einsetzen und aus den Häusern kommen?“

– Aus dem Auftragstext von Kasnevitz

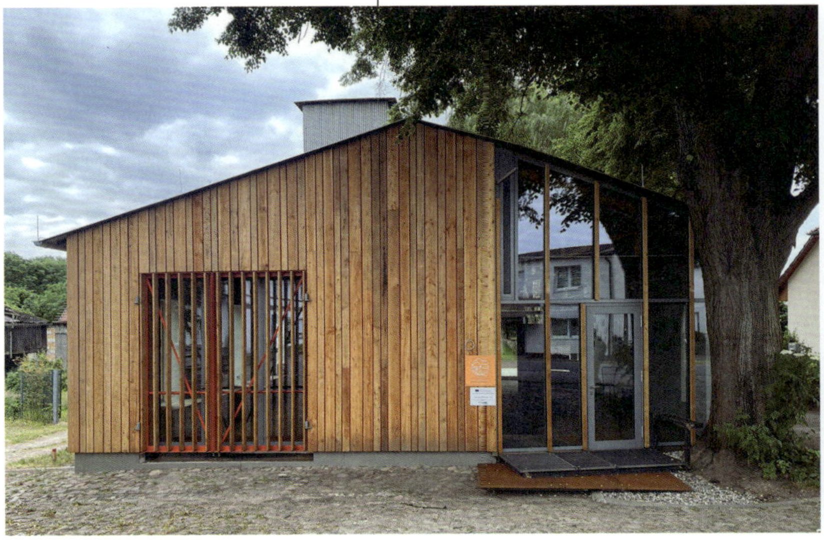

Das neue Dorfgemeinschaftshaus öffnet das alte Feuerwehrhaus mit einer gläsernen Front, ohne der alten Struktur Gewalt anzutun und bietet sich dem Dorf als vertrauter, aber neu interpretierter Mittelpunkt an.

Foto links oben: Archiv flz Martin Hurtienne; rechts: Entwurf: Niclas Dünnebacke; Fotos: Martin Hurtienne

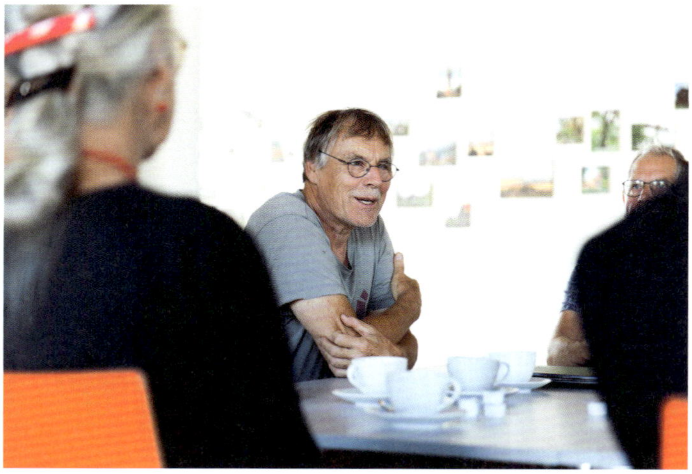

Katrin Eigenfeld, Peter Hübner und Christian König – der Auftrag wird unterzeichnet.

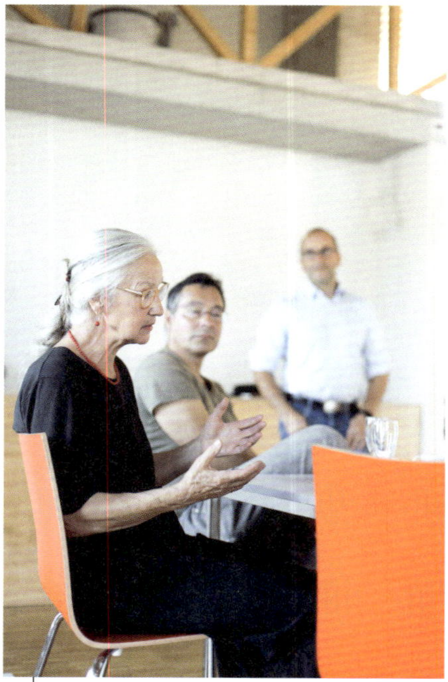

Katrin Eigenfeld, Christoph Muster und Christian König diskutieren, was sich ändern könnte.

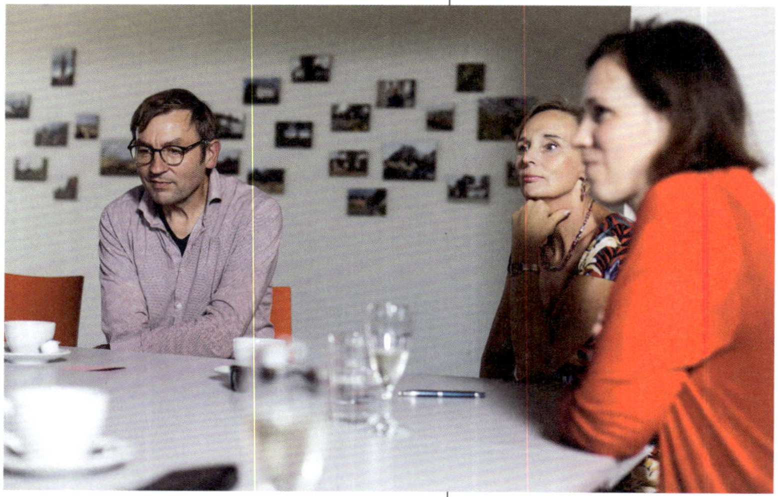

Martin Hurtienne, Martina Woldt und die Pastorin Marie-Luise Marlow bei der Diskussion des Auftragsentwurfs im Dorfgemeinschaftshaus.

Sie waren schon für ein ausgewachsenes Haus nicht gekommen. Die Idee, ein Kunstwerk vor der Tür zu schaffen oder die Kunst ins Dorf zu tragen, drohte die Geschichte des Dorfgemeinschaftshauses zu wiederholen. Als würde man jemanden, der eine Speise verschmäht, mit einem zweiten Gang zu Tisch bitten. Und so wendet der Auftrag von Kasnevitz leichtfüßig direkt auf dem Absatz. Alle Fragen sind gestellt. Das Terrain ist abgesteckt. Aber die Auftraggeber packen die Sachen, statt nochmal den Bagger zu holen. Sie sprechen der Mediatorin etwas Ungewöhnliches in den Block: „Wir haben das Gefühl," erklären sie, „dass es ein neues Spielfeld braucht, auf dem die Rollen neu verteilt und die Regeln gemeinsam bestimmt werden können, damit alle eine Stimme bekommen."

Und weiter: „Die, die immer besonders schnell das Wort ergreifen, werden dabei vielleicht langsamere Spielzüge machen als diejenigen, die meist erst einmal zuhören und sich bedächtig alles dreimal überlegen. Die, die immer die Ärmel hochkrempeln, kriegen ein Freispiel. Die Lauten müssen auch mal leise sein." Punkt.

Fast muss man an jenes Buch denken, in dem die Letzten die Ersten sind, verlorene Söhne mit Demut empfangen oder nachrangige Berufsstände Mustergläubigen vorgezogen werden. Natürlich geht es hier nicht um Theologie. Man würde sich hüten. Aber irgendwoher kommt Radikalität ja immer. Was wäre radikaler, als den anderen die eigene Schwäche zum Angebot zu machen? Die Mediatorin sucht nach der Künstlerin oder dem Künstler, die oder der in Kasnevitz ein Spielfeld schafft./

Kasnevitz ist kein homogenes Tourismusidyll, sondern ein Ort mit historisch gewachsenen Vierteln, an denen sich auch die Epochen ablesen lassen, in denen das Dorf gewachsen ist.

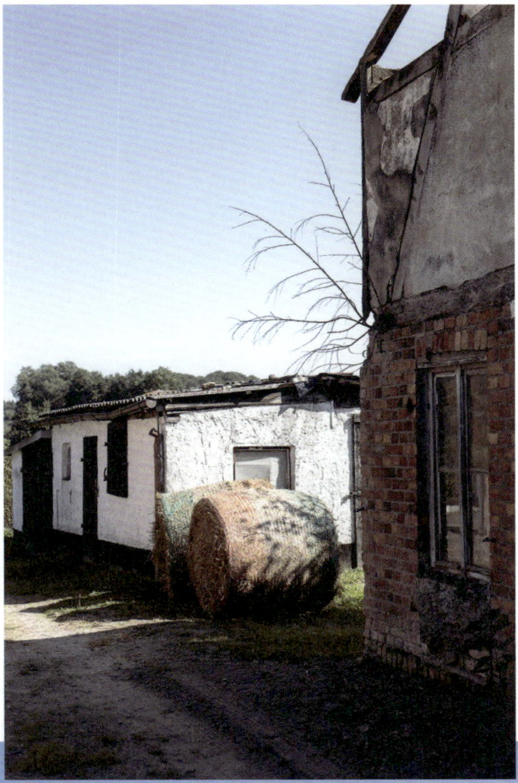

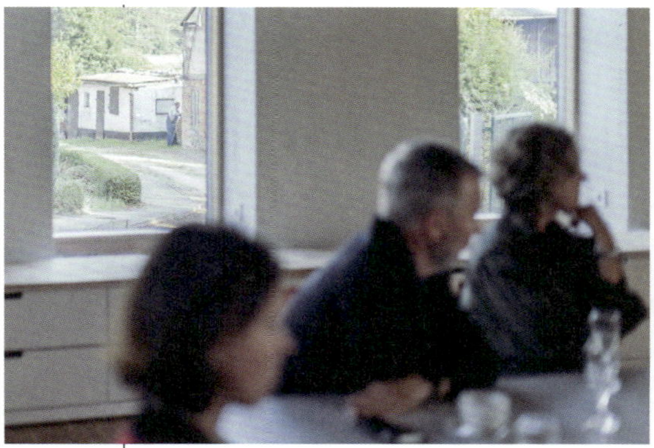

„Die, die immer die Ärmel hochkrempeln, kriegen ein Freispiel. Die Lauten müssen auch mal leise sein.“

– Aus dem Auftragstext von Kasnevitz

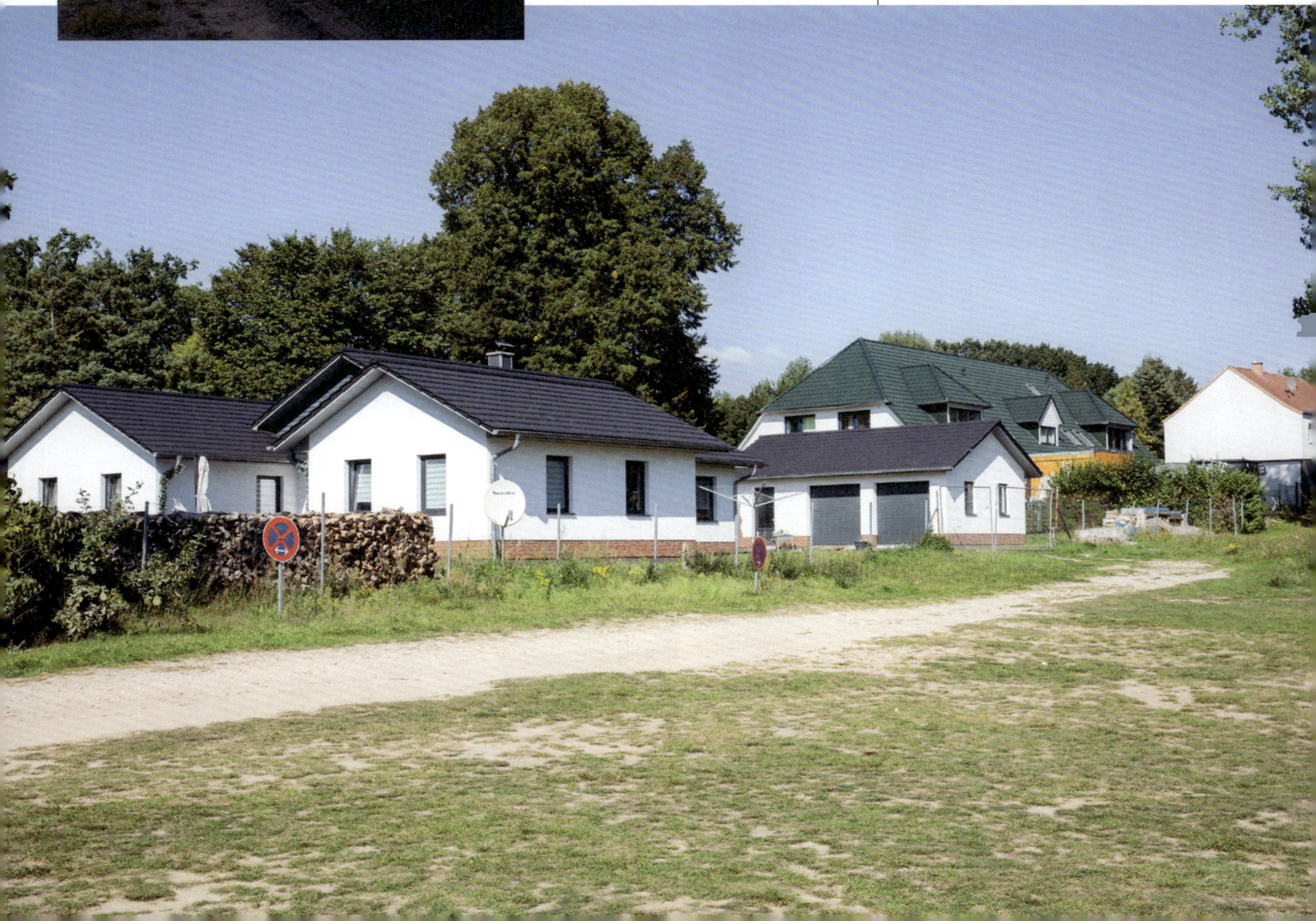

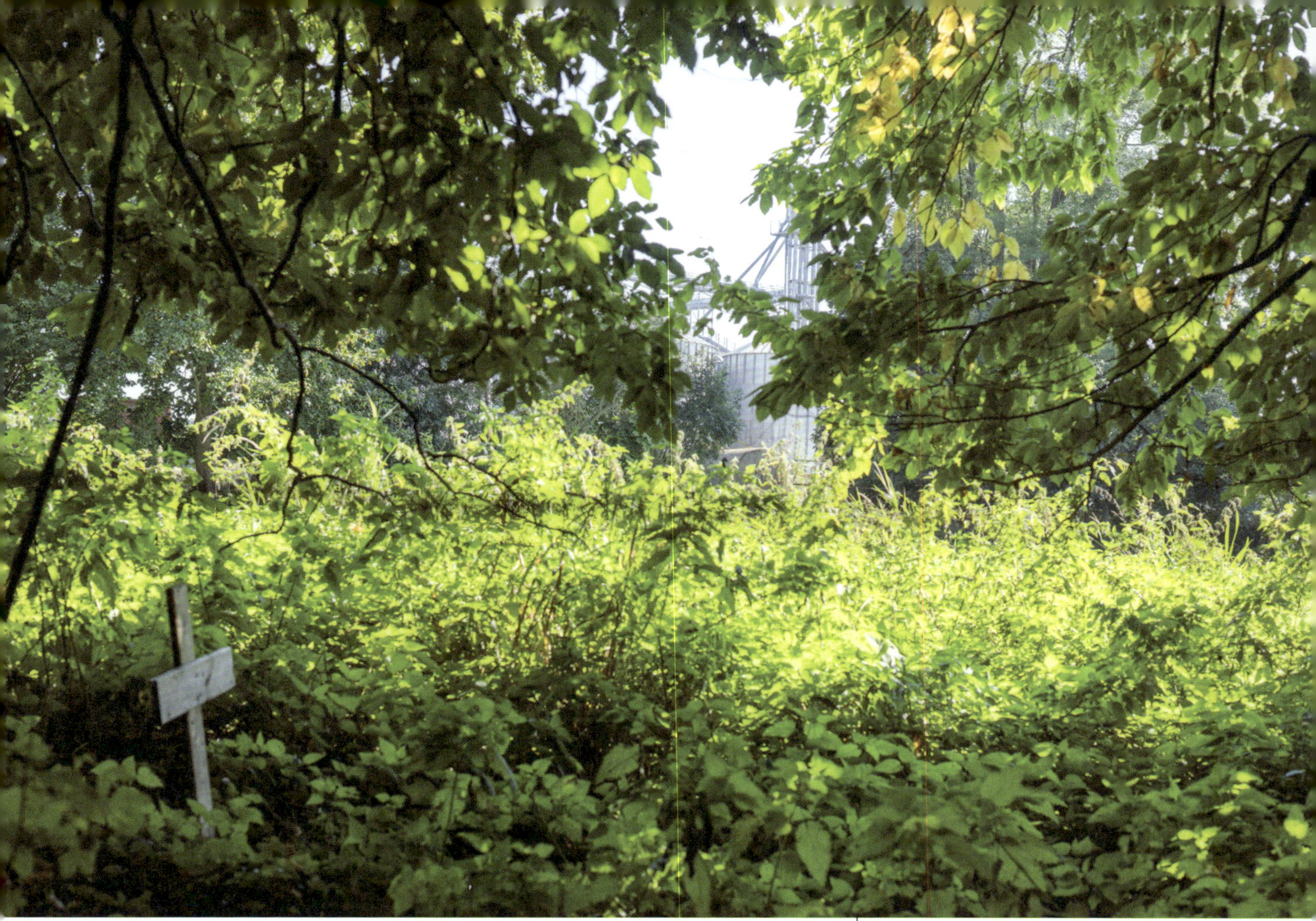

Der Kasnevitzer Hans Dieter Knapp ist einer der Gründungsväter der Nationalparks im Nordosten Deutschlands. Nun beweist er im Pfarrgarten, dass die Natur sich selbst regulieren kann.

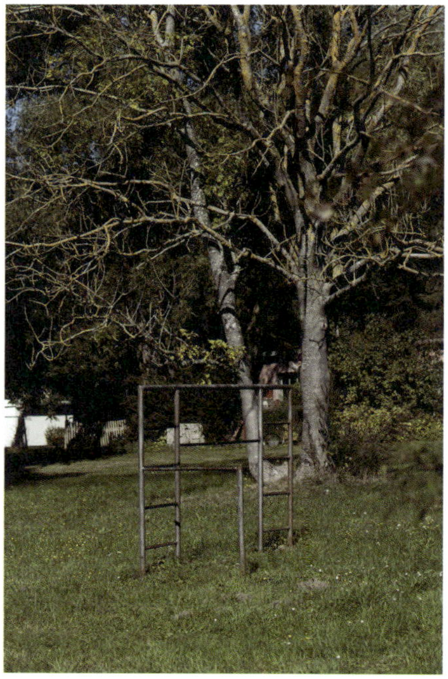

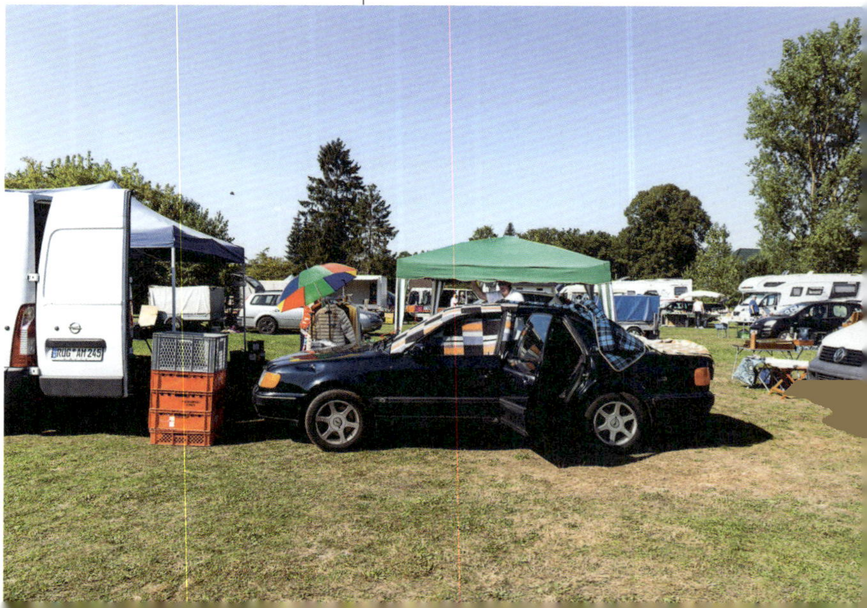

MITEINANDER TEILEN LERNEN

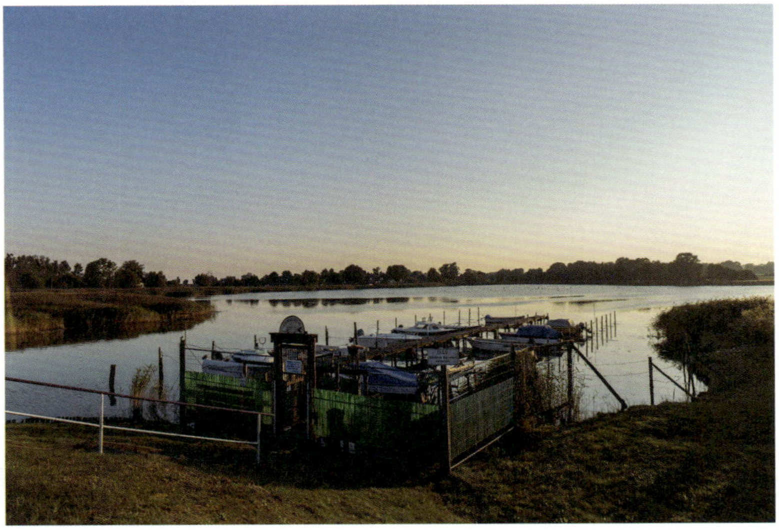

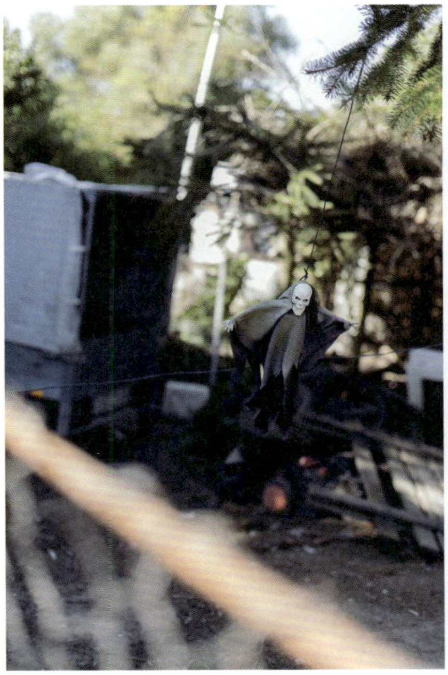

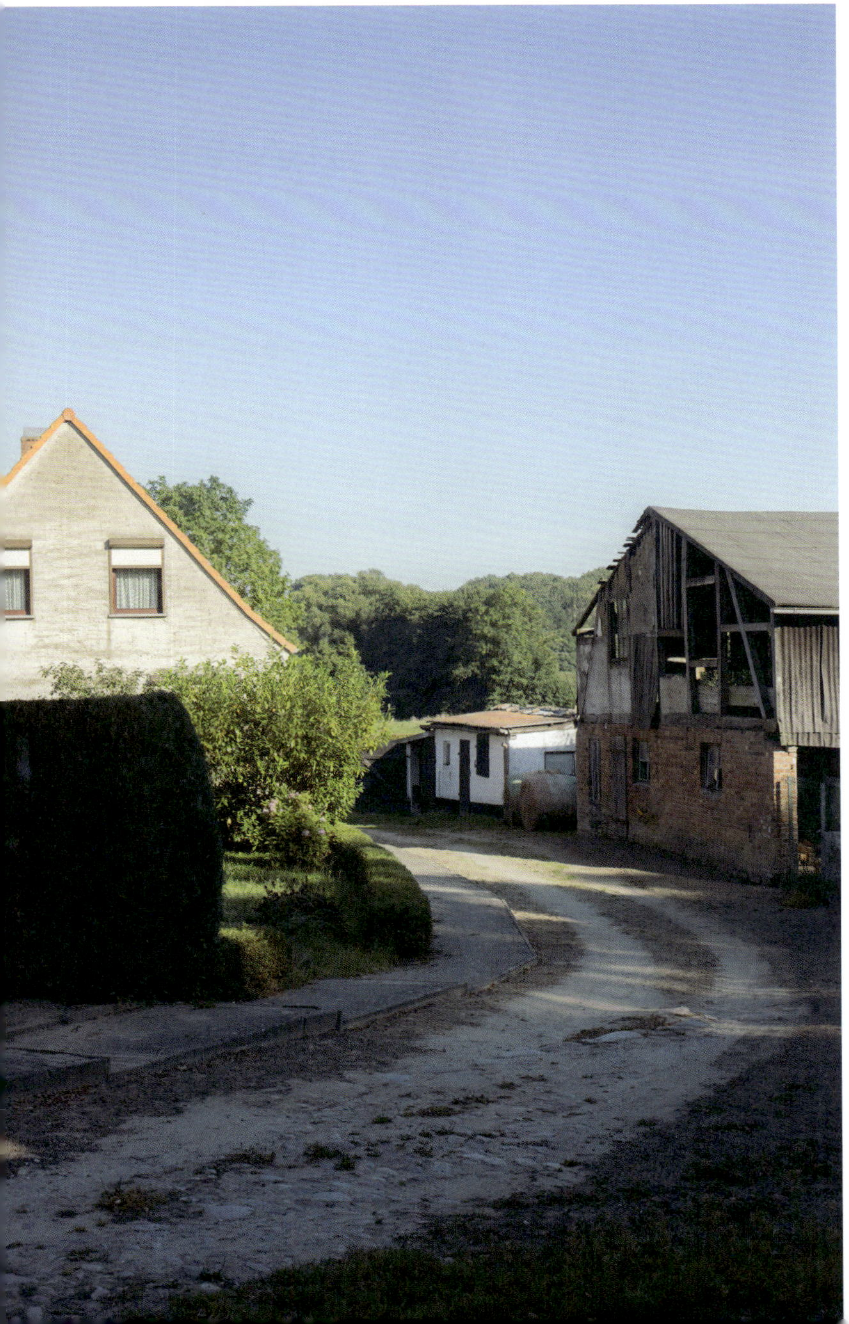

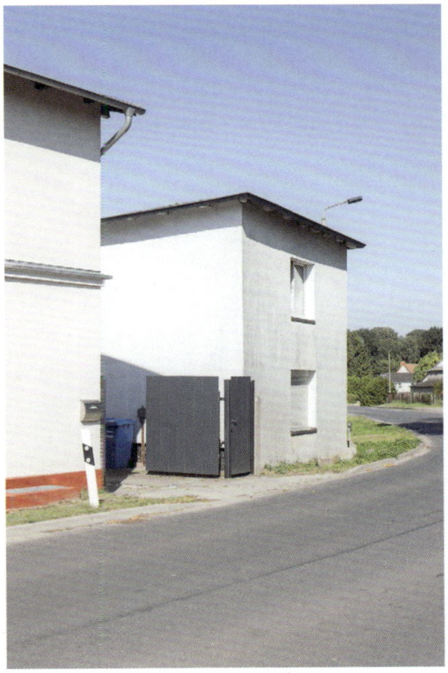

Auf dem Fußballplatz an der Waldsiedlung hat früher „Traktor Kasnevitz“ gespielt. Heute wird er nur noch als Trödelmarkt genutzt. Die Auftraggebergruppe fragt sich, ob die Dorfgemeinschaft solche Orte vereint wiederbeleben kann.

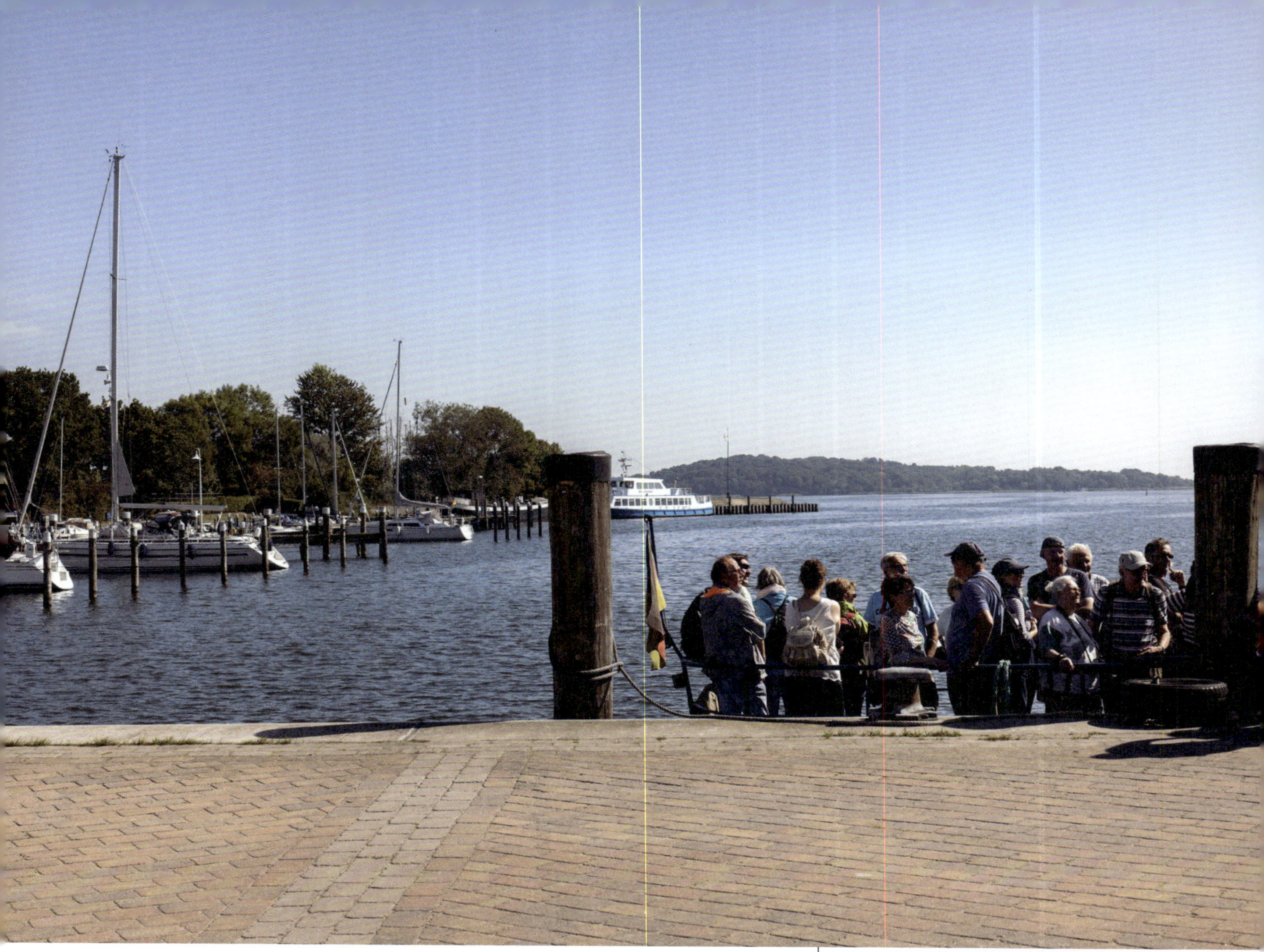

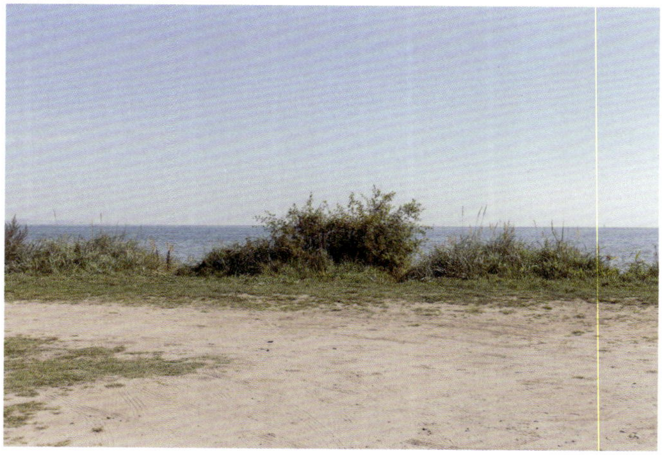

„Wir haben das Gefühl, dass es ein neues Spielfeld braucht, auf dem die Rollen neu verteilt und die Regeln gemeinsam bestimmt werden können."

– Aus dem Auftragstext von Kasnevitz

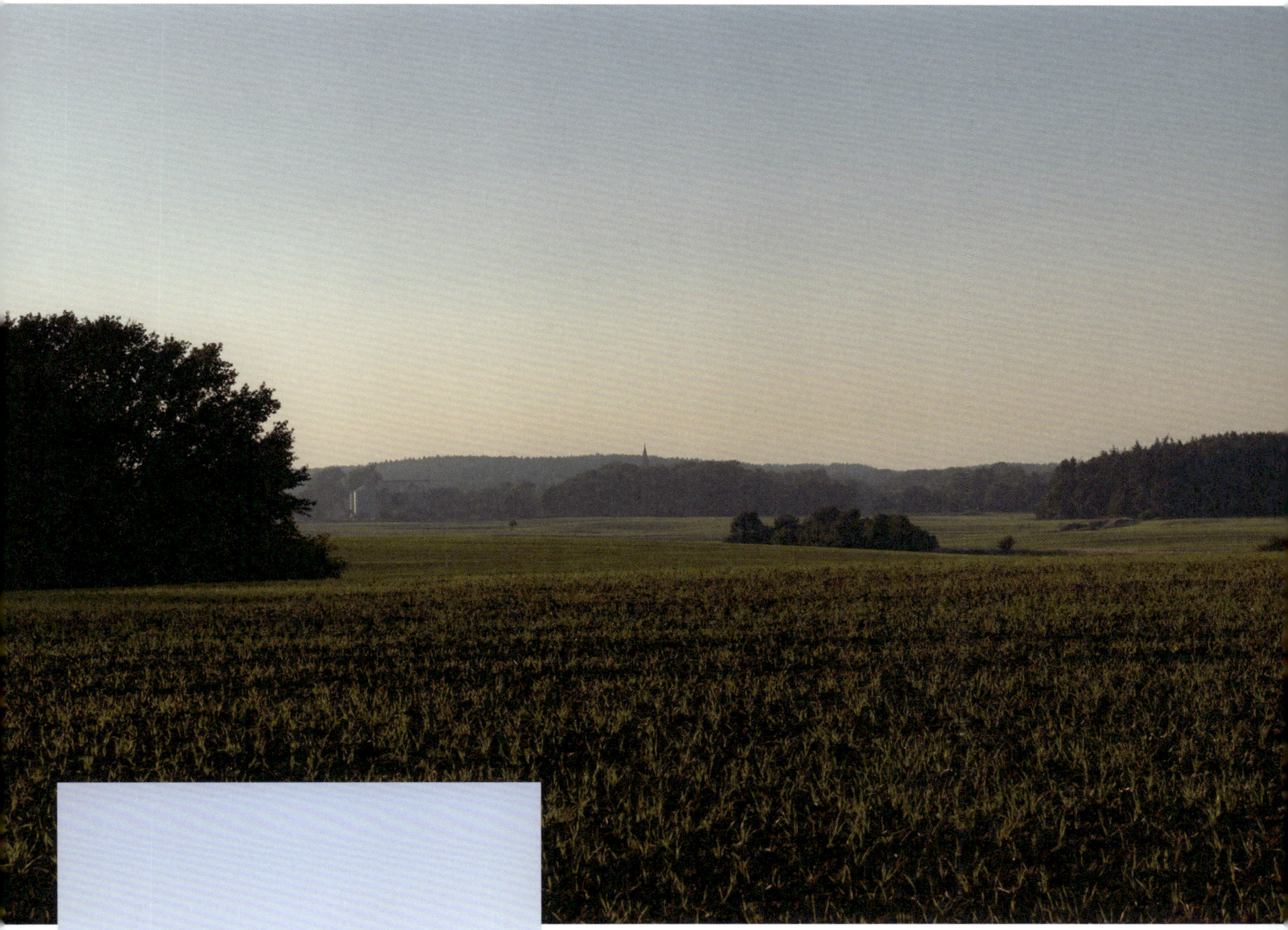

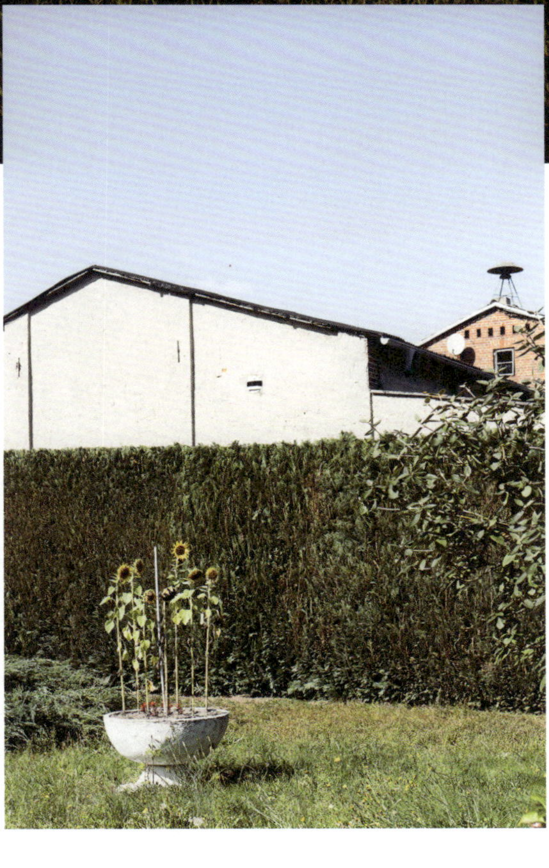

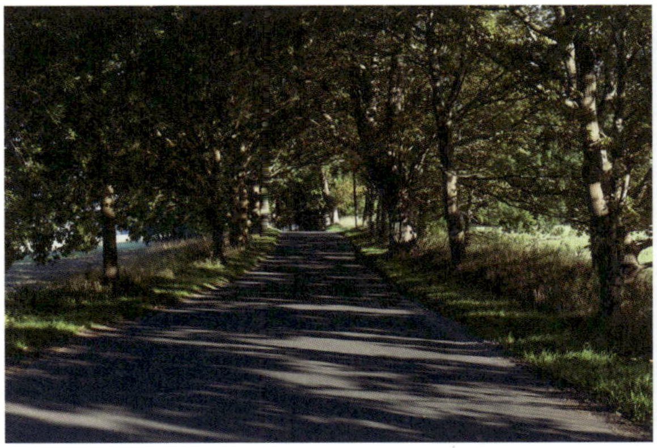

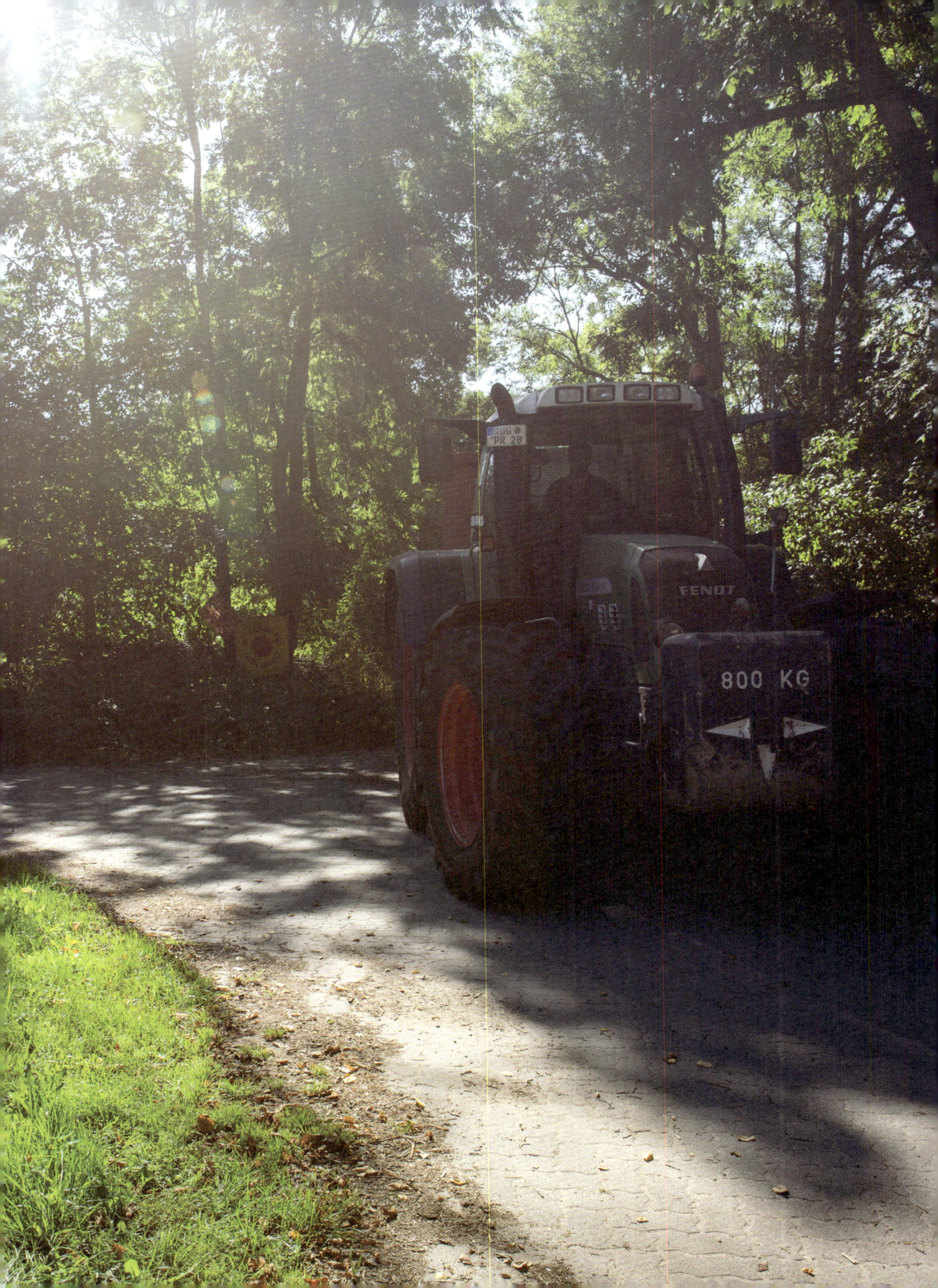
FENDT
800 KG

DER GEMEINSINN
Wie man gewaltige Aufgaben bewältigt

Wer auf dem Land ein neues Wir-Gefühl sucht und den Sinn für die größeren gemeinsamen Räume wecken will, schafft das weder mit effizienzgedrillten Verwaltungsmaßnahmen noch durch Erziehungsversuche, schreibt die Autorin Tina Veihelmann, die regelmäßig zwischen Stadt und Land pendelt und gerade deshalb dafür plädiert, auf dem Land ländliche Maßstäbe gelten zu lassen. Der Gemeinsinn, sagt sie, entsteht dort, wo Leute etwas auf die Beine stellen. >

Tina Veihelmann
lebt und arbeitet als freie Autorin in Berlin und Falkenberg bei Tauche. Sie befasst sich mit Themen um Zivilgesellschaft und Transformationsprozesse in Städten, Peripherien und im ländlichen Raum.

Foto: Victoria Tomaschko

Wenn man mir die Begriffe „Brandenburg", „Dorf", „Gemeinschaft" und „Zusammengehörigkeitsgefühl" hinwirft und mich fragt, was mir dazu einfällt, tauchen bei mir fast zeitgleich drei Bilder auf. Das erste ist die Innenansicht eines früheren LPG-Zweckbaus, das dem Dorf bei Beeskow, wo wir seit einigen Jahren an einem Haus herumbauen, als Vereinshaus des Dorfclubs dient. Eine Schönheit ist es nicht, – aber es wurde in Eigenarbeit und mit viel Einsatz renoviert. Und am Tresen hängen Fotos, die das Dorf abbilden, wie es sich nach dem Motto „Morgenland" verkleidet hat, – und das sieht großartig, furchtfrei und unbeschwert aus. Außerdem ist hier geglückt, was heute oft schwerfällt: nämlich den Generationenwechsel zu schaffen. Das Personal, das den Verein getragen hatte und zwischen 50 und 65 Jahren alt war, hat sich gerade um eine Kohorte von um die 30-Jährigen verjüngt. Bemerkenswert finde ich auch, dass etwa ein Viertel der Dorfbewohnerschaft im Dorfclub Mitglied ist. Wo man doch dem Land so oft attestiert, dass alle abgehängt, politikverdrossen und braindrained seien, während die demokratische Avantgarde in den Zentren der Großstadt gedeihe, empfinde ich das als eine gute Bilanz.

Das zweite Bild ist: Ich fahre mit meinem ukrainischen Freund Sascha über die Dörfer, die ich als durchaus lebendig empfinde, und er sagt: „Hier sieht es aus, als wäre eine Neutronenbombe gefallen. Das ist schon das sechste Dorf", konstatiert er, „und wir haben noch keinen Menschen auf der Straße gesehen." Herabgelassene Rollläden im Abendlicht.

Das dritte ist eine Rückblende. Es ist die Erinnerung einer Lehrerin aus dem Oderbruch, die ich einmal interviewt habe. Sie erzählte mir von ihrer Zeit als Junglehrerin in den 1970er-Jahren. Dabei schilderte sie mir Szenen von Erntebrigaden und von Kindern, die ihnen ihr Mittagessen aufs Feld bringen. Und von Jugendlichen, die mit >

„Das Missverständnis beruht darauf, anzunehmen, dass indem die ländlichen Verwaltungseinheiten immer größer werden, sich die gelebten Einheiten mitverändern müssten. Aber das tun sie nicht. Warum sollten sie auch?“

ihren Rädern und Mofas über die Feldwege brettern – und um die man sich nicht zu sorgen brauchte, weil eigentlich zu allen Tageszeiten überall irgendwer war. Ein burleskes und aus heutiger Sicht fast bizarres Bild vom prallen Leben auf dem Acker.

Es fand einen starken Nachhall in mir. Nicht nur, weil es heute so fremd wirkt, sondern auch, weil es etwas sagt: Nämlich, dass auf dem Land über die Jahrhunderte hinweg durch den Zusammenhang von Arbeit und gemeinsamer Aufgabe keine schwachen, sondern ausgesprochen starke soziale Zusammenhänge das Leben prägten. Nicht nur im Guten, sondern auch im Schlechten, weil Zusammenhalt ja auch Kontrolle und Enge hieß. Vielleicht ist es das, was die Sache heute so verwirrend macht: Dass eben derselbe Lebensraum zum Sinnbild für erodierende Gemeinschaften geworden ist. Ein Sorgenkind, das Kümmerer auf den Plan ruft, die mit Analysen, Programmen und anderem Besteck auf den Plan rücken und ratlos um den Patienten herumstehen.

Ich glaube, wenigstens zu einem Teil beruht der Befund auf Missverständnissen. Wenn Sascha aus Kiew oder ich – mit einem über 20-Jährigen Berlinhintergrund – übers Land fahren und Ausschau nach dem vitalen Gemeinwesen halten, suchen wir Menschen, die sich im Straßenraum präsentieren. Der Inbegriff ist das Straßencafé. Die Soziologen, die diese Idee aufbrachten, bezogen sie auf das Städtische. Indem ihre Begriffe in die Werbung und in die Sprache von Planern und Architekten einsickerten, eroberten sie bald den Alltag. Das hat dazu beigetragen, dass viele, wenn sie „Leben“ suchen, im Grunde auf der Suche nach Tischen und Sonnenschirmen auf Bürgersteigen oder einem Marktplatz sind. Den Dörfern in Brandenburg wird man so aber nicht gerecht. Ich glaube, ihr Verständnis vom Gemeinsamem in ihren Gemeinwesen hat weniger mit der Manifestation von Austausch in der Öffentlichkeit zu tun, als mit dem gemeinsamen Bewältigen gewaltiger Aufgaben. Sowie bei der Ernte. Aus dieser Perspektive betrachtet, schneiden unsere Dörfer gar nicht so schlecht ab. In vielen noch so kleinen Orten halten die Dorfbewohner ihre freiwilligen Feuerwehren aufrecht, obwohl ihnen das wirklich viel abverlangt. Dazu müssen Feuerwehrausscheide und all die anderen Feste ausgerichtet werden. Die Landfrauen backen regelmäßig Berge von Kuchen dafür. Mir fällt auch die riesige Erntekrone ein, die die Landfrauen unseres winzigen Dorfs jedes Jahr binden. Dazu werden Ähren mit Sicheln geschnitten, Blumen und Mohnkapseln getrocknet und tausende Sträuße gebunden.

Ein weiteres Missverständnis sind die räumlichen Einheiten, auf die sich die Gemeinschaften beziehen. Eine Berliner Planerin erzählte mir von ihren Erfahrungen, für ein brandenburgisches Landstädtchen und sein Umland ein Integriertes Entwicklungskonzept (INSEK) auf den Weg zu bringen. Dabei warben die Planerinnen unter anderem dafür, in kleinen Ortschaften gemeinsame Infrastrukturen wie etwa Feuerwehren oder Nachbarschaftshäuser zu schaffen. Meine Bekannte beklagte die mangelnde Offenheit der dörflichen Bevölkerung für die „gemeindeübergreifende Kooperationen“. Die Gemeindevertreter erklärten, Vereine und gerade auch Feuerwehren bräuchten einen gewachsenen lokalen Zusammenhalt. Die Planerinnen legten ihnen ihre Vorbehalte als Mangel an Gemeinsinn aus.

Das Missverständnis beruht darauf, anzunehmen, dass indem die ländlichen Verwaltungseinheiten immer größer werden, sich die gelebten Einheiten mitverändern müssten. Aber das tun sie nicht. Warum sollten sie auch?

Dabei meine ich, dass ein Erweitern des Wir-Gefühls und ein Weiten des Blicks hin zu größeren gemeinsamen Räumen eine wunderbare Idee sein kann. Es passiert ja auch hier und da. Wo es glückt, gelingt es aber weder durch den Charme bürokratischer Sparmaßnahmen noch durch schlecht verpackte Erziehungsversuche. Es klappt dort, wo Leute etwas auf die Beine stellen, das frei von Hintergedanken ist und einen völlig eigenen Nutzen bringt. Mir fällt das Festival „Jenseits von Millionen“ dazu ein. Es wurde von Menschen ins Leben gerufen, die hier aufgewachsen sind und denen niemand gesagt hat, diese Provinz müsste jünger und cooler werden und müsste ein Wir-Gefühl kreieren.

Das soziale Leben auf dem Land hat seine eigenen Stärken. Es gibt Dinge, die können wir hier richtig gut. Dennoch würde ich nicht sagen, dass alles in Butter sei. Denn die Strukturen sind verwundbar und bedroht. Ob den vielen Vereinen,

„Wenn man dem sozialen Leben auf dem Land etwas wünschen möchte, ist es, dass es Resilienz und die Fähigkeit zur Transformation entwickelt, ohne sich selbst zu verlieren. Dabei ist nicht nur nötig, dass alte und neue Landbewohner sich aufeinander einlassen, sondern es müsste tatsächlich darum gehen, die Formen der je anderen zu sehen und zu respektieren.“

Feuerwehren – und auch Festivalorganisatoren – der nächste und übernächste Generationenwechsel gelingt, wird davon abhängen, wer da ist, wer fehlt und wer kommt. Ob diejenigen, die kommen, bereit sind, sich auf die sozialen Strukturen der Dörfer einzulassen, sich zu beteiligen und etwas von sich zu geben. Und ob die sozialen Gefüge ihrerseits bereit sind, sich zu öffnen. Das geht für alle Seiten nicht ohne Zumutungen vonstatten.

Unser Dorfverein beispielsweise hat sich uns gegenüber geöffnet und uns aufgenommen. Uns – zwei Berliner, die seltsame Sachen essen und meinen, dass fünf Minuten nach der Zeit immer noch pünktlich sei. Das klappt verhältnismäßig gut. Wir zapfen Biere, stehen am Grill oder helfen hier und da. Beim letzten Zampern durfte ich den Schnapswagen ziehen.

Unser Beitrag zum sozialen Dorf ist unprätentiös. Wir unterstützen nach bescheidenen Kräften, was andere aufgebaut haben. Wo es uns passend erscheint, bringen wir auch das Unsere ein. Ein Theaterstück über die Arbeit von Feuerwehren, das auf dem Tanzboden des Dorfclubs aufgeführt werden soll, geht auf unser Netzwerk zurück. Aber wesentlich für das Dorf sind andere Veranstaltungen – nämlich die, die regelmäßig stattfinden und viele einbinden – wie das Osterfeuer, die Fastnacht oder das Weihnachtsbaumverbrennen.

Wenn man dem sozialen Leben auf dem Land etwas wünschen möchte, ist es, dass es Resilienz und die Fähigkeit zur Transformation entwickelt, ohne sich selbst zu verlieren. Dabei ist nicht nur nötig, dass alte und neue Landbewohner sich aufeinander einlassen, sondern es müsste tatsächlich darum gehen, die Formen der je anderen zu sehen und zu respektieren.

In diesem Punkt bin ich optimistisch. Es ist eine der – für mich – unerwarteten Lektionen, die ich in unserem Dorfverein gelernt habe. Erwartet hatte ich Ressentiments uns gegenüber. Aber es kamen kaum welche. Die Mitglieder des Vereins sind gewohnt, tiefe Risse und Spannungen untereinander auszuhalten, die zum Teil seit Generationen bestehen. Auch kommen hier Leute unterschiedlichen Alters und Bildung, unterschiedlichen Einkommens, Weltanschauung und Kleidungsstile zusammen. Sich anhand dieser Kriterien auszudifferenzieren würde in einem Dorf schlicht keinen Sinn ergeben. Es würde die Gemeinschaft unmöglich machen. Was dabei herauskommt, erinnert an ein Mehrgenerationenhaus, das einen reichen Erfahrungsschatz damit hat, sehr vieles zu integrieren. Auch städtische Neulinge mit eigenen kulturellen Vorlieben und anderem Kleidungsstil. Man muss nur den Mut haben, es auszuprobieren./

Penkun, Meckenburg-Vorpommern

DORNRÖSCHEN MUSS WARTEN

WIE WIRD EIN LEERER MARKTPLATZ ZUM WOHNZIMMER FÜR ALLE?

Auf den ersten Blick ist der Marktplatz unauffällig. Wer die Penkuner Stadtmitte erreicht, sieht einen überwiegend zweigeschossig umbauten Platz, der auf stille Art davon kündet, dass eine Landstadt zweihundertfünfzig Jahre mit nichts als dem Wiederaufbau beschäftigt war. Wieder und wieder hatte Penkun seit 1630 gebrannt. Zum sechsten Mal 1854, als 144 Häuser und das letzte Ersparte einem Inferno zum Opfer fielen. Prunk stand seitdem nicht mehr auf der Prioritätenliste. Der Platz wurde mit winkliger Vernunft umbaut. Heute legt sich rotes Pflaster im Polygonalverband um ein Rasenrechteck und Baumscheiben stehen Spalier. Eine Dornenhecke bis hoch über die Dächer, die unlösbar arglose Sparkassenkunden umschlösse, ist hingegen nicht zu sehen. Doch das ist der Auftrag von Penkun. Dornröschen zu befreien. Der Markt ist die schöne Königstochter und zum guten Ende des Märchens fehlt der animierende Kuss. Es geht um die Reanimation einer ziellosen städtischen Mitte.

DER AUFTRAG IN ZWEI SÄTZEN
„Für unseren Marktplatz wünschen wir uns ein Kunstwerk, an dessen Entstehung alle Penkuner beteiligt sind, damit der Platz ein ähnliches Erwachen erlebt, wie es Dornröschen widerfuhr. Der Platz soll als Herz der Stadt ständig pulsieren und für uns alle zu einem gemeinsamen, offenen Wohnzimmer werden.“

GRÖSSTE HERAUSFORDERUNG
Die Marktplätze verändern sich, weil wir anderswo kaufen und die Mitte der Stadt nur ein Zwischenstopp ist. Der Auftrag will also, dass Menschen ihr Verhalten ändern. Das Projekt soll nicht einen Platz, sondern, seine Nutzerinnen und Nutzer verwandeln. Es muss große Trägheitskräfte überwinden.

DIE AUFTRAGGEBER*INNEN
Holger Engelmann, Edmund Geiger, Raik Maiwald, Bernhard Riedel, Ole Schartmann

MEDIATOR
Holger Friese

KÜNSTLERIN
Lena Henke

ZEITRAUM
2018–2021
abgebrochen

FAKTEN
In Penkun hatte die Not sogar ein eigenes Sprichwort. „In Penkun“, heißt es, „hängt de Hunger upp'n Tun“. Dass selbst der Hunger kraftlos auf den Zaunlatten hing, zeigte 1865 die Steuerstatistik, der zu Folge nur vier der 2.000 Einwohner steuerpflichtig waren.

ORT
Penkun mit seinen fast 1.800 Einwohnern liegt an einer mehrteiligen Seenkette in einem weit gestreckten Hügelland. Gegründet wurde es als Grenzfeste im 13. Jahrhundert. Größter Wirtschaftsfaktor ist die Landwirtschaft.

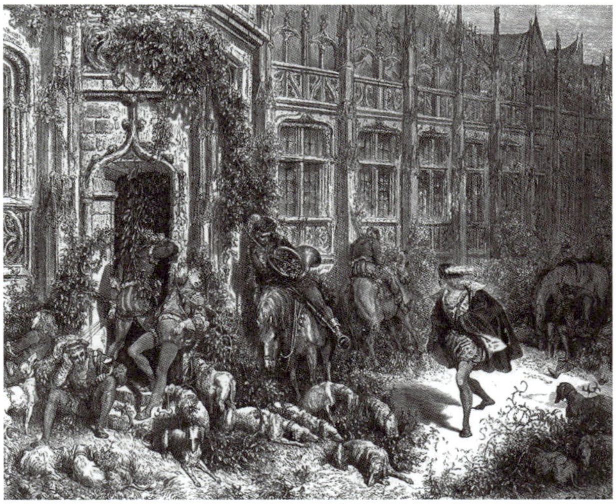

Gustave Doré, Illustration zu der 1876 erschienenen Ausgabe von „La Belle au bois dormant“. Der Prinz eilt am schlafenden Hofstaat vorbei zu Dornröschen.

Dabei ist die Anlehnung an das Grimm'sche Märchen nicht ohne Tücken. Schon im ersten Satz der Erläuterung fordern die Neuen Auftraggeber von Penkun den narkoseausleitenden Kuss. Die Wahrheit aber ist, dass es keinerlei Tricks und Fähigkeiten brauchte, um Dornröschen aus seinem hundertjährigen Dämmer zu reißen, der Fluch war einfach unverkürzt und ungemildert abgelaufen und das tödliche Dornengestrüpp verwandelte sich wie von einer Zeitschaltuhr gesteuert in große, schöne Blumen, wie es heißt. Der Retter hatte nur von der Gunst des richtigen Augenblicks profitiert und es war nicht allzu herausfordernd, nun eben noch einen Kuss abzuleisten, um den sedierten Hofstaat aufzuwecken. Wie küsst man aber Marktplätze wach, auf deren Grüninseln bereits ausreichend Blumen blühend, die Prinzessinnen und Prinzen aber nur für die Dauer eines Apothekenbesuchs verweilen? Welcher Grund ließe sich schaffen, „dass die Penkuner an der Einrichtung dieses Ortes mitwirken, wie man an der Einrichtung seines Wohnzimmers mitwirkt“, so dass der Platz „immer wieder neue Impulse erhält, die immer wieder zu neuen Aktionen führen“ würden, wie die Auftraggebergruppe es ihrem Mediator Holger Friese in den Block diktiert hatte? >

Fotos soweit nicht anders vermerkt: Victoria Tomaschko; oben: Wikimedia Commons

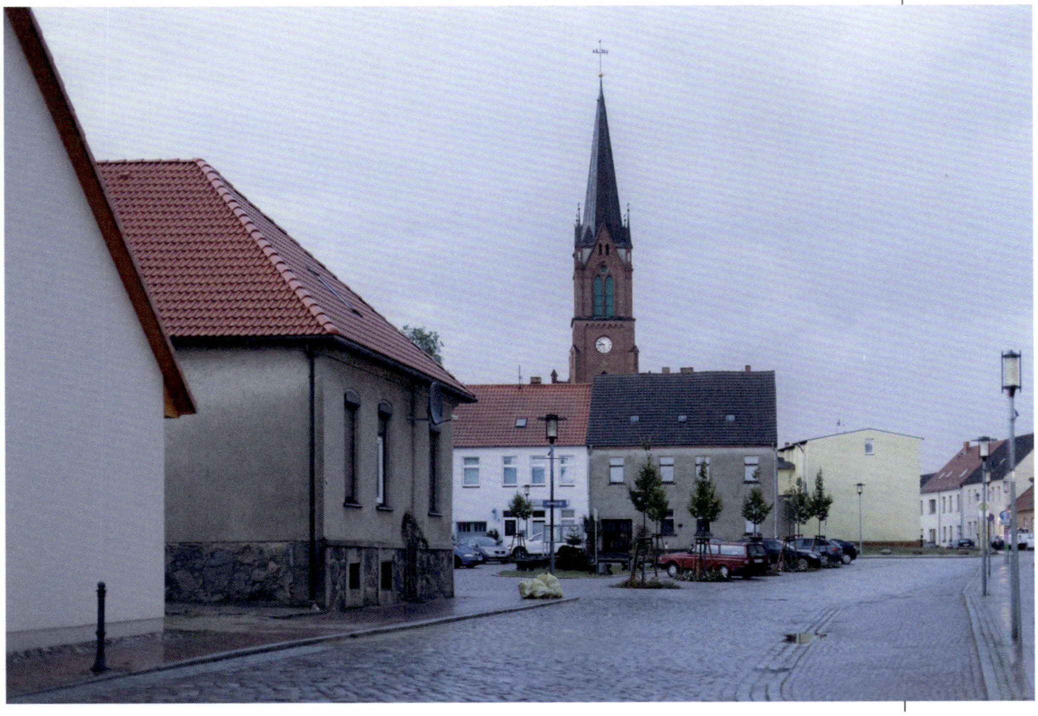

Der Penkuner Marktplatz wurde nach der Wende saniert wie in vielen ostdeutschen Kleinstädten. Dabei ging es zunächst weniger um innovative Platzgestaltung, als um Altstadtrettung und Infrastruktursanierung. Man sicherte die Substanz, während sich die Nutzung schleichend veränderte.

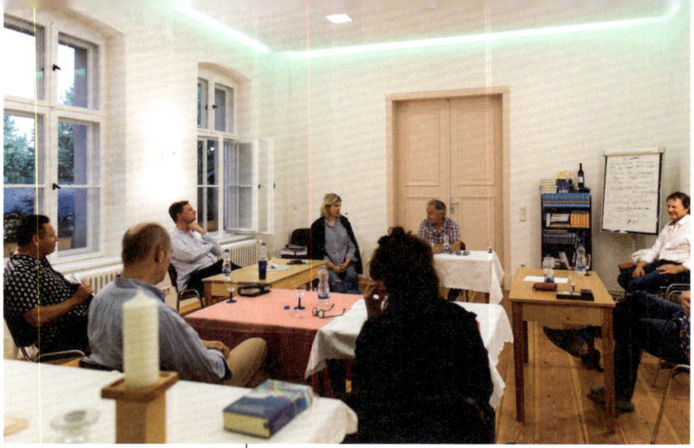

Tanja Pfefferlein und Holger Friese von der Gesellschaft der Neuen Auftraggeber, Bernhard Riedel, Friedrich Paulsen, Lena Henke, Edmund Geiger und Vasil Yasiuk im Pfarrhaus von Penkun (von vorn nach hinten im Uhrzeigersinn).

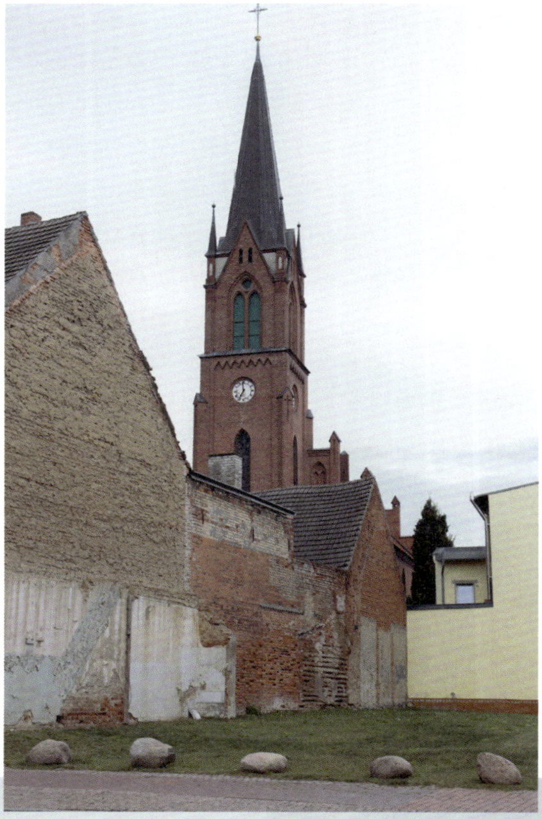

Es ging darum, den öffentlichen Raum wie eine private Stube zu denken und doch radikal für alle zu öffnen.

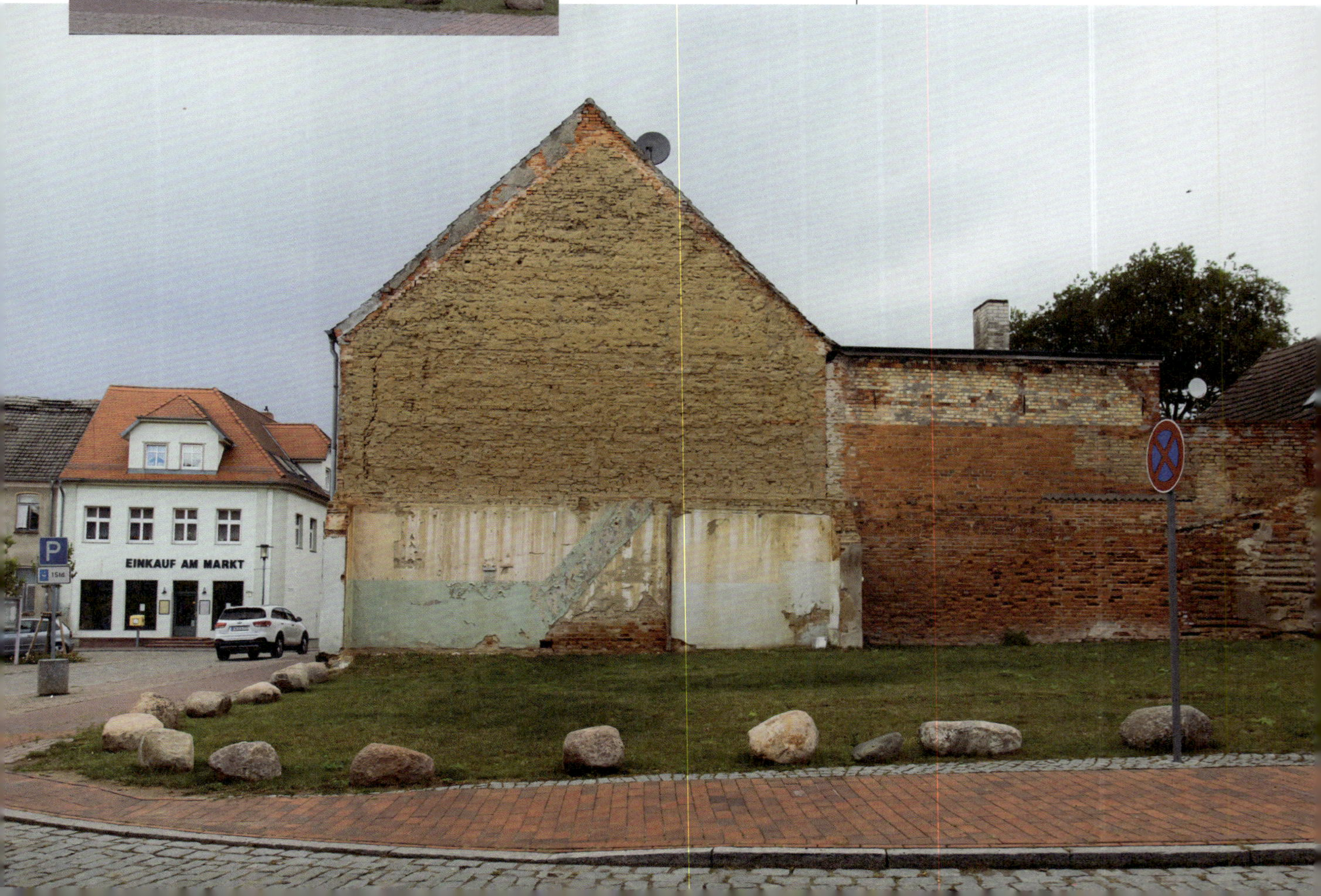

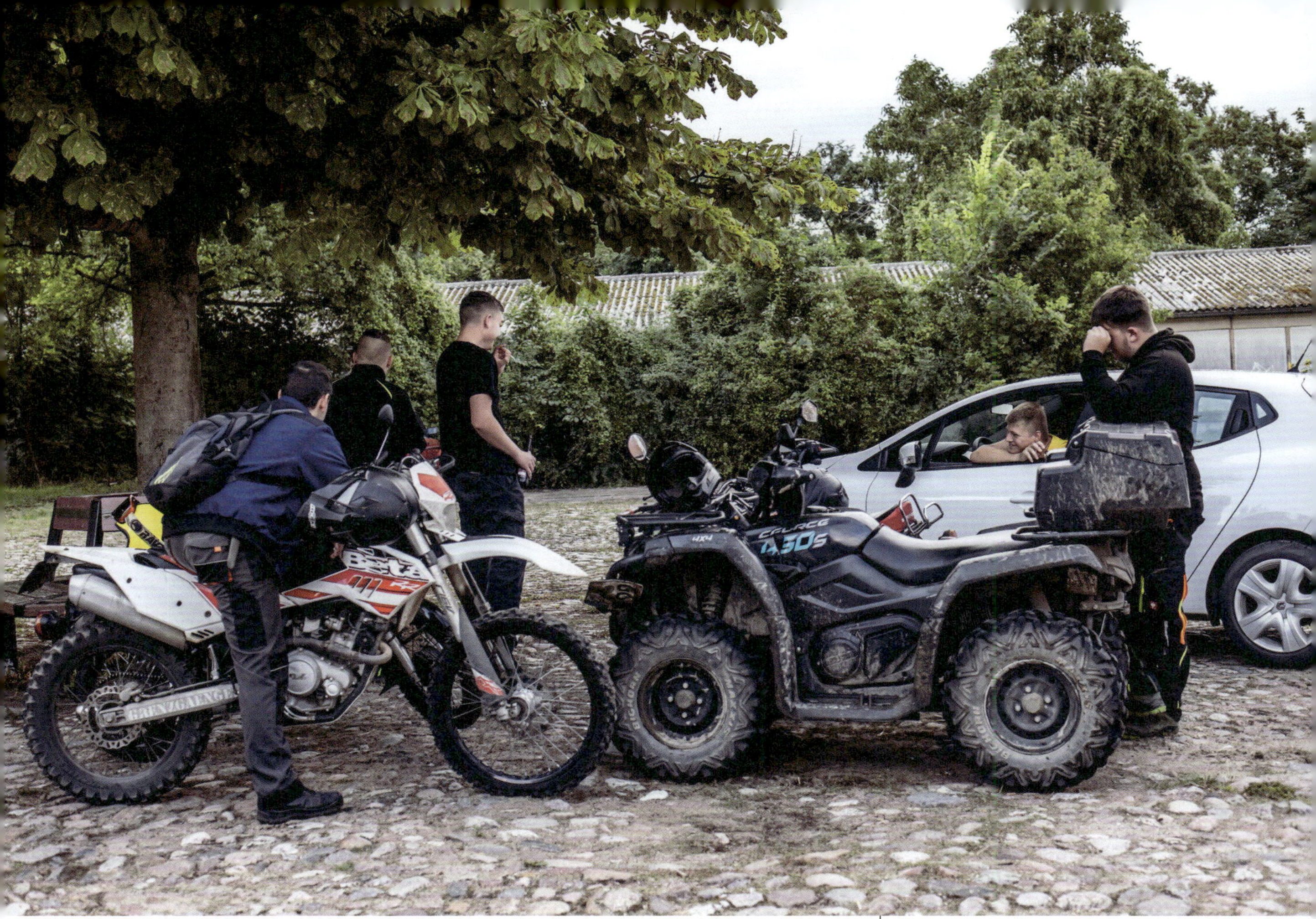

Anders gefragt: Was ist eine Verwandlung? Die in New York lebende Künstlerin Lena Henke hat dafür eine eigene Definition. In ihrem Werk ist Veränderung keine Machtdemonstration. Ihre Kunst will den Raum nicht unterwerfen, sondern seine Vorzeichen ändern. Im Auftrag heißt es, der Marktplatz solle zu einem gemeinsamen, offenen Wohnzimmer werden. Der Mediator hatte das genau gelesen und sah darin ein herausforderndes Paradox. Einerseits ginge es darum, den öffentlichen Raum als private Stube zu denken, dann aber diesen Raum der Intimität radikal für alle zu öffnen. Henke, dachte Friese, ist eine Künstlerin der paradoxen Umschalttechnik. Sie hinterlässt an gänzlich unerwarteten Orten Körperbilder, die sich wie Luftspiegelungen in unsere typischen Erwartungen mischen. Sie ist eine Bildhauerin, die offene Räume mit knapp kalkulierten Eingriffen in Spannungsfelder verwandelt, statt dem Publikum feste Standpunkte zu diktieren. Ihre Skulpturen spiegeln die Erwartungen zurück, mit denen die Menschen sie betrachten. Henke ist eine Künstlerin, die Orte durch Umkehrung der Erwartungen entlastet, statt sie zu beschweren. Penkun, dachte Friese, will einen Spannungsgenerator, behaglich wie eine Küchenecke; eine impulsgebende Couch für die ganze Stadt. Die Auftraggebergruppe allerdings hatte ihren Anspruch schon im dritten Satz des Auftragstextes auf die Höhe eines Dreifachsaltos mit Schraube angehoben: „Uns kommt es darauf an, dass die Penkuner an der Einrichtung dieses Ortes mitwirken“, hieß es da. Punkt. Kein Wenn und Aber. Hier lag der Anfang eines schrecklichen Missverständnisses. >

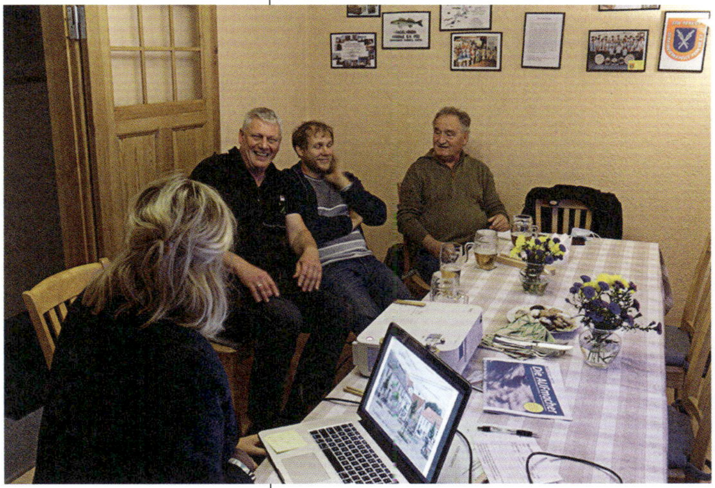

Lena Henke, Holger Engelmann, Raik Maiwald und Edmund Geiger bei der Präsentation des Entwurfs.

Foto rechts unten: Holger Friese

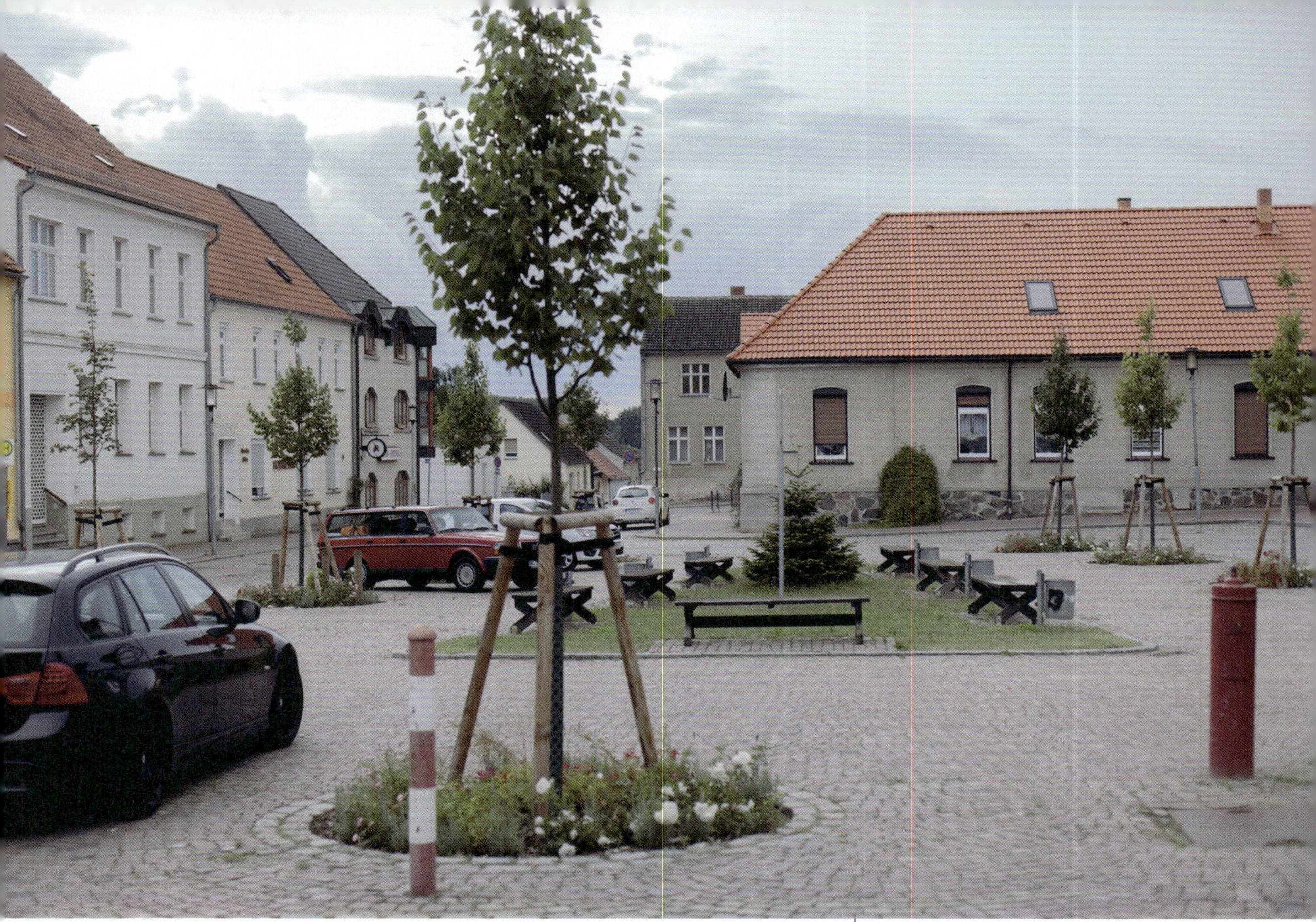

Die Künstlerin und ihr Mediator nämlich hofften darauf, erst einmal den Raum für die spätere Mitwirkung zu schaffen. Sie wollten niemanden überreden. Der Platz müsste gewissermaßen Geschmack und Farbe ändern. Danach käme es auf die Penkunerinnen und Penkuner an, was sie in dieser Umgebung machen. Der Mediator hatte eine Spezialistin für Interventionen geholt. Sie hinterlässt, wo immer sie arbeitet, hochwirksam dosierte Zeichen. Für Penkun konzipierte sie einen „Garten für alle" statt eines Wohnzimmers für alle und folgte damit der Kleinstadtlogik, in der das wahre Leben sich immer hinter der Hecke ereignet, beim Grillen und Reden, auf dem erweiterten Wohnterritorium hinter dem Haus, wo der Gartenzaun vor den Ansprüchen einer ständig kommunizierenden Gesellschaft schützt. „Der Weg ins Wohnzimmer", sagt Henke, „führt in Penkun durch den Garten – und nicht über den Marktplatz." Ein Marktplatz, der privater Treffpunkt und Foyer zugleich sein soll, müsse die Annäherung an mögliche Begegnungen ermöglichen. Henke konzipierte eine signalgelbe überdimensionierte Wäschespinne mit sechs Zentimeter dicken, erkletterbaren Trockensträngen. Vom Sommerkino bis zum Markttag simulierte sie den Platz als einen Ort, an dem keine Kleiderordnung gilt, sondern die Gesetze des Familienlebens: Dein Marktplatz ist Dein Garten. Penkun, sagt dieser Entwurf, ist heute deshalb nicht auf dem Marktplatz, weil es hinter der Hecke entspannt. Würde man den Marktplatz mit einem unübersehbaren und jedem verständlichen Zeichen von seiner Bürde befreien, eine öffentliche Arena zu sein, könnte Penkun vielleicht lieben lernen, worum es heute noch einen Bogen macht. „Der Gang hin zur Wäschespinne und der Plausch unter ihr ereignet sich in einem Zwischenraum", wie Henke sagt, „der Mut zu neuen Begegnungen macht." >

Die Neuen Auftraggeber von Penkun sehen den Platz im Schlafzustand. Er ist saniert, zieht aber keine Menschen an, wie Edmund Geiger Lena Henke erläutert.

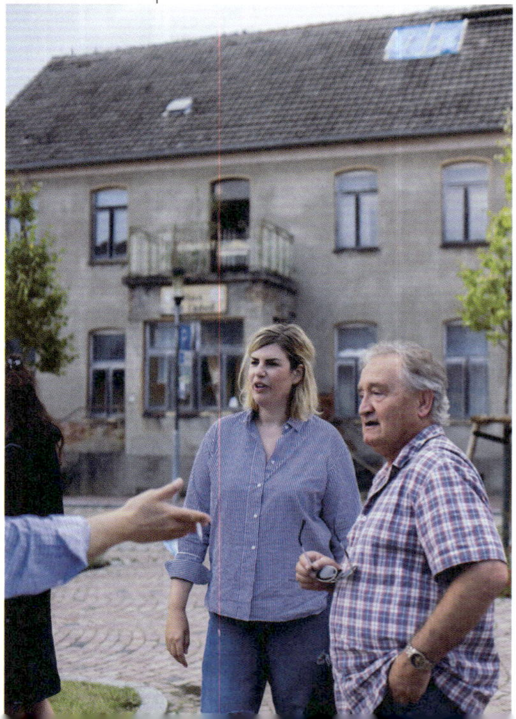

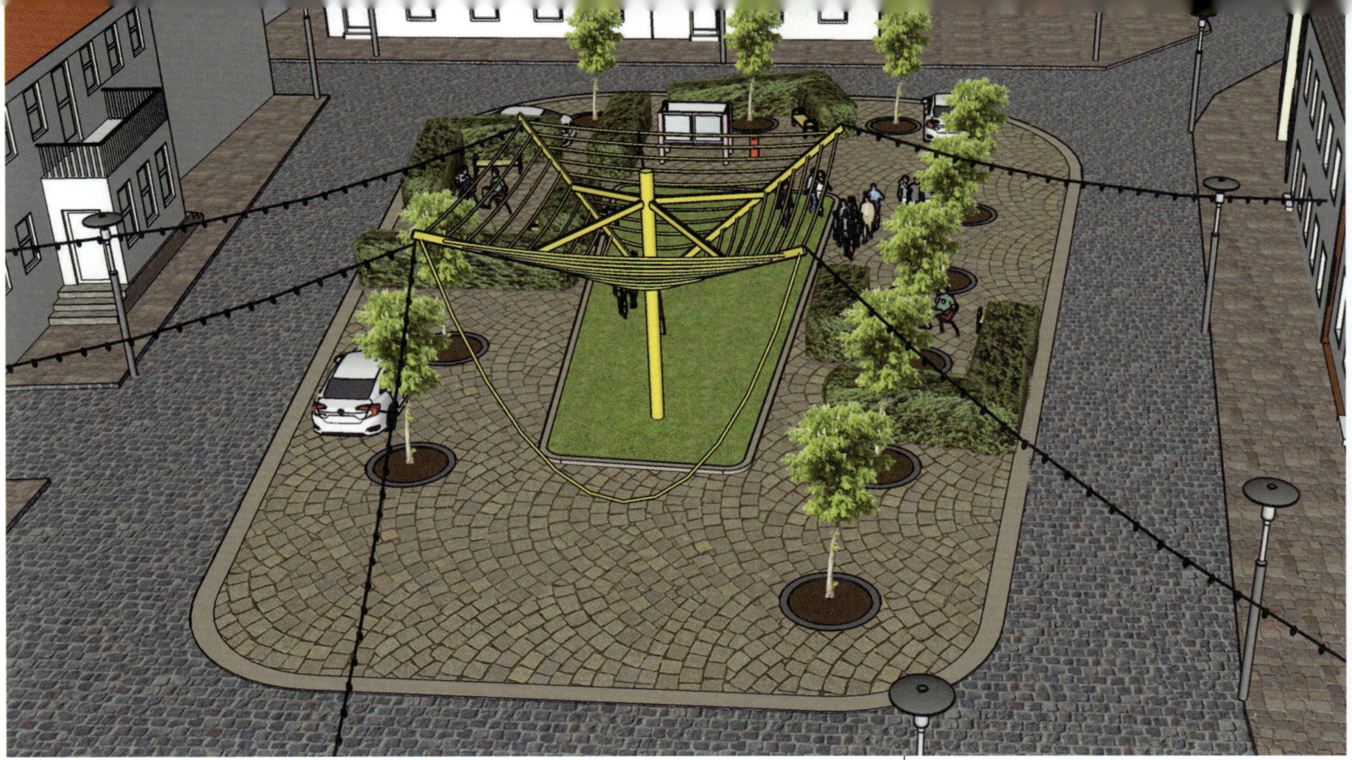

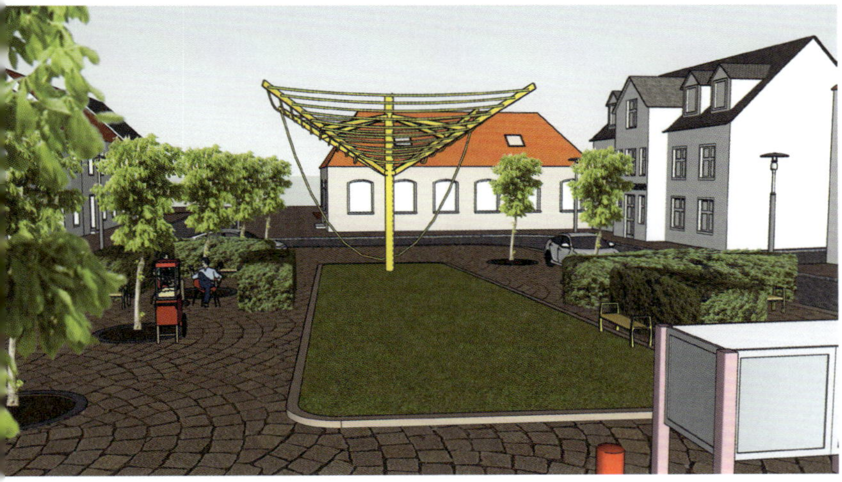

Mit dichten Hecken, Bänken und der Skulptur erzeugt Lena Henke das Bild eines halbprivaten Ortes zwischen Häuslichkeit und Beobachtungslust.

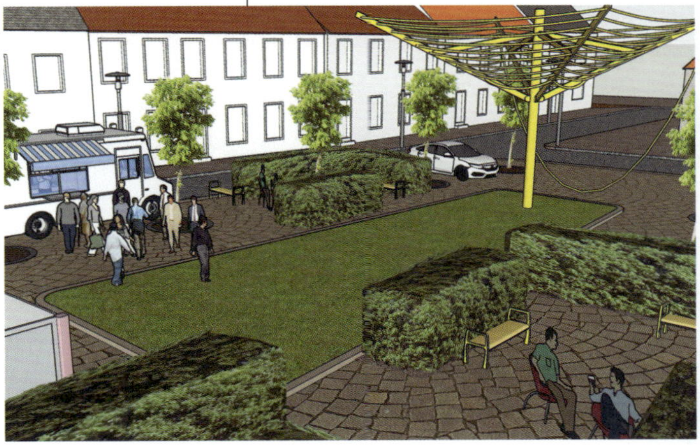

„Uns kommt es darauf an, dass die Penkuner an der Einrichtung dieses Ortes mitwirken, wie man an der Einrichtung seines Wohnzimmers mitwirkt."

– Aus dem Auftragstext

Illustrationen: Lena Henke

Die Auftraggebergruppe war verblüfft. Aber es war keine gute Überraschung. Erwartet hatte man einen großen, stadtweiten Dialog, die gemeinsame Arbeit vor Ort. Was würde die Künstlerin tun, um flüchtige Nachbarn zum Gespräch zu verführen? Henke hatte anfangs durchaus den Gedanken, das Projekt mit einer längeren Ortserkundung zu beginnen. Schon auf dem Rückweg aus Penkun aber reifte der Gedanke, dass ein heutiger Marktplatz nicht mehr im Sinne des althergebrachten Begriffs „Platz" gedacht werden dürfe, wenn wir uns längst in der Halbwelt öffentlicher Privatheit wohler fühlen. Die fünf Auftraggeber hingegen wollten genau an diesem ureigensten Penkuner Marktplatz die Menschen bei der Hand nehmen und herausfinden, welcher Kuss sie wohl erwecken könnte nach so viel Jahren des Schlafs. Es kam, wie es eben auch kommen kann bei einem Projekt der Neuen Auftraggeber. Es kam zum Bruch.

„Wir haben nicht den Draht zu ihr gefunden", sagt Edmund Geiger ein Jahr später, „oder sie nicht den Draht zu uns. Die Idee, die sie uns vorgetragen hat, die haben wir wirklich nicht akzeptiert!" Das lag nicht daran, dass Lena Henke den Auftrag nicht ernst genommen hätte. Es lag daran, dass sie mit einem einzigen Schachzug die Partie entschieden hatte. Ihre Botschaft war: Wir brauchen keine Marktplätze mehr. Wir müssen uns von der Idee einer Stadtmitte als großer städtischer Bühne lösen. Und ganz genau da, sagt Geiger „führte kein Weg rein. Wir haben auch versucht, ihr das zu erklären, und gesagt, nein, du hattest einen anderen Ansatz, wir wollten miteinander kommunizieren, wir wollten das gemeinsam erörtern." Es ging nicht um den Entwurf, es ging um den Anspruch der Gruppe an den Prozess. Dornröschen sollte nicht im Schock erwachen und mit den Folgen leben.

Blickt die Künstlerin auf den Dialog mit der Penkuner Auftraggebergruppe zurück, sieht sie den Wunsch „nach der Einrichtung des ersehnten Wohnzimmers" als „kompromisslosen Imperativ." Sie spricht von einer gescheiterten Verständigung und schaut mit Bedauern auf die Leere, die vorher und nachher an einem Ort herrscht, der noch immer weder einen Anspruch auf Zentralität noch die geforderte Privatheit einlösen kann. Edmund Geiger sieht die Gruppe einen Schritt weiter und sagt, sie suchten nach einer neuen Lösung. „Wir bleiben dran, und grundsätzlich bleibt der Gedanke, sich da etwas entwickeln zu lassen von anderen, die das können. Aber wir müssen uns damit identifizieren können." Das Kunstwerk, heißt das, soll locken. Es soll eine freundliche Verführung sein, den Platz zurückzuerobern. Aber pulsieren soll es durch die gemeinsame Arbeit daran. Schon François Hers, der Initiator der Neuen Auftraggeber, fand: Es ist das gute Recht einer Gruppe, eine Lösung, in der sie sich nicht wiedererkennt, zu verwerfen. Auch dann, wenn eine Künstlerin getan hat, was sie konnte./

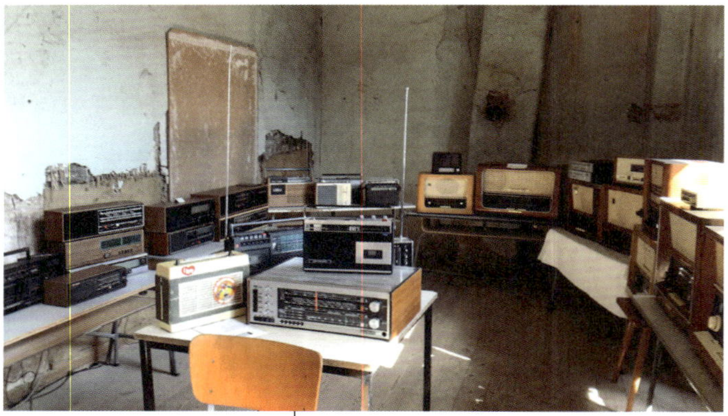

Das Penkuner Schloss war schon vieles in seiner Geschichte: Wohnsitz des Generaldirektors der Pommerschen Landschaft, Schule, Internat und landwirtschaftliche Ausbildungsstätte. Heute findet sich darin eines der schönsten ehrenamtlich geführten Museen ganz Mecklenburg-Vorpommerns. Es ist eine Wunderkammer, die alles enthält, was durch den Wechsel der Zeitläufte wichtig war, vom Schulbuch bis zum Telefonapparat oder dem herrschaftlichen Kochgeschirr.

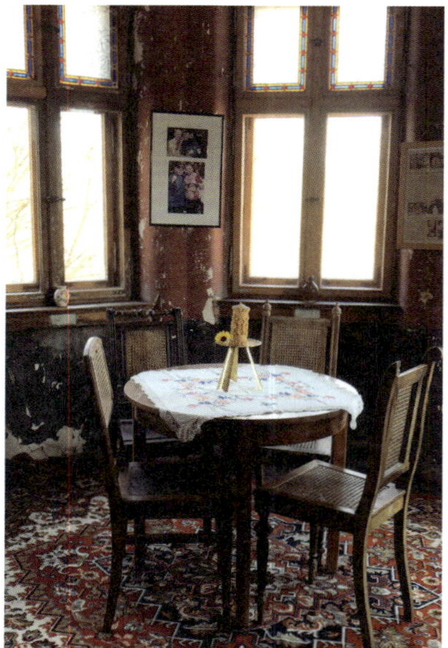

Im Turmzimmer finden sich auch Erinnerungen an den legendären Boxtrainer Ulli Wegner, der in Penkun aufgewachsen und heute Ehrenbürger ist.

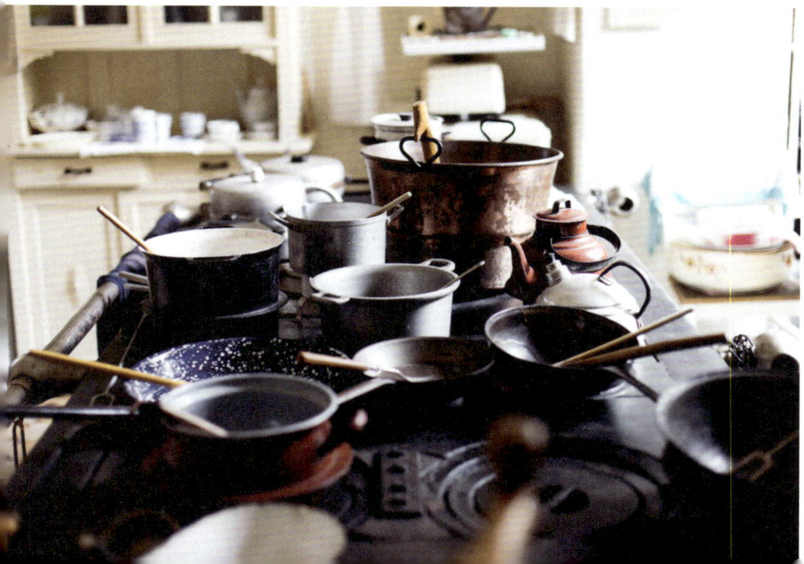

Fotos links oben und Mitte: GNA

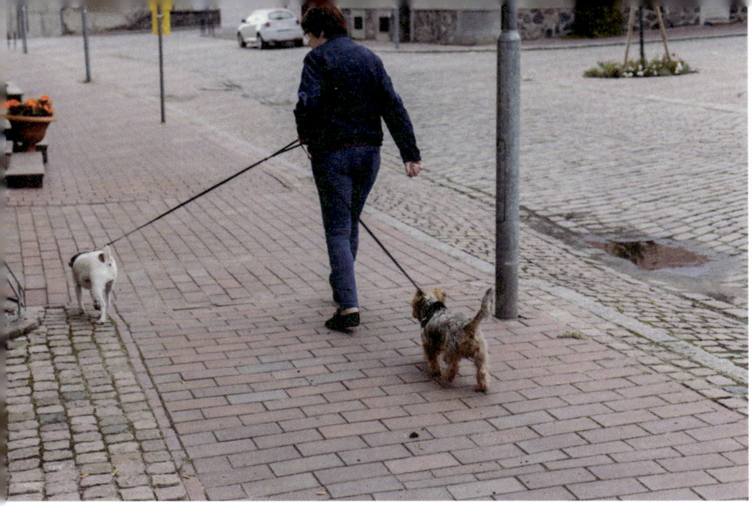

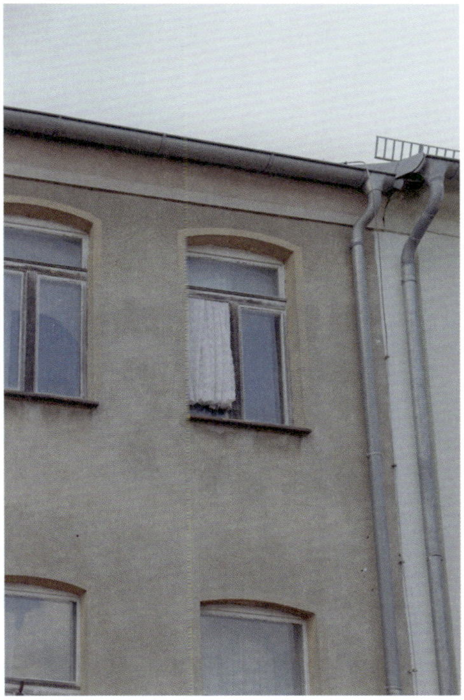

Die Auftraggeber wünschen sich einen einladenden Platz,
der durch die gemeinsame Arbeit daran pulsiert.

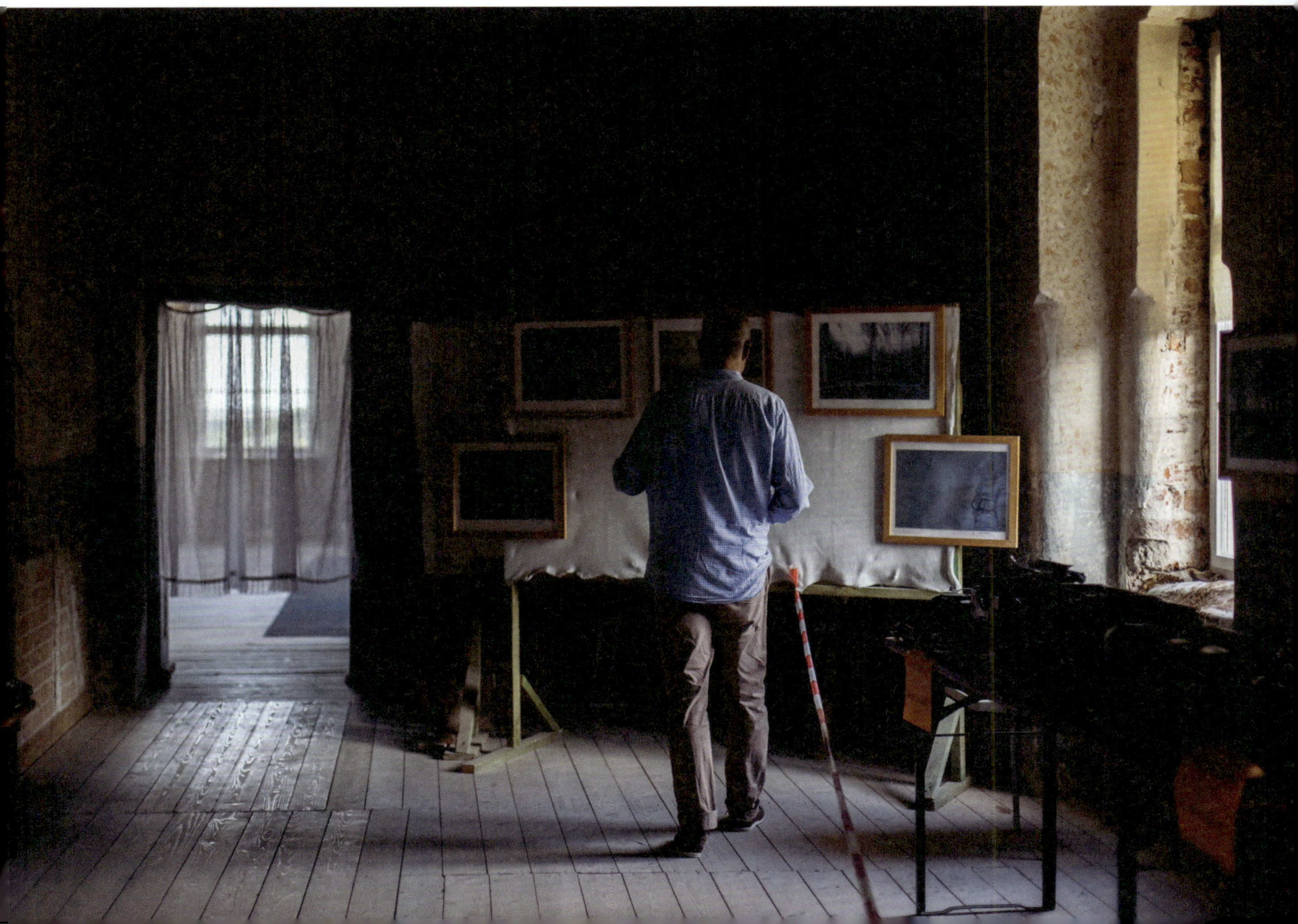

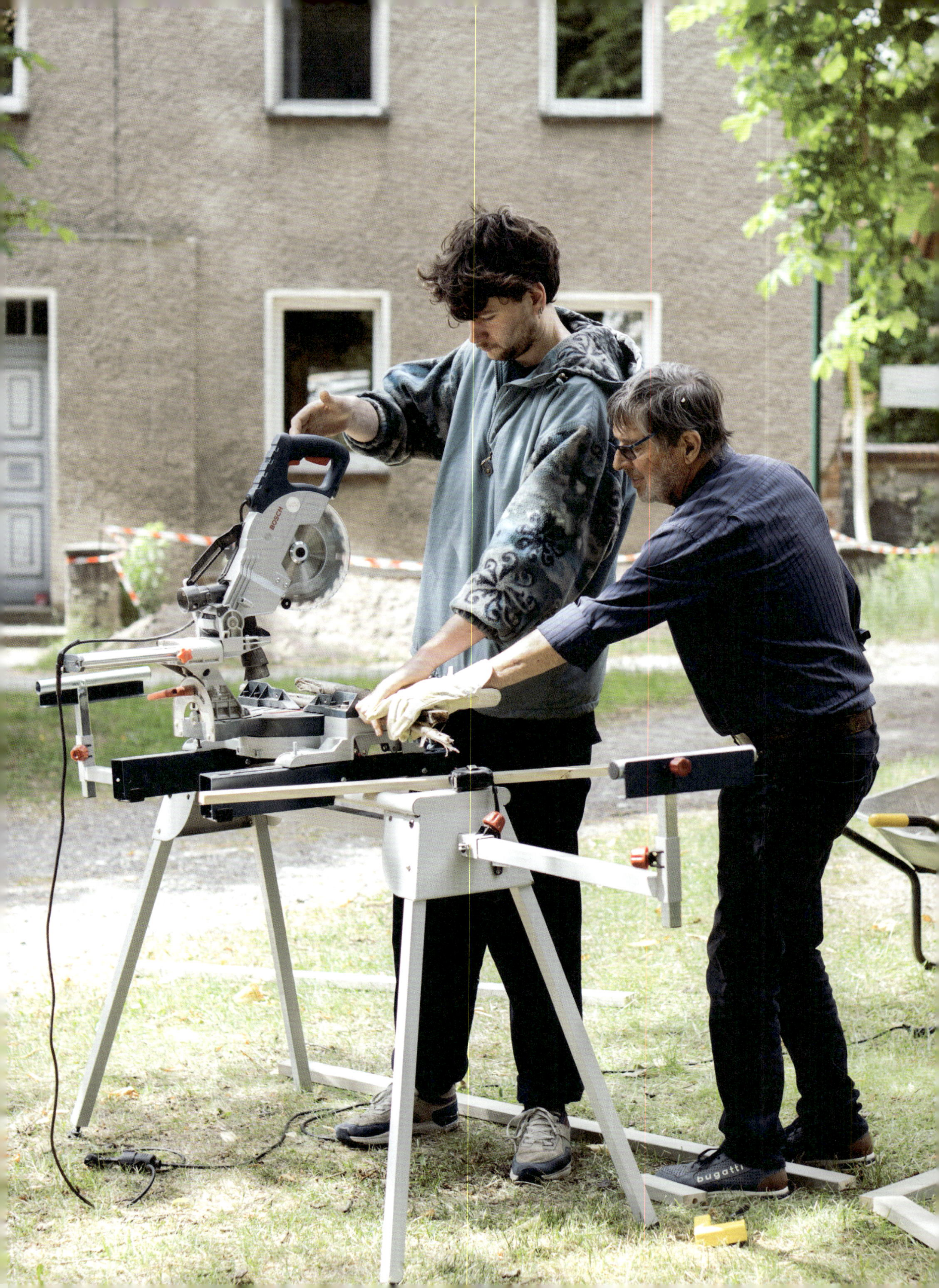
BOSCH
bugatti

GEMEINSAM ZUKUNFT ERZÄHLEN

Was braucht man, um Menschen zusammenzubringen? Besseren Nahverkehr? Und wie bringt man die Leute dazu, einander zu unterstützen, statt sich aus dem Weg zu gehen? Mit Anreizen, Moderationen oder Anleitungen? In der Gemeinde STEINHÖFEL S. 190 in Brandenburg meinen sie, dass man es besser mit dem Erzählen versucht. Wer sich austauscht mit seinen Nachbarn, Erfahrungen teilt, ist auch nicht allein, wenn man sich braucht. Manchmal ist das Erzählen auch das letzte Mittel, sich die Hoffnung zu erhalten, wie bei dem **NEUEN AUFTRAGGEBER** von TEMPELHOF S. 200, der mit einem Epos bestechender Bilder, aber ganz ohne Worte über Flucht und Zuversicht erzählt.

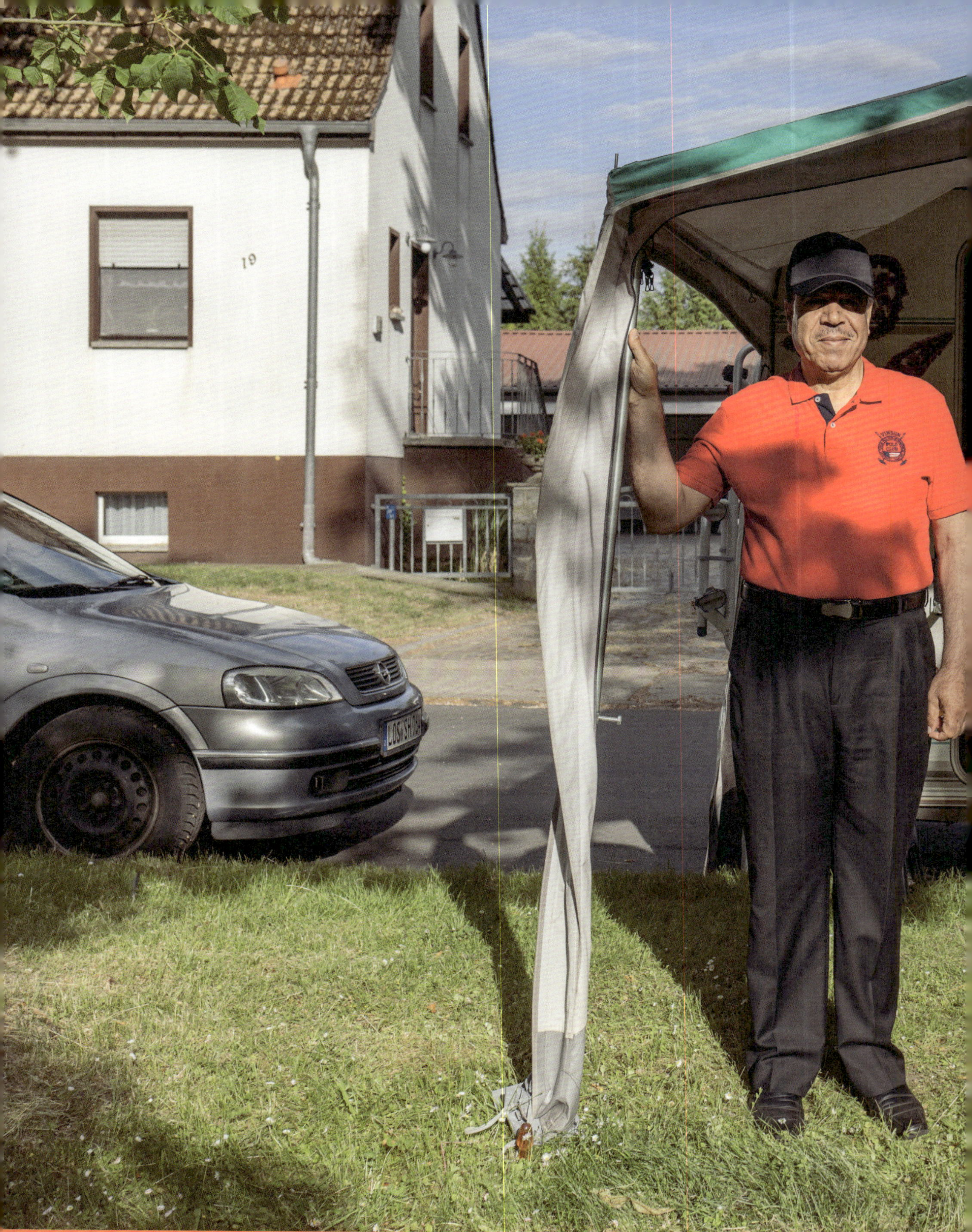

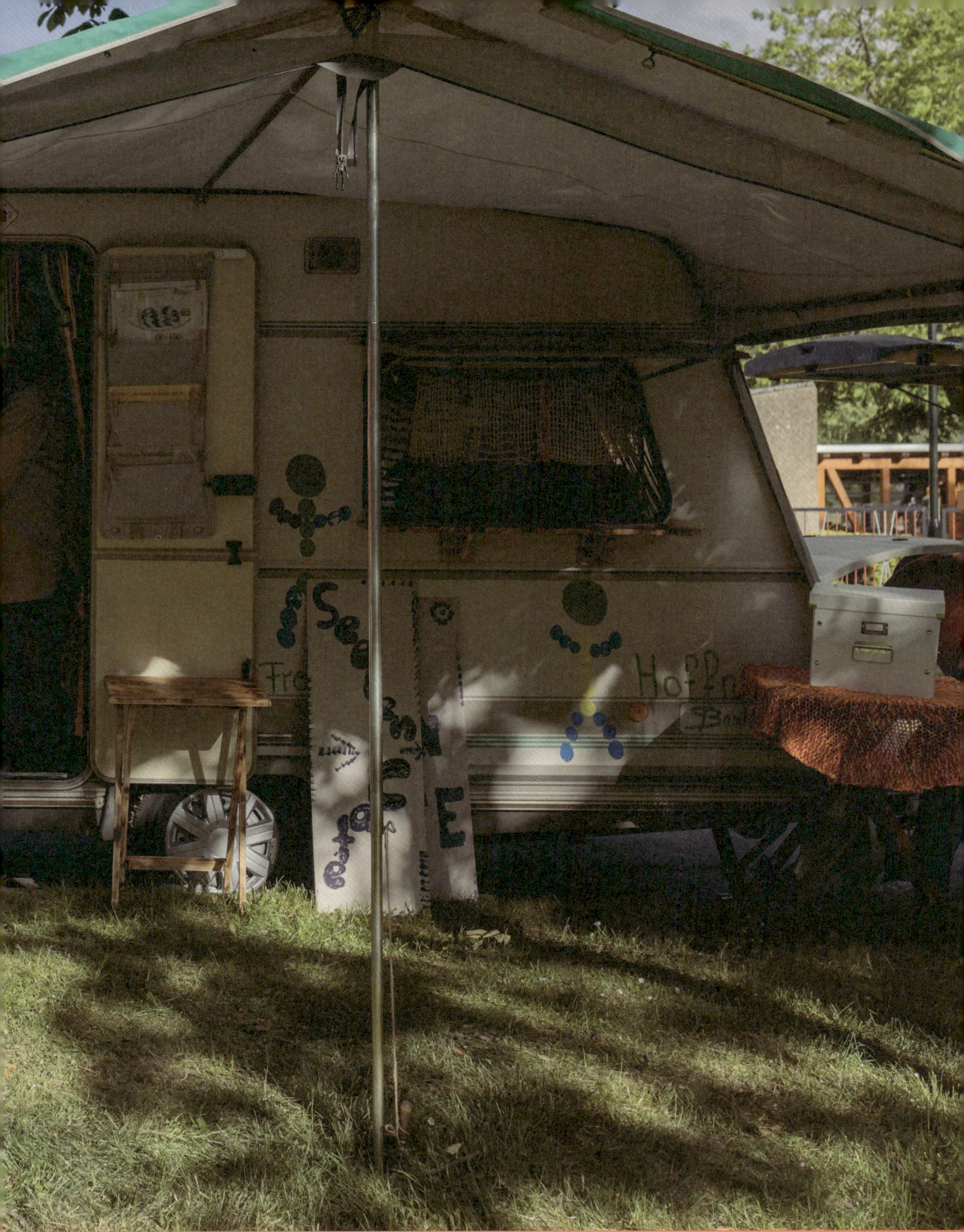

HÖRT ZU!

WIE DAS ERZÄHLEN DIE MENSCHEN ZUSAMMENFÜHRT

Mancherorts reden sie über den Wolf und ob er den Schafen gefährlich wird. Aber es scheint, als lauere etwas Gefährlicheres zwischen den Bächen und Wäldern Brandenburgs. Die Effizienz. Nicht die Sparsamkeit der neuen Wärmepumpen. Sondern die Vernunft, die bis an die Zähne mit unwiderlegbaren Zahlen bewaffnet ist. Die Vernunft kann sich nicht mehr in jedem Dorf eine Feuerwehr leisten. Sie weiß, dass nicht jede Gemeinde ein Liegenschaftsamt braucht. Und falls Ihr Dorf 200 Einwohner hat und Sie morgen bemerken sollten, dass Sie alt geworden sind – glauben Sie, dass die Vernunft Ihnen mitten in der Heide ein Altenheim baut? Das ist das Thema der Neuen Auftraggeber von Steinhöfel. Wie wird man alt im Dorf, wenn die Versorgung teurer und Pflege zum Luxus wird? Schon immer gehörte doch zum Leben im Dorf, dass es dort in Frieden enden darf?

DER AUFTRAG IN ZWEI SÄTZEN

„Wir wollen einen Dialog über die Gestaltungsspielräume des Älterwerdens anregen. So sollen die Menschen in unseren Dörfern neue Möglichkeiten finden, einander beim Älterwerden in den Dörfern zu unterstützen und zugleich die Verbindungen der Dörfer miteinander deutlicher zu sehen."

GRÖSSTE HERAUSFORDERUNG

Am Anfang war das Projekt auf die Wiederbelebung eines alten Herrenhauses fixiert, doch dann ging es um die Wiederentdeckung der Verbindungen zwischen den Menschen. Das war zunächst ungreifbar. Die Herausforderung war, aus dem abstrakten Wunsch eine handfeste Praxis zu entwickeln.

DIE AUFTRAGGEBER*INNEN

Bürgerinnen und Bürger der Gemeinde Steinhöfel: Steffen Adam, Dr. Gabriele Breitenstein, Regina Funke, Jane Gersdorf, Silvia Hoffmann, Annegret Huth, Mela Meierhans, Kerstin Neitsch, Beatrix Oppermann, Hannegret Richter

MEDIATORINNEN

Lena Ziese (2018–2019), Sophia Trollmann (seit 2020)

KÜNSTLER*INNEN

ConstructLab, Rimini Protokoll

ZEITRAUM

2019–dauert an

FAKTEN

Die Verwaltung gleicht einer russischen Puppe, nur in umgekehrter Reihenfolge. Das Dorf hat seinen Ortsbeirat und einen Ortsvorsteher. Die werden gehört und schlagen vor, aber beschlossen wird in der Gemeinde. Die ehrenamtliche Bürgermeisterin muss alle Dörfer unter einen Hut bringen, aber links und rechts gibt es noch zwei weitere Gemeinden, zusammengefasst in dem noch größeren Amt, sozusagen dem Senat der Dörfer. Das Amt hat eine Direktorin und einen Amtsausschuss, in den die Gemeinden Mitglieder entsenden. Es steckt viel professionelle Kompetenz im Amt, aber manchem Dorf erscheint es fern. Es gibt auch amtsfreie Gemeinden, aber davon ein anderes Mal.

ORT

Steinhöfel ist eine 160 Quadratkilometer große Gemeinde aus zwölf Dörfern, die im Amtsdeutsch aber Ortsteile heißen. Einer davon ist das namengebende Dorf Steinhöfel, die anderen heißen Arensdorf, Beerfelde, Buchholz, Demnitz, Gölsdorf, Hasenfelde, Heinersdorf, Jänickendorf, Neuendorf im Sande, Schönfelde und Tempelberg. Die Gemeinde entstand 2003 aus mehreren kleineren Gemeinden. Man könnte auch von der wunderschönen Endmoränenlandschaft erzählen oder den gut vernetzten Kulturprojekten hier. Doch die unüberschaubare Größe einer solchen Gemeinde ist kein Detail, sondern eine riesige Herausforderung für die rund 4.500 Steinhöfler.

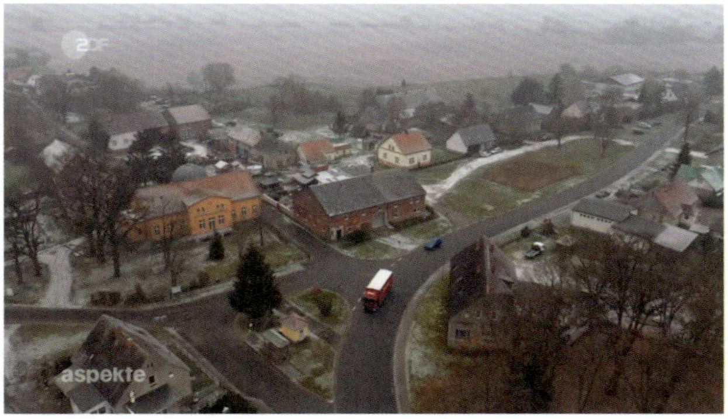

Die Gemeinde Steinhöfel besteht aus zwölf Dörfern und erstreckt sich über 160 Quadratkilometer. Die Drohnenkamera zeigt Hasenfelde.

Aber was sollten die Steinhöfler tun? Die Sorge, sich das Altwerden zu Hause nicht mehr leisten zu können, geht schon lange auf den Dörfern um. Das Problem ist nicht nur die dünne Besiedlungsdichte. Nur 28 Einwohner verteilen sich auf jedem Quadratkilometer der Gemeinde. Das größere Problem aber ist, dass seit vielen Jahren die Familien weiter auseinandergerückt sind. Kinder haben nach der Ausbildung ihr Leben dort eingerichtet, wo es Arbeit und höhere Einkommen gibt. Sie kommen zu Besuch, aber der Alltag findet für die im Dorf gebliebenen Alten ohne sie statt. Auch wenn es längst wieder Zuzug in den deutschen Landgemeinden gibt, weil Städter den überteuerten Großstädten entfliehen, fehlt nach den Abwanderungswellen in einwohnerärmeren Regionen beides zugleich: Ein traditioneller enger Dorfzusammenhang ebenso wie Infrastruktur, Ärzte, Pflegeeinrichtungen vor der Tür. Ein Thema, so anziehend wie ernährungswissenschaftliche Ratschläge oder die Zukunft der Rentenversicherung, könnte man sagen, aber es gibt Häuser in Steinhöfel, da klopfen die Nachbarn morgens ans Fenster, um zu schauen, ob der alte Herr dahinter noch lebt. Hier gründen sich nicht mal eben moderne Alten-Wohngemeinschaften. Man macht weiter wie immer und hat die unausgesprochene Angst, dass es morgen oder übermorgen mit der Gesundheit nicht mehr geht und der nächste bezahlbare Pflegeplatz im anonymen Berlin sein wird. Es muss etwas passieren, fanden immer mehr Steinhöfler. Der allererste Plan, den sie nun entwickelten, ging zunächst nicht auf. Sie wollten eigentlich das Heinersdorfer Herrenhaus zum Altenwohnzentrum umbauen. Stattdessen wurde das Erzählen ihre stille Revolution. >

<u>Vorherige Seite</u>:
Samir engagiert sich für das „Seelen-Café“, das der Verein „klein aber oHo e.V.“ in Fürstenwalde für Menschen mit Psychiatrieerfahrungen geschaffen hat. Während der Bauworkshops kam er als Teil eines wachsenden Netzwerks zur Nachbarschaftshilfe nach Heinersdorf.

Das klingt absurd. Eine neue Landärztin lässt sich nicht herbeierzählen. Und hätten die Steinhöfler ein paar Millionen Euro zur Hand gehabt, wären sie einfach Bauherren geworden. Es ist verlockend, auf Lösungen zu vertrauen, in denen es klare Zuständigkeiten gibt, Technik, Personal. Was könnte eine Gesellschaft außerdem Schöneres tun, als all die Gutshäuser und Schlösser, die nach der Wende Sanierungsfällen wurden, in Monumente der Fürsorge umzuwandeln? Die Hoffnung war, mit der Kunst, die doch schon zu feudalen Zeiten ein Refugium der Großzügigkeit und des Überflusses war, die moderne Effizienz auszutricksen. Aber die Mediatorin Lena Ziese stieß auf einen Nebenbefund. Das Problem war nämlich nicht unbedingt das fehlende Geld. Ein ebenso großes Problem war, dass das Herrenhaus in Heinersdorf stand, einem Dorf zu dem >

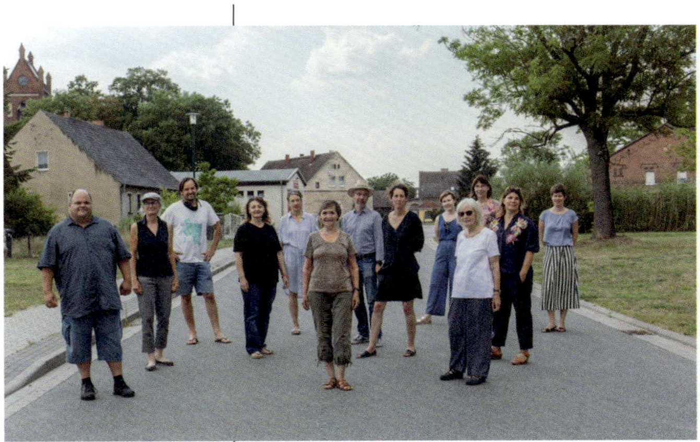

Steffen Adam, Mela Meierhans, Alexander Römer (CL), Kerstin Neitsch, Lena Ziese, Regina Funke, Gerrit Gohlke, Maike Fraas (CL), Henriette Sölter, Hannegret Richter, Annegret Huth, Helgard Haug (RP), Sophia Trollmann (v.l.n.r.) in Hasenfelde.

Fotos soweit nicht anders vermerkt: Victoria Tomaschko; oben: ZDF manche Steinhöfler ein Verhältnis hatten wie das flache Land zu einer Landeshauptstadt. Dass es einmal „sozialistisches Musterdorf" war, ist lange her, aber nicht ganz vergessen. Um zusammen alt zu werden, mussten die Steinhöfler erst einmal das „Zusammen" neu ausbuchstabieren. Es ging darum, das Altwerden neu zu lernen.

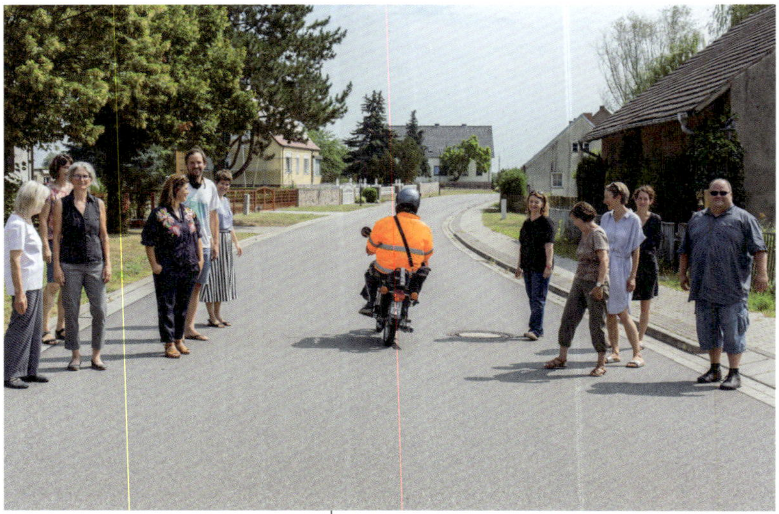

Der Auftrag wurde also umgeschrieben. Um einen Dialog sollte es nun gehen, um „Gestaltungsspielräume des Älterwerdens". Das klingt sperrig und ungreifbar, aber der nächste Schritt war höchst konkret. Mit der Mediatorin Lena Ziese machten die Steinhöfler sich gewitzt daran, die geometrische Mitte ihrer Gemeinde zu errechnen. Dort sollte das Treffen stattfinden und der Auftrag war kein Infrastrukturprojekt, sondern die Gruppe erteilte ihn sich erst einmal selbst. Das neue Ziel war, dass die „Menschen im Dorf einander beim Älterwerden unterstützen". Und zwar, um die Verbindungen zwischen den Dörfern zu entdecken. Man könnte auch sagen, den Steinhöflern war klar geworden, dass das Älterwerden beginnt, während man jung ist, nicht wenn man vom eigenen Grund und Boden in eine Betreuungseinrichtung zieht. Die neu Hinzuziehenden, die Nachbarinnen und Nachbarn, die Leute in den Vereinen sind die Versicherung der Selbstbestimmung, und zwar auch dann, wenn es darum geht, von einem Ort zum anderen zu kommen, den Chor zu unterstützen oder die Bäume zurückzuschneiden.

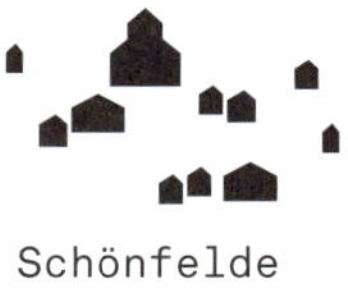

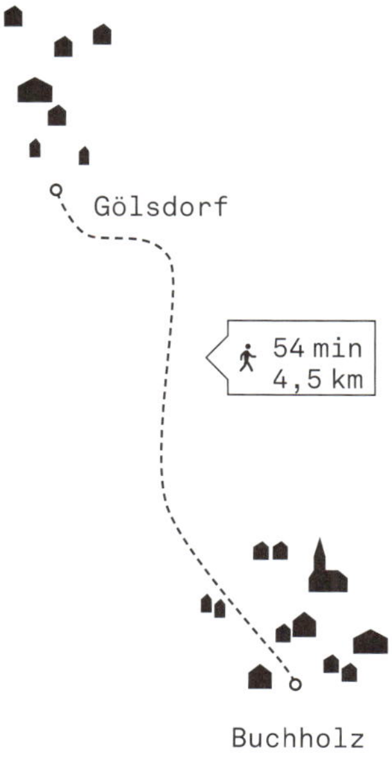

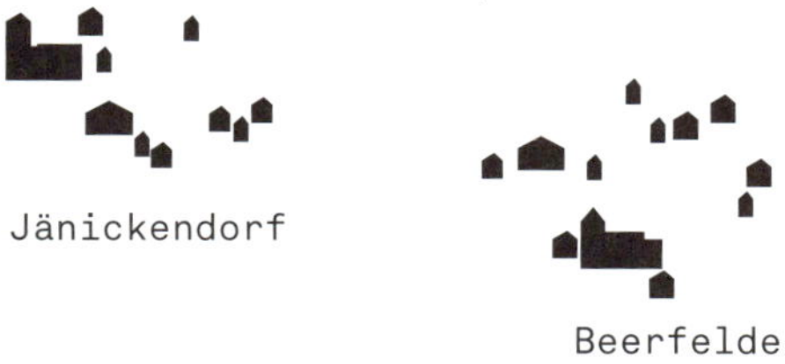

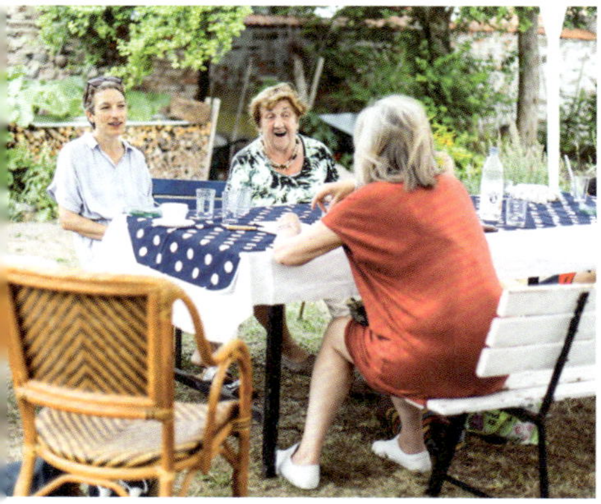

Alle waren in den letzten dreißig Jahren unglaublich gut darin gewesen, immer unabhängiger zu werden, statt miteinander zu tauschen. Jeder Haushalt hatte seine Heckenschere oder einen Hochleistungsrasenmäher, alles, was man im Baumarkt kaufen kann und mehr als man braucht. Die Auftraggebergruppe hatte beim zweiten oder dritten Treffen ein Bild an der Wand gesehen. Darauf saßen drei Männer auf einer langen Bank vor dem Haus, einer auf den Stock gestützt, ein anderer vorgebeugt. Ganz offensichtlich gab es Wichtiges zu sagen. Der Auftrag von Steinhöfel ist nichts anderes als diese verblichene Fotografie in einem abgeblätterten Rahmen. Dass die drei Männer nicht wegsehen, sondern hinhören liegt nicht an der Bank. Und natürlich lässt es sich nicht durch eine Baumaßnahme garantieren. Es liegt an der langjährigen guten Übung.

Lena Ziese schlug vor, die Praxis des Dorfgesprächs zum Projektvorhaben zu erklären. Und das was dazugehört. Das Kennenlernen und die Kenntnis voneinander. Auf Bänken wird nicht nur Klatsch und Tratsch getauscht, sondern Wissen. Tipps und Lösungsvorschläge, Ratschläge und Hilfegesuche, Altersweisheiten und Kochrezepte. Es war sofort klar, dass es nicht darum gehen sollte, eine Bank zu bauen oder auch nur darauf zu hoffen, dass sich die Menschen von heute wie früher verhalten würden, als es weder >

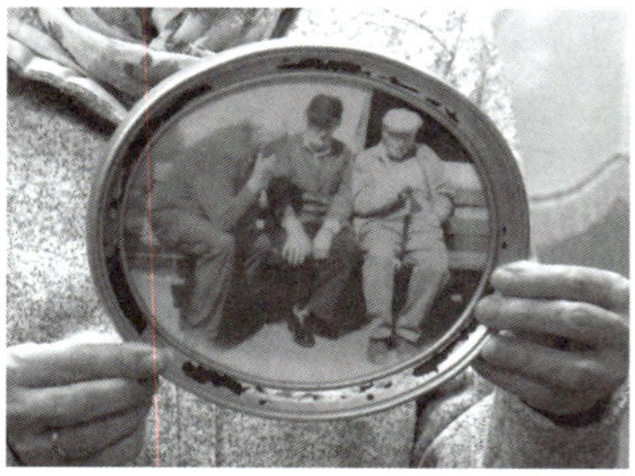

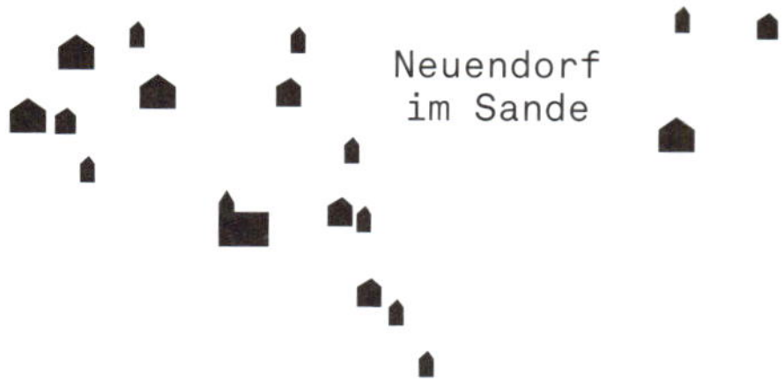

Das Bild an der Wand gab den Anstoß für ein Projekt, das vom Erzählen handeln soll.

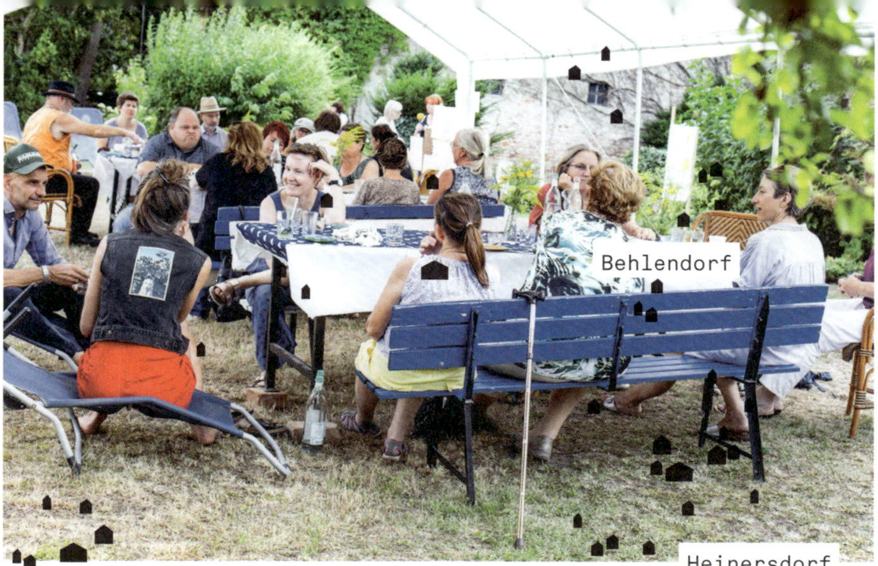

Bei einem Fest in Hasenfelde werden Dorfrezepte präsentiert. Sie wurden gesammelt, um das Erzählen zwischen den Dörfern anzuregen. Am Rande stellt sich die Beigeordnete Gundula Teltewskaja im Fachgespräch den Ortsvorstehern.

TIMELINE

2018

18. JUNI

Vorstellung der Neuen Auftraggeber vor Vertretern der Dörfer bei einer Veranstaltung des Landkreises Oder-Spree in Beeskow.

5. AUGUST

Nach einer Anfrage im Juni kommt es zum ersten Ortstermin in Heinersdorf. Das verfallende Herrenhaus soll zum Mittelpunkt eines Projektes über das Älterwerden im Dorf werden.

5. OKTOBER

Es wird immer klarer, dass das Projekt auch von Konflikten zwischen den Dörfern handelt: Es geht um einen Dialog mit der ganzen Gemeinde.

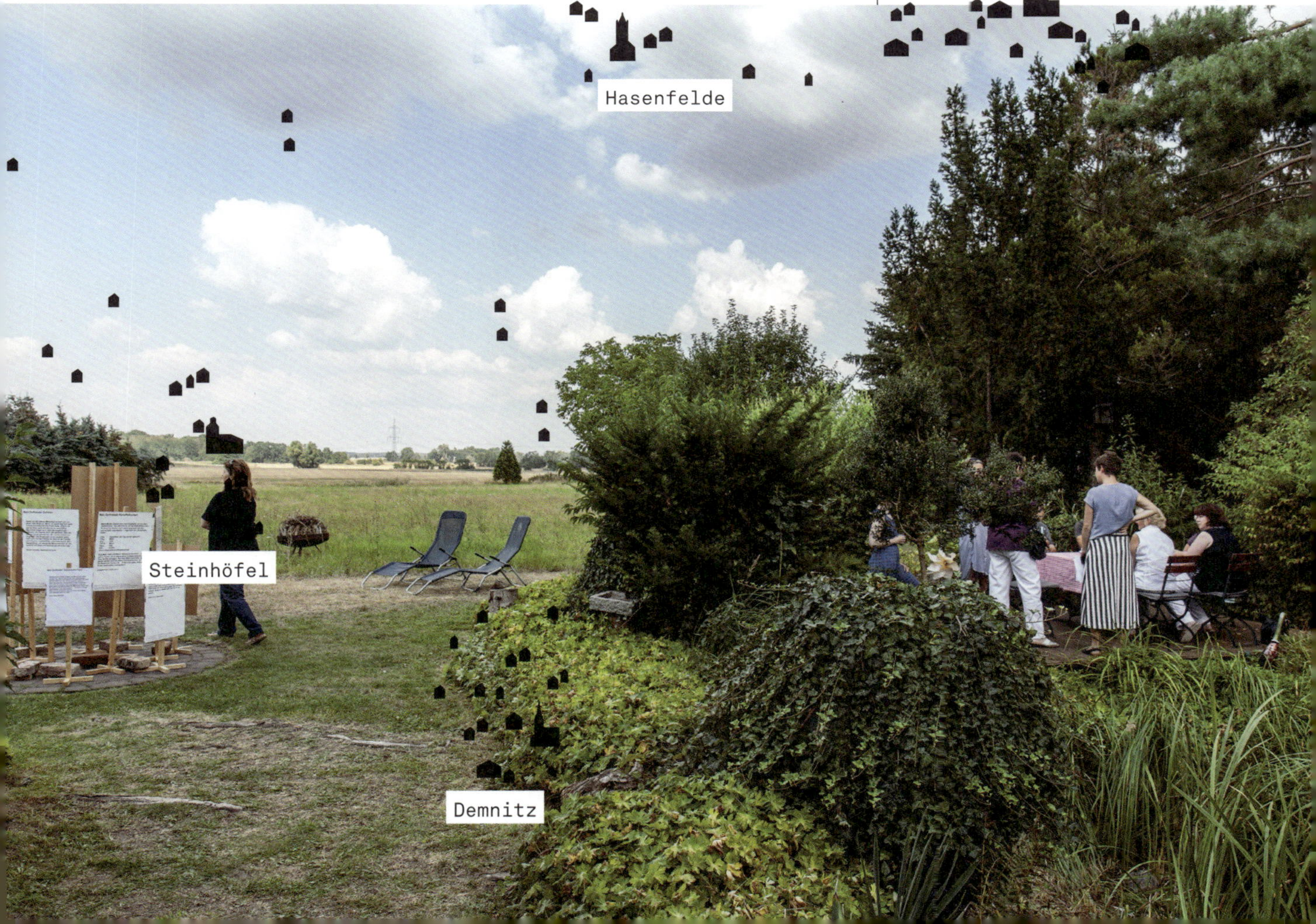

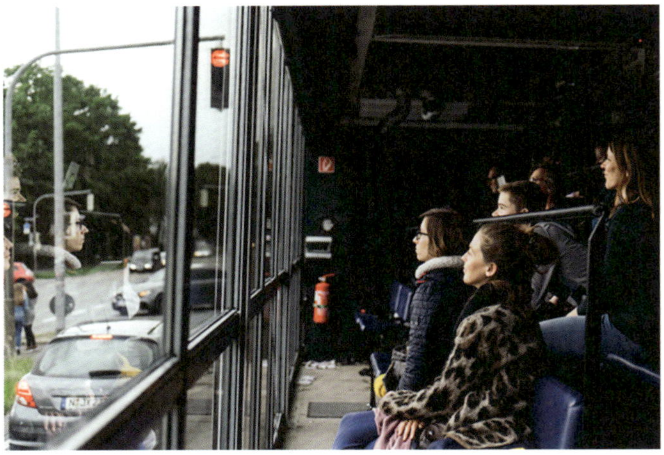

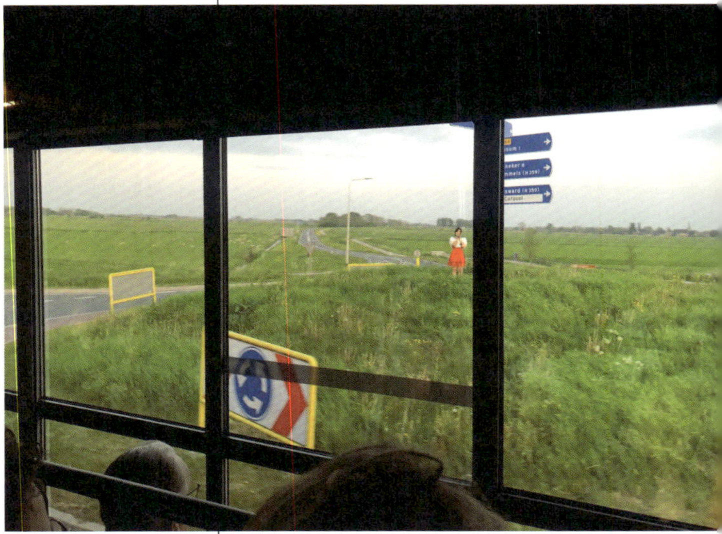

Das Ziel konnte nur sein, das Erzählen selbst zu Entdecken. Die Geschichten sollten zurück in den Alltag der Menschen kommen.

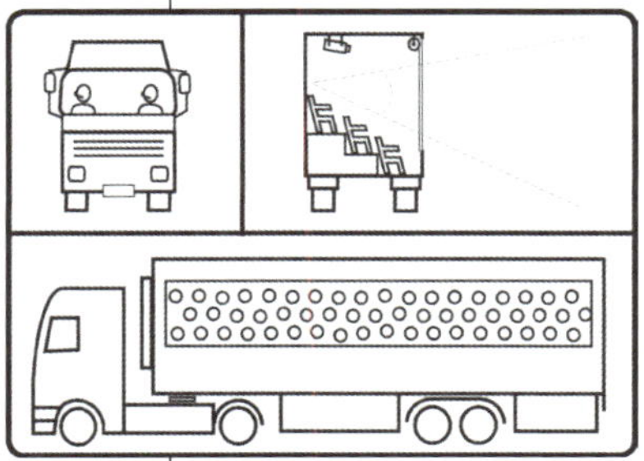

Der LKW, den Rimini Protokoll als fahrende Bühne einsetzt, ist ein Instrument zur Erfahrung sozialer Räume. Das Publikum kann quer zur Fahrtrichtung die Umgebung wie ein Bühnenstück betrachten. Wird die Scheibe abgedunkelt, dient sie als Projektionsfläche für Videos, die Erfahrungen von anderswo ins Hier und Jetzt mischen können wie in einer Collage.

Autos noch Internet gab. Das Ziel konnte nur sein, das Erzählen selbst zu entdecken. Die Geschichten und Anekdoten waren in soziale Medien und ihre digitalen Timelines entführt worden. Sie mussten da wieder heraus, weil sich in Timelines die Menschen nicht über die Straße helfen oder am Gartenzaun bemerken, wenn die Nachbarin Hilfe braucht. Je digitaler wir werden, desto stummer sind wir. Man muss ja nur eine Stunde U-Bahn in einer Großstadt fahren und erschrickt, wenn jemand spricht, statt ins Mobiltelefon zu starren. Die Menschen verlernen das Lebens- und Alltagstheater. Was, wenn man sie auf die Bank setzt und sie hätten das Drehbuch vergessen?

Ziese fragte die Performance-Künstlergruppe Rimini Protokoll, ob sie sich Steinhöfel als Bühne vorstellen könnten. Rimini Protokoll hat einen unschätzbaren Vorteil. Sie recherchieren weltweit soziale Sachverhalte und erzählen dem Publikum von den Mechanismen, mit denen sich unsere Gesellschaft organisiert. Vor allem aber macht die Gruppe das mobil, mit einem selbsterfundenen Vehikel, in dem Zuschauerinnen und Zuschauer beispielsweise an die Alltagsschauplätze unserer Warenökonomie gefahren werden, um Menschen zuzuhören und zusehen, die dort sonst stillschweigend ihre Rolle spielen. Rimini Protokoll verwandelt das, was ohnehin geschieht, in Bühnengeschehen, verdichtet es, legt Zusammenhänge offen und erstattet denen, die sonst nicht beachtet werden, die Sprache zurück. Wäre das nicht auch in einer 160 Quadratkilometer großen Gemeinde denkbar? Können nicht Steinhöflerinnen und Steinhöfler umhergefahrenen Nachbarn aus den Dörfern erzählen? Könnten sich nicht Neuendorf im Sande, Arensdorf oder Jänickendorf als beachtenswerte Handlungsorte erweisen. Dann würden die Menschen sich mit größtem Vergnügen gegenseitig entdecken. >

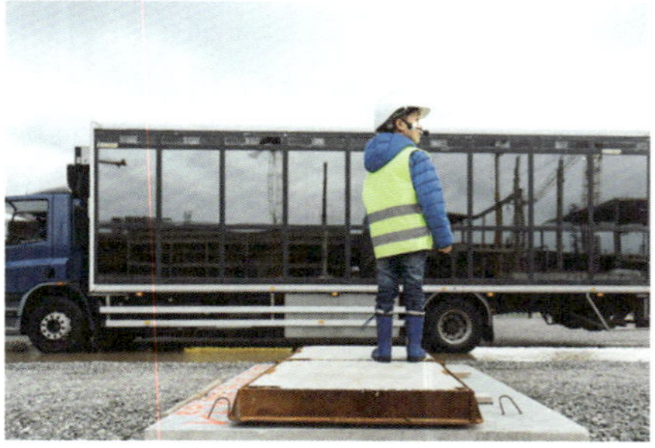

Die Akteure in den Aufführungen sind oft Laien, die wie auf einer Bühne soziale Erfahrungen mit dem Publikum teilen.

DORFREZEPTE

MEIN DORFREZEPT: MENSCHEN TREFFEN Ilse Thiele, Tempelberg

In meinem Alter ist es schwer, Kontakte zu halten. Ich hatte hauptsächlich durch meine Arbeit im Konsum viele Kontakte, ansonsten brauchte ich meine Zeit für meine fünf Kinder, sie waren mein Lebensinhalt. Wir hatten wenig Geld; das Leben war nicht einfach. Wer ist denn heute noch da, in meinem Alter? Manche gehen kaum noch raus, können nicht mehr laufen; am Telefon versteht man sich nicht. Man freut sich, wenn man mal andere Menschen trifft. Ich habe schon große gesundheitliche Probleme, aber sich gehen lassen, den Kopf in den Sand stecken und sagen: „Ich bin zu alt", das geht gar nicht. Man muss sich bemühen. Tanzen geht nicht mehr, aber gemeinsam spazieren gehen oder singen. Oder man fährt gemeinsam zu Friseur oder Fußpflege.

Die Kinder kümmern sich, aber zu ihnen ziehen möchte ich nicht. Was soll ich beispielsweise in Frankfurt machen? Alles ist fremd. Solange ich mich selber versorgen und alles machen kann, einigermaßen gesund bin, möchte ich hierbleiben.

MEIN DORFREZEPT: AUFEINANDER ZUGEHEN … E. Kutschke, Heinersdorf

Aufeinander zugehen und zuhören, aber auch mal widersprechen! Nicht alles hinnehmen und auch mal um etwas kämpfen.

MEIN DORFREZEPT: ZUHÖREN Norbert Sehreiter, Neuendorf im Sande

Redet mit den älteren Menschen im Dorf und vor allem: Hört ihnen zu! Wenn ich durch das Dorf laufe und ein Schwätzchen halte, erfahre ich, wie es den Älteren geht und was sie so beschäftigt. Manchmal fragen mich dann die Angehörigen: „Mensch, wie hast du das denn gemacht, dass der Alte so mit dir geredet hat? Wir werden immer nur angekeift." Der Austausch ist ein anderer, wenn man nicht Teil der Familie ist, denn in der Familie sind Themen und Konflikte manchmal schon sehr festgefahren. Ich kenne alle Menschen hier am Ort, spreche mit ihnen und komme gut mit ihnen klar.

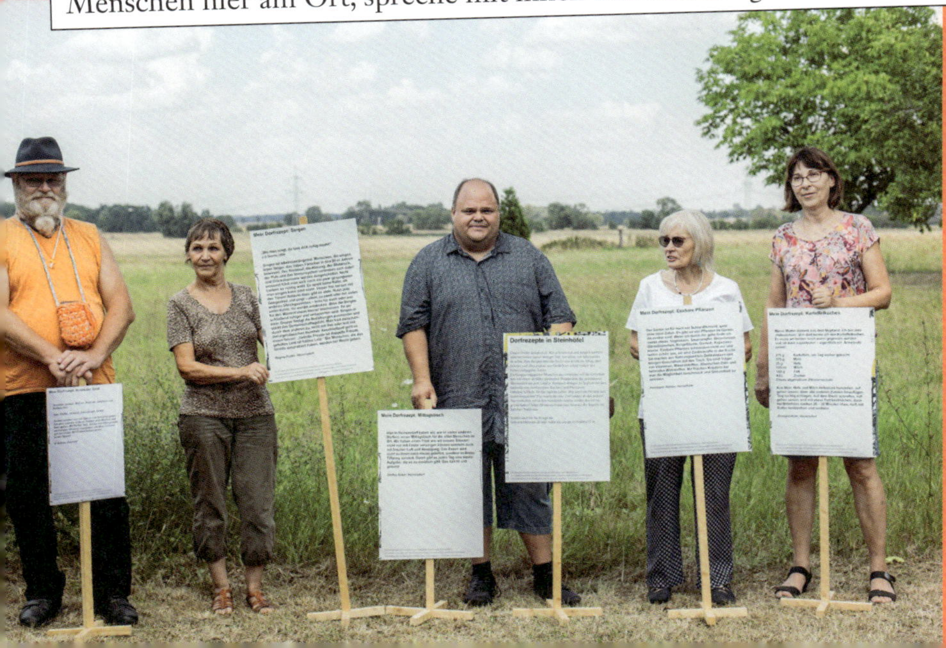

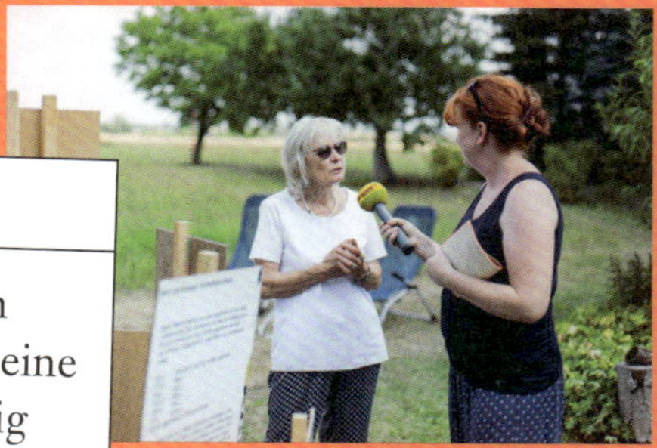

Hannegret Richter im Interview für eine regionale Radiosendung des rbb. Von ZDF aspekte bis zur Lokalzeitung ist die Neugierde groß auf das Projekt, vor allem weil es ein oft abstrakt beschriebenes Problem unmittelbar greifbar macht.

TIMELINE

2019

9. APRIL
Erste Auftragsskizze: Ein jährlicher Jahrmarkt der Ideen soll Gestaltungsspielräume für das Älterwerden erkunden.

11. APRIL
Vorgespräche mit ConstructLab und Rimini Protokoll über eine Partnerschaft für das Projekt.

12. JUNI
Ortserkundung von Helgard Haug (Rimini Protokoll) in Steinhöfel.

26. SEPTEMBER
Der endgültige Auftrag wird ausgearbeitet. Die Gruppe wünscht sich ein Projekt, das auch etwas physisch Bleibendes entwickelt.

OKTOBER
Erstes Treffen der AG mit den Künstlern.

9. DEZEMBER
Helgard Haug führt Gespräche mit Einwohnern.

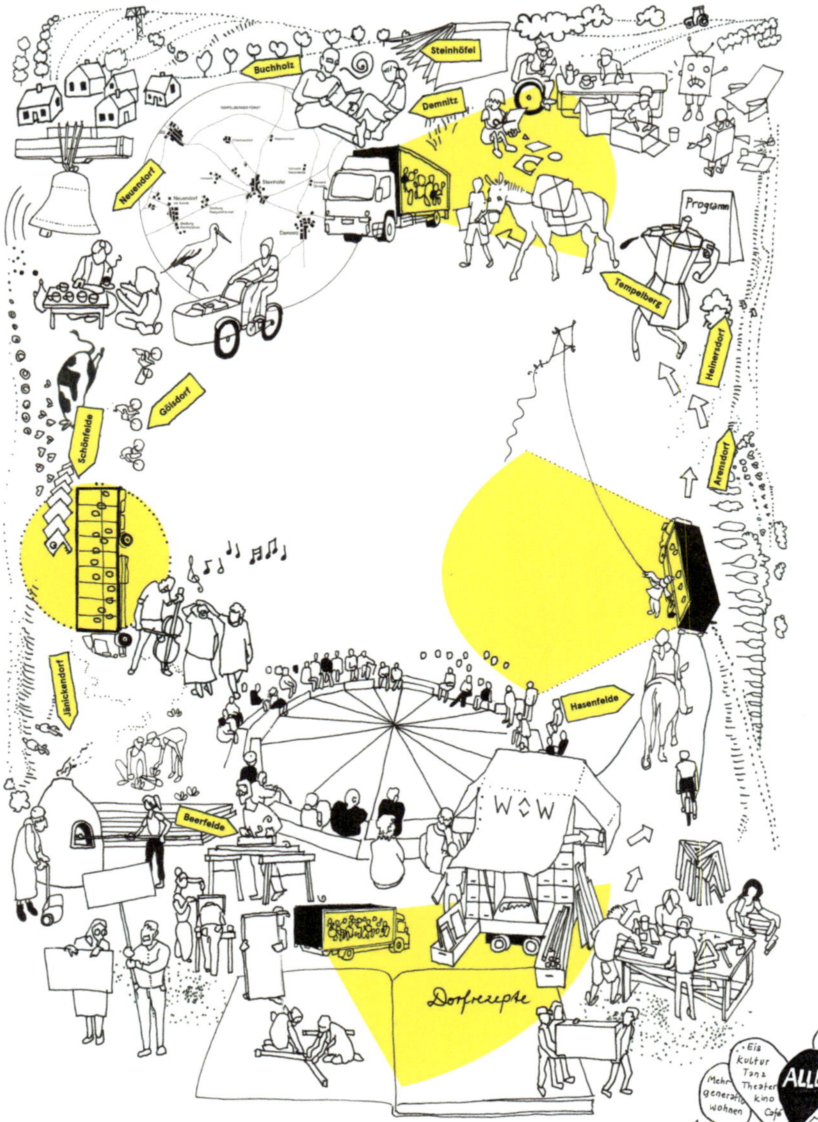

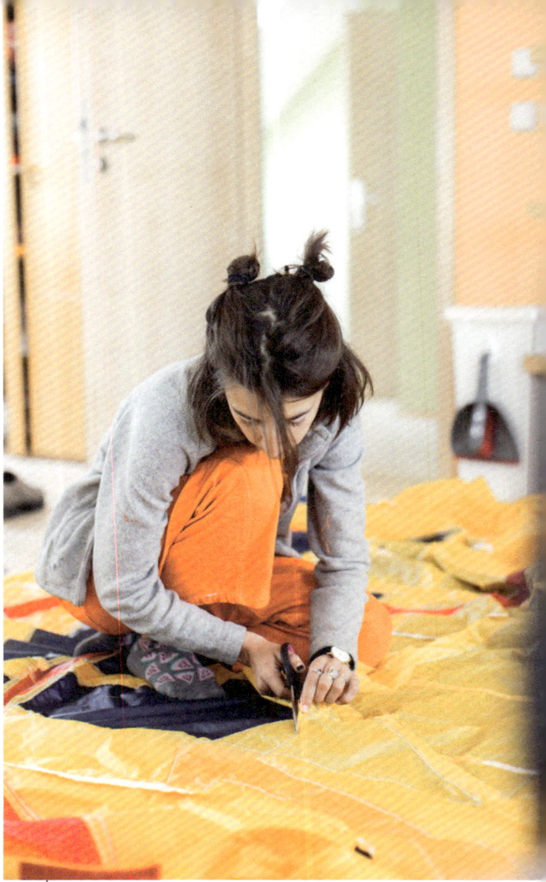

Adeline Vieira von ConstructLab arbeitet an einer Stoffbahn, die sich als Baldachin über die ausziehbare Tischkonstruktion des mobilen Treffpunktes spannen lässt.

Links: Hannegret Richter versteht Auftraggeberschaft auch als Gastfreundschaft für die ganz unterschiedlichen Beteiligten.

Illustrationen: Grit Koalick, Constructlab

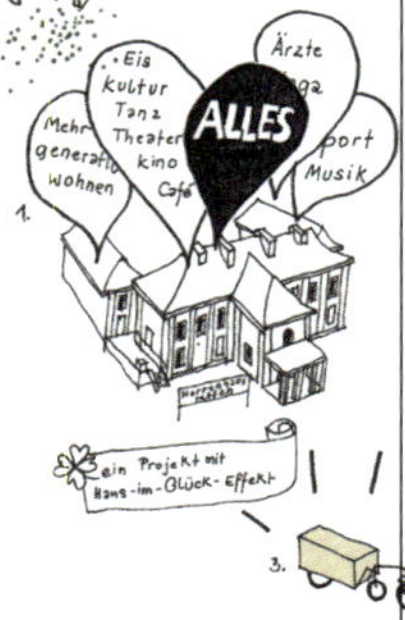

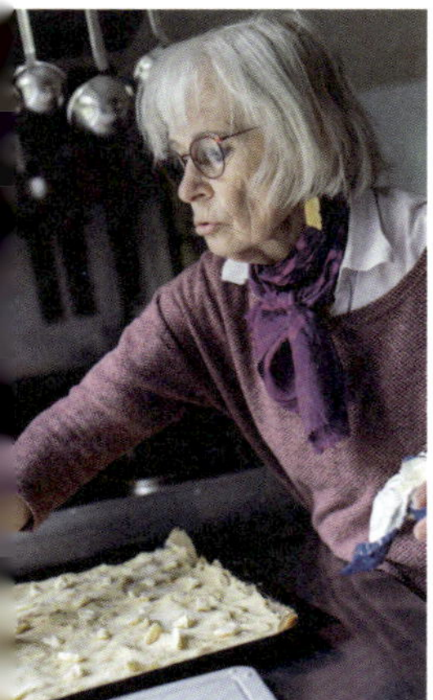

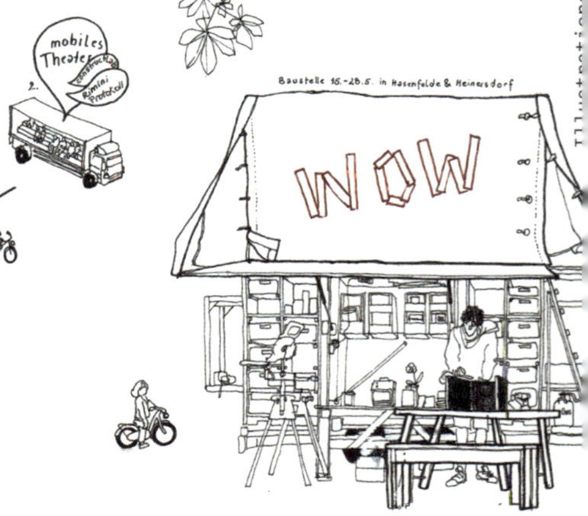

Die Auftraggeber von Steinhöfel wussten sofort, dass das nicht reicht. Theater kommt und geht. Gewohnheiten ändern sich nicht zwischen zwei Vorstellungen. Sie baten um etwas, was bleibt. Eine Bühnenarchitektur? 160 Bänke, für jeden Quadratkilometer eine? Ein Theatergebäude? Sophia Trollmann, die von Lena Ziese die Mediation und das Berliner Kunst-, Design- und Architektur-Kollektiv ConstructLab als zweiten Projektpartner übernommen hatte, gab die Frage an die Auftraggebergruppe zurück und entwickelte mit ihr die Idee eines Dorftreffpunktes, der so mobil wie der Rimini-LKW sein sollte, der aber, das war ConstructLabs Kernidee, aus den Dörfern heraus entstehen sollte. Die Dörfer sollten zur Werkstatt werden, zu einem Entwicklungslabor der dörflichen Zusammenarbeit. >

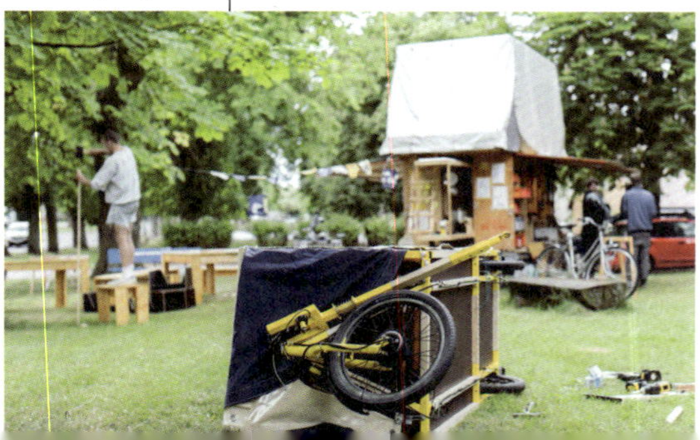

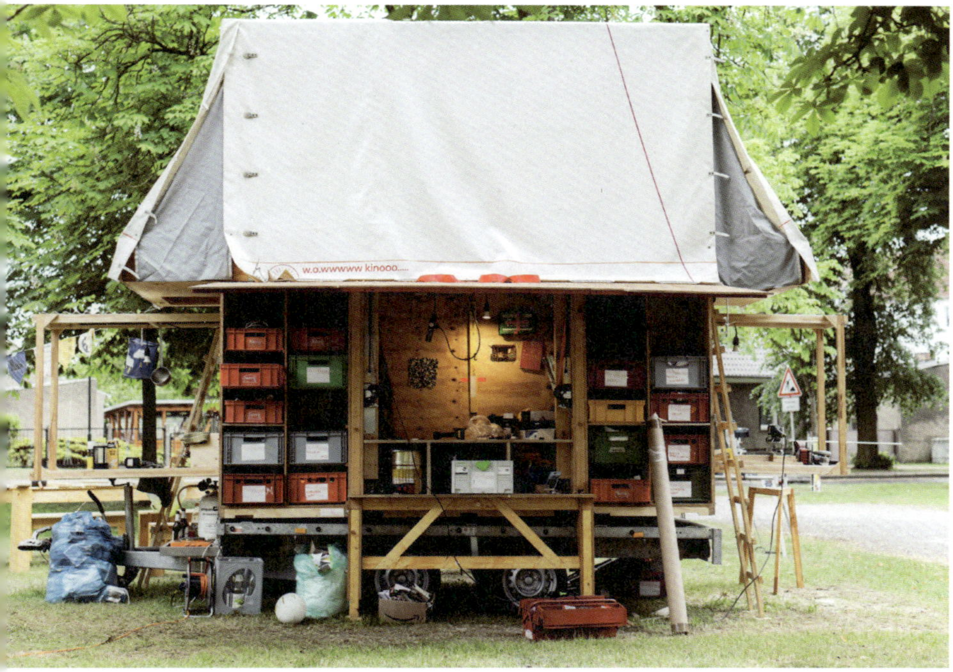

TIMELINE

2020

AB JANUAR

Angeregt von einer Ortsvorsteherin wollen die Künstler Dorfrezepte sammeln, als Beginn des Erzählens zwischen den Dörfern.

13. JANUAR – 28. FEBRUAR

Zahlreiche Gespräche in den Dörfern der Gemeinde. Die Rezeptsammlung bildet verschiedenste Dorferfahrungen ab.

MÄRZ

Die Coronapandemie zwingt zum Aufbau digitaler Kommunikationswege.

ANFANG APRIL

ConstructLab und Rimini Protokoll stellen ihr Konzept in einer Videopräsentation vor. Die Auftraggeber sind nicht überzeugt. Die Künstler sollen ihre Ideen genauer erläutern.

Seit die Dörfer in immer größeren Verwaltungsstrukturen aufgehen, sind die Dorfwappen wichtiger geworden. Michaela Wietschel arbeitet an einer Girlande, in der die Wappenmotive aufgenommen und variiert werden. Das Know-How der Dörfer ist eine wichtige Grundlage des Projekts.

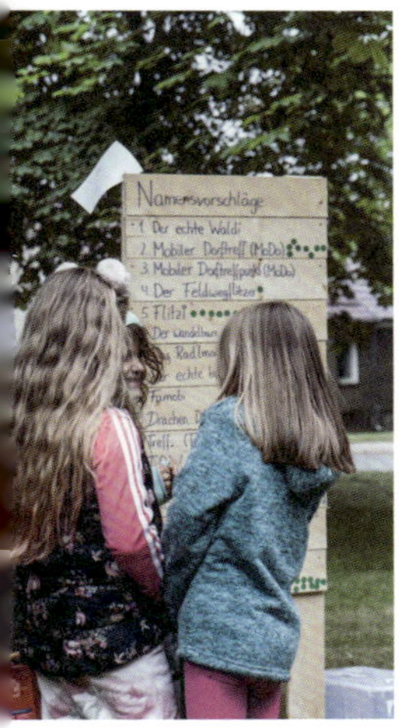

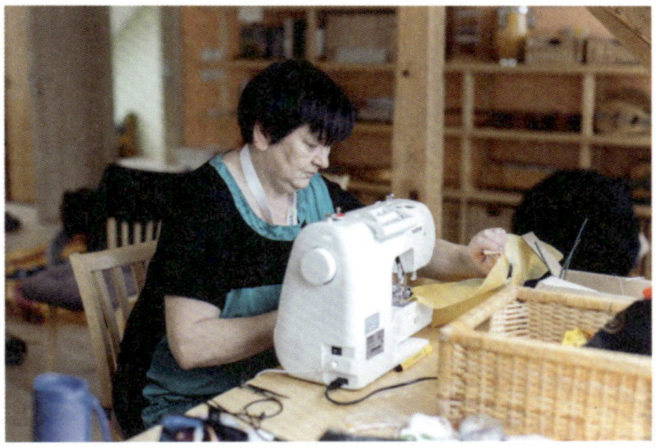

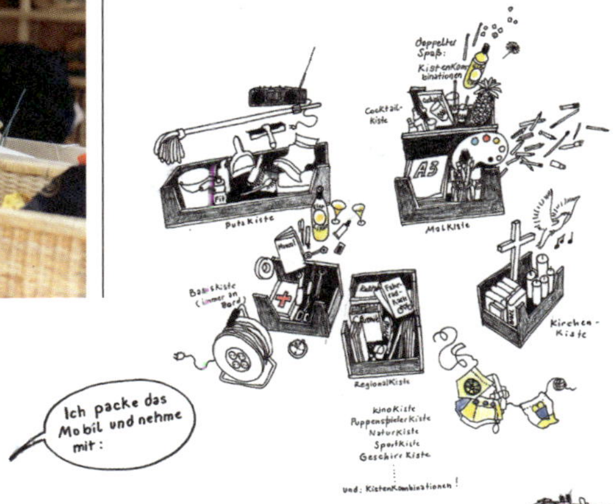

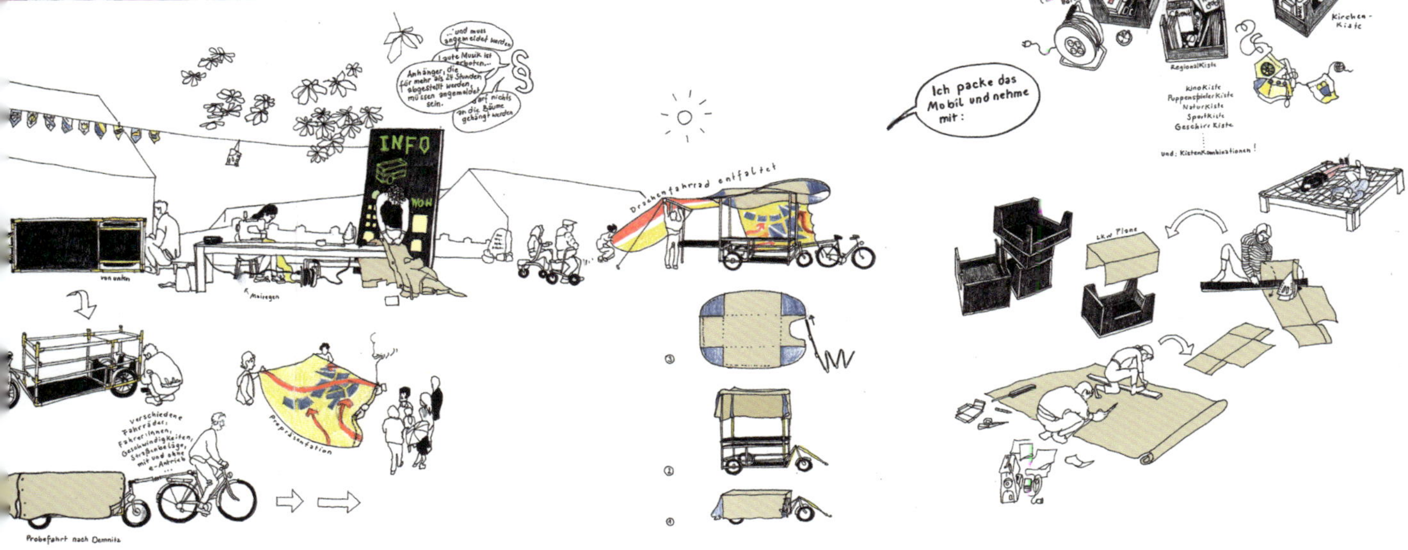

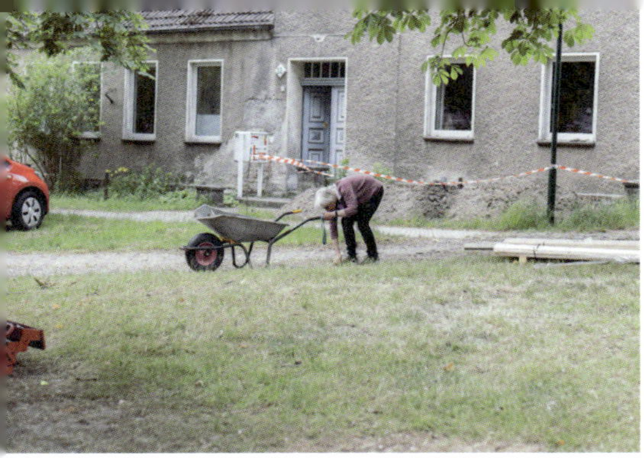

Der mobile Treffpunkt war kein Produkt, das irgendwann vor der Tür abgeladen würde. Er war ein kollektiver Erfinderworkshop.

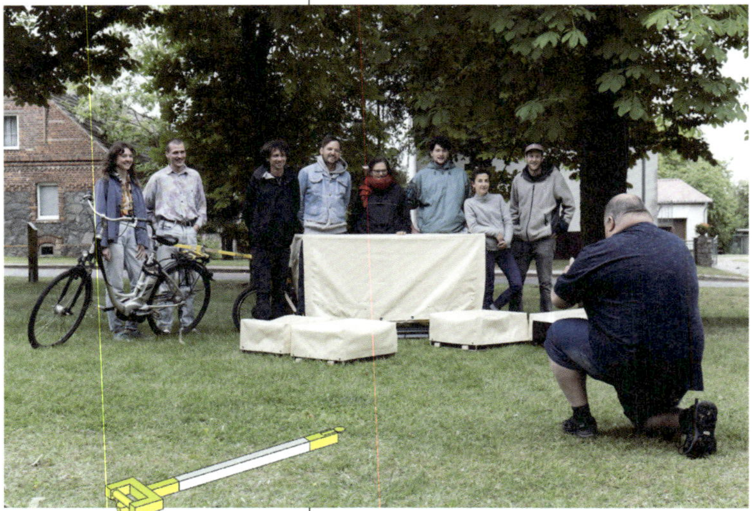

Die ConstructLab-Mitglieder Amanda Rigby, Dan Roth, Patrick Hubemann, Alexander Römer, Grit Koalik, Andries De Lange, Adeline Vieira und Jan Stricker während der Bauwochen in Steinhöfel.

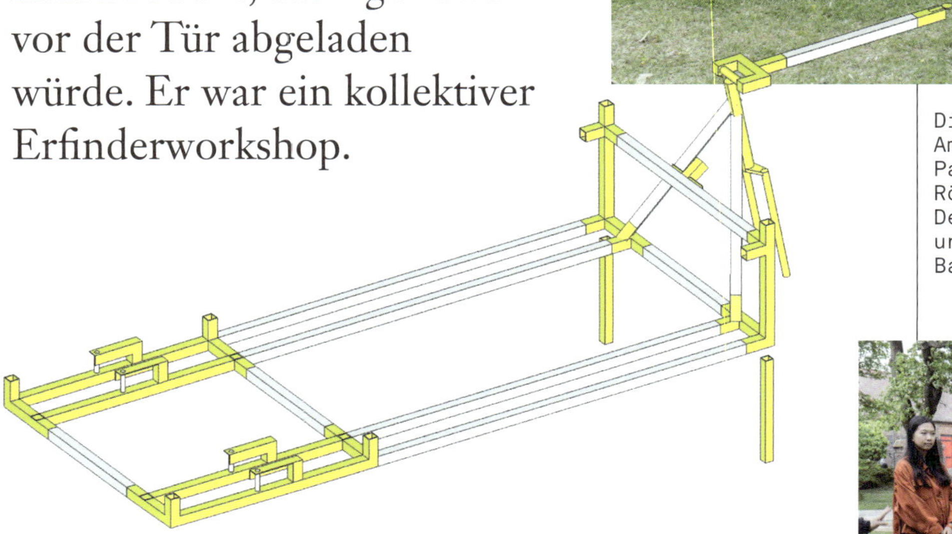

Der mobile Treffpunkt ist modular wie ein Baukasten aufgebaut.

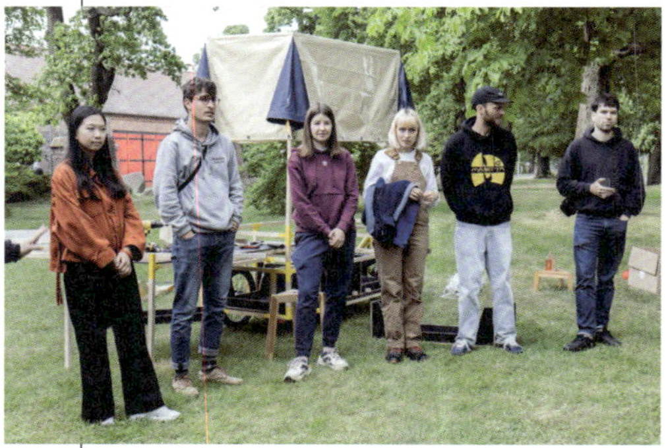

Die Studierenden Weichu Yi, Konstantin Diehl, Tara Sachs, Lilli Sprunk, Mirco Becker und Otto Frenken (v.l.n.r.) der HBKsaar waren ebenfalls während den Bauwochen vor Ort.

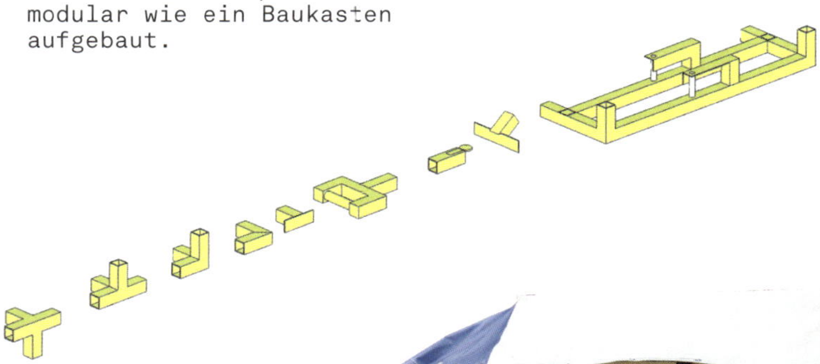

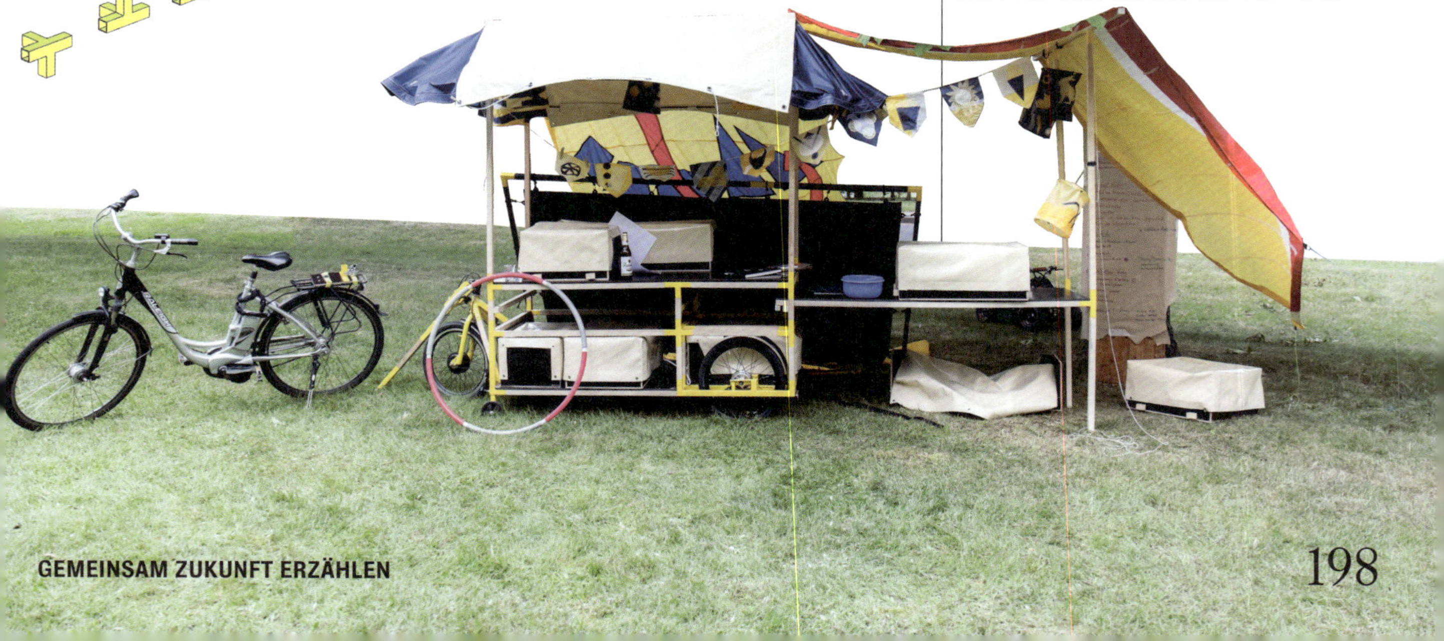

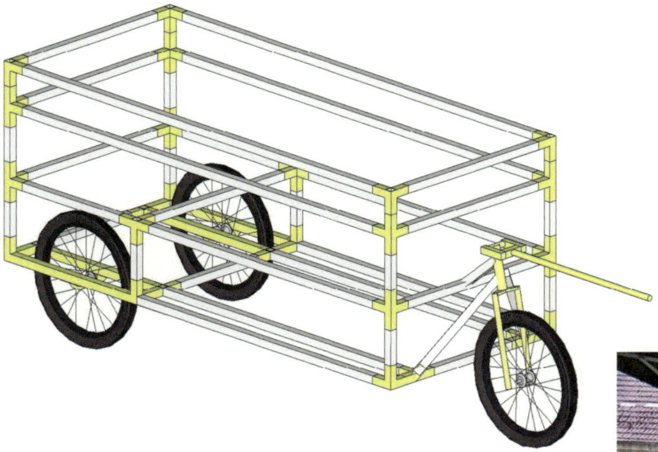

Alle Bestandteile sollen mit eigenen Mitteln austauschbar und ersetzbar sein.

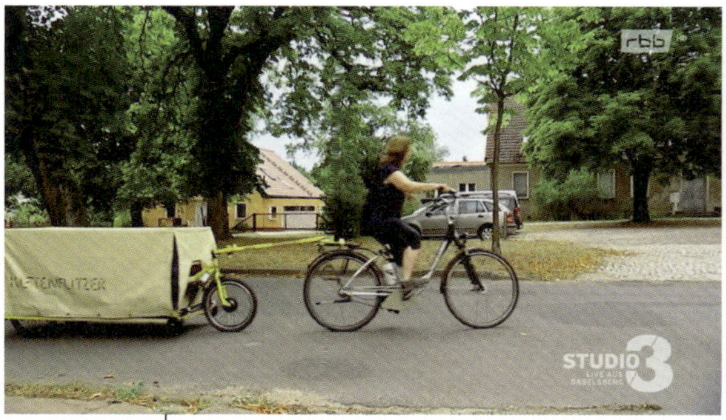

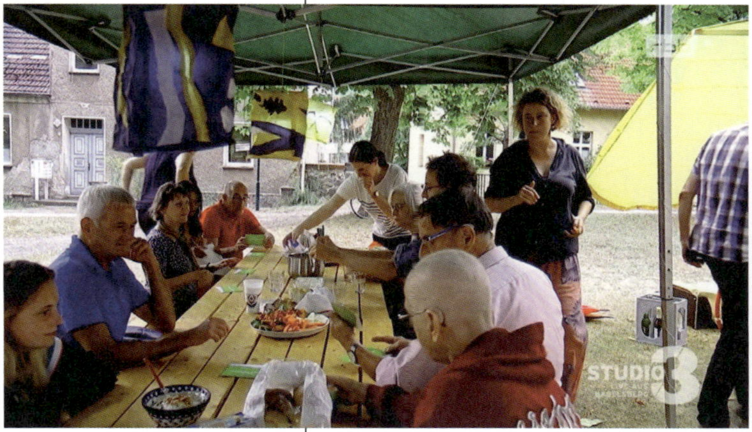

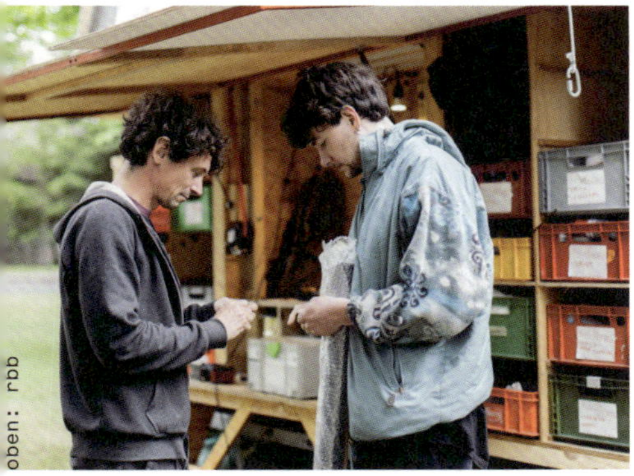

Technische Zeichnungen: Jan Stricker und Dan Roth,, ConstructLab; Fotos rechts oben: rbb

Wie die Steinhöfler Feuerwehren wissen, lässt sich keine Gefahrenlage ohne Übung bewältigen. Der mobile Treffpunkt war kein Produkt, der irgendwann vor der Tür abgeladen würde. Er war ein kollektiver Erfinderworkshop. Auf dem Dorfanger wurde mit einem Werkstattwagen die Produktionslinie aufgezogen und Einschluss aller Gewerke von der Schneiderei bis zur Zimmerei, eine Demonstration des täglichen Miteinander. Längst haben die Steinhöfler die Sommerwerkstatt verstetigt. Akteurinnen und Akteure lernen sich kennen und aus dem Mobil ist ein wundersames pedalbetriebenes Lastenfahrzeug geworden, das für Kinovorführungen, Kirchenveranstaltungen oder Grillfeste gleichermaßen tauglich ist. Steinhöfel ist eine Werkstatt, weil die Steinhöfler es wollen. Es braucht nun doch wieder etwas Geld. Dann soll auch der Rimini Protokoll-LKW rollen. Das Theater soll kommen.

Steinhöfel hat sich zu einem Langzeiterzählprojekt entwickelt, das im Theater seine Form finden wird. Die Intendanz haben zwölf brandenburgische Dörfer./

TIMELINE

25. APRIL
ConstructLab und Rimini Protokoll überzeugen die Auftraggeber mit einem erweiterten Konzept.

AUGUST
Dorfrezeptefest in Hasenfelde mit Gästen aus allen Dörfern.

2021
FEBRUAR
Idee eines mobilen Treffpunktes. Einbindung Studierender geplant.

NOVEMBER
Besuch im Atelier von ConstructLab: Präsentation des mobilen Treffpunkts als E-Bike-System.

2022
14.–29. MAI
Bauwochen in Steinhöfel auf dem Dorfanger in Hasenfelde und Heinersdorf mit Workshops.

SEIT JUNI
Dorfanger-Treff und das Mobil wird eingesetzt und erprobt.

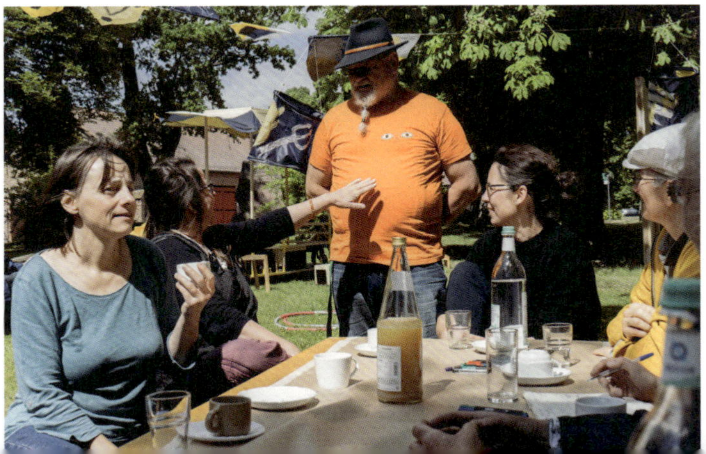

Tempelhof,
Berlin

MAGNET DER HOFFNUNG

EIN BUCH AUS BILDERN ALS NOTRATION DER UTOPIE

Die Wirklichkeit übertreibt manche Geschichten so sehr, dass man sie nicht glaubwürdig verfilmen könnte. Als 2015 die letzten Hoffnungen auf einen arabischen Frühling begraben waren und der Krieg in Syrien sich täglich mit neuem Grauen überbot, ergriffen weltweit Menschen die Flucht. Tausende starben als Schiffbrüchige. Die Minderheit, die entlang schlecht versorgter, planlos verwalteter Routen Europa erreichte, wurde dort „Krise" genannt. Passend zu dieser Sicht wurden in Berlin, als seien die Fluchten überraschend gekommen, Tausende in eine Notunterkunft eingewiesen, die vom Reichsluftfahrtmuseum der Nazis geplant worden war, als Berlin noch das Zentrum des europäischen Flugverkehrs war. Ein 1,2 km langer, elegant gebogener Flughafen, in dem noch bis 1945 Zwangsarbeiter gefangen waren, war nun die Anlaufstelle humanitärer Erstversorgung. Eine Landschaft von Boxen in einem riesigen Hangar, mit dünnen Trennwänden zum Schutz der Intimität. Willkommen in der Hauptstadt. Wir verdanken es Sartep Namiq, dass diese Geschichte doch erzählt worden ist. Nicht als Film, sondern als Buch wortloser, beredter Bilder.

DER AUFTRAG IN ZWEI SÄTZEN
„Ich wünsche mir eine optimistische Geschichte über Flucht und Neuanfang. Ich will einen Comic ohne Worte und nur aus Bildern, das jeder lesen kann, und das allen Menschen Mut macht."

GRÖSSTE HERAUSFORDERUNG
Einen Comic zu machen, ist kompliziert. Jedes Bild muss zuvor sprachlich genau beschrieben werden. Erst dann wird es gezeichnet, zum Schluss kommen die Farben. Es war ein langer Übersetzungsprozess von Sartep Namiqs Erleben bis zum Buch.

DER AUFTRAGGEBER
Sartep Namiq

KÜNSTLER
Felix Mertikat, Bruce Sterling, Matthias Zuber

MEDIATOR
Alexander Koch

ZEITRAUM
2016–2021

ORT
Obwohl der Flughafen im Berliner Bezirk Tempelhof zunächst als ungeeignet galt, Geflüchtete menschenwürdig unterzubringen, verwarf man diese Bedenken schnell und baute noch 2015 in den Hangars Massenunterkünfte. Rechnet man Zeltbauten auf dem Gelände hinzu, lebten bis zu 3.000 Menschen auf dem Flughafenareal. Eigentlich sollten sie nur wenige Wochen bleiben; in der Realität dauerte das Provisorium für viele von ihnen wesentlich länger. Erst Ende 2018 verließen die letzten Geflüchteten Tempelhof.

WWW
Der ganze Comic ist abrufbar unter: www.temple-of-refuge.net.

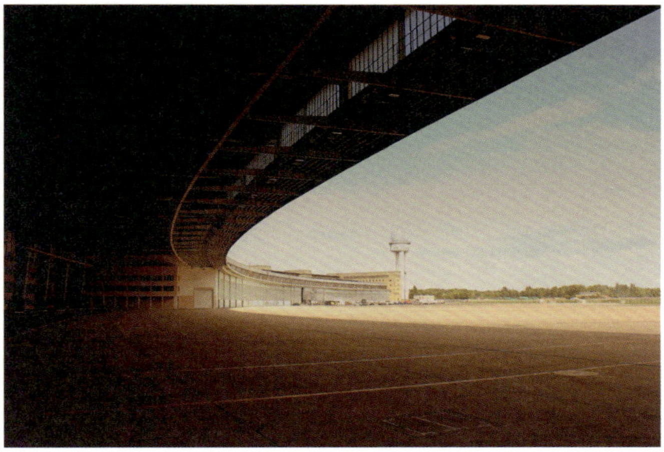

Der Flughafen Tempelhof war nach seiner Fertigstellung 1941 mit seinen 307.000 m² für kurze Zeit das flächengrößte Gebäude der Welt.

Sarteps Geschichte ist so verschränkt und verwoben wie der historische Schauplatz, an dem er 2016 den Mediator Alexander Koch das erste Mal trifft. Seltsamerweise liegt das Büro der Neuen Auftraggeber gegenüber dem Hangar, in dem sich acht Männer aus dem kurdischen Irak dafür interessieren, ein Projekt zu beginnen. Allerdings weiß niemand welches; der Hangar ist für Außenstehende versperrt wie ein Hochsicherheitsgelände und die Prozesse der Neuen Auftraggeber dauern lang. Verzögerungen und Enttäuschungen gehören zum Verlauf. Eine Zumutung für Menschen nach einer langen Flucht in einem lauten Hangar. Nach einigen Wochen war nur noch Sartep Namiq da, das einzige Projekt in diesem Buch, das nur einen Auftraggeber hat. Einen, der durchaus den Mut hat, für Tausende zu sprechen. Er will erzählen, was Flucht bedeutet, und er will, dass das ohne Sprachbarrieren passiert. Er will so den Hangar verwandeln, aus einem lärmenden Chaos voller Gerüche in eine utopische Welt. >

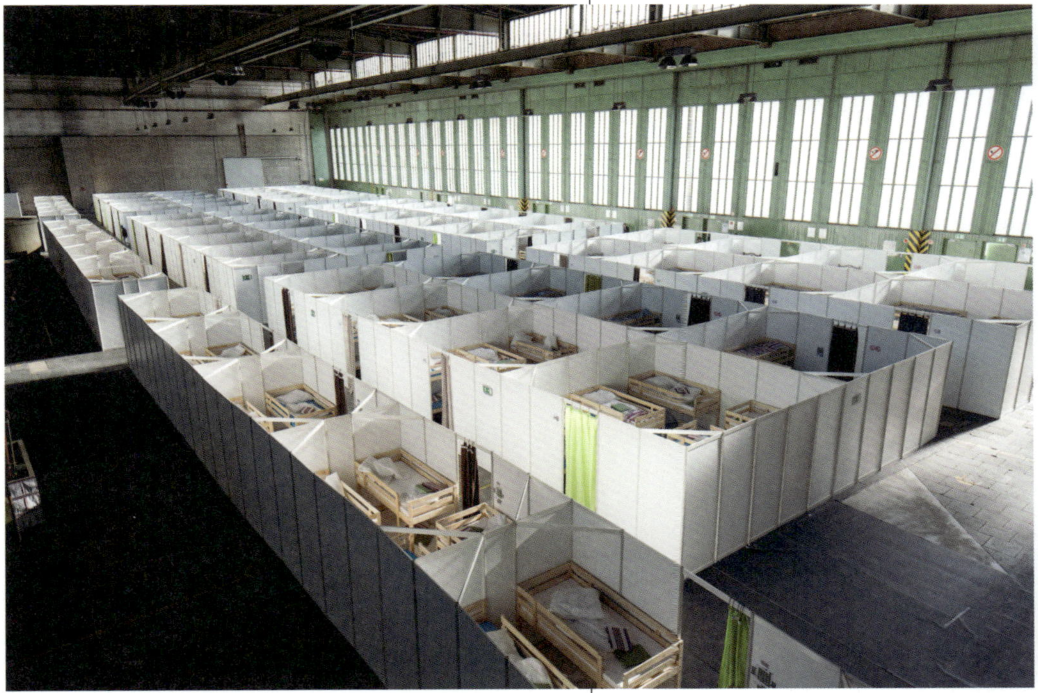

Die nach oben offenen Schlafzellen waren ein Notbehelf und boten eine erste improvisierte Unterkunft. Zur Ruhe kam man in dem ehemaligen Flugzeughangar aber nicht.

Fotos: Wikimedia Commons; picture alliance / photothek / Thomas Koehler

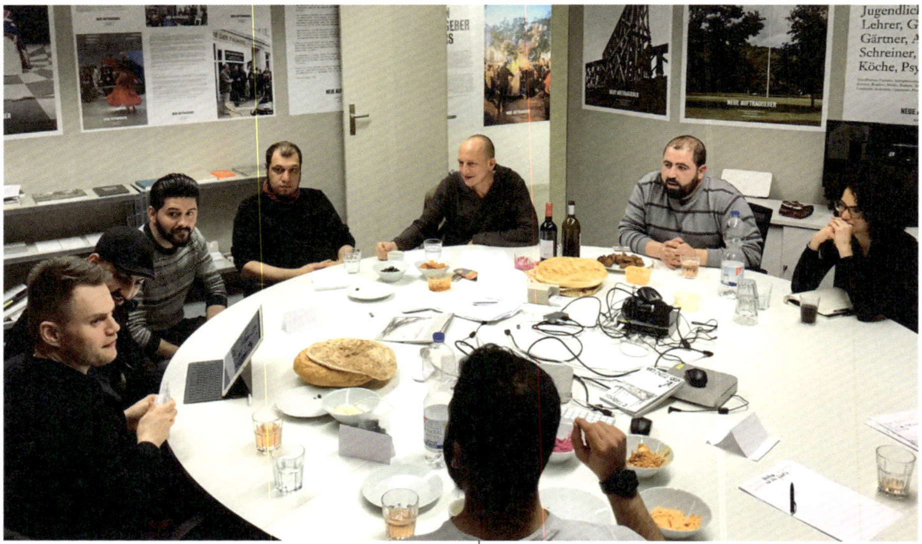

Bei einem Workshop tragen Menschen mit Fluchterfahrung Ideen für die Geschichte bei, die entstehen soll.

Es ist sehr schnell klar, dass es um einen Comic geht. Koch sucht nach Autorinnen und Autoren. In einem Comic-Laden streben Namiq und er bei der Recherche verschiedenen Regalen zu. Koch Richtung Kunst, dokumentarisch reduziert, immerhin ist das Thema Flucht. Sein Auftraggeber in die Gegenrichtung. Wirkungsbewusste Geschichten, verführerische Fiktion, brillant inszeniert. Er will das Buch in Auffanglagern und Notunterkünften sehen. Das Buch soll Hoffnung machen und gesehen werden, am besten weltweit.

Der Mediator schlägt als Autor des Skripts Bruce Sterling vor, einen Pionier der Cyberpunk-Literatur. Die Geschichte soll von der Tempelhofer Unterkunft ausgehen. Sterling erfindet die Vision einer Zukunft, in der magisch schnell eine neue Stadt entsteht, die die Wünsche, die Träume und das Können aller verkörpert und in der sein Auftraggeber die Hauptrolle spielt. Als Zeichner kommt Felix Mertikat dazu, der in einem klaren, aber opulent warmen Stil Epen erzählen kann und der von Christoph Tauber und Matthias Zuber als Autoren unterstützt wird, einen Comic zu entwickeln, der nicht nur in sich plausibel ist, sondern sich in seinen Bildern der Zustimmung Namiqs vergewissern muss.

In der Science-Fiction-Geschichte wird der Flughafen Tempelhof zum Zentrum der Welt. Ein Ort der Zuflucht für alle, die keinen anderen Ort mehr haben. Im Verlauf nur eines Tages verwandelt sich die dystopische, lebensfeindliche Area in einen Ort voller Imagination, Kreativität und Kooperation. Zu verdanken ist das dem Helden Sartep, der einen Weg entdeckt, Wünsche und Träume Wirklichkeit werden zu lassen. Tempelhof wird eine Stadt der Zukunft, eine integrative Gemeinschaft. Tausende Menschen strömen von überall her auf das Flughafengelände. Fast könnte man sagen, als Auftraggeber der Figur Sartep, der zum Vermittler für die Ideen der anderen wird. Manche Geschichten übertreibt die Wirklichkeit eben auch sehr gut. 10.000 Exemplare ist Sartep Namiqs Auftrag am Ende stark. Er sagt von sich selbst, er sei stets Optimist./

In der Science-Fiction-Vision ist der Flughafen Tempelhof ein riesiger Slum. Das Leben dort ist hart. Aber es entstehen auch neue Freundschaften.

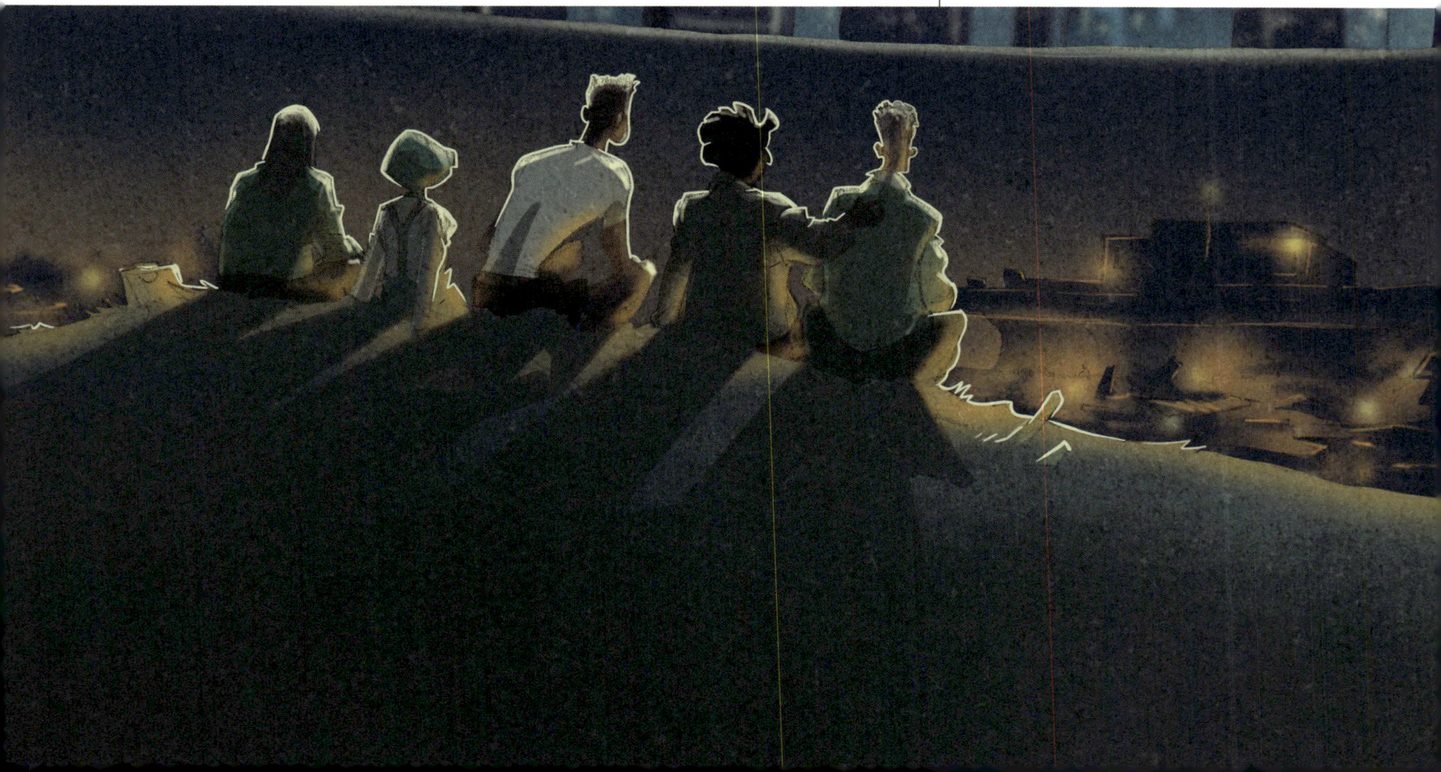

„DER WEG IST NICHT GESCHAFFT, WENN MAN ANGEKOMMEN IST.“

Sartep Namiq und der Mediator Alexander Koch im Interview

ALEXANDER, TEMPLE OF REFUGE IST EIN BESONDERES PROJEKT. WIE KAM ES ZU SARTEPS AUFTRAG?

ALEXANDER KOCH Anfangs waren wir mit acht jungen Männern aus Kurdistan/Irak im Gespräch. Über Wochen trafen wir uns und sprachen über die schwierige Lage in der temporären Notunterkunft Tempelhof und was man tun könnte. Eines Tages kam Sartep alleine. Die anderen hatten nach zwölf Monaten in den Hangars den Mut und die Kraft verloren, weiter über Zukunft nachzudenken. Aber Sartep sagte zu mir: „Ich bin hier! Ich bin Optimist, und ich will ein Projekt machen. Wir müssen etwas tun.“ Und so wurde Sartep zum Auftraggeber.

SARTEP, KÖNNEN WIR ÜBER DIE SITUATION IM HANGAR SPRECHEN? HAST DU SO ETWAS ERWARTET?

SARTEP NAMIQ Die konkrete Situation habe ich mir vor meiner Ankunft so nicht ausgemalt, aber mir war klar, dass es nicht leicht werden würde. Ich war mir aber ebenso sicher, dass ich diese Zeit überstehen würde. Die Männer, mit denen ich mir einen Raum teilte, und viele Menschen im Hangar waren allerdings vollkommen ohne Hoffnung. Ich wollte mir meine Zuversicht unbedingt bewahren, und da ich alleine und unabhängig war, habe ich von Anfang an Berlin erkundet, um einen freien Kopf zu behalten.

WIE KAM ES ZUM THEMA SCIENCE-FICTION?

AK Wir hatten zu Beginn ein wichtiges Gespräch. Ich hatte gefragt, welche Wünsche und Träume es in der Gruppe gebe, und alle haben dasselbe geantwortet: „Eine Wohnung, eine Arbeit, eine Freundin“. Es ging um das Dringlichste im Leben, anderes kam nicht vor.

SN Als alle aus der Gruppe diese Antwort gegeben haben, habe ich gedacht: Ich muss etwas tun, damit die Menschen sich wieder etwas vorstellen können, das einen Ausweg aus der gegenwärtigen Situation bietet. Deswegen eine Science-Fiction-Geschichte.

VIELE ORGANISATIONEN VERSORGEN GEFLÜCHTETE MIT DEM NÖTIGSTEN. WIRD DEM INTERESSE AN KUNST UND KREATIVITÄT DABEI NICHT GENÜGEND AUFMERKSAMKEIT GESCHENKT?

SN Ja, solche Projekte gibt es tatsächlich selten. Ich hätte mich über eine Initiative gefreut, die sich auch um das kreative Schaffen kümmert. Mit etwas

> „Viele Menschen im Hangar waren vollkommen ohne Hoffnung. Ich wollte mir meine Zuversicht unbedingt bewahren.“
> – Sartep Namiq

Equipment hätte ich einen Dokumentarfilm gedreht – schon meine Mitbewohner hatten so viel zu erzählen.

WARUM FIEL DEINE WAHL AUF DAS MEDIUM COMIC?

SN Ich bin viel herumgekommen und überall habe ich gesehen, wie Menschen ständig mit ihren Handys online sind. Die Zeit ist schnelllebig, gelesen wird zwischendurch in sozialen Netzwerken. Mein Projekt sollte die Form eines Comics haben, weil ich in aller Kürze >

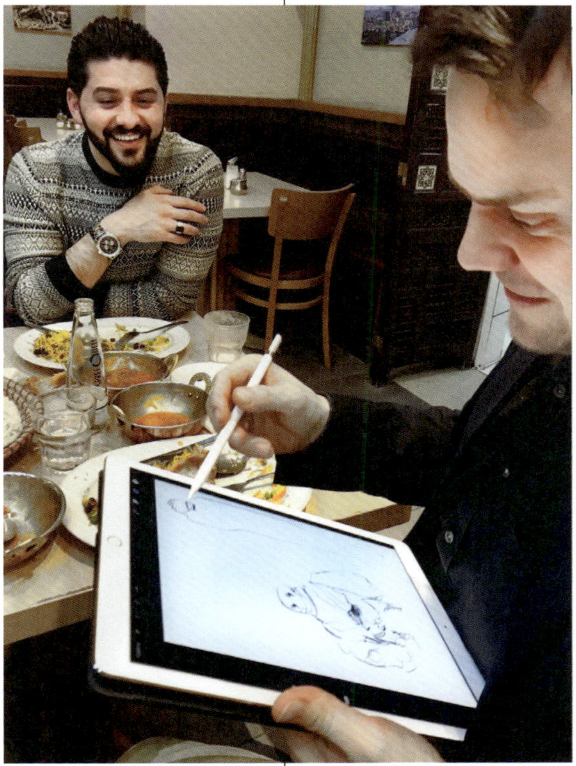

Beim gemeinsamen Essen zeigt sich, dass die Chemie zwischen Künstler und Auftraggeber stimmt.

Fotos: GNA; Zeichnung: Felix Mertikat

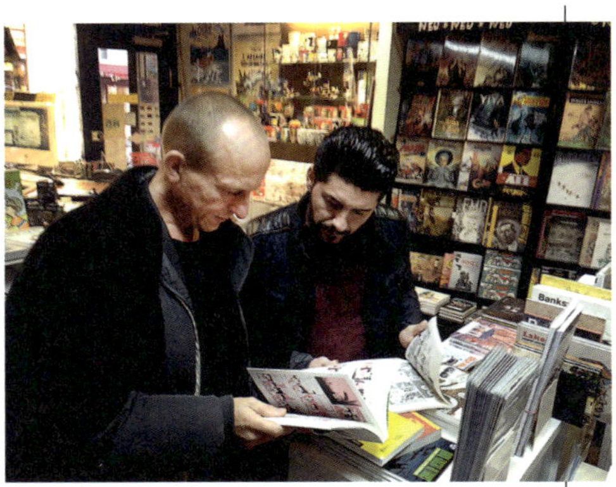

In der Kreuzberger Comicbuchhandlung Grober Unfug sichteten Sartep Namiq und Alexander Koch die Comicliteratur, um sich über die stilistische Ausrichtung des Projekts zu verständigen.

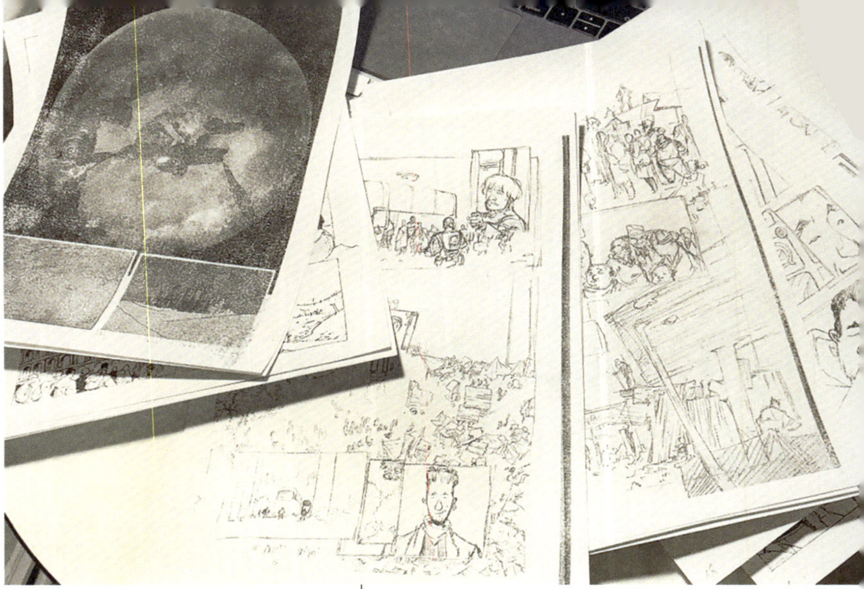

Die Produktion eines Comics ist fast so aufwändig wie ein Filmprojekt. Die Idee wird zum Text, der Text zu Zeichnungen. Hier aber war zusätzlich der regelmäßige Abgleich mit Sartep Namiqs Erfahrungen notwendig.

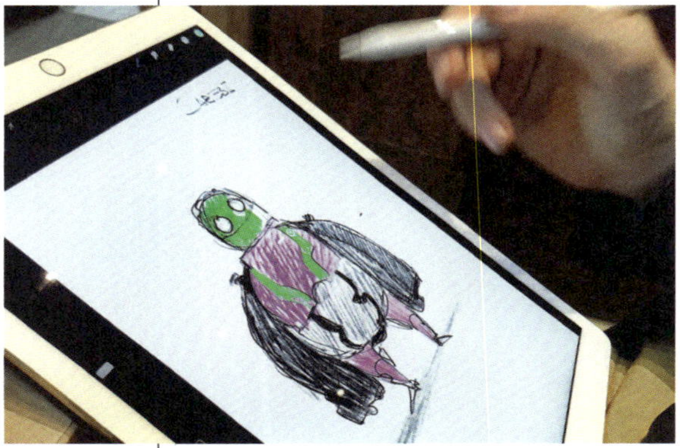

das meiste verständlich machen wollte. Deshalb sollte der Comic auch ohne Worte funktionieren. Die Bilder vermitteln die Geschichte ganz direkt. Alle können das Buch verstehen – auf der ganzen Welt. Ohne die Grenzen, die Sprachen uns manchmal setzen. Das ist wichtig.

WIE HABT IHR DANN DIE KONKRETEN KÜNSTLER AUSGEWÄHLT?

AK Zuerst brauchten wir jemanden, der sich eine Science-Fiction-Geschichte ausdenkt. Ich schlug Sartep den Schriftsteller Bruce Sterling vor, der als Mitbegründer der Cyberpunk-Literatur berühmt geworden ist. Sartep konnte sich gut vorstellen, dass er die Vision einer besseren Welt für uns erfinden könnte. Als nächsten haben wir uns viele Comiczeichnerinnen und -zeichner angesehen – aus Europa, der arabischen Welt, Deutschland – und stießen dabei auf Felix Mertikat. Sein Stil hat uns beide sofort überzeugt.

SARTEP, WIE WAR DANN DIE ZUSAMMENARBEIT MIT BRUCE STERLING HIER IN BERLIN?

SN Bruce Sterling zu treffen war faszinierend, ich hatte direkt Lust, mich mit ihm zu unterhalten. Er bat mich, Fotos von meinem täglichen Umfeld zu machen. Menschen außerhalb des Hangars wissen ja nicht, wie es dort aussieht. Eine seiner Fragen war auch, welche Dinge ich täglich bei mir trage. Deshalb spielt das Telefon eine so wichtige Rolle in der Geschichte – es ist das wichtigste Objekt in der Unterkunft.

„Ich wünsche mir, dass man nach der Lektüre negative Bilder und Stereotype hinter sich lässt und erkennt, dass es Tausende von Menschen wie den Sartep im Comic gibt."
– Sartep Namiq

Im Frühjahr 2021 erscheint das Comicbuch in der renommierten Egmont Comic Collection. Alle Gewinne aus dem Verkauf der Comicbücher kommen der Hilfsorganisation Sea-Watch e.V. zugute, die Flüchtende aus Seenot rettet.

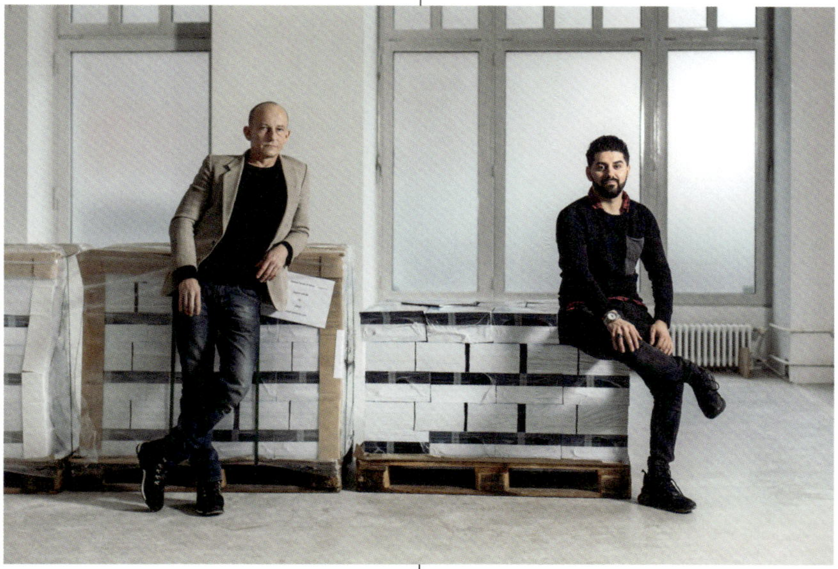

10.000 gedruckte Exemplare des Comicbuches hat die Druckerei geliefert. Mediator Alexander Koch (links) und Sartep Namiq.

WIE IST DANN AUS SEINEN IDEEN DIE TATSÄCHLICHE BILDGESCHICHTE ENTSTANDEN?

AK Ich hatte Felix Mertikat nach Berlin eingeladen, damit Sartep und er sich kennenlernen. Felix erklärte uns die vielen Schritte, die es in der Entwicklung eines Comics braucht. Nach Bruce Sterlings Vorlage musste ein genauer Plan erarbeitet werden, Seite für Seite, Bild für Bild. Wir haben dafür zunächst Christopher Tauber eingeladen und dann später den Filmemacher Matthias Zuber. Er hat der Geschichte Leben eingehaucht, ihr Struktur gegeben, viele Details erfunden. Er führte Gespräche mit Sartep und anderen Geflüchteten, deren Erfahrungen mit einflossen. Sein fertiges Skript haben wir dann in den kurdischen Dialekt Sorani übersetzt, Sarteps Muttersprache. So konnte er Szene für Szene die Geschichte beurteilen und kommentieren. Erst danach hat Felix Mertikat grünes Licht bekommen, um mit dem Zeichnen zu beginnen.

WIE IST ES, WENN DIE EIGENE GESCHICHTE VON JEMAND ANDEREM ERZÄHLT WIRD, SARTEP?

SN In diese Phase des Projekts ist so viel Arbeit geflossen – nichts daran ist klischeehaft! Ich habe das Skript gelesen und es war, als hätte man mir selbst in Kurdistan einen Zettel und einen Stift in die Hand gedrückt, damit ich meine Erlebnisse notiere, bis ich hier ankomme.

AK Ich erinnere mich noch an einen Moment, als Du die kolorierte Version sahst. Du hast auf ein Panel mit einem Boot mit Geflüchteten gezeigt und gesagt: „Genau so war es. Das Boot war gelb und Menschen haben vom Strand aus mit Steinen nach uns geworfen.“ Dabei hattest Du uns diese Details Deiner Reise gar nicht erzählt.

SN Man muss nicht immer alle Details erzählen. Es gibt ja auch Menschen, denen erzählst du alles im Detail, und sie verstehen es trotzdem nicht. Meine Geschichte an sich ist schnell erzählt: Ich bin aus dem Irak über mehrere Stationen nach Deutschland gekommen. Die Details haben Felix, Du und die anderen selbst entdeckt.

„Vor allem ist der Comic für Menschen gedacht, die selbst keine Erfahrung mit Flucht haben.“

– Sartep Namiq

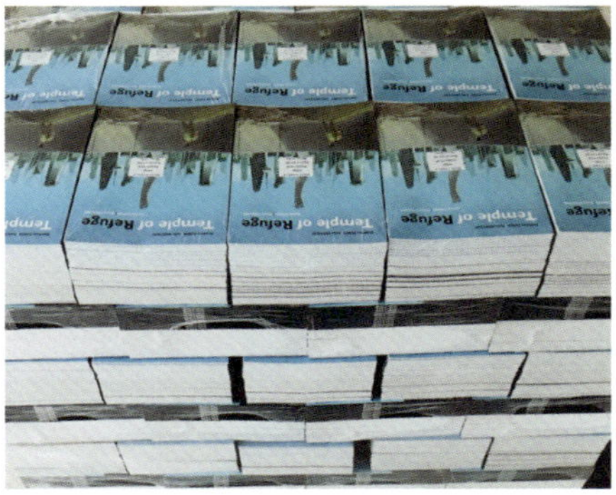

Die meisten Bücher werden gratis an Schulen, Bibliotheken und Flüchtlingsunterkünfte in Deutschland und im Nahen Osten verschickt.

DAS PROJEKT HAT INSGESAMT VIER JAHRE GEDAUERT. WELCHE WIRKUNG ERHOFFST DU DIR VON DEM FERTIGEN BUCH?

SN Vielleicht wird es meinen Freunden aus dem Hangar helfen, neue Zuversicht zu schöpfen. Aber vor allem ist der Comic für Menschen gedacht, die selbst keine Erfahrung mit Flucht haben. Ich wünsche mir, dass man nach der Lektüre negative Bilder und Stereotype hinter sich lässt und erkennt, dass es Tausende von Menschen wie den Sartep im Comic gibt: Geflüchtete, die diesen Weg gegangen sind mit Höhen und Tiefen und die trotz der Schwierigkeiten nicht aufgegeben haben, die Bücher und Filme veröffentlicht und zur Diskussion beigetragen haben. Und wichtig sind mir auch die Jugendlichen, die keine Perspektive haben und die vielleicht vorhaben, in die Welt hinaus zu gehen. Ihnen möchte ich zeigen, dass es nicht einfach ist. Der Weg ist nicht geschafft, wenn man angekommen ist. Es gibt große Schwierigkeiten, die man mit klarem Kopf überstehen muss, bevor man in ein ruhigeres Leben treten kann./

Interview:
Denhart von Harling
mit Unterstützung
des Übersetzers
Razwan Anwar Mohamed

Fotos links: GNA; rechts: Victoria Tomaschka; GNA

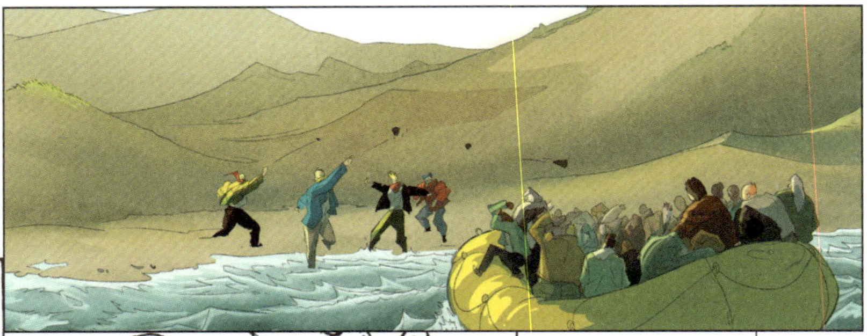

Als Sartep Namiq dieses Bild sah, war er sehr berührt. Zuvor hatte er nicht über seine eigene Fluchterfahrung gesprochen. Nun sagte er: „Genau so war es! Das Boot war gelb und die Leute haben vom Ufer aus mit Steinen geworfen."

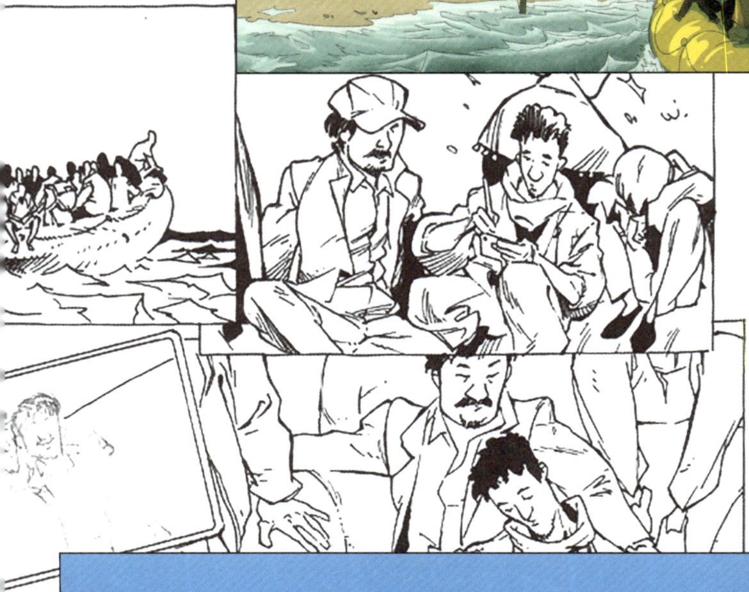

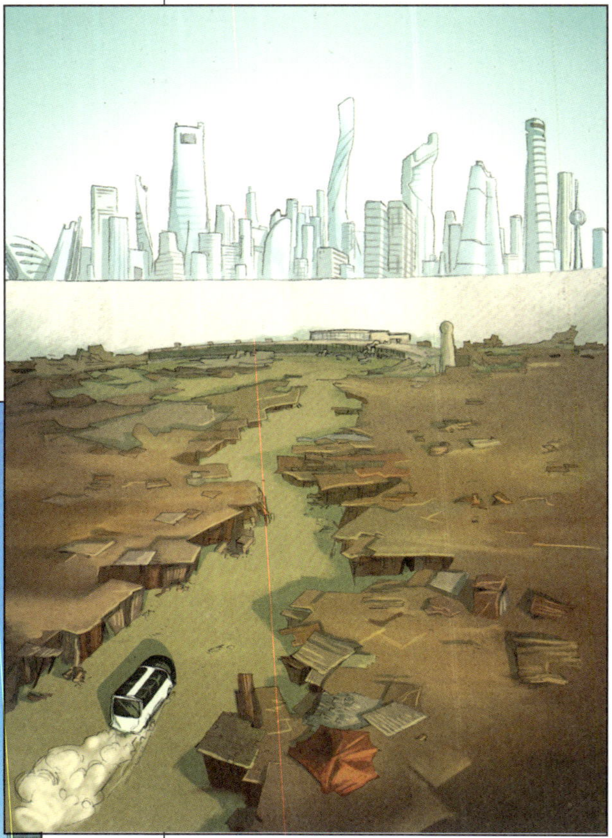

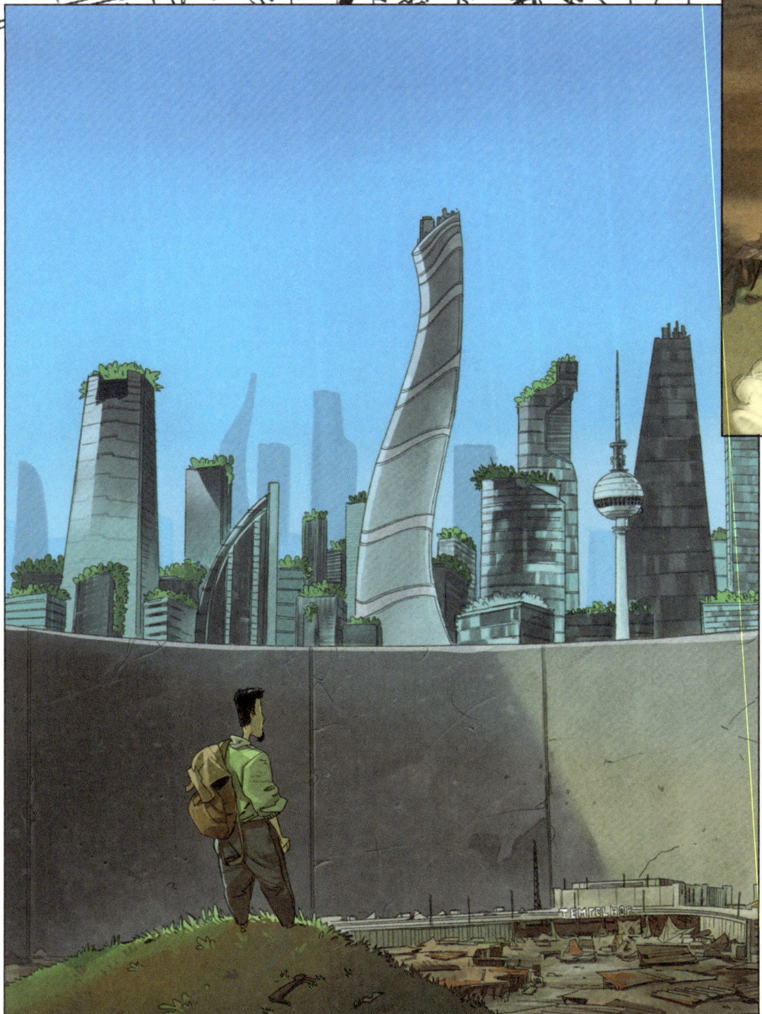

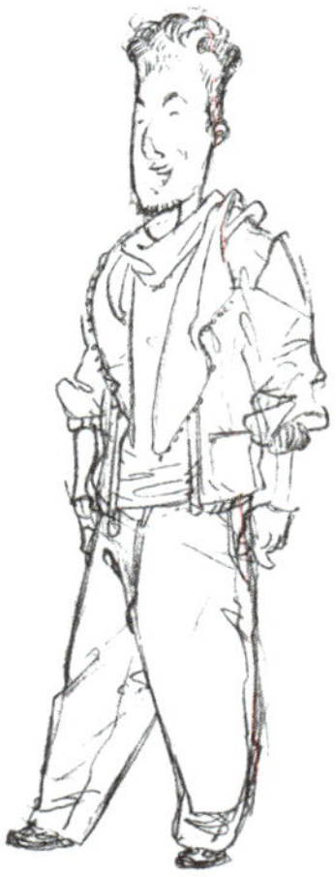

Felix Mertikat hat den echten Sartep in eine Comicfigur verwandelt.

Zeichnungen: Felix Mertikat

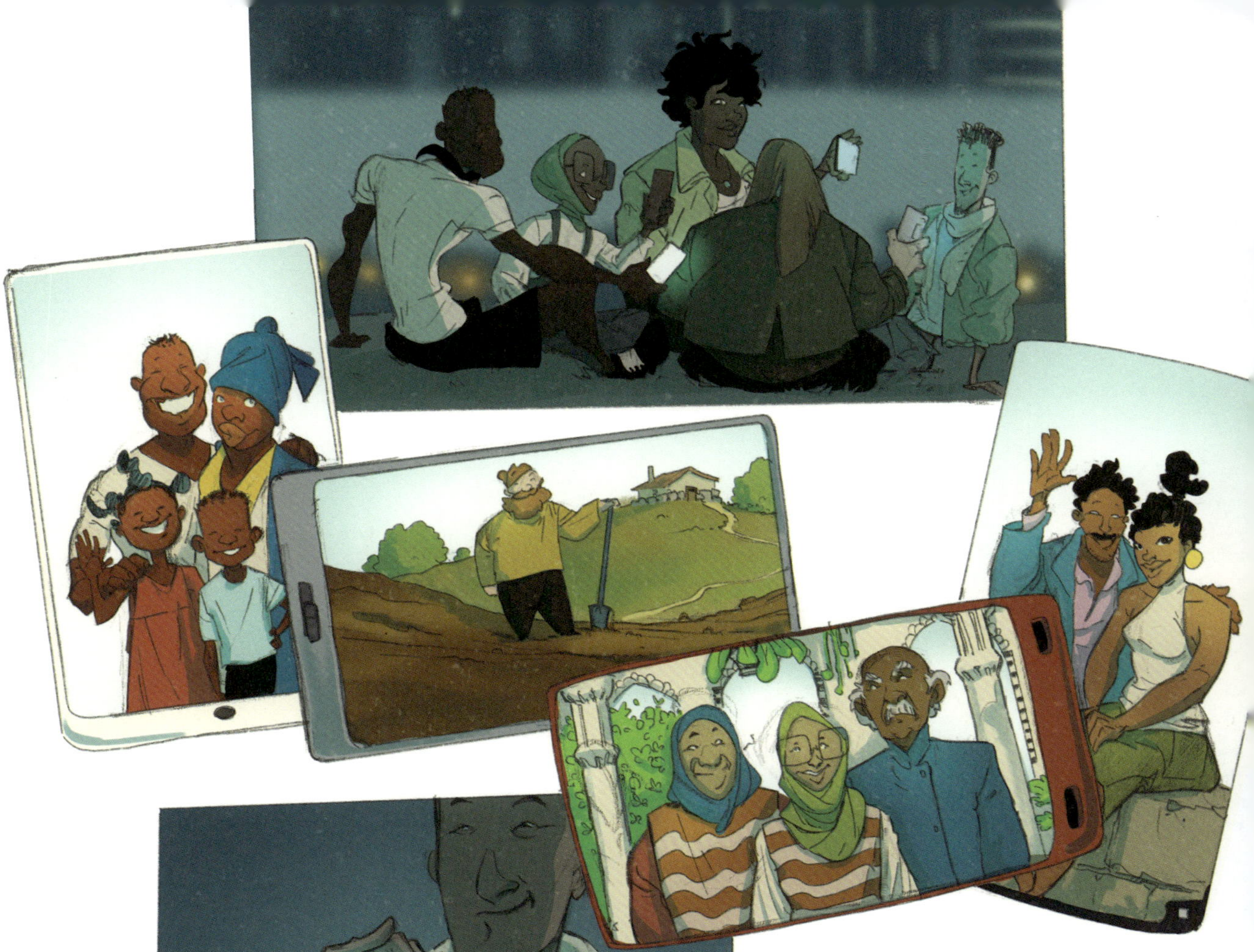

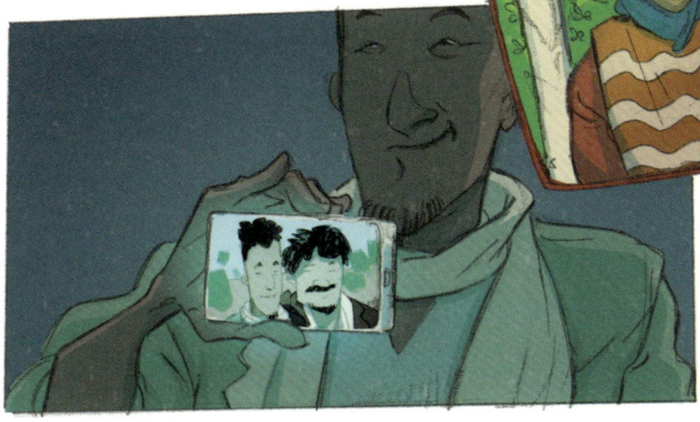

Das Mobiltelefon spielt eine zentrale Rolle, auch als digitales Familienalbum und für die Erinnerung an die Menschen, die man zurücklassen musste.

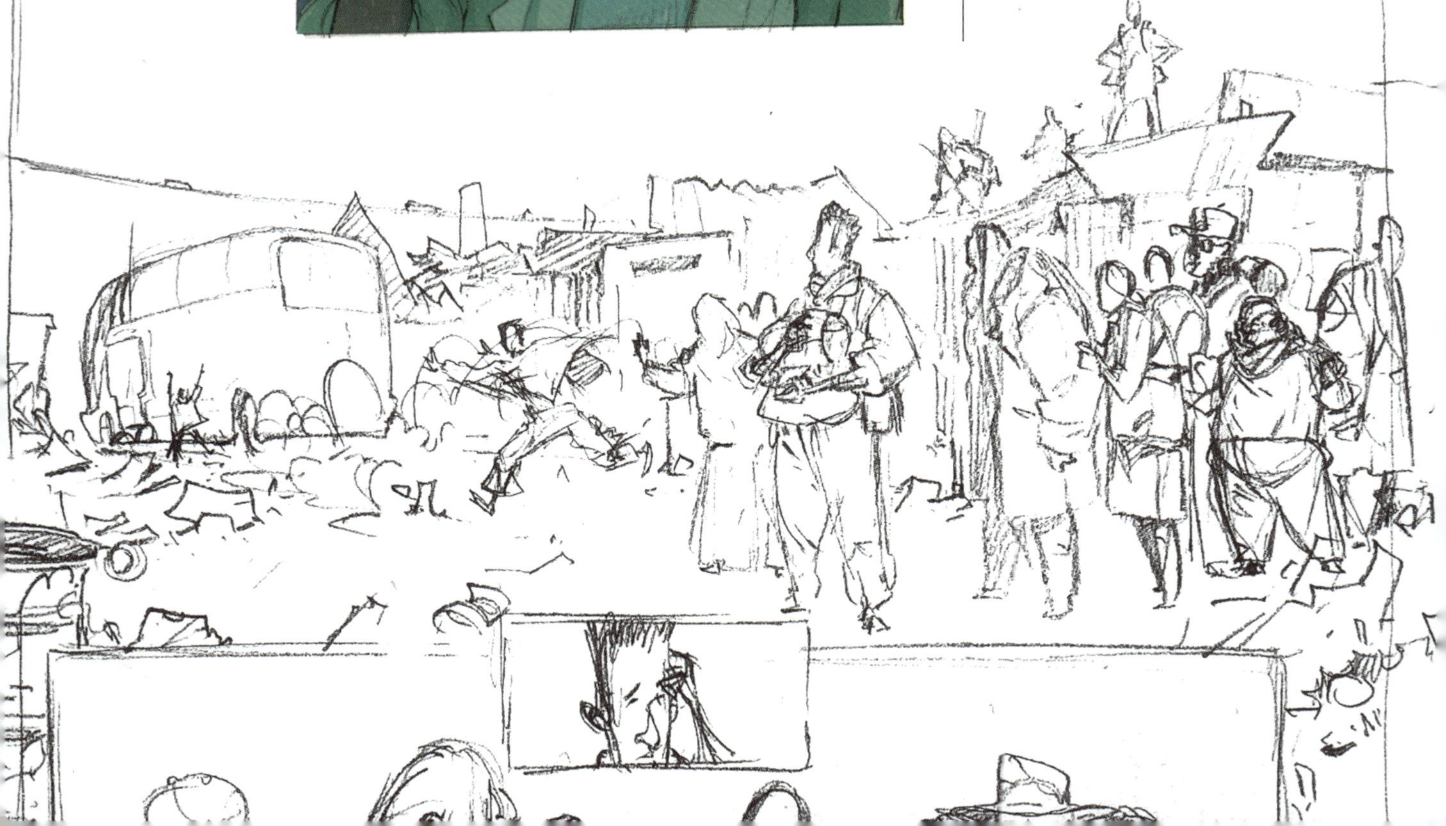

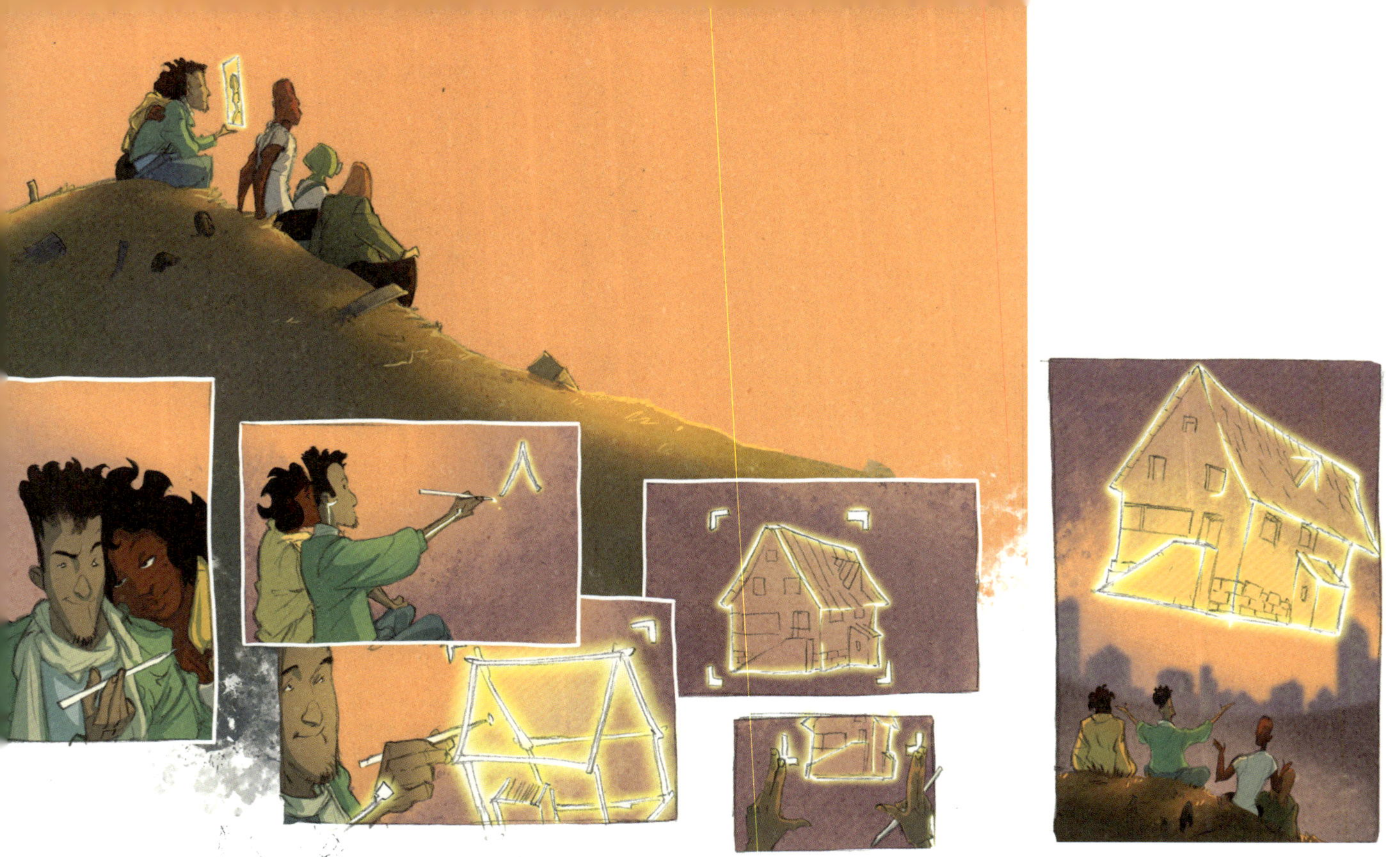

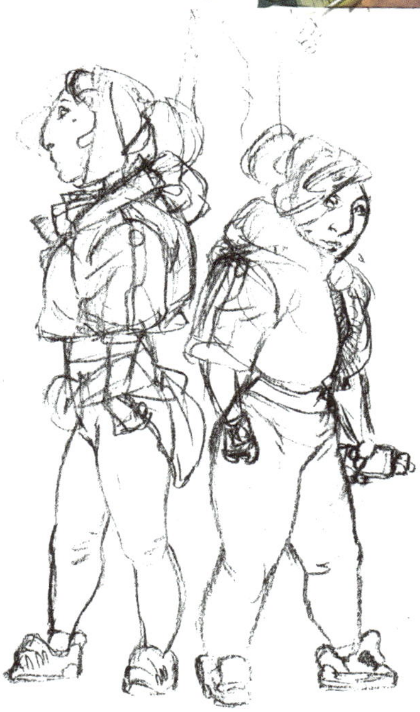

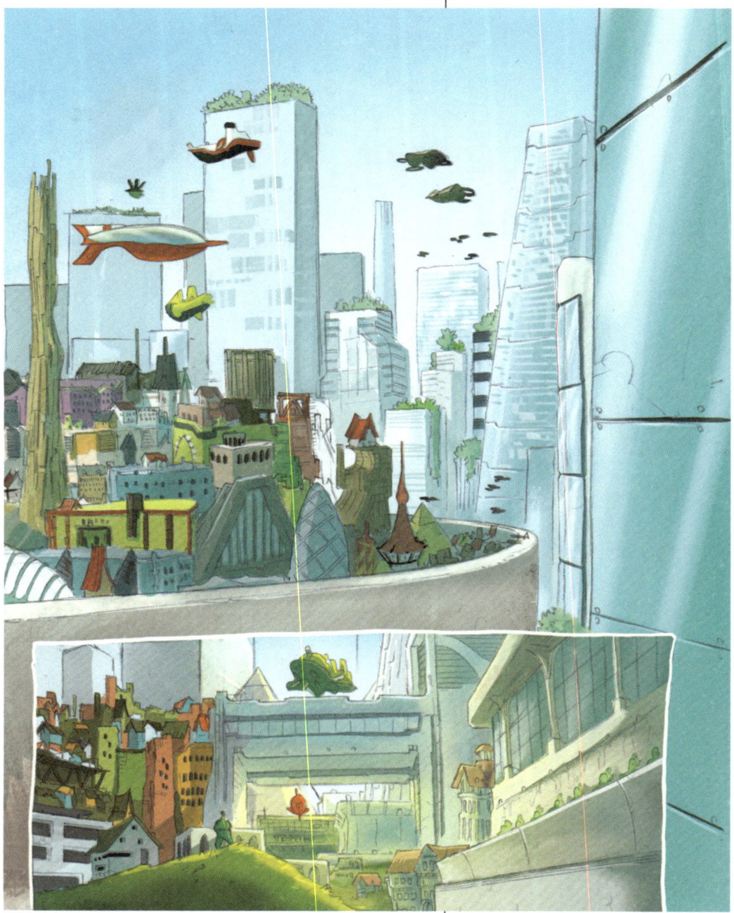

Der Comic stattet die Figur Sartep mit einer magischen Fähigkeit aus. Zeichnet er, was andere sich wünschen, so verwandeln sich die in die Luft skizzierten Konturen in Wirklichkeit. Das eigene Haus ist im Umfeld der Unterkunft ein suggestiver Traum.

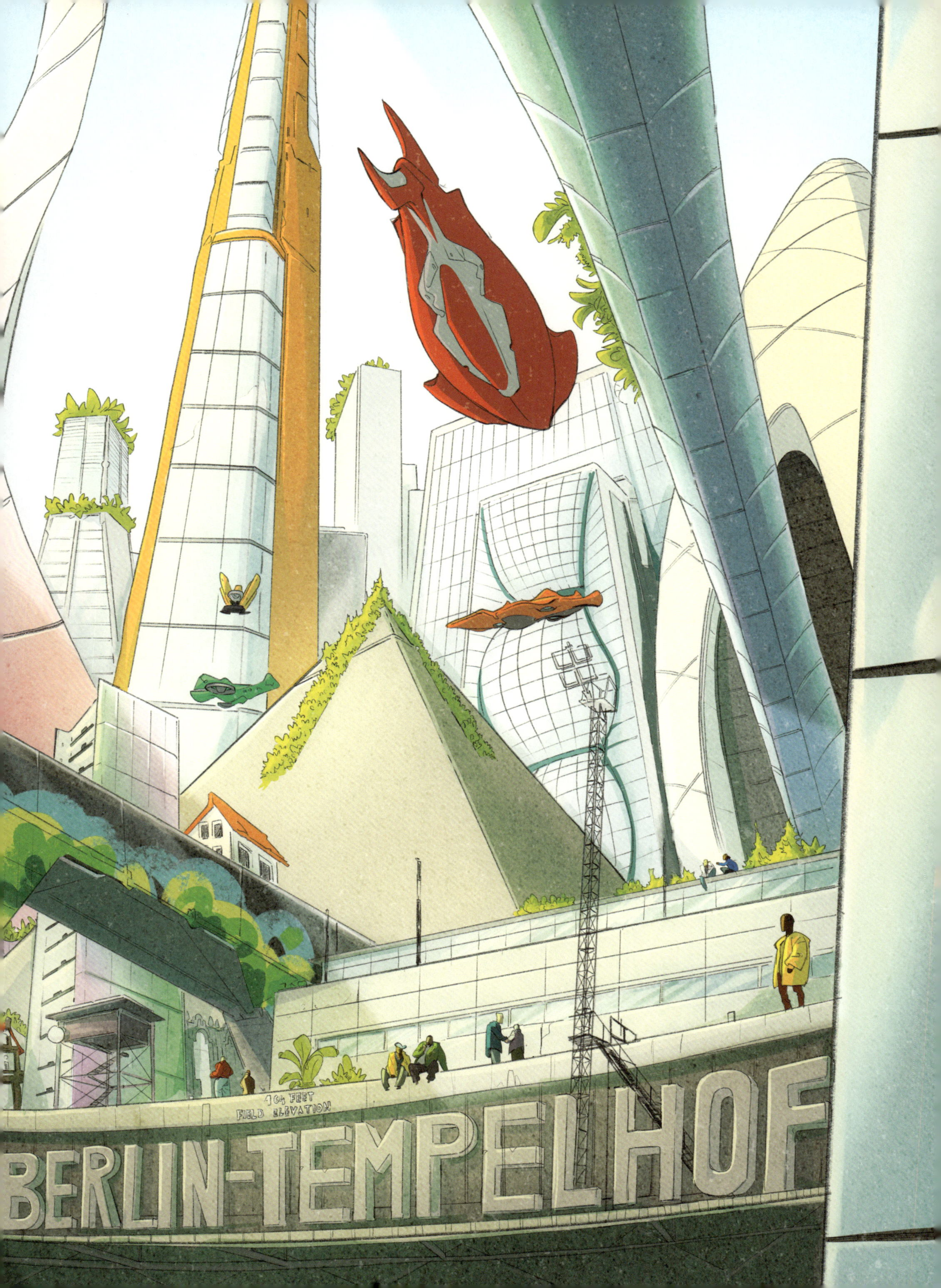
164 FEET
FIELD ELEVATION
BERLIN-TEMPELHOF

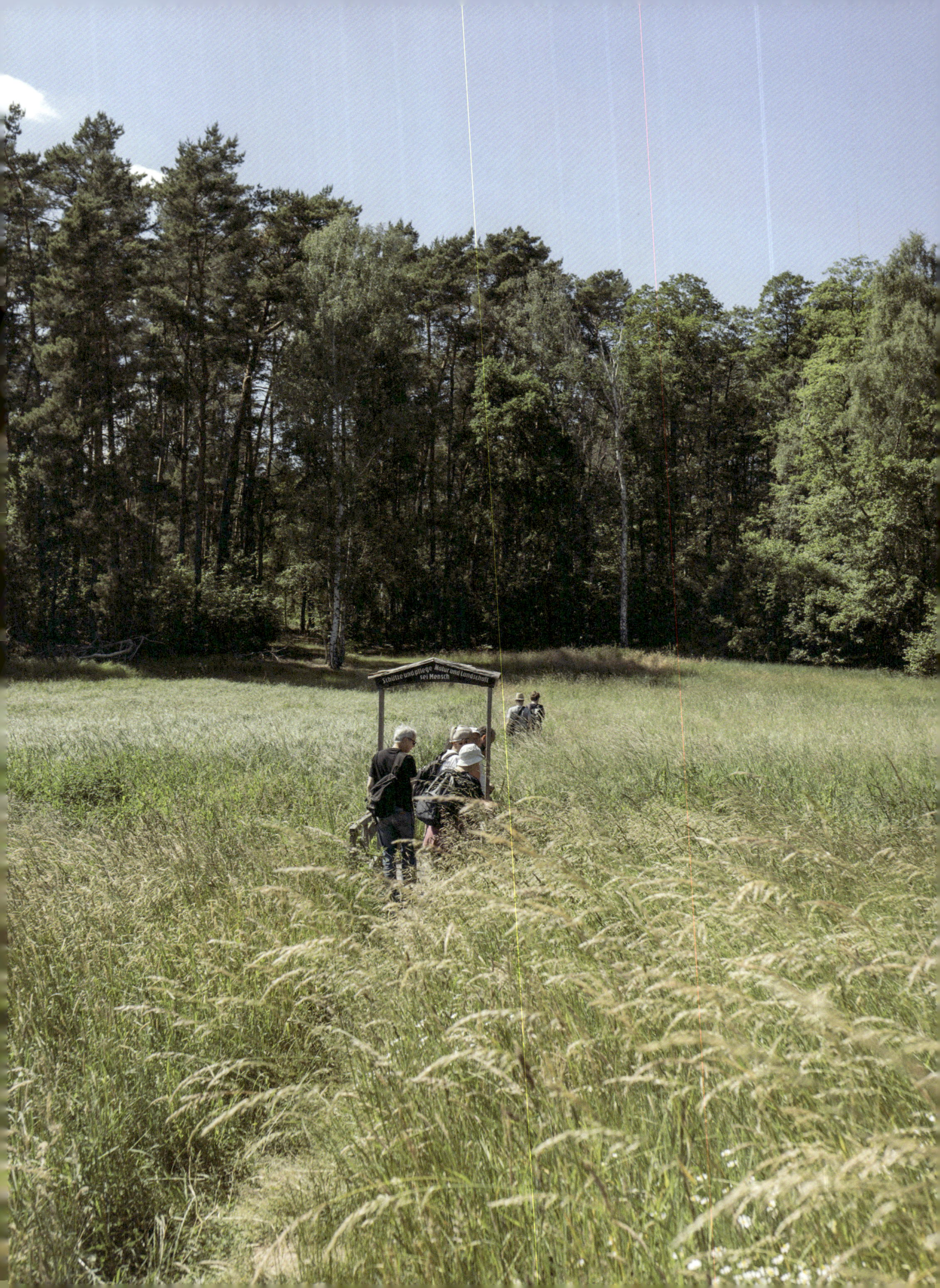
Schütze und pflege Natur und Landschaft
sei Mensch

ANHANG

DIE AUFTRAGGEBER*INNEN

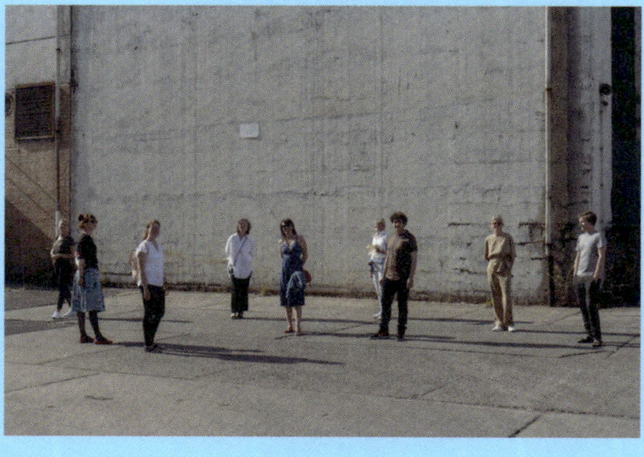

Greifswald

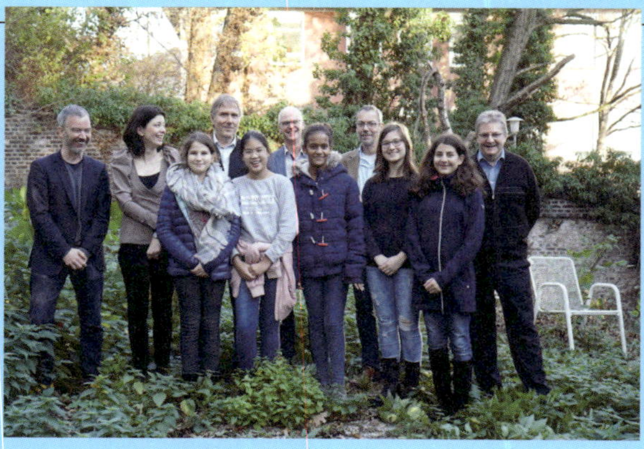

Mönchengladbach

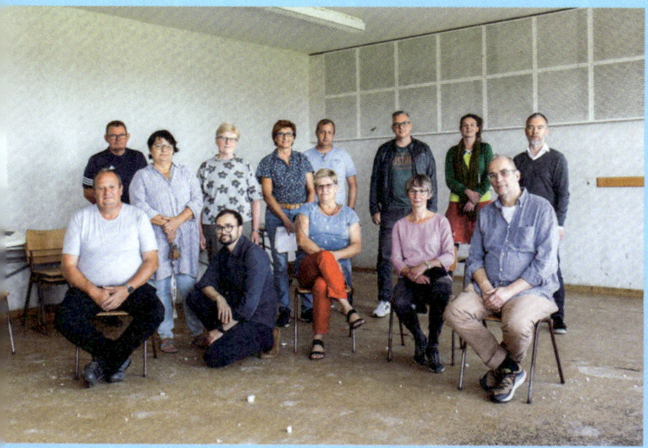

Züsedom

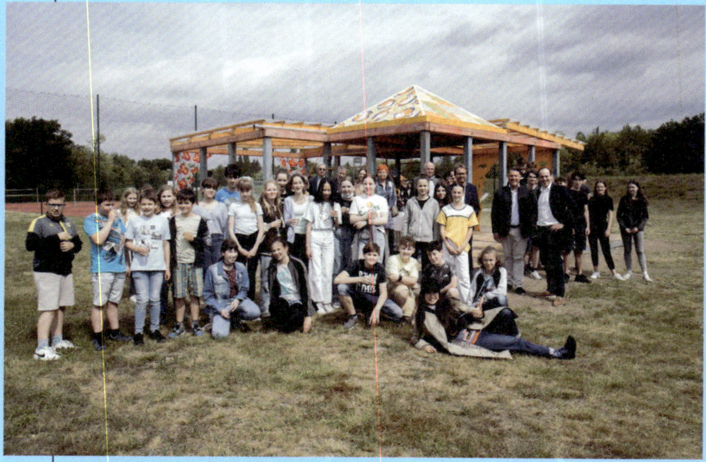

Schwarzheide

S.20 **GREIFSWALD**

Von links nach rechts: Silke Janz, Anne Krause, Julia Schüler, Susanne Burmester (M), Gesine Wosny, Hilde Dehler, Daniel Knorr (K), Katja Marlow und Clemens Vogel (Architekt) / nicht im Bild: Susanne Adler, Gesine Emmel-Stüber, Karoline Greiner

Die neun Lehrerinnen unterrichten ganz unterschiedliche Fächer. Sie haben sich in dem Projekt immer als Sprecherinnen des ganzen Kollegiums verstanden, das ihnen ebenso wie die damalige Schulleiterin die notwendige Freiheit zugestanden hat, mit der Mediatorin das Projekt voranzutreiben, bis alle wieder gemeinsam ins Bild gesetzt werden. Wichtig ist der Gruppe auch die positive Wirkung auf das Umfeld der Schule.

S.30 **MÖNCHENGLADBACH**

Von links nach rechts: Gerrit Gohlke (GNA), Kathrin Jentjens (M), Viola Drenghan, Karl Boland, Cat Tien Ngyuen, Thomas Hollkott, Sharise Simpson, Andreas Wünstel, Fiona Michalus, Soraya Scharf und Karl Sasserath

In Mönchengladbach waren am Anfang des Projekts Vorstand und Leiter des Arbeitslosenzentrums und der Schulleiter des Gymnasiums als Vertreter der beiden Projektpartner die treibenden Kräfte, doch über Arbeitsgruppen, Ansprachen ins Kollegium und Unterricht wurde der Kreis schnell größer, vor allem durch die Gartenarbeit, die bereits lange vor dem Bau der Skulpturen begann. Das Schulleben bringt mit sich, dass immer neue Schülerinnen und Schüler dazustoßen.

S.44 **ZÜSEDOM**

Hintere Reihe von links nach rechts: Michael Epperlein, Gerlind Neumann, Bärbel Bettak, Frauke Ohls, Torsten Loock, René Thom, Tanja Pfefferlein (Koordinatorin) und Gerrit Gohlke (GNA), vordere Reihe von links nach rechts: Herbert Krüger, Jakub Szczęsny (K), Martina Epperlein, Christine Rohde und Holger Friese (M) / nicht im Bild: Lucie von Arnim, Philipp Forejt, Stefan Hinz, Christopher Neumann, Jürgen Ohls und Eckbert Warnke

Viele der neuen Auftraggeber von Züsedom engagieren sich auch sonst für das Dorf, bei der Feuerwehr oder in der Gemeindevertretung, in Vereinen oder auf Festen. Auch der Gemeindebürgermeister ist dabei.

S.54 **SCHWARZHEIDE**

Sol Calero (K, liegend) und Ingo Senftleben (re. mit aufgestützter Hand) mit Schülerinnen und Schülern des SeeCampus und Vertretern der Fördergeber / nicht im Bild: Paul-Gerhard Thiele

Der SeeCampus mit seinen beiden Schulen und der Bibliothek hat einen sehr aktiven Förderverein, der auch prominent besetzte Vorträge und Konzerte veranstaltet. Sein Vorstand trieb das Projekt voran und sah sich auch in einer Gastgeberrolle für den Ort und die Region. Zum Projekt gehören aber immer wieder neu besetzte Schülergruppen und die engagierten Kunst- und Musiklehrkräfte, die das Projekt mit Ausdauer und langem Atem begleiteten. Das Projektnetzwerk schließt Eltern und Unternehmen ein.

M Mediator*in
GNA Gesellschaft Neue Auftraggber
K Künstler*in

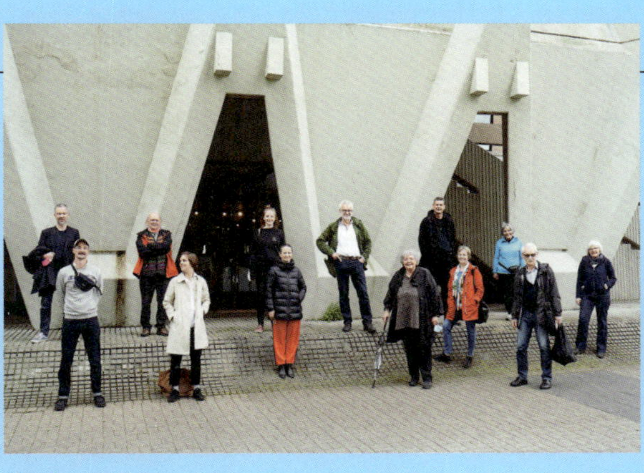

Marl

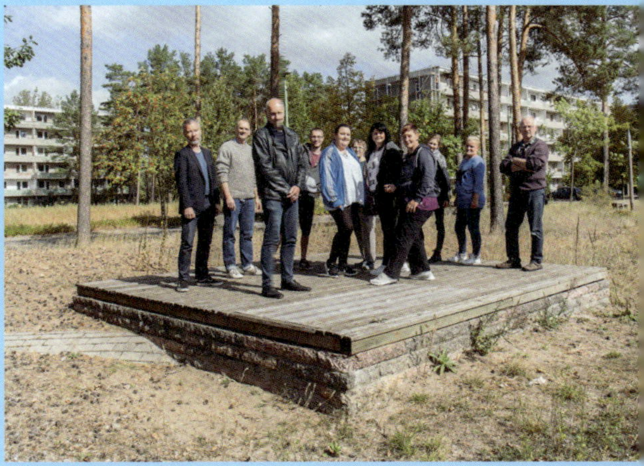

Eberswalde

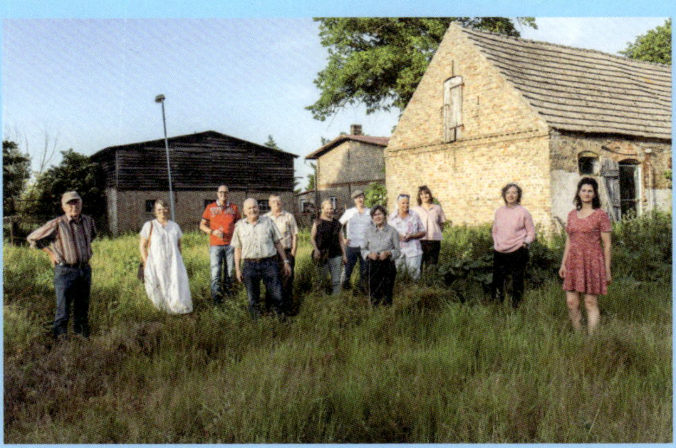

Wietstock

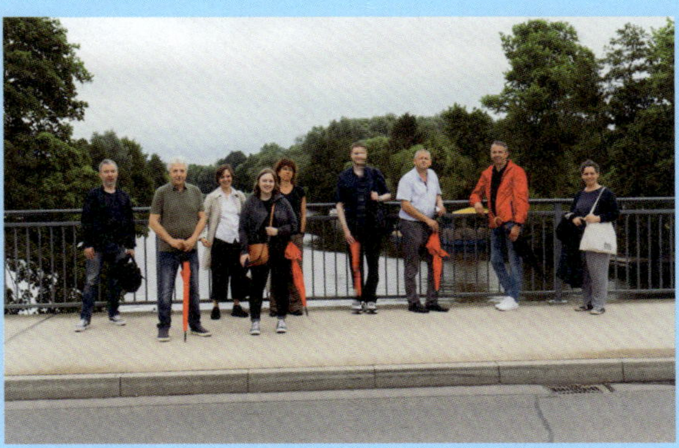

Beeskow

Fotos links: Victoria Tomaschko; Tim Gorinski; Victoria Tomaschko (2); rechts: Florian Wagner; Victoria Tomaschko (3)

S.68 **MARL**

Von links nach rechts: Gerrit Gohlke (GNA), Steffen Döring (SWG), Werner Eisbrenner, Lea Schleiffenbaum (M), Theresa Boock (SWG), Sasha Waltz (K), Kurt Langer, Hannelore Apitzsch, Reinhard Wizisla (SWG), Irene Rasch-Erb, Monika Kaczerowski, Paul Wagner und Heidi Pfeifer / nicht im Bild: Brigitte Schumann-Knauff, Ulrich Spies und Karin Wagner / Rolf Schumann (†) /(SWG: Compagnie Sasha Waltz & Guests

Die Initiative „Zukunft findet Stadt" setzt sich schon zwölf Jahre für den Erhalt der Nachkriegsarchitekturen und einen neuen Aufbruch im städtischen Selbstverständnis ein. Sie sind entschlossen das Projekt weiterzuführen.

S.78 **EBERSWALDE**

Von links nach rechts: Gerrit Gohlke (GNA), Holger Friese (M), Jörg Renell, Dennis Jaekel, Saskia Berger, Margot Bartz, Manuela Berger, Kathrin Otto, Tabea Westphal, Stefanie Bugdahn und Werner Voigt

Alle, die sich in der Auftraggebergruppe engagieren, kennen sich aus dem Dietrich-Bonhoeffer-Haus, dem Gemeindezentrum im Brandenburgischen Viertel und engagieren sich dort vor allem für den Mittagstisch, mit dem täglich Schulkinder versorgt werden. Die Mehrheit, aber nicht alle, wohnen im Viertel und machen dort täglich die unterschiedlichsten Erfahrungen. So nehmen sie etwa die Bedürfnisse von Kindern im Quartier in der eigenen Familie wahr oder vermissen Infrastruktur.

S.98 **WIETSTOCK**

Von links nach rechts: Jürgen Bigalke, Antje Majewski (K), Sascha Dorp, Heinz Schünemann, Bernd Rohleder, Nana Abel, Martin Müller-Butz, Rosemarie Bigalke, Ursula Dorp (†), Tina Netzband, Susanne Burmester (M) und Petra Bunke / nicht im Bild: Stefanie Kaul und Gudrun Peschel

Die Wietstocker Gruppe setzt sich aus Menschen mit ganz verschiedenen Berufs- und Lebenserfahrungen zusammen, die sich bereits für das neue Dorfhaus eingesetzt haben und denen es auch darum geht, das lange und vielfältige Engagement in Wietstock in die nächste Generation weiterzutragen, aber auch in die Region hinein Netzwerke auszubauen.

S.108 **BEESKOW**

Von links nach rechts: Gerrit Gohlke (GNA), Dieter Siegesmund, Lea Schleiffenbaum (M), Sarah Ihlefeld, Jeannette Gruner, Simon Denny (K), Steffen Schulze, Stefan Kamenz und Helene Radam / nicht im Bild: Matthea Ast-Lehmann, Barbara Buhrke, Anni Geissler, Kristina Geissler, Tom Klaar und Claudia Laue

Die Auftraggebergruppe von Beeskow hat sich nach und nach erweitert, weil ihre Mitglieder merkten, dass es sich lohnt das Projekt noch weiter in der Stadt zu vernetzen, etwa in die Jugendarbeit hin oder in die Vereine, aber auch mit den Gewerbetreibenden in der Innenstadt. Da die Objekte an mehreren Orten in der Innenstadt stehen sollen, kommt es auf breite Unterstützung an.

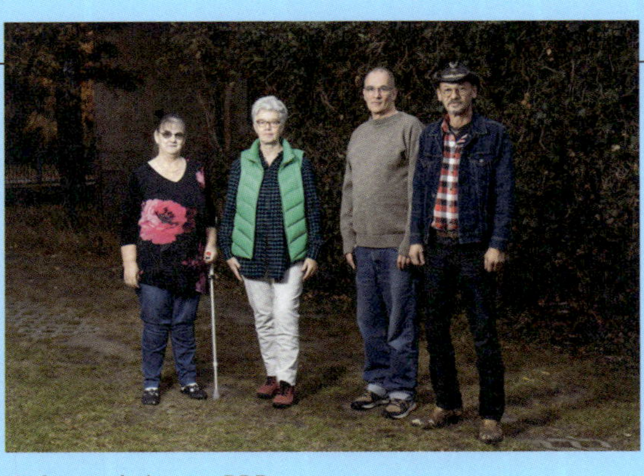

Heimerziehung DDR

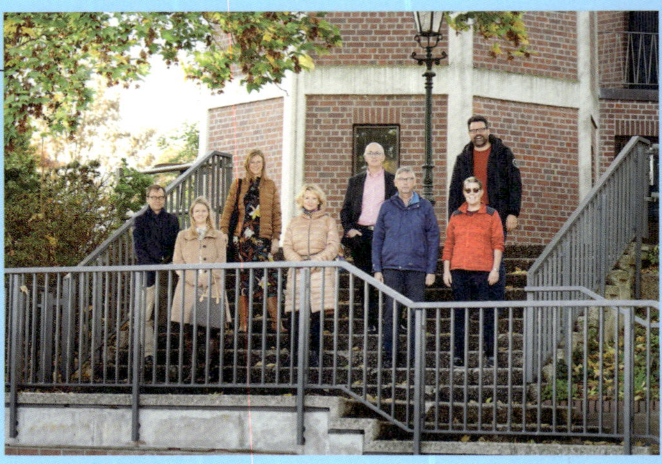

Wickrath

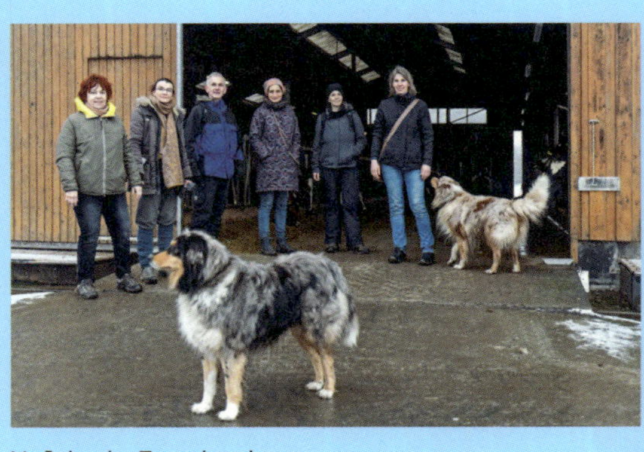

Waldeck-Frankenberg

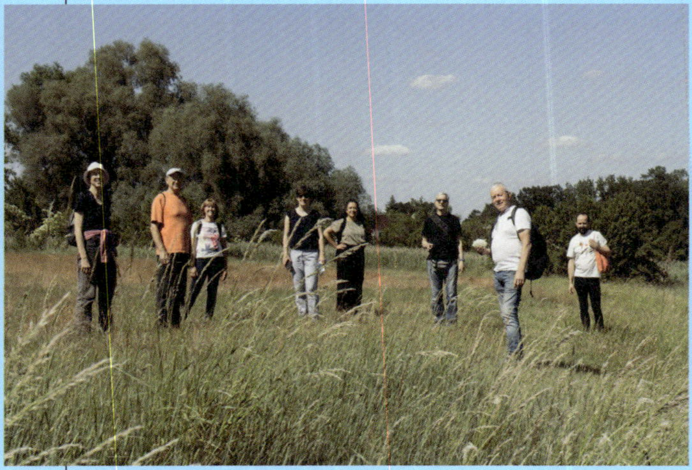

Friedland

S.118 **HEIMERZIEHUNG DDR**

Von links nach rechts: Brigitte Schreiber, Petra Morawe, Holger Friese (M) und Roland Herrmann

Die Auftraggebergruppe Heimerziehung DDR hat sich um einen Verein herum formiert, der 2012 unter dem Namen „Kindergefängnis Bad Freienwalde" gegründet wurde und sich in seinem Untertitel als Interessengemeinschaft ehemaliger ostdeutscher Heimkinder beschreibt. Die Auftraggeberschaft lässt sich aber auch als Einladung an all jene verstehen, die in den Spezialheimen der Jugendhilfe gelitten haben und Abstand zu festen Organisationsformen wahren, ihre Erfahrungen aber ins Projekt einbringen wollen. In Kloster Lehnin gibt es bislang keinen manifesten Auftrag.

S.128 **WICKRATH**

Von links nach rechts: Peter Feron, Vanessa Odermatt, Stephanie Mund, Barbara Fitzek, Günter Baldysiak, Michael Röring, Annette Breuer und Sebastian Leppert

Die Auftraggebergruppe von Wickrath engagiert sich auf vielfältige Weise für die Stadt, in der katholischen und evangelischen Kirche, sowohl seelsorgerisch als auch sozial und in Gremien, aber auch in der Kommunalpolitik, etwa im Kulturausschuss oder im Stadtrat. Der kommunikationsfreudigen Gruppe ist wichtig, den Auftrag als Angebot an alle zu entwickeln, also von Parteipolitik freizuhalten, und sie sind stolz auf das vielfältige Vereinsleben, das mehrere von ihnen durch gleich mehrere Mitgliedschaften bereichern.

S.136 **WALDECK-FRANKENBERG**

Die Wasserinitiative Waldeck-Frankenberg will auch als Auftraggebergruppe ein Kollektiv bleiben und so wahrgenommen werden. Die Mitglieder zeigen sich im Bild, behalten die Namen jedoch für sich.

Die Wasserinitiative Waldeck-Frankenberg benennt klare politische Ziele, die ihre Mitglieder verfolgen. Dazu gehört der Widerstand gegen die Privatisierung der Wasserversorgung oder den Verkauf des Grundwassers an privatwirtschaftliche Unternehmen. Das Projekt nimmt demgegenüber eine besondere Rolle für die Initiative ein. Es soll sensibilisieren und verbinden, statt zu agitieren. Die Gruppe sucht in der künstlerischen Zusammenarbeit einen möglichst offenen Prozess.

S.154 **FRIEDLAND**

Von links nach rechts: Giuliana Giorgi, Bernd Eichmann (*), Heidi Sradnick, Sophia Trollmann (M), Mariana Castillo Deball (K), Florian Jankowsky, Udo Richter (*) und Josef Lewe / nicht im Bild: Sarah Golly, Lars Larisch und Jana Nowka
* Bei den Wanderungen, die zum Projekt gehören, erweitert sich die Gruppe auch um Nichtmitglieder.

Die Gruppe verteilt sich über verschiedene Dörfer und muss sich gut organisieren. Das gelingt auch digital. Sie besteht aus Alteingesessenen und neu Hinzugezogenen und vereint geschickt die verschiedenen Erfahrungen und Kompetenzen, etwa Natur- und Geschichtskenntnisse.

Fotos links: Victoria Tomaschko; Florian Wagner; Kay Zimmermann; Victoria Tomaschko; Victoria Tomaschko; rechts: Victoria Tomaschko; GNA; Victoria Tomaschko (2)

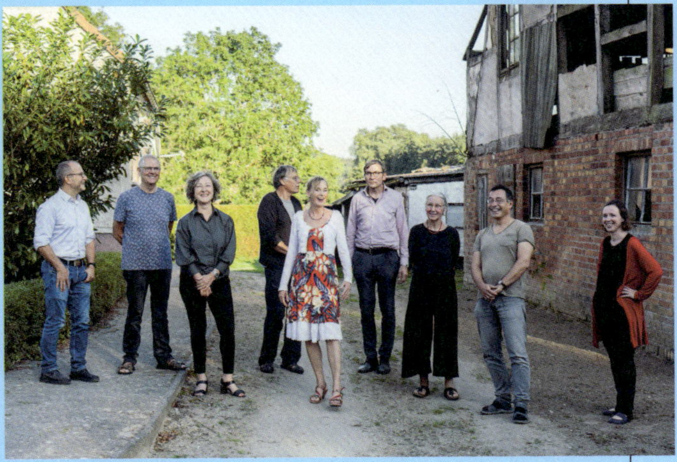

Kasnevitz

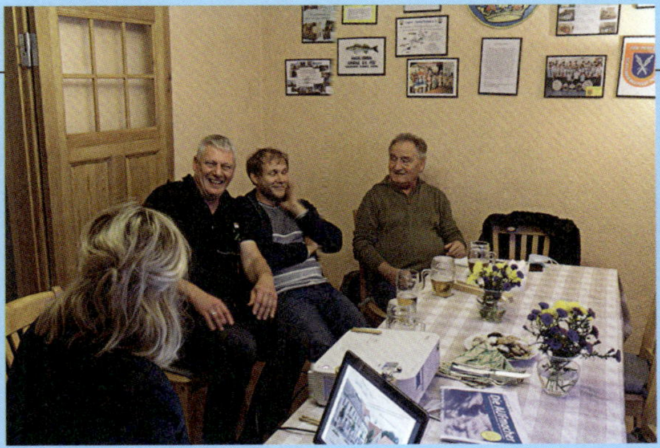

Penkun

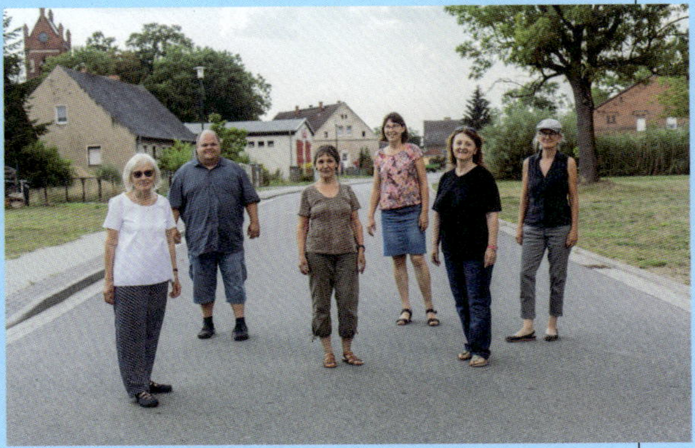

Steinhöfel

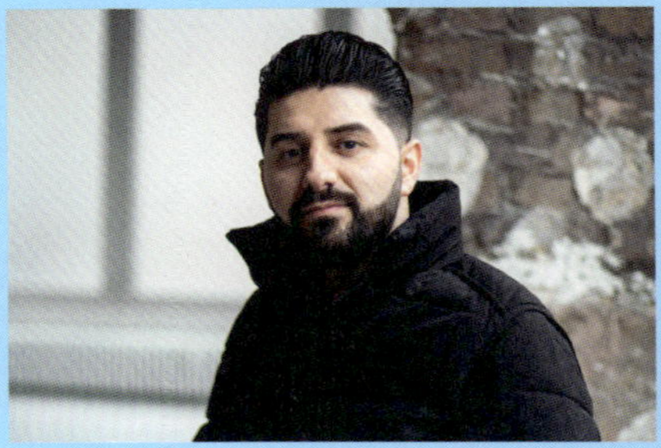

Tempelhof

S.164 **KASNEVITZ**

Von links nach rechts: Christian König, Rainer Krowas, Susanne Burmester (M), Peter Hübner, Martina Woldt, Martin Hurtienne, Katrin Eigenfeld, Christoph Muster und Marie-Luise Marlow

Die Auftraggebergruppe von Kasnevitz engagiert sich schon lange im Kirchgemeinderat. Sie versteht ihr Engagement auch als Ausdruck eines christlichen Werteverständnisses, richtet sich mit dem Projekt aber gerade deshalb mit großer Offenheit und sehr ausdrücklich an jene, die sich dem christlichen Glauben nicht zugehörig fühlen. Es geht den Mitgliedern darum, in einem Dorf mit gemeinsamen Wertvorstellungen zu leben und sich mit anderen dafür einzusetzen.

S.178 **PENKUN**

Von links nach rechts: Lena Henke (K), Holger Engelmann, Raik Maiwald und Edmund Geiger / nicht im Bild: Bernhard Riedel und Ole Schartmann

Prägend für die Gruppe ist, dass alle, die ihr angehören, nicht in Penkun geboren sind. Die Erfahrung als Zugezogene ist auch eine starke Motivation, das Projekt als Einladung zu verstehen. Es soll Alteingesessene und neu Hinzugekommene verbinden. Sie wollen ihr Projekt nicht einfach politisch durchsetzen, sondern für einen Konsens im Miteinander werben. Ein lebendigerer Markplatz und eine lebendige Kommunikation in der Stadt sind dabei gleichwertige Ziele. Es geht ihnen nicht allein ums Machen, das Mitmachen steht im Zentrum der Initiative.

S.190 **STEINHÖFEL**

Von links nach rechts: Hannegret Richter, Steffen Adam, Regina Funke, Annegret Huth, Kerstin Neitsch und Mela Meierhans, nicht im Bild: Gabriele Breitenstein, Jane Gersdorf, Silvia Hoffmann und Beatrix Oppermann

Die Auftraggebergruppe von Steinhöfel hat als Auftraggebergruppe von Heinersdorf begonnen und wollte sich für den Erhalt und die neue Nutzung des alten Herrenhauses als Senioreneinrichtung engagieren. Bald wurde der Gruppe klar, dass sie diesen Zweck weiterverfolgen wollen, ihnen aber ein anderes Ziel für den Auftrag naheliegender ist: die anderen Dörfer der Gemeinde zu gewinnen, sich auszutauschen und im Alter zu unterstützen.

S.200 **TEMPELHOF**

Sartep Namiq

Am Anfang war Sartep Namiq Mitglied einer größeren Gruppe unter sehr erschwerten Bedingungen. Sie waren als Geflüchtete in den ehemaligen Flugzeughangar des Tempelhofer Flughafens untergebracht. Die anderen setzten in dieser Notsituation andere Prioritäten, Sartep Namiq hielt an seiner Vision fest, motiviert auch von dem Gedanken, eine mutmachende Erzählung zu entwickeln, die in vielen anderen Unterkünften für Geflüchtete gelesen würde.

DAS TEAM: MEDIATION UND BÜRGER*INNEN-ARBEIT

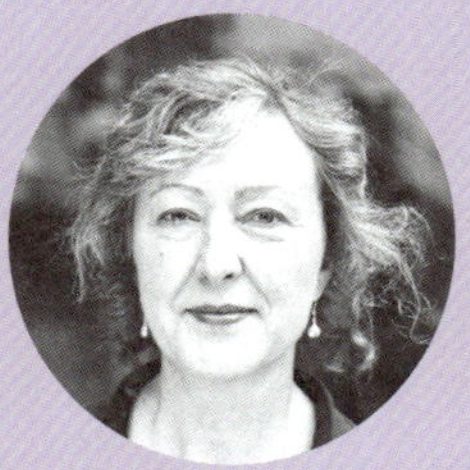

SUSANNE BURMESTER (*1960) ist Literatur- und Kulturwissenschaftlerin, Künstlerische Leiterin des Kunstvereins Rügen und seit November 2017 Mediatorin im Programm Neue Auftraggeber für Mecklenburg-Vorpommern. Seit 2021 ist sie Vorsitzende der Gesellschaft für Kunst und Mediation im Bürgerauftrag e.V. i.G. und als Mitarbeiterin im Berliner Büro für die strategische Verbreitung des Handlungsmodells der Kunst im Bürgerauftrag zuständig.

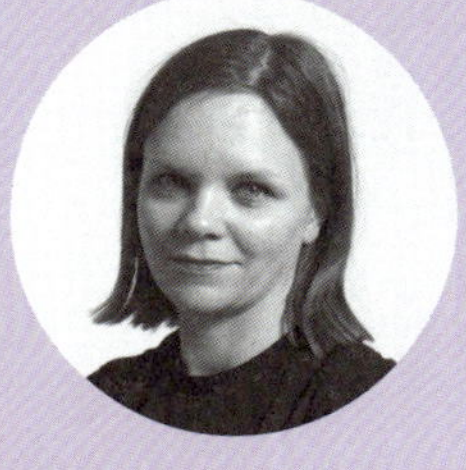

LEA SCHLEIFFENBAUM (*1985) hat an der School of the Art Institute of Chicago und an der Westminster University in London studiert. Als kuratorische Assistentin war sie an der Schirn Kunsthalle in Frankfurt und am Kunsthaus Dresden tätig. Heute realisiert sie als freiarbeitende Kuratorin eigene Projekte und Ausstellungen und setzt Projekte im öffentlichen Raum um, unter anderem für das ZK/U – Zentrum für Kunst und Urbanistik in Berlin. 2022 hat sie gemeinsam mit Friederike Fast den Lantzsch'en Skulpturenpark in Düsseldorf kuratiert.

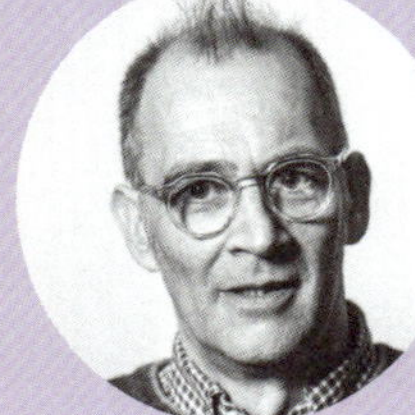

HOLGER FRIESE (*1968) ist Medienkünstler und Gestalter und stellte unter anderem auf der documenta X, im SFMOMA und im ZKM in Karlsruhe aus. Er unterrichtete Mediendesign und Mediengestaltung an verschiedenen Akademien und Hochschulen und war zwischen 2015 und 2018 künstlerischer Leiter der Internationalen Sommerschule im Bauhaus Denkmal Bundesschule Bernau.

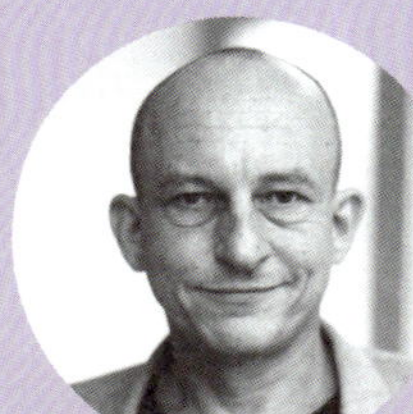

ALEXANDER KOCH (*1973) ist Galerist, Kurator, Autor und Mediator. Er ist Mitbegründer der Galerie KOW in Berlin, deren Programm seit 2009 mit internationalen Positionen für eine gesellschaftlich orientierte Kunst einsteht. Seit 2007 war er Co-Initiator der Neuen Auftraggeber in Deutschland, seit 2017 Direktor der Gesellschaft der Neuen Auftraggeber. Von 2000 bis 2005 war er Dozent an der HGB Leipzig. Seit seinem Studium der Bildenden Kunst in Dresden und Leipzig reflektieren zahlreiche Ausstellungen und Veröffentlichungen die Konsequenzen institutioneller und ökonomischer Transformationen für die zeitgenössische Kunst.

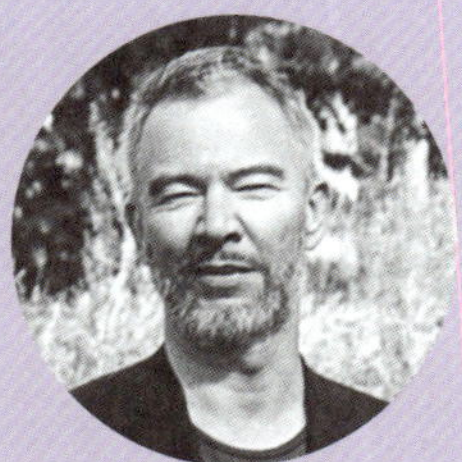

GERRIT GOHLKE (*1968) ist Autor, Kurator und Mediator. Er leitet bei der Gesellschaft der Neuen Auftraggeber die Regionale Entwicklung. Von 2007 bis 2010 war er zunächst Redakteur, dann Chefredakteur des artnet Magazins, von 2009 bis 2010 auch Executive Director der artnet AG. Zahlreiche Buchbeiträge und Kritiken zur zeitgenössischen Kunst, unter anderem für ZEIT und Tagesspiegel. Seit 2005 verschiedene Lehraufträge an Kunsthochschulen, unter anderem in Stockholm, Zürich, Stuttgart und Berlin. Seit 2007 half er als Co-Initiator, die Neuen Auftraggeber in Deutschland zu etablieren.

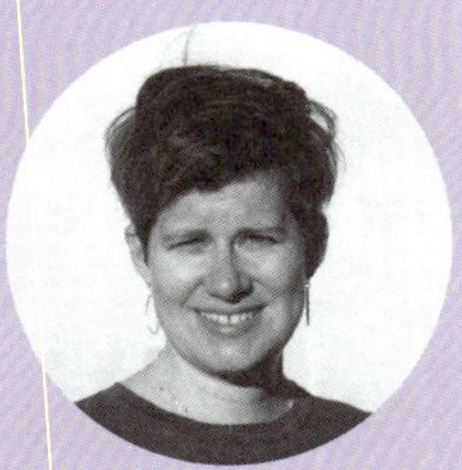

SOPHIA TROLLMANN (*1984) hat Kulturwissenschaften und ästhetische Praxis in Hildesheim und Valencia studiert. Bei der Gesellschaft der Neuen Auftraggeber ist sie als Mediatorin und als Koordinatorin für Projektentwicklung tätig. Im Rahmen der Skulptur Projekte 2017 hat sie als kuratorische Assistentin zahlreiche Projekte im öffentlichen Raum realisiert. Zuletzt war sie bei den Staatlichen Museen zu Berlin als wissenschaftliche Mitarbeiterin im Bereich Bildung und Vermittlung tätig.

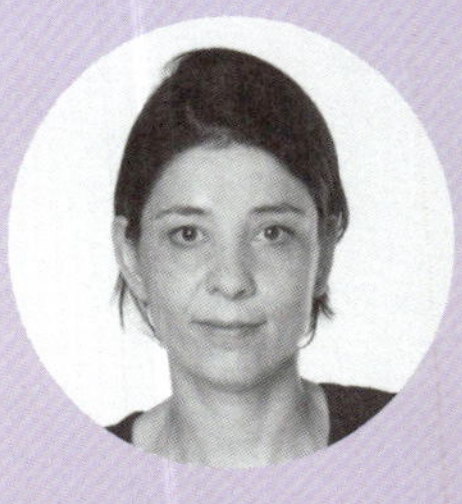

KATHRIN JENTJENS (*1978) ist Kuratorin und Kunsthistorikerin. Sie studierte in Köln und bei De Appel in Amsterdam, bevor sie die Leitung des Künstlerstipendiums Just in Düsseldorf übernahm. Von 2007 bis 2011 leitete sie mit Anja Dorn den Kölnischen Kunstverein. Danach war sie Gastkuratorin im Stedelijk Museum Amsterdam. Seit 2017 ist sie als Mediatorin im Programm Neue Auftraggeber im Rheinland tätig.

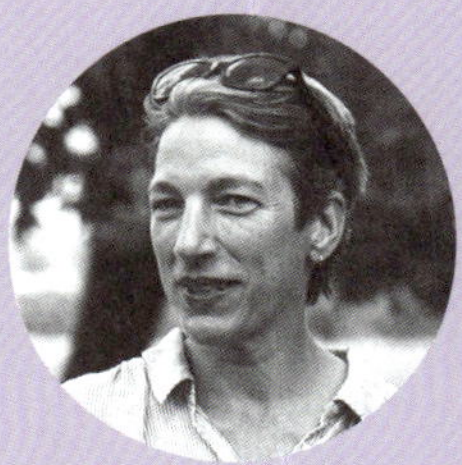

LENA ZIESE (*1970), Künstlerin, Kuratorin und Lehrende, befragt die Methoden und Handlungsmöglichkeiten der Kunst aus unterschiedlichen Perspektiven und Praxisfeldern. Sie war von 2017 bis 2021 Mediatorin im Programm Neue Auftraggeber. Sie ist Professorin für Freie Kunst und Kunstpädagogik an der Akademie der Bildenden Künste Nürnberg.

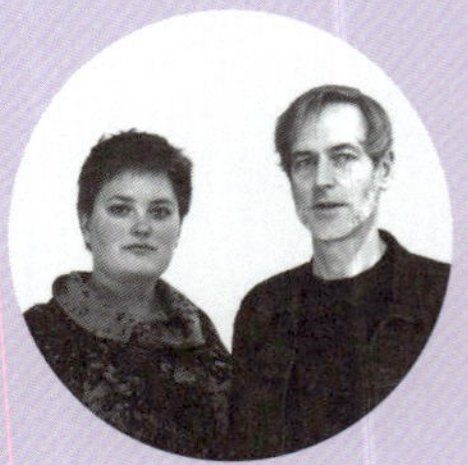

MIRL REDMANN (*1983) ist Kulturwissenschaftlerin, Kunstvermittlerin und Autorin.
ROLAND KNIEG (*1963) ist Gestalter, Kunstvermittler und Kurator. Zusammen arbeiten sie seit 2019 als Mediator*innen der Neuen Auftraggeber in Kassel.

Fotos: Volker Renner: Victoria Tomaschko (4), privat (4)

UNTERSTÜTZT DURCH

Im Sprachgebrauch der Projekte ist das „Berliner Büro“ ein fester Begriff. Es unterstützt strategisch die Arbeit der Mediatorinnen und Mediatoren in den verschiedenen Auftragsphasen. Dazu zählt zuallererst die Finanzierung der Mediation durch Partnerschaften mit Fördergebern und die Darstellung nach außen, die Unterstützung von Verhandlungen und Beratung durch die Regionalentwicklung, aber auch die Netzwerkarbeit, die zum Ziel hat, dass sich Mediatorinnen und Mediatoren austauschen können. Hier findet auch die Geschäftsführung statt. Von enormer Wichtigkeit sind Controlling und Buchhaltung, die sich mit vollkommen unterschiedlichen Projekten, komplexen Finanzierungen und langfristigen Entwicklungsphasen auseinandersetzen müssen.

TEAM

Alexander Koch
DIREKTOR
Gerrit Gohlke
LEITUNG REGIONALENTWICKLUNG
Sophia Trollmann
KOORDINATION PROJEKTENTWICKLUNG
Raphael Reher
PROJEKTKOORDINATION
Anna Freedman
PROJEKTASSISTENZ
Annette Hulek
CONTROLLING
Sara Pfrommer
BUCHHALTUNG

EHEMALIGE TEAM-MITGLIEDER

Karola Matschke (Projektleitung bis 2020), Julia Jung (Projektleitung bis 2021), Henriette Sölter (Presse und Kommunikation bis 2021), Jeanette Gogoll (Öffentlichkeitsarbeit bis 2022), Anne Kersten (wissenschaftliche Mitarbeiterin / Diskusrsprogramm), Boushra Adi (Administratorin Datenbank bis 2021)

KOORDINATORINNEN IN DEN REGIONEN

Miriam Breuer, Rheinland/Ruhrgebiet, Hanna Doering, Brandenburg, bis 2019, Nadine Grünewald, Mecklenburg-Vorpommern, bis 2019, Tanja Pfefferlein, Mecklenburg-Vorpommern, bis 2021, Theresa Pommerenke, Brandenburg, bis 2020, Clara Maria Schulze, Brandenburg, bis 2021, Saskia Santos Gomes, Rheinland/Ruhrgebiet, bis 2020, Peter Porwitzki, Mecklenburg-Vorpommern, bis 2019

BEIRAT

Brigitte Franzen, François Hers, Hans Jürgen Howaldt, Markus Müller, Iris Reuther

ANKERPUNKTE

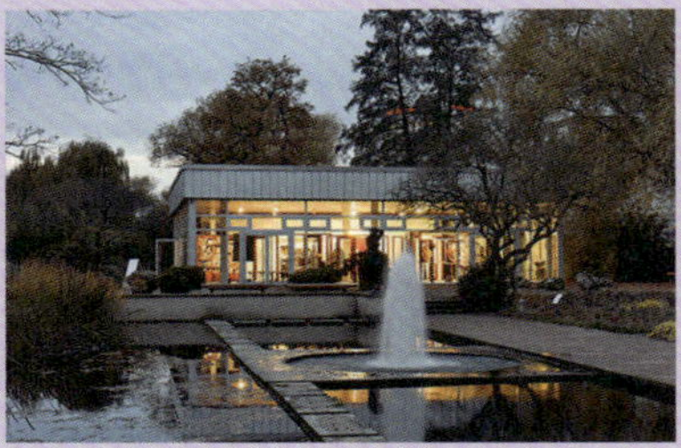

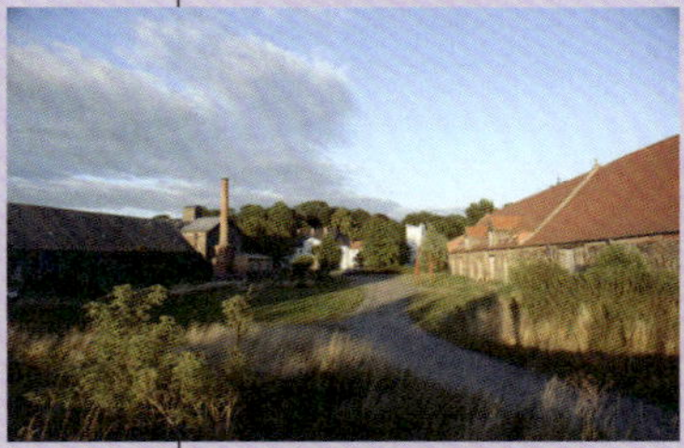

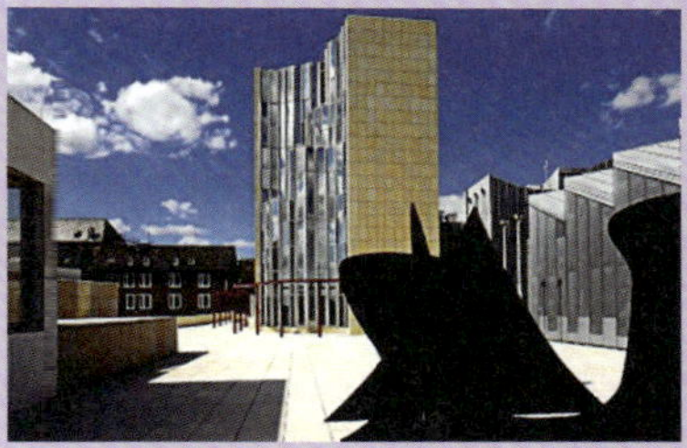

In der Flächenlandregion Mecklenburg-Vorpommern/Brandenburg und der Industrieregion Rheinland/Ruhrgebiet arbeiten die Neuen Auftraggeber mit regionalen Einrichtungen aus Kunst und Kultur als Ankerpunkten zusammen. Diese Institutionen unterstützen die Bürgeraufträge mit ihren Netzwerken, etwa bei der Suche nach Unterstützung, bei der Vermittlung politischer Kontakte oder auch durch Veranstaltungen. So sollen Strukturen entstehen, die auch künftigen Projekten der Neuen Auftraggeber den Weg ebnen werden. Zugleich erweitern die Ankerpunkte ihren Wirkungsradius.

ANKERPUNKT POTSDAM

BKV Brandenburgischer Kunstverein Potsdam e.V., Potsdam
T +49 (0)331 279753981
neueauftraggeber@bkv-potsdam.de

Der Kunstverein sieht sich programmatisch als Schnittstelle zwischen Stadt und Land, Kultur und virulenten zivilgesellschaftlichen Themen. Die Erweiterung seiner kulturellen Praxis mit der Methode der Neuen Auftraggeber ist für ihn schon seit mehr als zwölf Jahren ständige Praxis. Seitdem haben die Neuen Auftraggeber und der BKV Potsdam elf Projektorte in Brandenburg erschlossen. Der Kunstverein präsentiert die Projektarbeit aber auch in Ausstellungsformaten.

ANKERPUNKT BRÖLLIN

Schloss Bröllin e.V., Fahrenwalde / Bröllin
T +49 (0)39747 565026
neueauftraggeber@broellin.de

Schloss Bröllin ist die zentrale Kreativwerkstatt seiner Region und Träger vielfältiger Kulturprojekte. Profilschwerpunkt ist das Stärken regionaler Produktionsnetzwerke. Als Ankerpunkt der Neuen Auftraggeber erweitert es seinen methodischen Handlungsradius um das Modell zwischen Kultur, Bürgerschaftlichem Engagement und politischer Teilhabe. Es begleitet die Projektarbeit in Vorpommern und in der polnisch-deutschen Grenzregion und ergänzt so das lokale Akteursnetzwerk.

ANKERPUNKT MÖNCHENGLADBACH

Städtisches Museum Abteiberg, Mönchengladbach
T +49 (0)2161 9908812
neueauftraggeber@museum-abteiberg.de

Seit 2018 ist das Museum Abteiberg Ankerpunkt der Neuen Auftraggeber im Rheinland. Dem Museum ist es wichtig, die Institution in Beziehung zur Stadt zu denken und auch außerhalb des Hauses sichtbar zu werden. Vor diesem Hintergrund hat das Museum mit dem Modell der Neuen Auftraggeber eine unabhängige, außerinstitutionelle Praxis etabliert, um sich der Stadtgesellschaft weiter zu öffnen. Zugleich hat das Museum die Arbeit mit seiner Stiftung als Träger unterstützt.

Fotos: Brandenburgischer Kunstverein Potsdam e.V; Schloss Bröllin e.V. Archiv; Museum Abteiberg

DANK

Der größte Dank gilt den Auftraggeberinnen und Auftraggebern, ohne die keines der Projekte entstanden wäre, für ihren Mut und ihre Ausdauer auf einem langen Weg.

Besonderer Dank gilt auch den Künstlerinnen und Künstlern für ihre Bereitschaft, sich auf die Bedürfnisse der Menschen und ihrer Orte einzulassen und einfühlsam auf unbekanntes Terrain zu wagen:

Kerstin Brätsch, Ruth Buchanan, Sol Calero, Mariana Castillo Deball, ConstructLab, Simon Denny, Lena Henke, Daniel Knorr, Antje Majewski, Felix Mertikat, nachbarsgarten, Rimini Protokoll, Laure Prouvost, Bruce Sterling, Jakub Szczęsny und Sasha Waltz.

Es ist uns wichtig, darauf hinzuweisen, dass die Projekte unterschiedliche Umfänge haben und sich in unterschiedlichen Realisierungsstadien befinden. Am Ende eines arbeitsteiligen Bauprozesses sind mehr Beteiligte eingebunden als in einer Phase der Selbsthilfe zu Beginn eines dörflichen Dialogs. An jedem einzelnen Ort aber ist das Engagement der Unterstützerinnen und Unterstützer unschätzbar wertvoll.

GREIFSWALD
Michaela Aehnelt
Klaus-Peter Adomeit
Fred Baumann
Manfred Bogaczyk
Ruth Bördlein
Frank Bräsel
Karl-Heinz Dehler
Bert Doldersum
Astrid Ewald
Stefan Fassbinder
Carola Felkl
Niels Gatzke
Anett Hauswald
Harald Heitmann
Nadine Hoffmann
Nadine Grünewald
Markus Jentzsch
Thilo Kaiser
Thomas Kühmstedt
Jan-Peter Manske
Peter Multhauf
Susanne Papenfuss
Christian Pegel
Andreas Poerschke
Mike Rabenseifner
Anja Schmidt
Holger Stege
Maik Wittenbecher
Clemens Vogel

MÖNCHENGLADBACH
Marco Aulisa
Georg Beer
Jan Biehl
Michael Brenner
Robert Bückmann
Bernard Bückmann
Natasha Conland
Franz D. Meurers
Remco de Blaaj
Dagobertus de Marie
Achim Diefenbacher
Nicola Diels
Klaus Dieter-Maes
Andreas Ewerhardy
Gert Fischer
Peter Fliege
Jörg Florenz
Liva Fogele
Lina Grumm
Ella Heiniz
Felix Heinrichs
Uwe Hillekamp
Jana Hohensee
Simone Houben
Stephan Ingenmey
Susanne Jez
Enes Kapic
Esther Kilian
Michael Knappe
Dirk Kniebaum
Meike Koppmann
Justine Krause
Dennis Kremer
Ernst Kreuder
Jörn Kurtsiefer
Trude Laier
Christian Lambracht
Astrid Legge
Jürgen Lenz
Kajetan Lis
Stefan Löb
Tanya Martusheff
Kobe Matthys
Michael Meuser
Fynn Morten Heyer
Dorothee Mosters
Andreas Müller
Marina Nemtseva
Anja Oelers
Caroline Pekle
Anita Reinartz
Anke Rieger
Henrike Robert
Vanessa Roder
Anongnut Rombey
Tanja Saban
Saskia Santos Gomes
Oliver Schilden
Anika Schmidt
Hans-Jürgen Schnaß
Stephanie Schoenen
Frank Schulz
Hans Schürings
Christiane Schüßler
Maya Schweizer
Christian Spormann
Bojan Stepanovic
Udo Stephan
Deborah Stephan
Julia Sticker
Julian Strzalla
Felix Syring
Miriam TenBusch
Wilfried Theves
Susanne Titz
Ondřej Venclík
Florian Wagner
Georg Weber
Simon Webers
Martin Welter
Joachim Winckler
Ralph Zinnikus

ZÜSEDOM
Eddie Geiger
Małgorzata Jędrzejczyk
Danny Rodewald
Nicole Zahner
Roman Zahner

SCHWARZHEIDE
Anne Bachmann
Wilfried Brödno
Wendela Dreusch-Loman
Marie Fischer
Siegurd Heinze
Carsten Hensel
Fatema Husseini
Melinda Jacobs
Alina Katterwe
Stephan Kriegleder
Leonie Krüger
Emily Kube
Justin Lange
Manja Liebig
Heidi Löwe
Christin Marburger
Johanna Münch
Lili Marleen Maintoh
Megan Müller
Rebeca Pérez Gerónimo
Arne Petersen
Romy Range
Annika Rixen
Andre Stabenow
Leonie Superzinski
Ute Stonner
Paul-Gerhard Thiele
Mia Weidner
Matthias Weinreich
Jana Weißer
Joachim Winckler

MARL
Sebastian Abarbarnell
Frauke Arnold
Andreas Becker
Stephanie Bender
Anna-Lena Besten
Hermann Börste
Heribert Bösing
Alexandra Boy
Günther Braunstein
Giorgio De Santis
Claudia De Serpa Soares
Alessandra Defazio
Cornelius Demming
Steffen Döring
Melanie Drücke
Georg Elben
Claudia Frank
Silvia Frechen
Tian Gao
Dustin Gashi
Doris Gau
Emilie Guérin
Chrystel Guillebeaud
Moritz Hauptvogel
Sebastian Helm
Ulrike Höpfner
Josephine Kalies
Emine Karakaya
Claudia Karakolidis
Bärbel Kern
Kirsten Klein
Gerd Kluth
Brigitte Kluth
Sara Koluchova
Annika Kompart
Alexa Kubiak
Christin Kunick
Kornelia Langer
Janine Langer
René Lankeit
Annapaola Leso
Olaf Magnusson
Jaan Männima
Dominique McDougal
Frederico Mendes Teixeira
Thusnelda Mercy
Andrea Möller
Sandra Müller
Elik Niv
Sophia Otto
Sibah Pomplun
Monika Rathmann
Susanne Raute
Theresa Riekert
Orlando Rodriguez
Katharina Scheidtmann
Marc Schlering
Claudia Schwidrik-Grebe
Andreas Steinberg
Markus Stibert
Wibke Storkan
Joel Suarez Gomez
Dörte Tarnick
Sandra Tiersch
Daniel Wiesmann

EBERSWALDE
Wilhelm Benfer
Johannes Creutziger
Beate Kelm
Ute Schimmelpfennig

WIETSTOCK
Manfred Benduhn (†)
Kerstin Bigalke

Katrin Bindernagel-Wildt
Ulrike Börst
Gerlinde Foy
Anett Freier
Folker Fuhrich
Constance Gatz
Martin Gold
Kurt Häcker
Jaana Heine
Verena Herrfurth
Jörg Herrlich
Martin Hurtienne
Rolf Kammann
Sylvie Kürsten
Wieland Netzband
Holger Peter
Christian Reek
Lars Tschirschwitz
Jannis Tolk
Christiane Wohlrab
Klaus Wolff
Martin Witt
Wolfgang Wurm

BEESKOW
Michael Busse
Arman Fatunz
Jugendliche aus dem Jugendclub Pier 13
Ines Pöschke
Karolin Ring
Anna-Lisa Scherfose
Frank Steffen
Sven Wiebicke

HEIMERZIEHUNG DDR
Uli Kaiser
Miriam Manigel
Christian Sachse
Aileen Thamm

WICKRATH
Joseph Baader
Nathalie Brum
Viola Eickmeier
Michael Mayer
Elisa Metz
Pia Scheloske
Vincent Stange

WALDECK-FRANKENBERG
Petra Frömel
Ann-Katrin Heimbuchner
Reinhard Kubat
Claudia Neu
Ljubica Nikolic
Jürgen Römer
Hartmut Wecker

FRIEDLAND
Bernd Eichberg
Maria Gessner
Lutz-Bodo Knöfel
Maik Koschack
Sonja Palfner
Hanno Pape
Sibylle Pape
Udo Richter
Torsten Spitz

KASNEVITZ
Reinhard Piechocki

PENKUN
Brigit Glowik
Stefanie Keitz
und alle anderen Bürgerinnen und Bürgern, die an den Gesprächen teilgenommen haben, aber nicht Teil der Auftraggebergruppe wurden

STEINHÖFEL
Regina Adam
Henry Babuliack
Somphong Büchler
Rolf Büchler
Brit Cordes
Alex Ebert
Christel Fielauf
Laura Fenrich
Ditmar Gatzmaga
Anke Gersmann
Simon Gorzelnik
Isabel Hardtmann
Katrin Hain
Peter Hain
Claudia Hildebrand
Ilse Hoffmann
Norbert Jungbluth
Jana Kalms
Renate Kliems
Jeanette Krause
Juliane Kühr
Elke Kutschke
Holger Loew
Janina Messerschmidt
Wolfgang Mielke
Larissa Peters
Bernd Pickert
Rahel Rietzl
Florian Rietzl
Hannelore Reimann
Marlen Rost
Mercedes Ruis Gil
Mina Scharff
Yana Fee Schmitt
Hans Schneider
Ferdinand van Schoor
Norbert Schreiter
Claudia Simon
Josephine Symonds
Jürgen Tewes
Lara Thiel
Ilse Thiele
Annett Wehking
Michaela Wietschel
Joachim Winckler
Bernd Wolfgram

TEMPELHOF
Eyas Adi
Soran Ahmet
Kathrin Aichele
Khaled Al Masri
Razwan Anwar Mohamed
Natasha Aruri
Elke aus dem Moore
Franziska Benger
Nika Dubrovsky
Sarah Duryea
Ev Fischer
Thomas Friebel
Andreas Görgen
Fabian Gross
Hiwa K
Ayaz Shala Kado
Thérèse Legierse
David Magnus
Jasmin Mertikat
Michelle Müntefehring
Annika Niemann
Katrin Ramirez Viveros
Petra Reineke-Lagarde
François Schuiten
Alia Septi
Wolf Stegmaier
Christopher Tauber
Jasmina Tesanovic
Rasha Wahab
Karoline Westermeyer
Benz
Egmont Verlag

DARÜBER HINAUS GILT UNSER DANK:
David Adler
Ottilie Bälz
Claudia Bartel
Josefa Baum
Jochen Becker
Emily Bley
Arnold Bischinger
Lan Böhm
Kimberly Bradley
Annika Brandt
Silke Briel
Winfried Bullinger
Hans Jörg Clement
Jean-Damien Collin
Amanda Crabtree
Hannah Crass
Rubén Cuellas
Samo Darian
Sabine Dengel
Vincianne Despret
Hanna Elisabeth Döring
Klaus Dörr
Julia Draganović
Angelika Eder
Ulrike Eichentopf
Maria Elsner
Leonhard Emmerling
Lilian Engelmann
Charles Esche
Johannes Euler
Elodie Evers
Alexander Fahrenholz
Heiko Geue
Thomas Girst
Klaas Glenewinkel
Anne-Marie Graatz
Jeannette Gruner
Nele Hartleben
Rainer Hauswirth
Klaus Hebborn
Jörg Heiser
Silke Helfrich
Manfred Herrmann
Ragnar Hjalmarsson
Jan Hoffmann
Vera Hofmann
Georg Imdahl
Shannon Jackson
Noémie Kaufman
Winfried Kneip
Tobias Knoblich
Kasper König
Lea Kontak
Ralf Kopp
Cynthia Krell
Thomas Krüger
Esra Küçük
Oliver Kühne
Judith Laister
Bruno Latour
Torsten Lesszinsky
Mari Linnman
Germain Loumpet
Uwe Lübking
Stephanie Lubasch
Markus Lux
Astrid Mania
Daniela Medina Poch
Sören Meschede
Jörn Mothes
Christoph Muth
Dominikus Müller
Kito Nedo
Franziska Nentwig
Christine Neuhaus
Anh Linh Ngo
Lutz Nitsche
Nikolaus Oberhuber
Robert Oschlies
Karin Peter
Tanja Pfefferlein
Olaf Pommeranz
Theresa Pommerenke
Peter Porwitzki
Kathleen Rahn
Jane Rendell
Vanessa Roder
Livio Riboli-Sasco
Catia Riccaboni
Franziska Richter
Veit Rieber
Hilmar Sattler
Katrin Schlecht
Kathrin Schneider
Uta Schnell
Sabine Schormann
Bernd Schubert
Ute Schubert
Clara Schulze
Miriam Schuster
Ellen Schweda
Christina Stausberg
Nora Sternfeld
Friederike Tappe-Hornborstel
Ursula Teltewskaja
Aileen Thamm
Rainer Thiele
Victoria Tomaschko
Stefan Trosdorf
Ilona Tzock
Christian Utpatel
Karoline Weber
Dietger Wille
Andreas Willisch
Ansgar Wimmer
Christine Wingert
Ralf Wolkenhauer
Stefan Wunderwald
Ladislav Zajac
Maren Ziese
Johannes Zundl
Linus Zurmühlen

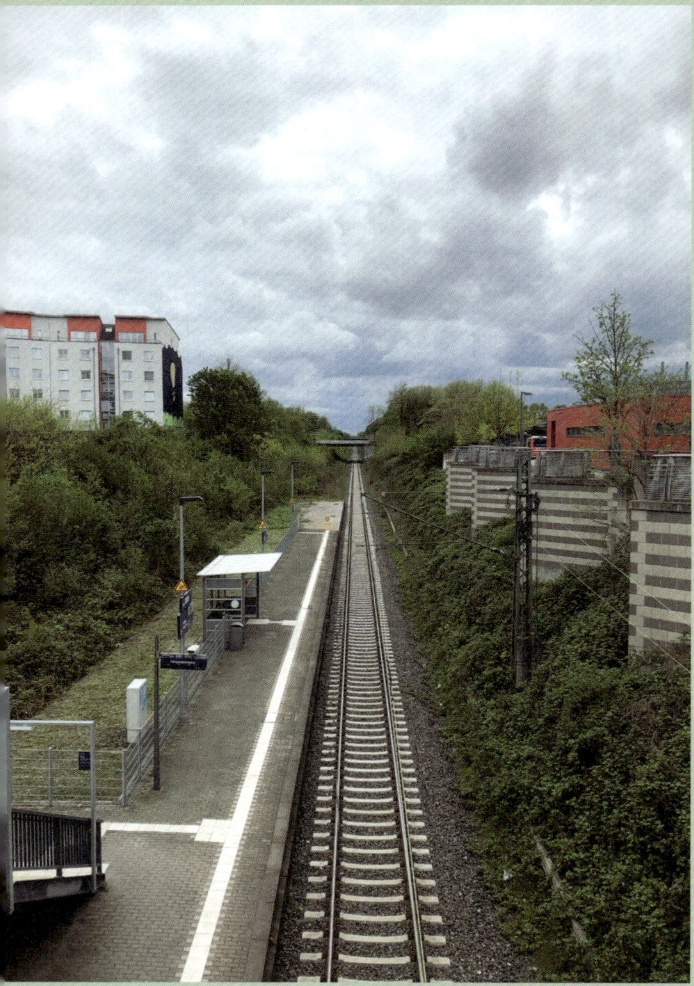